AF142889

Arnim Gräsel

Grundzüge der Bibliothekslehre mit bibliographischen Anmerkungen

Arnim Gräsel

Grundzüge der Bibliothekslehre mit bibliographischen Anmerkungen

ISBN/EAN: 9783742898159

Hergestellt in Europa, USA, Kanada, Australien, Japan

Cover: Foto ©Paul-Georg Meister /pixelio.de

Manufactured and distributed by brebook publishing software
(www.brebook.com)

Arnim Gräsel

Grundzüge der Bibliothekslehre mit bibliographischen Anmerkungen

Grundzüge

der

Bibliothekslehre

mit

bibliographischen und erläuternden Anmerkungen.

Neubearbeitung

von

Dr. Julius Petzholdts Katechismus der Bibliothekenlehre

von

Dr. Arnim Gräsel,

Custos an der Königl. Universitäts Bibliothek zu Halle a. d. S.

Mit 33 in den Text gedruckten Abbildungen und 11 Schrifttafeln.

———— ·◇—◇◇◇—◇· ————

Leipzig

Verlagsbuchhandlung von J. J. Weber

1890

Vorwort.

Als dem Unterzeichneten seitens der Verlagshandlung die Neubearbeitung von Petzholdts Katechismus der Bibliothekenlehre übertragen wurde, dessen 1877 erschienene wenig veränderte dritte Auflage im wesentlichen noch ganz dem Stande unserer Wissenschaft entsprach, wie derselbe vor ungefähr einem Menschenalter zur Zeit der ersten Abfassung des Buches sich darstellte, und daher einer gründlichen Umwandlung bedurfte, da war vor allem ein Doppeltes im Auge zu behalten. Einmal nämlich galt es, durch die allgemeinverständliche Art der Darstellung das Buch wie bisher den weiteren Kreisen der Bibliotheksfreunde zugängig zu erhalten, auf der anderen Seite handelte es sich in Ermangelung eines neueren wissenschaftlichen Handbuches der Bibliothekslehre darum, auch den Bedürfnissen solcher Leser entgegenzukommen, welche sich nicht nur auf dem Gebiete der selbständigen bibliothekstechnischen Litteratur im allgemeinen zu orientieren, sondern auch eine genauere Kenntnis von den während der letzten Dezennien innerhalb unserer Wissenschaft zutage getretenen Bestrebungen auf Grund umfassender litterarischer Einzelnachweise zu erwerben wünschten.

Zur Erreichung des erstgenannten Zweckes konnte es vielleicht ratsam erscheinen, die bisher beliebte Katechismusform beizubehalten. Einen wissenschaftlichen Gegenstand in Frage und Antwort zu behandeln, ist jedenfalls eine leichte, jedermann verständliche Art. Es gehört aber dazu, daß Frage und Antwort auch in knapper Fassung rasch wechselnd aufeinanderfolgen. Wo aber die Beantwortung sich zu einer langen theoretischen Auseinandersetzung erweitert und das Thema in ausführlicher Gliederung wissenschaftlich erörtert wird, da verliert jene Darstellungsform ihre eigentliche Bedeutung und die Vorteile derselben treten mehr und mehr zurück. Da es nun ohnehin aus den im Texte entwickelten Gründen angezeigt erschien, auch die ganze bisherige Gliederung des Stoffes nach den beiden Hauptgesichtspunkten der Einrichtungs- und der Verwaltungslehre für unsere Zwecke fallen zu lassen, so lag es bei der schon hierdurch bedingten vollständigen Umarbeitung des Buches um so näher, gleichzeitig auf die bisherige katechisierende Darstellungsart zu verzichten. Das Aufgeben der früheren Einteilung hatte namentlich auch den Vorteil, daß nunmehr eine einheitlichere Behandlung zusammengehörigen Stoffes stattfinden konnte. Denn wenn beispielsweise im Katechismus die Lehre vom Bibliotheksgebäude in den Fragen 9—12, 38, 45, diejenige von den Beamten in den Fragen 4—6, 36, diejenige von den Fonds in den Fragen 13, 39, 46 behandelt wurde, so konnte diese Zersplitterung eines zu erörternden Gegenstandes der Übersichtlichkeit ebensowenig förderlich sein, wie dieselbe anderseits fortwährende Wiederholungen von bereits Gesagtem zur notwendigen Folge haben mußte.

Unsere zweite Absicht, auch den Wünschen derjenigen
Leser nach Möglichkeit Genüge zu thun, denen es darauf
ankommt, das Gebiet des Bibliothekswesens insbesondere
auch auf Grund der vorhandenen Schriften eingehender
kennen zu lernen, suchten wir einerseits durch die im
Texte eingefügte allgemeine kritische Übersicht der wich=
tigeren die Bibliothekslehre betreffenden Handbücher und
Periodika, womit zugleich einem Mangel von früher her
abgeholfen wurde, anderseits durch die beigegebenen
Anmerkungen zu erreichen, worin namentlich auf die in
Zeitschriften, besonders den bibliothekswissenschaftlichen
Fachjournalen des In= und Auslandes erschienenen
Aufsätze ausgiebig Rücksicht genommen ist. Inner=
halb dieser Anmerkungen haben auch einzelne wichtigere
Fragen des Bibliothekswesens in verschiedenen Exkursen
ihre ausführlichere Erörterung gefunden.

Daneben ist vor allem aber auch der Text selbst,
dem eingangs erwähnten Bedürfnisse entsprechend und
in steter Rücksicht auf den Zweck leichtverständlicher,
glatter Darstellung, einer gänzlichen Umgestaltung und
zum Teile einer vollständigen Erneuerung unterworfen
worden. Es wurden hiervon, um nur einige Beispiele
anzuführen, besonders die Lehren vom Bibliotheks=
gebäude, vom Beamtenpersonale, von den einzelnen
Katalogen, von der Aufstellung und Bewahrung der
Bücher, von den Zugangsverzeichnissen u. s. w. betroffen.
Es sei bei dieser Gelegenheit allen denjenigen an
betreffender Stelle genannten Herren, welche uns in
der Beschreibung neuer Bibliotheksanlagen so bereit=
willig unterstützt, sowie denjenigen verehrten Bibliotheks=
vorständen, welche unsere Bestrebungen durch freundliche
Erfüllung unserer litterarischen Wünsche so entgegen=
kommend befördert haben, aufrichtiger, ergebener Dank

hierdurch ausgesprochen. Wurde nun demnach den Anforderungen der Gegenwart durchgängig in ausgiebiger Weise Rechnung zu tragen versucht, so konnten daneben manche treffliche Ausführungen von früher her, wie diejenigen über den Bibliothekar und die Kataloge im allgemeinen, über die verschiedenen Arten und den Einband der Bücher, über die Einschaltung des Zuwachses, namentlich auch solche aus dem Kapitel über die Benutzung der Bibliothek mit verhältnismäßig geringeren Änderungen oder Zusätzen in die Neubearbeitung herübergenommen werden. Um das Auffinden der im Texte wie in den Anmerkungen behandelten Gegenstände und angeführten Schriften zu erleichtern, ist neben der Inhaltsübersicht ein alphabetisches Register angefertigt worden, welches hoffentlich seinem Zwecke genügen wird.

Möchte das in dieser Weise umgearbeitete und auch seitens der geehrten Verlagshandlung so vortrefflich neuausgestattete Buch in dieser seiner gegenwärtigen Gestalt sich recht zahlreiche Freunde erwerben: möchte dasselbe im stande sein, zur Hebung des Verständnisses für die Aufgaben und Ziele der Bibliotheken sowie zur gerechten Würdigung und wünschenswerten Förderung der bibliothekarischen Bestrebungen sein bescheidenes Teil beizutragen.

Halle a. d. S., im September 1590.

Dr. Arnim Gräsel.

Inhaltsverzeichnis.

Einleitung.

Erster Teil.
Von dem Gebäude, den Beamten und Mitteln der Bibliothek.

Erstes Kapitel.
Vom Bibliotheksgebäude.

Zweites Kapitel.
Von den Beamten der Bibliothek.

Verzeichnis der Abbildungen.

Verzeichnis der Schrifttafeln.

Grundzüge der Bibliothekslehre.

Einleitung.

Begriff der Bibliothek.

Bibliothek, bekanntlich ein Wort griechischen Ursprungs (von τὸ βιβλίον und θήκη) und gleichbedeutend mit dem aus dem Lateinischen stammenden veralteten Liberei, heißt auf Deutsch genau so viel als Bücherei, eine früher nicht ungewöhnliche, doch gleichfalls außer Gebrauch gekommene Benennung, die man neuerdings vergeblich wieder zu Ehren zu bringen gesucht hat. Im strengsten Sinne des Wortes bezeichnet Bibliothek zwar nur ein Bücherbehältnis, doch hat man sich, mit Übertragung des Begriffes vom Raume auf den sämtlichen Inhalt, gleich von Anfang an daran gewöhnt, unter Bibliothek auch die Bücher selbst, eine ganze Sammlung von Büchern zu verstehen, was unter anderm aus Pompejus Festus, De verborum significatione erhellt, wo es heißt: „Bibliothecae et apud Graecos, et apud Latinos tam librorum magnus per se numerus, quam locus ipse, in quo libri collocati sunt, appellantur[1]“. Daß die eigentliche Begriffserklärung nicht so leicht sei, dürfte daraus hervorgehen, daß bis jetzt fast sämtliche Lehrer der Bibliothekswissenschaft mehr oder weniger von einander abweichende Erklärungen gegeben haben, so daß von einer allseitig anerkannten Definition noch immer nicht gesprochen werden kann. Bereits vor mehr als

1*

200 Jahren stellte Joh. Ge. Zihn respondente Ad. Gruber
in seiner Disputatio de bibliothecis (Lipsiae 1678, 4⁰)
folgende Definition auf: „Bibliotheca significat nobis mag-
num librorum numerum, et est thesaurus literarius, in quo
optimorum auctorum libri reconduntur, universae reipublicae
et privatorum incommodis inserviens". Abgesehen jedoch
davon, daß der Begriff der besseren Schriften je nach dem
Zeitgeiste und der Zeitrichtung immer ein schwankender bleiben
wird, so dürfte sicherlich niemand einer größeren Sammlung
von Büchern den Namen Bibliothek absprechen wollen, auch
wenn dieselbe wirklich die unbrauchbarsten, schlechtesten und
seichtesten Werke der unbedeutendsten Schriftsteller in sich
vereinigte. Die hier besonders betonte große Zahl der
Bücher hebt auch Schrettinger in seinem weiter unten zu
erwähnenden Werke hervor, wenn er sagt: „Eine Bibliothek ist
eine beträchtliche Sammlung von Büchern, deren Einrichtung
jeden Wißbegierigen in den Stand setzt, jede darin enthaltene
Abhandlung, ohne unnötigen Zeitverlust, nach seinem Bedürfnisse zu benützen". Nach Zollers erster, in der „Bibliothekwissenschaft im Umrisse" gegebenen Erklärung gehört zum
Begriffe der Bibliothek sogar nur die Voraussetzung einer
großen Büchermenge. Und doch kann es keinem Zweifel unterliegen, daß die hohe Anzahl der Bücher für den Begriff gleichgültig ist. Es hat recht kleine, unscheinbare und doch überaus
wertvolle Büchersammlungen gegeben, denen man den Namen
einer Bibliothek jederzeit zugesprochen hat. Ob ferner,
worauf Schrettinger Gewicht legt, ein Buch mit größerem
oder geringerem Zeitaufwande in der Bibliothek aufzufinden
ist, bleibt lediglich für die Beurteilung der Einrichtung derselben von Werte, für eine Begriffserklärung dagegen gänzlich
unwesentlich und belanglos. Wenn Schrettinger außerdem
in den Erläuterungen zu seiner Definition den Begriff der
zweckmäßigen Einrichtung noch besonders betont, so liegt
auch eine derartige nähere Bestimmung, wie schon ein gleich-
zeitiger Kritiker hervorhob, durchaus nicht von vornherein
in dem Sprachgebrauch des Wortes begründet. Gleichwohl

halten Constantin in seinem Lehrbuche und namentlich auch
Naumann[2] an derselben fest: „Der Begriff der systematischen
und planmäßigen Einrichtung und Verwaltung", sagt letzterer
in seiner Besprechung von Zollers Umrisse, „scheint mir in
der Wissenschaft (etwas anderes ist es, wenn wir im alltäg-
lichen Leben von Bibliotheken reden) notwendig. Eben
weil von dem Begriffe der Bibliothek das geistige Element
nicht zu trennen ist und die Bücher selbst ihrem wesentlichen
Bestandteile nach Erzeugnisse des Geistes sind, hat nur der,
welcher geistige Zwecke damit erreichen will, an seiner Büchersammlung eine Bibliothek, während der Antiquar nur ein
Bücherlager, eine Bücherniederlage hat, weil ihm die Bücher
bloß Ware oder Handelsartikel sind. Hierin scheint uns auch
der Hauptbegriff einer Bibliothek, wie sie Gegenstand wissenschaftlicher Betrachtung wird, zu liegen, daß sie irgendwelchen
geistigen Zwecken, Bildungszwecken und der Förderung
geistiger Bestrebungen dient, und demgemäß eingerichtet ist,
geordnet und verwaltet wird". Und doch, so läßt sich gegen
Naumanns Ausführungen einwenden, will man eine Begriffserklärung geben, so muß man das Wort in allen seinen
Gebrauchsanwendungen nehmen, wenn jene nicht einseitig
werden soll. Naumann definiert ausschließlich den Begriff
einer streng wissenschaftlichen Bibliothek.

Demgegenüber betonte Julius Petzholdt von jeher —
und so auch in den früheren Auflagen des Katechismus der
Bibliothekenlehre — den Begriff des Sammelns, wenn er
sagte: „So gewiß man auch jedenfalls daran wohl thun wird,
mit dem Namen einer Bibliothek nicht jeden beliebigen un-
geordneten Bücherhaufen zu bezeichnen, sondern damit immer
mehr oder weniger den Begriff einer wohlgeordneten und nicht
ganz unbeträchtlichen Büchersammlung zu verbinden, so wird
gleichwohl das festzuhalten sein, daß die Begriffe von Größe
und Ordnung zur Bestimmung, was eine Bibliothek sei,
nicht wesentlich gehören, sondern unter einer Bibliothek an
sich jede zum Zwecke der Aufbewahrung und Benutzung veranstaltete Sammlung von Büchern zu verstehen ist. Nur

unter Festhaltung des Begriffes des Sammelns zum Zwecke
der Aufbewahrung und Benutzung, und wenn man davon
absieht, lediglich größere und geordnete Büchermassen mit
dem Namen von Bibliotheken zu belegen, ist man einesteils
imstande, eine Bibliothek von dem Bücherlager eines Buch=
händlers und von anderen Büchervorräten dem Begriffe nach
gehörig zu trennen, und andernteils nicht genötigt, so mancher
entweder kleineren oder nicht geordneten Büchersammlung
den ihr mit Fug und Recht zustehenden Titel einer Bibliothek
absprechen zu müssen". Ganz richtig wendet indessen Zoller
gegen die einseitige Betonung des Sammelns ein, daß das
Sammeln auch Zweck des Antiquars sei. Was ferner den
Zweck dauernder Aufbewahrung anlangt, so verfolgen diesen
nur öffentliche Bibliotheken, bei den Privatbibliotheken fällt
jener Grund des Sammelns meistenteils fort. Zoller[3] selbst
hat darum später im Serapeum noch eine zweite Definition
aufgestellt, womit sich nach seiner Meinung alle Parteien
zufriedengeben könnten; dieselbe lautet: „Die Bibliothek ist
eine Büchersammlung, die nicht zu merkantilischen und anderen
Zwecken, sondern zur Förderung der Bildung und gelehrten
Studien Einzelner oder größerer Kreise errichtet worden ist;
diese Sammlungen erhielten den Namen Bibliotheken von
dem Aufbewahrungsorte derselben". Aber diese Erklärung
krankt wiederum daran, daß die lediglich der Unter=
haltung dienenden Bibliotheken in derselben unberücksichtigt
geblieben sind.

Wenn nun weder die Begriffe der Güte und Größe noch die
der systematischen Ordnung und der wissenschaftlichen Ziele in
der Erklärung des Wortes Aufnahme finden dürfen, so wird
sich die Begriffsbestimmung darauf beschränken müssen, daß sie
unter einer Bibliothek lediglich e i n e zum Zwecke öffent=
licher oder privater Benutzung aufgestellte Samm=
lung von Büchern versteht[4]. Es soll natürlich dadurch,
daß jene Begriffe ferngehalten werden, dem Ansehen und Werte
der Bibliotheken in keiner Weise Abbruch geschehen, sondern
man wird immer das im Auge zu behalten haben, daß jede

Bibliothek, falls sie ihrem Zwecke entsprechen, d. h. also bewahrt bleiben und für die Benutzung bereit gehalten werden soll, nicht bloß geordnet, sondern und vorzüglich auch um deswillen möglichst groß sein muß, weil man nur von einer etwas umfänglichen Sammlung für den allgemeinen Gebrauch einigen Nutzen erwarten darf.

Zweiter Abschnitt.

Von der Bibliothekswissenschaft im allgemeinen.

Die auf eine Bibliothek bezüglichen theoretischen Fragen sowohl wie die Geschichte des Bibliothekswesens überhaupt und der einzelnen Büchersammlungen insbesondere bilden den Gegenstand einer eigenen Wissenschaft, der Bibliotheks= wissenschaft. Wie eine jede Wissenschaft ein aus der gesamten menschlichen Erkenntnis abgesondertes und nach Prinzipien geordnetes Ganzes gleichartiger Erkenntnisse bildet, so ist die Bibliothekswissenschaft (eine Bezeichnung, welche Schrettinger zuerst eingeführt hat) der systematisch geordnete Inbegriff aller unmittelbar auf die Bibliothek bezüglichen Kenntnisse, und zerfällt als solcher in die Bibliothekslehre und die Bibliothekskunde, von denen die erstere die Bibliothek, sofern darunter eine Büchersammlung überhaupt verstanden wird, im allgemeinen betrachtet, und die letztere, sofern darunter bestimmte, d. h. frühere sowohl als noch bestehende Bücher= sammlungen gedacht werden, im besonderen ins Auge faßt. Die Bibliothekslehre und die Bibliothekskunde sind zwei einander gleichstehende koordinierte Teile der Bibliothekswissenschaft. Auffälliger Weise hat man gegen diese durchaus klare und verständliche Einteilung Einspruch erhoben, vor allem Zoller[5]. Ihm ist, wie vordem Ebert und Molbech, die Bibliothekswissenschaft nicht mehr und nicht weniger als die Lehre von der Einrichtung und Verwaltung der Bibliotheken, die Zusammenstellung der aus der Praxis der verschiedenen Bibliotheken gewonnenen Erfahrungssätze. Es entspricht dies

im wesentlichen dem, was wir unter Bibliothekslehre ver=
standen wissen wollen. Die Bibliothekslehre nämlich, ober,
wie man sie früher wohl auch genannt hat, die Bibliotheks=
technik, und womit der später üblich gewordene, jetzt auch
seltenere Ausbruck Bibliothekonomie durchaus gleichbedeutend
ist, hat, wie erwähnt, die Bibliothek überhaupt zum Gegen=
stande, und ist der geordnete Inbegriff aller zur biblio=
thekarischen Geschäftsführung erforderlichen Kenntnisse, die
sowohl auf dem Wege theoretischer Betrachtung gewonnen,
als auch und vorzüglich durch die Erfahrung erworben worden
sind und durch praktische Anwendung ihre Bestätigung erhalten
haben. Daß unsere Einteilung durchaus gerechtfertigt ist,
zeigt sich, sobald man nach der Stellung fragt, welche Zoller
der Bibliothekskunde anweist. „Alter und Umfang der
Bibliothekskunde", sagt er, „können dieser kein Recht auf den
Titel Bibliothekswissenschaft geben und wir wollen erstere
der letzteren weder unterordnen noch sie bloß als Neben=
bestandteil behandeln. Sie hat ihre eigene Behandlung auf
einem eigenen Blatte zu fordern und als Beweise können
einzelne Beispiele für die Bibliothekswissenschaft aus ihr
entlehnt werden." Während auf diese Weise die Bibliotheks=
kunde dort aus dem Rahmen einer das Bibliothekswesen als
Ganzes umfassenden Wissenschaft vollständig herausfällt und
zu einer eigenen, besonderen Wissenschaft erhoben wird, ohne
daß ein zwingender Grund hierfür vorhanden wäre, gilt sie
uns zwar ebenfalls als ein durchaus selbständiger Wissen=
schaftszweig, aber als Bestandteil einer gemeinsamen, beide
Disziplinen umfassenden Wissenschaft, der Bibliothekswissen=
schaft, ganz wie man in der Rechtswissenschaft, Kriegs=
wissenschaft, Naturwissenschaft die Rechtskunde, Kriegskunde,
Naturkunde von der Rechtslehre, Kriegslehre, Naturlehre
geschieden hat. Die Bibliothekskunde bildet den empirischen
(historischen), die Bibliothekslehre den aprioristischen Teil
der Bibliothekswissenschaft[6].

Dritter Abschnitt.

Von der Bibliothekslehre insbesondere.

Man hat sich seit Ebert daran gewöhnt — und es ist dies bisher auch im Katechismus geschehen —, die Bibliotheks=lehre in zwei streng von einander gesonderte Teile zu scheiden, in die Lehre von der Einrichtung und diejenige von der Ver=waltung der Bibliotheken. Jene hat es danach mit der Gründung der Bibliothek, der Anschaffung der dazu erforder=lichen Bücher und der Verzeichnung und Aufstellung derselben zu thun, während die Verwaltungslehre mit einem Vor=abschnitt über das Beamtenpersonal beginnend von der Bewahrung der Bibliothek, von ihrer Unterhaltung und von ihrer Benutzung handelt ⁻. Entspricht jedoch diese Einteilung auch in allen Stücken der Wirklichkeit, deckt sie sich mit der Praxis? „In der Praxis", so mußten die Anhänger gestehen, „werden sich freilich die Einrichtung und die Verwaltung einer Bibliothek nicht so gar streng von einander trennen lassen, und beide immer mehr oder weniger in einander ein=greifend gefunden werden, weil in der Wirklichkeit da, wo die Verwaltung einer Bibliothek bereits beginnen muß, nicht immer die Einrichtung derselben schon vollkommen beendigt sein kann, diese im Gegenteile eigentlich niemals ganz aufhört, sondern die Verwaltung ohnehin zumteil nur eine Art fortgesetzte Einrichtung ist. Es wird in der Wirklichkeit wohl nur sehr wenige Bibliotheken geben, die den Zeitpunkt ihrer vollständigen Organisation erst ruhig abwarten, ehe sie sich regen und unter der Hand des Verwalters in Thätigkeit treten." Wenn demnach zugestandenermaßen eine Trennung der beiden Hauptteile eigentlich nicht möglich ist und nur die Theorie dies thun soll, in teilweisem Widerspruch zur Praxis, der es ausdrücklich vorbehalten bleibt, was die Verwaltung von der Einrichtung und umgekehrt diese von jener braucht, an betreffender Stelle zur Anwendung zu bringen, so erscheint es geratener, dieselbe ganz beiseite zu lassen. Denn in der

That tritt die Verwaltung gleichzeitig mit der erfolgten Gründung der Bibliothek ein und dauert fort, während diese eingerichtet und geordnet wird. Alle Maßnahmen der Einrichtung, wie Verzeichnung, Aufstellung, Numerierung, sind eben so Sache der Verwaltung wie das Ausleihegeschäft und die Vermehrung, und umgekehrt fällt diese letztere bei einer neugegründeten Bibliothek völlig in das Kapitel von der Einrichtung hinein.

In einer frühern Einteilung, die sich im zweiten Jahrgange des Serapeums⁵ findet, hatte denn auch Julius Petzholdt zwei andere Hauptteile der Bibliothekslehre aufgestellt: die Lehre von der Büchersammlung und vom Bücherort, auf deren erstere er die Einrichtungs- und Verwaltungslehre anwendete. Da die erwähnten Bedenken gegen diese letztere Scheidung aber auch hierbei bestehen bleiben, so sehen wir von dieser zweiten Einteilung ebenfalls ab und gliedern die Bibliothekslehre vielmehr einerseits in die Lehre von dem Gebäude, den Beamten und Mitteln als den unentbehrlichen Vorbedingungen und Grundlagen einer jeden Büchersammlung, anderseits in die Lehre von dem Bücherschatze selbst und zwar in dreifacher Hinsicht: auf seine Begründung, seine Einrichtung und seine Benutzung⁹. Es wird sich zeigen, daß sich in dieses, durch die thatsächlichen Verhältnisse gerechtfertigte Schema sämtliche die Bibliothekslehre betreffenden Fragen eben so leicht wie ungekünstelt einfügen und zu einer einheitlichen Darstellung vereinigen lassen, ohne daß ein Widerspruch zwischen Theorie und Praxis stattfindet. Bevor wir jedoch dazu übergehen, werfen wir noch einen Blick auf die wichtigere hierher gehörige Litteratur.

Vierter Abschnitt.
Schriften über die Bibliothekslehre.

Eine geordnete kritische Übersicht über die ziemlich umfangreiche Litteratur der Bibliothekslehre suchen wir bei den früheren Bearbeitern dieser Wissenschaft vergeblich; selbst der

sonst so brauchbare Molbech macht nur in gelegentlichen
Anmerkungen auf mancherlei Bücher aufmerksam, ohne irgendwie Vollständigkeit zu beanspruchen. Ein ausführlicheres
Schriftenverzeichnis findet sich zuerst bei Schmidt in dessen
1840 erschienenen Handbuch der Bibliothekswissenschaft, der
Litteratur- und Bücherkunde. Der erste, der es unternahm,
die Litteraturgeschichte der Bibliothekslehre in methodischer
Weise zu schreiben, war Edmund Zoller in seinem 1846
erschienenen vortrefflichen Werkchen Die Bibliothekwissenschaft im Umrisse [10], worin er mit besonnenem Urteil die
ihm bekannt gewordenen bibliothekswissenschaftlichen Schriften
einzeln besprochen hat. Zoller hat dann einige Jahre später
in einer im Serapeum [11] erschienenen Artikelserie angefangen,
eine noch vollständigere und die einzelnen Autoren ausführlicher behandelnde Darstellung zu geben, ohne jedoch bedauerlicher Weise über das Jahr 1635 hinausgekommen zu sein.
Die verhältnismäßig geringen Bruchstücke bleiben gleichwohl
äußerst wertvoll und sind noch immer in hohem Grade lesens-
wert. Fast zwanzig Jahre später lieferte der Altmeister der
deutschen Bibliographie, Julius Petzholdt, im Neuen
Anzeiger für Bibliographie und Bibliothekwissenschaft [12]
vorläufige Materialien zu einer kritischen „Bibliotheca biblio-
thecaria", welche bis zum Jahre 1863 heraufreichen, allerdings erst mit Anfang des vorigen Jahrhunderts beginnend.
Wie derselbe dort gesteht, hatte er schon bei der Herausgabe
des Katechismus der Bibliothekenlehre den Plan, in der
Einleitung eine Zusammenstellung der über diesen Gegenstand
bereits vorhandenen Schriften mit kurzer Bezeichnung ihres
Wertes zu geben, fand es aber bei reiflicher Überlegung angemessen, mit der Veröffentlichung einer solchen Zusammenstellung noch zu warten, und zwar aus dem Grunde, weil er
zu verhüten wünschte, daß die kritische Übersicht daselbst
möglicherweise als eine Art versteckter Empfehlung seiner
eignen Arbeit hätte angesehen werden können. Es ist aber
nicht zu leugnen, daß der vollständige Mangel an Litteratur-
angaben eine Lücke im Katechismus bedeutete, die in

vorliegender Neubearbeitung auszufüllen als eine um so dringlichere Aufgabe erscheint, als jene von Petzholdt ausgesprochene Befürchtung nunmehr gegenstandslos geworden ist. Indem wir daher im Nachfolgenden, zumteil an der Hand jener beiden kundigen Führer, eine kritische Litteraturübersicht zu geben versuchen, beschränken wir uns an dieser Stelle, den gezogenen Grenzen gemäß, darauf, nur die wichtigeren Schriften in chronologischer Reihenfolge kurz zu besprechen; weitere litterarische Hinweise nebst allerlei auf den Text bezüglichen Ergänzungen und Erläuterungen sollen in den Anmerkungen zu den einzelnen Kapiteln niedergelegt werden [13].

1. **Richard de Burys** [14] ungefähr um die Mitte des 14. Jahrhunderts geschriebenes und zuerst 1473 in Köln gedrucktes Philobiblon wird bereits von Schelhorn in dessen Anleitung für Bibliothekare als die älteste uns erhaltene Schrift, welche vom Werte der Bibliotheken und ihrer Anordnung geschrieben worden sei, rühmend hervorgehoben. Derselbe findet die Bemerkungen über die Kenntnisse und Fähigkeiten, die dem geschickten Büchersammler und somit dem Vorsteher der Büchersammlungen eigen sein müssen, in Rücksicht auf die Zeit, in welcher der Verfasser gelebt und geschrieben habe, „beträchtlich genug". Zoller erblickt in der Schrift das Zeugnis so edler Bücherliebe, so tiefen Verständnisses des Bibliothekswesens, daß er ihr sogar die erste Begründung der Bibliothekonomie vindizieren zu müssen glaubt. Auf alle Fälle verdient das ehrwürdige Büchlein die Anerkennung, welche man ihm gespendet hat, mag auch die Verfasserschaft des Bischofs von Durham in Zweifel gezogen worden sein.

2. Als Student der Medizin im Alter von 25—26 Jahren, während er die Bibliothek des Präsidenten Mesme verzeichnete, schrieb Gabriel Naudé (Naudäus) [15] sein vortreffliches Werkchen über Bibliothekstechnik Advis pour dresser une bibliothèque (Paris 1627, 8º), dessen Grundsätze er später als Bibliothekar der Bibliothèque Mazarine zur praktischen

Geltung zu bringen Gelegenheit fand. 1876 nach der zweiten Pariser Ausgabe vom Jahre 1644 neu gedruckt und so wieder einem größeren Leserkreise leicht zugänglich gemacht, sollte die in ihren Grundzügen noch keineswegs veraltete kleine Schrift, welche zu den bahnbrechenden Büchern über Bibliothekslehre gehört, auch heute noch von keinem Jünger unserer Wissenschaft ungelesen bleiben.

3. Die hauptsächlichsten weiteren Schriften über Bibliotheks= lehre — und mehr noch über Bibliothekskunde — aus dem 16. u. 17. Jahrhundert sind wiederabgedruckt in zwei Sammel= werken, nämlich De bibliothecis atque archivis virorum clarissimorum libelli et commentationes. Cum praefatione de scriptis et bibliothecis antediluvianis antehac edidit Joachimus Joan. M a d e r u s (Helmstadi 1666, 4⁰), secundam editionem curavit J[o]. A[ndreas] S[chmidt] (Helmstadi 1702, 4⁰), nebst zwei weiteren 1703 und 1705 erschienenen Accessiones und in der Sylloge aliquot scriptorum de bene ordinanda et ornanda bibliotheca studio et opera Jo. Davidis K o e l e r i [16] (Francofurti 1728, 4⁰). Auf einige derselben werden wir weiter unten im Kapitel über den wissenschaft= lichen Katalog noch zurückzukommen haben, hier sei nur auf das zuvor bereits in mehreren selbständigen Auflagen erschienene — im wesentlichen freilich auch mehr der· Bibliothekskunde zugehörige — Werk von Joh. L o m e i e r, De bibliothecis liber singularis (zuerst Zutphaniae 1669 in 12⁰ herausgekommen) kurz hingewiesen.

4. Mit Übergehung von J. G. S c h e l h o r n s Anleitung für Bibliothekare und Archivare, welche ausschließlich in die Lehre von der Kenntnis der Bücher hineinfällt, die eigentliche Bibliothekslehre indes kaum streift [17], nennen wir sogleich Albrecht Christoph K a y s e r, Über die Manipulation bei der Einrichtung einer Bibliothek und der Verfertigung der Bücher= verzeichnisse (Bayreuth 1790, 8⁰). Das Lob dieser von Ebert als klassisch gepriesenen Schrift, welche nach dessen Urteile in der Hand eines jeden Bibliothekars zu sein ver= diente, ist in neuerer Zeit, namentlich auch von Petzholdt

und Zoller — und zwar, wie uns scheinen will, nicht unver=
dienter Weise — erheblich eingeschränkt worden.

5. Dagegen wird Friedrich Adolph Eberts [18] Erstlings=
schrift Über öffentliche Bibliotheken besonders deutsche Uni=
versitätsbibliotheken, und Vorschläge zu einer zweckmäßigen
Einrichtung derselben (Freiberg 1811, 8°), mit welcher er
„nicht mit anmaßendem Selbstvertrauen, sondern mit an=
spruchsloser Schüchternheit" hervortrat, immer zu den
‚Standardwerken' der Bibliothekslehre gerechnet werden,
ein Buch, das wir nicht besser zu rühmen wüßten als mit
Petzholdts treffenden Worten: „Ein gar schätzbares Werkchen,
worin sich mit Klarheit und einer den damals erst zwanzig
Jahre alten Verfasser sehr ehrenden Bescheidenheit eine
Menge Ratschläge und Ideen von praktischer Wichtigkeit
ausgesprochen und angedeutet finden, die nicht nur damals
vollkommen neu waren, sondern auch noch gegenwärtig dem
denkenden Bibliothekare neue Anregung zur Vervollkommnung
seiner Wissenschaft darbieten".

6. Das erste vor Ebert bereits begonnene, aber erst weit
später vollendete Lehrbuch im eigentlichen Sinne des Wortes
mit systematischer Gliederung ist Martin Schrettingers [19]
Versuch eines vollständigen Lehrbuches der Bibliothek=Wissen=
schaft. Bd. I, II (München 1808—1829, 8°), ein Werk,
welches in einer überaus weitschweifigen Form und nicht
ohne innere Widersprüche, die sich allerdings aus der langen
Zeitdauer des Erscheinens zur Genüge erklären lassen,
gearbeitet ist. Übersichtlicher und faßlicher, deshalb für den
Anfänger empfehlenswerter ist desselben Verfassers Handbuch
der Bibliothek=Wissenschaft, besonders zum Gebrauche der
Nicht=Bibliothekare, welche ihre Privat=Büchersammlungen
selbst einrichten wollen. Auch als Leitfaden zu Vorlesungen
über Bibliothek=Wissenschaft zu gebrauchen (Wien 1834, 8°).

7. Christian Molbechs 1829 in dänischer Sprache
erschienenes und vier Jahre später in das Deutsche über=
setztes Werk Über Bibliothekswissenschaft oder Einrichtung
und Verwaltung öffentlicher Bibliotheken. Nach der zweiten

Ausgabe des dänischen Originals übersetzt v. H. Ratjen (Leipzig 1833, 8⁰) hat sich mit Recht den Ruf eines tüchtigen mit gesundem Urteil und erfahrenem Blick — Molbech war bei dem Erscheinen der ersten Auflage gerade fünfundzwanzig Jahre im Dienste der Kopenhagener Bibliothek — bearbeiteten Lehrbuches erworben, das außerdem in dem Kieler Unter= bibliothekar Ratjen einen sachverständigen Übersetzer gefunden hat [20].

8. Dem erwähnten gediegenen Werke nicht vergleichbar, wissenschaftlich sogar völlig belanglos ist L. A. Constantins Bibliothéconomie (Paris 1839, 2. édition 1840, 8⁰), in das Deutsche übersetzt unter dem Titel Bibliothekonomie oder Lehre von der Anordnung, Bewahrung und Verwaltung der Bibliotheken (Leipzig 1840, 2. Aufl. 1842) [21]. Das Buch sollte ein didaktischer Leitfaden sein, welcher in Frankreich einem Bedürfnisse abzuhelfen bestimmt war, da es dort an einer Darstellung der Bibliothekslehre noch vollständig gebrach. Daß es diesen Zweck nicht gänzlich verfehlte, beweist die wiederholte Auflage. Für den Anfänger bestimmt, wird dieser manche Belehrung aus demselben schöpfen können, wenn dasselbe auch, worauf es übrigens selbst keinen Anspruch erhebt, den besseren deutschen Kompendien gegenüber nicht Stand zu halten vermag.

9. Joh. Aug. Friedr. Schmidts Handbuch der Bibliotheks= wissenschaft, der Literatur= und Bücherkunde. Eine gedrängte Übersicht der Handschriftenkunde, der Geschichte der Buch= druckerkunst und des Buchhandels, der Bücherkenntnis (Biblio= graphie) im engern Sinne, der Bibliothekenkunde und Bibliothekonomie und der literärhistorischen und biblio= graphischen Schriften (Weimar 1840, 8⁰) gehört, wie schon aus dem Titel hervorgeht, nur zumteil hierher. Petzholdt nennt es eine Kompilation von ziemlich untergeordnetem Werte und hat darin vom rein wissenschaftlichen Standpunkte aus sicher vollkommen recht; Zoller seinerseits schätzt an dem= selben die Schriftenaufzählung, auf welche wir bereits hin= gewiesen haben. Zur allgemeinen Orientierung in den auf

dem Titel genannten Gebieten ist das für Studierende und
Freunde der Litteratur überhaupt und für Bibliothekare, Buch=
händler, Antiquare und Buchdrucker insbesondere geschriebene
Buch jedenfalls noch immer brauchbar, für ein nur einiger=
maßen eingehenderes Studium der Bibliothekslehre, die nur
in wenigen Paragraphen abgehandelt wird, jedoch nicht
ausreichend.

10. Von wissenschaftlicher Bedeutung waren die Ziele,
welche sich die zwar kleine, aber um so inhaltreichere Schrift
von Edmund Zoller[22], Die Bibliothekwissenschaft im Um=
risse (Stuttgart 1846, 8°) stellte, nämlich die Leser vom Fach
auf die einzelnen, noch schwach bearbeiteten Teile der Wissen=
schaft der Bibliothekslehre hinzulenken und dadurch Mono=
graphien zu erzielen, aus welchen sich überhaupt erst die ganze
Wissenschaft aufbauen sollte. Auf dem engen Raume von
72 Seiten hat der Verfasser eine Fülle von ebenso anregenden
wie belehrenden Bemerkungen niedergelegt und die Absicht,
den angehenden Zögling der Bibliothekswissenschaft mit einem
Blicke die große Bahn überschauen zu lassen, die sein Fuß
zum ersten Male betritt, und ihm zu zeigen, wo er sich weiter
Rates über das dort nur kurz Angedeutete zu erholen
habe, ist mit großem Geschick für die damalige Zeit durch=
gehends erreicht, so daß wir Petzholdts Urteile nur durch=
aus beipflichten können, wenn er das Büchlein „eine der
bedeutendsten Erscheinungen auf dem Gebiete der Bibliotheks=
lehre" genannt hat. Leider ist das Buch gegenwärtig voll=
ständig vergriffen.

11. Zehn Jahre nach Zoller erschien der Katechismus
der Bibliothekenlehre. Anleitung zur Einrichtung und Ver=
waltung von Bibliotheken. Von Dr. Julius Petzholdt[23]
(Leipzig 1856, 8°), der nicht nur denen, welche ihre eigenen
Büchersammlungen zu ordnen und im stande zu halten
wünschen, sondern auch allen überhaupt, welche bei der Ein=
richtung und Verwaltung der Bibliotheken anderer beschäftigt
sind und die dazu gehörigen Fertigkeiten und Kenntnisse noch
nicht vollständig erlangt haben, die nötigen Fingerzeige und

Anweisungen zu geben bestimmt war. Derselbe sollte im Gegensatze zu manchen früheren Arbeiten den Gegenstand einmal erschöpfend und zugleich in so übersichtlicher Weise geordnet zur Darstellung bringen, daß man aus ihm über jede einschlägige Frage augenblicklich die erforderliche Antwort zu entnehmen im stande wäre. Der Katechismus fand verdienten Beifall und erlebte 1871 die zweite, 1877 die dritte Auflage. Die gewaltigen Fortschritte, welche das Bibliothekswesen in den letzten Jahrzehnten aufzuweisen hat, erheischten jedoch immer dringender die in den neuen Auflagen verabsäumte eingehendere Berücksichtigung, wenn nicht das Buch gänzlich veralten sollte. Aus diesem Grunde ist dasselbe gegenwärtig einer vollständigen Umarbeitung planmäßig unterzogen worden, bei welcher außer der bisherigen, oben im dritten Abschnitte besprochenen Anordnung auch die katechetische Behandlungsweise, die bei dem beträchtlichen Umfange zahlreicher Kapitel sich ohnehin mehr als eine rein äußerliche Dekoration ohne praktischen Zweck erwies, und einer streng systematischen Darstellung eher hinderlich als förderlich war, fallengelassen, der Inhalt dagegen durchgehends vertieft wurde.

12. Mit Übergehung von Johann Georg Seizingers Bibliothekstechnik (Leipzig 1855, 8°), welche das von der Kritik gesprochene herbe Urteil im großen und ganzen verdient hat[24], nennen wir sogleich desselben Verfassers Theorie und Praxis der Bibliothekswissenschaft. Grundlinien der Archivwissenschaft (Dresden 1863, 8°), worin das vorerwähnte Buch eine bedeutend erweiterte und, wie wir hinzufügen dürfen, wesentlich verbesserte Umarbeitung erfahren hat. Der Zweck des Werkes, unsere Wissenschaft nach ihrem ganzen Umfange und ihrem inneren Zusammenhange — unter Aufzählung und Entwickelung der wesentlichen Grundsätze und Regeln, wie in schicklicher Verbindung von Theorie und Praxis — darzustellen, wäre noch besser erreicht worden, wenn die Ausführung nicht eine allzu ungleichmäßige Behandlung der einzelnen Kapitel aufwiese, wobei namentlich

der Abschnitt über das bibliographische System — Seizinger stellt sein eigenes auf — die übrigen förmlich überwuchert hat.

13. Nach den genannten Werken mögen hier noch einige Schriften Erwähnung finden, welche teils als kurze Leitfaden der Bibliothekslehre überhaupt, teils als Wegweiser für bestimmte Arten von Bibliotheken, namentlich Volks= und Jugend=bibliotheken zu dienen bestimmt sind. Zu den ersteren gehören Benedict Richter, Kurze Anleitung eine Bibliothek zu ordnen und in der Ordnung zu erhalten (Augsburg 1836, 8⁰), worin auf 44 Seiten erzielt werden soll, „den Anfänger ohne langwierige Vorbereitung und vieles mühsame Studium der Manipulationskenntnis aus dem Labyrinthe herauszuführen", was freilich in sehr unzulänglicher Weise geschieht, ferner Ludwig Gottfried Neumann, Der kleine Bibliothekar. Kurze Anleitung zur Bibliotheks=Kunde (Wien 1857, 8⁰), welcher auf 39 Seiten jedem improvisierten Bibliothekar eines Privatmannes oder einer Lehranstalt die wichtigsten Teile der Bibliothekskunde (soll heißen Bibliothekslehre) bekanntgeben will.

Für Einrichtung der Volksbibliotheken bestimmt und zu ihrer Zeit nicht ohne Nutzen und Wert waren die populär gehaltenen Schriften des Königl. Sächsischen Rentamtmanns und langjährigen Leiters der Stadtbibliothek zu Großenhain Karl Preusker Über öffentliche, Vereins= und Privat=Bibliotheken so wie andere Sammlungen, Lesezirkel und ver=wandte Gegenstände mit Rücksicht auf den Bürgerstand

Heft I a. u. d. T.: Über Stadtbibliotheken für den Bürger=
        stand
Heft II „ „ „ „ : Über Vereins=, Schul=, Dorf= und Privat=
        Bibliotheken
mit Nachtrag Die Dorf=Bibliothek (Leipzig 1839, 40, 43, 8⁰), sowie desselben Bürger=Bibliotheken und andere, für besondere Leserklassen erforderliche Volks=Bibliotheken 2c. (Meißen 1850, 8⁰).

Es gebricht jedoch dem Verfasser im allgemeinen zu sehr an sicherer Methode.

Die Schulbibliotheken[25] hatte im Auge

Ernst Förstemann, Über Einrichtung und Verwaltung von Schulbibliotheken (Nordhausen 1865, 8°), ein Büchlein, welches zur Ordnung und Verzeichnung der genannten Bibliotheken in so klarer und übersichtlicher Weise Anleitung giebt, daß es nicht nur diesen, sondern auch kleineren Bibliotheken überhaupt empfohlen werden kann.

Aus der ursprünglichen Absicht, eine Sammlung der auf die Bibliotheksverwaltung bezüglichen österreichischen Gesetze zu geben — worin der besondere Wert der Arbeit auch jetzt noch liegt —, entstand

Ferdinand Grassauers[26] Handbuch für österreichische Universitäts- und Studien-Bibliotheken, sowie für Volks-, Mittelschul- und Bezirks-Lehrerbibliotheken. Mit einer Sammlung von Gesetzen, a. h. Entschließungen, Verordnungen, Erlässen, Acten und Actenauszügen (Wien 1883, 8°),

indem der Verfasser, um das Buch gerade für die kleineren Bibliotheken, deren Verwaltung nicht von Bibliotheksbeamten, sondern von Lehrern und Professoren besorgt wird, brauchbarer zu machen, einen Abschnitt über die innere Einrichtung kleinerer Bibliotheken, ferner eine kurze Zusammenstellung von Hauptwerken aus der Litteratur der Bibliographien, Biographien und Litterärgeschichten einschaltete sowie drittens die Elemente der Beschreibung der Bibliotheksbestände in einem besonderen Abschnitte behandelte. Der Zweck des Buches ist damit vollständig erreicht worden.

Auch Georg Rettigs, Unterbibliothekars in Bern, Leitfaden der Bibliothekverwaltung, hauptsächlich für Jugend- und Volksbibliotheken bearbeitet (Bern 1883, 8°) ist ein durchaus brauchbares Büchlein, welches in beschränkten Grenzen das für Schul- und Volksbibliotheken Wissenswerteste bietet und mit Recht eine gute Aufnahme gefunden hat.

14. Im Anschlusse an das Vorhergehende und der Vollständigkeit halber mögen im Folgenden noch einige ausländische Werke über die Bibliothekslehre Erwähnung finden, da bisher, wenigstens aus der Litteratur dieses Jahrhunderts, nur

diejenigen fremdländischen Schriften namhaft gemacht sind,
welche eine Übersetzung ins Deutsche erfahren haben.
In Belgien schrieb der Bibliothekar der Universität
Loewen P. Namur einen Manuel du bibliothécaire
(Bruxelles 1834, 8⁰), welcher Anerkennung gefunden hat. In
Frankreich erschien nach Constantin ein dem Graffauerschen
verwandtes, jedoch vor diesem veröffentlichtes Buch von dem
Universitätsbibliothekar in Douai
Jules Cousin, De l'organisation et de l'administration
des bibliothèques publiques et privées, manuel théorique
et pratique du bibliothécaire. Ouvrage suivi d'un appen-
dice contenant les arrêtés, règlements, circulaires et
instructions ministériels relatifs aux bibliothèques uni-
versitaires, aux bibliothèques circulantes et aux bibliothèques populaires, et accompagné de figures (Paris
1882, 8⁰).

In England bearbeitete Edward Edwards[27] die
Bibliothekslehre in seinen Memoirs of Libraries; including
a Handbook of Library-Economy (London 1859, 2 vol., 8⁰),
sowie die Einrichtung der Volksbibliotheken in seinem bekannten
Werke Free Town Libraries, their Formation, Management
and History in Britain, France, Germany and America
(London 1869, 8⁰).

In Nordamerika endlich hat das Bureau of Education
in den Public Libraries in the U. S. of America; their
History, Condition and Management. Special Report. [ed. by
S. R. Warren and S. N. Clark] (Washington 1876, 8⁰), ein
monumentales Quellenwerk in Bezug auf das Bibliothekswesen in den Vereinigten Staaten herausgegeben, welches
äußerst wertvolle Beiträge amerikanischer Bibliothekare zur
Bibliothekslehre enthält.

15. Soweit die selbständigen Schriften über die Bibliothekslehre[26]. Um nun unsere Litteraturübersicht in wünschenswerter Weise zu einem möglichst abgerundeten Bilde zu vervollständigen, sei zum Schlusse noch den wichtigeren bibliothekswissenschaftlichen Zeitschriften, welche zu einer reichen

Fundgrube unserer Wissenschaft geworden sind, eine kurze Besprechung gewidmet. Dieselben sind verhältnismäßig jungen Datums. Noch in den dreißiger Jahren dieses Jahrhunderts gab es in Deutschland kein periodisches Organ, welches, wie Petzholdt die Aufgabe eines solchen definiert, „über die litterarischen Vorkommnisse auf dem bibliothekswissenschaftlichen Gebiete fortlaufend Bericht erstattet und die weitverzweigten Interessen der für die Förderung wissenschaftlicher Bestrebungen so wichtigen Institute, der Bibliotheken, zur Sprache gebracht hätte". Es ist das bleibende Verdienst zweier Männer, fast zu gleicher Zeit nach einer zweifachen Richtung hin Abhilfe geschaffen zu haben. Dr. Robert Naumann, ordentlicher Lehrer am Gymnasium zu St. Nicolai und Stadtbibliothekar zu Leipzig, entsandte im September 1839 an die deutschen Bibliothekare und an andere mit der Bibliothekswissenschaft oder einzelnen Teilen derselben vertraute Männer einen Prospekt, worin die Begründung einer Bibliothekszeitschrift vorgeschlagen wurde. Die Aufgabe derselben sollte sein, darauf aufmerksam zu machen, was die einzelnen (öffentlichen und nach Befinden auch Privat-) Bibliotheken an seltenen und noch nicht anderwärts beschriebenen Handschriften und Druckwerken aufzuweisen hätten; alles zu veröffentlichen, was zur Geschichte der einzelnen Bibliotheken gehöre, wie Berichte über die (jährlichen) Acquisitionen, Personalveränderungen ꝛc., sowie schließlich alljährlich ein Verzeichnis der sämtlichen deutschen Bibliotheksbeamten zu geben. Der Plan erlangte feste Gestalt und so trat am 15. Januar 1840 — dem Jahre des vierhundertjährigen Jubiläums der Erfindung der Buchdruckerkunst — das erste deutsche bibliothekswissenschaftliche Fachjournal ins Leben, als

Serapeum [29]. Zeitschrift für Bibliothekwissenschaft, Handschriftenkunde und ältere Litteratur, herausgegeben von Dr. Robert Naumann (Leipzig 1840, 8º) mit einer Beilage Intelligenzblatt, enthaltend Bibliotheksordnungen, neueste in- und ausländische Litteratur, antiquarische Bücher ꝛc. Es

erschienen bis 1870 31 Jahrgänge, reich an litterärgeschicht=
lichen Untersuchungen und Beiträgen zur Handschriftenkunde,
arm aber an eigentlichen Aufsätzen über die Bibliotheks=
wissenschaft selbst. Es fehlte die unentbehrliche Mithilfe
möglichst zahlreicher Fachgenossen. So ging die Zeitschrift
in dem genannten Jahre ein, aus Mangel an Teilnahme,
materieller sowohl als wissenschaftlicher, wie der Heraus=
geber selbst in seinem Abschiedsworte hervorgehoben hat.

Zu derselben Zeit, während der auf dem Gebiete des anti=
quarischen Buchhandels bekannte und angesehene Buchhändler
T. O. Weigel in Leipzig das Serapeum in seinen Verlag
nahm, hatte Dr. Julius Petzholdt, Bibliothekar der
Bibliothek der Prinzlichen Secundogenitur zu Dresden, die
Herausgabe von Jahrbüchern der Bibliothekswissenschaft[30]
geplant und angekündigt, stand aber, „weil die von ihm
gewonnene Firma sich der Weigelschen nicht im entferntesten
ebenbürtig an die Seite stellen konnte", in der Folge hiervon
ab und begründete an deren Statt den

Anzeiger für Literatur der Bibliothekwissenschaft, 1840
bis 44, der Bibliothekwissenschaft, 1845—49, für Biblio=
graphie und Bibliothekwissenschaft, 1850—55 (zuerst bei
Arnold in Dresden, dann bei Schmidt in Halle), seit 1856
Neuer Anzeiger für Bibliographie und Bibliothekwissenschaft
(Dresden bei Schönfeld). 45 Jahre lang führte Petzholdt in
unermüdlicher, aufopfernder Weise die Redaktion dieser nament=
lich in bibliographischer Hinsicht wichtigen und verdienstvollen
Zeitschrift, deren hervorragendster und thätigster Mitarbeiter
von Anfang an er selbst war. 1884 trat Petzholdt, durch
zunehmendes Alter gezwungen, von der Leitung zurück, worauf
das Journal unter der Redaktion von Joseph Kürschner an
die Firma W. Spemann in Stuttgart und Berlin überging,
jedoch bereits nach zwei Jahren (1886) erlosch.

Das Ende des Anzeigers war beschleunigt worden durch
die Ausführung eines neuen Unternehmens auf diesem Gebiete,
welches in Rücksicht auf die stattliche Anzahl fachmännischer

Mitarbeiter, die ihre Beihilfe im voraus zugesichert hatten, und unterstützt von seiten des Kgl. Preußischen Kultus= ministeriums, von Anfang an gegründete Aussicht bot, die an den Namen der neuen Zeitschrift geknüpften Erwartungen nach jeder Richtung hin zu erfüllen. Im Verlage von Otto Harrassowitz in Leipzig erschien nämlich seit 1884 in monat= lichen Heften das

Centralblatt [31] für Bibliothekswesen, herausgegeben unter ständiger Mitwirkung zahlreicher Fachgenossen des In= und Auslandes von Dr. O. Hartwig, Oberbibliothekar in Halle, und Dr. K. Schulz, Reichsgerichtsbibliothekar in Leipzig, welches, seit dem dritten Jahrgange von dem Erstgenannten allein redigiert, sich einer stetig wachsenden Leserzahl erfreut und sich die werkthätige Teilnahme des fachmännischen Publikums ungeschwächt zu erhalten verstanden hat. In den seit 1888 nach Bedürfnis erscheinenden Beiheften zum Centralblatt finden größere Abhandlungen, welche sich im Hauptblatt nicht unterbringen lassen, die gewünschte Unter= kunft und ihre selbständige Verbreitung.

Einen diesen Beiheften verwandten Zweck verfolgt die in Berlin bei Asher & Co. seit 1887 verlegte

Sammlung bibliothekswissenschaftlicher Arbeiten. Heraus= gegeben von Karl Dziatzko, o. ö. Professor der Bibliotheks= hülfswissenschaften und Oberbibliothekar der Universität Göttingen, welche sich zur Aufgabe stellte, wissenschaftliche Arbeiten philologischer, litterärgeschichtlicher sowie technischer Art aus dem Gebiete der bibliothekarischen Berufsthätigkeit aufzunehmen und namentlich die zusammenhängende, mono= graphische Behandlung größerer Stoffe zu fördern.

Während somit Deutschland auf dem Gebiete der bibliotheks= wissenschaftlichen periodischen Litteratur in neuerer Zeit gut vertreten war, sind auch bei den übrigen hervorragenden Kulturnationen inzwischen Fachjournale entstanden, welche den Zwecken des Bibliothekswesens zu dienen bestimmt sind.

Mehr noch allerdings für die Bibliothekskunde als die Bibliothekslehre von Bedeutung ist das mit Unterstützung der französischen[32] Regierung seit 1884 herausgegebene

Bulletin des bibliothèques et des archives publié sous les auspices du Ministère de l'instruction publique (Paris bei H. Champion), welches in seinen vierteljährlich erscheinenden Heften namentlich eingehende und zuverlässige Nachrichten über das französische Bibliothekswesen im allgemeinen und die einzelnen Bibliotheken Frankreichs bringt.

In Spanien entstand 1881 ein

Anuario[33] del cuerpo facultativo de archiveros, bibliotecarios y anticuarios, welches sich zur Aufgabe setzte, über die spanischen Bibliotheken auf das ausführlichste Bericht zu erstatten.

In Italien gab Eugenio Bianchi[34] bereits 1867 den ersten Jahrgang eines allerdings früh erlöschenden

Giornale delle Biblioteche heraus und neuerdings hat der Bibliothekar der Marucelliana in Florenz, Dr. Guido Biagi, die Rivista[35] delle Biblioteche. Periodico di biblioteconomia e di bibliografia (Firenze), neu begründet, welche eine sehr beifällige Aufnahme gefunden hat.

Als Organ der nordamerikanischen und in den ersten Jahrgängen auch der englischen bibliothekarischen Vereinigung hat das in New York seit 1876 erscheinende Library Journal. Official Organ of the American Library Association, hrsg. von C. A. Cutter, Bibliothekar des Boston Athenaeum, bisher sowohl für die Bibliothekslehre nach jeder Richtung hin, wie auch für die Kunde des amerikanischen Bibliothekswesens anerkannt Vorzüglichstes geleistet.

Die englischen Bibliothekare gaben behufs Berichterstattung über ihre monatlichen Versammlungen seit 1880 selbständig die Monthly Notes heraus, während über die Verhandlungen der Jahresversammlungen in den Transactions and Proceedings of the .... Annual Meeting of the Library Association of the United Kingdom berichtet wird.

Ihr wissenschaftliches Fachorgan bildete seit 1884 The Library Chronicle [36]. A Journal of Librarianship and Bibliography (London bei J. Davy & Sons), und seit 1889 The Library [37]: a Magazine of Bibliography and Literature (London bei Elliot Stock), Publikationen, welche mit Recht über die Grenzen des vereinigten Königreichs hinaus die Beachtung der Bibliothekare gefunden haben [38].

Erster Teil.

Von dem Gebäude, den Beamten und Mitteln der Bibliothek.

Erstes Kapitel.
Vom Bibliotheksgebäude.

Erster Abschnitt.
Allgemeine Anforderungen an das Bibliotheksgebäude.

Die Frage nach der besten Art der Aufbewahrung des Bücherschatzes ist für eine jede Bibliothek von tief einschneidender Bedeutung, da nicht nur ihre Erhaltung und Bewahrung sondern auch ihre ausgiebige und bequeme Benutzung ganz wesentlich davon abhängig ist. Die Lösung derselben gehört der bibliothekarischen Architektonik oder der Bibliotheksbaukunst an[39]. Sache des Bibliothekars ist es indessen, dem Architekten bei Ausarbeitung des Bauplanes ratend zur Seite zu stehen, da eben nur er alle Bedürfnisse der ihm unterstellten Anstalt genau kennt und verpflichtet ist, für deren Berücksichtigung Sorge zu tragen.

Eine der ersten Forderungen an denjenigen, der die Bibliothek bauen soll, ist gewiß die, daß er sein Hauptaugenmerk auf die künftige Sicherheit des Gebäudes vor Feuersgefahr eines und andern Teiles vor Feuchtigkeit zu richten habe: beides kann durch die Wahl eines Platzes, auf den das Gebäude von feuergefährlicher Nachbarschaft, wie besonders Fabriken, entfernt und überhaupt möglichst isoliert [40] womöglich auch nicht in völlig gleichem Niveau mit den umgebenden Lokalitäten, sondern etwas höher zu stehen kommt, am besten erreicht werden. Dieser Platz muß ferner in volksreichen und sehr lebhaften Orten von dem Getümmel und Geräusche der Straßen so viel als möglich abgelegen sein und doch auch wieder eine Lage haben, welche für das Publikum, zu dessen Gebrauche die Bibliothek bestimmt ist, hinsichtlich des Besuches und der Benutzung derselben nicht allzugroße Unbequemlichkeiten biete. Auch muß die Erwägung, ob der zu wählende Platz in späterer Zeit eine Erweiterung des Gebäudes erforderlichen Falles zulasse, mit voranstehen, weil die Erfahrung gelehrt hat, daß ein von Haus aus sehr zweckmäßiges Gebäude, wenn bei der eintretenden Notwendigkeit einer Erweiterung der Platz selbst keinen Raum dazu hergiebt, dann leicht zu einem sehr unzweckmäßigen umgestaltet, oft geradezu verunstaltet werden muß [41].

Wie bei der Wahl des Platzes, so ist auch bei dem Entwurfe des Planes vor allem auf die möglichste Sicherung des Gebäudes vor der Gefahr von Feuer und Nässe Bedacht zu nehmen. Außerdem sind die größte Geräumigkeit und Bequemlichkeit, sowie die beste Beleuchtung des Gebäudes diejenigen Gesichtspunkte, welche von dem, der mit dem Entwurfe des Planes beauftragt ist, unbedingt im Auge behalten werden müssen.

Zur Sicherung des Gebäudes gegen die Feuchtigkeit haben Vitruv [42] und alle, die ihm lange Zeit gefolgt sind und nachgebetet haben, und denen die Ahnung einer andern Gefahr, nämlich der Gefahr des Feuers, vollständig fremd geblieben zu sein scheint, nichts weiter zu raten gewußt, als daß das Gebäude nach Morgen hin gerichtet werden solle. Aber dies reicht bei weitem nicht aus. Die besten Mittel gegen die Nässe sind zahlreiche Fenster, die freilich auch fleißig zur Lüftung [43] geöffnet werden müssen, schließbare Luftzüge in den Umfassungsmauern; zum Schutze gegen die Feuchtigkeit vom Boden aus muß das Gebäude, zumal wo es ohnehin

nicht auf einer Erhöhung gelegen ist, auf einen etwas erhöhten
Unterbau gegründet werden.

Wider Feuersgefahr dagegen wird, wie Leger richtig an=
giebt, das Gebäude, welches am zweckmäßigsten mit einem
Kupfer= oder Zinkdache zu versehen ist, durch massive Auf=
führung der Umfassungsmauern, durch womöglich steinerne
Decken der einzelnen Räume und steinernen Unterbau des
Fußbodens, sowie dadurch geschützt, daß alle Einheizungs=
räume nur von außen zugänglich sind, die Rauchröhren nicht
durch die Bibliotheksräume geführt werden, und die im Not=
falle durchgeführten Rauchröhren von dickem, mit großer
Vorsicht aufgeführtem Mauerwerke bestehen. Neuerdings
haben sich sorgfältig eingerichtete Zentralheizungen, welche
den Bibliotheksräumen die erwärmte Luft zuführen, gut
bewährt. Dieselben geben nicht nur eine angenehme, leicht
zu regulierende Temperatur, sondern bieten auch dadurch, daß
sie gleichzeitig die Büchersäle bis zu einem gewissen Grade
mit erwärmen, einen guten Schutz gegen Feuchtigkeit. Gegen
Gewitterschäden mögen solche Gebäude, die mit Blitzableitern
versehen, und überhaupt in nicht allzu großer Höhe, nicht
viel über zwei Stockwerke hoch, aufgeführt sind, ziemlich hin=
reichend geschützt sein. Für den Fall der Feuersgefahr selbst
aber, deren Möglichkeit, trotz der vortrefflichsten und sorg=
fältigsten Vorsichtsmaßregeln, gleichwohl immer gegeben
bleibt, werden sich das Vorhandensein von Löschgerät, wo=
möglich Wasserleitung im Gebäude selbst, mindestens ein
Brunnen oder fließendes Wasser in der Nähe, und die Ein=
richtung, daß von den Bibliotheksbeamten wenigstens einige
in der nächsten Umgebung wohnen, erfahrungsmäßig sehr
zweckdienlich erweisen.

In Ansehung der Räumlichkeit und Bequemlichkeit des
Gebäudes muß als Grundsatz stets das festgehalten werden,
daß dasselbe dazu bestimmt sei, die möglich größte Anzahl
von Büchern auf die, trotz äußerster Ausnützung des Raumes,
für den Gebrauch bequemste Art in sich aufzunehmen und
aufzubewahren. Es leuchtet ein, daß man da, wo diesem

Grundsatz nicht gehörig Rechnung getragen worden ist, leicht genötigt sein kann, über kurz oder lang zu Reparatur= und Neubauten, die auf den geordneten Geschäftsgang einer Bibliothek immer störend einwirken müssen, zu schreiten oder der für den zweckdienlichen Gebrauch der Bibliothek durchaus erforderlichen Bequemlichkeit Abbruch zu thun.

Ebenso einleuchtend ist es, daß in Bezug auf die für ein Bibliotheksgebäude erforderliche Helligkeit in den inneren Räumen ein gutes und gleichförmig verteiltes, womöglich von allen Seiten zufließendes Licht für alle Arten von Arbeiten in der Bibliothek eine notwendige Bedingung ist. Die Mittel, dieses Licht — es versteht sich, unter Abwendung aller schäd= lichen Einflüsse der Sonnenstrahlen — dem Gebäude zu ver= schaffen, können nicht bloß verschiedene sein, sondern werden auch je nach den topographischen Verhältnissen verschiedene sein müssen. Genügen z. B. an dem einen Orte weite und hohe, den Bücherrepositorien gegenüber angelegte Fenster= öffnungen, so werden diese·an anderen Orten nicht gleichgute Dienste leisten. Wie Leger bemerkt, wird das Licht für Bibliotheksgebäude in südlichen Gegenden am besten aus einem gläsernen Dache oder aus einer gläsernen Bedeckung des offenen Nabels einer Kuppel, in nördlichen Gegenden aus einer großen Kuppellaterne oder aus den Widerlagen eines runden oder aus den Seiten eines parallelepipedalischen Oberbaues gewonnen werden. Indessen wird es nach den gemachten Erfahrungen immer geraten bleiben, neben dem bewährten Oberlicht, wo es irgend angeht, auch das Seiten= licht mit heranzuziehen, und auf diese Weise eine gemischte Beleuchtung, die man neuerdings namentlich bei freistehenden Bibliotheken vielfach erprobt hat, herzustellen.

Was die künstliche Beleuchtung [44] anlangt, so bleibt die= selbe bei einer beträchtlichen Anzahl von Bibliotheken aus dem Grunde außer Spiel, weil dieselben nur zur Tageszeit geöffnet sind. An denjenigen Bibliotheken, deren Lesesäle auch während der Abendstunden der Benutzung freistehen, bringt

man meistenteils Gas in Anwendung. Hie und da hat man
in neuester Zeit elektrisches Licht eingeführt.

Schließlich sei noch darauf hingewiesen, daß, wie bei dem
Entwurfe eines Planes für jedes andere Gebäude, so auch
namentlich bei einer Bibliothek die Idee der architektonischen
Schönheit der der Zweckmäßigkeit durchaus hintangestellt
werden muß. Es bleibt dem Architekten bei der Ausführung
des Baues noch immer Raum genug, daß er seinem Kunst=
gefühle und sonstigen künstlerischen Gelüsten, der Bibliothek,
„als der Niederlage wissenschaftlicher Hilfsquellen, aus=
gezeichneter Geistesprodukte und Vorarbeiten zur fort=
schreitenden Kultur des Menschengeschlechtes“, ein mit ihrer
Bestimmung harmonierendes Ansehen von innen und außen
zu geben und den Gesamteindruck durch Anwendung von
„hohen Säulen, hohen Gesimsen, kühnen Bögen, starken Aus=
ladungen, sinnreichen und bedeutungsvollen Skulpturen, licht=
vollen und heiteren Farben“ thunlichst zu heben, freies Spiel
gönnen kann, auch wenn er den rein praktischen Gesichtspunkt
im allgemeinen grundsätzlich vorwalten läßt. Daß die Zweck=
mäßigkeit den Ausschlag zu geben hat, ist eigentlich eine selbst=
verständliche Forderung, und doch wurde derselben häufig so
wenig Rechnung getragen, daß noch in den früheren Auflagen
des Katechismus die Nichtbeachtung derselben mit folgenden
derben Worten zu geißeln für nötig befunden wurde: Man
baut Pferde= und Kuhställe und vergißt dabei selten die
Frage, ob der Bauplatz sowohl als der Bauplan dem Zwecke,
wozu das Gebäude bestimmt ist, gehörig entspreche, und ob
bei dem Entwurfe auf die Bedürfnisse der künftigen Inwohner
des Gebäudes, des lieben Viehes, die erforderliche Rücksicht
genommen worden sei, in sehr sorgsame Erwägung zu ziehen;
warum sollte es da nicht billig sein, zu verlangen, daß auch
hinsichtlich des Entwurfes von Gebäuden für Bibliotheken,
die Ställe der melkenden Kühe für tausende von Nahrung
suchenden Litteraten und so manchen schreibfertigen Biblio=
thekar, der nämlichen Frage geziemende Rechnung getragen
werde! Hoffe man von der Zukunft, daß die lebendige

Überzeugung von der Billigkeit eines solchen Verlangens allseitig zum Durchbruch kommen möge.

Zuvor hatte schon Molbech in seinem Lehrbuche mit Nachdruck geäußert: „Man wird, wenn man die meisten neuesten Schriften über Baukunst, in welchen von Bibliotheken die Rede ist, nachsieht, finden, daß die Architekten diesen Gegenstand unvollständig und ohne hinlängliche Sachkenntnis behandelt haben, oder vielmehr ohne die Idee der Schönheit und Pracht der unbezweifelt höhern Idee, daß jedes Gebäude seiner Bestimmung entsprechen muß [45], unterzuordnen. Will man eine Bibliothek bauen, so hat man ganz andere Dinge zu bedenken, als die Ausführung eines ansehnlichen, äußerlich wohl proportionierten, mit Säulen, Portalen u. s. w. gezierten Gebäudes, dessen innerer Raum ebenfalls vorzüglich oder doch mehr zur Augenlust eingerichtet ist, als auf die bequemste und sicherste Weise die möglichst größte Anzahl Bücher zu bewahren". Gleichzeitig ist wohl zu beachten, daß das Gebäude einer jeden einzelnen Bibliothek der dieser gegebenen besonderen Bestimmung nach Möglichkeit zu entsprechen habe [46].

Zweiter Abschnitt.
Bauliche Einrichtung des Bibliotheksgebäudes. — Blick in die Praxis.

Mit den bisherigen Andeutungen sind nur die allgemeinsten Vorbedingungen für einen zweckentsprechenden Bibliotheksbau namhaft gemacht; wir haben nunmehr die denselben zu gebende bauliche Einrichtung näher ins Auge zu fassen.

Die Betrachtung der Räumlichkeiten an sich könnte allerdings eine sehr kurze sein, und zwar um deswillen, weil die Erfordernisse, die für das Gebäude überhaupt gelten, auch auf die einzelnen Räume ihre Anwendung finden, und daher das, was über den Schutz vor der Gefahr von Feuer und Nässe, sowie über die Helligkeit des ganzen Gebäudes im

allgemeinen gesagt worden ist, auch auf jeden einzelnen Raum
nach Maßgabe seiner Bestimmung sich verteilen muß. Indessen
macht es gerade jene verschiedenartige Bestimmung der
einzelnen Räume erforderlich, den inneren Ausbau derselben
noch etwas weiter zu verfolgen, um das im Entwurf gegebene
Bild des Gebäudes zu vervollständigen. Eine öffentliche
Bibliothek bedarf zu ihrem geschäftlichen Betriebe zunächst
geeigneter Arbeitsräume für das Verwaltungspersonal. Was
die Lage derselben anbetrifft, so dürfte diejenige nach Norden
zu bevorzugen sein und zwar aus dem Grunde, weil sie dem
Auge das gleichmäßigste und darum zuträglichste Licht bietet,
was bei südlicher Lage derselben, womit allerdings der Vorteil
größerer Wärme verbunden ist, nicht der Fall ist. Daß die
Arbeitszimmer, denen überhaupt eine möglichst zentrale Stelle
anzuweisen ist, namentlich auch da, wo die Räume für die
Verwaltung und den Verkehr mit dem Publikum von den
eigentlichen Büchermagazinen getrennt angelegt sind, bequeme
Zugänge nach den Büchermagazinen und dem Lesesaale bieten
müssen, ist eine eben so selbstverständliche Forderung, wie die=
jenige, daß dieselben für die rauhere Jahreszeit gut heizbar
seien. Besonders zu betonen aber ist eine ausgiebige Venti=
lation derselben, damit die gesundheitsschädlichen Wirkungen
des Bücherstaubes, der sich auch bei sorgfältigster Reinigung
und Lüftung immer wieder von neuem sammelt, möglichst
gemildert werden. Die nötige Geräumigkeit möge in den=
jenigen Fällen, wo außer dem Zimmer des Oberbibliothekars
nur ein einziger Arbeitsraum für die Beamten zur Verfügung
steht, nicht außer acht gelassen werden, um für besondere
Fälle, welche eine vorübergehende Vermehrung des Personals
bedingen, Platz zu haben. Das Ausleihezimmer wird selbst
bei kleineren Bibliotheken zur Vermeidung von Störung für
die arbeitenden Beamten vom Custodenzimmer zu trennen
sein, was nicht überall geschehen ist; dasselbe muß für die
Benutzer der Bibliothek leicht auffindbar und zugänglich sein,
gute Beleuchtung bieten und eine derartige Ausdehnung
besitzen, daß es auch bei größerem Andrange, wie dieser an

den Tagen der allgemeinen Bücherrücklieferung und Neu-
ausleihung stattfindet, noch immer genüge.

Wo das Beamtenpersonal ein zahlreicheres und der
Geschäftskreis ein größerer ist, werden sich dementsprechend
nicht nur die Arbeitsräume vermehren, sondern es werden
auch ein oder mehrere Zimmer für die ungebundenen Werke
und Zeitschriften, nach Bedarf eine Buchbinderwerkstätte,
Packkammern für die Diener und dergleichen hinzukommen.
Für das Publikum endlich bedarf es einer leicht kontrollierbaren
Garderobe, wenn möglich in nächster Nähe des Lesesaales.

Denn ein solcher ist heutzutage bei einer jeden Bibliothek
— mag es bei kleineren auch nur ein einfaches Lesezimmer
sein — für die Benutzer ein Haupterfordernis. Geradezu
unentbehrlich ist er für diejenigen Bibliotheken, welche Bücher
nur unter erschwerenden Bedingungen oder gar nicht verleihen,
da sich in solchen Fällen der gesamte Verkehr der Bibliothek
mit dem Publikum ausschließlich auf ihn konzentriert. Die
Größe desselben wird sich nach den gegebenen Verhältnissen
richten müssen. Der Lesesaal einer großen Bibliothek sei hell,
hoch und geräumig, ausgiebig lüftbar, gut heizbar, gesondert
von den Büchersälen sowie allen etwaiger Störung von
außen oder innen ausgesetzten Räumen, würdevoll in seinen
architektonischen Verhältnissen, aber nicht prunkhaft, eine allezeit freundliche und behagliche Heimstätte der Wissenschaft.

Die Bücherräume endlich müssen so angelegt sein, daß sie
der Bestimmung, die bereits oben für das Gebäude im allgemeinen aufgestellt worden ist, entsprechen, unter höchster
Ersparnis an Platz die größtmögliche Anzahl von Büchern
in sich zu fassen, ohne daß dabei die Übersicht und leichte
Benutzung derselben leide. Für die Aufbewahrung der Handschriften und Cimelien sind besondere Zimmer vorzusehen.
Und wenn schon für alle Räume der Bibliothek die möglichste
Sicherheit wünschenswert ist, so muß eine solche ganz vorzugsweise für die Handschriften- und Archivräume, welche
die Bestimmung haben, zumteil unersetzliche Schätze anvertraut

zu erhalten, gefordert werden. Gewölbte Decken dürften daher
für diese Räume vor allen anderen zu empfehlen sein.

Dies wäre im wesentlichen das, was für einen brauch=
baren Bibliotheksbau hauptsächlich in Betracht kommt. Um
nun das im Umrisse vorgeführte Bild auch an einigen Bei=
spielen zu erläutern, wollen wir im Folgenden einen Blick
in die Praxis werfen und zusehen, wie die Bibliotheks=
baukunst die ihr gestellte Aufgabe bisher zu lösen versucht
hat[17]. Es wird sich dabei zeigen, daß in neuester Zeit
bedeutende Fortschritte zu verzeichnen sind; bei der ungemeinen
Regsamkeit und dem internationalen Wetteifer, der gerade auf
diesem Gebiete herrscht, steht außerdem mit Sicherheit zu
erwarten, daß die Zukunft noch weitere Verbesserungen
bringen werde.

In früherer Zeit begnügte man sich bei uns in der Mehr=
zahl der Fälle damit, bereits bestehende Gebäude für die
Bibliotheken in Beschlag zu nehmen, ohne weiter danach zu
fragen, ob sie auch zur Aufnahme von Bibliotheken passend
seien. Die Beantwortung der Frage, ob ein Gebäude Raum
genug biete, um die anzuschaffenden oder schon vorhandenen
Bücher und vielleicht auch den in der Folge zu erwartenden
Zuwachs aufnehmen zu können, war meistenteils der Haupt=
sache nach alles, wovon man die Entscheidung über Benutzung
eines Gebäudes zur Bibliothek abhängig machte, und doch
kann ein Gebäude in Hinsicht seines Raumes allen nur mög=
lichen Anforderungen vollkommen entsprechen, ohne deshalb
für eine Bibliothek geeignet zu sein. Wo man eigene Gebäude
errichtete, da gaben ausschließlich ästhetische Gründe den
Ausschlag. Nach außen Paläste, enthielten sie im Innern einen
oder mehrere Prunksäle, worin die Bücher längs der Wände
in hohen, meist nur durch Leitern vollständig zu erreichenden
Bücherrepositorien aufgestellt waren.

Dies ist namentlich bei den älteren italienischen Biblio=
theken der Fall, von denen jene luxuriöse Bauart ausgegangen
ist[18]. In Deutschland war das erste Gebäude, welches für
die besonderen Zwecke einer Bibliothek — allerdings noch

ganz nach italieniſchem Muſter[49] — eingerichtet wurde, das unter der Regierung Anton Ulrichs von Hermann Korb

Fig. 1. Die alte Bibliothek zu Wolfenbüttel.

1706 begonnene und unter Auguſt Wilhelm 1723 bezogene Gebäude der Herzoglichen Bibliothek zu Wolfenbüttel (Fig. 1),

welches lange Zeit als wohlgelungene Bibliotheksanlage
berühmt war. Dasselbe hat in neuester Zeit wegen Mangels
an nötiger Feuersicherheit — es war nur in seinen unteren
Teilen aus schlechtem Material massiv erbaut, im übrigen
(zu zwei Dritteln) aus Fachwerk, im Innern ganz aus Holz —
durch einen Neubau ersetzt werden müssen, welcher 1887
bezogen worden ist.

Das Haus (um die von dem Bibliothekar Schönemann gegebene
Beschreibung zu wiederholen) bildete ein längliches Viereck von
rund 43 m Länge und von 31 m Breite, mit einem auf der
Mittagsseite vorspringenden bequemen und hellen Treppenstuhle, drei
Stockwerk hoch bis zum ersten Dache, über welchem sich noch eine
länglich runde Kuppel erhob, deren 24 Bogenfenster den inneren
großen Saal erleuchteten. Dieser in länglich runder Form, 28 m
lang, 22 m breit und vier Stockwerk hoch, war der Hauptgedanke
des Bauplanes, und überraschte jeden Besucher durch seine würdigen
Verhältnisse, deren Ausführung nur in den Nebensachen der eiligen
Vollendung wegen noch einiges zu wünschen übrig ließ. Zwölf
Pfeiler, nach den vier Stockwerken mit übereinandergestellten doppelten
dorischen, ionischen, korinthischen und toscanischen Pilastern geziert,
trugen die mit einem Freskogemälde des alten Götterhimmels
geschmückte Decke. Nur im ersten und zweiten Stockwerke des
Saales (dem zweiten und dritten des Hauses) waren Bücher auf=
gestellt, im dritten bildete die innere Wand, welche den Dachstuhl
stützte und die Interkolumnien ausfüllend verkleidete, den Sockel,
das vierte Stockwerk die Laterne der Kuppel. Zwischen der inneren
Wand des Saales und den Außenwänden des Gebäudes lief ein
breiter elliptischer und durch die Fenster der Außenseiten erleuchteter
Gang so umher, daß dadurch in den vier Ecken des Gebäudes noch
vier Zimmer, in beiden Stockwerken zusammen also noch acht fünf=
seitige Zimmer gewonnen waren, welche im unteren Raume die
Manuskripte, die Bibelsammlung und Registratur, im obern aber ver=
schiedene wissenschaftliche Fächer enthielten. Oben auf der Platte
der Kuppel, welche nur von außen mittels einer Wendeltreppe von
Eisenstäben erstiegen werden konnte, glänzte anfänglich eine über=
große vergoldete hölzerne Himmelskugel, die aber der drückenden
Last wegen bald wieder entfernt werden mußte und später durch
die Spitze eines Blitzableiters ersetzt wurde.

Einen wesentlichen Fortschritt auf dem Gebiete der
Bibliotheksbaukunst bedeutete der auf Befehl des kunstsinnigen
Königs Ludwig I. von Bayern nach dem Plane des Ober=
baurates Direktor Fr. v. Gärtner[50] für das allgemeine

Fig. 2. Die Königliche Hof- und Staatsbibliothek zu München.

Reichsarchiv und die Königliche Hof- und Staatsbibliothek
in München im Jahre 1832—1843 aufgeführte Prachtbau
(Fig. 2, 3, 4), indem an den Wänden der Büchersäle in

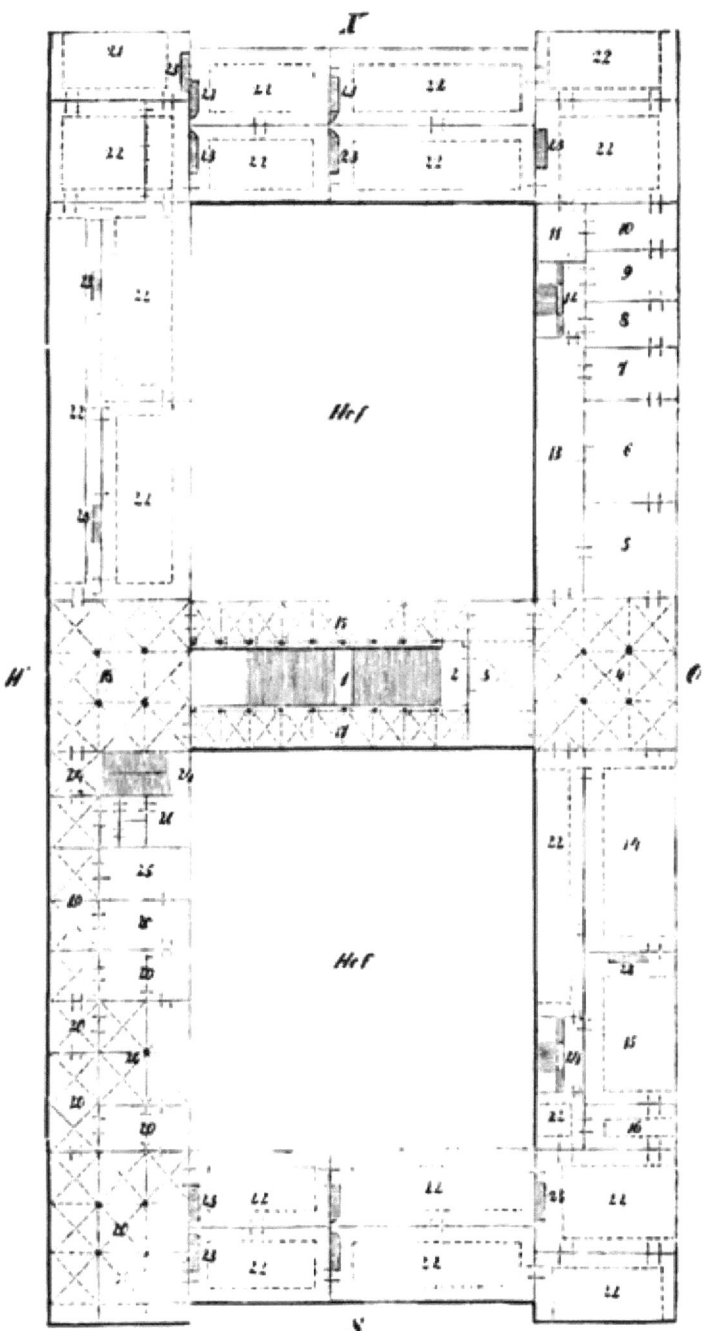

Fig. 3.   Grundriß der Kgl. Hof- und Staatsbibliothek zu München: Erstes Geschoß.

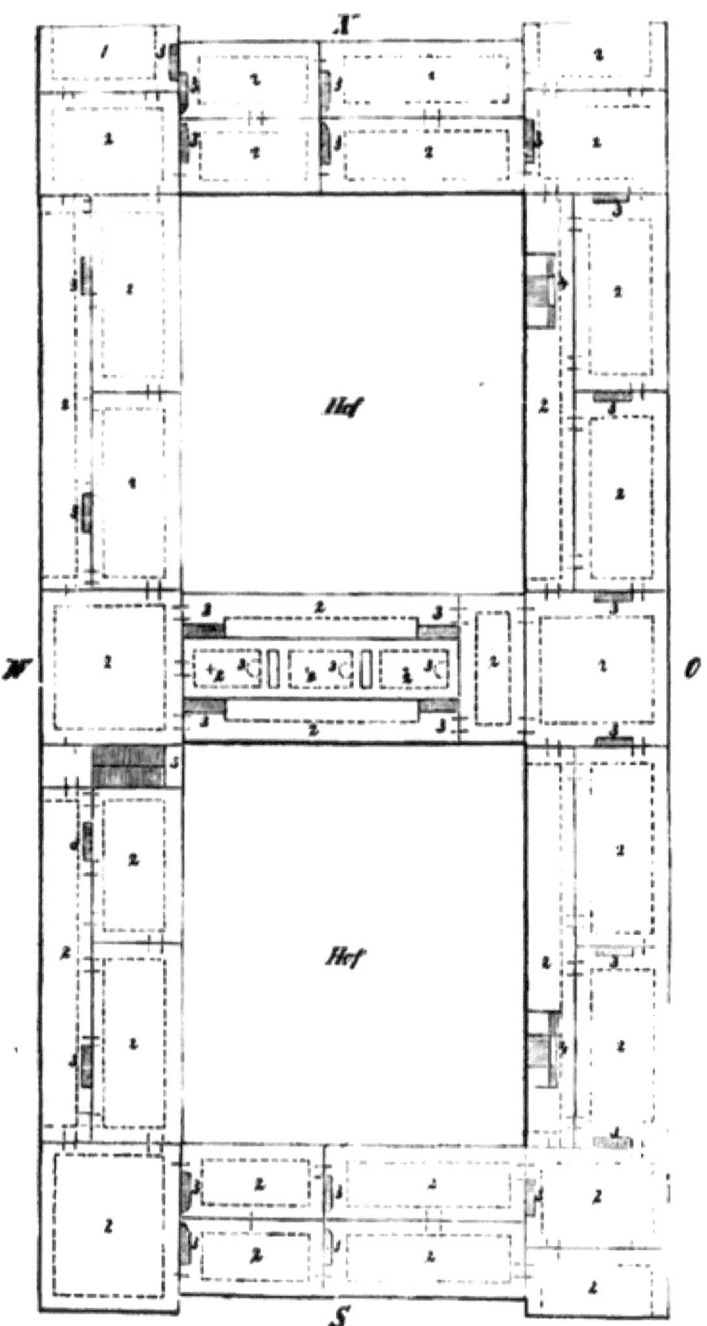

Fig. 4. Grundriß der Rgl. Hof- und Staatsbibliothek zu München: Zweites Geschoß.

Abſtänden von ungefähr 2.3 m in Galerien übereinander an=
gebracht wurden, die, unter ſich durch Treppen verbunden,
eine Ausnutzung der geſamten Wandflächen zur Bücher=
aufſtellung geſtatteten, ohne daß zu dem oft lebensgefährlichen
Hilfsmittel der Leitern gegriffen zu werden brauchte.

Das völlig iſoliert ſtehende Gebäude bildet ein längliches Vier=
eck, deſſen weſtlicher, wie die übrigen, 25 m hoher zweiſtöckiger
Flügel 151 m nach der Ludwigsſtraße zu einnimmt, während der
ihm entſprechende öſtliche nach dem engliſchen Garten gerichtet iſt.
Zwei kürzere Seitenflügel, der eine ſüdlich und dem Gebäude des
Kriegsminiſteriums, der andere nördlich und der Ludwigskirche gegen=
über, jeder zu 58 m, ſchließen das Viereck. Außerdem ſind der
vordere und hintere durch einen mittleren verbunden, durch
welchen im Innern zwei gleiche Höfe entſtehen, in deren jedem ſich
ein Brunnen, mit den Vorrichtungen für den Fall eines Brandes,
befindet. Außerdem iſt jetzt die Hochdruckwaſſerleitung im ganzen
Gebäude eingerichtet. Der Eingang iſt von der Straße aus auf
einer ſtattlichen Freitreppe, auf deren Brüſtung vier Statuen in
ſitzender Stellung von 2 m Höhe, nämlich Ariſtoteles, Thukydides,
Hippokrates und Homer, Kunſtwerke Sanguinettis und Meyers,
aufgeſtellt ſind. Vom Veſtibulum aus gelangt man links und
rechts in die Räume des allgemeinen Reichsarchives, welches das
ganze Erdgeſchoß einnimmt, geradeaus aber zwiſchen zwei Säulen=
reihen über eine breite Marmortreppe — ſtatt deren man ſich auch
einer Nebentreppe vom nördlichen Hofe aus bedienen kann — zur
Bibliothek, und zwar zunächſt nach der Mitte des öſtlichen, dem
Dienſte des Publikums gewidmeten Flügels. Zwei Schwanthalerſche
Standbilder aus weißem Marmor, von denen das eine den Herzog
Albrecht V., den erſten Stifter der Bibliothek, das andere den König
Ludwig I., den Gründer dieſes ihr gewidmeten Gebäudes, darſtellt,
ſtehen zu beiden Seiten des Einganges. Die weit mehr als
900 000 Bände Druck= und über 30 000 Handſchriften ſtarke
Bibliothek hat das ganze erſte und zweite Stockwerk inne, wo ſie
in 77 Säle und Zimmer verteilt iſt. Von den drei hier mitgeteilten
Darſtellungen (Fig. 2 bis 4) giebt die erſte die vordere Anſicht
des Gebäudes von der Ludwigsſtraße aus, und die zweite und dritte
den Grundriß der beiden oberen, der Bibliothek eingeräumten Stock=
werke. Zur Erklärung der beiden Grundriſſe werden folgende, von
Hrn. Direktor Dr. Laubmann gütigſt kontrollierte Bemerkungen genügen:
Im erſten Stockwerk bedeutet 1. die Haupttreppe, 2. den Eingang
zur Bibliothek, 3. den Ausleiheſaal, 4. den Leſeſaal, 5. das Sekre=
tariat, 6. den Journalſaal, 7. das Zimmer des Direktors, 8. das
Zimmer für Handſchriftenbenutzung, 9. das Zimmer eines Bibliothek=

beamten, 10. das Musikzimmer, 11. einen Vorplatz, 12. die Steintreppe
zum 2. Stockwerke, 13. einen Verbindungsgang, 14. den Katalog=
saal, 15. einen Büchersaal, 16. das Zimmer zur Aufbewahrung der
ungebundenen Bücher, 17. Korridore im Treppenhaus, 18. den Ver=
sammlungssaal (Fürsten= oder roter Saal genannt), 19. einen Ver=
bindungsgang, 20. Inkunabelnfäle, 21. die sogenannte Schatzkammer
für die Cimelien, 22. Räume für Bücher, sämtlich mit zwei Galerien,
zu welchen man auf 23. den kleinen Treppen, die auch in das
obere Stockwerk führen, gelangt, 24. Steintreppen, 25. die Senefelder=
Sammlung, 26. Klosetts; im zweiten Stockwerke 1. eine zweite
Schatzkammer für die wertvoll gebundenen Bücher, 2. Räume für
Bücher, 2.* dergleichen Räume, von oben erleuchtet, 3. Galerietreppen,
4. Ausgänge der steinernen, massiven Nebentreppen, 5. die Stein=
treppe zum Dachraume.

Galerien, von denen aus sämtliche Bücher mit der Hand
zu erreichen sind, ein großer offener, durch Oberlicht erleuchteter
Saal, an dessen Wänden jene Galerien herumlaufen, und
übereinander gebaute Alkoven, welche durch Fenster auch
Seitenlicht erhalten, bilden das wesentlichste Merkmal
namentlich der größeren amerikanischen Bibliotheken[51]. Die
öffentlichen Bibliotheken in Boston und Cincinnati, Boston
Athenaeum, die Astor=Bibliothek in New York, Peabody
Institute in Baltimore, endlich die Kongreß=Bibliothek in
Washington sind die hervorragendsten Beispiele jenes kon=
ventionellen amerikanischen Baustils. Wir geben im Folgenden
nach Poole die Beschreibung der Bibliothek des Peabody
Institute, welche das jüngste und, wie Poole hervorhebt,
gleichzeitig das am sorgfältigsten geplante und am besten
ausgeführte von allen genannten Gebäuden ist.

Der Büchersaal der Bibliothek (s. Fig. 5 S. 42) ist 26 m lang,
21 m breit und 19 m hoch. Vor demselben (s. Fig. 6) befindet
sich der 11 m lange und 22 m breite Lesesaal, hinter demselben ein
Aufzug, ein Arbeitsraum von 6 m Länge und 12 m Breite und
das Bibliothekszimmer von ebenfalls 6 m Länge und 5½ m Breite.
Die Alkoven sind sechs Stockwerke übereinandergebaut. Sie springen
durchgängig 5½ m von der Mauer ab, sind je 3½ m breit und
lassen einen schmalen Gang zunächst der Wand für den Durchgangs=
verkehr offen. Oberlicht und je zwei kleine Seitenfenster geben einem
jeden Alkoven reichliche Helligkeit. Der ganze Bau ist für 150 000
Bände berechnet und gewährt einen stattlichen Anblick; er erinnert
an die gotischen Kirchen des Mittelalters.

Fig. 5. Büchersaal der Bibliothek des Peabody Institute zu Baltimore.

Hier ist für den Lesesaal, wie wir sehen, ein besonderer Raum bestimmt; bei der Mehrzahl jener Bibliotheken bildet indessen der leere Raum in der Mitte der Bücherhalle selbst

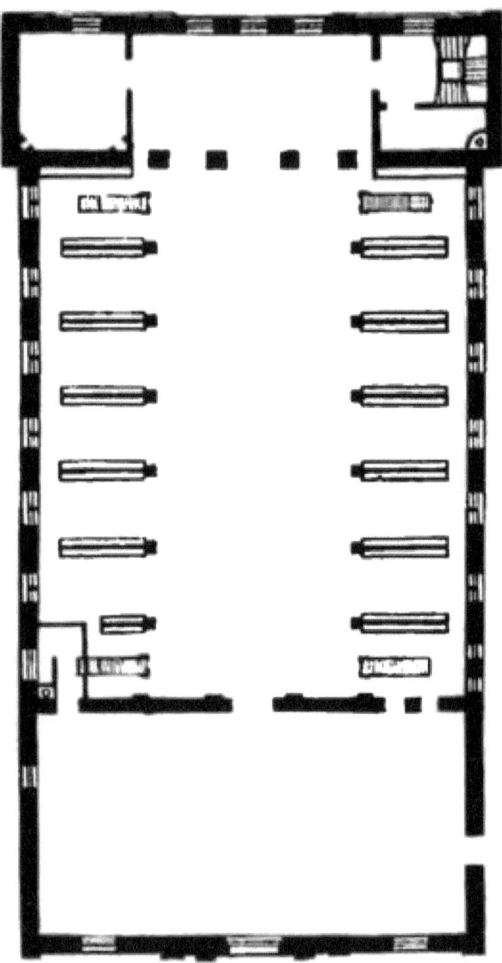

Fig. 6. Grundriß der Bibliothek des Peabody Institute zu Baltimore.

den Lesesaal. Trotz ihrer glänzenden äußeren Erscheinung haben jedoch alle diese „Saal=Bibliotheken" nicht zu über= sehende Schattenseiten. Mit Recht tadelt Poole die Raum= verschwendung im Zentrum — die namentlich bei der

Bibliothek des Peabody Institute, welche daneben einen
eigenen Lesesaal aufweist, besonders grell hervortritt —,
die Mangelhaftigkeit und Kostspieligkeit der Heizung, die
Schwierigkeiten der Erweiterung. Die förmlich übereinander=
getürmten Galerien erschweren das Herbeiholen der Bücher,
nicht etwa bloß wegen der zahlreichen Treppen, sondern weil
man sein Ziel meist nur auf Umwegen (durch Umschreibung
eines Parallelogrammes) erreichen kann. Infolge des Um=
standes, daß bei der Heizung und Beleuchtung die Wärme
nach oben steigt, leiden die Einbände der Bücher in den
höheren Stockwerken ganz ungemein und bei etwa ausbrechen=
dem Feuer ist alles gefährdet. Schließlich bringt die bei der
Mehrzahl der Bibliotheken übliche Benutzung des leeren
Mittelraumes als Lesezimmer die größten Störungen und
Unbequemlichkeiten für ein ruhiges Studium mit sich. Es
hat daher auch die Vereinigung der amerikanischen Biblio=
thekare jenes System für zukünftige Bauten seinerzeit ein=
stimmig verworfen [52].

Als Ersatz bietet Poole folgenden Plan dar (Fig. 7).

Auf einem nach allen Seiten hin freien Platze erhebe sich vorn
der Grundstock des Gebäudes mit den Arbeitsräumen der Biblio=
thekare und sonstigen Verwaltungsräumen. An diesen schließen sich
zuvörderst zu beiden Seiten, dann nach rückwärts selbständige
Flügel an, welche schließlich eine größere leergelassene Fläche im
Innern als lichtspendenden Hof im Viereck umgeben. Nimmt man
den Bauplatz beispielsweise zu 60 m im Quadrat an, so würde
das Zentralgebäude 18 m Breite und 22 m Tiefe erhalten,
die einzelnen in den Flügeln befindlichen Bücherräume würden
durchschnittlich etwa 16 m breit und 5 m hoch gebaut, ihre
Länge würde von dem jeweiligen Bedürfnis abhängen. Jedes
dieser größeren Zimmer würde eine Spezialabteilung der Biblio=
thek in sich aufnehmen, das eine die Litteratur der schönen
Künste, das andere diejenige der Geschichte, der Geographie ꝛc. Ein
im Innern nach dem Hof zu durch Glas abgeschlossener Korridor
würde die Eingänge zu den einzelnen unter sich durch feuerfeste
Mauern getrennten Räumen vermitteln. Galerien und Alkoven
fallen auf diese Weise fort; die Bücher würden nur in Wand= und
Doppelrepositorien, welche durchweg mit der Hand zu erreichen
wären, innerhalb der Säle aufgestellt. Jeder dieser einzelnen Säle
würde von zwei Seiten (von außen und vom Hofe her) Licht

erhalten und mit Tischen und Stühlen in der Nähe der Eingangs=
thüre ausgestattet als Studierzimmer für das betreffende Fach dienen,
wobei der mit den Schätzen seiner besonderen Abteilung wohl ver=
traute Beamte das Publikum mit Rat und That zu unterstützen
hätte. Auf diese Weise wären stille Studierzimmer geschaffen, da
das geschäftliche Treiben sich nicht im Lesesaale selbst, sondern auf
den Korridors abspielen würde. Der allgemeine Lesesaal würde

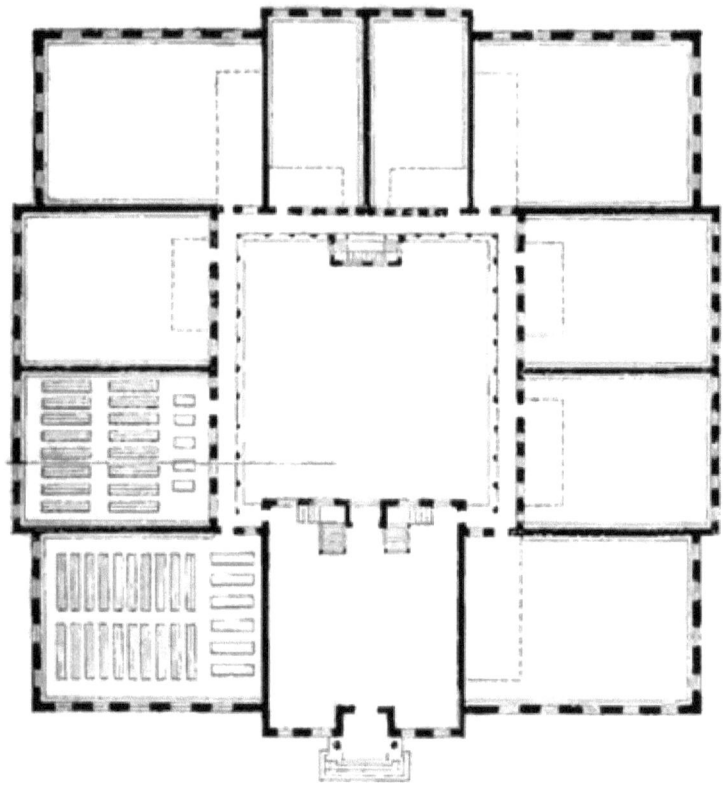

Fig. 7. Pooles Plan eines Bibliothekgebäudes.

ganz wegfallen, indem die Benutzer der Bibliothek sich auf die
Speziallesezimmer, welche unter sich Bücher austauschen könnten,
verteilen würden. Nur für Encyklopädien und größere Nachschlage=
werke bliebe ein besonderer Raum reserviert. Das Gebäude würde
je nach Bedarf in drei, vier und mehr Stockwerken aufzuführen sein,
wobei neben den Treppen ein Aufzug den Verkehr nach oben
erleichtern würde.

Die Vorteile einer derartigen Anlage gegen die bisher in Amerika üblichen sind unverkennbar, zuvörderst hinsichtlich der Feuersgefahr. Denn wenn das ganze Gebäude, wie dies notwendiger Weise geschehen muß, aus feuerfestem Material aufgeführt wird, die einzelnen Gemächer aber unter sich durch feste Mauern geschieden sind, so kann ein etwa entstehender Brand, rechtzeitig bemerkt, leicht auf das betreffende Lokal beschränkt werden. Der leere Raum ist auf ein Minimum reduziert; da die Galerien, wie erwähnt, wegfallen, so werden damit auch die Nachteile der Überheizung in den oberen Teilen der Bibliothek[53] beseitigt, alle Räume lassen sich vielmehr gleichmäßig und ohne jene enormen Kosten, welche bei den üblichen Anlagen erforderlich sind, heizen; das Herbeiholen der Bücher für die einzelnen Lesesäle bietet weder Schwierigkeiten noch Zeitverlust; letztere selbst sind befreit von unliebsamen Störungen. Allerdings erfordert eine derartig geplante Bibliothekseinrichtung ein zahlreiches Beamtenpersonal, wie es unseren europäischen Bibliotheken in der Mehrzahl versagt ist, den größeren amerikanischen Anstalten dagegen durchweg zu Gebote steht.

In Europa behauptete sich zwar jenes ältere System gleichfalls bis in die neuere Zeit herein. So wird in der berühmten von Labrouste 1843—1850 aufgeführten Bibliothek St. Geneviève zu Paris der ganze Oberteil des Gebäudes von einem einzigen großen, durch hohes Seitenlicht erleuchteten Saal von 1780 qm Grundfläche eingenommen, der in seinem mittleren Teile als Lesesaal für 420 Personen dient, während längs der Wände doppelte frei stehende Büchergerüste und darüber auf einer Galerie Wandgerüste angeordnet sind, welche zusammen 100000 Bände fassen. So hat ferner der Pariser Architekt Questel in der neuen städtischen Bibliothek zu Grenoble ein dem herkömmlichen amerikanischen Baustile in jeder Beziehung entsprechendes Gebäude errichtet, nur daß hier der große Büchersaal in seinem mittleren leeren Raume die Schätze des Museums zur Ausstellung bringt.

Daneben hat sich jedoch neuerdings ein verbessertes, den an ein Bibliotheksgebäude zu stellenden Grundanforderungen entsprecheneres System mehr und mehr Bahn gebrochen, welches, unter Verzicht auf jede architektonische Wirkung, bei größter Sicherheit, Raumersparnis und Ausdehnungsfähigkeit zugleich die Bedingungen leichtester Übersichtlichkeit, Zugänglichkeit und Nutzbarkeit erfüllt, das sogenannte Magazinsystem. Dasselbe ging von dem Britischen Museum aus und ist bereits bei einer stattlichen Anzahl neuerer Bauten auf dem Kontinente in Anwendung gebracht, die sich durchgehends gut bewähren. Das Wesen desselben besteht nach der von Tiedemann [51] gegebenen Beschreibung kurz darin, daß die Büchergestelle bis auf die lediglich durch Verkehrsrücksichten bedingte Entfernung zusammengerückt werden, die man von Mitte zu Mitte auf etwa 2 m zu bemessen hat. Bei dieser engen Stellung der Repositorien werden die an denselben entlang laufenden Galerien, welche ohne Gebrauch von Leitern alle Fachbretter erreichbar machen, zu einem zwischen je zwei Büchergestellen hinlaufenden Gang zusammengezogen, und, um bei den schmalen Laufgängen und den niedrigen Geschoß= höhen von 2.1 bis 2.5 m zwischen denselben die Beleuchtung noch wirksam zu machen, die Zwischenböden aus Gußeisen durch= brochen konstruiert, so daß sie dem Lichtdurchfall verhältnis= mäßig große Öffnungen bieten. In den englischen und französischen Mustern kommt vorzugsweise Oberlicht zur Anwendung, doch lehrt die Erfahrung, daß es nicht ratsam ist, in diesem Falle mehr als drei niedrige Büchergeschosse übereinander anzuordnen, wenn die unteren Räume noch aus= reichende Beleuchtung erhalten sollen. Derartige Beschränkungen sind nicht erforderlich, wenn außer dem Oberlicht auch noch Seitenlicht zur Verfügung steht. Entsprechend den Laufgängen zwischen den Büchergestellen werden auch die breiten Mittel= gänge, gegen welche die letzteren rechtwinkelig anlaufen, in gleicher Höhe mit durchbrochenen eisernen Zwischendecken ver= sehen. Sie nehmen die Verbindungstreppen auf, und erhalten, wo das Oberlicht überwiegt, größere unbedeckte und mit Brüstungsgittern eingefaßte Öffnungen, durch welche reichliches Oberlicht hindurchfallen kann; bei Anwendung von Seitenlicht sind diese den Verkehr einengenden Öffnungen entbehrlich.

Das jetzige Gebäude des Britischen Museums [55] (s. Fig. 8 und 9) hat Sir Robert Smirke zum Erbauer, welcher 1823—26 noch ganz nach dem älteren Systeme den Grundstock errichtete, an welchen sich später weitere

Fig. 8. Das Britische Museum zu London.

Gebäulichkeiten wie der 1838 bezogene nördliche Flügel anschloſſen. Die Hauptfaçade des Gebäudes iſt 140 m lang und mit 44 ioniſchen Säulen verziert. Das Giebelfeld des Porticus, zu dem eine Freitreppe führt, iſt mit Skulpturen R. Weſtmacotts geſchmückt. Die großen Ausſtellungsſäle enthalten im öſtlichen Teil die Grenville=Bibliothek und die Königliche

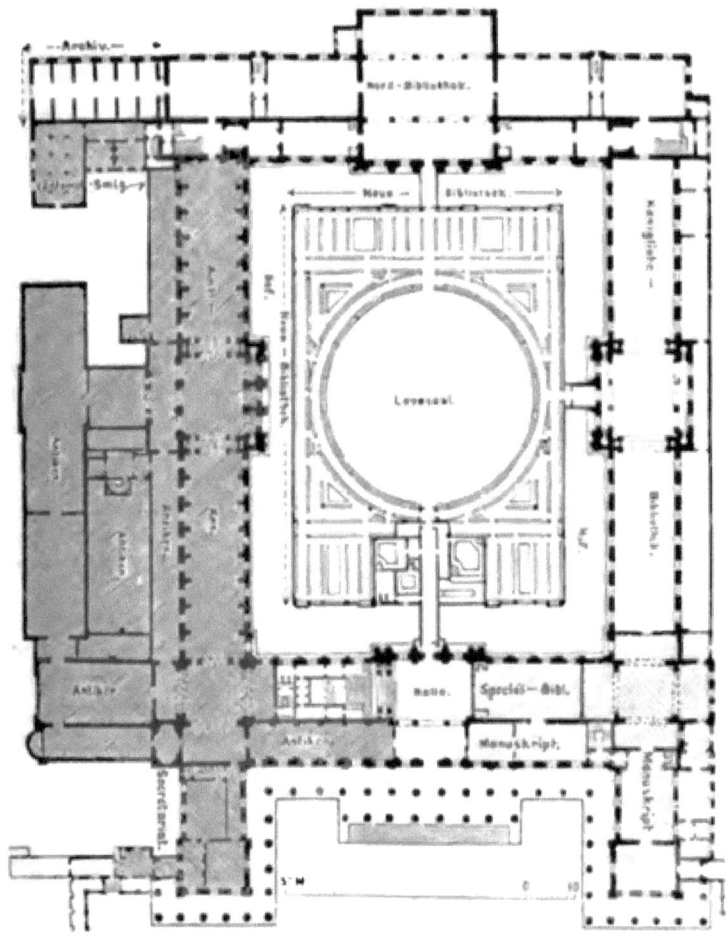

Fig. 9. Grundriß des Britiſchen Muſeums zu London.

(Georgs III.), im weſtlichen Teile die wertvolle Antikenſammlung (bis 1882 auch reiche naturwiſſenſchaftliche Sammlungen). Das Gebäude umſchloß einen großen Hof. Als bei dem enormen Zuwachſe der Biblio= thek auch die neuen Räume ſich bald als unzureichend erwieſen, wurde 1854 auf den Vorſchlag des damaligen Vorſtehers der Bücher=

ſammlung, des großen Bibliothekars Sir Anthony Panizzi und nach deſſen eigener Zeichnung[56] durch Sir Sydney Smirke dieſer freie Raum zur Errichtung eines großartigen Leſeſaales nebſt Bücher= magazinen ausgenützt, welche 1857 bezogen wurden. Dieſe berühmte Leſehalle, das Zentrum des geſamten Gebäudekomplexes, die Dziatzko[57] in einem leſenswerten Aufſatze, welchem wir folgende Angaben ent= nehmen, beſchrieben hat, bildet einen runden, reich in Gold und Blau dekorierten Kuppelbau von $42^{1}/_{2}$ m Durchmeſſer und 32.3 m Höhe und wird durch Oberlicht erleuchtet und durch Luftheizung erwärmt. Rund um die Wand derſelben läuft ein Gang, welcher die Ver= bindung mit allen übrigen Teilen des Muſeums vermittelt. Aus der und in die Leſehalle führen nur zwei Thüren: eine (die ſüdliche), für das Publikum beſtimmt, wird vom Haupteingange des Muſeums aus geradewegs erreicht, die andere (nördliche) liegt jener gegen= über und dient nur den Beamten des Muſeums. Von jenem Rundgang aber außerhalb des Leſeſaales führen noch ſieben weitere nach den inneren Lokalitäten. In der Mitte der Halle befinden ſich auf einem kreisrunden Podium die Arbeitsplätze des die Aufſicht führenden Beamten und ſeines Hilfsperſonals. Von dieſem Podium aus vermittelt der erwähnte nördliche Gang, von beiden Seiten dem Publikum gegenüber abgeſchloſſen, den Zutritt der Beamten zu den Büchern und Verwaltungsräumen. In zwei konzentriſchen Kreiſen umſchließen dieſen nur den Beamten zugänglichen Mittel= raum Doppelpulte mit den für den Gebrauch der Beſucher beſtimmten Katalogen. Der ganze weite Raum jenſeit des zweiten konzentriſchen Kreiſes und des vor demſelben freigelaſſenen Ganges bis zur weiten mit Bücherſchränken bedeckten Wandfläche iſt zu Sitzplätzen für das arbeitende Publikum beſtimmt. Die Wände der Halle ſind bis zu einer Höhe von etwa 11 m mit Repoſitorien und Büchern bedeckt; der obere Teil davon, etwa 40 000 Bände faſſend, iſt durch eine nur von außen zu betretende Galerie dem leſenden Publikum ent= rückt. Die übrigen zum Neubau gehörigen Räume dienen meiſt zur Aufbewahrung von Büchern; nur im Süden, auf dem Wege vom Eingange des Muſeums her, befinden ſich Garderobe, Diener= zimmer ꝛc. Unter vorzüglicher Ausnützung des Raumes iſt bei jenen, wie oben erwähnt, zum erſten Male das Magazinſyſtem mit Oberlicht in Anwendung gebracht. Die Weite zweier Büchergerüſt= reihen beträgt nach Kortüm hier von Mitte zu Mitte 2.44 m. Der Höhenabſtand der Galerien iſt ebenfalls 2.44 m. Die Stützen und das Tragegerüſt der Galeriefußböden ſind von Eiſen; letztere beſtehen aus gußeiſernen durchbrochenen Platten. Längs der Büchergerüſte verbleiben 27 cm breite Lichtſchlitze, welche das Licht voll nach unten durchfallen laſſen und für die Beleuchtung der unteren von weſentlichem Einfluſſe ſind. Schutzſtangen in 27 cm Höhe neben denſelben dienen zur Verhütung des Durchtretens. Auf den Galerien sind kleine hölzerne Tritte vorhanden, die zum Aufsteigen benutzt werden, um an die obersten Bücherreihen gelangen zu können.

Im südöstlichen Teile des Museums wurde 1882—1884 ein neuer Flügel angebaut, dessen Kosten aus einem Vermächtnisse William White$ (aus dem Jahre 1823) bestritten wurden [58]. Derselbe enthält im Erdgeschoß einen Teil der Manustripte, die Zeitungssammlung und einen Lesesaal für Zeitungen; in den Obergeschossen einen Teil der archäologischen Sammlung und Ausstellungsräume für Gemälde.

Die Einrichtung der neuen Bücherräume im früheren Hofe des Britischen Museums wurde für die Bibliothekbaukunst epochemachend. Dasselbe hat zunächst für den durch Labrouste ausgeführten Erweiterungsbau der Bibliothèque nationale in Paris als Vorbild gedient, wobei ein gewisser mit den Londoner Einrichtungen noch verbundener Platzaufwand glücklich vermieden wurde. Nach diesem Pariser Muster sind dann nicht nur in Frankreich Bibliotheken mehrfach erbaut und eingerichtet worden, sondern auch, und zwar in unmittel=barer Nachahmung, in Deutschland, wo man das Magazin=system darum häufig kurzweg als das französische bezeichnet hat. Mit größeren oder geringeren Abweichungen im einzelnen zeigen in Spanien die Nationalbibliothek zu Madrid, in Holland die Bibliotheken zu Amsterdam und Leyden, in Schweden die Königliche Bibliothek zu Stockholm, in Österreich=Ungarn die von Freih. v. Ferstel erbaute Universitätsbibliothek zu Wien und diejenige zu Budapest, in Deutschland die Großherzogliche Hof= und Landesbibliothek zu Karlsruhe, die Universitäts= bibliotheken zu Rostock, Halle, Greifswald, Kiel sowie endlich die neue Königliche Bibliothek zu Stuttgart und andere das Magazinsystem, das auch bei den Erweiterungsbauten ver= schiedener älterer Bibliotheken wie Brüssel, Göttingen mit Vorteil zur Geltung gekommen ist. Aus der, wie man sieht, großen Anzahl derartig eingerichteter Bibliothekanlagen [59] möge zunächst, um das Wesen des Magazinsystems im einzelnen noch weiter klar zu legen, das durch von Tiedemann [60] 1878 bis 1880 direkt nach französischem Muster neu erbaute Hallische Bibliothekgebäude, welches sich nach jeder Richtung hin vor= züglich bewährt hat und daher Bibliotheken ähnlicher Größe bei etwaigen Neubauten in vielfacher Beziehung als Vorbild zu dienen geeignet ist, in einem Auszuge aus der genauen

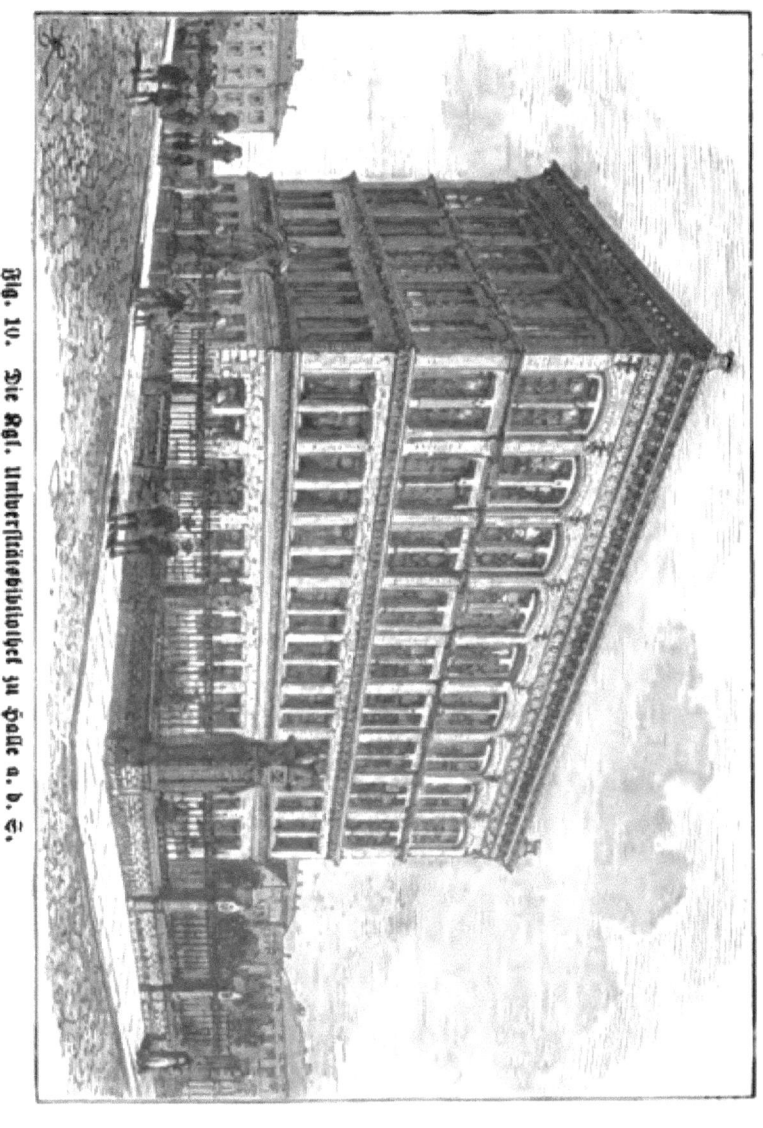

Fig. 10. Die Kgl. Universitätsbibliothek zu Halle a. d. S.

Beschreibung seines Erbauers selbst vorgeführt und durch Abbildungen erläutert werden.

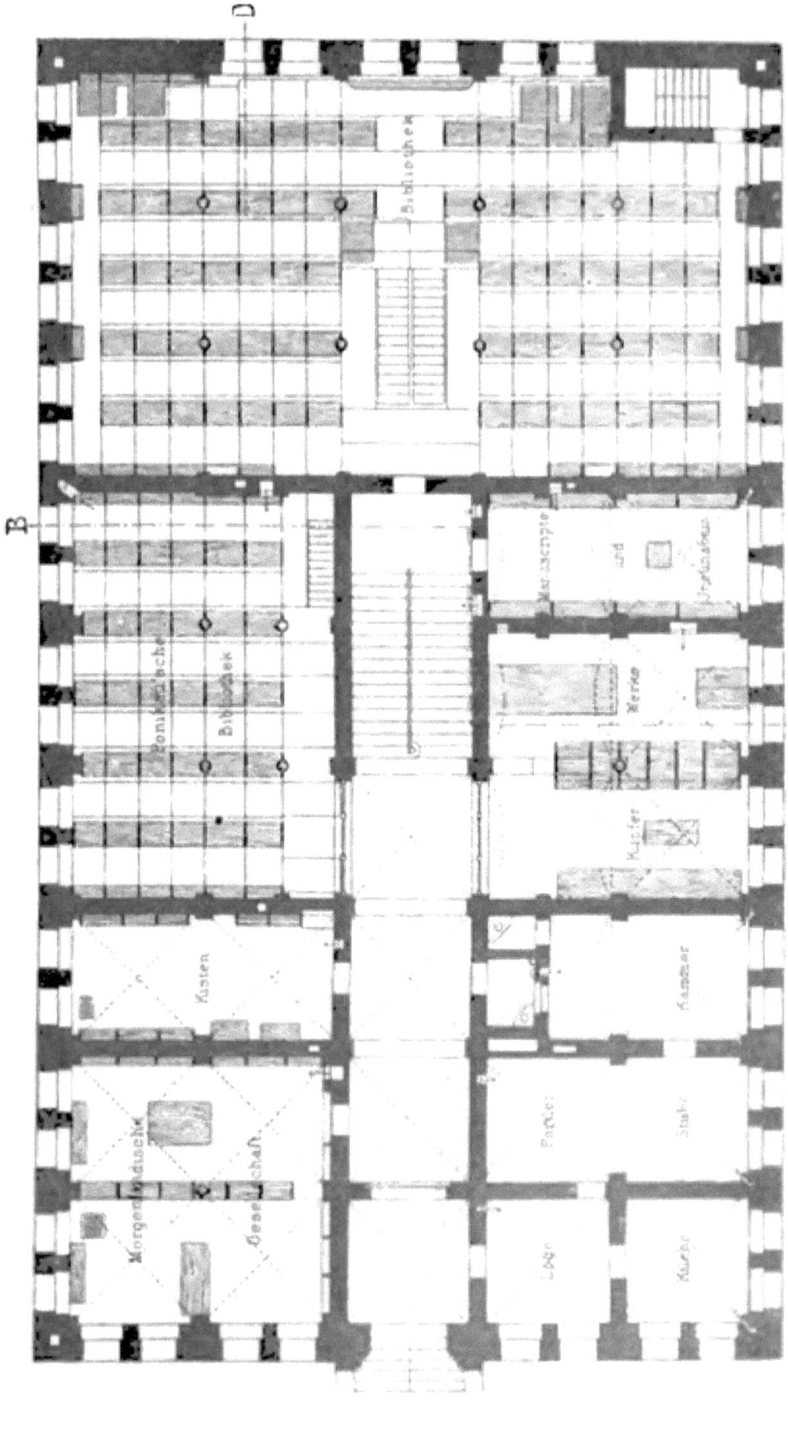

Fig. 11. Grundriß der Kgl. Universitätsbibliothek zu Halle a. d. S.; Erdgeschoß.

Lesesaal.

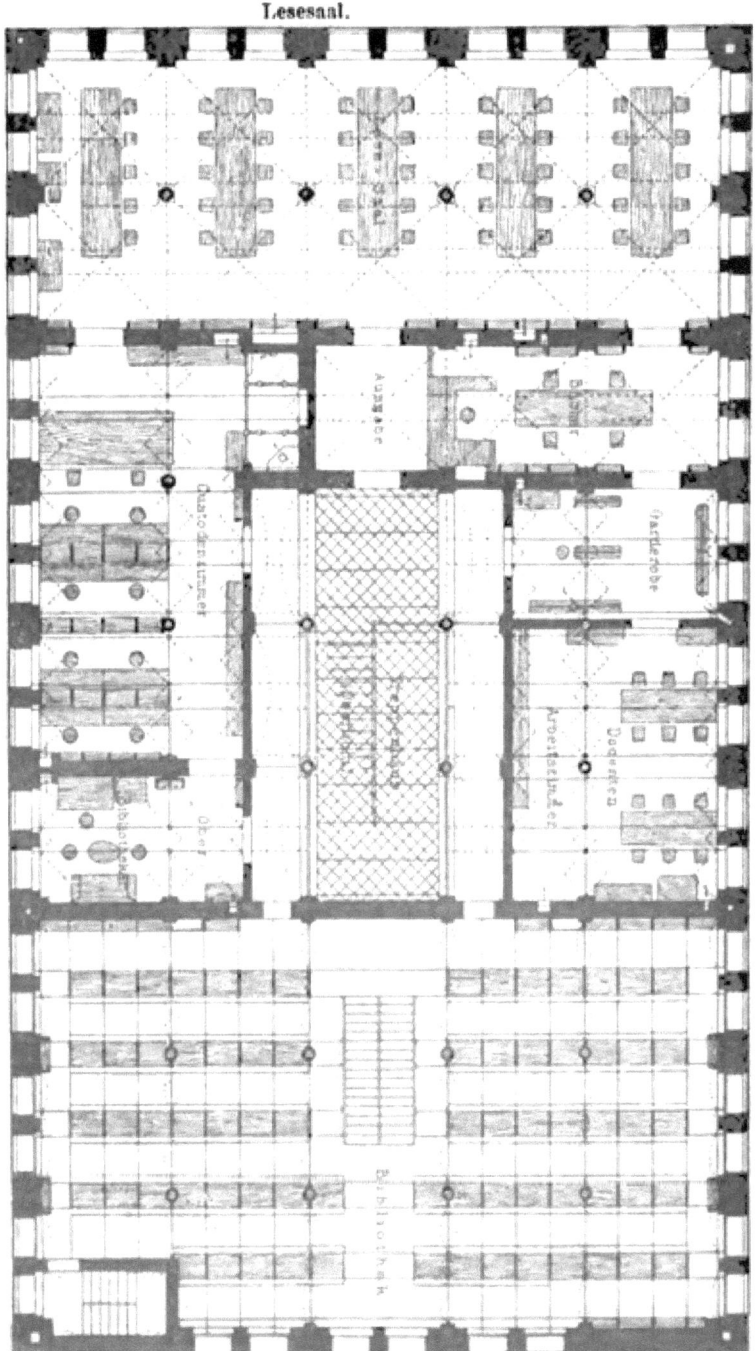

Fig. 12. Grundriß der Kgl. Universitätsbibliothek zu Halle a. d. S.: Erstes Stockwerk.

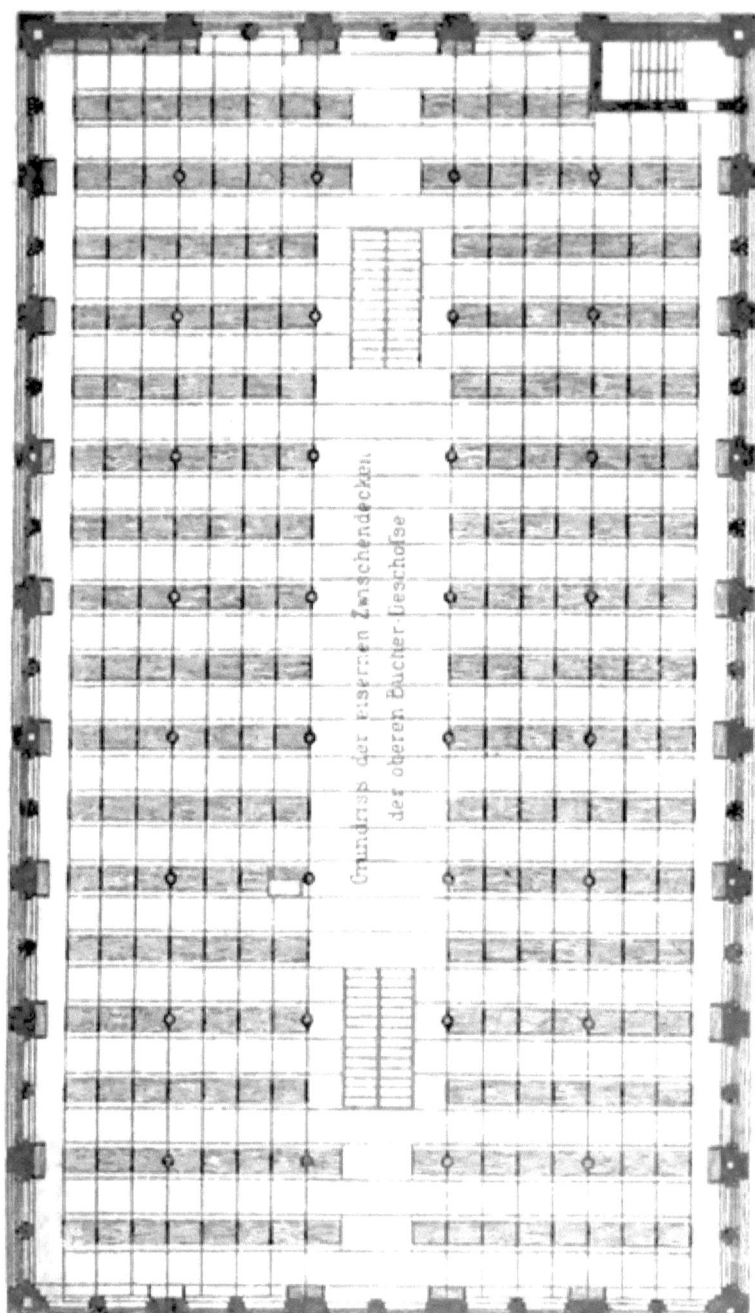

Grundriß der eisernen Zwischendecken des oberen Bücher-Geschoſse

Fig. 13. Grundriß der Kgl. Universitätsbibliothek zu Halle a. b. S.: Die eiſernen Zwiſchenbeden.

Fig. 14. Blick in die Büchermagazine der

Kgl. Universitätsbibliothek zu Halle a. d. S.

Das von einem eingefriedigten und mit Gartenanlagen versehenen
Platze umgebene Gebäude (Fig. 10) ist, so berichtet v T. (Zeitschr.
f. Bauwesen) mit der Längsachse von Westen nach Osten, parallel
zur Wilhelmstraße, gelegt; der Zugang befindet sich an der kurzen
Westseite, der Friedrichstraße. Die Entfernung von der Baufluchts
linie dieser letzteren beträgt 5.5 m, von derjenigen der Wilhelm=
straße 26 m. Es war dabei die Rücksicht maßgebend, daß dem
Gebäude nach der Ostseite eine Erweiterungsfähigkeit gesichert, im
übrigen aber dasselbe zur Verminderung der Feuersgefahr möglichst
weit von allen Nachbargebäuden entfernt gehalten werden müsse.
Es enthält ein Erdgeschoß und drei Stockwerke, von denen die
beiden obersten ganz, das Erdgeschoß und das erste Stockwerk je zu
1/3 von den Büchersälen eingenommen werden. Ein Korridor führt
von dem an der Westseite belegenen Eingange nach der die Mitte
des Hauses einnehmenden Treppe. Links vom Korridor liegt im
Erdgeschoß (Fig. 11) die Bibliothek der Deutschen Morgenländischen
Gesellschaft, das sogenannte Packzimmer und die von Ponickausche
Bibliothek, zur rechten Seite die Wohnung des Hauswartes, das
Zimmer für Kupferwerke und das Handschriftenzimmer. Das erste Stock=
werk (Fig. 12) enthält den Lesesaal, das Dozenten=Arbeitszimmer
und die Verwaltungsbureaus, die sich rings um das mit Oberlicht
erleuchtete Treppenhaus gruppieren. Zur Erzielung einer voll=
kommenen Kontrolle ist das Bücherausgabezimmer so angeordnet,
daß man beim Verlassen des Lesesaales dasselbe durchschreiten muß.
Außer der erwähnten Haupttreppe wurde in der südöstlichen Gebäude=
ecke eine kleine steinerne Hilfstreppe angeordnet, um bei etwaigen
Ausbesserungen den Verkehr der Handwerker aufzunehmen oder bei
eintretender Feuersgefahr als zweiter Ausgang zu dienen. Dieselbe
steht durch eiserne Thüren mit sämtlichen Sälen in Verbindung.
Zum Verkehr innerhalb der Bücherräume selbst wurden in den
beiden oberen Stockwerken zwei (in je zwei Hälften geteilte) eiserne
Treppen, in den unteren Geschossen deren eine, frei in dem breiten
Mittelgange aufsteigend, ausgeführt. Eine Unterkellerung des
Gebäudes hat nur insoweit stattgefunden, als sie zur Anlage der
Zentralheizung unentbehrlich war. Im übrigen wurde zur
Erreichung einer vollkommeneren Isolierung auch unter dem nicht
unterkellerten Gebäudeteil als Schutz gegen Feuchtigkeit ein Hohl=
raum von 50 cm Höhe angelegt, für dessen kräftige Lüftung durch
eine zweckentsprechende Anordnung der Heizung Sorge getragen wird.
    Beim Ausbau des Gebäudes ging man von dem Grundsatze
aus, nur unverbrennliche Baustoffe zur Anwendung zu bringen.
Die Aufgangstreppe im Korridor ist aus Granitstufen hergestellt,
diejenigen in den Bücherräumen bestehen, wie erwähnt, aus Guß=
eisen[61]. Die Geschoßdecken sind sämtlich in Ziegelsteinwölbungen
zwischen eisernen Trägern aufgeführt und im Ausleihezimmer und

Lesesaal mit Kreuzgewölben überspannt, um die darüber liegenden Eisenkonstruktionen mit ihren Wölbungen zu verdecken. In den Bücherräumen haben nur Erdgeschoß und zweites Stockwerk (hier als gewölbte Decke des ersten Stocks) feste Fußböden erhalten, die übrigen sind durchbrochen konstruiert. Es waren nun für jene beiden Ebenen Unterstützungen zu schaffen. Da die erstere unmittelbar über dem 80 cm hohen Hohlraum liegt, so unterlag es keinem Bedenken, dort je nach Bedürfnis kleine Pfeiler aufzumauern, über welche gewalzte I=Träger gestreckt wurden, zwischen denen man Kappengewölbe einwölbte. Schwieriger war die Herstellung eines tragfähigen Unterbaues für die Büchergestelle der beiden oberen Stockwerke, weil man dort die Lasten auf die nur in den Achspunkten stehenden Säulen und durch diese weiter auf den Baugrund zu übertragen hatte. Hier wird jedes Gestell durch zwei nach der Tiefe des Hauses liegende Träger, deren Abstand von einander 0.70 m beträgt, getragen. Die Auflagerdrucke dieser Repositorienträger werden durch die nach der Länge des Hauses verlegten Hauptträger auf die Säulen übertragen. Diese die Decken tragenden Stützen mußten in frei stehender Höhe von 9.2 m noch die nötige Knickungsfestigkeit erhalten. Sie sind als hohle gußeiserne Säulen von 2 cm Wandstärke konstruiert und bestehen aus je zwei fest verbundenen Stücken übereinander.

Jedes Stockwerk ist in den Bücherräumen durch leichte gußeiserne Zwischendecken (Fig. 13) nochmals geteilt, welche von den durch zwei Gebäudestockwerke oder vier Büchergeschosse in einer Gesamthöhe von 9.2 m hindurchreichenden hölzernen Büchergestellen getragen werden. Die erforderliche Standfestigkeit haben diese dadurch erhalten, daß die Säulen, welche die Decken tragen, vollkommen darin eingebaut wurden. Soweit die in Höhen von 2.3 m übereinander wiederkehrenden durchbrochenen gußeisernen Zwischendecken nicht von den Gestellen getragen werden, also in den 4.2 m breiten Mittelgängen aller Büchergeschosse, ist noch eine Balkenlage aus Walzeisen eingefügt. Die Balken sind mit den von Säule zu Säule gespannten Längsbalken verschraubt und tragen kleine ⊥=Eisen, welche den durchbrochenen gußeisernen Platten ein sicheres, unverschiebbares Auflager gewähren. Zweck der Zwischendecken ist, wie aus früher Gesagtem erhellt, die Büchergestelle ohne Anwendung von Leitern überall zugänglich zu machen. Damit trotz der niedrigen Geschoßhöhen die Beleuchtung auch bei größerer Gebäudetiefe noch ausreiche, namentlich um auch Oberlicht noch in tiefer gelegenen Stockwerken wirksam zu machen, müssen die Fußböden durchbrochen sein (Fig. 14). Käme allein Oberlicht zur Anwendung, so wäre die Form der Durchbrechungen ziemlich nebensächlich. Sollte aber, wie hier, Seitenlicht durch die Öffnungen fallen, so mußten die=

selben rostartig geschlitzt sein und die Schlitze parallel zum Licht-
einfall liegen. Diese Richtung fällt zusammen mit derjenigen der
Gänge zwischen den Gestellen, welche folgendermaßen konstruiert
sind. Es sind von einem Gestell zum andern leichte Formeisen
verlegt und befestigt. Von einem Eisen zum andern und in die
Falze derselben genau hineinpassend sind die quadratischen Guß-
platten lose aufgelegt. Sie liegen durch ihre eigene Schwere fest
genug, um vor Verschiebungen gesichert zu sein. Die Breite der
einzelnen Platte beträgt 1.03 m, ihre Dicke 3 cm, ihre Schwere 86.0 kg.
Die einzelnen Stäbe derselben sind 2 cm breit, der Schlitz zwischen
den einzelnen 3 cm. In der Mitte sind die einzelnen Stäbe nochmals durch einen Quersteg verbunden. Mit diesen Normalplatten
sind fast die gesamten Fußböden einschließlich der Mittelgänge belegt
worden. Längs der Büchergestelle sind 18.5 cm breite Streifen offen-
gelassen, um das Oberlicht besser durchfallen zu lassen, eine nach
ausländischen Vorbildern getroffene Vorkehrung, die sich hier fast
als überflüssig herausgestellt hat, da die zahlreichen Fenster über-
reiches Seitenlicht geben. Weitmaschige Drahtgeflechte verhindern
das Durchfallen der Bücher an diesen Stellen. Eiserne Schutzstangen dienen beim Herabholen der Bücher aus den obersten
Fächern zugleich als Tritte. Ein Bücheraufzug erleichtert den
Transport der Bücher aus und nach den oberen Stockwerken.

Das Treppenhaus wird durch Oberlicht erleuchtet, welches durch
begehbare, in einem eisernen Gitter von hochkantig gestellten Flach-
eisen mit 30 cm Maschenweite liegende Glasplatten, deren geringste
Stärke in den Kerben noch 2.5 cm beträgt, hindurchfällt. Das
Gebäude besitzt Gasbeleuchtung für Flur und Treppenhaus, Wasserleitung und einen Blitzableiter, welcher die Eigentümlichkeit bietet,
daß unter vollständigem Verzicht auf äußere Ableitungen die Eisenkonstruktionen selbst zur Ableitung der Blitzschläge benutzt sind [62].

Neben Halle möge ferner als größerer Magazinbau die
prachtvolle neue Stuttgarter Bibliothek hier eine Stelle
finden.

Dieselbe wurde, wie wir der Beschreibung eines ihrer Bibliothekare, Prof. Dr. Schott [63], entnehmen, nach den Plänen des Ober-
baurats von Landauer 1878 im Bau begonnen und im Sommer
1883 bezogen. Die von den Ständen bewilligten reichlichen
Mittel — es wurden 2 106 048 Mark für die Ausführung
bestimmt — ermöglichten es, einen Monumentalbau herzustellen,
welcher der schwäbischen Hauptstadt zu hoher Zierde gereicht. Der
große Baugrund unmittelbar hinter dem alten Gebäude (dem von
König Friedrich I. erbauten Invalidenhause in der Neckarstraße,
worin die Sammlung seit 1820 untergebracht war, während dieselbe vordem seit ihrer 1776 erfolgten Übersiedelung von Ludwigs-

Fig. 15. Die Kgl. öffentliche Bibliothek zu Stuttgart.

burg nach Stuttgart in dem alten „Herrenhause" auf dem Markt=
platze eine Unterkunft gefunden hatte) bot Raum genug für ein
ebenso breites als hohes Massiv, welches durch seine riesigen Seiten=

fenster, verbunden mit dem das Dach krönenden Oberlicht, eine Helle
erhält, wie sie selten eine Bibliothek besitzt, welches ferner durch
seine Abgeschlossenheit von anderen Häusern und durch die Trennung
des Verwaltungsgebäudes von der Büchersammlung, eine Einrichtung,
welche uns hier zum ersten Male begegnet, die größtmöglichste
Sicherheit gegen Feuer gewährt. Etwas zurückgenommen von der
Neckarstraße streckt sich der große Bau in einer Länge von 97.80 m,
ein mächtiges Oblongum mit zwei vorspringenden Avantcorps und
einem bedeutenden Mittelrisalit; 28.65 m ist die größte Tiefe,
während die Höhe bis zum Kranzgesims 25 m beträgt. Wirkungs-
voll hebt sich der rote Sandstein, welcher in riesigen Quadern zu
Souterrain und Parterre verwendet wurde, von dem feinkörnigen
gelblich weißen ab, aus welchem das Hauptstockwerk besteht; die
gekuppelten Säulen in den Hauptcorps, die Pilaster auf den Seiten
geben dem vielfensterigen Gebäude, das in seiner Masse imposant
wirkt, ein freundliches Aussehen. Eine massive Attika krönt den
Mittelbau und hebt ihn hoch empor über die umstehenden Häuser.
Freundliche Anlagen umgeben diesen Tempel der Wissenschaft und
schützen ihn vor dem Lärm und Staub der Straße.

Unternehmen wir einen Gang in das Innere, so gelangen wir,
vorbei an dem Souterrain, in dessen weitläufigen Gewölben die
17 000 Katastersteine Württembergs in langen Reihen ihre Aufstellung gefunden haben, wo sogar noch genügender Raum ist für
das Lapidarium, die hochinteressante Sammlung der in Württemberg
gefundenen Steindenkmale der Römerzeit, vorbei an den hohen
Parterresälen, in welchen für die Königliche Kunst- und Altertümer-
Sammlung eine würdige Stätte bereitet ist, vorbei an dem Mittelbau
des Hauptgeschosses, in eine der beiden Bücherhallen, welche den nördlichen und südlichen Flügel in seiner ganzen Ausdehnung einnehmen.
Riesengroß breitet sich der ungeheure Raum nach allen Richtungen
aus; in vier Stockwerken über einander bauen sich die Coulissen
(Ständer) auf, nur mit so viel Bodenraum neben sich, als zum
Wandeln nötig ist. Sie sind 2.2 m hoch, so daß es mit Hilfe des
eisernen Fußtrittes, welcher längs derselben läuft, auch einem Mann
mittlerer Größe möglich ist, auf dem obersten Brett das gewünschte
Buch zu erreichen. Eine feste, aber zierliche Eisenkonstruktion bildet
das Gerippe des Ganzen, zahlreiche Treppen in der Mitte und in
den Ecken erleichtern die schnelle Verbindung. Die Coulissen laufen
rechtwinkelig auf die Fenster zu, so daß das Licht auf die Titel
der Bücher fällt; 20 große und 13 kleine zählt jedes Stockwerk,
die ersteren 6, die kleinen 3½ m lang. Die beiden Hallen werden
den Zuwachs von 40—50 Jahren aufnehmen können; im ganzen
sind nämlich ohne den Dachraum 6939 Quadratmeter Raum ver-
fügbar. Eine starke eiserne Thüre trennt die Sammlung von dem
Verwaltungsgebäude, welches unmittelbar hinter der ersteren liegt,

der verbindende breite Bogen ist durch die Expedition für das Entleihen nach Hause in Beschlag genommen; die Arbeitszimmer der Bibliothekare, der Katalogsaal, der reich ausgestattete Lesesaal mit dem nebenanliegenden Zeichensaal nehmen den übrigen Raum ein. Der Lesesaal bietet an drei langen, grün bezogenen Tafeln 38 Sitzplätze, der Zeichensaal 19. Parterre und Souterrain nehmen die Wohnung des Oberbibliothekars, Arbeitslokale des lithographischen Bureaus und Dienerwohnungen ein; die bequeme Treppe mit kassettierten und durch Rosetten verzierten Wänden endet oben in eine weite, hohe, von vier roten Marmorsäulen getragene, mit einer Marmorbalustrade versehene und mit Oberlicht erhellte Halle und bildet auf diese Weise das Glanzstück des wirklich schönen Gebäudes.

Des weiteren dürfte es für den Leser von Interesse sein, nunmehr auch das zum Ersatz der oben geschilderten alten Wolfenbütteler Bibliothek hergestellte neue Gebäude[64] nach der für unsere Zwecke verfaßten Beschreibung ihres gegenwärtigen Leiters, des Herrn Oberbibliothekars von Heinemann, kennen zu lernen.

Die in den Jahren 1882 bis 1886 nach den Plänen des Kreisbauinspektors Karl Müller und des Baumeisters Gustav Bohnsack erbaute neue Herzogliche Bibliothek zu Wolfenbüttel bildet ein 53.50 m langes und in seinem Hauptkörper 34.68 m tiefes Gebäude, welches von einem 13.50 m breiten, nach beiden Seiten kräftig vorspringenden Mittelbau durchsetzt wird und zwei Lichthöfe von 12 m Länge und 8 m Breite umschließt. Das Gebäude ist im Geschmack der italienischen Renaissance in Quadern aufgeführt, wozu bei dem Unterbau Dolomit, bei dem Oberbau aber gelblicher Langelsheimer Sandstein verwendet worden ist, während die die Fenster einfassenden Säulen der Vorderfront aus rotem Mainsandstein hergestellt sind. Das Äußere des Gebäudes mit seiner zu dem Haupteingange hinaufführenden breiten Freitreppe, auf deren Wangen in Eisenguß ausgeführte liegende Löwen ruhen, mit seinen hohen Bogenfenstern und seinem übrigen reichen architektonischen Schmuck macht einen ebenso großartigen wie leichten und anmutigen Eindruck. Über dem Gesims des Mittelbaues liest man in vergoldeter Kapitalschrift: Bibliotheca Augusta, die amtliche Bezeichnung, welche die Büchersammlung in der ältern Zeit ihres Bestehens führte, und auf den beiden rechts und links davon zwischen den das Gesimse tragenden Säulen angebrachten Votivtafeln einerseits: Condita a. D. Augusto Domus Brunswico-Luneburgensis Lineae Senioris Satore, anderseits: Aedificata a. D. Guillielmo Domus Brunswico-Luneburgensis Lineae Senioris Vltimo Bei der Gliederung des Innern hat man sich in pietätsvollem

Sinne im allgemeinen dem Grundplane der älteren, jetzt ver=
schwundenen Bibliothek thunlichst angeschlossen, d. h. man hat einen

Fig. 16. Die neue Herzogliche Bibliothek zu Wolfenbüttel.

Zentralbau hergestellt, dessen Hauptraum der herrliche, durch zwei
Geschosse emporsteigende Mittelsaal mit seinen das geschmackvoll
gemalte Tonnengewölbe tragenden vier Marmorsäulenpaaren, seiner

rings umherlaufenden vergoldeten Galerie und seiner· in das Obergeschoß hinaufführenden, im Hintergrunde liegenden Prachttreppe
bildet. An jeder Langseite dieses Saales befindet sich ein mächtiges,
je auf einen der Lichthöfe hinausgehendes Fenster mit einer Lünette
auf jeder Seite desselben, in denen Kopien der berühmten Bilder
Raffaels, die Dichtkunst, Gottesgelahrtheit, Rechtswissenschaft und
Weltweisheit darstellend, als der Hauptrepräsentanten der hier ver-
wahrten litterarischen Schätze angebracht sind. Um diesen Mittelsaal
legt sich die im wesentlichen nach dem französischen Magazinierungs-
systeme gestaltete eigentliche Bibliothek derart herum, daß sie ihn
völlig umschließt, was eine leichte und bequeme Zugänglichkeit aller
Teile der Bibliothek ermöglicht. Diese eigentlichen Bücherräume sind
zwar einfach aber doch würdig und mit etwas mehr Ausgiebigkeit
und Formenschönheit gestaltet, als es jenes System in seiner strengen
Durchführung mit sich bringt. Namentlich ist — auch in Bezug
auf die Sicherung gegen Feuersgefahr — hervorzuheben, daß die
durchbrochenen Eisenböden nicht durch beide Geschosse hindurchgehen,
sondern ein jedes der letzteren von dem andern durch eine feuerfest
eingewölbte Decke getrennt ist. Außer den bereits erwähnten
Räumen ist auf das schöne, stilvoll ausgestaltete Vestibül hinzuweisen, in dessen Mitte das alte, von Döll ausgeführte Lessing-
denkmal, das erste, welches dem großen Denker und Dichter gesetzt
worden ist, in seiner ursprünglichen Form Aufstellung gefunden
hat. Rechts und links von dem Vestibül liegen die Arbeitszimmer
für die Beamten und Benutzer der Bibliothek, links die Registratur,
wo die Bücher entliehen werden, und das Zimmer des Oberbibliothekars, letzteres in reicher, schöner Holztäfelung ausgeführt;
rechts der geräumige Arbeits- und Lesesaal für diejenigen, welche
die Bibliothek an Ort und Stelle benutzen wollen. Von den
übrigen Sonderräumen, welche sämtlich durch in der Wand laufende
eiserne Thüren bei etwa ausbrechendem Feuer abzusperren sind,
mögen noch erwähnt werden die beiden Säle neben der Haupttreppe,
von denen der eine die gesamte Handschriftensammlung, der andere
aber die in ihrer Art kaum minder bedeutende Bibelsammlung
enthält, ferner im Obergeschoß zwei reizend mit Hausrat aus der
Zeit des Empire ausgestattete Zimmer mit Schränken zur Aufbewahrung ganz besonderer Cimelien oder Einzelsammlungen, wie
der Pergamentdrucke, Seiden- und Atlasdrucke, der älteren Stamm-
bücher u. s. w., endlich der über dem Vestibül liegende Kunstsaal,
welcher, mit den Bildnissen der Herzöge von Braunschweig von
Heinrich d. J. bis auf Karl Wilhelm Ferdinand und mit zwei
schönen Ölbildern der alten Bibliothek geschmückt, zur Aufbewahrung
der Sammlungen von Handzeichnungen, alten Holzschnitten, Kupferstichen, Porträts u. s. w. bestimmt ist. Das ganze Gebäude, bei
welchem in erster Reihe auf die möglichst erreichbare Sicherung gegen

Feuersgefahr, sodann auf einen bequemen, den praktischen An=
forderungen der Jetztzeit entsprechenden Dienst und endlich auch
auf eine schöne, den Wert und die Bedeutung der hier in Betracht
kommenden herrlichen Büchersammlung zur Anschauung bringende
äußere Darstellung volle Rücksicht genommen ist, gereicht sowohl
der Regierung und den Landständen, welche die beträchtlichen Kosten
zu dem Neubau (rund 730 000 Mark) anstandlos verwilligt haben,
wie auch den ausführenden Architekten zu hoher Ehre.

Wir schließen diesen Abschnitt, indem wir noch über das
im Bau begriffene neue Leipziger Bibliotheksgebäude einige
Bemerkungen anfügen, welche wir der Güte des leitenden
Architekten, Herrn Arwed Roßbach in Leipzig, verdanken.

Das Projekt zu beregtem Neubau, dessen Vollendung 1891
erfolgen dürfte, wurde auf dem Wege des öffentlichen Wettbewerbes
unter den deutschen Architekten im Jahre 1885 gewonnen, bei
welchem dem eben Genannten der erste Preis zufiel. Die Gesamt=
disposition dieses Bibliotheksgebäudes unterscheidet sich von den in
den letzten Jahrzehnten ausgeführten Bauten im wesentlichen
dadurch, daß hier die Bücher — im Gegensatz zu den jenen eigen=
tümlichen hohen Räumen mit zahlreichen durch eiserne durchbrochene
Zwischendecken hergestellten Geschossen — in doppelseitig beleuchteten
niedrigen Magazinsälen aufgestapelt werden.

Diese Säle sind 3 m hoch und 10.75 m breit, ihre massiven
Decken werden von zwei Reihen 2 m weit auseinanderstehender
eiserner Säulen getragen; die Langwände sind durch große vom
Fußboden bis zur Decke reichende Fensteröffnungen durchbrochen.
Je auf der Mitte der Fenster und der Mauerpfeiler zwischen diesen
steht ein doppelseitig bestelltes Bücherregal, durch das parallel zu
ihnen einfallende Licht vollkommen und gleichmäßig beleuchtet. Der
Gang zwischen den zwei Säulenreihen durchzieht das ganze Magazin
und läßt den leichten und direkten Verkehr aus den Gassen zwischen
den Bücherregalen nach den Treppen und Aufzügen zu. Die Bücher=
regale werden auch hier nur so hoch angeordnet, daß man ohne
sich eines Trittes oder einer Leiter zu bedienen die oberste Bücher=
reihe bequem erlangen kann. Eiserne Treppen und Bücheraufzüge
vermitteln den Verkehr innerhalb der Magazine. Als wichtiges
Moment dieses hier ausgeführten Magazinsystemes stellt sich der
durch die getroffene Disposition ermöglichte Abschluß gegen Feuer
und andere Gefahren dar, indem jeder Gebäudeteil als besonderes
Compartement gegen den andern mittels feuersicherer Thüren
abgeschlossen werden kann. Auch dringt hier nicht, wie bei den
durch Roste gebildeten Zwischendecken, der Staub und Schmutz von
Geschoß zu Geschoß.

Fig. 17. Die neue Universitätsbibliothek zu Leipzig.

Der leitende Gedanke war, die Arbeit in Magazinen, Expedition, Katalogfaal und Verwaltungsräumen, das Herbeischaffen

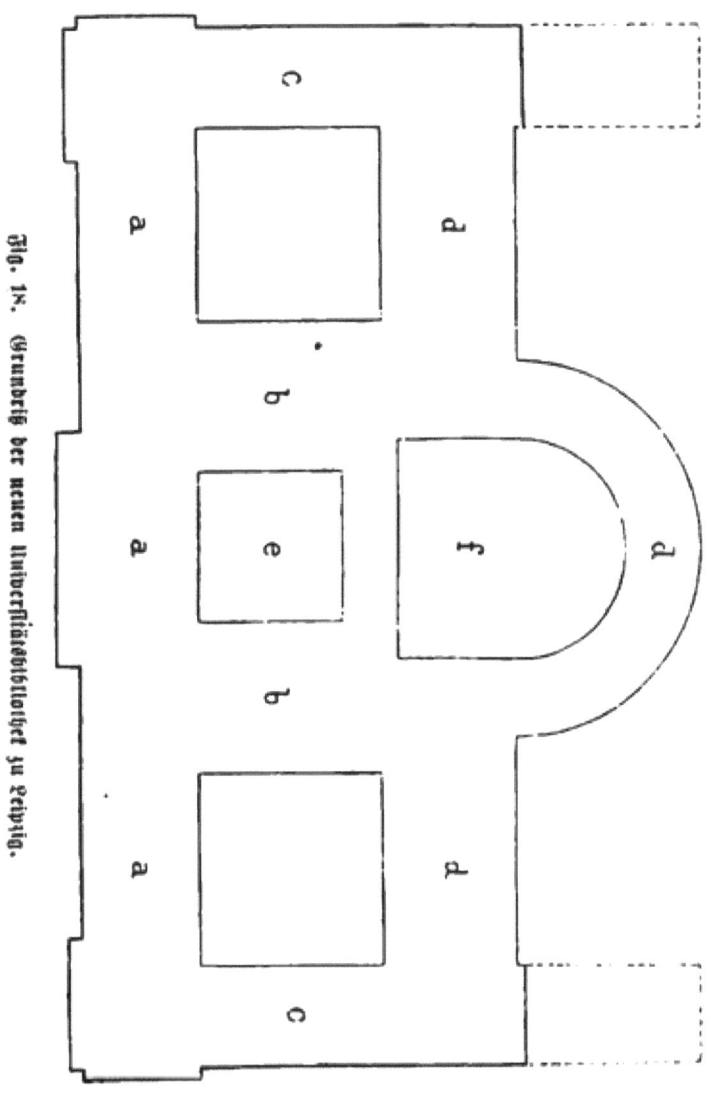

Fig. 18. Grundriß der neuen Universitätsbibliothek zu Leipzig.

und Wegstellen der Bücher so geschehen zu lassen, daß die öffentlichen Räume, wie Lesesäle, Corridore, Treppenhaus u. s. w., vollkommen von diesem internen Verkehr unberührt bleiben. Die in

Fig. 18 gegebene ſchematiſche Darſtellung möge die Grundriß-
bisposition erläutern.

Das Hauptgebäude der Gesamtanlage a umfaßt in ſeinem
Hauptgeſchoß den Katalogſaal mit anſtoßenden Verwaltungsräumen,
den Leſeſaal für die Profeſſoren, ferner Säle für Handſchriften,
Karten u. ſ. w. Im Erdgeſchoß befinden ſich hier neben dem
Haupteingang Wohnungen für Beamte.

An dieſes Hauptgebäude fügen ſich nach der Tiefe zu Mittel- (b)
und Flügelbauten (c) an, die, durch einen hinteren Querbau (d)
verbunden, zwei große Höfe umſchließen. Im Mittelbau befindet
ſich das Treppenhaus (e) und daran anſtoßend der große Leſeſaal (f), den der hintere Querbau mit ſeinen Magazinen umzieht;
dadurch iſt der Zuſammenhang der links- und rechtsſeitigen Magazine
hergeſtellt. Der Leſeſaal hat ſeitliches Licht und Oberlicht. Das
Magazingebäude — alſo die Seitenflügel und Querbauten — hat
fünf Geſchoſſe zu je 3 m Höhe.

Der zurzeit geſchaffene Raum iſt für 800000 Bände berechnet,
durch eine etwas intenſivere Ausnutzung der Magazinhöhe, indem
man die Regale um eine Bücherreihe erhöhte, würde mit Leichtigkeit
für eine Million Bände Raum zu ſchaffen ſein; doch iſt auch auf
noch weitere Vermehrung der Sammlung inſofern Rückſicht genommen,
als die Flügelbauten in der nebenſtehend punktierten Weiſe fortgeſetzt
werden können, ohne die getroffene Diſpoſition irgendwie zu
beeinträchtigen.

Die ſämtlichen Magazin-, Studier- und Verwaltungsräume
werden durch eine Dampfluftheizung erwärmt, jedoch ſo, daß
weder Dampf noch Waſſer, ſondern nur erwärmte Luft in die
Räume geleitet wird.

Die Koſten des Baues werden ſich infl. der Einrichtung auf
2¼ Million Mark belaufen.

Dritter Abſchnitt.
Innere Ausſtattung des Bibliotheksgebäudes.

In Bezug auf die Ausſtattung der Bibliotheksräume mag
demjenigen, der das Angenehme und Schöne mit dem Nützlichen und Zweckmäßigen zu verbinden beſtrebt iſt, gern ein
freierer Spielraum für ſeine Neigungen gegönnt werden, weil
die Behaglichkeit für den Bibliothekar und das Publikum,
welche dadurch mehr oder minder erzielt wird, auf den Gang
der in der Bibliothek zu betreibenden Arbeiten und Studien
nur fördernd einwirken kann. Es möge insbeſondere den zu

den Arbeiten und Studien bestimmten Räumen, für welche
mäßige Erwärmung im Winter und erfrischende Kühle im
Sommer wünschenswert ist, eine Art Vorzug gestattet sein.
Doch darf auch hier das Nützliche und Zweckmäßige vor dem
Angenehmen und Schönen nie zurücktreten.

Was zunächst die Verwaltungsräume anlangt, so wird
das Zimmer des Oberbibliothekars, der als Vertreter der
Bibliothek täglich und stündlich Besuche zu empfangen hat,
schon um der Repräsentation willen mit einigem Comfort
auszustatten sein. In die Arbeitszimmer der Beamten gehören
große dauerhaft gearbeitete Schreibtische mit verschließbarem
Kasten oder, wenn möglich, Sekretäre mit kleinen verschließ=
baren Seitenschränken und aufgesetzten Fächern zur Aufnahme
von Büchern und Katalogen, nach Bedarf auch Schreibpulte.
Selbständige Repositorien an den Wänden dienen zur Auf=
nahme des für die Geschäftsführung nötigen bibliographischen
Apparats, der in der Regel um so umfangreicher sein wird,
je größer die zu verwaltende Bibliothek ist. Für die Kataloge
sind besonders hohe und tiefe Gestellfächer zu konstruieren,
während der alphabetische Buchkatalog auf pultartig geformten
Aufsätzen untergebracht wird, welche das Nachschlagen
erleichtern. Die Vorrichtungen für den Zettelkatalog, der an
manchen Bibliotheken in einem Zimmer für sich aufgestellt
ist, sind je nach der Beschaffenheit der verwendeten
Zettel verschiedene. Wir werden weiter unten bei dem Ab=
schnitte über den Zettelkatalog Gelegenheit finden, auf die=
selben im Zusammenhange näher einzugehen. Hier sei nur
darauf hingewiesen, daß bei der schnell wachsenden Ausdehnung
gerade dieses Katalogs eine reichliche Bemessung des für den=
selben bestimmten Platzes im voraus notwendig ist. Im
Ausleihezimmer ist der ausleihende Beamte von dem Publikum
durch eine Schranke zu trennen, innerhalb deren sich sein
Arbeitstisch befindet. Repositorien dienen hier zur Aufnahme
der zu verleihenden Werke, und da das Ausleihezimmer
gleichzeitig zur Rückgabe der entliehenen Bücher dient, so
müssen besondere Fächer oder Tische zu deren Beiseitelegen

vorhanden sein.   Häufig sind auch im Ausleihezimmer für
das Publikum bestimmte Kataloge ausgelegt, wobei für die
Besucher Schreibpulte zur Verfügung stehen.   Aufzüge, sei
es für Bücher allein oder auch für Personen, pflegen bei
modernen Anlagen den Verkehr mit den Büchersälen zu vermitteln und etwaige Wünsche des ausleihenden Beamten
finden jederzeit vermittelst des Sprachrohrs daselbst rasches
Gehör.

Im Lesesaal muß zunächst der die Aufsicht führende
Beamte von seinem Platze aus alles überschauen können.
Ferner muß die Stellung der Tische eine solche sein, daß sie
einen ungehinderten Verkehr für die Diener sowohl wie das
ein- und ausgehende Publikum zuläßt; auch sind die Arbeitsplätze der Besucher nicht zu eng zu bemessen.   Im Hallischen
Neubau z. B. ist jeder der 5 m langen und 1.25 m breiten
Arbeitstische des Lesesaales für zehn Arbeitsplätze berechnet,
so daß sich auf einen Platz eine Breite von 1 m ergiebt; in
Göttingen beträgt die Sitzlänge nach Kortüm 1.03 m, die
Tiefe der für jeden Sitz benutzbaren Tischfläche 0.62 m;
im Britischen Museum hat demselben Gewährsmann zufolge
jeder Sitzplatz eine Länge von 1.27 m, eine Tiefe von 0.62 m,
bei einer Tischhöhe von 76 cm und einer Stuhlhöhe von
45 cm u. s. f.   Die Sitzplätze sind außerdem an vielbesuchten
Bibliotheken zu numerieren und untereinander durch feste,
unter den Tischen befindliche Schranken zu trennen.

Für die Benutzung wertvoller Kupferwerke empfehlen sich
besondere Tische mit Aufsatzpulten, an welchen der Gebrauch
von Tinte auszuschließen ist.   Längs der Wände des Lesesaals werden ferner Regale angebracht, um die für das
Publikum bestimmte Handbibliothek, welche aus den gebräuch-
lichsten Nachschlagewerken, Encyklopädien, Lexicis u. s. w.
besteht, aufstellen zu können.   Jalousien oder lichte Zuggardinen
schützen hier wie in den Arbeitsräumen vor den Sonnenstrahlen, soweit nicht matt geschliffene Fenster dies unnötig
machen; Fußbodenläufer aus Kork, Linoleum, Kamptulikon
und anderen schalldämpfenden, staubfreien Stoffen vor dem

ſtörenden Geräuſch der Tritte. Daß der Leſeſaal als der für
das Publikum beſtimmte Raum auch durch eine geſchmackvolle
Ausſtattung ein würdiges äußeres Gewand erhalte, deſſen
Eindruck durch Aufſtellen von Büſten und dergleichen noch
erhöht werden kann, erſcheint als eine Forderung, die ſich aus
dem, was wir oben bei der baulichen Einrichtung desſelben
geſagt haben, von ſelbſt ergiebt. Der Beſucher ſoll ſich in
dem behaglich eingerichteten Raume wohl fühlen, zu dem er,
wenn dies der Fall iſt, ſtets gern zurückkehren wird.

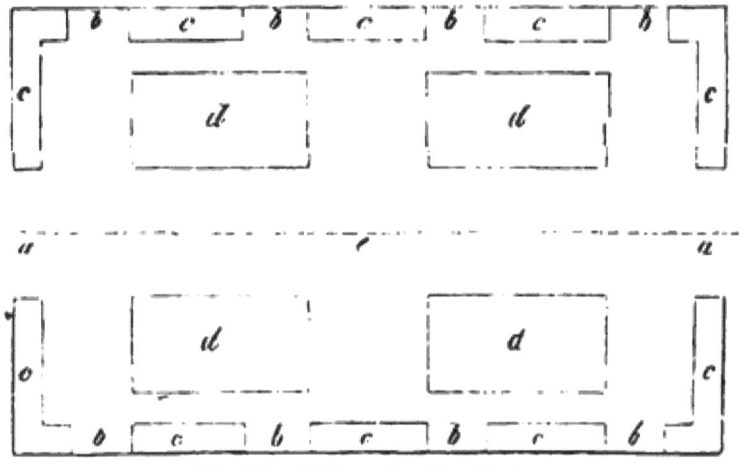

Fig. 19. Stellung der Repoſitorien.

In den Bücherräumen ſind die Hauptausſtattungsgegen=
ſtände die Repoſitorien, welche deshalb einer eingehenden
Betrachtung unterworfen zu werden verdienen. Dieſelben
fanden früher ihre Stelle in der Regel längs der Mauern
eines Raumes, wie dies in Fig. 19 und 20, wo, wie bei
den folgenden Figuren, a die Thüren, b die Fenſter, c die
Repoſitorien, d die Arbeitstiſche bedeutet, veranſchaulicht iſt.
Die Aufſtellung freiſtehender, von den Pfeilern aus nach der
Mitte des Raumes hin auslaufender Repoſitorien, von welchen
immer je zwei die Rücken einander zugekehrt haben (Fig. 21),
wurde im Katechismus früher nur für diejenigen Fälle
empfohlen, wo man mit dem Platze zu geizen gezwungen ſei.

Für dergleichen Fälle wurde auch noch auf einen andern Notbehelf hingewiesen, nämlich außer den üblichen Wand=repositorien nach Maßgabe der Beschaffenheit des Raumes

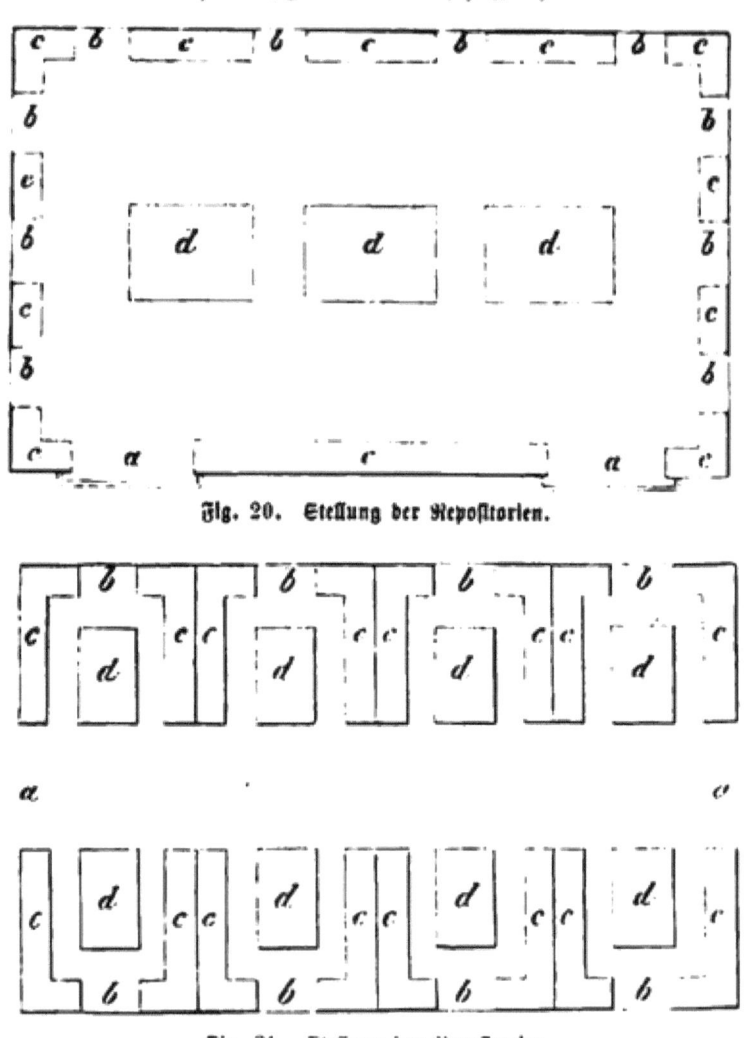

Fig. 20. Stellung der Repositorien.

Fig. 21. Stellung der Repositorien.

freistehende Repositorien, ebenfalls zu zweien mit dem Rücken gegen einander gekehrt, mitten im Raume den Pfeilern gegen=über anzubringen, wie dies aus Fig. 22 ersichtlich ist. Aus=

brüdlich wurde jedoch hinzugefügt, daß nur die unabweisbare
Notwendigkeit der möglichſten Platzerſparnis ein ſolches Ver=
fahren entſchuldigen ließe, durch welches die Überſichtlichkeit
der im ganzen Raume aufgeſtellten Bibliothekskörper bedeutend
beeinträchtigt, wenn nicht ganz zerſtört würde. Und es war
dies, wie wir oben geſehen haben, bei der alten Bauart der

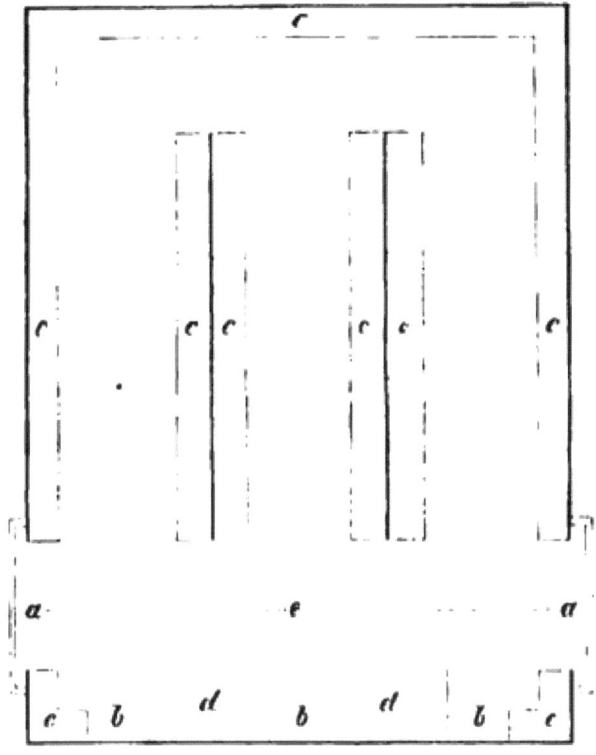

Fig. 22.   Stellung der Repoſitorien.

Bibliotheken in der That der Fall. Seitdem jedoch gerade
jenes immer mehr hervortretende Bedürfnis der Platzerſparnis
und der Raumausnützung das oben beſchriebene Magazin=
ſyſtem gezeitigt hat, wird grundſätzlich der geſamte verfügbare
Raum für die Aufſtellung der Repoſitorien ausgenützt, ohne
daß dank der vollſtändig veränderten Bauweiſe die Überſicht=

lichkeit in irgend einer Weise darunter zu leiden hätte. Der in Fig. 23 nach Steffenhagen dargestellte Grundriß der Repositorien im Kieler Büchermagazin möge jene Auf=stellungsweise dem Auge nochmals im Bilde kurz vorführen.

Dazu hat die Einführung der Zwischendecken noch zur angenehmen Folge, daß die übermäßige Höhe der früheren

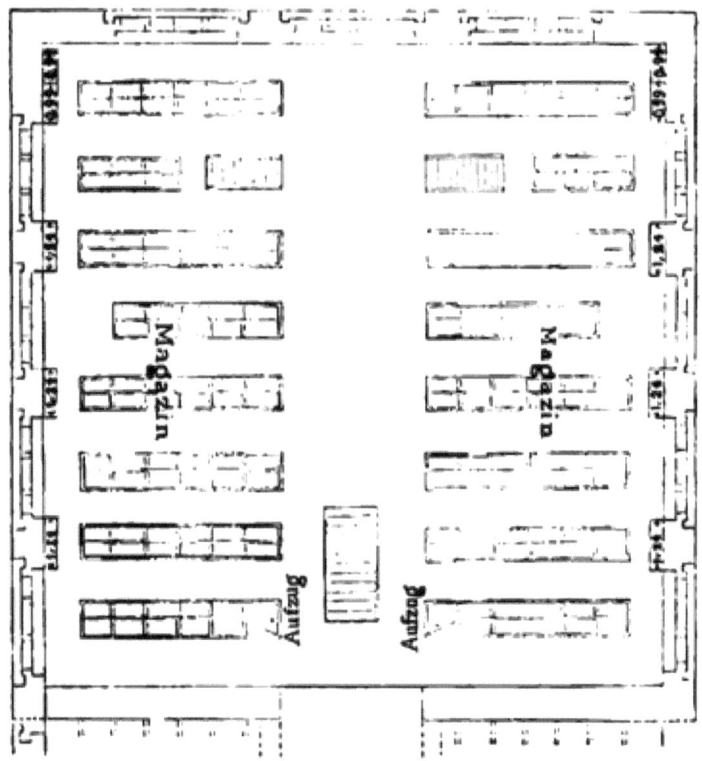

Fig. 23. Stellung der Repositorien im Kieler Büchermagazin.

Repositorien, bei welchen die Bücher der oberen Reihen nur mit Hilfe von Leitern zu erreichen waren, eingeschränkt und dadurch die Anwendung der Leitern, jenes gefährlichsten Gebrauchsstückes der Bibliotheken, das so manchem Biblio=thekar Unglück gebracht hat, entbehrlich wurde (vgl. Fig. 14).

Um wenigstens allzu hohe Leitern auszuschließen, hatte
seinerzeit Leger als die zweckmäßigste und (nach damaligen
Begriffen) bequemste Höhe der Repositorien 2.83 bis 3.39 m
bezeichnet. Für alle darüber hinausgehenden Höhen empfahl
der Katechismus die Anwendung von erhöhten Gängen und
aus leichtem und elegantem, aber festem Eisenwerke, erforder=
lichen Falles um der Geldersparnis willen auch aus Holz
konstruierten Galerien mit Brustwehren, die mit Repositorien
von nur etwa 2.26 m besetzt werden könnten, als passend. Von
gleichem Maße sollten, wo noch ein zweiter erhöhter Gang
oder Galerie erforderlich würde, auch die dort aufgestellten
Repositorien sein.

Wie wir jedoch im zweiten Abschnitte dieses Kapitels
gesehen haben, sind die Schattenseiten der Galerien, namentlich
wenn dieselben mehrere Stockwerke hoch übereinander gebaut
werden, so erheblicher Natur, daß dieselben gegenwärtig bei
Neubauten fast durchgängig durch niedrige Zwischendecken
ersetzt werden. In Bezug auf die Höhe der so entstehenden
Büchergeschosse und damit im wesentlichen auch der Bücher=
repositorien ist ein einheitlicher Grundsatz bisher noch nicht
durchgeführt. Während beispielsweise in der Pariser National=
bibliothek und ebenso in Greifswald die Höhe der Bücher=
geschosse auf 2.50 m festgesetzt ist, beträgt, wie wir sahen, im
Britischen Museum der Abstand 2.44 m und in Halle bei
sämtlichen vier Geschossen knapp 2.30 m. Es stellte sich des=
halb der Kieler Oberbibliothekar, E. Steffenhagen[65], die
Aufgabe, eine solche Normalhöhe zu finden, deren Feststellung
um so dringlicher erschien, als bei einem anscheinend geringen
Raumverluste von nur wenigen Centimetern für das einzelne
Repositorium bei einer Zusammenrechnung sich ein Gesamt=
verlust ergiebt, der an einer größern Bibliothek dem Raum=
gehalte zahlreicher Repositorien entspricht und unter Umständen
dem Zuwachs mehrerer Jahre gleichkommen kann. Auf Grund
mühsamer Messungen an Büchern und sorgfältiger Berech=
nungen ist nun Steffenhagen zu dem Resultate gelangt, daß
bei der Magazineinrichtung eine bauplanmäßige Höhe von

2.50 m als die gesuchte Normalhöhe der einzelnen Etagen,
2.17 m als diejenige der darin unterzubringenden Repositorien
zu bezeichnen sei. Dem Übelstande, daß bei dieser Höhe für
Personen mittlerer Größe die obersten Bücherreihen fast
unerreichbar sind, begegnet Steffenhagen durch schmiedeeiserne
Fußauftritte, welche an den Stielen der Repositorien verschraubt werden. Wo die Repositorien die von Steffenhagen
vorgeschlagene Höhe nicht erreichen, wie z. B. in Halle, dienen
nach dem Vorbilde von Leyden die eisernen Schutzstangen
längs der Lichtschlitze an den Repositorien in durchaus
genügender Weise zugleich als Trittstangen, wobei eiserne
Griffe, welche an den Zwischenwänden oben angebracht sind,
den nötigen Halt gewähren (Fig. 14). Im Britischen Museum
dagegen bedient man sich, um die obersten Bücherreihen
bequemer erlangen zu können, wie Kortüm berichtet, kleiner
Tritte, welche sehr leicht auf dem eisernen Fußboden hin-
gleiten und deshalb auch in Göttingen für die unter den
Galerien belegenen Räume eingeführt worden sind.

Die Tiefe der Repositorien bemaß der Katechismus früher
in reichlicher Weise unten, wohin die größten Bände, die
Folianten zu stehen kommen, auf 57 bis 85 cm, weiter oben
auf 42 bis 57 cm. Bei den neueren Bauten hat man indessen,
immer von dem Grundsatze möglichster Raumausnützung
ausgehend, meist geringere Tiefen angewendet. So beträgt
z. B. in Halle die Tiefe der Doppelgestelle nur 50 cm; in
Höhe der Fußböden ist dieselbe durch angesetzte Konsolstücke
für die Folianten auf 70 cm verbreitert. In Göttingen hat
man die Büchergerüste für Oktav 20 cm, für Quart 30 cm,
für Folio 40 cm tief eingerichtet. Außergewöhnliche Formate
sind in besonderen Fächern mit gleichmäßiger Tiefe untergebracht.

Äußerst wünschenswert, weil für Neuaufstellungen und
Umstellungen von höchstem Vorteile, ist eine gleichmäßige
Weite der Repositorien, die man mit Kortüm von Mitte zu
Mitte der aufgestellten Repositorienwände auf rund 1.0 m
festsetzen mag, eine Grenze, welcher auch Steffenhagens Vor-

ſchlag, die Entfernung auf 90 cm im Lichten zwiſchen den
Stielen zu beſtimmen, nahekommt [66].

Der Abſtand der horizontalen Abteilungen oder Ab=
teilungsbretter im Lichten muß durchgehends nach Maßgabe
der in den Repoſitorien aufzuſtellenden verſchieden großen
Bände, von unten nach oben zu abnehmen, da es einesteils
bloße Raumverſchwendung zu nennen ſein würde, wenn
man alle Abteilungen von gleicher Höhe machen wollte, und
andernteils dieſe Raumverſchwendung ohnedies nicht
erforderlich iſt, ſobald man nur den für Aufſtellung von
Büchern allein richtigen Grundſatz, alle Bücher nach der
Größe der Formate zu ſcheiden, und die Bücher von größerm
Formate in den unteren Abteilungen der Repoſitorien, die
von mittlerem Formate in den darüber gelegenen Fächern
und die Bücher von kleinerem Formate in den oberen Ab=
teilungen unterzubringen, bei der Anlage von Repoſitorien
als Maßſtab nimmt. Bei der genaueren Höhenbeſtimmung
hat man in neuerer Zeit gleichfalls die Grundſätze ökonomiſcher
Raumerſparnis nach Kräften zur Geltung zu bringen geſucht.
Nach dem Katechismus ſollte die Höhe der unteren, für die
Folianten beſtimmten Abteilungen 57 cm, die der darüber
gelegenen Quartantenfächer 42 cm, und der oberen Fächer
für Oktav= und kleinere Bände 28 cm, eher etwas mehr als
weniger, ſein. Die Erfahrung in Kiel hat nun nach Steffen=
hagen gelehrt, daß eine feſt begrenzte Normalhöhe ohne zu
große Schwankungen allein bei Oktav feſtgeſetzt werden kann,
wo jedoch eine lichte Höhe von 25 cm ſich als ausreichend
erwies. Darunter (auf 23 cm) ging man bei der dortigen
Aufſtellung nur in wenigen vereinzelten Ausnahmefällen der
Raumerſparnis wegen, darüber hinaus (auf 27 cm) nur da,
wo der verfügbare Raum ſolches geſtattete oder vorteilhafter
nicht zu verwenden war. Bei Folio und Quart zeigten ſich
dagegen große Schwankungen, und zwar derartig, daß die
verſchiedenen Wiſſenſchaften auch äußerlich in der ihnen
eigentümlichen Maximalgröße der Formate einen verſchieden
ausgeprägten Charakter bekundeten. Die gewöhnlichſte Höhe

nach der Zahl der Anwendungsfälle betrug für Folioreihen 45 cm, für Quartreihen 33 cm. Außerdem aber kamen Höhen vor von 37, 39, 41, 43, 47, 49, 51, 53, 55 cm für Folio, von 31, 35, 37, 39 cm für Quart. Die Maximal= höhe überstieg indessen in keinem Falle 55 cm für Folio, 39 cm für Quart. Von der in Kiel gefundenen gewöhnlichsten Höhe entfernen sich die Göttinger Maße nicht allzuweit. Dort stellten sich nach Kortüm auf Grund einer Reihe von Messungen folgende, bei Ausführung der Büchergerüste zu Grunde gelegte Maximalmaße für die einzelnen Formate heraus: für Oktav 27 cm, für Quart 35 cm, für Folio 45 cm Höhe. Vereinfacht wird diese ganze Frage, wenn man — wie dies an manchen Bibliotheken geschehen ist — bei der Aufstellung der Bücher von einer Trennung nach biblio= graphischen Formaten überhaupt absieht und statt deren künstliche Höhenabstufung nach festbestimmten Maßen zur Anwendung bringt. Hierüber werden wir weiter unten im Kapitel über die Aufstellung des Bücherschatzes noch besonders zu handeln haben.

Um das Herausnehmen der Bücher aus dem untersten Fache und deren Einstellen nicht zu sehr zu erschweren, ist eine Erhöhung desselben erforderlich, welche im Katechismus auf 7—10 cm normiert war. Kortüm sucht dem an zahl= reichen Bibliotheken vorhandenen Übelstande, daß das Bücken beim Holen bezüglich Einstellen der Bücher in der untersten Reihe lästig wird, dadurch zu begegnen, daß er die Anordnung eines durchgehenden festen Sockels von sogar 20 cm Höhe vorschlägt, mit welchem die Schutzstangen parallel zu laufen hätten. Der Verlust an nutzbarer Höhe werde durch die bequemere Benutzung und bessere Erhaltung der Bücher auf= gewogen werden. Laufen nämlich, wie dies in vielen Fällen geschieht, die Schutzstangen quer vor dem untersten Fache hin, so ist es schwierig, die Folianten herauszunehmen oder ein= zustellen, ohne dieselben durch Anstoßen zu beschädigen. Der beregte Umstand verschwindet sofort, sobald die Schutzstangen zugleich mit der Kante des untersten Faches einsetzen, in

welchem Falle jene zugleich als Tritte dienen können. In
Halle z. B. laufen dieselben 25 cm über den gußeisernen
Platten parallel mit dem Boden des Foliantenfaches. Um
jedoch dabei das Prinzip der Raumersparnis nicht zu ver=
lassen, hat man unterhalb der Schutzstangen niedrige Fächer
von besonderer Tiefe zum flachen Einlegen besonders großer
Formate angebracht, die im allgemeinen freilich nur wenig
gebraucht werden. In Kiel ist dagegen nach Steffenhagen
der volle Raum in der Weise ausgenutzt, daß die Bücher
von unten durch die freien Öffnungen der Zwischendecken
durchgestellt und oberhalb über die Auftrittsstangen über=
gehoben werden. Letzteres bedingt mit Rücksicht auf die
Folianten natürlich eine maximal bestimmte Höhenlage der
Auftrittsstangen und einen minimal bestimmten Abstand der=
selben von der Frontfläche der Regale.

Die Stärke der Abteilungsbretter wird wie von dem dazu
verwendeten Material so auch von der Länge derselben ab=
hängen. Unter Annahme einer größeren Weite als die oben
als wünschenswert bezeichnete nahm der Katechismus als
das passendste Maß 4 cm für die unteren, welche die am
meisten ins Gewicht fallenden Bücher, die Folianten und
Quartanten, zu tragen haben, für die übrigen 2 cm an, wo=
bei jedoch vorausgesetzt war, daß bei größerer Länge der
Bretter die Anwendung von Stützen nicht versäumt würde.
In Kiel beträgt die Brettstärke durchschnittlich 3 cm, in
Halle bei den festen Buchbrettern, deren jedes Repositorium
in der Regel zwei bis drei besitzt, gleichfalls 3 cm.

Zu immer allgemeinerer Anerkennung sind in neuerer Zeit
infolge der offenbaren Vorteile, welche dieselben bieten, die
beweglichen Abteilungsbretter gelangt. Man pflegte dieselben
zuerst in der Weise herzustellen, daß man die Seitenwände
der Repositorien mit Einschnitten zum Ein= und Ausschieben
von Querleisten versah, um mit deren Hilfe die Bretter nach
Bedürfnis bald höher, bald niedriger stellen zu können. Gegen=
wärtig bringt man in den Seitenwänden der Repositorien
innerhalb verschieden bemessener lotrechter Abstände (in Halle

z. B. von 3, in Kiel von 4 cm), am besten in zwei Reihen,
um die Gefahr des Spaltens der Wange zu verhüten, Bohr=
löcher an, in welche je vier drehbare messingene Stellstifte
mit runden Zapfen eingefügt werden, auf welchen je ein
Abteilungsbrett ruht. Man stützt bisweilen diese Stifte noch
durch Einfügung von Leisten aus hartem Holz u. dergl. In
Halle haben nach von Tiedemann diese Bretter 2.5 cm starke
Kiefernrahmen und 1.5 cm starke fichtene Füllungen und sind
bei genügender Stärke ungemein leicht und bequem zu hand=
haben. Bei Umstellungen und Neuaufstellungen leisten solche
bewegliche Bretter die bequemsten Dienste, da ohne weitere
Schwierigkeiten eine größere oder geringere, für die verschiedenen
Maße geeignete Höhe derselben hergestellt werden kann. Dabei
gewähren dieselben durchaus genügende Festigkeit und etwaige
erhöhte Kosten ihrer Herstellung, die man gegen sie geltend
gemacht hat, werden durch die erzielte Ersparnis an Raum,
bezüglich an neu zu fertigenden Repositorien vollauf aus=
geglichen. Um die Bretter an beiden Fronten der Gestelle in
verschiedener Höhe unabhängig von einander einlegen und
auf diese Weise eine erhöhte Raumausnützung erzielen zu
können, ist es jedoch notwendig, denselben nur die halbe Tiefe
der Doppelrepositorien zu geben. Daß ein größerer Vorrat
derselben für außerordentlichen Zuwachs und für Umstellungen
bereit liege, ist wünschenswert. Von Nutzen wird es bei ein=
fachen Repositorien sein, die Abteilungsbretter nicht bis dicht
an die Rückwand des Repositoriums anstehen, sondern für
den Luftzug zwischen den Brettern und der Rückwand, welcher
zur Abhaltung schädlicher Insekten und Würmer dient, noch
etwas Raum zu lassen, eine Maßregel, die sich schon durch
ihre Einfachheit empfiehlt. Bei Doppelrepositorien dagegen
bleibt in der Mitte gewöhnlich genügend freier Raum, um
der Luft Durchzug zu gestatten. Hier tritt leicht ein anderer
Übelstand ein, nämlich der, daß Bücher von der einen Seite
des Doppelrepositoriums in die andere hinüberfallen. Dem
beregten Übelstande wird abgeholfen, wenn man nach dem

Vorbilde des Britischen Museums durch ein Drahtnetz die
beiden Hälften von einander trennt.

Was endlich das Material, woraus die Repositorien zu
fertigen sind, und die Farbe derselben betrifft, so wird, so
weit es sich um das Material handelt, hierüber eine allgemein
giltige Vorschrift nicht gegeben werden können, weil die Beant=
wortung der Frage, ob man zu den Repositorien Cypressen=,
Tannen= oder Eichen= oder was sonst für ein Holz verwenden
solle, nach den verschiedenen lokalen Verhältnissen stets ver=
schieden ausfallen wird. Jedenfalls fordern die Repositorien
ein festes und dauerhaftes Holz, welches den Verheerungen
der Würmer am wenigsten ausgesetzt ist. In neuerer Zeit
ist übrigens an Stelle des Holzes mehrfach Eisen für die
Zwischenwände der Repositorien und für die Abteilungs=
bretter Eisenblech, selbst Schiefer verwendet worden[67]. Schon
Leger hatte seinerzeit zu dem Zwecke, die Holzwürmer von
den Büchern abzuhalten, in Vorschlag gebracht, die Ober=
seiten der Abteilungsbretter, sowie überhaupt alle sonst mit
den Büchern gewöhnlich und unmittelbar in Berührung
kommenden Holzflächen mit Metallblechen oder Glastafeln
oder dünnen Schieferblättchen oder auch mit Platten von
Porzellan, Steingut und dergleichen Dingen zu überkleiden.
Auch hat man in Erwägung gegeben, die Bretter nicht massiv
fertigen, sondern durchlöchern oder nur aus einzelnen, nicht
dicht an einander geschobenen Brettern zusammensetzen zu
lassen — alle diese Vorschläge werden indessen überflüssig
bei regelmäßig wiederkehrender Reinigung der Repositorien
und Bücher, wodurch den Beschädigungen der Bücherfeinde
aus dem Tierreiche am wirksamsten vorgebeugt wird. Zum
Anstriche der Repositorien, wo ein solcher überhaupt erforder=
lich ist, muß eine derartige lichte Farbe gewählt werden, die
dem Schmutzigwerden nicht so leicht unterworfen ist, und
zugleich auch der Helligkeit im Bibliotheksraume keinen Ein=
trag thut. Die Wahl der Farbe der Repositorien ist für das
gefällige und schmucke Aussehen des ganzen Raumes von
nicht unerheblicher Bedeutung.

Schließlich möge noch darauf aufmerksam gemacht werden, daß die Aufstellung von Repositorien mit Thüren, teils weil sie kostspielig ist und doch keinen wesentlichen Nutzen hat, teils weil durch das fortwährende Auf- und Zuschließen der Thüren die leichte und bequeme Handhabung der Bücher gestört wird, nicht anzuraten ist. Überhaupt sind Schränke mit Gitter- oder besser noch Glasthüren ausschließlich in den für Handschriften und Cimelien bestimmten Räumen, die nach außen hin geschlossene Thüren der besseren Sicherheit wegen erhalten müssen, empfehlenswert. Vorhänge vor den Repositorien mögen gegen das Eindringen des Staubes gar nicht unnütz sein, schaden aber der Übersichtlichkeit der dahinter aufgestellten Bücher zu sehr, als daß man ihrer Anwendung in den Bibliotheken das Wort reden dürfte.

Nächst den Repositorien sind die Tische diejenigen Möbel, auf deren Aufstellung bei der Einrichtung einer Bibliothek hauptsächlich mit Rücksicht genommen werden muß. Diese Tische sind sowohl zur Aufbewahrung von großen Folianten und Kartons, als auch zum Auflegen und Aufschlagen derselben bestimmt. Das kolossale Format einzelner Werke, welche sich, allen Wünschen der Bibliothekare entgegen, in keines der Repositorienfächer von der gewöhnlichen Höhe und Tiefe einreihen lassen, verlangt nun einmal unbedingt die Aufstellung ganz eigener Repositorien mit etwas erhöhtem Untergestelle, die am zweckmäßigsten eben in der Gestalt von Tischen, damit man ihre Decke gleich als eine Art Tafel zu dem angegebenen Zwecke benutzen kann, herzurichten und entweder mit horizontalen Fächern für die Kartons und liegenden Bände oder mit vertikalen Abteilungsräumen für die stehenden Bücher zu versehen sind. Diese letzteren Abteilungsräume dürfen nur verhältnismäßig schmal sein, damit die darin aufzustellenden Bücher in möglichst gerader Haltung bleiben und nicht durch schiefe und wechselnde Stellung Schaden leiden. In den Handschriften- und Cimelienräumen sind statt solcher Repositorientische, behufs der Auslegung von Schaustücken, einfache Tische, aber mit auf der Platte

6*

angebrachten, verglasten oder überdies auch noch vergitterten Schaukästen, sogenannte Schautische, genügend und sogar passender, die jedoch vor den Einwirkungen des Lichtes durch Decken zu schützen sind. Bloße Geschmackssache und wohl kaum von wesentlichem Nutzen ist es, die Stelle der Schautische durch eine Art Maschine zu ersetzen, die zwischen zwei drehbaren Scheiben vier Glaskästen in sich faßt, von denen einer nach dem andern durch Drehen der Scheiben dem Beschauer zur näheren Besichtigung der darin ausgelegten

Fig. 24. Drehbare Maschine für Schaustücke.

Stücke nähergebracht werden kann (Fig. 24). Kartenwerke, Mappen, Atlanten, Kupferstiche und dergleichen verwahrt man neuerdings statt in Schiebekästen häufig in Rolltischen [68]. Es sind dies aus Holz oder Eisen konstruierte Tische, zwischen deren Füßen — in die in denselben befindlichen zahlreichen Bohrungen eingreifend — kleine mit Stoff umwickelte Rollen von Holz oder Metall eingelegt werden, welche für die betreffenden Werke als Lager dienen. Die Größe der Tische richtet sich nach den Verhältnissen der Räume, in denen sie aufgestellt werden: allzu lange Tische stören die leichte

Kommunikation im Innern des Raumes von der einen Seite nach der andern, entgegengesetzten hin (Fig. 19). Gleich störend für die Kommunikation von der einen Thüre zu der andern, gegenübergelegenen wirkt die Aufstellung breiter Tische mitten in der Ganglinie: es ist stets ratsam, solchen Tischen seitwärts davon ihren Platz zu geben (Fig. 19). Wo es der Raum gestattet, da können die Tische auch recht passend an die Pfeiler zu stehen kommen (Fig. 22). Übrigens ist in Ansehung der Zahl der Tische zu bemerken, daß ein Tisch zu viel immer noch eher Nutzen als einer zu wenig Nachteil bringt (Fig. 21). Bei den modernen Magazinbauten lassen sich freilich Tische in den engen Gängen zwischen den Repositorien nicht wohl anbringen, dagegen bietet der breitere Mittelgang (Fig. 23) in den einzelnen Geschossen hinreichende Gelegenheit zum Aufstellen solcher. Bei den durchbrochenen Zwischendecken müssen die Beine der Tische, desgleichen der Stühle durch Querleisten verbunden sein, um das Stehen derselben zu ermöglichen.

Hier mögen sich einige Bemerkungen über die Leitern [69] anschließen, die ja noch immer in zahlreichen älteren Bibliotheken in Gebrauch sind. Um die Gefahr der Leitern so viel als möglich zu beseitigen, sorge man nur dafür, daß sie bei aller Leichtigkeit, die sie der bequemen Handhabung wegen besitzen müssen, fest und an dem obern Teile mit eisernen Haken versehen sind, welche, um das Abgleiten der Leitern beim Anlegen zu vermeiden, in eine längs des vor- oder drittletzten obern Ab-

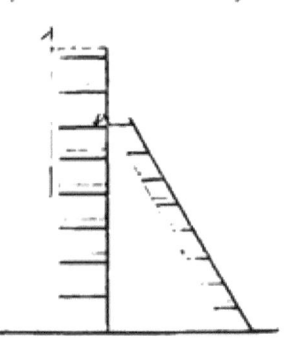

Fig. 25. Patentleiter.

teilungsbrettes des Repositoriums hinlaufende und am vordern Rande mit einer Eisenschiene wohl verwahrte Vertiefung (Nute) eingelegt werden müssen (Fig. 25). Das passendste Maß für die Breite der Leitern ist etwa 43 cm, für den Abstand der Trittbretter 24 cm und für die Breite derselben

12 cm. Rollleitern d. h. auf Rollen bewegliche Leitern sind im allgemeinen nicht sehr empfehlenswert: sie nehmen mehr Platz in Anspruch als die gewöhnlichen Leitern und gewähren dem Aufsteigenden in der Regel keinen so festen Standpunkt wie diese; doch braucht man dergleichen Rollleitern häufig da, wo zwei Repositorienreihen so eng nebeneinander hinlaufen, daß der Platz zum Anlegen gewöhnlicher Leitern fehlt. Neben den Leitern sind noch bewegliche Tritte mit etwa drei Stufen sehr praktisch.

Endlich seien der Vollständigkeit halber auch die an einigen Bibliotheken eingeführten Handwagen [70] oder Handkarren erwähnt, welche zum bequemen Fortschaffen größerer Lasten innerhalb weit ausgedehnter Büchersäle sich eben so bewährt haben, wie die Aufzüge, mittels deren eine größere Anzahl von Büchern leicht und schnell aus den oberen Räumen in die unteren Stockwerke oder das Ausleihezimmer herabgelassen und von da wieder in die ihrem Standorte entsprechende Höhe zurückbefördert werden kann.

Vierter Abschnitt.
Erhaltung und Erweiterung des Bibliotheksgebäudes.

Nachdem wir in den vorhergehenden Abschnitten über den Bau und die Einrichtung des Gebäudes das Nötige gesagt haben, bleibt uns noch übrig, über die Erhaltung desselben und seine eventuelle Erweiterung einige Bemerkungen hinzuzufügen, um damit dieses Kapitel zum Abschluß zu bringen. Wir können uns dabei um so kürzer fassen, als in Frage der Instandhaltung des Bibliotheksgebäudes im wesentlichen keine anderen Anforderungen zu Tage treten als diejenigen sind, welche man bei anderen Gebäuden aufzustellen pflegt. Anderseits läßt sich hinsichtlich der Erweiterung des Hauses im allgemeinen nur wenig sagen, bestimmte in das Einzelne gehende Vorschläge aber sind aus dem Grunde ausgeschlossen, weil hier nur von Fall zu Fall unter genauester Berücksichtigung der örtlichen Verhältnisse entschieden werden kann,

in welcher Weise erforderlich gewordener neuer Raum auf
die zweckmäßigste Art zu gewinnen ist.

In Ansehung der Erhaltung des Gebäudes wird im ganzen
der Bibliothekar seltener als der Diener, dem die Aufsicht
über die Lokalitäten übertragen ist, in den Fall kommen, sich
von der fortdauernd guten Beschaffenheit derselben zu überzeugen. Daher ist der die Aufsicht führende Diener mit
strenger Instruktion zu versehen, daß er auf alle etwaigen,
durch die Zeit oder durch Zufall und mit Absicht veranlaßten
Schäden sorgsam achte und, sobald er dergleichen bemerkt,
unverzüglich Anzeige darüber erstatte, soweit er nicht selbst
Abhilfe zu schaffen im stande ist. Sache des Bibliothekars
ist es, in eigener Person von Zeit zu Zeit eine genaue
Besichtigung vorzunehmen, die hauptsächlich mit darauf
gerichtet sein muß, daß sich alles, was zur Sicherung der
Lokalitäten gegen die Gefahren von Feuer und Feuchtigkeit
und gegen alle sonstigen äußeren Angriffe dient, in gutem
und genügendem Stande befinde. Bei ausgedehnteren Räumlichkeiten, wo eine solche Besichtigung für das in solchen
Dingen mehr oder minder ungeübte Auge des Bibliothekars
größere Schwierigkeiten bietet, dürfte es sich empfehlen, dann
und wann einen im Bauwesen erfahrenen Mann mit zu
Rate zu ziehen, dessen Blicken wohl nicht leicht etwas Erhebliches entgehen möchte. Bei staatlichen Gebäuden steht
ohnehin in der Regel dem Bibliothekar die Baukommission,
welche den Zustand der öffentlichen Gebäude zu überwachen
hat, zur Seite. Hinsichtlich der Möbel, also der Repositorien,
Tische, Leitern und dergleichen, kommt der Bibliothekar schon
öfter in die Lage, sich von ihrer Beschaffenheit in fortdauernder
Kenntnis zu erhalten, um nach Bedarf die notwendigen Verbesserungen vornehmen zu lassen. Je rascher allerlei Schäden
bereits bei ihrem Entstehen beseitigt werden, um so weniger
Kosten werden dieselben verursachen und um so tadelloser
wird der äußere Zustand der Bibliothek erhalten bleiben.
Größere sich als nötig erweisende Reparaturen sollten schon
um der Sicherheit der Bücher und des Publikums willen

nicht hinausgeschoben werden. Erweist sich ein älteres
Gebäude als unheilbar defekt, vielleicht auch nicht genügend
feuersicher, so ist es Pflicht und Beruf des Bibliothekars,
mit allen Kräften und allen ihm zu Gebote stehenden Mitteln
dafür einzutreten, daß den seiner Aufsicht anvertrauten
Schätzen ein sichereres und zumeist wohl gleichzeitig auch
würdigeres Heim angewiesen werde.

Wo sich eine Erweiterung der Lokalitäten notwendig
macht, da wird immer zunächst die Frage aufzuwerfen sein,
ob sich dieselbe ohne Beeinträchtigung der Vorteile, welche
das Gebäude und die Räumlichkeiten bereits gewähren, herstellen lasse. Namentlich wird in Betracht gezogen werden
müssen, ob gleich von Anfang an, bei Anlegung des Gebäudes
und der Herrichtung der Räumlichkeiten, auf eine solche
Eventualität die wünschenswerte Rücksicht genommen, und
schon damals irgend eine Vorkehrung dazu getroffen worden
sei, die Erweiterung im Sinne des ursprünglichen Bau- und
Einrichtungsplanes auszuführen. In dem sehr häufig vorkommenden Falle, daß die Bibliothek ein Gebäude inne hat,
welches zur Beherbergung anderer Sammlungen und zu
sonstigen Zwecken gleichzeitig mitbenutzt ist, wird man in
der Regel so lange von einer Erweiterung des Gebäudes
selbst absehen dürfen, als dasselbe in den zu anderem
Behufe benutzten Lokalitäten, auf deren Überlassung sich im
wahren Interesse der Bibliothek Anspruch machen läßt, noch
hinlänglicher Raum für diese darbietet. Wo dagegen weder
eine solche Erweiterung der Bibliotheksräumlichkeiten, noch
eine Vergrößerung des Gebäudes möglich ist, da wird sich
natürlich, so lange die Herstellung eines Neubaues nicht zu
erreichen ist, das Augenmerk darauf richten müssen, inwiefern
die inneren, von der Bibliothek bereits in Beschlag genommenen
Lokalitäten im stande seien, den für die Erweiterung der
Bibliothek erforderlichen Platz bis auf weiteres zu gewähren [71].
Unter allen Umständen wird man dabei jedoch vermeiden
müssen, die Bücher hintereinander in doppelten Reihen, also
in einer für den Gebrauch sehr unzweckmäßigen Weise, auf-

zustellen. Im übrigen werden der äußersten Raumausnutzung
in einem solchen Falle alle anderen Rücksichten der Bequem=
lichkeit, häufig selbst der Übersichtlichkeit weichen müssen.
Die beweglichen Abteilungsbretter der Repositorien werden
hie und da noch weitern Raum gewinnen helfen, neue
Repositorien jede verfügbare Stelle in Anspruch nehmen
und wo es der Bau zuläßt Galerien oder noch besser eiserne
Zwischendecken eingefügt werden, um den überschüssigen
Vorrat in neu gewonnenen Geschossen zu bergen. Es ist in
einem solchen Falle dem Bibliothekar reiche Gelegenheit
geboten, immer neue Mittel und Wege zur Abhilfe zu
ersinnen und sich als erfinderischer Kopf zu erweisen. Sind
freilich alle Aushilfsmittel erschöpft, dann wird der Zustand
einfach unhaltbar und es geht nicht ohne schwere Schädigungen
im Betriebe der Anstalt ab. Aus einer geordneten Bücher=
sammlung droht ein Chaos zu werden, in welchem sich
niemand mehr zurecht zu finden vermag. Nunmehr ist der
äußerste Zeitpunkt gekommen, wo einsichtige Behörden den
Bitten des Bibliothekars um Beschaffung neuer Räume ihr
Ohr nicht länger verschließen dürfen, vielmehr die Mittel
zu einem Neubau gewähren müssen, der besser schon früher
in Angriff genommen worden wäre. Kommt ein solcher zu
stande, dann tritt an den Bibliothekar die Frage heran, wie
er den Umzug aus dem alten in das neue Gebäude auf die
einfachste und praktischste Weise zu bewerkstelligen habe.
Wennzwar hierbei die betreffenden örtlichen Verhältnisse
immer ausschlaggebend sein dürften, so werden doch die
infolge der zahlreichen Neubauten in neuerer Zeit auf diesem
Gebiete gemachten Erfahrungen ihm in vielfacher Hinsicht
vorteilhaft zu statten kommen [72].

Zweites Kapitel.
Von den Beamten der Bibliothek.

Erster Abschnitt.
Der Bibliothekar im allgemeinen.

Unter einem Bibliothekar würde man im weitesten Sinne
des Wortes eigentlich einen Jeden zu verstehen haben, der
sich mit der Bibliothekswissenschaft beschäftigt. Man hat sich
indessen daran gewöhnt, den Namen eines Bibliothekars in
einer engern Bedeutung nur demjenigen beizulegen, der sich
mit den in der Bibliothekslehre vorgezeichneten Geschäften
befaßt. In der Praxis hat diese an sich sowohl wie in
Hinsicht auf andere Berufsarten berechtigte Begriffserklärung
sogar noch eine weitere Einschränkung insofern erfahren, als
der Titel eines Bibliothekars vielfach nur dem leitenden
Beamten der Bibliothek zuerkannt oder als Auszeichnung an
einzelne wissenschaftliche Beamte der Anstalt verliehen wird.
Es läßt sich jedoch nicht leugnen, daß eine solche Beschränkung
weder dem Begriffe, den man sich schon in früherer Zeit von
einem Bibliothekar gemacht hat, noch dem, welchen man sich
allgemein noch jetzt davon macht, entspricht. Vielmehr fordert
die Theorie die Beibehaltung der gegebenen Begriffserklärung
und nur, indem man dies thut, ist man in der Lage, von
einem Stande der Bibliothekare zu sprechen, welcher den
Inbegriff sämtlicher wissenschaftlicher Bibliotheksbeamten
bildet [73].

Der bibliothekarische Beruf hat sich in neuerer Zeit mit
Recht mehr und mehr zu einem selbständigen herausgebildet.
Während früher die wichtigeren Beamtenstellen namentlich
an den Universitätsbibliotheken in der Regel nur — durch
Docenten der betreffenden Universität — im Nebenamte
verwaltet wurden, ist an maßgebenden Stellen die Überzeugung immer entschiedener zum Durchbruch gekommen,
daß auch das Amt eines Bibliothekars, wie jedes andere
wichtigere Amt, „einen ganzen Mann" beansprucht, der in

erster Linie diesem Amte zu leben und demselben seine besten
Kräfte zu widmen hat. Die steigenden Anforderungen, welche
von allen Seiten an die Leistungen der Bibliotheken gestellt
werden, nehmen ohnehin diese Kräfte in stetig sich erhöhendem
Maße in Anspruch [74].

Was nun die Eigenschaften betrifft, die man von einem
Bibliothekar zu verlangen hat [75], so sind Ordnungsliebe,
Fleiß und Humanität diejenigen, welche der Bibliothekar,
der seinem Amte befriedigend vorstehen will, vor allen Dingen
besitzen muß. Es mag zwar sonderbar klingen, daß Eigenschaften, deren Aneignung auch jedem andern, gleichviel unter
welchen Verhältnissen, warm anzuempfehlen ist, als diejenigen
hervorgehoben werden müssen, welche zu den hauptsächlichsten
Erfordernissen eines Bibliothekars zu rechnen sind; allein
niemand, der irgend Einsicht in den bibliothekarischen
Geschäftskreis hat, wird leugnen können, daß dieselben gerade
dem Bibliothekar unentbehrlicher als vielen anderen sind.
Sie sind ihm fast notwendiger, als die bibliothekarischen
Kenntnisse, ohne welche sich immerhin noch ein leidlicher
Bibliothekar wohl denken läßt, während ein wennschon
kenntnisreicher, doch jener Eigenschaften entbehrender
Bibliothekar für die Zwecke der Bibliothek so gut wie
ganz ohne Nutzen bleibt.

Was zunächst die Ordnungsliebe [76] anlangt, so sagt Ebert,
gewiß im Einverständnisse mit jedem erfahrenen Bibliothekar:
„Wem strenge Ordnungsliebe fremd und unbekannt ist, der
entbehrt eine der nötigsten und unerläßlichsten Eigenschaften
eines guten Bibliothekars, und ist zu diesem Amte durchaus
unfähig, das auch in kleinen und geringscheinenden Dingen
die größte Genauigkeit und Ordnung heischt". Die Ordnung
bildet in der That die Hauptgrundlage für die Verwaltung
einer jeden Bibliothek; ohne sie wird selbst eine reich ausgestattete Anstalt und in der Regel eben diese am meisten,
trotz aller Gelehrsamkeit ihrer Beamten, niemals zur rechten
Blüte gelangen noch diejenige Wirksamkeit nach außen entfalten können, die man mit Recht von ihr verlangen könnte.

Mit der Ordnungsliebe muß aber ferner der Fleiß Hand
in Hand gehen. Gerade die Bibliotheksgeſchäfte verlangen
nicht ſelten in den allerlangweiligſten Dingen einen ſo aus=
dauernden Fleiß, wie er kaum irgendwo anders in dieſer
Weiſe Bedürfnis iſt. Dem unverdroſſenen Fleiße, als dem
Ausfluſſe einer angebornen Arbeitsluſt und Arbeitsfreudig=
keit, muß eine peinliche Gewiſſenhaftigkeit zu Grunde liegen,
die auch den geringfügigſten Arbeiten dieſelbe Sorgfalt zu=
teil werden läßt, wie ſie den wichtigeren Geſchäften gewidmet
zu werden pflegt. Zugleich muß in ſämtlichen Arbeiten des
Bibliothekars die größte Genauigkeit, Sauberkeit und Über=
ſichtlichkeit in muſterhafter Weiſe ſtets zur Geltung kommen.
Für alle dieſe Erforderniſſe aber gilt eine reine und wahre
Neigung des Bibliothekars zu ſeinem Berufe als erſte Voraus=
ſetzung. Denn mag er noch ſo emſig, noch ſo thätig ſein, die
Ergebniſſe ſeiner Mühen kommen im weſentlichen anderen
zu Gute, für deren wiſſenſchaftliche Arbeiten er die Wege
ebnet [77]. Dabei iſt ſelbſt ſeine äußere Stellung noch heutiges=
tags im Durchſchnitt eine beſcheidene. Noch immer gilt
Eberts treffende Bemerkung: „Während der weit bequemeren
und genußreicheren Thätigkeit anderer ein glänzender und
rauſchender Beifall und Anerkennung zu teil wird, muß der
Bibliothekar im erhebenden, aber ſtillen Gefühl der gethanen
Pflicht den einzigen Lohn ſeiner Arbeit finden“.

Das dritte endlich, worin es der Bibliothekar zu einer
gewiſſen Fertigkeit gebracht haben muß, die Humanität, iſt
von ſeinen Eigenſchaften diejenige, welche dem Publikum
gegenüber von der allererheblichſten Bedeutung iſt. Die
Humanität und zuvorkommende Gefälligkeit, verbunden mit
Gewandtheit im Umgange, Höflichkeit, Takt und feiner
Bildung, ſind, ſoweit es auf den Bibliothekar ankommt, ohne
Zweifel die Haupthebel zur Erreichung des Bibliotheks=
zweckes in Hinſicht auf die Benutzung der Sammlung. Die
Benutzung wird trotz wertvoller Schätze und trotz der ſchönſten
Ordnung, welche jene Schätze aufzuweiſen haben, doch gar
leicht in mancher Beziehung leiden, ſobald dem Bibliothekare

jene Eigenschaften abgehen, da sich ein Teil des Publikums
von dem Besuche der Bibliothek durch inhumane Beamte
bald abschrecken und abhalten läßt. Man darf von dem
Bibliothekar daher mit Recht fordern, daß er jedem anstän=
digen Besucher der Bibliothek, der sich an ihn wendet, mit
Zuvorkommenheit die Hand biete, und ihm — soweit es sich
mit seinen übrigen Geschäften vereinigen läßt — seinen ganzen
Beistand zu teil werden lasse; daß er einerseits also den
Lernbegierigen ratend und anregend zur Seite stehe, und sie
in ihren Studien aufmuntere, anderseits wiederum den
ungelehrten, aber gebildeten und bescheidenen Besuchern mit
Freundlichkeit und Gewandtheit im Benehmen und fern von
aller trocknen und abstoßenden Gelehrsamkeit entgegentrete,
um ihnen die Sammlung und deren Schätze zu zeigen und
vielleicht dadurch den in ihnen schlummernden Keim zu
wissenschaftlicher Thätigkeit mit zur Reife bringen zu helfen.
Auf diese Weise fördert er den guten Ruf der Anstalt und
damit zugleich deren Benutzung auf das wirksamste. Das
Amt des Bibliothekars verlangt eben dem Publikum gegen=
über oft große Opfer, und diese immer willig und mit
Freudigkeit zu bringen, dazu gewährt die Humanität allein
die Mittel [78]. Wem diese fehlt, dem kann sein Amt bei aller
Liebe und Neigung zur Anstalt die unerträglichste Bürde
werden.

Außer diesen vorerwähnten drei Eigenschaften, welche
ihrer Unentbehrlichkeit halber an erster Stelle zu nennen
waren, muß der Bibliothekar von Natur mit einem guten
Gedächtnisse ausgestattet sein. Ein Bibliothekar ohne
zuverlässiges Gedächtnis, der stets schriftliche Notizen als
Erinnerungszeichen an die tausenderlei im bibliothekarischen
Geschäftsleben vorkommenden Kleinigkeiten zur Hand haben
muß, ist in der That „ein sehr beklagenswerter Mann",
dessen ohnehin schon mühevolles Amt leicht zu einem Leben
voller Sorgen werden dürfte. Er muß ferner ein gesundes,
selbständiges Urteil haben, welches ihm namentlich bei
Anfertigung der wissenschaftlichen Kataloge und bei der

Auswahl neuer Anschaffungen von Nutzen sein wird; er muß
Liebe zu den Büchern besitzen [79], welche bewirkt, daß ihm die
Bibliothek so recht eigentlich an das Herz wächst, und endlich
einen gewissen Sammeleifer, welcher ihm nicht nur bei der
Ausnützung antiquarischer Kataloge zu statten kommen wird,
sondern ihn auch darauf bedacht sein läßt, neben den neuen
Erwerbungen die Lücken seiner Anstalt nach Kräften zu
ergänzen, damit sich dieselbe zu einer immer vollständigeren
gestalte [80].

Nachdem wir im bisherigen die Eigenschaften eines guten
Bibliothekars einer näheren Betrachtung unterworfen haben,
bleibt uns noch übrig die Kenntnisse, welche derselbe besitzen
muß, in das Auge zu fassen [81].

Es hat zu allen Zeiten Leute gegeben, die ihre Forde=
rungen an den Bibliothekar in dieser Hinsicht übermäßig
hoch gestellt, und von dem Bibliothekar nichts mehr und
nichts weniger verlangt haben, als daß er Polyhistor sei.
Indessen Polyhistoren finden sich heutzutage nicht mehr,
was sich aus der ungemeinen Ausdehnung und Vertiefung,
welche die Wissenschaften in neuerer Zeit genommen haben,
leicht erklären läßt. Und wenn es auch gegenwärtig noch
Polyhistoren gäbe, würden solche doch keineswegs zum Amte
eines Bibliothekars unbedingt erforderlich sein.. Dagegen hat
man anderseits auch wieder sehr unrecht daran gethan, das
Amt des Bibliothekars zu sehr herabzusetzen, und sich der
Meinung hinzugeben, daß dazu jeder beliebige Gelehrte passe,
der sonst kein Unterkommen zu finden weiß. Dies ist keines=
wegs der Fall. Das Amt verlangt nicht nur eine ausgebreitete
und gründliche Gelehrsamkeit, die dem Manne, dessen Obhut
die Erzeugnisse derselben anvertraut sind, gewiß nicht fehlen
darf, sondern auch eine ganz eigene Vorbereitung und Bildung,
welche man sich zumteil kaum anderwärts als in der Schule
der Bibliothek selbst in langjähriger Übung anzueignen im
stande ist. Die Bibliothek bildet für den Bibliothekar die
eigentliche Hochschule.

Vor allem wird es von dem Bibliothekar mit Recht zu
verlangen sein, daß er hinreichende encyklopädische Kenntnisse [52]
gesammelt habe und im Besitze einer Übersicht des gesamten
Wissenschaftssystemes sei: nicht um damit den Besuchern der
Bibliothek gegenüber glänzen und mit jedem, gleichviel welcher
Fakultät derselbe angehören möge, als eine Art Fachgelehrter
ein Wort sprechen zu können, sondern um sich vielmehr, mit
Ebert zu reden, teils gleiche Achtung und gleiches Interesse
für jedes Fach menschlicher Kenntnisse anzueignen, ohne welche
er sich im Sammeln die betrübendste Einseitigkeit zu Schulden
kommen lassen würde, teils einige gründliche Kenntnisse des
Wesens, der Teile, der Grenzen und der mannigfaltigen
Berührungspunkte der Wissenschaften zu erwerben, deren er
bei dem Geschäft des Ordnens stündlich bedarf. In der
Encyklopädie finden alle übrigen Kenntnisse des Bibliothekars
ihren notwendigen Vereinigungspunkt.

Nächst der Encyklopädie sind Sprachkenntnisse ein vor-
zügliches Erfordernis für den Bibliothekar. Wenn auch nicht
alle Bibliothekare Sprachgenies wie Mezzofanti sein können,
so ist doch billig zu verlangen, daß sie von denjenigen
Sprachen, die in den unter ihrer Obhut stehenden Sammlungen durch eine größere Anzahl von Werken vertreten sind,
hinreichende Kenntnis haben. So wird, was z. B. deutsche
Bibliotheken anlangt, die Kenntnis der beiden altklassischen
Sprachen, des Griechischen und Lateinischen, in denen die
litterarischen Repräsentanten der zum Universitätsstudium
erforderlichen klassischen Schulbildung geschrieben sind,
sowie die Kenntnis des Französischen, Englischen und
Italienischen, von welchen wohl jede mehr oder minder
große Bibliothek eine erhebliche Anzahl Druckerzeugnisse
aufzuweisen haben möchte, gewiß unbedingt zu den Erfordernissen eines Bibliothekars gehören müssen. Die Anforderung
hinsichtlich dieser Kenntnis braucht indessen nicht so weit zu
gehen, daß der Bibliothekar die genannten Sprachen meister-
haft inne haben und fertig zu sprechen im stande sein soll.
Das Verständnis des Schrifttums genügt; vermag der

Bibliothekar sich auch noch in der einen oder andern Sprache geläufig auszudrücken, um so rühmenswerter wird dies für ihn sein. In betreff der übrigen occidentalischen Sprachen wird es, wo nicht lokale Verhältnisse höhere Anforderungen stellen, genügen, daß sich der Bibliothekar darin mit Hilfe von Grammatik und Wörterbuch zurecht zu finden und das Bedürfnis des ersten Augenblickes zu befriedigen weiß, wogegen ihm die Kenntnis der orientalischen Sprachen, mit Ausnahme etwa einer, wenn auch nur oberflächlichen, Bekanntschaft mit dem Hebräischen, füglich ganz nachgesehen werden kann. Allgemeine sprachvergleichende Studien werden aber immerhin für jeden Bibliothekar von Nutzen und Vorteil sein.

Zu den dem Bibliothekar erforderlichen Kenntnissen ist ferner die der Geschichte zu rechnen, sowohl der allgemeinen und der speziellen desjenigen Landes, welchem die betreffenden Bibliotheken angehören, als und vorzüglich auch der Litterargeschichte in ihrem ganzen Umfange. Liegt es gewiß auf der Hand, daß gerade dem Bibliothekar als dem Bewahrer des historischen Teils der Fortschritte des menschlichen Geistes im Reiche der Wissenschaften und Künste ein ernstes und sorgsames Studium der Geschichte durchaus unentbehrlich ist, so kann natürlich in Bezug auf die Notwendigkeit des Studiums der Geschichte der Wissenschaften, die in den Bibliotheken ihre historischen Behälter haben, nicht der geringste Zweifel sein. Insbesondere ist das Studium der Handschriftenkunde, verbunden mit dem der hier einschlagenden Diplomatik, und ganz vorzüglich das der Bibliographie von größter Wichtigkeit. Zwar wird der Bibliothekar wohl selten in der Lage sein, erhebliche praktische Kenntnisse in der Handschriftenkunde und der Bibliographie beim Antritte in seinen Wirkungskreis gleich mitzubringen, dafür müssen aber gute theoretische Vorkenntnisse in diesen Wissenschaften seine Mitgift bilden, wenn er seinem Amte angetraut wird. Die praktische Ausbildung dieser Kenntnisse muß der Bibliothekar von der lebendigen Anschauung der Handschriften und Bücher in der Bibliothek selbst erwarten. Praktische Bücherkenntnis, sagt Molbech sehr richtig, vertraute Bekanntschaft mit den vielen verschiedenen Seiten der Bibliographie und des Bücher= wesens, die Fähigkeit und Geschicklichkeit, seine litterarischen Kenntnisse nach dem notwendigen Bedürfnisse eines gewissen Landes und einer gewissen Bibliothek anzuwenden, kann der Bibliothekar nie erreichen, ohne sich hierzu durch lange und beharrliche praktische Thätigkeit gebildet zu haben. Er wird, wenn dies nicht früher geschehen ist, in seinem Berufe auch Gelegenheit finden, sich mit dem Entwickelungsgang des Buchdruckes vertraut zu machen und alles, was mit der Herstellung der Bücher und ihrem Einbande zusammenhängt, in den Kreis seines Wissens zu ziehen. Sogar einige Kennt= nisse in der Kupferstecher= und Holzschneidekunst werden ihm aus dem Grunde nicht ganz unentbehrlich bleiben, weil, ganz abgesehen davon, daß nicht selten mit den Bibliotheken seiner Obhut auch Sammlungen von Kupferstichen und Holzschnitten anvertraut sind, diese ohnehin als wesentliche Bestandteile sehr vieler Bücher näher in Betracht gezogen werden müssen.

Endlich wird das Studium der Bibliothekswissenschaft [53], speziell der Bibliothekslehre, begreiflicherweise, und wie sich von selbst versteht, als dasjenige zu bezeichnen sein, was dem Bibliothekar ausschließlich zukommt. Die Bibliothekswissen= schaft ist seine eigentliche Fachwissenschaft, die er von Grund aus verstehen muß und deren Fortschritte er mit Aufmerksam= keit verfolgen und, wenn möglich, mit Eifer selbst befördern soll. Ihr gegenüber haben alle übrigen Doktrinen, deren vorher gedacht worden, als Vorbereitungs= und Hilfswissen= schaften zu gelten. Ohne die Bibliothekswissenschaft würde der Bibliothekar ein namenloser Gelehrter sein.

Wir können diesen Abschnitt nicht schließen, ohne noch auf eines aufmerksam gemacht zu haben, was auf den ersten Blick unwichtig erscheinen mag, in Wirklichkeit aber doch von einiger Bedeutung ist, wir meinen die Beschaffenheit der Handschrift des Bibliothekars. Eine gute und deutliche Handschrift ist für jeden Bibliotheksbeamten wünschenswert, ja notwendig, und

derjenige, welcher sie nicht besitzt, möge bei Beginn seiner
bibliothekarischen Thätigkeit es nicht für zu gering erachten,
sich eine solche noch nachträglich anzueignen. Denn der
Bibliothekar schreibt auf der Bibliothek nicht für sich selbst,
sondern für die Allgemeinheit, auch nicht für heute und
morgen, sondern für eine längere Zukunft. Jedermann muß
im stande sein, das Geschriebene mit Leichtigkeit zu lesen,
wenn nicht störende Irrtümer und unliebsame Versehen
entstehen sollen.

Zweiter Abschnitt.
Die einzelnen Bibliotheksbeamten insbesondere.

Nachdem wir im vorhergehenden Abschnitte die an einen
Bibliothekar zu stellenden allgemeinen Anforderungen näher
beschrieben haben, wollen wir in diesem noch einen Blick
auf das an einer größeren Bibliothek zur Verwendung
gelangende Beamtenpersonal [54] werfen, welches wir kennen
lernen müssen, um von dem Betriebe der Anstalt ein
anschauliches Bild zu gewinnen.

Dasselbe ist in seiner Gesamtheit einer höheren Aufsichtsbehörde unterstellt, in deren Bereich nicht nur die Erlassung
aller teils unmittelbar von ihr selbst ausgehender, teils unter
ihrer Autorität zu veröffentlichender, die Bibliothek und
das Bibliothekspersonal, insbesondere die Anstellung desselben, betreffender Gesetze und Anordnungen, sondern auch
die Oberaufsicht über die ganze Anstalt fällt, ein Geschäft,
welches sie entweder durch ihre eigenen Organe, oder je nach
Verschiedenheit der zu beaufsichtigenden Gegenstände durch
dazu abgeordnete, seien es ständige, seien es von Zeit zu Zeit
neugewählte, Kommissionen besorgen lassen kann. Da in der
Mehrzahl der Fälle weder die eigenen Organe der Behörde,
noch die den Kommissionen zugehörigen Mitglieder eigentliche
Sachverständige sind, so kann es im Interesse eines gedeihlichen Fortganges der Bibliotheksgeschäfte nur erwünscht
sein, wenn die Instruktionen, mit welchen die Oberaufsichts-

führenden versehen werden, nicht gar zu spezieller und
beschränkender Art sind, so daß dadurch nicht etwa dem
eigentlichen Verwaltungspersonal die Hände zu sehr gebunden,
und namentlich der Bibliotheksvorsteher in der freien Hand=
habung alles dessen, was der Anstalt wesentlich zum Nutzen
gereicht, nicht zu sehr bevormundet und allzu ängstlich über=
wacht werde. Andernteils ist es aber auch den Aufsicht=
führenden zur strengsten Pflicht zu machen, darauf genau zu
achten, daß den bestehenden Gesetzen und Bestimmungen in
allen Stücken nachgegangen werde, denn die peinlichste
Beobachtung der gegebenen Ordnungen und Vorschriften,
ist, wie wir bereits zu betonen Gelegenheit fanden, gerade
auf Bibliotheken eine nicht zu umgehende Notwendigkeit.
Das eigentliche Personal wird je nach dem größern oder
geringern Umfange der Bibliothek ein größeres oder kleineres
sein. Bei kleineren Bibliotheken kann beinahe die ganze Ver=
waltung in der Hand einer einzigen Person, des Bibliothekars,
vereinigt sein, wogegen zur Verwaltung größerer Bibliotheken
mehrere, selbst zahlreiche Beamte erforderlich sind. Leider
steht die Zahl der Beamten an manchen Bibliotheken in keinem
Verhältnisse zu dem Umfange der zu bewältigenden Arbeiten,
ein Übelstand, welcher auf die Dauer ernste Nachteile für die
betreffenden Anstalten mit sich bringen muß; ja im Vergleich
namentlich mit den nordamerikanischen Bibliotheken haben
unsere Anstalten in der weitaus überwiegenden Mehrzahl
überhaupt ein auffällig geringes Personal aufzuweisen [85].
Die Beamten bestehen in der Mehrzahl der Fälle aus dem
Leiter der Anstalt, dem wissenschaftlichen Personal und dem
Unterpersonal, nämlich den Schreibern und Dienern.

Der erste Beamte der Bibliothek, bisweilen Bibliothekar
schlechthin, meist Oberbibliothekar, auch wohl Direktor
(Generaldirektor) genannt, hat ein ebenso wichtiges wie ver=
antwortungsreiches Amt, welches sich nach einer dreifachen
Richtung hin geltend macht. Zuvörderst in Hinsicht auf die
Anstalt selbst. Er vertritt dieselbe nach außen, leitet sie und
ist für alle Teile der Verwaltung zunächst verantwortlich.

7*

Seiner Aufsicht und Pflege ist der ganze litterarische und
wissenschaftliche Apparat und das in der Bibliothek vorhandene
Mobiliar anvertraut. Er empfängt die an der Bibliothek
eingehenden Schreiben, unterzeichnet die abgehenden Schriftstücke und führt die Siegel; er bewirkt die Anschaffungen,
weist Zahlungen an, legt die jährliche Rechnung ab u. s. w.
In Fällen von Krankheit und sonstigen Abhaltungen vertritt
seine Stelle der zunächst stehende Beamte, dem jedoch bei
seiner Stellvertretung nicht gestattet sein darf, von den durch
den Direktor getroffenen Anordnungen abzugehen und Ab-
änderungen zu machen. Von der Art und Weise, wie der
Bibliotheksvorsteher seine Pflichten auffaßt, denn ihr Begriff
ist dehnbar, hängt das Gedeihen und die Blüte einer Bibliothek eben so ab, wie anderseits ihr Rückgang und Verfall
dadurch verschuldet werden kann. Wenn derselbe, wie dies
in früherer Zeit, als seine Stellung noch ausschließlich als
Nebenamt angesehen und verwaltet wurde, wohl geschehen ist,
sein Amt lediglich als eine Sinekure betrachtet, die ihm wohl
gar Gelegenheit bieten soll, eigene litterarische Liebhabereien auf
bequeme Weise zu befriedigen, ohne auf die Interessen des Ganzen
Rücksicht zu nehmen; wenn er seine Obliegenheiten auf die
Schultern von Untergebenen legt und sich ganz auf diese verläßt;
wenn er die Maschinerie — denn mit einer solchen läßt sich
die Verwaltung einer großen Bibliothek füglich vergleichen —
gehen läßt wie sie gehen will, ohne selbständig und selbst-
thätig in ihr Getriebe einzugreifen oder die Fortschritte, die
auf diesem wie auf jedem andern Gebiete gemacht werden,
zu ihrer Verbesserung und Erneuerung auszunützen, sich wohl
nicht einmal die Mühe giebt, diese Fortschritte überhaupt
kennen zu lernen, dann rostet und veraltet die Maschine, die
Bibliothek verfällt. Gar manche große Sammlung hat noch
heutigestags die unauslöschlichen Spuren einer solchen un-
seligen Verwaltungsperiode aufzuweisen. Wie ganz anders
dagegen, wenn der Chef, mit Lust und Liebe zu seinem Amte
beseelt, diesem seine volle Manneskraft mit Freudigkeit und
Aufopferung widmet. Dann „wachsen die Räume, es dehnt

sich das Haus". Die Neuanschaffungen bereichern nicht einige
bevorzugte Teile, sondern heben das Ganze; Lücken werden,
so mühsam auch gerade diese Thätigkeit ist, nachträglich aus=
gefüllt, das Entstehen neuer sorgfältig verhütet, die Kataloge
werden verbessert, ihre Brauchbarkeit erhöht, überall macht
sich ein planmäßiges Wirken geltend, welches nur dem einen
festen Ziele zustrebt, die Sammlung für die Gegenwart nach
Kräften nutzbar zu machen und zukünftigen Geschlechtern in
bester Verfassung und Vollständigkeit zu überliefern. Einer
so verwalteten Bibliothek wird seitens der Oberbehörden,
wenn dem Vorstande auch einige Geschicklichkeit im Verkehr
mit diesen eigen ist, manches verwilligt werden, was ihr
unter anderen Umständen versagt bliebe. Die Schaffens=
freudigkeit und Thatkraft des Leiters der Anstalt aber wird
auf den Beamtenkörper anregend und belebend einwirken.
Denn nicht unpassend hat man jenen das Herz der Bibliothek
genannt, welches dem Ganzen Leben gebe und es in gleich=
mäßigem Gange erhalte. Er ist in der That diejenige Kraft,
die „Alles verbindet, Alles durchdringt, Alles begeistigt,
Alles beherrscht"[86].

Und dies führt uns zweitens zu dem Verhältnisse des
Oberbibliothekars zu den ihm unterstellten Beamten, denen
er die Arbeiten zuzuweisen und deren ganzes Dienstverhältnis
zur Bibliothek er zu überwachen hat. Daß er diesen gegen=
über diejenigen Eigenschaften entfalte, welche man von jedem
andern Chef in irgend einer andern Lebensstellung ebenfalls
verlangt, also gerecht und unparteiisch und für ihr Wohl
besorgt sei, bedarf ebensowenig besonderer Hervorhebung wie
die Anforderung, daß er es sich angelegen sein lasse, stets den
rechten Mann an den richtigen Platz zu stellen und so die
einzelne Kraft der Anstalt am besten dienstbar zu machen.
Wohl aber verdient erwähnt zu werden, wie wünschenswert
es ist, wenn er bei dem heutigen Stande der Frage nach der
bibliothekarischen Vorbildung es sich angelegen sein lasse,
Schule zu machen. Und zwar wird er nicht nur die freiwillig
in den Dienst der Bibliothek tretenden jungen Gelehrten und

die Hilfsarbeiter der Anstalt, so weit sie sich dazu eignen, zu tüchtigen und brauchbaren Bibliotheksbeamten heranzubilden suchen, sondern auch darauf bedacht sein, das Interesse der fest angestellten Beamten für die Anstalt und für ihren Beruf nach jeder Richtung hin zu heben und zu fördern, namentlich die wichtigeren Angelegenheiten in gemeinsamer Beratung mit ihnen zu besprechen, wobei denselben Gelegenheit gegeben sein muß, ihre Kenntnisse und Erfahrungen in mehr als bloß untergeordneter Art geltend machen zu können, während ihm selbst die endgültige Entscheidung unbenommen sein soll. Verfährt er in dieser Weise, dann wird er nicht nur der eigenen Anstalt nützen, denn er schafft zufriedene und willige Beamte, sondern dieselbe auch zu einer gesuchten Pflanzstätte tüchtigen bibliothekarischen Nachwuchses machen und so dem bibliothekarischen Berufe selbst dienen[57].

Das Amt des Oberbibliothekars bringt diesen aber auch drittens mit dem Publikum in besonders nahe Berührung. Wenn irgendwo, so bedarf er hier neben freundlichem Entgegenkommen und leutseliger Gefälligkeit eines festen und selbständigen Wesens. Wenn er einerseits überall Gerechtigkeit walten läßt, dem einen nicht versagt, was er dem andern gestattet, niemand bevorzugt, niemand zurücksetzt, so wird er auf der andern Seite unberechtigten und unerfüllbaren Anforderungen und Wünschen, die sich in ungezählter Menge an ihn herandrängen[58], mögen sie selbst von einflußreicher und angesehener Seite kommen, standhaft und würdevoll entgegentreten[59]. Denn nur das Wohl und das Interesse der Anstalt selbst ist sein Leitstern. Und mögen auch mancherlei Gehässigkeiten und Anfeindungen die Folge seines Verhaltens sein, das Bewußtsein erfüllter Pflicht hebt ihn darüber hinweg.

Die festangestellten wissenschaftlichen Beamten[90] der Bibliothek führen in der Regel die Bezeichnung Custos; in neuerer Zeit pflegt, wie wir bereits an anderer Stelle erwähnten, auch der Bibliothekartitel an einzelne ältere Custoden verliehen zu werden; an sie schließen sich bei einigen größeren Bibliotheken noch die Sekretäre, in Österreich die Skriptoren und Amanuensen an, welchen als außerordentliche Kräfte die Assistenten oder Hilfsarbeiter folgen, zu welchen sich fast an jeder Bibliothek — denn der Andrang zum Bibliotheksdienste ist ein bedeutender — auch noch ein oder mehrere Volontäre gesellen. Alle diese Beamten unterstehen, wie wir sahen, der unmittelbaren Leitung des Bibliotheksvorstandes, nach dessen Anordnungen die einzelnen bibliothekarischen Geschäfte wie Herstellung und Fortführung der Kataloge, Verzeichnung und Einfügung des Zuwachses, Verkehr mit dem Buchbinder und zumteil (soweit ihn der Chef nicht selbst besorgt) mit den Buchhändlern, Versorgung des Lesesaals, Erledigung des Ausleihegeschäfts u. s. f. unter sie verteilt werden. Man hat es in dieser Beziehung mit Recht als wünschenswert bezeichnet, daß nicht ein Zweig der bibliothekarischen Geschäftsthätigkeit von einem einzigen Beamten auf die Dauer ausschließlich verwaltet werde, sondern daß auch den übrigen Gelegenheit gegeben sei, sich mit dem Gegenstande vertraut zu machen. Hierdurch wird einesteils eine gewisse Einseitigkeit des Personals vermieden und anderseits der große Übelstand verhütet, daß in Krankheits= oder sonstigen Verhinderungsfällen die Vertretung des betreffenden Beamten auf Schwierigkeiten stößt. Selbstverständlich hat jeder Beamte, wie dies auch in manchen Dienstanweisungen noch besonders vorgeschrieben wird, die Pflicht, dem Vorstande der Bibliothek von jeder Unterschlagung, Verzettelung, Unordnung oder Beschädigung der Bücher, der Kataloge oder des Inventars sofortige Mitteilung zu machen. Das Auge eines geübten Beamten vermag manchen Schaden zu erspähen, der noch im ersten Entstehen geheilt werden kann. Von dem Verstelltsein oder dem Verschwinden von Büchern ist besonders auch derjenige Beamte zu verständigen, welcher die Liste der vermißten Bücher führt. Was die sonstigen Erfordernisse eines guten Bibliotheksbeamten anlangt, so ist im ersten Abschnitte des vorliegenden Kapitels darüber bereits ausführlich gehandelt worden. Indem wir den Leser daher auf

jene Bemerkungen verweisen, wollen wir im Folgenden noch
einige Bemerkungen über die Unterbeamten hier anschließen.

Die Verpflichtungen der Schreiber sind auf einer Biblio=
thek im wesentlichen dieselben wie auf einem Bureau, nur daß
letztere dort zur Hilfeleistung beim Ausleihegeschäft mit
verwendet werden können. Den Dienern [91] liegt es in der
Regel ob, die für den Gebrauch verlangten Bücher auf Grund
der von einem Beamten zuvor mit der Signatur des Buches
versehenen Bestellzettel auszusuchen und in das Ausleihe=
zimmer bezüglich den Lesesaal überzuführen, dieselben auch
nach geschehener Benutzung an Ort und Stelle zurück=
zubringen. An manchen großen Bibliotheken geschieht das
Aussuchen und Einstellen der Bücher indessen von den
Beamten selbst und zwar innerhalb der den einzelnen
zugewiesenen Abteilungen. Die Diener verpacken ferner die
nach auswärts gehenden Büchersendungen und nehmen die
zurückkommenden in Empfang, sie überbringen (soweit dies
nicht durch die Post geschieht) die Mahnzettel an säumige
Bibliotheksbenutzer am Orte und besorgen die nötigen
Gänge im Auftrage des Bibliotheksvorstandes, sie über=
wachen endlich die Heizung und Reinigung der Bibliotheks=
räume, zu welchem Zwecke einer von ihnen gewöhnlich als
Kastellan im Gebäude selbst wohnt, und anderes mehr. Ein
guter Diener ist für die Bibliothek ein großer Gewinn; er
vermag, wie ein erfahrner Bibliothekar sehr zutreffend gesagt
hat, den übrigen Beamten ihr Amt wesentlich zu erleichtern
und hat für die Besucher oft einen größern Wert als mancher
höher stehende Bibliotheksbeamte, der ohnehin für diese nur
insoweit in Betracht kommt, als er mit den Verkehrs=
geschäften zu thun hat. Sache des Leiters der Bibliothek
ist es, dafür zu sorgen, daß die Diener sich in der That stets
eines höflichen, bereitwilligen und dienstfertigen Benehmens
den Beamten wie dem Publikum gegenüber befleißigen und
sich in jeder Hinsicht anstellig und brauchbar zu erweisen
bestrebt bleiben, wie er umgekehrt zu verhüten wissen wird,
daß entgegengesetzte Eigenschaften zum Schaden der Bibliothek

und zur Belästigung der Beamten und des Publikums Platz greifen. Dagegen wird ein einsichtsvoller Chef alles thun, um den Dienern durch eine gerechte und wohlwollende Behandlung und durch die Sorge auch für ihre äußere Lage, die sich ja von Anfang an bei ihnen insofern ungünstiger darstellt, als ein Aufrücken in den meisten Fällen ausgeschlossen ist, ihre Arbeitslust und Willigkeit zu erhalten. Ebenso ist es Pflicht der übrigen Beamten, den Dienern (wie selbstverständlich auch den übrigen Subalternbeamten) in freundlicher Weise gegenüberzutreten und diesen ihre untergeordnete Stellung nicht durch ihr Benehmen — im eigentlichen Sinne zu befehlen haben sie ihnen ja nichts, es ist dies Sache des Vorstandes — absichtlich fühlbar zu machen. „Denn wir alle — sagt Förstemann so schön — sind in die Welt gekommen, um zu dienen; das Dienen ist das Höchste, wozu es der Mensch bringen kann. Die meisten von uns, die wir an den Bibliotheken beschäftigt sind, haben die Stellung eines Staatsdieners und sollten sich diese Bezeichnung stets vor Augen halten; die höchsten Staatsbeamten sind nur ins Lateinische übersetzte Diener. In der Benennung Bibliotheksdiener liegt also sprachlich genommen gar nichts Spezielles; nur der Gebrauch giebt dem Worte seinen besondern Sinn. Hüten wir uns daher das Wort zu schroff zu betonen; die Lebensstellung der Bibliotheksdiener, ihre Vorbildung und ihre Thätigkeit sondern sie schon scharf und hart genug von den wissenschaftlichen Beamten."

So viel über den Geschäftskreis des Beamtenkörpers einer Bibliothek. Es mögen sich hieran noch einige Worte über die Arbeitszeit und die zumteil davon mit abhängige Besoldung der Bibliotheksbeamten anschließen. In Berücksichtigung der verschiedenen Größe der Bibliotheken und des dadurch bedingten größern oder geringern Umfanges der Geschäfte läßt sich zwar hinsichtlich der Dauer der Arbeitszeit eine bestimmte Vorschrift nicht aufstellen, doch muß diese Zeit nicht bloß zu den Geschäften im richtigen Verhältnisse stehen, sondern es ist auch bei der Feststellung der Zeitdauer und

der Wahl der Tage und Stunden hauptsächlich auf die
Bedürfnisse des Publikums, dessen Gebrauche eine Bibliothek
zumeist gewidmet sein soll, Rücksicht zu nehmen. Wir
werden im Kapitel über die Benutzung der Bibliotheken noch
Gelegenheit finden, auf diese Frage etwas näher einzugehen.
An den preußischen Universitätsbibliotheken (einschließlich
der Königlichen Bibliothek in Berlin) ist die Zahl der Dienststunden beispielsweise auf wöchentlich 34 festgesetzt. „Sofern
es jedoch — so heißt es in dem betreffenden ministeriellen
Erlasse[92] — der ordnungsmäßige Gang der Geschäfte
erfordert, ist der Vorsteher der Bibliothek befugt, die Zahl
der wöchentlichen Dienststunden in entsprechender Weise zu
erhöhen. Anderseits ist der Vorsteher der Bibliothek ermächtigt, während der gesetzlichen Universitätsferien, sofern es der
ordnungsmäßige Gang der Geschäfte zuläßt, die Zahl der
wöchentlichen Dienststunden bis auf 24 zu ermäßigen. Die
Verteilung der Dienststunden auf die einzelnen Tage bleibt
dem Vorsteher der Bibliothek überlassen.“ Dieser selbst ist
an bestimmte Dienststunden nicht gebunden. „Es wird von
demselben indes erwartet, daß er der Bibliothek mindestens
ebenso viele Zeit widme, wie für die sonstigen wissenschaftlichen Beamten vorgeschrieben ist. Die Unterbeamten sind
wöchentlich 48 Stunden für die Bibliothek zu beschäftigen.“
Während der Universitätsferien werden, wie man hieraus
ersieht, die Bibliotheken nicht geschlossen, sondern nur für
eine kürzere Zeitdauer geöffnet. In der That sind Ferien,
wenigstens solche von einiger Dauer, in Anbetracht dessen,
daß das wissenschaftliche Publikum, als Ganzes betrachtet,
weder Ferien kennt noch in der Ausübung geistiger Thätigkeit überhaupt einen Stillstand eintreten läßt, für öffentliche
Bibliotheken nicht wohl angebracht. Und wenn auch gewiß
niemandem mehr als dem Bibliothekar, dessen oft einförmige
Thätigkeit eine aufreibende ist, alljährlich eine bestimmte
Erholungspause gegönnt sein muß, so läßt sich doch diesem
Bedürfnisse — wie das auch in Wirklichkeit geschieht — durch
Beurlaubung einzelner Beamter der Reihe nach und Ver-

tretung derselben durch die Kollegen in völlig ausreichender
Weise Genüge thun, ohne daß die Benutzung der Bibliothek
seitens des Publikums dadurch irgendwelche Beschränkung
zu erleiden braucht.

Was schließlich die Besoldung [93] der Bibliotheksbeamten
anlangt, so lag in dieser Beziehung von alters her vieles
im Argen. Manches ist besser geworden, dies sei dankbar
und freudig anerkannt, anderes harrt noch der wünschenswerten Besseruug und Abstellung. Möchte man überall an
den maßgebenden Stellen immer dessen eingedenk bleiben,
was der bibliothekarische Beruf — wir sahen es oben — an
aufopfernder Selbstverleugnung, nie versiegender Arbeitslust
und stets bereiter Dienstfertigkeit verlangt und wie derselbe,
wenn mit Gewissenhaftigkeit erfüllt, seines Lohnes wert ist
wie irgend einer. Nichts ist zudem, wie Dünßer so zutreffend
sagt, der Bibliotheksverwaltung schädlicher als verstimmte
und gedrückte Beamte, denen die rechte förderne Thätigkeit
abgeht.

Drittes Kapitel.
Von den Mitteln der Bibliothek.

Eine Bibliothek zu errichten, dieselbe nach ihrer Errichtung in stand zu halten und entsprechend zu vermehren,
dazu gehören notwendigerweise bestimmte Geldmittel, die
entweder in regelmäßigen jährlichen baren Zuweisungen oder
in einem Stammkapital bestehen, dessen Zinsen für die
Bedürfnisse der Bibliotheken verwendet werden. Ersteres
wird in der Regel bei allen staatlichen und städtischen
Bibliotheken der Fall sein, während jede sonstige vom Staate
oder von einer Commune unabhängige Sammlung eines
eigenen Grundkapitals bedarf, aus dessen Einkünften sie sich
erhält. Es ist dabei natürlich nicht ausgeschlossen, daß auch
manche öffentliche Bibliothek sich von vornherein eines
besondern Vermögens erfreut oder im Laufe der Zeit durch

glückliche Umstände nachträglich zu einem solchen gelangt.
Leider ist es bei uns wenig Sitte, daß Private die Biblio=
theken durch Zuwendung von baren Geldmitteln in ihren so
edlen, auf die Förderung der Bildung und Gesittung gerichteten
Zielen unterstützen. Im günstigsten Falle erhalten unsere
Bibliotheken kleinere, meist minderwertige Büchersammlungen
von einzelnen Gelehrten zugewiesen; die großartige Frei=
gebigkeit reicher Privatleute zu gunsten der öffentlichen
Büchersammlungen, wie sie namentlich in Amerika herrscht —
das Organ der nordamerikanischen Bibliotheken hat zur
Aufzählung der Geschenke an die öffentlichen Bibliotheken des
Landes eine eigene Rubrik in seinen Spalten eingerichtet —
ist unseren Verhältnissen durchschnittlich fremd und wird es
voraussichtlich auch noch lange bleiben.

Neben den regelmäßigen jährlichen Einnahmen ist es für
jeden Bibliotheksvorstand sehr erwünscht, von Zeit zu Zeit
einen außerordentlichen Zuschuß für die Sammlung zu
erhalten, um damit die besonderen Bedürfnisse, welche sich
im Laufe der Zeit bei jeder Bibliothek immer wieder von
neuem herausstellen und, je länger sie anhalten, um so dring=
licher werden, befriedigen zu können; denn gerade bei den
Bibliotheken übersteigt der Bedarf die Mittel in ganz
besonderem Grade. Er wird dabei im wesentlichen immer
wieder auf die wohlwollende Förderung der vorgesetzten
Behörde angewiesen sein, wenn er solch eine außergewöhnliche
Einnahme erwirken will. Nur in ganz beschränktem Maße
und vorübergehend vermag er selbst für neue Mittel zu
sorgen, nämlich durch eine mit Genehmigung der Oberbehörde
vorzunehmende Veräußerung der Doubletten, welche die
Bibliothek besitzt, sofern er dieselben nicht auf dem Wege des
Tausches abstößt. Man hat zwar daneben in Vorschlag
gebracht, aus der Herausgabe von Handschriften und anderen
Schätzen der Bibliotheken sowie der Veröffentlichung von
Handschriftenverzeichnissen und gedruckten Katalogen durch
die Beamten eine besondere Einnahmequelle für dieselben zu
schaffen, indessen erscheint ein solcher Vorschlag offenbar wenig

glücklich, wenn man bedenkt, daß das, wie wir sahen, durch=
schnittlich geringe Personal mit der Verwaltung der Biblio=
thek selbst vollauf zu thun hat und zu litterarischen Arbeiten
im pekuniären Interesse der Anstalt nicht herangezogen
werden könnte, ohne daß die Instandhaltung und Weiter=
entwickelung derselben schwer geschädigt würde.

Wer im Besitze einer öffentlichen Bibliothek ist, sei es der
Staat oder eine Stadt, muß sich vielmehr darüber klar werden,
daß eine solche ohne bedeutende Aufwendungen an Geldmitteln
heutzutage ihren Zweck nicht mehr erfüllen kann [94]. Die einem
speziellen Fache gewidmeten Sammlungen, deren Vermehrung
im Interesse der allgemeinen Bibliotheken, zu deren Entlastung
sie dienen, wünschenswert ist, lassen sich noch mit verhältnis=
mäßig beschränkteren Mitteln erhalten und fortsetzen; Biblio=
theken universellen Charakters aber, wie namentlich die
Nationalbibliotheken, Universitätsbibliotheken, großen Stadt=
bibliotheken, erheischen bei dem riesigen Aufschwunge, den die
litterarische Produktion in unserer Zeit genommen hat, immer
namhaftere Opfer, um ihren vielseitigen Aufgaben auch nur
annähernd gerecht zu werden [95]. Mit Genugthuung darf
man darauf hinweisen, daß die Bedürfnisse der Bibliotheken
an den maßgebenden Stellen ein wachsendes Verständnis
gefunden haben und angesichts der Aufwendungen, welche
für Anstalten wie das Britische Museum in London, die
Nationalbibliothek in Paris, die Kgl. Bibliothek in Berlin ꝛc.
gemacht werden, kann man nicht mehr davon sprechen,
daß die Bibliotheken anderen wissenschaftlichen Anstalten
gegenüber durchgängig vernachlässigt werden. Möchten auch
die kleineren Bibliotheken immer allgemeiner mit denjenigen
Mitteln ausgestattet werden, welche der heutige Stand der
wissenschaftlichen Bildung und Produktion gebieterisch fordert.
Sache der Bibliotheksvorstände aber wird es sein, in um=
sichtiger und sparsamer Weise mit den ihnen zur Verfügung
gestellten Mitteln Haus zu halten und bei den Anschaffungen
das wirklich Notwendige von dem Wünschenswerten, aber oft
Entbehrlichen scharf zu trennen. Gerade hierbei wird sich

die Geschicklichkeit und Urteilsfähigkeit eines Bibliothekars besonders deutlich zeigen. Vorhandenes Vermögen der Bibliothek aber wird ein tüchtiger Bibliothekar selbstverständlich wie ein gewissenhafter und sorgsamer Geschäftsmann durch genaue Buch- und Rechnungsführung getreulich hüten und bewahren und zu mehren suchen und nichts davon vergeuden, wie er auch etwaige Vorrechte der Bibliothek, besonders dasjenige der Pflichtexemplare, sorgfältig aufrecht erhalten und sie nach Kräften für das Wachstum und Gedeihen der Anstalt ausnützen wird.

Zweiter Teil.
Vom Bücherschatz.

Viertes Kapitel.
Von der Einrichtung des Bücherschatzes.

Erster Abschnitt.
Von der Begründung desselben.

Bei Begründung einer Bibliothek [96] ist nichts von größerem Nutzen und nichts für den gedeihlichen Fortgang der Sammlung von wirksamerem Erfolg, als wenn man sich gleich von Haus aus darüber ganz klar zu werden sucht, innerhalb welcher Grenzen sich die Bibliothek bewegen soll. Es ist die Sache des Bibliothekars, nach Maßgabe der über den Zweck der Sammlung von dem Gründer gegebenen Vorschriften und Andeutungen einen eingehenden Plan festzustellen, worin, da doch die für verschiedene Zwecke zu begründenden Bibliotheken natürlich auch verschiedene Richtungen verfolgen müssen, nicht nur bestimmt ist, auf welche Fächer der Litteratur die Bibliothek sich erstrecken muß, sondern auch worauf in diesen Fächern das besondere Augenmerk zu richten sei. Denn man darf, was den letzten Punkt anlangt, nicht unbeachtet lassen, daß bei der ins Ungeheuere gehenden litterarischen Produktion nur wenige Bibliotheken imstande sein werden, selbst bloß in einzelnen Fächern eine nahezu absolute Vollständigkeit zu erreichen. Die Zersplitterung der Mittel und

das Sammeln von Zwecklosem mit Hintansetzung von Zweck=
mäßigem wird da, wo man sich den Plan nicht klar vor=
gezeichnet hat, nie ausbleiben. Eine Erweiterung des Planes
wird später, falls es die Umstände empfehlen oder gebieten
sollten, immer noch leicht möglich sein, wogegen das spätere
Einlenken von einem planlosen Umherschweifen in einen plan=
mäßigen Gang bei dem Sammeln seine großen Schwierig=
keiten hat, wobei mindestens die nutzlos vergeudeten Mittel
nicht wieder ersetzt werden können. In erster Linie wird der
Bibliothekar sein Augenmerk auf die notwendigen biblio=
graphischen Hilfsmittel [97] richten, demnach die Bibliographien
der einzelnen Wissenschaftszweige, biographische Lexika und
die bedeutenderen Nachschlagewerke, welche für die weiteren
Anschaffungen als Wegweiser und für die Katalogisierung
der Sammlung als Ratgeber zu dienen bestimmt sind, zu
erwerben suchen.

Sodann wird er sorgsam Umschau zu halten haben, ob
nicht irgendwo Büchervorräte vorhanden sind, die sich als
Grundlage der neuen Sammlung eignen. Denn wenn auch
die reichen Quellen, aus denen so manche unserer heutigen
angesehenen Bibliotheken ihre erste Nahrung entnommen und
ihren ersten Zufluß geschöpft haben, die Klosterbibliotheken,
versiegt sind, so giebt es doch noch Gelegenheit genug zur
Herbeiziehung von allerhand namentlich in Kirchen, Rat=
häusern kleinerer Orte und anderwärts unbenutzt lagernden
Büchervorräten, die entweder gleich im ganzen für die neu
anzulegende Bibliothek oder in einer für die Zwecke derselben
entsprechenden Auswahl verwendet werden können. Gemeinig=
lich werden sich die Eigentümer solcher Büchervorräte, da sie
selten erheblichen Wert darauf legen, zur Abtretung derselben
leicht dadurch bewegen lassen, daß man ihnen gewisse Rechte
in Bezug auf die Benutzung der neuen Sammlung zusichert,
oder sonst einige keine besonderen Kosten in Anspruch nehmende
Vorteile in Aussicht stellt. Geschieht die Abtretung eines
Büchervorrates vollständig und ohne irgend einen Vorbehalt
von seiten des bisherigen Besitzers, so muß eine Sichtung des

Materials und die Abtrennung des Brauchbaren von dem
Unbrauchbaren d. h. demjenigen, was nach dem entworfenen
Plane für die Bibliothek als nicht passend befunden wird,
vorgenommen werden, um durch den Verkauf des Unbrauch=
baren neue Mittel zur Herbeischaffung von Passendem zu
gewinnen. Noch vorteilhafter würde sich auch, wenn gerade
eine günstige Gelegenheit dazu geboten ist, das Ungeeignetere
im Wege des Tauschverkehrs mit anderen Bibliotheken gegen
Zweckmäßigeres verwerten lassen. Zuletzt ist noch in Erwägung
zu ziehen, was man vielleicht an Büchern auf dem Wege der
öffentlichen Bitte und Aufforderung als durchaus freiwillige
Geschenke, denen allein schon so manche Bibliothek ihre Ent=
stehung zu verdanken hat oder, wo so etwas thunlich ist, durch
Auferlegen von Verpflichtungen zu litterarischen Beisteuern
erlangen kann. Letzteres wird allerdings nur bei staatlichen
Bibliotheken angängig sein, da die Buchhändler (bezüglich
Drucker) nur auf Grund gesetzlicher Bestimmungen zur Ab=
lieferung von Pflichtexemplaren für ein einzelnes Land oder
eine Provinz herangezogen werden können. In Bezug auf
käufliche Anschaffungen scheint es am zweckmäßigsten zu sein,
wenn für eine neu anzulegende Bibliothek gleich ein ganzer
größerer Bücherkomplex, dessen Gesamtheit oder mindestens
überwiegender und wertvollerer Teil den für die Bibliothek
gestellten Anforderungen entspricht, zu erwerben gesucht wird.
Einmal nämlich ist die Erwerbung solcher Bücherkomplexe
gewiß derjenige Weg, auf welchem man am schnellsten zum
Ziele gelangt, und das andere Mal ist dieser Weg in der
Regel auch der billigste, weil man bei Ankäufen größerer
Büchermassen immer nur mit wenigen Konkurrenten, die
auf Steigerung der Preise nie ohne Einfluß bleiben, zu
kämpfen hat, und weil die durch den Einzelverkauf der
Bücher einer Sammlung notwendig entstehenden Regiekosten
bei dem Massenkauf zum großen Teile in Wegfall kommen.
Bei größeren Käufen hat man in der Mehrzahl der Fälle
nur einige wenige Antiquare zu Konkurrenten, denen die Wage
zu halten einer Bibliothek nicht schwer fallen kann, da diese

nur darauf ausgeht, die Sammlung zu erwerben, um sie zu
behalten, jene aber das Erworbene wieder zu verkaufen und
bei dem Wiederverkaufe zu gewinnen beabsichtigen, daher auch
darauf angewiesen sind, die Sammlung so weit als möglich
unter ihrem wahren Werte zu erkaufen. Bietet sich zu der=
gleichen Ankäufen größerer Bücherkomplexe keine passende
Gelegenheit, so ist es schon von Nutzen, einzelne kleinere Ab=
teilungen umfangreicherer Büchersammlungen zu erwerben,
weil man auch hierbei immer noch mit geringerer Konkurrenz,
als bei dem wirklichen Einzelkaufe, zu thun haben wird. Der
Ankauf von dergleichen ausgewählten Abteilungen gewährt
sogar den großen Vorteil, daß man bei dieser Gelegenheit
verhältnismäßig weit geringeren Ballast von unnützen und
überflüssigen Büchern, deren Wiederveräußerung von seiten
der Bibliotheken kaum ohne einigen Verlust ins Werk zu
setzen ist, mit in den Kauf zu nehmen hat, als dies bei dem
Ankaufe größerer Bücherkomplexe notwendigerweise der Fall
ist. Mehr noch hat man es freilich bei Einzelkäufen, auf die
man in Ermangelung von Gelegenheiten zu Ankäufen ganzer
größerer oder kleinerer Abteilungen angewiesen bleibt, in der
Hand, alles Überflüssige außer Spiel zu lassen; hier kann
man den Forderungen desjenigen Planes, welcher für eine
Bibliothek festgestellt ist, in jeder Beziehung die strengste
Folge geben. Im allgemeinen gilt bei Einzelkäufen als Regel,
daß man von Privatpersonen und aus Auktionen gewöhnlich
billiger kauft, als von Antiquaren, und von diesen natürlich
wieder billiger, als von den gewöhnlichen Buchhändlern.
Nichtsdestoweniger aber kommen genug Fälle vor, wo man
besser thun wird, von Antiquaren, die einzelnes vielleicht
gerade billig eingekauft haben, und des schnelleren Umsatzes
wegen das billig Eingekaufte auch verhältnismäßig billig
wieder verkaufen, die anzuschaffenden Bücher zu beziehen, als
von Privatpersonen, welche ihr Eigentum aus Unkenntnis
häufig überschätzen, oder aus Auktionen, wo die Preise durch
die Konkurrenz nicht selten über den wahren Wert der Bücher
hinaufgesteigert werden. Die regelmäßig erscheinenden Kataloge

der antiquarischen Buchhandlungen bilden in Bezug auf die frühere Litteratur für den Sammeleifer des Bibliothekars eine reiche Fundgrube, die mit Fleiß und Verständnis aus= zunützen sein unermüdliches Bestreben sein muß. Sorgfältig angelegte Listen derjenigen älteren Werke, deren Anschaffung sich innerhalb der verschiedenen Fächer an erster Stelle empfiehlt, wobei die Fachgelehrten am Orte ihm sicherlich ihre willige Unterstützung leihen dürften, werden ihm besonders dienlich sein. Für die neu erscheinenden Bücher werden die Sortimentsbuchhandlungen die gewöhnliche Bezugsquelle zu bilden haben, wovon im Kapitel über die Vermehrung der Bibliothek noch eingehender die Rede sein wird.

Hier dürfte der rechte Ort sein, noch einige Bemerkungen über zweckmäßige und unzweckmäßige, wertvolle und wert= lose Erwerbungen hinzuzufügen, deren letztere der Bibliothekar von vornherein, wenigstens bei Einzelkäufen — bei An= schaffungen im ganzen ist dies, wie wir sahen, nicht immer möglich —, ebenso streng zu meiden hat, als die ersteren für ihn erstrebenswert sind.

Die Zweckmäßigkeit oder Unzweckmäßigkeit, der Wert oder Unwert einer Anschaffung läßt sich teils mit Rücksicht auf die Stellung des anzuschaffenden Buches zur ganzen Samm= lung, teils hinsichtlich des einzelnen Buches an sich in Betracht ziehen. In ersterer Beziehung wird freilich nichts weiter zu sagen sein, als im allgemeinen zu wiederholen, daß die An= schaffungen nur insoweit, als sie in die Grenzen des für die Bibliothek vorgezeichneten Planes fallen, zweckmäßig und wertvoll sein können, außerdem aber unzweckmäßig und wertlos sind. Ein wennauch noch so wertvolles theologisches Buch wird daher z. B. für eine Sammlung, die nach dem darüber festgestellten Plane nur für juristische Bücher bestimmt ist, doch wertlos sein. Noch speziellere Darlegungen über diesen Gegenstand zu geben, ist aus dem Grunde nicht an= gängig, weil jede Klasse von Bibliotheken ihre verschiedenen Grenzen hat, demnach also auch jede dieser Klassen einer besonderen Besprechung unterzogen werden müßte, was hier

natürlich zu weit führen würde. Dagegen läßt sich in
Ansehung des einzelnen Buches an sich folgendes sagen.
Mögen die Grenzen einer Sammlung eng oder weit gezogen
sein, innerhalb dieser Grenzen werden alle dahin einschlagenden Anschaffungen ihre gemeinsamen Merkmale haben können,
nach denen sich ihre Zweckmäßigkeit oder Unzweckmäßigkeit,
ihr Wert oder Unwert bestimmen läßt. Diese Merkmale
beziehen sich teils auf die inneren Eigenschaften der Anschaffungen, also der Bücher, teils auf deren äußere Eigenschaften und äußere Verhältnisse. Rücksichtlich der ersteren
kommt die wissenschaftliche Wichtigkeit, rücksichtlich der letzteren
die Merkwürdigkeit und Seltenheit in Betracht. Hiernach
würden alle Bücher, die sich zur Anschaffung als zweckmäßig und wertvoll empfehlen können, theoretisch in drei
Klassen, in wissenschaftlich wichtige, merkwürdige und seltene
Bücher, zu scheiden sein. Da in der Praxis jedoch häufig
genug Bücher vorkommen, die nicht der einen oder der
anderen dieser Klassen ausschließlich angehören, sondern in
zwei oder alle drei Klassen zugleich einschlagen, so wird,
wenn zunächst ein Überblick über die drei Klassen überhaupt
gegeben ist, noch eine besondere Aufzählung aller derjenigen
Arten von Büchern, die man in diese Klassen einreihen kann,
folgen müssen.

Zuerst, wie gesagt, ein Überblick über die drei Klassen.
Was sind wissenschaftlich wichtige Bücher? Hierunter
begreift man sowohl alle Quellenwerke, als auch alle diejenigen Werke, gleichviel ob größere und umfassendere oder
kleinere Monographien, welche entweder durch neue darin
enthaltene eigene Forschungen oder neue Darstellung und
anderwärts noch nicht gegebene Zusammenstellung der
Forschungen Anderer zu jeder Zeit in der Wissenschaft eine
Art Epoche gemacht und dadurch einen, wennauch nicht für
alle Zeiten andauernden, doch mehr als bloß ephemeren Wert
erlangt haben. Originale verdienen natürlich vor den Übersetzungen und Auszügen überall den Vorzug, und letztere nur
dann das Anrecht, der Klasse der wissenschaftlich wichtigen

Bücher beigezählt zu werden, wenn sie entweder bedeutsame Eigentümlichkeiten besitzen, die den Originalen abgehen, oder diese selbst nicht zugänglich sind. Darüber, was man für Epoche machende Werke anzusehen habe, hat das kritische Urteil Sachverständiger zu entscheiden, wogegen oft rein zufällige Umstände, z. B. daß ein Werk so und so viele Auflagen erlebt hat oder in so und so viele Sprachen übersetzt worden ist, an sich nie zu der Annahme, daß ein solches Werk zu den wissenschaftlich wichtigen gehört, berechtigen dürfen.

Was sind merkwürdige Bücher? Die Gründe, weshalb man ein Buch unter die merkwürdigen zählt, können sehr verschieden sein. Ein Buch kann dadurch merkwürdig werden, daß seine Entstehung einer sehr frühen Zeit angehört; daß es von einem besonders berühmten oder besonders berüchtigten Verfasser oder Herausgeber geschrieben und veröffentlicht ist; daß es ferner einen auffallend sonderbaren Gegenstand behandelt, oder die Behandlung selbst eine auffallend sonderbare ist; daß es sich durch seine äußere, sei es prächtige und kostbare, sei es vorzüglich geschmackvolle Ausstattung vor anderen auszeichnet; daß es aus einer berühmten Druckerei, wie der eines Aldus, Stephanus, Elzevir, hervorgegangen, auf ein ungewöhnliches Material geschrieben oder gedruckt ist; daß sein Umfang oder seine Form von denen der gewöhnlichen Bücher wesentlich abweicht, sein Einband durch Sauberkeit oder Pracht und Reichtum besonders hervorstechend ist; endlich dadurch, daß es seltsame Schicksale erlebt hat, oder an denkwürdige Ereignisse und Personen erinnert. Es ist nicht so gar schwer, wenn man nur einigermaßen historische und technische Kenntnisse besitzt, die hinsichtlich der eben angegebenen Punkte merkwürdigen Bücher aus dem großen Haufen der übrigen Werke herauszufinden.

Was sind seltene Bücher? 95 Diese Frage ist ungleich schwieriger zu beantworten als diejenige, was wissenschaftlich wichtige und was merkwürdige Bücher sind. Es ist eine fast nicht zu bewältigende Aufgabe, die Merkmale eines wirklich seltenen Buches in allen Fällen anzugeben und aus den fast

zahllosen und einander sehr häufig durchaus widersprechenden,
teils durch Zeit=, teils durch Ortsverhältnisse, teils und vor=
züglich auch durch besondere Liebhaberei bedingten Angaben
über die Seltenheit eines Buches überall das Richtige heraus=
zufinden. Die Objekte der Sammlung eines raritätensüchtigen
überspannten Bibliomanen, die nur zu oft mit unglaublich
hohen Preisen bezahlt werden, allemal für wirkliche und
zumal außerordentliche Seltenheiten anzusehen, würde sehr
verkehrt sein; denn was dem einen für ein „Opus rarissimum"
gilt, und was von dem anderen als ein „Liber albo corvo
rarior" gepriesen wird, das verdient bisweilen nicht einmal,
zu den gewöhnlichsten Seltenheiten gezählt zu werden. Allein
troß aller Unstetigkeit in den Begriffen einer Seltenheit läßt
sich doch einiges feststellen, und dieses wird, wenn man es
nur immer bedächtig ins Auge faßt, allen denjenigen, welchen
Bücherkenntnis überhaupt nicht ganz fremd ist, mehr oder
weniger einen Stützpunkt für ihr Urteil gewähren. Vor
allem hat man festzuhalten, daß die Seltenheit eines Werkes
entweder eine absolute oder eine relative sein kann. Relative
Seltenheiten sind stets von sehr untergeordneter Bedeutung,
da sie dem Wechsel der Verhältnisse, durch welche sie zu
Seltenheiten gestempelt worden sind, allzu sehr unterliegen.
Verbotene Bücher z. B. bleiben in der Regel nur so lange
eine Art Seltenheit, als das Verbot eben dauert, und Werke,
die aus einem entfernteren, dem gewöhnlichen Verkehre
weniger zugänglichen Lande stammen, sind nur so lange
Seltenheiten, als jener Verkehr nicht ein lebhafterer geworden
ist. Der Wert relativer Seltenheiten hängt immer von Zeit,
Ort und sonstigen Umständen ab, die das, was man heute
für eine ausnehmende Seltenheit kauft, schon morgen zu den
allergewöhnlichsten Büchern herunterdrücken können. Deshalb
mag es wohl etwas Überflüssiges sein, sich mit dem Aufsuchen
von Merkmalen relativ seltener Bücher länger aufzuhalten.
Anders verhält es sich hingegen mit den absolut seltenen
Büchern, die für eine Bibliothek von wesentlicher Bedeutung
werden können; es ist daher auch schon lohnender, sich mit

ihnen und ihren Merkmalen eingehender zu beschäftigen. Der-
gleichen seltene Bücher sind teils solche, die dies gleich von
Haus aus gewesen, teils solche, die dies erst im Laufe der
Jahre geworden.

Zu der ersten Klasse dieser seltenen Bücher, also derjenigen,
welche gleich von Haus aus selten gewesen sind, gehören
außer Originalhandschriften und den nur in wenigen
Exemplaren davon entnommenen Abschriften sowie den den
Handschriften nahezu gleichstehenden Chirotypen und ähn-
lichem alle gedruckten Werke, wovon überhaupt nur wenige
Abdrücke gemacht worden sind. Es läßt sich dies allerdings
nicht durchweg zuverlässig bestimmen, weil in einzelnen Fällen
die Angaben darüber ganz fehlen, und man diese in vielen
anderen Fällen, um einem Buche das Ansehen einer Seltenheit zu geben, absichtlich verfälscht hat. Ferner gehören zu
den von Haus aus seltenen Werken alle diejenigen, von denen
ein großer Teil der vorhandenen Exemplare gleich anfangs
entweder durch Zufall oder mit Absicht, um sie zu unterdrücken, vernichtet worden ist. Unter die Bücher der letztern
Art sind z. B. die bekanntlich mit dem Namen „Autographa"
bezeichneten Schriften von Luther und seinen Zeitgenossen zu
rechnen, von denen ein guter Teil gleich bei seinem Erscheinen
dem fanatischen Eifer und der Verfolgung von Anhängern
des Römischen Stuhles zum Opfer gefallen ist. Als eine
Art von Seltenheiten, die zwischen den relativ seltenen und
den von Haus aus absolut seltenen Büchern gewissermaßen
in der Mitte stehen, sind sowohl die aus Privatdruckereien
hervorgegangenen Werke, als auch die nicht zum Verkaufe
gedruckten, sondern zu Geschenken bestimmten Bücher anzusehen, weil sie einerseits das mit den letzteren gemein haben,
daß sie von Anfang an dem größern Verkehre entzogen bleiben,
anderseits aber, da die Auflage solcher Bücher nicht allemal
notwendig eine beschränkte ist, infolge veränderter Umstände
später doch noch Eigentum des Verkehrs werden können.

In die zweite Klasse, die Klasse der erst im Laufe der
Jahre zur Seltenheit gewordenen Bücher, gehört natürlich

vor allen anderen die Mehrzahl der aus den allerersten Zeiten
der Buchdruckerkunst stammenden Werke, deren ohnehin von
Anfang an nicht eben sehr beträchtlicher Haufen, je mehr
Jahre darüber hingegangen sind, zu einem um so kleineren
Häuflein zusammengeschmolzen ist. Diesem Häuflein sind
einesteils und hauptsächlich die ersten Versuche der Buch=
druckerkunst, die sogenannten Xylographen oder Holzdrucke
d. h. Bücher, die mit auf Holz geschnittenen unbeweglichen
Lettern gedruckt worden sind, und andernteils alle unter dem
Namen der Erstlings= und Wiegendrucke oder Inkunabeln
und Paläotypen allgemein bekannten Drucke beizuzählen, deren
Entstehung der Zeit vom Anfange der Buchdruckerkunst mit
beweglichen Lettern bis zum Jahre 1500 angehört. Mit
vollem Rechte dürfen solche Xylographen und Inkunabeln
als wertvolle Anschaffungen jeder Bibliothek anempfohlen
werden, weil sie, abgesehen von ihrer Seltenheit, zum großen
Teile auch sonst noch ihren eigentümlichen Wert besitzen und
mit zu den wenigen Büchern zu rechnen sind, auf welche das
Erasmische: „sicut in unguentis et vinis, ita in libris pre-
tium addit antiquitas", wirklich Anwendung findet. Außer=
dem fallen in die zweitgenannte Klasse der Seltenheiten alle
Schriften, welche entweder, weil sie anfangs um ihres In=
haltes willen oder wegen ihres geringen Umfanges zu wenig
die besondere Aufmerksamkeit auf sich gezogen hatten, in Ver=
gessenheit geraten und zumteil untergegangen sind, oder, weil
sie wegen ihres Wertes jederzeit sehr gesucht gewesen, sich
dem gewöhnlichen Verkehre entzogen haben. Solche vergessene
und zumteil untergegangene Schriften sind z. B. die älteren
meist nur aus einem oder wenigen Blättern bestehenden Flug=
schriften, die sogenannten fliegenden Blätter (pièces volantes),
die dem Verkehre entzogenen Editiones principes (erste Aus=
gaben) der Griechischen und Römischen Klassiker, sowie die
Druckerzeugnisse älterer berühmter Offizinen. Auch haben
ähnliche Umstände, wie bei den von Haus aus seltenen
Büchern, z. B. Unterdrückung, bei anderen Büchern mit
darauf hingewirkt, daß sie zu Seltenheiten geworden sind.

Dergleichen Seltenheiten sind unter anderen die echten, nicht=
verstümmelten Ausgaben einzelner Schriften der Kirchen=
väter, die man, weil sie an einigen Stellen in dogmatischer
Rücksicht Anstoß erregt hatten, durch andere Ausgaben, in
denen die anstößigen Stellen verstümmelt oder ganz weg=
gelassen worden sind, zu ersetzen und soviel als möglich zu
verdrängen, selbst ganz zu unterdrücken bemüht gewesen ist.
Endlich dürfen, außer den ganz in Kupfer gestochenen Büchern
oder Chalkographen, die zu allen Zeiten als eine Art Selten=
heit angesehen worden sind, noch Werke von großem Umfange
und kostbarer Ausstattung ebenfalls den Seltenheiten mit
zugezählt werden, weil man solche Werke gewöhnlich nur in
geringer Auflage herzustellen pflegt und bei dem hohen Preise
derselben nur verhältnismäßig wenige Bibliotheken die Mittel
zu ihrer Anschaffung besitzen.

Jetzt noch, wie oben erwähnt, eine kurze Aufzählung der
verschiedenen Arten von Büchern. Obenan stehen unter den
Büchern die geschriebenen, die Handschriften oder Manuskripte,
Autographen und Apographen, mit und ohne artistische Aus=
stattung (Miniaturen 2c.), sei es auf Papyrus, oder Perga=
ment, Papier und anderen Stoffen. Es liegt auf der Hand,
daß die älteren meist die wichtigeren sind; namentlich sind
die sogenannten Palimpsesten oder Codices rescripti anerkannt
von außerordentlichem Werte, da sie zumteil die kostbarsten
Überreste aus dem klassischen Altertume enthalten. Den
Handschriften zunächst stehen die geschriebenen Urkunden und
Briefsammlungen und alles dem Ähnliche. Ferner die Chiro=
typen, deutsch Handdrucke, eine Benennung, welche auf die=
jenigen gedruckten Bücher, deren Text durch gestrichene
Stellen und Zusätze von den Verfassern selbst wesentlich
geändert und modifiziert worden ist, angewendet wird. Die
Chirotypen sind, da sie gleichzeitig den ursprünglichen und
korrigierten Text enthalten, wahrhafte und oft sehr wert=
volle Manuskripte. Es versteht sich jedoch von selbst, daß
nicht etwa jedes Buch mit geschriebenen Anmerkungen oder
biographischen Notizen, wie es deren eine sehr große Masse

giebt, unter die Chirotypen zu zählen ist; sobald die An=
merkungen nichts am Texte ändern, ist das Buch keine Chiro=
type. Den Chirotypen der eben genannten Art sind die Bücher
mit Randglossen berühmter Gelehrten, in denen nicht selten
die Ergebnisse der gründlichsten Studien niedergelegt sind,
fast gleich zu achten. Ebenso stehen in gewisser Beziehung
auch die Kupferwerke mit beigefügten Originalzeichnungen
der Kupfer mit den Chirotypen nahezu auf gleicher Stufe
des Wertes. Hierauf folgen unter den Druckschriften die
sogenannten Unika, die unter den vorzüglicheren Seltenheiten
zu den ausgezeichneteren gerechnet zu werden pflegen; und
wenn man sich auch in dieser Beziehung gewiß manchmal
einer Überschätzung schuldig gemacht hat, so darf man doch
gern zugeben, daß das Unifum eines Buches, dessen Existenz
überhaupt in Zweifel gezogen worden ist, einen ganz vor=
züglichen Rang einnimmt. Allerdings unterliegt die
Bestimmung, welches Buch wirklich ein Unikum sei, sehr
häufig großer Schwierigkeit, weil die Bezeichnung eines
Buches als eines Unikums immer eigentlich nichts weiter
sagt, als daß man neben dem Unikum des Buches ein zweites
Exemplar zurzeit nicht kenne, mithin aber die Möglichkeit,
daß ein solches zweites und wohl gar ein drittes Exemplar
im Laufe der Jahre noch zum Vorschein kommen könne, nie
ausgeschlossen bleibt. Nach den Unicis kommen unter den
Druckschriften zunächst die Xylographen und die Inkunabeln
an die Reihe, welche letztere nicht nur wegen ihres hohen
Alters, sondern auch deshalb besondern Wert haben, weil
sie zumteil als sorgfältige Abdrücke von Handschriften anzu=
sehen sind. Dieselbe Gewissenhaftigkeit im Abdrucke des
Textes nach Handschriften gehört auch zu den eigentümlichen
Vorzügen eines großen Teiles der Editiones principes der
altklassischen Schriftsteller. Hieran reihen sich ferner die
Werke von teils größerem Umfange, teils kostbarer Aus=
stattung mit Kupfern und Holzschnitten, bei denen namentlich
bemerkt zu werden verdient, daß unilluminierte Exemplare,
mit alleiniger Ausnahme von den Fällen, wo, wie bei den

naturhistorischen und den auf das Kostüm bezüglichen Werken, die Illumination wesentlichen Einfluß auf das bessere Verständnis der Abbildungen hat, oder die Malerei das Werk eines ausgezeichneten Künstlers ist, sonst überall vor den illuminierten den Vorzug verdienen. Dann folgen alle noch übrigen wissenschaftlich wichtigen Druckschriften. Endlich die Seltenheiten und Merkwürdigkeiten, soweit sie nicht schon unter den bereits genannten Büchern mit inbegriffen sind: darunter die entweder auf ungewöhnliche Weise hergestellten, oder mit ungewöhnlichen Druckfarben, oder auf ungewöhnlichen Stoffen, oder auf Stoffen von ungewöhnlicher Größe gedruckten Bücher. Zu den ersteren gehören die ganz in Kupfer gestochenen Bücher, die Chalkographen, zu den zweiten die Golddrucke, zu den dritten die Drucke auf Pergament und Seide und zu den letzten die Großpapiere. Die Drucke auf Seide sind immer selten gewesen; etwas weniger selten dagegen die Pergamentdrucke, da von den älteren Druckschriften nicht allein eine verhältnismäßig ziemlich große Menge auf Pergament abgezogen, sondern auch bei einzelnen dieser Abzug auf Pergament in größerer Anzahl als der auf Papier gefertigt worden ist. Kuriositäten, auf welche der eine und andere Sammler [99] wohl Wert zu legen pflegt, bleiben für eine Bibliothek stets von nur untergeordneter Bedeutung. Was übrigens die sogenannten Cimelien anlangt, so bezeichnet man mit diesem Namen keine besondere Art von Büchern, sondern versteht darunter diejenigen der vorerwähnten Arten, die eine Bibliothek als ihre Hauptschätze oder Kleinode (κειμήλια) ansieht [100].

Ob übrigens einzelne Kupferstiche und ganze Kupferstichwerke, Münzen und dergleichen, die eigentlich nicht in den Bereich einer Bibliothek fallen, doch mit zu den Anschaffungen gerechnet werden sollen, das hängt lediglich von dem für die Bibliothek entworfenen Plane ab.

Nachdem hiermit gezeigt worden ist, was für Bücher zu den zweckmäßigen und wertvollen Anschaffungen gehören, ist damit zugleich auch die Frage, was man als unzweckmäßige

und wertlose Anschaffungen anzusehen habe, beantwortet, so
daß darüber nichts weiter zu sagen bleibt. Nur das eine
könnte füglich noch erwähnt werden, daß, wenn es eine Pflicht
der Bibliotheken ist, bei den Anschaffungen auf diejenigen
Werke, welche wegen ihrer Umfänglichkeit, Kostbarkeit und
Seltenheit in der Regel die Mittel von Privatleuten übersteigen, vorzüglich Rücksicht zu nehmen, die Vernachlässigung
dieser Pflicht einer Bibliothek leicht den Vorwurf, ihre Mittel
in nicht ganz zweckmäßiger Weise verwendet zu haben, zuziehen
kann, falls sie nämlich die zu solchen Anschaffungen vorhandenen
Mittel anderweitig zur Erwerbung von Büchern verausgaben
wollte, die zwar an sich ebenfalls zweckmäßig, aber für Privatleute aus eigenem Vermögen leichter erreichbar sind.

Von den für die Bibliothek erworbenen Büchern sind alle
bei ihrer Anschaffung bereits gebundenen Bände durch ein
besonderes Zeichen als nunmehriges Eigentum der Sammlung
kenntlich zu machen, um einesteils die Entwendung oder Verwechselung derselben zu verhindern, andernteils, wenn einer
trotzdem entwendet ist, Andere vor seinem Ankaufe zu warnen
und die Bibliothek möglicherweise wieder in seinen Besitz zu
bringen. Man hat zu diesem Zwecke ein doppeltes Verfahren
eingeschlagen: man druckte oder klebte, besonders früher, ein
sogenanntes Bibliothekszeichen, welches in einem Wappen
oder sonst einem Bilde, mit oder ohne Schrift, oder bloßer
Schrift bestand, auf die äußere oder innere Wand des Einbanddeckels, oder man drückt — und dies ist gegenwärtig wohl
zur allgemeinen Regel geworden — dem Buch einen Stempel
auf. Das erstere Verfahren ist für öffentliche Bibliotheken aus
dem Grunde nicht empfehlenswert, weil mit der bloßen Entfernung oder Abänderung des Einbandes eines Buches, die
sich ja doch sehr leicht, und ohne dem Buche selbst irgend einen
Schaden zuzufügen, bewirken läßt, auch alle und jede Spur
des Bibliothekszeichens entfernt, und somit der Zweck, zu
dem man das Zeichen aufgedruckt oder aufgeklebt hat, vereitelt
werden kann. Während daher für sämtliche der allgemeinen
Benutzung freistehende Bibliotheken nur dieses zweite Ver-

fahren als das zweckentsprechendere in Frage kommen kann,
eignet sich das ersterwähnte noch immer recht wohl für
Privatbibliotheken, da hier einerseits die Benutzung durch
fremde Hand und damit die Gefahr der Unterschlagung von
Büchern wegfällt, anderseits bei dem später, nach dem Tode
des Besitzers, gewöhnlich eintretenden Verkaufe der Wert
der Bände durch die eingeklebten Zeichen (welche losgelöst
sogar einen Gegenstand des Sammeleifers bilden[101]) nicht die
mindeste Verringerung erfahren hat, was beim Stempeln
nicht der Fall ist. Für öffentliche Bibliotheken fällt natürlich
jegliches Bedenken gegen eine durch das Stempeln bewirkte
Wertverminderung insofern fort als die Bücher in diesen nicht
für die Zeit eines kurzen Menschenlebens, sondern zu dauernder
Aufbewahrung angeschafft werden. Hinsichtlich der Stelle,
auf welche der Stempel aufzudrücken ist, herrscht verschiedener Brauch. Daß in erster Linie das Titelblatt denselben erhalten müsse, ist allerdings allgemein anerkannt, denn
hier stößt er nicht nur am leichtesten auf, sondern bildet auch
für den etwa beabsichtigten Verkauf eines entwendeten Buches
deshalb ein schwerwiegendes Hindernis, weil ein solcher nur
durch Entfernung des Titels, also eines wesentlichen Teiles
des Buches möglich wird. Dagegen drucken manche Bibliotheken den Stempel auf die vordere Seite des Titelblattes,
indem sie davon ausgehen, daß derselbe hier am leichtesten
in die Augen falle, andere hinwiederum auf dessen Rückseite,
indem sie beabsichtigen, den Titel zu schonen. Wenn man
erwägt, daß der Stempel das Titelblatt in der That zu ent-
stellen geeignet ist, namentlich, wie dies vorkommen kann, bei
nicht vollständig gelungenem Abdrucke, auf der Rückseite des
Titels angebracht aber ganz dieselbe Sicherheit bietet, so
dürfte das letztere Verfahren als das vorzüglichere erscheinen.
Es versteht sich dabei von selbst, daß alle Titelblätter, gleichviel ob sie einem ganzen Werke oder nur den einzelnen Teilen
eines solchen angehören, sowie jede in einer Kapsel aufbewahrte
Schrift, jede Karte und jedes einzelne lose Blatt einer Mappe
mit dem Stempel versehen werden muß. Übrigens begnügt

man sich häufig nicht mit einer einzigen Stempelung, sondern
pflegt auch noch das Ende des Buches und eine Stelle im
Innern desselben — gewöhnlich eine bestimmte Seite —
mit einem Stempel zu versehen, um eine erhöhte Gewähr
für die Sicherheit der einzelnen Bände zu gewinnen und die
Identifizierung derselben in Entwendungsfällen zu erleichtern.
Bei einem solchen Brauche kommt natürlich auf die Beschaffen=
heit des Stempels ganz besonders viel an, da die Bücher
sonst leicht an Ansehen ganz empfindlich verlieren können.
Man hat deshalb in Frankreich, wo die dreifache Stempelung
für alle öffentlichen Bibliotheken obligatorisch ist, in einem
ministeriellen Erlasse [102] längliche Stempel von mäßigem
oder schwachem Durchmesser empfohlen, weil diese am
leichtesten auf kleinen weißen Flächen gedruckt werden können,
ohne den Text zu bedecken. Auch hat man dort feuchten
(Kautschuk=) Stempeln den Vorzug vor trockenen eingeräumt,
da trockene nicht genug in die Augen fallen. Wenn damit die
Forderung verbunden worden ist, daß der Druck des Stempels
nicht abfärben noch verblassen dürfe und daß die Stempel=
farbe unverlöschlich sein und schnell trocknen müsse, so ist eine
solche Forderung im Interesse einer jeden Bibliothek eben so
wohlbegründet und der strengsten Befolgung würdig wie die
fernere Vorschrift, daß der Stempel oft zu reinigen und die
Stempelfarbe, um einen klaren Druck zu erhalten, in einer
dünnen und gleichmäßigen Schicht auf das zu ihrer Aufnahme
bestimmte Kissen aufzutragen und jede Beschmutzung der
Bände zu vermeiden sei.

Es würde zum Schlusse dieses Kapitels noch übrig sein,
über das Binden derjenigen Bücher, welche bei ihrer Er=
werbung noch ungebunden waren, einige Bemerkungen hinzu=
zufügen. Da wir indessen diese Frage in dem Kapitel über die
Vermehrung des Bücherschatzes in zusammenhängender Weise
näher zu behandeln gedenken, so verweisen wir an dieser Stelle
nur auf jenes weiter unten folgende Kapitel und wenden uns
nunmehr sogleich zur Verzeichnung der Bibliothek.

Zweiter Abschnitt.
Von der Verzeichnung des Bücherschatzes.

Die Arbeiten der Verzeichnung [103] einer Bibliothek gehören unstreitig nicht nur zu den wichtigsten sämtlicher Bibliotheks= arbeiten, da von ihrer guten Durchführung alles abhängt, was auf eine bequeme und leichte Benutzung der Sammlung von seiten des Publikums hauptsächlich mit Einfluß haben kann, sondern auch zu den schwierigsten der ganzen Einrichtung überhaupt. Deshalb darf es nicht Wunder nehmen, wenn man gerade in diesen Stücken so vielen und so großen Meinungsverschiedenheiten theoretischer Bibliothekslehrer sowohl als praktischer Bibliothekare, wie sonst nirgends im ganzen weiten Bereiche der Bibliothekslehre, begegnet. Da= rüber, was zu den Arbeiten der Verzeichnung zu rechnen sei, kann zwar kein Zweifel sein: man rechnet hierzu die Aufnahme des Bücherbestandes und die Anfertigung der Kataloge auf Grund jener Zettel, die nachträglich auch noch zu einem besonderen Katalog vereinigt werden können. Wohl aber sind darüber, wie diese Arbeiten auszuführen sind — so einfach auch die ganze Sache auf den ersten Anblick hin scheinen mag — doch mancherlei Zweifel möglich und zulässig, und werden auch in betreff einzelner Punkte so lange zulässig bleiben müssen, als nicht die Wissenschaften, mit deren nimmer rastendem Entwickelungsgange namentlich die systematische Anordnung einer Bibliothek in besonders engem Zusammen= hange steht und gewissermaßen gleichen Schritt halten soll, zu einer Art von Ruhe gekommen sein werden. Natürlich kann hier nicht der Ort sein, wo alle die Meinungsverschieden= heiten, die in Bezug auf Verzeichnung (und Aufstellung) einer Bibliothek seither aufgetaucht sind, aufgeführt und untersucht und entweder bestätigt oder widerlegt werden, sondern es wird hier vorzüglich nur darauf ankommen, im allgemeinen auf die teils durch die Theorie, teils durch die Erfahrung dar= gebotenen Grundsätze aufmerksam zu machen, von denen bei den Arbeiten, wenn sie ihr Ziel erreichen sollen, ausgegangen

werden muß, indem die speziellere Durchführung derselben,
die bei dem jetzigen noch sehr beweglichen Stande der Wissen=
schaften immer eine verschiedene sein wird, der Einsicht der
einzelnen praktischen Arbeiter füglich überlassen bleiben kann.

Was zunächst die Aufnahme des Bücherbestandes d. h. die
Aufzeichnung der Büchertitel anlangt, so muß sich dieselbe
nicht nur auf jede einzelne Schrift der Bibliothek, gleichviel
ob von größerem oder kleinerem Umfange, erstrecken, sondern
auch genau und vollständig sein.

Die Anfertigung von Titelabschriften aller selbständigen
Bücher der Bibliothek ohne Ausnahme ist anerkannt eine so
unumgänglich notwendige Arbeit, daß sich der Bibliothekar
sogar da, wo bei Gelegenheit von Anschaffung größerer Bücher=
komplexe einzelne schon fertige Kataloge mit zur Bibliothek
gekommen sein sollten, ihrer gewissenhaften Durchführung
doch nicht entziehen darf, um so weniger, als sämtliche auf
die Ordnung der Bücher in den Repositorien, sowie im Katalog
bezüglichen Arbeiten einzig und allein auf die Titelabschriften
basiert sind. Eine solche Titelaufzeichnung muß für jede
einzelne Schrift auf einem eigenen Zettel geschehen, dessen
Beschaffenheit und Größe je nach der Art und Weise
der späteren Aufbewahrung — denn diese Zettel werden
neuerdings immer allgemeiner zur Bildung eines besonderen
Katalogs, des sogenannten Zettelkatalogs, verwendet — an
den verschiedenen Bibliotheken eine verschiedene ist, worüber
weiter unten im Kapitel über den alphabetischen bezüglich
Zettelkatalog noch besonders die Rede sein wird [104]. Es ist
dabei ganz gleichgültig, in welcher Reihenfolge die Bücher
behufs ihrer Verzeichnung zur Hand genommen werden; denn
es genügt, das beliebig zur Hand genommene Buch mit einer
provisorischen Nummer, von eins angefangen und so fort,
zu versehen und die derselben entsprechende Ziffer auf dem
Zettel beizufügen, um dann mit ihrer Hilfe später, wenn die
Zettel geordnet und beziffert sind, auch den Büchern selbst
die entsprechende definitive Ordnung und Zifferbezeichnung
zu geben.

Bei der Wichtigkeit der Titelabschriften ist es einleuchtend, daß man bei ihrer Anfertigung mit besonders großer Sorg= falt zu Werke gehen muß. Dieselben müssen, wie schon gesagt, genau und vollständig sein. Eine genaue Titelabschrift ist eine solche, welche den Titel des Buches in seiner Original= sprache, seiner Orthographie mit allen etwaigen Fehlern und Eigenheiten, sowie in Übereinstimmung mit seinem Schrift= charakter diplomatisch getreu wiedergiebt. In Ansehung der Vollständigkeit der Titelabschriften kann der Begriff dessen, was man vollständig zu nennen hat, doppelt aufgefaßt werden: entweder versteht man nämlich das darunter, daß der ganze Titel, ohne irgend welche Weglassung und mit alleiniger Ausnahme der etwaigen, mit dem Inhalte des Buches selbst in keinem Zusammenhange stehenden Titulaturen der Verfasser, Mottos, Wunsch= und Widmungsformeln und dergl.[105], vollständig wiedergegeben (Taf. 1), oder daß, wie Molbech sagt, von dem gedruckten Titel des Buches nur dasjenige auf= genommen wird, was wesentlich und notwendig ist, um das Buch in sich selbst d. h. als ein individuelles, durch einen Titel bezeichnetes Schriftwerk zu kennen, um es von jedem anderen Buche, und zwar nicht nur von jeder verschiedenen Schrift, sondern auch von anderen Ausgaben desselben Werkes zu unterscheiden, und um mit Hilfe des geschriebenen Titels sehen zu können, welcher Platz dieser Schrift in den Katalogen zukomme (Taf. 1). Von diesen beiden Arten der vollständigen Titelabschriften ist die erste, wennschon die umständlichere, doch jedenfalls die vorzüglichere, weil sie nicht nur der Willkür und Bequemlichkeit des Abschreibers, die sich nur zu oft sehr mit Unrecht als Sachkenntnis zu brüsten beliebt, gar keinen Spielraum läßt, sondern auch für bibliographische Zwecke, zu deren Dienst eigentlich jede Bibliothek sich verbunden fühlen sollte, die geeignetste ist, zumal der Grundsatz, daß das Über= flüssige ungleich weniger nachteilig sei, als die zu große Kürze, nirgends passendere Anwendung findet, als auf diese Titel= abschriften. Ja es darf bei jenem Verfahren, nach welchem der ganze Titel abgeschrieben wird, noch nicht einmal sein

Bewenden haben, sondern der Abschreiber muß teils mit
Hilfe des Buches selbst, welches er gerade zu katalogisieren
hat, teils mit Zuhilfenahme anderer Quellen alles das, was
auf dem gedruckten Titel z. B. über Verfasser, Inhalt, Aus=
stattung nicht ausreichend angegeben ist, nach Möglichkeit
noch ergänzen, und auf diese Weise den Titel auf dem Zettel
häufig noch vollständiger als im gedruckten Buche selbst
verzeichnen.

Worin nun diese Ergänzungen zu bestehen haben, das
wird aus einer kurzen Aufzählung dessen, worüber der Zettel
vorzüglich Auskunft zu geben hat, am leichtesten zu ersehen
sein. Natürlich kann es nicht unsere Aufgabe sein, die
zahlreichen „Instruktionen“ über die Bücheraufnahme einer
Bibliothek um eine neue zu vermehren, die schließlich ebenso
wenig auf allgemeine Anerkennung rechnen könnte wie die
bereits vorhandenen, sondern worauf es ankommt, das wird
eine Darlegung der im wesentlichen jeder solchen Instruktion
zu Grunde liegenden Hauptgrundsätze sein, womit von dem
zu beobachtenden Verfahren ein Bild im Umrisse gegeben sein
soll. Zuerst erhält der Zettel, wie bereits erwähnt, die
provisorische Nummer, bezüglich die bisherige Signatur des
betreffenden Buches, die, um recht in das Auge zu fallen, in
einer Ecke der durch einen Querstrich abgegrenzten obersten
Rubrik, am passendsten in der linken, Platz findet, während
die andere Ecke, die rechte, für die später hinzuzufügende
neue Signatur des Buches vorläufig leer bleibt. Auf die
Signatur folgt in besonderer Rubrik — die Größenmaße
der Rubriken hängen natürlich wesentlich von der Größe
der zur Verwendung gelangenden Zettel ab — das für die
spätere alphabetische Ordnung der Zettel unentbehrliche und
immer mit lateinischen Buchstaben zu schreibende Ordnungs=
oder Stichwort, d. h. der Name des Verfassers, dessen
Zuname in möglichst deutlicher Schrift den Vornamen, welche
stets auszuschreiben sind, vorangeht. Fehlen diese letzteren,
so sind sie, soweit dies möglich ist, aus Bibliographien oder
biographischen Lexicis ebenso zu ergänzen wie bei anonymen

Provisorische Nummer
bezüglich Alte Signatur.

Neue Signatur des Buches.

Brunet, Jacques Charles. [Ordnungswort.]

Ausführliche Titelabschrift.

Manuel du Libraire et de l'Amateur de Livres, contenant: 1° un nouveau Dictionnaire bibliographique Dans lequel sont décrits les Livres rares, précieux, singuliers, et aussi les ouvrages les plus estimés en tout genre, qui ont paru tant dans les langues anciennes que dans les principales langues modernes, depuis l'origine de l'imprimerie jusqu'à nos jours; avec l'histoire des différentes éditions qui en ont été faites; des renseignements nécessaires pour reconnaître les contrefaçons, et collationner les anciens livres. On y a joint une concordance des prix auxquels une partie de ces objets ont été portés dans les ventes publiques faites en France, en Angleterre et ailleurs, depuis près d'un siècle, ainsi que l'appréciation approximative des livres anciens qui se rencontrent fréquemment dans le commerce; 2° une Table en forme de Catalogue raisonné Où sont classés, selon l'ordre des matières, tous les ouvrages portés dans le Dictionnaire, et un grand nombre d'autres ouvrages utiles, mais d'un prix ordinaire, qui n'ont pas dû être placés au rang des livres ou rares ou précieux. Par Jacques-Charles Brunet.

Cinquième Édition originale entièrement refondue et augmentée d'un tiers par l'Auteur.

Tom. I—VI.

Supplément [I] Dictionnaire de géographie ancienne et moderne. Par un bibliophile. (Hierfür ausführlicher Unterzettel.)

Supplément [II] contenant 1. Un complément du dictionnaire bibliographique 2. La table raisonnée des articles par P. Deschamps et G. Brunet. Tom. I, II. (Hierfür ausführlicher Unterzettel.)

Paris, Didot frères et Cie. 1860—65, 1870, 1878—80. gr. 8°. 9 Bde. Tom. I: XLVI S. 1 Bl. 1902 Sp.; II: 2 Bll. 1848 Sp.; III: 2 Bll. 1984 Sp.; IV: 2 Bll. 1476 Sp.; V. 2 Bll. 1800 Sp.; VI: 2 Bll. LXII, 1878 Sp. Suppl. [I] VIII. 1592 Sp.; [II] XV, 1138 Sp., 1226 Sp. Mit vielen eingedruckten Buchdruckerzeichen in Holzschnitt.

Abgekürzte Titelabschrift.

Manuel du Libraire et de l'Amateur de Livres, contenant: 1° un nouveau Dictionnaire bibliographique; 2° une Table en forme de Catalogue raisonné. Par Jacques Charles Brunet.

Cinquième Édition originale entièrement refondue et augmentée d'un tiers par l'Auteur.

Tom. I—VI Suppléments [I], [II].

Paris, Didot frères, fils et Cie. 1860—80. gr. 8°. 9 Bde.

Mit vielen eingedruckten Buchdruckerzeichen in Holzschnitt.

Taf. 1. Probe von Titelabschriften auf Zetteln.

9*

und pseudonymen Schriften die geeigneten Erörterungen,
soweit sich dies ohne allzu eingehende und zeitraubende
Forschungen thun läßt, in betreff des wahren Namens
anzustellen sind, um diesen, sobald er mit Sicherheit ermittelt
ist, als Ordnungswort zu benützen. Hat ein Buch seiner
ganzen Natur nach keinen bestimmten Verfasser, wie z. B. Zeit=
schriften und dergleichen, so erhält es ein sachliches Ordnungs=
wort. Über die verschiedenen Fragen und Bestimmungen,
welche sich an die Wahl des so äußerst wichtigen Ordnungs=
wortes knüpfen, werden wir im Kapitel über den alphabetischen
Katalog uns noch näher zu verbreiten haben, weshalb wir
hier, unter Hinweis auf jenes Kapitel, sogleich fortfahren,
die Abfassung des Zettels weiter zu verfolgen.

An das Ordnungswort schließt sich zweitens der Titel
des Buches an, der, wie wir bereits betonten, in möglichster
Vollständigkeit und in der Schriftart des Originals zu geben
ist, mit Beifügung der Angabe, ob das Buch Auszug oder
Übersetzung eines anderen Werkes ist und in letzterem Falle,
aus welcher Sprache es übersetzt ward.

Wie bei den Verfassern, so sind auch bei den Übersetzern
und Herausgebern etwa fehlende Vornamen oder der fehlende
Gesamtname mit Zuhilfenahme des bibliographischen
Apparates zu ergänzen. Nicht selten kommen Doppeltitel
vor, deren jeder den Namen ein und desselben Verfassers
trägt. In diesem Falle gilt der allgemeinere Titel als der
Haupttitel, welchem der zweite, da beide unter ein und den=
selben Verfassernamen zu stehen kommen, einfach angefügt
wird. Sind die Titel doppelsprachig auf besonderen Titel=
blättern, so wird derjenige auf dem Zettel vorangehen,
welcher der Sprache des Textes entspricht; ist auch dieser
doppelsprachig, so wird zumeist die Originalsprache den
Vorrang haben. Verweise sind dabei kaum notwendig. Bei
verfasserlosen Werken wird jeder einzelne Titel unter dem
ihm eigentümlichen Ordnungsworte in den Katalog eingereiht,
und zwar entweder jeder Titel ausführlich oder nur der
Haupttitel ausführlich und die anderen abgekürzt und mit

hinzugefügter Verweisung auf den ersteren. Eine ähnliche
Regel gilt für Zeitschriften, welche mehrere Titel aufweisen.
Hier gilt der allgemeinere Titel durchgängig als der Haupttitel.
Die übrigen Titel werden der Übersichtlichkeit halber auf demselben Zettel sogleich mit beigefügt, erhalten aber daneben,
um das Auffinden der Zeitschrift auch nach den Untertiteln
zu ermöglichen, besondere Zettel (Unterzettel) mit Verweis
auf die Hauptzettel. Die Titel der einzelnen Schriften
sogenannter Sammelbände, d. h. solcher Bände, in denen
eine größere oder geringere Anzahl selbständiger Schriften
lediglich aus äußeren Rücksichten der Ersparnis oder
Bequemlichkeit zusammengebunden sind, werden einzeln
für sich aufgenommen, aber mit dem Vermerke, daß die
betreffende Schrift (an die erste in dem Sammelbande)
angebunden sei.

Auf besonderer Zeile ist drittens zu vermerken, ob das Buch
die zweite oder dritte u. s. w. Auflage oder Ausgabe, ob es
vermehrt und verbessert, oder ob es ein zweiter oder
dritter u. s. w. unveränderter Abdruck ist.

Hieran schließt sich viertens die Zahl der Bände, Teile
oder Hefte, aus welchen das Buch besteht; fünftens die
Bemerkung, an welchem Orte und in welchem Jahre das
Buch erschienen, und von welchem Drucker oder Verleger es
ausgegangen ist. Bei älteren d. h. allen den Anfängen der
Buchdruckerkunst an Alter zunächst stehenden Werken ist die
Angabe des Druck- und Verlagsortes, sowie des Druckers
und Verlegers, die übrigens in sehr vielen Fällen einerlei
Personen sind, erforderlich, wogegen bei neueren Werken in
der Regel die bloße Angabe des Verlagsortes und Verlegers
schon ausreichend sein mag. Nur bei neueren Prachtwerken
wird auch die Angabe des Druckers neben dem Verleger und
des Druckortes neben dem Verlagsorte zweckmäßig sein, sowie
bei den auf Kosten der Verfasser selbst ausgeführten Drucken
überall der Druckort und Drucker oder der Kommissions-
verlagsort und Kommissionär zu bemerken ist. Wo das
Jahr des Druckes und des wirklichen Erscheinens eines

Buches verschieden sein sollte, da darf diese Verschiedenheit
nicht unerwähnt bleiben.

Fehlt der Druckort oder das Erscheinungsjahr auf dem
Titel, so sind dieselben auf bibliographischem Wege zu
ermitteln und in Klammern beizufügen; gelingt es nicht,
dieselben festzustellen, so ist im ersteren Falle o. O. (= ohne
Ort) oder lateinisch s. l. (= sine loco), im zweiten o. J.
(= ohne Jahr) oder lateinisch s. a. (= sine anno), vereinigt
o. O. u. J. oder lateinisch s. l. et a. an betreffender Stelle
einzusetzen.

Des weiteren kommt hinzu sechstens die Zahl der dem
Buche beigegebenen Karten, Tabellen, Kupfertafeln und der=
gleichen, während die Aufzählung der in den Text selbst
eingedruckten Kupfer und Holzschnitte nur da, wo dieselben
einen besonderen Kunstwert besitzen, erforderlich, sonst aber
überflüssig ist und die Bemerkung genügt, daß dergleichen in
den Text eingedruckt sind;

siebentens die Angabe, aus wie viel Bänden das Bibliotheks=
exemplar besteht, denn diese Zahl stimmt nicht immer mit der
Bändezahl des Textes überein, da aus Ersparungsrücksichten
häufig mehrere Hefte, Teile oder Bände zusammengebunden
werden;

achtens die Zahl der Seiten, Blätter oder Spalten
(Kolumnen) eines Buches;

neuntens das Format desselben. Es war bekanntlich früher
allgemein üblich, das Format eines Buches nicht nach dessen
wirklicher Größe zu bestimmen, sondern nach der Zahl der
zu einem Bogen gehörigen Blätter, zu deren Ermittelung bei
älteren Werken die sogenannten Kustoden oder Blatthüter
am Ende des letzten Blattes einer Bogenlage, mit Zuhilfe=
nahme der in jedem Bogen aufrecht stehenden Wasserstreifen
und Wasser= oder Fabrikzeichen, bei neueren Werken die
Signaturen d. h. die auf der ersten Seite eines jeden Bogens
oder einer Bogenlage zur Bezeichnung der Bogen= oder Lagen=
folge befindlichen Ziffern oder Buchstaben dienten. Letztere
ergaben bei einem in der Mitte gefalteten Bogen Folio, bei

einem zweimal gefalteten Quart, bei einem dreimal gefalteten
Oktav u. s. f. · Vor Einführung des mit der Maschine
gefertigten Papieres mochte jene Formatbezeichnung eine
durchaus berechtigte und bibliographisch vielleicht sogar die
einzig richtige sein, obwohl es nicht immer leicht war,
mit voller Gewißheit das richtige Format zu erkennen und
überall mit Sicherheit zu bestimmen, was zu den Folianten,
was zu den Quartanten, Oktavbänden u. s. w. zu rechnen sei.
Auf den ersten Blick können nämlich große Oktavbände leicht
für Quart= und sehr kleine für Duodezbände, ebenso wie sehr
kleine Quartanten für Oktavbände und große für Folianten
gelten; die nähere Bestimmung aber wird nicht selten dadurch
erschwert oder unmöglich gemacht, daß halbe oder ganze
Bogen vom Drucker eingeschoben wurden oder daß manche
Bogen doppelte Signaturen tragen oder daß bei älteren
Werken, wie die Signaturen, so auch die Wasserzeichen gänz=
lich fehlen u. s. w. Seit jedoch infolge der Anwendung der
Maschine die Bogen zumteil in solchem Umfange hergestellt
zu werden pflegen, daß die alte Bezeichnung durchaus nicht
mehr paßt, ein Bogen vielmehr bei drei= und mehrfachem
Falten immer noch mitunter eine Blattgröße aufweist, die
den herkömmlichen Begriffen von Folio entspricht; seit
ferner die Bogen eine nach den verschiedenen Ländern und
Fabriken durchaus verschiedene Größe zeigen, hat sich das
Bestreben immer allgemeiner geltend gemacht, das Format
nach festbegrenzten, künstlichen Maßen zu bestimmen. Freilich
wäre eine größere Übereinstimmung in den Resultaten dieser
Bestrebungen wünschenswert. In England und Amerika
haben die Bibliotheksvereine die Regelung dieser Angelegen=
heit eben so in die Hand genommen [106], wie sie auch
Katalogisierungsregeln aufgestellt haben, bei uns in Deutsch=
land ist die Frage vor der Hand noch eine offene. An
einzelnen Bibliotheken sind 25 cm als Maximalhöhe für
Oktav, 35 cm als solche für Quart angenommen. Indem
bei gebundenen Büchern der Einband gemessen wird, geht
man von der Voraussetzung aus, daß dieser den Verlust,

welchen die Höhe des Buches durch das Beschneiden seitens
des Buchbinders erlitten hat, im allgemeinen ausgleicht.

Außer diesen neun genannten Hauptpunkten sind aber in
einer guten und vollständigen Titelabschrift noch einige andere
zu erwähnen, nämlich alle etwaigen bemerkenswerten Eigen=
tümlichkeiten eines Werkes. Z. B. wenn dasselbe breite Ränder
hat, durchschossen oder auf anderem Stoffe als gewöhnlichem
Papier gedruckt oder ganz in Kupfer gestochen ist und der=
gleichen; ferner der Einband des Buches, der, wenn er auch
nicht immer historisches Interesse hat, doch unter allen Um=
ständen zu einem passenden Anhaltepunkte beim schnelleren
Auffinden des Buches unter einer größeren Anzahl von
Werken dienen kann; nächstdem die von einem Andern als dem
Verfasser 2c. des Buches herrührenden Beilagen und Zusätze,
gedruckte sowohl als handschriftliche, bei welchen letzteren
überdies, wie bei handschriftlichen Bemerkungen des Ver=
fassers selbst, wenn sie von nur irgend erheblicher Wichtigkeit
zu sein scheinen, eine spätere und sorgfältigere Durchforschung
des Inhaltes vorbehalten bleiben muß; endlich ist es
wünschenswert und für die spätere Abfassung des wissen=
schaftlichen Katalogs von Bedeutung, wenn bei solchen Titeln,
aus welchen über den Inhalt des Buches nichts zu ersehen
ist, eine kurze Notiz, worüber dasselbe handle, beigegeben wird.

Weniger ausführlich brauchen die Titelabschriften von
Dissertationen, Schulprogrammen und dergleichen Gelegen=
heitsschriften zu sein. Hier genügt der Name des Verfassers,
als welcher bei den älteren akademischen Disputationen bis
etwa um die Mitte des vorigen Jahrhunderts stets der Präses
zu gelten hat, der Disserent nur dann, wenn er sich auf dem
Titel ausdrücklich als Autor bezeichnet, wobei dann jedoch
auf den Namen des Präses zu verweisen ist [107]; die Angabe
des Inhaltes, die Bemerkung, wo, wann und bei welcher
Gelegenheit das Schriftchen erschienen ist, sowie die Erwäh=
nung des Druckers oder Verlegers und des Formates mit
Beifügung der Seitenzahl. Was endlich die Zeit= und
Gesellschaftsschriften anlangt [108], welche hinsichtlich des Titels

ihrer einzelnen Jahrgänge leicht einer Veränderung unter=
liegen, so wird man entweder nur diejenigen Jahrgänge
aneinanderreihen, die einerlei Titel haben, und allen übrigen
mit verändertem Titel eine eigene und neue Abschrift widmen
oder unter Umständen einen zusammenfassenden Hauptzettel
schreiben und für die späteren Titel sich mit Verweisen auf
den ersten begnügen.

Nachdem im Vorstehenden dasjenige angeführt worden
ist, was zu einer vollständigen Titelabschrift erforderlich ist,
bleiben nur noch einige Worte über die Art und Weise, wie
die Ergänzungen auf dem Zettel einzufügen seien, zu sagen
übrig. Es möchte nämlich kaum zweckmäßig genannt werden
dürfen, wenn man sämtliche Ergänzungen mit dem wirklichen
Titel des Buches vermischen und in denselben durch Paren=
thesen und Klammern einschalten wollte, weil, da die Titel
nicht selten dergleichen Parenthesen und Klammern ohnehin
schon selbst haben, leicht Mißverständnisse veranlaßt werden
könnten, so daß man endlich nicht mehr wüßte, was dem
eigentlichen Titel angehöre und was bloß zu dessen Ergänzung
beigefügt sei. Daß der ergänzte Name des Verfassers,
Herausgebers oder Übersetzers innerhalb des Textes an
geeigneter Stelle — natürlich in eckiger Klammer — ein=
gefügt werde, halten wir allerdings für unbedenklich, da in
dieser Beziehung störende Verwechselungen ausgeschlossen
sind, denn weder Verfasser noch Übersetzer oder Herausgeber
pflegen in Wirklichkeit ihre Namen auf dem Titel in eckige
Klammern einzuschließen. Auch Verlagsort und Erscheinungs=
jahr mögen aus demselben Grunde ohne weiteres an ihrer
gewohnten Stelle ergänzt werden, ja es ist dies für die
chronologische Anordnung der Zettel bei Abfassung des
Realkatalogs sogar wünschenswert, da ein rascheres Ordnen
ermöglicht wird, wenn Ort und Jahr nicht erst an anderer
Stelle gesucht zu werden brauchen. Die Ergänzung wird
hier ebenfalls durch eckige Klammern bewirkt, denn diese
bildet das allgemein anerkannte äußere Zeichen von Er=
gänzungen. Alle umfangreicheren Zusätze, wie Bemerkungen

litterarischer und bibliographischer Art, Citate und Nach=
weisungen, werden jedoch passenderer Weise als Anmerkungen
unter dem Texte angefügt. Die Titelabschrift bleibt bei einem
solchen Verfahren nicht nur durchaus übersichtlich, sondern
auch im wesentlichen intakt und darum in bibliographischer
Hinsicht korrekt. Es erfordert ein derartig abgefaßter Zettel
selbstverständlich eine gewisse Übung und Geschicklichkeit und
wegen der notwendig werdenden zahlreichen Recherchen eine
genaue Kenntnis der bibliographischen Hilfsmittel; in muster=
hafte Fassung gebracht gleicht er einem sorgsam gearbeiteten
Manuskripte, dessen Sauberkeit mit der Zuverlässigkeit wett=
eifert; er ist sozusagen immer druckfertig.

Eine gesonderte Behandlung für sich nehmen die sogenannten
Inkunabeln oder Wiegendrucke d. h. die Druckerzeugnisse des
fünfzehnten Jahrhunderts (einige Bibliographen dehnen die
Grenze bis 1536 aus) in Anspruch, deren Verzeichnung das
schwierigste Kapitel auf dem Gebiete der Bibliographie bildet.
Manche Bibliotheken vereinigen derartige, in ihrem Besitze
befindliche Werke zu einer eigenen Sammlung mit eigenem
Katalog und stellen dieselben für sich, getrennt von den
übrigen Büchern, auf, andere weisen dieselben den wissenschaft=
lichen Fächern zu, welchen sie ihrem Inhalte nach angehören,
verzeichnen dieselben daneben aber auch noch in einem
besonderen Katalog. In jedem Falle also wird den
Inkunabeln eine eigenartige Stellung zuerkannt und dasselbe
gilt in noch erhöhtem Grade von den Handschriften der
Bibliothek. Wir werden weiter unten, wo von dem Inkunabeln=
katalog und Handschriftenkatalog die Rede sein wird, Gelegen=
heit finden, diejenigen Regeln zusammenzustellen, nach welchen
die Beschreibung beider zu erfolgen hat. In denjenigen
Fällen, in welchen eine Sonderaufstellung der Inkunabeln
geplant ist, würden diese wie auch sämtliche Handschriften
bei der Katalogisierung sorgfältig auszuscheiden und zu
sammeln sein, um später nach Vollendung der Verzeichnung
und Aufstellung des übrigen Bücherschatzes ihrerseits bearbeitet
zu werden. Andernfalls werden die an genannter Stelle zu

gebenden Vorschriften gleich von vornherein bei der all=
gemeinen Titelaufnahme Berücksichtigung finden müssen.

Nachdem auf die soeben vorgeschriebene Weise die Titel
mit gewissenhafter Genauigkeit angefertigt worden sind —
denn etwa noch zu verlangen, daß nach dem Muster des
bekannten Franckeschen Katalogs der Gräflich Bünauschen
Bibliothek auch von allen den Sammelwerken oder vielleicht
gar Zeitschriften eingedruckten Abhandlungen Titelabschriften
angefertigt werden sollten, wäre eine Forderung, die, so
äußerst wichtig auch eine solche spezielle Titelaufnahme
für die Wissenschaft unbestritten sein mag, doch nicht bloß
die Kräfte einer jeden größern Bibliothek übersteigen und die
Verzeichnung der Bücher nie zu einem Ende kommen lassen
würde, sondern auch mit den Zwecken einer Bibliothek als
solcher überhaupt gar nichts gemein hat — so gilt der nächste
Schritt der Anfertigung der Kataloge [109], zu deren Betrach=
tung wir nunmehr überzugehen haben.

Wegen der großen Wichtigkeit der Kataloge — denn ohne
sie wird die Benutzung einer Bibliothek geradezu unmöglich —
ist der Besprechung derselben in allen Schriften über
Bibliothekslehre mit Recht besondere Aufmerksamkeit gewidmet
worden. Trotzdem ist man leider noch nicht im stande gewesen,
sich über die Beantwortung der hier einschlagenden Haupt=
fragen und namentlich über die erste derselben zu einigen, die,
wenn die Anfertigung der Kataloge überhaupt für eine Lebens=
frage jeder Bibliothek gilt, gerade diejenige ist, von welcher
es hauptsächlich abhängt, ob das Leben ein gesundes und
gedeihliches sein werde, was für Kataloge nämlich eine Biblio=
thek nötig habe. Hieran schließen sich sodann zwei andere
an, in welcher Reihenfolge man die Fertigung der Kataloge
vorzunehmen habe, und in welcher Weise die Kataloge ein=
zurichten seien.

Was die erstgenannte Frage anbelangt, so hat der teils
übertriebene, teils falsch geleitete Eifer vieler Bibliothekare
zur Erfindung einer so großen Masse von Katalogen und
mehr noch von Katalognamen Veranlassung gegeben, daß es

für Anfänger seine Schwierigkeiten haben dürfte, sich in dem
Kataloggewirre überall zurecht zu finden, zumal das, was in
der einen Schrift über Bibliothekslehre Katalog genannt
wird, in der anderen Repertorium heißt und umgekehrt. Es
kann hier nicht der Ort sein, alle Kataloge, die man für eine
Bibliothek für angemessen und notwendig gehalten, trotz dieser
Notwendigkeit und Angemessenheit aber zumteil, wennzwar
hie und da in Angriff genommen, doch nie zur vollständigen
Ausführung gebracht hat, aufzuzählen und näher zu betrachten.
Man wird es genügend finden, wenn hier bloß von den
wirklich notwendigen oder wenigstens für eine Bibliothek
wesentlich nützlichen die Rede ist, wobei freilich nicht über=
sehen werden darf, daß diejenigen Kataloge, welche für
größere Bibliotheken unumgängliches Bedürfnis sind, nicht
alle auch in gleichem Maße für kleinere Bibliotheken not=
wendig zu sein brauchen. Wie alle Kataloge überhaupt, so
zerfallen auch die hier zur Besprechung kommenden in zwei
Klassen, in allgemeine (Universalkataloge) und besondere
(Spezialkataloge), von denen die ersteren sich wieder in den
wissenschaftlichen oder systematischen (Realkatalog), den alpha=
betischen(Nominalkatalog) und den Standorts= (Lokal=)Katalog
teilen, so weit letzterer nicht, wie wir sehen werden, mit dem
erstgenannten verschmolzen wird. Außer diesen drei Universal=
katalogen hat man noch, namentlich früher, die Anlegung
eines sogenannten allgemeinen alphabetischen Realkatalogs
sehr dringend anempfohlen, in welchem nämlich alle Materien,
worüber die in der Bibliothek vorhandenen Werke handeln,
in alphabetischer Reihenfolge aufgezählt, und unter jeder solcher
Materienrubriken die Titel der betreffenden Werke angeführt
werden sollen. Es ist dieser Katalog hier aus dem Grunde
nicht unerwähnt zu lassen, weil von seiner außerordentlichen
Nützlichkeit und deshalb auch von der Notwendigkeit, daß jede
Bibliothek einen solchen Katalog besitzen müsse, viel Aufhebens
gemacht worden ist. Wenn wir nun auch gern zugeben wollen,
daß ein derartig nach Materienrubriken alphabetisch ein=
gerichteter Katalog seinen großen Nutzen haben mag, so darf

man doch, abgesehen davon, daß von dem großen Nutzen allein der Beweis der Notwendigkeit noch nicht abgeleitet werden kann, die Schwierigkeit nicht unbeachtet lassen, welche es machen würde, wenn man neben den drei vorgenannten Katalogen, zugegeben daß keiner derselben entbehrlich ist, auch noch zur Bearbeitung eines vierten, eben des alphabetischen Realkatalogs, schreiten sollte. Eine solche Arbeit würde die Kräfte unserer Bibliotheken einfach übersteigen und daher voraussichtlich, wenn sie auch von einem Bibliothekar wirklich angefangen worden wäre, bald wieder liegen bleiben müssen, wie man dergleichen Beispiele schon mehrfach gehabt hat. Zudem ist wohl zu bedenken, daß derjenige Nutzen für die Wissenschaft, welchen man durch Anlegung solcher alphabetischer Realkataloge zu erreichen bestrebt ist, sich auch teilweise durch Anfügung von Materienregistern zu dem allgemeinen wissenschaftlichen Katalog erreichen läßt. Überdies ist durch eine Menge von litterarischen Nachschlagebüchern über alle wissenschaftlichen Fächer hinlänglich dafür gesorgt, daß sich jeder Gelehrte leicht daraus unterrichten kann, was über die eine und die andere Materie im Drucke erschienen ist, um dann, mit Hilfe der auf diese Weise eingesammelten Notizen, in der Bibliothek nach den betreffenden Druckschriften Nachfrage zu halten.

Von Spezialkatalogen giebt es eine wahre Unzahl. Der Erfindungsgeist und schöpferische Trieb der Bibliothekare hat sich an dieser Art von Katalogen gerade am meisten versucht und deren eine so große Anzahl zu stande zu bringen gewußt, daß in den Bibliotheken fast kein Fleckchen mehr anzutreffen ist, für welches nicht durch einen Spezialkatalog umsichtig gesorgt worden wäre. Freilich trifft man unter diesen Kindern der zartesten bibliothekarischen Sorgfalt auch auf eine Menge Aus- und Mißgeburten, die in den Bereich der bloßen Spielerei, wenn nicht der reinen Chimäre gehören, wie die seinerzeit von Ludewig [110] so warm anempfohlenen sogenannten Monokataloge, die der Erfinder für jeden Zweig der Litteratur nach den Regeln der bibliographischen Katalogisierung durch

besondere Sachverständige angefertigt wissen will, und in
denen nicht nur die über einen Gegenstand in der Bibliothek
wirklich vorhandenen, sondern auch die derselben noch fehlen=
den Werke und Abhandlungen, wie nicht minder die in anderen
Schriften eingedruckten betreffenden Aufsätze und selbst einzelne
Bücherstellen namhaft und sogar rezensiert werden sollen, so
daß sie also eine Art litterarisch=bibliographischer Repertorien,
mit der ganzen Litterargeschichte im Auszuge als Überguß,
bilden würden. Spricht schon der Grundsatz, daß kein
Bibliothekskatalog seiner Natur nach über die Grenzen
hinausgehen dürfe, die ihm von dem Umfange und Inhalte
seiner Bibliothek gezogen seien, entschieden gegen derartige
Monokataloge, so muß man sich bei näherer Betrachtung der
an solche Kataloge gestellten Anforderungen nur um so nach=
drücklicher dagegen erklären, und darf sie, wie gesagt, getrost
in die Reihe der chimärischen Arbeiten verweisen, denen keines
Menschen Kraft gewachsen ist. Zu den wirklich notwendigen
Spezialkatalogen sind bei großen Bibliotheken, die eine
bedeutende Anzahl von Handschriften, Inkunabeln und
Cimelien besitzen, und wo namentlich auch die Dissertationen
und andere ähnliche kleinere Schriften nicht mit unter die
übrigen Bücher eingereiht sein sollten, bloß die Handschriften=,
Inkunabeln=, Cimelien= und Dissertationskataloge, außerdem
aber nur noch in den Fällen, daß eine Bibliothek einen
oder mehrere einzelne Bücherkomplexe unter der Bedingung
getrennter Aufstellung und getrennter Katalogisierung zu
übernehmen gezwungen gewesen wäre, die Einzelkataloge
solcher Bücherkomplexe zu rechnen. Wie die Inkunabeln so
werden an einigen Bibliotheken auch die Cimelien in den
allgemeinen Katalog mit eingefügt, erhalten aber daneben
ein besonderes Verzeichnis und ihre eigene Aufstellung. Alle
übrigen Spezialkataloge gehören höchstens zu den nützlichen,
nicht aber zu den notwendigen, es wäre denn, daß die eine
und die andere Bibliothek, wie die Zentralbibliothek eines
Landes, die besondere Verpflichtung hätte, nach einer
bestimmten Richtung hin so vollständig als möglich zu

sammeln, z. B. alle in dem betreffenden Lande erschienenen
Druckschriften zusammen zu bringen. Unter solchen Umständen
würde ein Spezialkatalog über dergleichen Sammlungen auch
noch mit zu den notwendigen zu zählen sein. Kleinere
Bibliotheken brauchen gar keine Spezialkataloge.

Was die Reihenfolge der Anfertigung der Kataloge an=
langt, so ist früher fortdauernd darüber Streit gewesen, ob
der wissenschaftliche oder der alphabetische Katalog zuerst
bearbeitet werden müsse. Die Einen behaupteten, der wissen=
schaftliche, die Anderen der alphabetische, und seit zu
diesen beiden Katalogarten noch der Standortskatalog hinzu=
kam, haben sich auch noch Dritte gefunden, welche der An=
fertigung des letzteren vor den beiden ersteren den Vorzug zu
geben geneigt waren. Man sollte aber doch glauben, daß in
betreff dieser Streitfrage bei einer Bibliothek, die wissen=
schaftlich geordnet ist — und dies sollten eigentlich alle
Bibliotheken sein —, die Entscheidung nicht gar so schwer
fallen könnte. Es sind dabei in Bezug auf den alphabetischen
Katalog zwei Fälle zu berücksichtigen, ob nämlich erstlich
neben dem alphabetischen Zettelkatalog, dessen Vorteile sich
heutzutage keine größere Bibliothek entgehen lassen wird,
auch noch ein alphabetischer Bandkatalog hergestellt werden
soll oder nicht. Wenn nicht d. h. also wenn ein alphabetisch
geordneter Zettelkatalog allein für genügend erachtet wird,
giebt es gar keine andere Wahl als daß auf Grund der Zettel
zuerst der wissenschaftliche Katalog fertiggestellt wird, um
dieselben nach dessen Vollendung alphabetisch zu vereinigen.
Soll neben dem Zettelkatalog noch ein alphabetischer Band=
katalog angefertigt werden, so wäre es allerdings denkbar,
daß jemand die Zettel zuerst zu diesem Zwecke alphabetisch
ordnete, um sie sodann für den wissenschaftlichen Katalog
wieder auseinanderzunehmen und anders zu ordnen. Da
aber nach Erreichung dieses Zweckes die Zettel, um den Zettel=
katalog zu bilden, doch wieder in die alphabetische Ordnung
gebracht werden müßten — eine keineswegs mühelose, die
größte Sorgfalt sowie zahlreiche Nachforschungen erfordernde

Arbeit —, so leuchtet ein, daß dieses zweite Verfahren bei
umfangreicheren Sammlungen einer großen Verschwendung
an Zeit und Arbeitskraft gleichkommen würde. Dazu würde
noch der Übelstand hinzutreten, daß der auf diese Weise fertig
gewordene alphabetische Bandkatalog nur erst die Interims=
signaturen der vorläufig in der Reihenfolge der Katalogisierung
provisorisch aufgestellten Bücher führen würde, so daß schließ=
lich nach geschehener definitiver Aufstellung auch noch eine
Änderung aller in demselben enthaltenen Signaturen vor=
zunehmen wäre. Es giebt nun allerdings noch einen Aus=
weg, um in den baldigen Besitz eines alphabetischen Katalogs
zu gelangen, dessen Beschleunigung insofern wünschenswert
ist, als erfahrungsmäßig mit seiner Hilfe die Bücher am
schnellsten aufzufinden sind, wenn nämlich die Zettel bei der
Titelaufnahme doppelt geschrieben werden. In diesem Falle
kann das eine Exemplar sofort für den alphabetischen Katalog
— sei er Zettel= oder Bandkatalog — verwendet werden,
während das zweite zunächst die Unterlage für den wissen=
schaftlichen Katalog bilden würde und später gleichfalls
alphabetisch zu ordnen wäre, um die neuen Signaturen von
ihm aus auf das erste Exemplar zu übertragen. Von den
dann vorhandenen zwei Zettelkatalogen könnte der eine der
ausschließlichen Benutzung der Beamten, der andere derjenigen
des Publikums dienen, wie dies mit gutem Erfolge z. B. in
Halle versucht worden ist. In fast gleichem Verhältnisse, wie
der wissenschaftliche Katalog zu dem alphabetischen, steht zu
diesem auch der Standortskatalog, der, dafern nur genug
Kräfte bei einer Bibliothek vorhanden sind, gleichzeitig mit
dem wissenschaftlichen begonnen werden und mit diesem Fach
für Fach und Abteilung für Abteilung vorwärts schreiten kann,
falls er nicht in diesen ganz aufgeht. Er muß daher in Bezug
auf die Zeit seiner Anfertigung nicht nur aus diesem Grunde den
Vorzug vor dem alphabetischen haben, sondern auch deshalb,
weil er, als das eigentliche Bibliotheksinventarium, aus dem
sich am leichtesten und besten das Besitztum der Bibliothek
genau konstatieren läßt, eine ganz besondere Wichtigkeit besitzt.

Was schließlich die Art und Weise betrifft, wie die Kataloge einzurichten sind, so verlangt natürlich von den drei Universalkatalogen jeder seine besondere innere Einrichtung, die im einzelnen weiter unten zu besprechen sein wird. Hier mögen nur einige allgemeine Bemerkungen, welche sich meist auf einzelne allen Katalogen gemeinschaftliche Äußerlichkeiten beziehen, ihre Stelle finden. Eine dieser Bemerkungen betrifft zuerst das Papier und das Format der Kataloge. Das beste Format ist ohne allen Zweifel Folio, und nur bei kleineren Bibliotheken möchte das allerdings etwas handlichere Quartformat zulässig sein. Als Material hat man ein gutes und festes Büttenpapier zu wählen, weil dieses vor dem wennauch gewöhnlich weißeren und sonst für das Auge gefälligeren Maschinenpapiere doch wegen seiner größeren Haltbarkeit den Vorzug verdient. Eine zweite Bemerkung gilt dem Rate, bei Anfertigung der Kataloge mit dem Papiere nicht zu sparsam umzugehen, damit überall gehöriger Raum zum Nachtragen der Titel später anzuschaffender Bücher übrig bleibe, und man nicht etwa in Ermangelung des Raumes dazu in den Hauptkatalogen zu Anlegung von Supplementbänden, die leicht zur Unordnung führen, seine Zuflucht zu nehmen gezwungen würde. Damit soll indessen keineswegs der Papierverschwendung das Wort geredet sein, um so weniger, als eine zu große Freigebigkeit mit dem Papiere, auf dem wohl gar am Ende mehr weißer Raum wäre, als Büchertitel ständen, notwendig eine Beeinträchtigung der Übersichtlichkeit der Kataloge zur Folge haben würde. Es ist für den Bibliothekar hinsichtlich des wissenschaftlichen und Standortskatalogs, bei nur einiger Kenntnis sowohl des Umfanges der Litteratur in den einzelnen Fächern überhaupt, als auch insbesondere der für die Ausdehnung der Bibliothek innerhalb gewisser Fächer bestimmten Grenzen, nicht so gar schwer zu bemessen, wo ungefähr etwas mehr und wo etwas weniger Raum in den Katalogen gelassen werden müsse, wogegen man sich in Rücksicht auf den alphabetischen Katalog mittels einer mit Aufmerksamkeit vorgenommenen Durchsicht alphabetisch

gedruckter Bücherverzeichnisse bald überzeugen kann, in welchen
Buchstaben für gewöhnlich mehr Titel vorkommen und in
welchen weniger, in welchen Buchstaben also im Katalog mehr
und in welchen weniger Raum für etwaige Nachträge aufzusparen
sei. Am zweckmäßigsten ist es, die Büchertitel von Haus aus
nur auf die eine und zwar die rechte Seite des Katalogs in
angemessenen Entfernungen von einander zu schreiben und die
andere, die linke Seite für spätere Nachträge, wenn diese den
auf der rechten übrig gebliebenen Raum vollständig ausgefüllt
haben sollten, ganz frei zu lassen. Weniger empfehlenswert
scheint die Anlegung der Kataloge, mindestens derjenigen, in
welchen die Titelkopien mit einiger Ausführlichkeit eingetragen
werden, auf gebrochenen Seiten zu sein, weil dergleichen
Seiten für etwas längere Titel zu wenig Raum in der Breite
bieten, so daß diese dann in zu vielen gebrochenen Zeilen
geschrieben werden müßten, wodurch ihre Übersichtlichkeit
nicht unwesentlich leiden dürfte. Eine dritte Bemerkung
betrifft die früher in Bibliothekskatalogen vielfach angewendete
und selbst in neuerer Zeit noch von mehreren Seiten
empfohlene Liniierungsmethode, der zufolge die Katalogseiten
durch eine Anzahl senkrechter Linien in verschiedene Rubriken
zu teilen sind, in welche die Büchertitel in gewisse Teile, wie
Ordnungsnummer, Name des Verfassers oder Ordnungswort,
Inhalt, Verlags= oder Druckort, Jahrzahl, Format und der=
gleichen, zerstückelt einrangiert und so in eine Art Tabellenform
gebracht werden. Man hat geglaubt, mittels dieser Methode
den Lesern des Katalogs insofern einen wesentlichen Dienst
zu erweisen, als sie durch dieselbe in den Stand gesetzt werden
sollen, die Titel nach ihren einzelnen Teilen schneller übersehen
zu können. Allein nach Molbechs sehr richtiger Beobachtung
wirkt alles, was die auf einer Seite geschriebenen Büchertitel
auf einen weitläufigen Raum ausbreitet und eine geteilte und
mehrseitige Aufmerksamkeit des Auges fordert, auf diese eher
erschwerend als erleichternd: die Gewohnheit macht, daß man
lieber alles, was zum Titel eines Buches gehört, in einer
ununterbrochenen, von keiner Rubriklinie gestörten Zeile bei=

sammen sieht. Nur für die Formatbezeichnung und Ordnungs=
nummer und außerdem, wo es nötig ist, für die Fach= und
Abteilungssignaturen möge man eine besondere Rubrik anlegen.
Auch eine am Kopfe der Seite angebrachte horizontale Linie,
wodurch eine von dem übrigen Inhalte abgetrennte Abteilung
für die Seitenüberschriften gewonnen würde, dürfte wirklich
zweckmäßig sein. Ein vierter Punkt, dem ebenfalls noch eine
Bemerkung gewidmet werden muß, ist die kalligraphische
Ausführung der Kataloge, in betreff deren man nur zu oft
versäumt hat, selbst den mäßigsten Anforderungen Genüge zu
thun. Wenn auch sicher nicht verlangt werden darf, daß der
Katalog ein kalligraphisches Meisterwerk sein soll, so kann
doch ebenso sicher darüber kein Zweifel sein, daß man eine
saubere und deutliche, sowie reinliche und regelmäßige Schrift
im Sinne der Ordnung, die für jede Bibliothek in allen ihren
Teilen dringendes Bedürfnis bleibt, zu fordern berechtigt ist.
Gut geschriebene Kataloge gereichen einer Anstalt zur Zierde.
Auch werden die Nachsuchungen in derartigen Katalogen den
Lesern leichter, bequemer und angenehmer sein, als wenn sich
dieselben erst mit Mühe durch eine schlechte und undeutliche,
ja wohl mit Widerwillen durch eine unsaubere Schreiberei
hindurchzuarbeiten haben. Etwaige Verschreibungen sind mit
der nötigen Sorgfalt zu verbessern; die Art und Weise, wie
Fehlerhaftes durchstrichen oder ausradiert wird, ist auf die
Dauer für das äußere Aussehen der Kataloge immerhin von
einiger Bedeutung. Nach dem Regulativ für die Staats=
bibliotheken Italiens ist es übrigens streng verboten, in den
Hauptkatalogen zu radieren oder Geschriebenes mit Säuren
zu tilgen; notwendig werdende Korrekturen sind mit roter
Tinte zu machen, damit man immer das zuerst Geschriebene
lesen kann. Zur Erreichung der möglichsten Regelmäßig=
keit in den Zeilen wird die Anwendung von Papier mit
blau vorgezeichneten Linien, welches man sich mittels der
Liniiermaschine in größeren Massen zu verhältnismäßig sehr
billigen Preisen leicht herstellen lassen kann, recht gute
Dienste leisten. Was übrigens den Einband der Kataloge

16*

anlangt, so ist leicht einzusehen, daß derselbe, teils wegen des Wertes, welchen die Kataloge für die Bibliothek haben, teils auch vorzüglich aus dem Grunde, weil ein öfterer Gebrauch derselben zu erwarten ist, ein besonders dauerhafter sein müsse.

An diese Bemerkungen fügt sich endlich noch eine letzte, welche jedoch mehr die innere Einrichtung der Kataloge angeht. Es wird nämlich für die Benutzung und Fortführung derselben von erheblichem Nutzen sein, wenn der Bibliothekar in einer kurzen Nachricht zu Anfang der Kataloge anzeigt, wie er bei deren Anfertigung zu Werke gegangen sei; denn eine solche Nachricht giebt nicht nur dem Laien, welcher die Kataloge nachschlagen will, die Mittel, sich darin schneller zu orientieren, sondern auch dem Beamten, der die Kataloge fortzuführen hat, die erforderlichen Andeutungen, wie er dabei zu verfahren habe, um mit demjenigen, von dem die Kataloge angefertigt worden sind, überall in vollem Einklange zu bleiben.

Nach diesen einleitenden Betrachtungen über die Kataloge im allgemeinen, denen vielleicht noch der Hinweis hinzugefügt werden darf, daß außer Gebrauch gesetzte Kataloge im Archiv der Bibliothek sorgfältig aufbewahrt werden müssen, gehen wir nunmehr zu der Besprechung der einzelnen Kataloge selbst über, indem wir mit dem wissenschaftlichen Katalog beginnen.

A. Der wissenschaftliche Katalog.

Die Aufgabe des wissenschaftlichen Katalogs [111] besteht darin, die über jedes einzelne Fach in der Bibliothek vorhandene Litteratur in übersichtlicher Zusammenstellung und Gliederung vorzuführen und es auf diese Weise zu ermöglichen, daß man sämtliche auf einen Gegenstand bezügliche Werke, soweit dieselben vorhanden sind, schnell und sicher auffinde. Ein gut angelegter und mit Verständnis fortgeführter Realkatalog ist für eine wissenschaftliche Bibliothek von auch nur einiger Bedeutung heutzutage ein unabweisbares Erfordernis; wo er vorhanden ist, wird die Sammlung erst wirklich nach jeder Richtung hin erschlossen; wo er fehlt, bleiben die Wünsche manches Besuchers unerfüllt, die der Beamte an der Hand eines solchen Katalogs mit Bequemlichkeit befriedigen könnte [112].

Als Grundlage zur Anfertigung desselben dienen, wie bereits erwähnt, die Zettel, auf welchen die Titel der einzelnen Bücher verzeichnet wurden. Dieselben müssen daher zuvörderst in entsprechender Weise geordnet werden. Dabei sind zwei Fälle denkbar, und zwar entweder der, daß die Ordnung von Grund aus nach einem ganz neuen Systeme bewerkstelligt werden muß, oder der andere, daß etwa mit einem der für die neue Sammlung erworbenen größeren Bücherkomplexe bereits eine ältere Ordnung mit in die Bibliothek herein-gekommen wäre, die man — wodurch viel Mühe und Zeit erspart und die Bibliothek ihrem Ziele der vollständigen Einrichtung schneller zugeführt werden würde — als Grund-lage für die neue Ordnung benutzen könnte. Im letzteren Falle wäre daher das ältere Ordnungssystem mit Bedacht und fern von allen Vorurteilen zu prüfen und, indem man sich nament-lich die bei dem Entwurfe des Systemes maßgebend gewesenen Grundsätze möglichst klar zu machen und zu vergegenwärtigen bemüht wäre, zu untersuchen, ob es den an ein solches System zu stellenden Anforderungen (die unten weiter entwickelt werden sollen) vollständig entspräche oder mindestens eine passende Grundlage besäße, auf der die etwa nötigen Änderungen und Verbesserungen, sowie alle durch veränderte Zeitumstände, gebotenen Erweiterungen mit Leichtigkeit auf- und fortgebaut werden könnten. Hauptsächlich wäre auch darauf das Augen-merk mit zu richten, ob das System konsequent durchgeführt sei, damit nicht etwa die Vorteile, die man sich durch Bei-behalten des älteren Systemes zu sichern wähnte, durch die mit Beseitigung der Inkonsequenzen notwendigerweise ver-knüpften Mühen und Arbeiten überwogen und aufgehoben würden. Dem Bibliothekar darf gewiß im Interesse seiner Bibliothek nichts daran gelegen sein, bloß neues und eigenes zu schaffen und deshalb das ältere System unbeachtet zu

lassen, sich aber dadurch den Weg zum Ziele der endlichen
vollständigen Einrichtung aus egoistischer Liebe für seine
Ideen zu verlängern. Leider liegt ja erfahrungsmäßig gerade
auf den Bibliotheken die Gefahr so nahe, daß die Arbeit der
Vorgänger unterschätzt wird. Manches erscheint auf den
ersten Blick unüberlegt, ungenau, ungenügend, was bei
näherer Prüfung sich als im besondern Falle durchaus
begründet, wohl durchdacht, ja völlig zweckentsprechend
erweist. Ohne sich die Mühe zu geben, das frühere System
im einzelnen kennen zu lernen, und ohne den Versuch gemacht
zu haben, sich in dasselbe einzuleben, darf daher kein Biblio=
thekar dasselbe ohne weiteres für unbrauchbar, wertlos oder
veraltet erklären. Mitunter genügt ein nur geringer Teil der
Zeit und der Kosten, welche die völlige Neubearbeitung
erfordert, um durch Verbesserung der bereits vorhandenen
älteren Kataloge die Bibliothek in einen vollständig
befriedigenden Zustand zu bringen, zumal außerdem ältere
Kataloge durch den langjährigen Gebrauch in der Regel
fehlerfrei geworden sind, während neue Kataloge, auch wenn
sie mit größtem Fleiße und eifriger Sorgfalt gearbeitet sind,
der bessernden Hand noch Jahre lang bedürfen. Fällt daher
die Prüfung des älteren Systemes nur irgendwie zu gunsten
desselben aus, so wird sich der Bibliothekar verpflichtet
fühlen müssen, dasselbe, mit Vorbehalt der erforderlichen
Änderungen, Verbesserungen und Erweiterungen, für die
gesamte Bibliothek in Anwendung zu bringen. Dagegen wird
er, dafern eine umsichtige Prüfung die Unzulänglichkeit
und Mangelhaftigkeit des älteren Systemes überzeugend dar=
gethan hat, in ebendemselben Grade zum Verlassen desselben
verpflichtet sein und sich alsdann gerade so, als ob überhaupt
gar kein älteres System vorhanden wäre, darauf angewiesen
sehen, auf ein neues Bedacht zu nehmen, um danach behufs
Herstellung des wissenschaftlichen Katalogs die Titelkopien
zu ordnen.

Mag es dem Bibliothekar auch gern überlassen bleiben,
nach seinem Belieben und Ermessen ein solches bibliographisches

System entweder selbst zu entwerfen, oder von den schon
zahlreich vorhandenen das ihm am passendsten scheinende
auszuwählen und für seine Zwecke zu bearbeiten, so muß er
sich doch dabei von dem Gedanken leiten lassen, daß er nicht
nur an dem einmal bestimmten Systeme konsequent festzuhalten habe, sondern daß auch dieses System, da jede Bibliothek in gewissen Grenzen eine Art verkörperter Wissenschaft
darstellt, so viel als möglich mit dem Systeme der Wissenschaft in Einklang zu bringen sei. Es hat freilich die Beantwortung der Frage, was es heiße, das bibliographische
System mit dem der Wissenschaft so viel als möglich in
Einklang zu bringen, ihre großen Schwierigkeiten. Das
Einfachste und Nächstliegende würde allerdings sein, daß
man beide Systeme einander vollkommen identisch sein ließe;
allein weil die einzelnen Bestandteile einer Bibliothek, die
Bücher, von Haus aus nicht zu dem Zwecke geschrieben sind,
um in das System der Wissenschaft, welches man das
philosophisch-encyklopädische nennen mag, eingereiht zu
werden, und daher auch eine große Anzahl der Bücher in
dasselbe nicht überall hineinpaßt, so liegt es auf der Hand,
daß das bibliographische System mit dem philosophisch-
encyklopädischen nicht in vollkommener Übereinstimmung
stehen kann, sondern auf die Praxis des Bücherwesens die
schuldige Rücksicht nehmen muß. Diese Rücksicht ist es aber
nun eben, die dem Bibliothekar den Maßstab abzugeben hat,
nach welchem das philosophisch-encyklopädische System in
das bibliographische zu modifizieren ist. Das letztere wird
sich im allgemeinen, soweit es sich nicht nur um die Einteilung des gesamten Büchervorrates in einzelne Fächer oder
Wissenschaften, sondern auch um Feststellung von Haupt- und
vorzüglicheren Unterabteilungen dieser Fächer handelt, an das
erstere genau anschließen können, hinsichtlich der spezielleren
Klassifikation aber und namentlich in betreff der Reihenfolge
der Bücher in den einzelnen Unterabteilungen je nach dem
Bedürfnisse der Bücher selbst seinen eigenen Gang gehen
müssen. Denn wie einesteils die von der Wissenschaft überall

geforderte chronologische Reihenfolge keineswegs bei Büchern
stets anwendbar, bei diesen vielmehr oft die alphabetische die
zweckmäßigere ist[113], ebenso wird andernteils die von der
Wissenschaft bei jedem einzelnen Wissenschaftszweige vor=
genommene genauere Gliederung von den Bibliotheken je nach
ihren Beständen auf dem betreffenden Gebiete mehr oder
weniger vereinfacht werden müssen.

Praktische Rücksichten also sind es, die bei der Wahl und
der Bearbeitung des bibliographischen Systemes für jede
einzelne Bibliothek je nach der Beschaffenheit und den Zwecken
dieser den Ausschlag geben müssen. Dasjenige System ist
das beste, welches den besonderen Eigentümlichkeiten und
realen Bedürfnissen einer Bibliothek am zweckmäßigsten und
vollkommensten entspricht[114]. Man hat es daher sehr mit
Recht als eine wenig ersprießliche Arbeit bezeichnet, bis in
das Kleinste ausgearbeitete Bibliothekssysteme a priori zu
konstruieren. Es ist dies bis in die neueste Zeit herein von
Berufenen und Unberufenen mit allzu großer Vorliebe und
in allzu ansehnlicher Auswahl geschehen; daß aber die Mehr=
zahl jener Systeme nur einen mehr oder minder beschränkten
Beifall sich zu erringen vermochte, erklärt sich aus den obigen
Ausführungen von selbst.

Unter den fast zahllos vorhandenen Systemen[115] ist das Schütz=Hufeland=
sche Wissenschaftssystem ohne Zweifel eines der vorzüglichsten, welches daher dem
Bibliothekar in vieler Beziehung als Muster anempfohlen werden darf; gleich=
wohl wird auch dieses in den von Ersch getroffenen, mehr dem Bedürfnisse der
theoretischen Wissenschaft als dem der Bücherpraxis angepaßten speziellen Aus=
führungen nicht durchweg festzuhalten sein. Dasselbe (von Schütz und Hufeland
im „Allgemeinen Repertorium der Literatur für die Jahre 1785—1800" auf=
gestellt) gliedert die gesamte Litteratur in folgende Ober= und Unterabteilungen:

　I. Schriften, welche einzelne Wissenschaften behandeln, und zwar
　　1. Wissenschaft im allgemeinen — Wissenschaftskunde —
　　2. Wissenschaften im besonderen:
　　　A. Sprachwissenschaft — Philologie —
　　　B. Realwissenschaften:
　　　　a. Positive Wissenschaften:
　　　　　α. Positive Theologie.
　　　　　β. Positive Jurisprudenz.
　　　　b. Nichtpositive d. h. natürliche Wissenschaften:
　　　　　α. Wissenschaften, welche sich auf bloß nützliche Gegenstände beziehen:
　　　　　　aa. Philosophische Wissenschaften:

αα. Wissenschaften des Menschen:
  aaa. an sich d. h. seiner Natur nach:
    ααα. in Rücksicht auf Körper — Medizin —
    βββ. in Rücksicht auf Seele — Philosophie —
  bbb. in Gesellschaft:
    ααα. in Rücksicht auf Erziehung — Pädagogik —
    βββ. in Rücksicht auf das Verhältnis zum Staate:
      aaaa. als dessen Bürger — Staatswissen-
            schaft —
      bbbb. als dessen Verteidiger — Kriegswissen-
            schaft —
  ββ. Wissenschaften der Natur:
    aaa. nach Theorie — Naturwissenschaft —
    bbb. nach Praxis — Technologie —
  bb. Mathematische Wissenschaften — Mathematik —
  cc. Historische Wissenschaften — Geschichte —
β. Wissenschaften, welche sich auf schöne Künste beziehen — Schöne
    Künste —
3. Geschichte der Wissenschaften — Litterargeschichte —
II. Schriften, welche mehrere Wissenschaften behandeln — Vermischte
    Schriften. —

Hiernach ergeben sich folgende sechzehn koordinierte Abteilungen oder Wissenschaftsfächer: A. Wissenschaftskunde; B. Philologie; C. Theologie; D. Rechtswissenschaft; E. Medizin; F. Philosophie; G. Pädagogik; H. Staatswissenschaft;
I. Kriegswissenschaft; K. Naturwissenschaft; L. Technologie; M. Mathematik;
N. Geschichte; O. Schöne Künste; P. Litterargeschichte; Q. Vermischte Schriften.

Erwähnung verdient auch A. E. Schleiermachers System (a. d. J. 1852),
welches nachstehende Hauptabteilungen bietet: A. Encyklopädie, Litterärgeschichte
und Biographie; B. Vermischte Schriften; C. Sprachen- und Schriftkunde,
Philologie; D. Griechische und Lateinische Litteratur; E. F. Schöne Wissen-
schaften in den neueren und orientalischen Sprachen; G. Schöne Künste; H—O.
Historische Wissenschaften; P. Mathematische und physikalische Wissenschaften;
Q. Naturgeschichte; R. S. Medizin; T. Industrie, oder ökonomische Forst- und
Jagd-Wissenschaften, Technologie, Handel und Schiffahrt; U. Militärwissenschaften;
V. W. Theologie; X—Z. Jurisprudenz und Staatswissenschaften. Schleiermachers
Gliederung im einzelnen dürfte sich dagegen ebensowenig wie die vorerwähnte von
Ersch für ein Bibliothekssystem in allen Stücken eignen.

Unter Zugrundelegung der in unserer Zeit zu immer allgemeinerer Geltung
gelangten Scheidung der wissenschaftlichen Disziplinen in Geisteswissenschaften
und Naturwissenschaften, wobei der Geographie der Übergang von jenen zu
diesen zugewiesen wird, hat neuerdings Otto Hartwig folgendes System an
der Hallischen Universitätsbibliothek durchgeführt.

A. Bücherkunde und Allgemeine Schriften; B. Allgemeine Sprachwissenschaft
und orientalische Sprachen; C. Klassische Philologie; D. Neuere Philologie;
E. Schöne Künste; F. Philosophie; G. Pädagogik; H. Kulturgeschichte und
allgemeine Religionswissenschaft; I. Theologie; K. Rechtswissenschaft; L. Staats-
wissenschaften; M. Historische Hilfswissenschaften; N. Geschichte; O. Erdkunde;
P. Allgemeine naturwissenschaftliche Schriften und mathematische Wissenschaften;
Q. Physik und Meteorologie; R. Chemie; S. Naturwissenschaften; T. Land- und
Forstwirtschaft, Technologie; U. Medizin.

Dieses System, welches, wie erwähnt, vor den beiden anderen den Vorzug besitzt, in der Praxis Anwendung gefunden zu haben, läßt sich durch Vereinigung mehrerer verwandter Abteilungen, wie der historischen Hilfswissenschaften mit der Geschichte, der einzelnen naturwissenschaftlichen Fächer zu einem Ganzen u. dergl., leicht auch auf kleinere Büchersammlungen übertragen.

Eine ganz eigenartige Stellung nehmen verschiedene **nordamerikanische Systeme** ein, unter denen besonders das Dezimalsystem Melvil Deweys, welches zuerst an der Bibliothek des Amherst College in Massachusetts durchgeführt wurde, bekannt geworden ist [116]. Nach diesem wird die Bibliothek zunächst in neun von einander unabhängige Klassen eingeteilt, nämlich: 1. Philosophie; 2. Theologie; 3. Soziologie; 4. Philologie; 5. Naturwissenschaften; 6. Nützliche Künste; 7. Schöne Künste; 8. Litteratur; 9. Geschichte. Jede dieser neun Klassen zerfällt wieder in neun Abteilungen und jede von diesen in neun Sektionen, wobei die Klasse der Allgemeinen Schriften (Encyklopädien, Zeitschriften universellen Charakters u. s. w.) dem Ganzen als Einleitung vorangeht. Es sind auf diese Weise 999 Sektionen geschaffen, welche in laufender Reihe durch Zahlen ausgedrückt sind. Zergliedert man diese Zahlen, so bedeuten die Einer immer die Sektionen, die Zehner die Abteilungen, die Hunderte die Klassen. So beginnt mit 100 die Klasse Philosophie, welcher, wie erwähnt, die Allgemeinen Schriften in 10 Abteilungen und 99 Sektionen vorangehen, mit 200 die Theologie, mit 300 die Soziologie u. s. f.; die Zahl 513 würde demnach, um ein Beispiel zu geben, die dritte Sektion (Geometrie) der ersten Abteilung (Mathematik) der fünften Klasse (Naturwissenschaften) bilden. Die erwähnte Klasse enthält nämlich die neun Unterabteilungen 510 Mathematik, 520 Astronomie, 530 Physik, 540 Chemie, 550 Geologie, 560 Paläontologie, 570 Biologie, Anthropologie, 580 Botanik, 590 Zoologie, ihre erste Abteilung Mathematik die neun Sektionen 511 Arithmetik, 512 Algebra, 513 Geometrie, 514 Trigonometrie, 515 Kegelschnitte, 516 Analytische Geometrie, 517 Würfel, 518 Quaternionen, 519 Spezielle Applikationen. Insofern die Zahl (in unserem Falle 513) gleichzeitig die Klasse, Abteilung und Sektion angiebt, wird sie die Klassifikationsnummer genannt und jedem der Bibliothek zugehörigen Buche beigegeben, so daß also sämtliche geometrische Schriften die Zahl 513, sämtliche trigonometrische die Zahl 514 u. s. f. tragen, wobei die einzelnen Bücher der Sektion unter sich zur Unterscheidung noch von 1 ab numeriert werden, 513:1, 513:2 u. s. w.

Wo eine Null am Ende der Klassifikationsnummer vorkommt, z. B. 510, bedeutet dies, daß an jener Stelle keine Sektion vorhanden ist, sondern die allgemeinen Schriften der betreffenden Abteilung Platz gefunden haben, in unserem Falle diejenigen der ersten Abteilung (Mathematik) der fünften Klasse (Naturwissenschaften). Wo zwei Nullen vorkommen, z. B. 500, sind weder Abteilung noch Sektion vorhanden, sondern die allgemeinen Schriften der betreffenden ganzen Klasse, hier diejenigen der fünften (Naturwissenschaften) untergebracht. Diese könnten, was den Inhalt anlangt, eigentlich nicht weiter geschieden werden, weil sie sämtlich die betreffende Disziplin im ganzen behandeln; aus praktischen Rücksichten, die sich namentlich bei umfangreichen Bibliotheken geltend machen dürften, ist jedoch auch in solchen Fällen, zumal die Zahlen 1—9 zur Verfügung standen, eine Gliederung vorgesehen und zwar nach formalen Gesichtspunkten in Rücksicht auf die äußere Form der Darstellung. Es sind daher, um bei unserem Beispiele zu bleiben, in der fünften Klasse folgende neun Sektionen gebildet: 501 Philosophie der Naturwissenschaften, 502 Naturwissenschaftliche Kompendien, 503 Naturwissenschaftliche Wörterbücher, 504 Naturwissenschaftliche Essays, 505 Naturwissenschaftliche Zeitschriften, 506 Naturwissenschaftliche Gesellschaftsschriften,

607 Naturwissenschaftliche Erziehung, 508 Naturwissenschaftliche Reisen, 509 Geschichte der Naturwissenschaften.

Es läßt sich nicht leugnen, daß das Deweysche System manche große Vorteile bietet. Dasselbe ist leicht faßlich und selbst dem Bibliothekswesen Fernerstehenden verständlich und erleichtert das Auffinden in ganz außerordentlicher Weise. Aber auf der andern Seite liegt die Gefahr nahe, daß dem System zuliebe einesteils Unterabteilungen und Sektionen künstlich geschaffen, andernteils nicht genügend getrennt oder mit fernerliegenden zusammengeworfen werden. Auch bezeichnet es Cutter nicht mit Unrecht als einen Mangel jenes Systems, daß, während die Hauptabteilungen durchgängig von gleicher Größe sind, die damit bezeichneten wissenschaftlichen Fächer sowohl in Bezug auf Umfang als Teilungsfähigkeit sehr von einander abweichen. Geschichte z. B. wird in den meisten Bibliotheken zwanzig Mal mehr Bände aufweisen und ihrer Natur nach eine weit eingehendere Teilung erfordern als Philosophie ec. Das Deweysche System, welches wir nach dem Schema des Katalogs der öffentlichen Bibliothek zu Milwaukee dargestellt haben, ist der Ausgangspunkt einer ganzen Anzahl von Verbesserungsvorschlägen geworden, aus denen sich wiederum selbständige Systeme entwickelten, welche sämtlich darauf hinzielen, in der Schematisierung sowohl wie in der Aufstellung und Numerierung dem Gedächtnisse zu Hilfe zu kommen. Bei allen solchen künstlichen Schematen sind jedoch trotz des dabei bethätigten Scharfsinnes Gewaltsamkeiten und Inkonsequenzen ebenso unvermeidlich wie anderseits die logische Reihenfolge der Abteilungen und die streng wissenschaftliche Gliederung nicht mehr in erster Linie Berücksichtigung finden können. In einzelnen Fällen paßt das System sogar nur für eine bestimmte Sprache, die englische. Als Zeichen der Erfindsamkeit auf dem Gebiete unserer Wissenschaft verdienen dieselben indessen auf alle Fälle unser Interesse. Wir werden im Kapitel über die Aufstellung und Numerierung der Bücher auf manches derselben noch eingehender zurückkommen müssen.

Die Hauptregeln für das bibliographische System und dessen Handhabung lassen sich nun etwa in folgendem zusammenfassen. Man teile sich, wie die soeben angeführten Beispiele lehren, zuerst einzelne, mit großen römischen Buchstaben (oder Zahlen) zu bezeichnende, größere Fächer oder Wissenschaften ab, in denen das Wissenschaftlich-Homogene zusammenzustellen ist, unter strenger Abscheidung alles Heterogenen, dessen sich wohl die einzelnen Wissenschaftsfächer, wie dies bei der innigen Verwandtschaft der Wissenschaften untereinander und den steten gegenseitigen Beziehungen nicht anders sein kann, als Aushilfe bedienen müssen, das aber deshalb nie zu dem Fache, dem es zur Aushilfe dient, also z. B. die Philosophie nie zur Theologie oder umgekehrt die Theologie nie zur Philosophie, die sich gegenseitig als Hilfswissenschaften dienen, hinzugezogen werden darf. Man beachte

aber dabei wohl, daß die Abgrenzung der einzelnen Wissen=
schaftsfächer nicht nach bloßer Willkür vorgenommen, und
diese Fächer nicht als bloße und ganz gleichgiltige Grup=
pierungen von Wissenschaftlich=Homogenem angesehen werden
dürfen, sondern daß eine wissenschaftliche Notwendigkeit vor=
handen sein muß, welche die Grenzen gerade so und nicht
anders feststellt. Es muß den Abteilungen ein wissenschaft=
licher Plan, ein System, zu Grunde liegen, welches nicht nur
jene Grenzen bestimmt, sondern auch die Aufeinanderfolge
der Abteilungen vorschreibt. Denn eine solche logische Auf=
einanderfolge ist, obwohl man sie als für Bibliotheken gleich=
giltig erklärt hat — und in Rücksicht auf die Aufstellung ist
sie es in der That, denn in Wirklichkeit bildet jedes Haupt=
fach eine von den übrigen Abteilungen durchaus unabhängige
selbständige Gruppe, gewissermaßen eine Bibliothek für sich —,
doch in Hinblick auf die höhere wissenschaftliche Einheit des
ganzen Systems ebenso wünschenswert wie notwendig, da
ohne dieselbe der Eindruck der Unwissenschaftlichkeit und
Willkür nicht abzuwehren wäre. Auf diese Weise wird zu=
gleich allen Schwankungen der Fächer nach innen und außen,
die ohne eine solche wissenschaftliche Grundlage nie ausbleiben
können, ein Ziel gesetzt, soweit nicht überhaupt die Wissenschaft
selbst etwaigen Schwankungen unterliegt. Denn wie die
Physiognomie der gesamten Wissenschaft früherer und
jetziger Zeit wesentlich von einander verschieden ist, so werden
Zeiten kommen, wo sich auch die gegenwärtige Physiognomie
von neuem verändert, ja in einzelnen Disziplinen erleben
wir selbst die sich vollziehenden Umwandlungen. So hat sich
in neuerer Zeit die allgemeine Sprachwissenschaft von der
Philologie als selbständige Wissenschaft losgelöst, die ver=
gleichende Anatomie sich zu einem Teile der Zoologie im
weiteren Sinne ausgebildet, die Physiologie eine immer
engere Verbindung mit den Naturwissenschaften geschlossen
und aus sich heraus einzelne Zweige wie die Lehre von den
Tonempfindungen, die Psychophysik und die Elektrophysik
ganz neu erstehen lassen u. s. f. Ganz besonders aber ist bei der

Beweglichkeit der politischen Verhältnisse der Staaten und Länder das historisch-geographische Fach solchen Schwankungen unterworfen. In Betracht derselben muß daher das bibliographische System schon von vorn herein so eingerichtet werden, daß, wenn es auch nicht gerade jedem beliebigen Wechsel in der Wissenschaft gleich unterliegen darf, doch auf dem einmal gelegten Grunde weiter fortgebaut, und den wesentlichen Veränderungen in der Wissenschaft ohne erhebliche Störung des ganzen Systemsorganismus, entweder durch Abzweigung und Umgestaltung einzelner Abteilungen oder durch Hinzufügung neuer, die entsprechende Folge gegeben werden kann.

Man zerspalte zweitens in derselben Weise die einzelnen Fächer wieder in ebenfalls mit Buchstaben, kleinen römischen und griechischen, zu bezeichnende größere oder Haupt- und kleinere oder Unterabteilungen, unter fortdauernd strenger Handhabung des Grundsatzes, daß nur das Wissenschaftlich-Homogene zusammengehöre, und alles andere davon ferngehalten werden müsse. Es dürfen jedoch diese Haupt- und Unterabteilungen nicht gekünstelt d. h. nicht solche sein, daß nicht allein eine Art Kunst zu ihrer Aufstellung gehört, sondern auch eine gewisse Kunstfertigkeit dazu erfordert wird, sich in ihnen zurecht zu finden. Sie müssen vielmehr einfach und dem praktischen Bedürfnisse so angepaßt sein, daß es keine Mühe macht, sich in ihnen rasch und sicher einzugewöhnen, um über die Einordnung der betreffenden Werke außer Zweifel zu bleiben. Dabei wird natürlich, wie bereits hervorgehoben wurde, auf den mehr oder minder großen Umfang und die mögliche größere oder geringere Ausdehnung der Bibliothek in der Zukunft billige Rücksicht zu nehmen sein, da die feinere Zergliederung in speziellere Unterabschnitte, die für eine größere Bibliothek paßt, nicht ebenso bei einer kleineren Anwendung finden kann. Selbst innerhalb derselben Bibliothek verbietet sich eine gleichmäßig in das einzelnste gehende Spezialisierung sämtlicher Fächer in der Regel von selbst. Abteilungen, die bei der Vermehrung planmäßig zu

bevorzugen sind und darum eine stattliche, vielleicht sogar
außergewöhnlich reiche Litteratur aufweisen, verlangen natur=
gemäß im systematischen Katalog eine genauere Gliederung
als solche, welche den eigentlichen Zielen der betreffenden
Sammlung ferner liegen, mit Neuanschaffungen kärglicher
bedacht werden und darum auch nur einen geringen Bücher=
bestand besitzen und stets besitzen werden. Immerhin muß
die Anordnung von Haus aus so getroffen, man möchte sagen,
so elastisch sein, daß, falls die Notwendigkeit zu Zerspaltungen
von Unterabteilungen in noch kleinere Abschnitte durch
zufällige Umstände gegeben wird, diese ohne Umstände
vorgenommen werden können.

Bei allen Teilungen halte man übrigens den Grundsatz
fest, daß stets das Allgemeine dem Speziellen voranstehen,
und dieses aus ersterem sich entwickeln muß, das letztere dem
erstern auch nie gleichgestellt (koordiniert), sondern unter=
geordnet (subordiniert) werde.

Drittens ist hinsichtlich des Einordnens in die einzelnen
Abteilungen im allgemeinen zu bemerken, daß nicht die Form
d. i. die Einkleidung oder Darstellung, sondern der Inhalt
oder die Materie eines Buches darüber zu entscheiden hat,
wohin dasselbe im Systeme gehöre. Die Form ist in der
Mehrzahl der Fälle so unwesentlich und nichts weiter als
bloße, oft von augenblicklicher Laune der Schriftsteller ab=
hängige Äußerlichkeit, daß man beim Ordnen manchen Fehl=
griff thun und viele Bücher an durchaus unpassenden Stellen
unterbringen würde, wenn man aus der Form eines Buches
allein schon einen Schluß auf dessen Stellung im Systeme
ableiten wollte. Alles, was z. B. in Briefform geschrieben
ist, wegen dieser Form in eine Abteilung Epistolographen
einreihen zu wollen, würde selbstverständlich ebenso verkehrt
sein und aller und jeder Wissenschaftlichkeit widerstreiten,
als wenn man jede in gebundener Form (Versen) verfaßte
Schrift ohne irgend welche Rücksicht auf den Inhalt und
lediglich Bezug nehmend auf ihre Ausdrucksweise und Form

der Abteilung der Poesie zuteilen wollte. Der Inhalt des
Buches ist es ohne Zweifel hauptsächlich, der bei der Lösung
der Frage, ob das eine Buch den poetischen Schriften und
welcher Abteilung jenes andere zuzugesellen sei, in Betracht
gezogen werden muß. Nichtsdestoweniger aber wird immer=
hin auch die Form nicht ganz übersehen werden dürfen,
und in zweifelhaften Fällen — deren es nur zu viele giebt,
die dem Bibliothekar ernste Schwierigkeiten bereiten
können — mag die Form wesentlich zur Lösung des
Zweifels mit beizutragen im stande sein. Dagegen darf dem
bloßen Titel eines Buches, der bei der anerkannten Untüchtig=
keit vieler Schriftsteller, ihren Werken passende Titel zu
geben, nur zu oft höchst ungeschickt gewählt ist, bei der Ent=
scheidung der Frage über die Stellung des Buches im Systeme
gar keine Stimme eingeräumt werden. Ebenso ist die Sprache,
in welcher ein Buch geschrieben ist, für die Stellung desselben
zu den einzelnen Disziplinen in der Regel belanglos, soweit
es sich nicht um besondere sprachliche Eigentümlichkeiten, welche
dasselbe der Grammatik der betreffenden Sprache zuweisen,
oder um die sogenannte schöne Litteratur handelt, die ihrer=
seits gerade nach den einzelnen Sprachen und Völkern gegliedert
zu werden pflegt.

Endlich muß viertens dem Bibliothekar da, wo er über
die Reihenfolge der einzuordnenden Werke zu entscheiden hat,
eine gewisse Freiheit gestattet sein. So braucht er sich nicht
da, wo von der Wissenschaft die chronologische Reihenfolge
gefordert wird, an diese auch überall im bibliographischen
Systeme gebunden zu fühlen, da hier der alphabetischen
Reihenfolge in manchen Fällen bei weitem der Vorzug
gegeben werden muß. Es mag recht wissenschaftlich sein —
und es hat sich deshalb auch gewiß schon mancher Biblio=
thekar dazu verführen lassen —, die altklassischen Römischen
und Griechischen Schriftsteller, wennauch deren Lebenszeit
nicht immer bestimmt werden kann, doch, so weit es thunlich
ist, in chronologischer Ordnung aufzuführen; allein im
bibliographischen Systeme kann eine solche Ordnung nicht

von Nutzen sein und muß, ganz abgesehen davon, daß sie jeder
etwaigen durch neue Forschungen über die Lebenszeit minder=
bekannter Schriftsteller herbeigeführten Änderung unter=
worfen bleibt, der Übersichtlichkeit unbedingt Eintrag thun,
da man sich ohne einen besondern alphabetischen Wegweiser
in der großen Masse von Namen, wenn man nicht alle dazu
gehörigen Jahreszahlen im Kopfe hat — und wer hätte
dies? — kaum mit noch einiger Leichtigkeit zurechtfinden
wird. Man darf wohl nicht daran zweifeln, daß es besser
ist, die Schriftsteller in gewisse Gruppen, wie Historiker,
Geographen, Dichter, zusammenzustellen und sie innerhalb
dieser Gruppen oder ohne jede Gruppierung alphabetisch zu
ordnen, wobei wohl kaum zu bemerken nötig ist, daß die ver=
schiedenen Ausgaben desselben Schriftstellers unter dessen
Namen selbstverständlich chronologisch zu ordnen sind. Die
rein alphabetische Folge empfiehlt sich auch durchgängig
bei der Aufzählung der einzelnen Länder, Landschaften und
Provinzen, bei den Biographien, bei Zeitschriften sowie in
einigen anderen Fällen, die jedoch sämtlich immer nur als
Ausnahmen von der Regel zu gelten haben, daß im wissen=
schaftlichen Kataloge die systematische bezüglich die chrono=
logische Anordnung innerhalb der einzelnen Hauptfächer
festzuhalten ist und nicht, wie dies hie und da geschieht, der
alphabetischen der Vorzug gegeben werden darf [117].

In ähnlicher Weise wird es auch, hinsichtlich der für
Werke über verschiedene Sprachen von der Wissenschaft
geforderten genetischen Ordnung, im bibliographischen Systeme
recht wohl sein Bewenden dabei haben können, daß nur die
größeren Sprachgruppen genetisch geordnet, und innerhalb
dieser Gruppen die Werke über einzelne Sprachen nach Maß=
gabe der alphabetischen Aufeinanderfolge der letzteren an=
einandergereiht werden. Es würde zu viel gefordert sein,
wenn man verlangen wollte, daß eine Bibliothek in der Ord=
nung ihrer sprachwissenschaftlichen Werke die Wissenschaft bis
in ihre feinsten Züge, bis auf die Schriften über die unbe=
deutendsten Dialekte herab, genau abspiegeln solle.

Nachdem auf diese Weise ein den Bedürfnissen der betreffenden Bibliothek angepaßtes System entworfen worden ist, werden auf Grund desselben die einzelnen Zettel nunmehr geordnet und zwar zuerst ganz im allgemeinen nach den einzelnen Hauptfächern; sodann im einzelnen innerhalb eines jeden derselben nach dessen besonderer Gliederung. Bei der ersteren Arbeit kommt es, wie wir bereits einmal zu bemerken Gelegenheit hatten, hauptsächlich darauf an, die Grenzlinie zwischen den Fächern nach Möglichkeit festzuhalten, was bei der engen Berührung mancher Wissenschaften mit einander durchaus nicht immer so einfach und leicht ist, wie es auf den ersten Blick scheinen mag. Die Aufgabe erfordert deshalb einen durchgebildeten und erfahrenen Beamten, der mit Gründlichkeit und Gewissenhaftigkeit und unter sorgfältigster Abwägung der in Betracht kommenden Umstände zu Werke gehen muß. Der erforderlichen Gleichmäßigkeit halber ist es, wenn irgend angängig, dringend wünschenswert, daß die Arbeit von einem einzigen Beamten gethan werde, welcher des öfteren Gelegenheit finden dürfte, das gewählte System durch manche schriftlich niederzulegende Bemerkung zu ergänzen und zu erläutern. Das Ordnen im einzelnen, welches an größeren Bibliotheken zur rascheren Förderung der umfangreichen Arbeit notwendigerweise von mehreren Beamten, von denen ein jeder ein besonderes Fach zur Bearbeitung zugewiesen erhält, geschehen muß, erheischt seitens derselben die genaueste Aneignung des Systemes bis in seine feinsten Einzelheiten hinein, sorgfältige Prüfung zweifelhafter Fälle an der Hand der Bücher selbst und Herbeiziehung der einschlägigen bibliographischen Litteratur im weitesten Umfange. Dabei ist es im Interesse der Einheitlichkeit des künftigen Katalogs wünschenswert, ja dringend geboten, daß die einzelnen Arbeiter enge Fühlung mit einander halten und nicht nur ein durchaus gleichmäßiges Verfahren in Bezug auf die äußere Schematisierung beobachten, sondern auch da, wo einzelne Wissenschaftszweige einander nahe kommen, eine

Vereinigung der betreffenden Litteratur an einer Stelle,
soweit dieselbe bei der allgemeinen Ordnung noch in manchen
Stücken übersehen sein sollte, bewirken und für gegenseitige
Verweisung solcher verwandten Abschnitte Sorge tragen.
Denn es muß bei der Ausarbeitung des Realkatalogs stets
auf das sorgfältigste darauf Bedacht genommen werden, zu
verhüten, daß irgendwo eine Zerreißung und infolgedessen
eine getrennte Aufstellung zusammengehöriger Litteratur
stattfinde, wie dies gar zu leicht eintritt, wenn die einzelnen
Arbeiter unbekümmert um einander ihre eigenen Wege gehen.
Von Zeit zu Zeit stattfindende Konferenzen mögen dazu dienen,
etwaige Zweifel durch gemeinsame Beratung zu beseitigen
und die Normen fester zu präzisieren, welche von Anfang an
für die Durchführung im einzelnen aufgestellt waren.

Ist nun die Ordnung der Zettel auf diese Weise zu Ende
geführt, dann erfolgt die Übertragung der Titelabschriften
genau in der Reihenfolge, in die sie nach Maßgabe der Vor=
schriften des bibliographischen Systemes gebracht worden sind,
in den Katalog, wobei die Nummer, welche das einzelne
Werk erhält, nebst der Bezeichnung des Faches und des
Formates sogleich auf dem betreffenden Zettel — an der leeren
Stelle der obersten Rubrik rechts — als neue Signatur
einzutragen ist, so daß mit der Erledigung einer Abteilung
auch die zugehörigen Zettel umsigniert sind. Die Anfertigung
des Katalogs geschieht am passendsten vorerst auf losen Bogen,
da diese nicht nur ein bequemeres Schreiben ermöglichen als
fertige Bände, sondern auch die Beseitigung etwa entstandener
umfangreicher Versehen leichter ermöglichen. Es ist dabei
durchaus nicht, wie man vorgeschlagen hat, notwendig, daß
die Titel auch hier, wie auf den Zetteln, in ihrer vollen
Ausführlichkeit abgeschrieben werden, vielmehr wünschens=
wert, dieselben in abgekürzter Fassung wiederzugeben, um
die Übersichtlichkeit zu bewahren und die Kataloge nicht gar
zu sehr anschwellen zu lassen. Denn es ist vor allen Dingen
auch danach zu streben, daß die Katalogbände, nachdem sie
gebunden worden sind, handlich bleiben, um ihre Benützung

zu erleichtern. Die Titel mit bibliographischer Genauigkeit zu geben, möge Sache des Zettelkatalogs bleiben, daneben auch noch einen zweiten Katalog mit den seitenlangen Aufschriften älterer Werke zu überlasten, wäre ein eben so zeitraubendes wie überflüssiges Beginnen. Es muß daher genügen, wenn die Titel soweit abgeschrieben werden, daß sie den Inhalt des Buches sicher erkennen lassen, und dies wird in der Mehrzahl der Fälle mit verhältnismäßig geringem Aufwande an Raum zu ermöglichen sein. Es möge deshalb von jedem Buche die Ordnungsnummer, dann der Name des Verfassers, ferner der Inhalt in möglichst kurzer Fassung, erforderlichen Falles die Namen des Übersetzers und Herausgebers, die Auflage oder Ausgabe, der Verlags= oder Druckort, die Jahreszahl, die Zahl der Teile und Bände angegeben werden. Den Namen des Verfassers an die Spitze zu stellen, wäre im wissen= schaftlichen Katalog an und für sich nicht geboten, da hier nicht der Verfasser es ist, welcher die Stellung der Bücher= titel bedingt, sondern das dafür entscheidende Moment viel= mehr in dem Inhalte der Schrift zu suchen ist. Gleichwohl dürfte es sich aus Zweckmäßigkeitsrücksichten empfehlen, dies, wie es bei den alphabetisch zu ordnenden Partien ohnehin geschehen muß, durchweg auch innerhalb der chronologisch geordneten Abteilungen zu thun, und zwar aus dem Grunde, weil die Übersichtlichkeit dadurch erhöht wird. Das Auge schweift nämlich weit rascher in gewohnter Weise über die durch Stellung und Schrift hervorzuhebenden Verfasser= namen dahin als über eine Reihe von Titeln, die ihm keinen weiteren Halt gewähren. Der Suchende wird daher ein ihm dem Titel nach bekanntes Buch auf jene Weise leichter finden, durch unbekannte Litteratur aber sich schneller hindurcharbeiten. Man hat nun zwar dagegen eingeworfen, daß durch eine der= artige Umänderung eines Titels dessen Originalität mehr oder minder zu nahe getreten werde, während doch gerade Titel in ihrer ganzen Originalität für die Zwecke der Biblio= graphie überhaupt, deren Interessen jeder wissenschaftliche Katalog mit im Auge behalten solle, die brauchbarsten seien.

Indessen jene Umänderung geschieht doch auch in den alpha=
betisch geordneten Teilen des Realkatalogs unbedenklich,
warum nicht in den übrigen; überdies ist, wie erwähnt, der
wissenschaftliche Katalog nicht der geeignete Ort für rein
bibliographische Recherchen.

Im Einzelnen sei für die Eintragungen noch Folgendes
hervorgehoben. Wo die erste Auflage eines Werkes steht,
dahin sind auch die übrigen Auflagen desselben Werkes,
gemeiniglich durch Exponenten, welche der Nummer zugesetzt
werden, von jener geschieden, zu stellen. Besitzt eine Biblio=
thek nur die zweite oder dritte u. s. w. Auflage, so ist diese
trotzdem unter dem auf bibliographischem Wege zu ermitteln=
den Jahre der ersten Auflage einzutragen und zwar auch
wieder mit einem entsprechenden Exponenten versehen, da die
reine Nummer für die etwa später noch hinzukommende erste
Auflage frei zu bleiben hat. Diese nämlich ist es, welche dem
Buche seine Stellung in der Geschichte des betreffenden
Wissenschaftszweiges anweist, weshalb außer den späteren
Auflagen auch Neudrucke und etwaige Übersetzungen hinter
die erste Auflage zu stellen sind. Angebundene selbständige
Werke erhalten immer ihre eigene Signatur mit dem Hinzu=
fügen der Signatur desjenigen Werkes, an welchem sie an=
gebunden sind. Sammelwerke werden in möglichst übersicht=
licher Weise mit Angabe der einzelnen Teile an den ihnen
zugewiesenen Stellen eingetragen, während die einzelnen
darin enthaltenen selbständigen Schriften in denjenigen Ab=
teilungen, wohin sie ihr Titel weist, nochmals aufzuführen
sind, aber ohne eigene Signatur und nur mit Hinweis auf
diejenige des Gesamtwerkes. Bei Klassikern werden in erster
Reihe die Gesamtausgaben chronologisch zusammengestellt, es
folgen in gleicher Ordnung die Einzelausgaben, sodann die
Übersetzungen, endlich die Kommentare; in der Geschichte
gehen die Quellen immer den betreffenden Darstellungen
voran u. s. w. Haben auf diese Weise die einzelnen Bücher
ihre neuen Nummern innerhalb ihres Faches erhalten und
sind die neuen Signaturen auf die Zettel übertragen, dann

werden nach Erledigung eines Abschnittes die freigewordenen Zettel sogleich für den Zettelkatalog alphabetisch geordnet.

Neben den Titeleintragungen sind im Katalog noch Überschriften für die Fächer, Haupt- und Unterabteilungen anzubringen. Auch ist zum Eingange einzelner oder mehrerer Katalogbände zusammen, jenachdem ein in sich abgeschlossenes Fach oder aber eine größere Abteilung in einem oder mehreren Bänden enthalten ist, eine übersichtliche Zusammenstellung aller jener Rubriken mit Verweisungen auf die Seitenzahlen der Bände, mit einem Worte, eine systematische Inhaltsübersicht hinzuzufügen, damit man sich mit ihrer Hilfe schneller darüber zu unterrichten verstehe, wo die den verschiedenen Rubriken zugeteilten Büchertitel zu suchen und zu finden sind. Dagegen erhalten die alphabetischen Materienregister — und die Anfertigung solcher ist für jede größere Bibliothek als überaus wünschenswert zu erachten — passender ihren Platz zu Ende der Bände oder in einem besonderen Band. Ebendahin gehören auch die alphabetischen Namenregister. Über die Art und Weise der Anfertigung dieser Register wird es kaum nötig sein, viele Worte zu sagen, da ihre Einrichtung außerordentlich einfach und leicht ist, und das, was sich bei dem Namenregister doch etwa Schwieriges finden sollte, in den dem alphabetischen oder Nominalkatalog gewidmeten Mitteilungen seine nähere Erläuterung finden wird. Nur in Bezug auf das Materienregister mag bemerkt werden, daß dieses aus einer alphabetischen Aneinanderreihung der Gegenstände besteht, die in den einzelnen Büchertiteln genannt sind. In beiden Registern, dem Materien- wie dem Namenregister, bilden natürlich die Verweisungen auf die Seitenzahlen der Bände des wissenschaftlichen Katalogs bei den einzelnen Gegenständen und Namen einen wesentlichen Teil der Arbeit, der schlechterdings mit der größten Genauigkeit gefertigt werden muß.

Damit wären die wesentlichsten Erfordernisse für den wissenschaftlichen Katalog aufgezählt und wir könnten uns sogleich zur Beschreibung des Standortskatalogs wenden,

wenn nicht in neuerer Zeit eine Einrichtung des ersteren in
Aufnahme gekommen wäre, welche nicht nur für eine bequeme
und übersichtliche Eintragung des neuen Zuwachses an zuge=
höriger Stelle von allergrößter Bedeutung ist, sondern zu
gleicher Zeit auch den Standortskatalog vollständig entbehrlich
gemacht hat — wir meinen den Realkatalog mit springender
Numerierung ohne Rücksicht auf die Verschiedenheit der
Formate. Die Anlage geschieht ganz in der vorhin geschil=
derten Weise, nur daß für die neu hinzukommenden Werke
an betreffender Stelle im Katalog von vornherein dadurch
Platz geschaffen wird, daß Nummern in größerer Anzahl
ganz freigelassen werden. Zur Erläuterung möge hier die
Beschreibung des auf jene Art eingerichteten neuen Hallischen
Realkatalogs folgen, wie sie O. Hartwig[115] gegeben hat.

Am Kopfe jeder Folioseite ist eine starke schwarze Linie quer
durchgezogen, 25 mm vom oberen Rande entfernt. In der rechten
Ecke des durch sie gebildeten Oblongs ist parallel mit ihr, ungefähr
in der Mitte des Raumes, eine 45 mm lange schwarze Linie ein=
gesetzt. Über derselben steht die Blattzahl des Bandes, unter der=
selben die erste und letzte Signatur der auf der betreffenden Seite
verzeichneten Werke, also z. B. Da 836—850. An der linken
Längsseite jedes Blattes sind zwei Linien gezogen, 17 mm von dem
Rande und ebensoweit von einander abstehend. Sie gehen oben
15 mm über die starke schwarze Querlinie hinüber, nach unten bis
an den Rand des Blattes. In die erste der durch sie gebildeten
Kolumnen wird in gleicher Höhe mit dem Schlagworte des ein=
getragenen Buches, das unterstrichen ist, das Format des Buches
(8⁰, 4⁰, 2⁰) eingetragen, in der zweiten Kolumne daneben die Zahl=
elemente der Signatur z. B. 836, 840 u. s. w. Denn diese Zahlen
laufen unbekümmert um die Formate durch. Auf der rechten Seite
des Blattes ist von der starken Querlinie nach unten gleichfalls eine
Linie gezogen, in der in gleicher Höhe mit dem Schlagworte des
Titels die Anzahl der Bände des betreffenden Werkes eingetragen
ist. In der großen 16 cm breiten Mittelkolumne des Blattes
stehen die Titel der Bücher verzeichnet, über dieser Titelkolumne,
oberhalb der starken Querlinie, welche am Kopfe jedes Blattes sich
befindet, ist mit Einem Worte der Inhalt der auf der Seite ver=
zeichneten Bücher angegeben z. B. Ursprung der Schrift, Stenographie,
Tachygraphie u. s. w. Beginnt eine neue Abteilung oder Unter=
abteilung der Hauptabteilung des Katalogs, so ist diese dem Wort=
laute des Schemas entsprechend in die mittlere Kolumne unter die

Aus dem Fache: **N. Geschichte.**

Aus der Hauptabteilung: **Nd. Neuere Geschichte.**

Format	Nummer	Darstellung des dreißigjährigen Krieges.	Bändezahl
4⁰	707	**Gualdo** Priorato, Galeazzo. Historia delle guerre di Ferdinando II e Ferdinando III imperatori e del rè Filippo IV di Spagna contro Gostavo Adolfo rè di Svetia e Luigi XIII, rè di Francia. Successe dall' Anno 1630 sino all' Anno 1640. Bologna 1641.	1
2⁰	712	**Lotichius**, Jo. Petrus. Rerum Germanicarum, sub Matthia, Ferdinandis II & III imp. gestarum, libri LV. Francofurti a./M. 1646.	1
2⁰	716	**Chemnitz**, Bogislaff Philip von. Königlichen Schwedischen in Teutschland geführten Kriege. Theil I, II. Stettin 1648. Stockholm 1653. Theil III, IV. Nach Handschriften im Schwedischen Reichsarchive herausgegeben. Stockholm 1855—59.	4
4⁰	720	**Riccius**, Josephus. De bellis germanicis libri X, in quibus Bohemica, Danica, Suecica bella, et quidquid ubique terrarum ab a. 1618 usque ad a. 1648 gessere Germani, continua narratione describuntur. Venetiis 1649.	1
2⁰	730	**Pufendorf**, Samuel de. Commentariorum de rebus Suecicis libri 26 ab expeditione Gustavi Adolfi regis ad abdicationem usque Christinae. Ultrajecti 1686.	1
2⁰	731	— — 26 Bücher der Schwedisch- u. Teutschen Kriegs-Geschichte v. König Gustav Adolfs Feldzuge in Teutschland an bis zur Abdankung der Königin Christina. A. d. Lat. übers. v. J[oh.] J[oachim] Möller] von S[ommerfeld]. Franckfurt a. M. 1688.	1
4⁰	742	**Bougeant**, Guill. Hyac. Histoire des guerres et des négociations qui précédèrent le traité de Westphalie. Paris 1727.	1
8⁰	743	— — Historie des dreißigjährigen Krieges und des darauf erfolgten Westphälischen Friedens. Aus d. Französ. übers. Mit Anmerkungen und einer Vorrede begleitet von Friedrich Eberhard Rambach). Th. I—IV. Halle 1758—60.	3
an	751 Nᵉ 379. 8⁰	**Krause**, Johann Christoph. Lehrbuch der Geschichte des dreißigjährigen teutschen Krieges und Westphälischen Friedens. Halle 1782. **Breyer**, Carl Wilhelm Friedr. Geschichte des dreißigjährigen Kriegs. Bd. I. München 1811. [= **Wolf**, Peter Philipp. Geschichte Maximilians I. und seiner Zeit. Bd. IV. Nᵉ 1889. 8⁰.]	
8⁰	760	**Richter**, Johann Wilhelm Daniel. Geschichte des dreißigjährigen Krieges. Bd. I—V. Bd. III—V auch u. d. T. Geschichte des Böhmischen Krieges. Bd. I—III. I: Leipzig 1840. II—V: Erfurt 1849—59.	6

Taf. 2. Probe eines wissenschaftlichen Katalogs mit springenden Nummern.

breite Querlinie eingetragen z. B. VIII. Verhältnis. der Sprache
zur Schrift. 1. Ursprung und Entwickelung der Schrift u. s. f.
Es sollen auf einer Seite 4—6 Büchertitel stehen, so daß nament=
lich neuere Auflagen der Werke und andere Werke, die sich an die
vorhandenen unmittelbar anschließen oder sich auf sie beziehen, leicht
eingeschoben werden können.   Deshalb sind springende Nummern
für die Zahlelemente gewählt und die jedem beschriebenen Blatte
gegenüberstehende linke Seite des aufgeschlagenen Bandes ist ganz
leer gelassen. (Taf. 2.)

Der Standortskatalog ist durch einen derartig eingerichteten
wissenschaftlichen Katalog insofern vollständig ersetzt, als dieser
die Bestände der Bibliothek in übersichtlicher Weise vorführt
und bei den durchlaufenden Nummern unter Beifügung der
Formate, die allerdings bei der Aufstellung getrennt bleiben,
eine Revision jederzeit auf das leichteste ermöglicht. Die für
eine Bibliothek nötigen Universalkataloge sind daher bei
diesem Verfahren auf zwei, den systematischen und alpha=
betischen Katalog, beschränkt.   Man hat zwar gegen das
Verfahren, ohne Rücksicht auf die Formate durchzuzählen,
eingewendet, daß es Verstellungen der letzteren begünstige;
indessen wird diesem vermeintlichen Übelstande auf ebenso
einfache wie erfolgreiche Weise abgeholfen, wenn die Formate
schon äußerlich durch verschiedenartige Etiketten kenntlich
gemacht werden.

Wo man jene Einrichtung freilich nicht kennt, vielmehr
die Aufstellung unabhängig vom wissenschaftlichen sowohl
wie alphabetischen Katalog vornimmt, da wird sich natürlich
die Notwendigkeit eines besondern Standortkatalogs geltend
machen, weßhalb im Folgenden noch etwas auf diesen ein=
gegangen werden möge.

B. Der Standortskatalog.

Die Einrichtung des Standorts= oder Lokalkatalogs [119]
(Taf. 3) ist überaus einfach und bedarf keiner langen Vor=
schriften. Die Titelabschriften auf den losen Blättern brauchen
bloß in die Reihenfolge, in welcher die Bücher nach Maßgabe
ihrer Formatverschiedenheit in den Repositorien aufgestellt

Aus dem Fache: **Fa Geographie.**

Laufende Nummer | | Bändezahl

Folio.
(1—100.)

101 — **Russegger**, Joseph. Reisen in Europa, Asien und Afrika. Atlas. (Text unter Fa 522. 8°.) Stuttgart 1842—49. — 1

102 — **Pfyffer**, J. J. X. Skizzen von der Insel Java. Schaffhausen 1829. — 1

103 — **Platt**, Albrecht. Grosser physisch-politischer Atlas der Erde nach Arrowsmith, Berghaus u. Ritter. Magdeburg 1845. — 1

104 — **Cook**, Jacques. Troisième voyage ou voyage à l'Océan pacifique 1776—1780. Atlas. (Text unter Fa 316. 4°.) Paris 1785. — 2

105 — **Arago**, Js. Promenade autour du monde pendant les années 1817—1820. Atlas. (Text unter Fa 523. 8°.) Paris 1822. — 1

106 — **Debombourg**, G. Atlas chronologique des états de l'église. Lyon 1862. — 1

Quart.
(1—314.)

315 — **Schomburgk**, Richard. Reise in Britisch-Guiana i. d. J. 1840—1844. Th. I—III. Leipzig 1847—48. — 3

316 — **Cook**, Jacques. Troisième voyage ou voyage à l'Océan pacifique 1776—1780. Tom. I—IV. (Atlas unter Fa 104. 2°.) Paris 1785. — 4

317 — **Perry**, M. C. Narrative of the Expedition of an American Squadron to the China Seas and Japan 1852—54 (U. S. Japan Expedition). Vol. I—III. Washington 1856. — 3

318 — **Stedman**, J. G. Voyage à Surinam. Planches. (Text unter Fa 524. 8°.) Paris [1799]. — 1

319 — **Bowdich**, T. E. Excursions dans les isles de Madère et de Porto-Santo. Atlas. (Text unter Fa 525. 8°.) [Paris 1826.] — 1

320 — **Conze**, A. Reise auf der Insel Lesbos. Mit einem Anhange u. 22 Taf. Hannover 1865. — 1

Octav.
(1—520.)

521 — **Bremner**, Robert. Excursions in Denmark, Norway and Sweden. Vol. I, II. London 1840. — 2

522 — **Russegger**, Joseph. Reisen in Europa, Asien und Afrika. Bd. I, 1, 2, II, 1—3, III, IV. (Atlas unter Fa 101. 2°.) Stuttgart 1841—49. — 4

523 — **Arago**, Js. Promenade autour du monde pendant les années 1817—1820. Tom. I, II. (Atlas unter Fa 105. 2°.) Paris 1822. — 2

524 — **Stedman**, J. G. Voyage à Surinam. Traduit de l'Anglais par Henry. Tom. I, II, III. (Planches unter Fa 318. 4°.) Paris an VII (1799). — 3

525 — **Bowdich**, T. E. Excursions dans les isles de Madère et de Porto-Santo faites en 1823. (Atlas unter Fa 319. 4°.) Paris 1826. — 1

526 — **Humboldt**, A. de. Asie centrale. Tom. I—III. Paris 1843. — 3

Taf. 3. Probe eines Standortskatalogs.

sind, gebracht und dann Stück für Stück entweder nach ganzen
Fächern oder nach einzelnen Abteilungen so abgeschrieben zu
werden, daß von jedem Fache oder jeder Abteilung (bei
kleineren Bibliotheken auch gleich von der ganzen Sammlung)
in die erste Stelle die Titel der Folianten, in die zweite die
der Quartanten und in die dritte und letzte die der Oktav-
und kleineren Bände zu stehen kommen. Man braucht selbstverständlich auch hier die Titelkopien nicht vollständig abzuschreiben, sondern kann sich wesentlicher Abkürzungen bedienen,
weil es bei den Standortskatalogen nicht darauf ankommt,
aus den Titeln den ganzen Inhalt eines Buches kennen zu
lernen, sondern sich bloß darüber zu unterrichten, ob das im
Katalog seinem Titel nach verzeichnete Buch mit dem im
Repositorium aufgestellten identisch sei. Denn die Hauptaufgabe des Standortskatalogs besteht darin, als Inventarium
der Bibliotheksbestände zu dienen und die Grundlage für die
Revision derselben zu bilden. Wünschenswert ist es nur, daß
neben der kurzen Titelangabe noch die Bemerkung beigefügt
werde, ob das Buch mit Kupfern, Karten, Tabellen und dergleichen versehen sei, ob es handschriftliche Zusätze enthalte,
oder sonst eine besondere Eigentümlichkeit oder Merkwürdigkeit hinsichtlich seiner äußeren und inneren Verhältnisse besitze
und wie es gebunden ist. Ganz besondere Rücksicht muß auf
genaueste Angabe der Bändezahl der Werke genommen werden.
Denn wenn auch selbstverständlich eine solche Genauigkeit für
die übrigen Kataloge der Bibliothek gleichfalls Erfordernis
ist, so ist sie für den Standortskatalog doch dermaßen unentbehrlich, daß derselbe ohne sie seine eigentliche Bestimmung
geradezu verfehlen würde.

Bei etwaigen Ergänzungen des Titels auf den Zetteln in
Bezug auf den richtigen Namen des Verfassers, Übersetzers
und Herausgebers, oder des Druck- oder Verlagsortes —
sonstige ausführlichere Bemerkungen fallen durchaus fort —
bedarf es hier natürlich keines weitern Hinweises auf die
Quellen, welchen die Ergänzungen entnommen sind. Man
gebrauche nur die übliche Vorsicht, alle derartigen Ergänzungen

in Klammern einzuschließen, damit man, durch diese Klammern auf die Ergänzungen aufmerksam gemacht, nicht etwa irre werde, wenn man, bei der Vergleichung der im Kataloge aufgeführten Büchertitel mit den Titeln der Bücher im Repositorium, in den letzteren Lücken bemerken sollte, und wegen · dieser Lücken irrtümlicher Weise die Bücher im Repositorium für andere, wenigstens für andere Ausgaben oder Drucke halte, als diejenigen sind, welche man im Katalog verzeichnet sieht.

Wo man es nicht hat ermöglichen können, alle Sammel und Mischbände und zusammengebundenen Bücher aus der Bibliothek ganz zu entfernen, d. h. jede selbständige Schrift für sich allein binden zu lassen, da versteht es sich von selbst, daß, wennauch die verschiedenen zusammengebundenen Schriften verschiedenen Fächern oder Abteilungen und verschiedenen Formatklassen angehören, doch die Titel aller, an einer Stelle und unter einer Ordnungsnummer vereinigt, im Standortskatalog dahin zu stehen kommen, wohin die erste der in einem Bande zusammengebundenen Schriften vermöge ihres Inhaltes und ihres Formates gewiesen ist. Natürlich müssen die Titel der einer solchen ersten angebundenen übrigen Schriften genau in der Ordnung, in der sie im Bande selbst auf einander folgen, hintereinander aufgeführt werden. Ebenso müssen durchgängig die verschiedenen selbständigen Werke von Sammlungen einzeln aufgezeichnet werden, damit man bei der Revision das etwaige Fehlen eines oder mehrerer Bände sogleich mit voller Genauigkeit konstatieren könne. Wenn zu einem Oktavbande Tafeln oder Karten gehören, welche unter Quart oder Folio in besonderem Bande aufgestellt sind, so ist es ratsam, von jenem auf diesen und umgekehrt zu verweisen. Dergleichen Verweise werden besonders auch für eine etwaige spätere Neukatalogisierung der Bibliothek von großem Nutzen sein, da der Standortskatalog bei einer solchen als Führer zu dienen hat.

Ein in der gedachten Weise — und unsere Bemerkungen beziehen sich natürlich auch auf den die Stelle des Lokal-

katalogs vertretenden Realkatalog mit springenden Nummern —
sorgfältig und mit Genauigkeit geführter Standortskatalog
ist ein äußerst schätzbarer Ratgeber für eine jede Bibliothek,
auf den man in allen zweifelhaften Fällen bezüglich des
Vorhandenseins eines Bandes, der Richtigkeit einer Signatur
u. dergl. immer und immer wieder zurückkommen wird.
Denn wie der Katalog bei der Revision als Führer dient, so
dient diese umgekehrt dazu, etwaige Irrtümer und Versehen
in ihm aufzudecken und zu verbessern und ihn auf diese Weise
immer fehlerfreier zu gestalten, so daß er schließlich eine fast
untrügliche Zuverlässigkeit zu erreichen vermag.

Nachdem die Zettel in der beschriebenen Weise zuvörderst
als Grundlage für den wissenschaftlichen, sodann für den
Standortskatalog, soweit ein solcher besonders notwendig ist,
gedient haben, ist nunmehr der Zeitpunkt gekommen, den
letzten der großen Kataloge einer Bibliothek, den alphabetischen,
in Angriff zu nehmen, zu dessen Beschreibung wir nunmehr
überzugehen haben.

C. Der alphabetische Katalog.

Die Einrichtung des alphabetischen Katalogs (Taf. 4)
bedarf einer Menge von Vorschriften, die, wenn sie sich auch
größtenteils nur auf mehr technische Manipulationen zu
beziehen scheinen, doch eine fast noch sorgfältigere Erörterung
verlangen, als wenn sie sich nur mit rein wissenschaftlichen
Gegenständen zu befassen hätten. Es mag zwar, zumal für
den Laien, den Anschein haben, als sei mit der Einrichtung
eines alphabetischen Katalogs sehr bald fertig zu werden.
Denn wenn der alphabetische Katalog ein solcher ist, in welchem
alle in der Bibliothek vorhandenen selbständigen Schriften,
ohne irgend welche Rücksicht auf ihren wissenschaftlichen
Inhalt, ihre Formatverschiedenheit und Ordnungsnummer,
bloß in derjenigen Reihenfolge aufgeführt werden, die ihnen
entweder der Anfangsbuchstabe des Namens der Verfasser
oder bei Anonymen der Anfangsbuchstabe des sachlichen
Stichwortes nach dem Alphabete anweiset, so scheint eine

A.

Aarbog, Universitets-Bibliothekets for 1884, 1885, 1886. Christiania 1885—87.
Aa 2223. 8°.

Abaelard, Petrus. Opera, ed. V. Cousin. Tom. I, II. Paris 1849—59. Ib 7. 4°.

Acidalius, Valens. In comoedias Plauti, quae exstant, divinationes et interpretationes. Francofurti 1607. Cl 984. 8°.

B.

Baader, Joseph. Streiflichter auf die Zeit der tiefsten Erniedrigung Deutschlands i. d. J. 1801—1806. Nürnberg 1878. Ni 1219. 8°.

Babeau, Albert. La ville sous l'ancien régime. 2. éd. T.I, II. Paris 1884. Ha 5377. 8°.

Bach, Aloys. Urkundliche Kirchen-Geschichte der Grafschaft Glaz. Breslau 1841. Ik 1401. 8°.

Bell, Robert f. Schönborn, Robert.
Gc 3259a. 8°.

C.

D.

E.

F.

G.

Gaab, Joh[ann] Friedr[ich]. Beiträge zur Erläuterung des ersten, zweiten und vierten Buchs Moses. Tübingen 1796. Id 1295. 8°.

Giornale della libreria, della tipografia e delle arti e industrie affini. Anno I, 1888. II, 1889. Milano [1888—89]. Ab 1193. 4°.

Γύμνασμα τοῦ ἑλληνισμοῦ πρὸς τὴν διδακτικήν. Κοθάντει τῶν Ἀναλτινῶν. αχ΄χ [1620]. an Dl 3847. 8°.

H.

I.

K.

L.

M.

M, C. f. Schriftsteller, Die Schaffhauier.
De 349. 8°.

[**Maass,** Ernst:] De biographis Graecis quaestiones selectae. Berlin 1880 (= Untersuchungen, Philologische, herausg.

v. Kiessling u. v. Wilamowitz-Moellendorf. Hft. 3). Ca 1678(3). 8°.

Mabillon, Johannes. De re diplomatica libri VI. Luteciae Parisiorum 1681. Ma 614. 2°.

Macaulay, Thomas Babington. The History of England from the Accession of James II. Vol. I—X. Leipzig 1849—61. No 1453. 8°.

N.

O.

P.

Q.

Quaestiones selectae de biographis Graecis f. Maass, Ernst. Ca 1678(3). 8°.

Quousque Tandem f. Vietor, Wilhelm.
Ga 2164. 8°.

R.

S.

Schönborn, Robert. Der griechische Münchhausen u. der Verzauberte. Von Robert Bell [Pseud.]. 2. Aufl. des „Griechischen Münchhausen". Halle [1882]. Gc 3259a. 8°.

Schriftsteller, Die Schaffhauier, von der Reformation bis zur Gegenwart dargestellt von C. M. Schaffhausen 1869. De 349. 8°.

Szymanowski, Julius v. Handbuch der operativen Chirurgie. Deutsche Ausgabe v. d. Verfasser und C.W. F. Uhde. Th. I. Braunschweig 1870. Uk 1861. 8°.

T.

U.

Uhde, C[arl] W[ilhelm] F[erdinand] siehe Szymanowski, Julius v. Uk 1861. 8°.

V.

[**Vietor,** Wilhelm]. Der Sprachunterricht muss umkehren! Ein Beitrag zur Überbürdungsfrage v. Quousque Tandem. 2. Aufl. Heilbronn 1886. Ga 2164. 8°.

W.

X.

Y.

Z.

Zuro, Ferd[inand] Friedrich. Die evangelisch-reformirte Kirche und ihre Fortbildung im 19. Jh., bes. im Kanton Bern. Bern 1837.
Ik 2986.

solche alphabetische Anordnung für den, der nur mit dem Alphabete umzugehen weiß, keine großen Schwierigkeiten zu haben. Allein die Ausführung ist gar nicht so leicht, wie man vielleicht denkt, und es haben sich daher auch alle, von denen man Anleitungen zur Einrichtung von Bibliotheken besitzt, gerade über die Einrichtung des alphabetischen Kata= logs mit Recht ausführlich ausgesprochen [120].

Zunächst müssen wir, da die Reihenfolge der Titel sei es im alphabetischen Zettelkatalog oder in dem mit Hilfe der Zettel anzufertigenden Bandkatalog durch das Ordnungs= wort bestimmt wird, unserem früheren Versprechen gemäß auf dieses letztere noch etwas näher eingehen. Die Wahl desselben hängt zuvörderst davon ab, ob sich der Verfasser eines Buches genannt hat oder nicht. Ist der Name im Büchertitel angegeben, so sind folgende Fälle zu unterscheiden.

Es hat sich erstens der Verfasser eines Buches auf dessen Titel mit seinem wahren Namen genannt. In diesem Falle wird einfach der Familienname eingeordnet, d. h. er wird Ordnungswort, wobei etwaige Präpositionen (namentlich bei adeligen Namen) nachgesetzt werden, ein mit dem Namen verbundener Artikel aber in der Regel an der Spitze des Ordnungswortes verbleibt und für dessen Stellung bei der alphabetischen Einordnung maßgebend ist. Während nun aber auf den Titelabschriften der Name hinsichtlich seiner Orthographie selbstverständlich nicht anders geschrieben werden darf als es im Buche selbst angegeben ist, wird man für das Ordnungswort, sobald sich der Name eines und desselben Verfassers auf den Titeln verschiedener Bücher verschieden angegeben findet, was gar nicht so selten vorkommt, natürlich nur eine Form und zwar die gangbarste wählen dürfen und von den übrigen Namensformen auf diese verweisen. Wollte man das Ordnungswort in jedem einzelnen Falle genau nach dem Titel schreiben und die Zettel mit den verschiedenen Schreibweisen desselben Namens nur zusammenlegen, so würde ein solches Verfahren für den Zettelkatalog die Über= sicht ohne Zweifel erschweren, da jedermann die Namen im

alphabetischen Katalog nur nach rein alphabetischen Gesichts=
punkten suchen und durch die verschiedenen Formen an ein
und derselben Stelle beim Nachschlagen häufig irregeführt
werden wird. So ist auch bei latinisierten oder in andere
fremde Sprachen übertragenen Namen für das Ordnungs=
wort — natürlich unter entsprechendem Rückweis — die
reine Namensform festzuhalten, da eben nur diese für die
Einordnung in Betracht kommen kann, wenn anders der
betreffende Verfasser in der richtigen Stelle stehen soll. Eine
Ausnahme bilden nur diejenigen Namen, bei welchen die
übertragene Form die allein herrschende geworden ist. Hat
die Übertragung hierbei wesentliche Änderungen in der
Namensform hervorgerufen, so wird ein Verweiszettel auf
den eigentlichen Namen an betreffender Stelle notwendig
werden. Bei altgriechischen Namen ist die lateinische
Schreibung in allen Fällen für das Ordnungswort maß=
gebend und zwar, wie bei den römischen Schriftstellern, in
der zurzeit üblichen Form des Namens; bei orientalischen
Namen ist der gebräuchlichste festzustellen. Mittelalterliche
Namen, bei welchen der Familienname entweder ganz fehlt
oder durch den Herkunftsort bezeichnet wird, kommen unter
den betreffenden Taufnamen zu stehen.

Es giebt in der deutschen Sprache gewisse Namen wie
Franke, Hofmann, Schmidt, Schulz, Schwarz, deren Schreib=
weise bei ausgedehntestem Gebrauche derselben eine so ver=
schiedene ist, daß es für die Benutzer des alphabetischen
Katalogs häufig außerordentlich schwer wird, in solchen
Fällen ein Buch schnell und sicher aufzufinden. Bei älteren
Werken kommt noch die Latinisierung des Namens hinzu,
aus welcher man mitunter selbst bei Zuhilfenahme biblio=
graphischer Hilfsmittel die richtige Namensform für das
Ordnungswort herauszuschälen nicht im stande ist, z. B. ob
Schwarzius in Schwarz bezüglich Schwartz, Schwarze
bezüglich Schwartze aufzulösen sei. Denn es schrieben die
älteren Autoren ihre Namen auch in den deutsch verfaßten
Werken nicht selten ganz verschieden, ja es weisen selbst

verschiedene Ausgaben eine veränderte Namensform auf,
wodurch dem Zusammenlegen der einzelnen Schriften eines
Verfassers erneute Hindernisse bereitet werden. Als
erschwerender Umstand tritt für Bibliotheken außerdem
hinzu, daß jene Namen auf den Bestellzetteln der Bücher
oft ungenau zitiert werden, so daß der Beamte erst die
Probe auf die verschiedenen Schreibweisen, beispielsweise
Franck, Francke, Frank, Franke, Franckius, Francus, machen
muß, ehe es ihm gelingt, die verlangte Schrift aufzufinden.
Es dürfte sich deshalb aus praktischen Rücksichten empfehlen,
dergleichen Namen für eine beschränkte Anzahl von Fällen —
denn im übrigen sind ähnlich klingende, aber orthographisch
verschiedene Namen verschiedener Verfasser stets auseinander=
zuhalten — auf eine einzige orthographische Form, etwa die
alphabetisch zuerst vorkommende, oder die anerkannt gebräuch=
lichste, zurückzuführen und von den übrigen auf diese kurz
zu verweisen. Eine solche Abweichung von der sonst üblichen
strengen Regel hat sich da, wo dieselbe vorgenommen worden
ist, durchaus bewährt und als empfehlenswert erwiesen. — Bei
Namen mit Zusätzen gilt der reine Name, bei Doppelnamen
im Deutschen und Französischen der alphabetisch zuerst vor=
kommende, der auch immer der ursprüngliche und gewöhn=
lichere ist, als Ordnungswort, während englische Doppelnamen
richtiger unter dem zweiten als dem eigentlichen Namen
katalogisiert werden, da der erste gewöhnlich an Stelle eines
Taufnamens zu Ehren eines guten Bekannten der Familie
u. dergl. angenommen wurde. Hat ein Verfasser zwei voll=
ständig verschiedene Namen bei seinen Schriften in Anwendung
gebracht, so empfiehlt es sich den zuletzt gebrauchten Namen
zum Stichworte zu machen und von dem früheren auf diesen
zu verweisen. Man hat zwar in Vorschlag gebracht, bei
Lebenden, weil sich der betreffende Verfasser noch einen
dritten Namen wählen könnte, den ersten Namen als den maß=
gebenden anzusehen, und nur bei Verstorbenen den zweiten.
Bei einem solchen Verfahren müßte aber behufs Katalogisierung
in jedem einzelnen Falle erst festgestellt werden, ob der in

Betracht kommende Schriftsteller noch lebt oder tot ist; es müßte ferner auf jeder Bibliothek eine besondere Liste hierher gehöriger Personen aufgestellt und von Zeit zu Zeit sorgfältig revidiert werden, um im Falle des Absterbens einer derselben die früher auf den ersten Namen geschriebenen Zettel auf den zweiten umzuschreiben. Da nun der befürchtete Fall, es möchte sich ein Schriftsteller noch einen dritten Namen zulegen, sicher außerordentlich selten vorkommen dürfte, so können wir füglich von einer derartigen, nicht gerade sehr glücklichen Unterscheidung getrost Abstand nehmen.

Der auf dem Titel angegebene Name des Verfassers kann aber auch zweitens gar nicht der wahre, sondern ein erdichteter (pseudonymer) oder ein durch Metonomasie geschaffener, also ein falscher sein. In diesem Falle kann, sofern man den wahren kennt, ein doppeltes Verfahren eingeschlagen werden. Entweder nämlich läßt man den falschen Namen im Katalog für den wahren gelten und verfährt mit der Eintragung des Titels genau so, wie für den ersten Fall vorgeschrieben, nur daß der wahre Name dem falschen in Klammern beizuschließen ist und einen Verweiszettel erhält, oder man setzt den ermittelten wahren Namen an Stelle des falschen, der dann seinerseits in Klammern beizufügen ist, als Ordnungswort ein und verweist von dem falschen Namen auf den richtigen. Man hat sich, wie uns dünkt mit Recht, im allgemeinen mehr für Einhaltung der zweiten angedeuteten Verfahrungsweise entschieden, indem man dem Grundsatze huldigte, im alphabetischen Katalog die Schriften eines Verfassers, mögen sie unter wahrem oder falschem Namen oder gänzlich namenlos erschienen sein, soweit als möglich unter seinem wirklichen Namen zu vereinigen. Dem ist nun zwar entgegengehalten worden, daß es eine Masse von Fällen gebe, in welchen der wahre Name des Verfassers gar nicht zu ermitteln sei, so daß man sich gezwungen sehe, den falschen Namen dennoch beizubehalten, wodurch Inkonsequenzen im Katalog herbeigeführt würden. Es sei daher vorzuziehen, die Pseudonymen grundsätzlich als solche zu belassen. Wollte

man dies jedoch thun, dann müßte man der Konsequenz
halber auch die namenlosen Schriften stets ohne den Namen
des aus Bibliographien ermittelten Verfassers lediglich unter
dem sachlichen Stichworte eintragen, weil es auch dort nicht
immer gelingen wird, das Rätsel, wer der Verfasser der
Schrift sei, zu lösen. Da es aber geradezu der Zweck und
die Bestimmung des alphabetischen Katalogs ist, unter dem
Namen des Autors die ihm zugehörigen Schriften zusammenzustellen, so wird man wenigstens versuchen müssen, diesen
Zweck nach Kräften zu erreichen, wenn es auch infolge der
Unzulänglichkeit der zu Gebote stehenden bibliographischen
Hilfsmittel [121] nicht immer gelingen mag, das Prinzip vollständig zur Durchführung zu bringen. Bei Schriftstellern,
welche ausschließlich unter falschem Namen geschrieben haben,
könnte es am Ende — wenn man von dem oben erwähnten
Prinzipe absieht — gleichgültig erscheinen, welches Verfahren
man einschlägt; bei denjenigen Verfassern aber, welche teils
unter dem wirklichen Namen teils unter erdichtetem geschrieben
haben, würde bei der erstern Katalogisierungsweise der Autor
im Katalog an zwei Stellen, gewissermaßen als doppelte
Persönlichkeit, erscheinen, was zu vermeiden ist. Ein fernerer
Einwand gegen das von uns befürwortete Verfahren stützt
sich darauf, daß man bei Beobachtung desselben häufig
gezwungen werden würde, im Katalog Änderungen vorzunehmen, und entweder Titel, die unter dem falschen Verfassernamen eingetragen waren, sobald man später den wahren
Namen ermittelt, auf diesen umzuschreiben, oder auch umgekehrt Titel, unter einen anscheinend wahren Verfassernamen gebracht, unter den falschen zurückzubringen, wenn
man erfahren sollte, daß man sich hinsichtlich des wirklich
wahren Namens getäuscht hätte. Derartige Änderungen im
Katalog und das Umschreiben von Titeln würden bei Anwendung der anderen Verfahrungsweise nie notwendig werden,
da man sich unter allen Umständen mit einfachen Verweisungen
von dem einen Namen auf den anderen, teils von dem falschen
auf den wahren, teils von dem wahren auf den falschen,

würde begnügen können. Für den alphabetischen Bandkatalog
mag dieser Einwand eine gewisse Berechtigung haben, obwohl
die Zahl der in Betracht kommenden Änderungen nicht groß
sein dürfte, wenn von Anfang an in jedem einzelnen Falle
sorgfältig recherchiert worden ist. Dagegen fällt der Einwand für den alphabetischen Zettelkatalog fast gar nicht ins
Gewicht, da sich hier durch Einlegung eines neuen Zettels
und Vernichtung des früheren ohne Mühe Abhilfe schaffen
läßt. Nicht als pseudonym gelten natürlich solche Titel, wo
der falsche Name durch Metonomasie geschaffen worden ist,
und in der Gelehrtenwelt und sonst eine solche Anerkennung
gefunden, daß man darüber selbst den wahren Namen ganz
vergessen hat, wie wir dies bei den Namen Melanchthon
statt Schwarzerd, Neander statt Neumann, Agricola statt
Bauer und vielen anderen sehen. Hier würde es allerdings
geradezu verkehrt sein und allem Brauche widersprechen, wenn
man die Titel unter dem ursprünglich wahren Verfassernamen,
also z. B. die Titel der Melanchthonschen Schriften unter dem
Namen Schwarzerd, eintragen und bei dem falschen, aber
allgemein gewöhnlich gewordenen Namen bloß eine Verweisung auf den eigentlichen Namen, den Viele nicht einmal
kennen, anbringen wollte.

Der dritte hierher gehörige Fall ist der, daß ein Verfasser seinen Namen auf dem Titel bloß durch die Anfangsbuchstaben angedeutet hat. Hier wird man in erster Linie
den ganzen Namen auf bibliographischem Wege heraus-
zubringen und in eckigen Klammern zu ergänzen suchen.
Gelingt dies nicht, so kann wiederum von einem doppelten
Verfahren die Rede sein. In dem einen Falle nämlich wird
einer der Anfangsbuchstaben als Ordnungswort angenommen.
Welcher, darüber sind allerdings die Meinungen geteilt. In
der Regel wählt man den letzten derselben, der, mindestens
für gewöhnlich, mit annähernder Wahrscheinlichkeit auch für
den Geschlechtsnamen angesehen werden kann, während man
bei allen übrigen Anfangsbuchstaben, die doch möglicherweise
eben so gut wie jener den Geschlechtsnamen andeuten können

und nicht schlechterdings die von bloßen Vornamen zu sein
brauchen, nur eine Verweisung auf den letzten anzubringen
pflegt. Freilich weist der letzte Buchstabe häufig auch nur auf
den Titel des Verfassers oder etwas ähnliches hin, weshalb
manche Bibliothekslehrer vorziehen, dem ersten Buchstaben
das Vorrecht einzuräumen. Dabei würde indessen die An-
deutung des Familiennamens eine noch unsicherere sein, weil
der erste Buchstabe doch in der weit überwiegenden Mehrzahl
der Fälle auf den Vornamen hinweist. Da die Sache demnach immer unsicher bleibt, so geht eine zweite Ansicht dahin,
dergleichen Titel als eine Art herrenloser Titel zu betrachten,
auf welche keiner der gegebenen Anfangsbuchstaben ein aus-
schließliches Recht hat, und sie ganz nach den gleich weiter
für die Titel anonymer Schriften zu gebenden Vorschriften
zu behandeln, indem man die Titel selbst unter ihrem
Ordnungsworte in den Katalog einreiht, und bei den sämtlichen Anfangsbuchstaben Verweisungen auf dieses Ordnungswort beifügt. Dieses Verfahren hat in der Praxis jedenfalls
manches für sich, weil es wohl höchst selten vorkommen wird,
daß jemand, der den alphabetischen Katalog nachschlägt, die
Anfangsbuchstaben genau im Kopfe hat und unter diesen
den betreffenden Titel nachzuschlagen suchen wird. Dergleichen Titel mit dem bloßen Anfangsbuchstaben des Ver-
fassernamens werden vielmehr im gewöhnlichen Leben, wie die
tägliche Erfahrung lehrt, den anonymen fast durchaus gleichgestellt. Jedenfalls muß, wenn einer der Anfangsbuchstaben
den Namen des Verfassers vertreten soll, noch ein Verweis
von demjenigen Worte des Titels, welches bei dem als anonym
betrachteten Titel das Ordnungswort bilden würde, auf jenes
angebracht werden.

Der vierte und letzte Fall ist der, daß auf dem Titel
zwei oder mehrere Verfasser angegeben sind. Hier wird es
im wesentlichen immer darauf ankommen, ob das betreffende
Buch eine Einheit für sich bildet oder ob man es nur mit
einer Sammlung selbständiger Schriften zu thun hat. Trifft
letzteres zu, so ist das Werk unter einem sachlichen Ordnungs-

worte zusammenzufassen. Denn da man sich diese Titel ent=
weder, geradeso wie die anonymen, bloß nach dem Inhalte
anzumerken und daher im Katalog zuerst unter dem Ord=
nungsworte nachzusuchen, oder mit dem Namen des bloßen
Herausgebers näher zu bezeichnen pflegt, der Name des
Herausgebers aber, wie schon gesagt, bei der Einordnung der
Titel nicht in Betracht kommen darf, so liegt es auf der
Hand, daß man in Bezug auf das Eintragen solcher Titel
wohl den richtigsten Weg einschlagen wird, wenn man sie mit
den anonymen gleich behandelt. Etwaigen Irrungen wird
man durch die unter jedem Namen angebrachten Verweisungen
auf das Ordnungswort vorzubeugen suchen. Bildet dagegen
das Buch ein von Mehreren gemeinschaftlich bearbeitetes
einheitliches Werk, so gilt der zuerst Genannte als Verfasser,
während die anderen Rückweise erhalten. Bei Titeln von
Werken, die als von einem oder mehreren Anderen selbständig
fortgesetzt bezeichnet sind, also eigentlich mehrere Verfasser
haben, thut man am besten, sie als Titel bloß eines Verfassers
zu behandeln, und zu den Namen der Fortsetzer nur eine
Verweisung auf den Namen des ursprünglichen Urhebers der
Schrift hinzuzufügen. Ebenso werden von Anderen besorgte
Neuauflagen eines Buches unter dem Namen des eigentlichen
Verfassers eingetragen. Hat jedoch die betreffende Schrift
späterhin in Form und Inhalt eine vollständige Umwandlung
erfahren, welche sich meist schon in der Fassung des Titels
kenntlich machen wird, so gilt dieselbe nunmehr richtiger als
geistiges Eigentum des Neubearbeiters, während der ursprüng=
liche Verfasser nur einen Rückweis erhält.

Wir kommen nun zu der zweiten oben angedeuteten Mög=
lichkeit, daß sich der Verfasser auf dem Titel überhaupt nicht
nennt. Ein solches Buch wird ein anonymes genannt. Manche
Bibliographen haben diese Begriffsbestimmung etwas ver=
engert, indem sie diejenigen Bücher, in welchen der Verfasser
irgendwo, sei es in der Widmung oder der Vorrede oder an
einer Stelle des Textes oder am Schlusse genannt ist, nicht
als anonyme angesehen wissen wollen. Und in gewisser

Beziehung hat eine solche Beschränkung ihre Berechtigung. Es ist nämlich hier, wie man mit Recht betont hat, streng zu scheiden zwischen einer rein wissenschaftlichen Bibliographie und einem praktischen Zwecken dienenden Katalog. Wer mit der Bibliographie arbeitet, beispielsweise der Bibliothekar selbst beim Katalogisieren, hat gewöhnlich das Buch in der Hand. Giebt nun bereits die Widmung oder die Vorrede desselben den Namen des Verfassers, so bedarf der Suchende in diesem Falle der Bibliographie gar nicht und es mag letztere daher — auch schon aus Raumrücksichten — mit Fug und Recht nur solche Bücher als anonyme gelten lassen, aus welchen der Name des Verfassers nicht zu ersehen ist. Anders bei den Katalogen einer Bibliothek. Wer diese zu Rate zieht, hat das Buch nicht in der Hand, sondern er sucht es und weiß nicht, daß der Verfasser sich nachträglich irgendwo nennt. Ihm wird daher nur geholfen, wenn das Buch als anonymes behandelt ist. Der Bibliothekar muß daher für seine Kataloge den Begriff der Anonyma weiter fassen und, auch wenn er beim Katalogisieren den Namen aus dem Buche selbst erfahren hat, so daß er dasselbe unter dem Verfasser eintragen könnte, dennoch daneben einen Rückweis von dem= jenigen Worte auf den Verfasser schreiben, welches bei Nicht= ermittelung dieses letzteren Ordnungswort geworden wäre. Ein solches sachliches Ordnungswort wird auch bei allen jenen Titeln eintreten müssen, welche einen Verfasser im eigentlichen Sinne des Wortes überhaupt nicht aufweisen, wie periodische Schriften, amtliche Schriftstücke u. dergl. Es fragt sich nun, welches Wort des Titels bei verfasserlosen Werken — den Parias der Litteratur, wie sie nicht mit Un= recht Wheatley genannt hat - - hierzu auszuwählen sei [122].

Nach der Ansicht Einiger hat man dasjenige Wort zu nehmen, welches sich am besten eignet, die Stelle des ganzen Titels zu vertreten. Allein die Anforderungen, welche dieser Meinung zufolge an das Ordnungswort gestellt werden müssen, scheinen nicht nur weit über die Grenzen desjenigen Zieles, welches dem alphabetischen Katalog gestellt ist,

hinauszuliegen, sondern lassen sich auch in vielen Fällen gar
nicht befriedigen. Denn wo könnte z. B. in einem Titel, wie
„Beiträge zur Geschichte, Litteratur und Kunst" — und
dergleichen Titel, ja noch weit zusammengesetztere, kommen
gerade häufig genug vor — ein Wort gefunden werden,
welches die Stelle des ganzen Titels zu vertreten geeignet
wäre? Wenn man unter dem Worte, welches diese Stelle
vertreten soll, dasjenige des Titels begreift, wodurch der in
der Schrift besprochene Hauptgegenstand am nächsten und
deutlichsten bezeichnet wird, so kann, da der vorerwähnte
Titel drei mit einander gleichgeltende Hauptgegenstände, die
Geschichte nämlich, die Litteratur und die Kunst, als Inhalt
der Beiträge angiebt, darüber kein Zweifel sein, daß es in
diesem Falle mit einem einzigen Ordnungsworte, um den
Inhalt zu bezeichnen, nicht abgemacht ist. Es würde vielmehr jedes der drei Wörter, Geschichte so gut wie Litteratur
und dieses wieder ebenso gut als Kunst, als Ordnungswort
zu gelten haben, und der Titel mithin auch unter jedem dieser
drei Ordnungswörter in den Katalog einzutragen sein. Zu
welchen Weitläufigkeiten dies aber, insbesondere bei Titeln, die
noch zusammengesetzterer Art wären, führen müßte, das
braucht wohl nicht näher erörtert zu werden, ebenso wie es
wohl nicht erst noch eines längeren Beweises bedarf, daß die
Anwendung einer solchen Methode, die derartige Weitläufigkeiten notwendig im Gefolge hat, kaum noch in den Bereich
des Ausführbaren zu setzen ist. Aber fordert denn überhaupt
das Wesen und der Zweck des alphabetischen Katalogs eine
solche Auffassung des Ordnungswortes, wie oben angegeben
worden ist? Der alphabetische Katalog, der dazu bestimmt
ist, in möglichster Schnelligkeit nachzuweisen, ob ein gewisses
Buch in der Bibliothek vorhanden sei oder nicht, und bei
dessen Gebrauche stets vorausgesetzt sein muß, daß ein gewisser
Titel zum Nachschlagen vorliegt, fordert eine solche Auffassung durchaus nicht, sondern alles, was man möglicherweise dafür anzuführen imstande ist, beruht, wie es fast scheint,
auf der ganz einfachen Verwechslung des alphabetischen

Katalogs mit dem von diesem durchaus verschiedenen alpha=
betischen Realkatalog. Dessen Aufgabe ist es allerdings, die
in den verschiedenen Schriften behandelten Hauptgegenstände
in alphabetischer Reihenfolge aufzuzählen. Wäre die Aufgabe
des alphabetischen Katalogs die nämliche, so würde nicht bloß
nicht einzusehen sein, warum man neben dem alphabetischen
Realkatalog auch noch, wie es wirklich der Fall gewesen ist,
die Anfertigung eines alphabetischen Katalogs fordern könnte,
sondern es würden dann auch eigentlich diejenigen Titel, auf
denen die Verfasser genannt sind, nicht unter deren Namen,
sondern vielmehr unter dem Ordnungsworte des Hauptgegen=
standes einzutragen sein. Das Ordnungswort des Titels
verfasserloser Schriften besteht vielmehr in allen Fällen, auf
welche sich die Regel anwenden läßt, aus dem ersten im
Nominative vorkommenden Substantive oder demjenigen
Worte, welches dessen Stelle vertritt. Es finden hiervon nur
zwei Ausnahmen statt, hinsichtlich deren wir uns mit Dziaßko,
Keyßer und anderen in Übereinstimmung sehen: einmal näm=
lich gilt, wenn von zwei nebeneinander stehenden Substantiven
im Nominative das erste lediglich zur näheren Bestimmung
des anderen dient, dieses zweite als Ordnungswort; sodann
wird statt der Substantive, welche Teile, Ausgaben oder
Auflagen eines Werkes bezeichnen, wie Buch, Band, Nach=
trag, Anhang ꝛc., das zunächst abhängige Substantiv zum
Ordnungsworte erhoben. In allen übrigen Fällen bleibt
unsere Regel bestehen, auch dann — und hier treten wir in
Gegensatz zu Dziaßko —, wenn ein wirklich vielgebrauchtes
Substantivum wie Abhandlung u. dergl. Ordnungswort
werden müßte. Hier das letztere dem den Inhalt bezeichnen=
den Teile des Titels zu entnehmen, wie Dziaßko will, wäre
ein um so weniger gerechtfertigtes Verfahren, als damit nur
dem Grundsatze der Gegner, für das Ordnungswort allein
den Inhalt maßgebend sein zu lassen, in zahlreichen Fällen
Geltung verschafft würde.

Kommt kein Nominativ eines Substantivs vor, so tritt
an seine Stelle ein Substantiv in abhängigem Kasus und

zwar bei mehreren vorhandenen, wie dies Keyßer treffend
ausdrückt, das selbständigste Substantiv, d. h. dasjenige, welches
die anderen regiert; in allen übrigen Fällen gilt das erste
Wort des Titels. Einige Bibliothekslehrer, namentlich
Cutter[123] u. a., haben dieses letztere überhaupt als durch-
gängiges Ordnungswort für verfasserlose Titel empfohlen
und ihre Auffassung hat in der Praxis eine große Verbreitung gefunden, indessen ist doch gerade dieses Wort meist
so belanglos, daß seine Verwendung besser nur solchen Fällen
vorbehalten bleibt, wo keine andere Wahl übrig ist.

Man hat nun gegen die eben ausgesprochene Regel gewöhnlich eingewendet, daß sich das Hauptsachwort oder, wie man
es neuerdings auch genannt hat, das Hauptsinnwort viel
leichter im Gedächtnis behalten lasse als das erste Substantiv[124] und daher, wenn man letzteres vergessen habe,
jedes Nachsuchen im alphabetischen Katalog unmöglich gemacht
werde. Indessen findet dieser Einwand seine Widerlegung
darin, daß erstens, wenn auch der Hauptsachbegriff leichter
im Gedächtnisse festgehalten wird, doch das demselben entsprechende Hauptsachwort ebenso gut als das erste Haupt-
nennwort der Vergessenheit anheimfallen kann, ferner daß
zweitens, wenn ein Buch nach Anleitung des Hauptsach-
begriffs in der Bibliothek aufgesucht werden soll, der wissenschaftliche Katalog ausreichend sein wird, und daß endlich
drittens der alphabetische Katalog überhaupt nicht dazu da
ist, ein Werk nach einem unbestimmt gemerkten, halb ver-
gessenen Titel nachzuweisen. Letzterer muß vielmehr mindestens
seinen Hauptnennworten nach bestimmt bezeichnet sein. Wer
von dem alphabetischen Katalog in dieser Hinsicht mehr
verlangt, der hat es sich selbst zuzuschreiben, wenn er seine
Erwartungen von dem Katalog nicht befriedigt sieht.

Nächst diesen Bemerkungen über das Ordnungswort im
allgemeinen, möge hier noch die Bemerkung Platz finden, daß
es ratsam und von entschiedenem Nutzen ist, einerlei lautende
und gleichbedeutende, aber orthographisch verschiedene Ordnungswörter, wie Beiträge und Beyträge, oder Kaiser, Kayser

und Keiser, auf diejenige orthographische Form, welche von
allen die gebräuchlichste ist, zurückzuführen. Es kann dem
Gedächtnisse unmöglich die Zumutung gemacht werden, daß
es sich jeden Titel · in allen seinen Einzelheiten so genau
merken solle, daß ihm selbst unbedeutende orthographische
Verschiedenheiten nicht zu entgehen im stande seien. Mit aus
demselben Grunde — weil nämlich von dem Gedächtnisse
nicht verlangt werden darf, daß es sich bestimmt merken solle,
ob ein zusammengesetzt ausgesprochenes Ordnungswort, wie
Franziskanerorden und Assekuranzgesellschaft, auf den Titeln
entweder ebenso zusammengesetzt oder getrennt (Franziskaner=
Orden und Assekuranz=Gesellschaft) geschrieben sei — muß
es als Vorschrift gelten, daß zusammengesetzte Ordnungs=
wörter stets als ein Wort zu behandeln und demgemäß nach
dem Anfangsbuchstaben des ersten Wortes in den Katalog
einzutragen sind. Wollte man, anderer Ansicht, die beiden
vorgenannten Wörter in einfache zerlegen, um dann die Titel
unter den einfachen und eigentlich ersten Substantiven, Orden
und Gesellschaft, in den Katalog einzuzeichnen, so würde dies,
mit Konsequenz durchgesetzt, nur zu· einer widernatürlichen
Zerreißung längst eingebürgerter zusammengesetzter Wörter
und dazu führen müssen, daß man endlich selbst nicht mehr
wüßte, wo man mit der Zerlegung und Vereinfachung
zusammengesetzter Wörter, deren es in allen Sprachen eine
große Zahl giebt, aufhören sollte.

Es erübrigt nunmehr noch die Einordnung der Titel im
alphabetischen Katalog auf Grund des Ordnungswortes
etwas näher in das Auge zu fassen. Dieselbe bietet bei der
Masse der auf Bibliotheken in Betracht kommenden Titel
allerdings eine so große Zahl fraglicher Punkte, daß es sich
uns von selbst verbietet, dieselben auch nur in annähernder
Vollständigkeit zur Besprechung heranzuziehen, wenn nicht
das vorliegende Kapitel eine unverhältnismäßige Ausdehnung
erlangen und sich in Einzelheiten geradezu verlieren soll. Es
möge daher genügen, einige der bemerkenswerteren Punkte
hervorzuheben, um zu zeigen, was alles im einzelnen berück=

sichtigt werden muß, um den alphabetischen Katalog zu einem
wirklich brauchbaren Ratgeber auszugestalten. Zunächst
möchten wir betonen, daß die Umlaute ä, ö, ü ihren Grund=
lauten a, o, u nicht, wie dies mancherseits geschieht, gleich=
gestellt werden dürfen, vielmehr Namen wie Köhler und
Kohler besser getrennt bleiben; daß ferner v und u durchaus
auseinanderzuhalten, dagegen j dem i, ß dem ff gleich zu
achten sind. Von fremden Zeichen gilt griechisches η für ε,
ου für ou u. s. w., dänisches å für a, o für ö, holländisches ij
nicht für y, abgekürztes irisches M' stets für Mac u. s. f.

Wo mehrere orthographisch übereinstimmende Namen ver=
schiedener Verfasser zusammentreffen entscheiden die Vornamen
und, wo auch diese zufällig übereinstimmen, das Geburtsjahr
oder der Geburtsort der Verfasser über ihre Auseinander=
folge, auch können deren Prädikate oder Verwandtschaftsgrade
zur Unterscheidung dienen.

Die verschiedenen Werke eines und desselben Verfassers
wie auch gleichlautende sachliche Stichwörter mögen in den=
jenigen Bibliotheken, welche streng wissenschaftlich aufgestellt
sind, füglich — wie dies O. Hartwig empfohlen und neuer=
dings an der Halleschen Bibliothek durchgeführt hat [125] —
nach ihren Signaturen geordnet werden, wodurch das Auf=
finden der einzelnen Schriften für den Kenner der Kataloge
ungemein erleichtert wird, da ja der Realkatalog dieselben
nach den für ihn geltenden Grundsätzen unter sich schon
ordnet bezüglich auseinanderhält. Freilich bezieht sich die
Erleichterung auch nur auf die Kenner der wissenschaftlichen
Gliederung der Bibliothek, die daher möglichst bekannt zu
geben ist, für jeden anderen wird das Suchen in Ordnungs=
wörtern wie Aristoteles, Zeitschrift u. dergl. durch eine solche
Bestimmung nicht leichter. Die aus rein praktischen Gründen
hergeleitete Abweichung von dem streng alphabetischen Prinzipe
verbietet sich natürlich bei einer nicht wissenschaftlich geordneten
Bibliothek ganz von selbst. Hier werden bei den einzelnen
Verfassern die Gesamtwerke den entweder alphabetisch nach
dem Titel oder auch chronologisch nach dem Erscheinungs=

jahr — für beide Ansichten finden sich Vertreter — zu
ordnenden einzelnen Schriften voranzugehen haben und bei
den Klassikern verschiedene Ausgaben derselben Schrift sowie
Übersetzungen etwa nach der alphabetischen Reihenfolge der
Herausgeber auseinandergehalten werden können. Bei gleichen
sachlichen Stichwörtern müssen die folgenden Bestandteile des
Titels für die weitere Anordnung mit herangezogen werden,
wobei möglichst streng alphabetisch zu verfahren ist; in ver=
schiedenen Sprachen identische Wörter wie Journal werden
nach den einzelnen Sprachen, in denen sie vorkommen, zu
sondern und dann weiter zu ordnen sein. Eine solche
Sonderung wird sich im Bandkatalog durch entsprechende
Überschriften allerdings übersichtlicher gestalten lassen als im
alphabetischen Zettelkatalog, wo jedoch immerhin ein dem
betreffenden Stichworte vorangehender Zettel auf die Ord=
nungsweise desselben hinweisen möge.

Personennamen als sachliche Stichwörter eines Titels
gehen sämtlichen übrigen Zetteln mit gleichem Namen voran;
dann folgen diejenigen mit weggelassenen und auf biblio=
graphischem Wege nicht zu ermittelnden Vornamen; drittens
die mit lediglich durch Buchstaben angedeuteten und ebenfalls
unergänzt gebliebenen Vornamen; endlich die weit über=
wiegende Zahl derjenigen, deren Vornamen auf dem Titel
gegeben sind oder ergänzt werden konnten. Denn die Er=
gänzung ist, wie wir wiederholt erwähnten, überall anzustreben.
Daß hierbei die Schriften desselben Verfassers beisammen
bleiben, ist die dringlichste und in vielen Fällen recht schwierige
Aufgabe des Einordners, da manche Autoren ihre Vornamen
bald gar nicht, bald nur andeutungsweise geben, oder einmal
ihren Rufnamen allein, das andere mal ihre sämtlichen Vor=
namen anführen und bei Übersetzungen fremdsprachige Vor=
namen erhalten. Wo bei Vornamen die Schreibung zwischen
C und K schwankt, ist der neueren Richtung der deutschen
Orthographie gemäß diejenige mit K durchgängig zu bevor=
zugen, was auch bei allen sachlichen Stichwörtern zu geschehen
hat. Für latinisierte Vornamen moderner Autoren ist die

nicht latinisierte Form maßgebend. Bilden Taufnamen das Ordnungswort, so kommen sie bei dem Vorhandensein gleichnamiger Personennamen unmittelbar vor diese zu stehen. Bei mittelalterlichen Schriftstellern entscheidet die Sprache des Originals, doch gilt für die Orthographie die heutige. Haben verschiedene Verfasser dieselben Taufnamen als Ordnungswort, so machen diejenigen ohne nähere Bestimmung den Anfang, dann folgen diejenigen mit näheren Bestimmungen, letztere alphabetisch geordnet. Als solche nähere Bestimmungen gelten insbesondere Bezeichnungen, die vom Herkunftsort genommen sind, bei Regenten der Name ihres Landes u. s. f.

Die vorstehenden Bemerkungen gehen zumteil von der Voraussetzung aus, daß der alphabetische Katalog einer Bibliothek lediglich aus einem einzigen Alphabete besteht und nicht, wie es hie und da geschehen ist, unnötigerweise in einen Doppelkatalog geteilt wird, deren ersterer die Verfassernamen, der zweite die sachlichen Stichwörter enthält, wozu unseres Erachtens durchaus kein zwingender Grund vorliegt und wodurch dem signierenden Beamten die Arbeit lediglich erschwert wird.

Was die Anlage des alphabetischen Katalogs anlangt, so kann derselbe entweder, wie die beiden andern Kataloge, in Buchform hergestellt werden, wobei die Zettel wiederum als Unterlage dienen, oder man vereinigt, wie bereits erwähnt, an Stelle eines solchen Buch- oder Bandkatalogs die Zettel selbst zu einem eigenen Katalog, dem sogenannten alphabetischen Zettelkatalog. Daneben kommt es auch vor, daß manche Bibliothek, welcher genug Kräfte und Mittel zur Verfügung stehen, beide Verfahrungsweisen zugleich in Anwendung bringt, sich also einen alphabetischen Band- und Zettelkatalog zugleich anlegt. Ein jeder der beiden Kataloge hat natürlich seine besonderen Vorzüge und Nachteile. Man hat am Bandkatalog zuvörderst dessen größere Sicherheit hervorgehoben. Ein Zettel kann verloren gehen oder falsch eingelegt werden, im Bandkatalog dagegen verbleiben die

Eintragungen, wenn einmal geschehen, unverrückt und unge=
fährdet an ihrer Stelle. Als zweiten Vorteil des Band=
katalogs bezeichnet man nicht mit Unrecht dessen größere
Übersichtlichkeit. Umfangreiche Partien lassen sich hier leicht
übersehen, und während man im Zettelkatalog oft mehrere
Dutzende von Zetteln mit Beschwerlichkeit zu durchsuchen
gezwungen ist, um aus den Schriften eines reich vertretenen
Verfassers oder aus der Reihe gleicher Ordnungswörter das
herauszufinden, was man sucht, macht man den betreffenden
Büchertitel in einem gebundenen Katalog bei einem nur
flüchtigen Überblicke von ein paar Blättern ausfindig. Damit
ist gleichzeitig die größere Bequemlichkeit des Bandkatalogs
für viele Fälle erwiesen. Dagegen rühmt man am Zettel=
katalog begründeter Weise die leichte Beweglichkeit der ein=
zelnen Zettel, welche, wie wir sahen, je nach Bedarf alpha=
betisch oder chronologisch oder nach irgendwelchen sachlichen
Gesichtspunkten geordnet werden können, ohne daß man an
diese Ordnung gebunden ist; dieselbe läßt sich vielmehr in
beliebiger Weise abändern oder verbessern. Wegen dieser
ungemeinen Beweglichkeit kann man jederzeit und mit aller
Bequemlichkeit Veränderungen und Verbesserungen in der
Reihenfolge der Titel vornehmen, ohne daß man etwas
weiteres zu thun nötig hat, als einige lose Blätter anders zu
legen und die Ordnungsnummer mit einer anderen zu ver=
tauschen, während bei dergleichen Veränderungen und Ver=
besserungen im gebundenen Katalog stets gleich ein Umschreiben
der ganzen betreffenden Titel notwendig wird. Als einen
nicht zu unterschätzenden Vorzug hat man ferner am Zettel=
katalog die ausgiebigere Verwendbarkeit von Verweiszetteln
bei demselben hervorgehoben. Seine Fortführung ist zweifellos
eine leichtere, da Einschaltungen sich ohne jede Schwierigkeit
und in unbeschränkter Menge an beliebiger Stelle einfügen
lassen. Und wenn selbst einzelne Teile der Bibliothek wider
Erwarten plötzlich unverhältnismäßig anwachsen sollten, so
ist man ohne irgend eine erhebliche Störung des Katalogs
im stande, denselben ganz nach Bedürfnis zu erweitern, wogegen

in diesem Falle bei dem gebundenen Katalog, sobald der für
etwaige Nachträge von Haus aus freigelassene Platz voll=
ständig ausgefüllt ist, das Umschreiben nicht nur einzelner
Blätter, sondern selbst größerer Abschnitte, ja ganzer Bände
nicht umgangen werden kann. Außerdem sind auch die ein=
zelnen Zettel für sich im Bedürfnisfalle jedweder Berichtigung
oder Ergänzung fähig. Endlich aber macht sich bei dem
Zettelkatalog die Abnutzung nicht so fühlbar wie bei dem
Bandkatalog, weil jeder beschmutzte oder beschädigte Zettel
ohne weiteres herausgenommen und umgeschrieben werden
kann, so daß der Zettelkatalog bei sorgfältiger Führung einen
fortwährenden Verjüngungsprozeß durchmacht.

Bei der Abfassung des Bandkatalogs (Taf. 4) hat man
natürlich ebensowenig wie bei den beiden andern Katalogen
nötig, die Titel von den Zetteln in ihrer vollen Ausführlich=
keit abzuschreiben, sondern darf sich, wie dort, wesentlicher
Abkürzungen bedienen. Selbstverständlich ist darauf zu sehen,
daß zwischen den Namen der einzelnen Verfasser genügender
Platz zur späteren Einreihung neuer frei bleibe, wie denn auch
mit dem jedem einzelnen zuzuweisenden Raume nicht gegeizt
werden darf. An manchen Bibliotheken wird nach dem
Göttinger Vorbilde [126] dem Übelstande, daß infolge der
Häufung gleichnamiger Autoren an vielen Stellen der Platz
leicht zu enge wird, dadurch abgeholfen, daß man für jeden
Verfasser ein eigenes Blatt in die Katalogbände einlegt, dem
nach Bedarf ein zweites Blatt hinzugefügt werden kann.
Der Gedanke, den einzelnen Verfasser auf diese Weise unab=
hängig von seiner Umgebung zu machen und einer Überladung
der Seiten mit einer übermäßigen Zahl von Verfassernamen
und Büchertiteln vorzubeugen, berührt sich bereits nahe mit
dem Grundgedanken des Zettelkatalogs, nur daß hier noch
ein Schritt weiter gegangen und jedem Werke ein besonderes
Blatt zugewiesen wird. Im übrigen gilt vom Bandkatalog
alles das, was wir früher in Bezug auf die Kataloge im
allgemeinen bereits erwähnt haben, vor allem, daß die Titel
recht leserlich geschrieben werden und namentlich die Verfasser=

namen sich in möglichst deutlicher Schrift abheben, daß das
zur Verwendung gelangende Papier gut und der Einband
möglichst dauerhaft sei, um rasche Abnützung zu verhüten,
daß endlich das Format aus einem noch bequem handbaren
Folio bestehe, welches die Übersichtlichkeit erleichtert und
zugleich rasches Aufschlagen nicht erschwert.

Die allgemeinere Einführung des Zettelkatalogs ist verhältnismäßig jungen Datums. Man huldigte früher der auch
im Katechismus ausgesprochenen Ansicht, daß die Titelabschriften auf den einzelnen Blättern oder Zetteln eigentlich
nur als Mittel zur Anfertigung der gebundenen Kataloge zu
dienen hätten und daß die beschwerliche und zeitraubende
Benutzung des Zettelkatalogs ein Nachteil sei, der, in Betracht
des Zweckes der Kataloge, die ja doch nicht bloß das Finden
der Büchertitel, sondern vorzüglich auch das Schnell- und
Leichtfinden derselben mit vermitteln sollten, erheblich genug
erscheinen müsse, um sich nicht für eine Bevorzugung des
Zettelkatalogs vor dem gebundenen zu entscheiden. Es sei
daher unter allen Umständen wünschenswert, die Mühen
und Kosten, welche das Umschreiben der Titelkopien von den
losen Blättern in den gebundenen Katalog erfordert, nicht zu
scheuen. Dabei war jedoch im Katechismus bereits darauf
hingewiesen, daß man sich aber auch nicht etwa der Meinung
hingeben dürfe, als ob, sobald nur einmal dieses Umschreiben
der Titelabschriften ganz vollendet sei, und die Bibliothek
ihre sämtlichen gebundenen Kataloge besitze, die Titelblätter
dann überflüssig wären und, wie es hie und da wohl zu
geschehen pflege, der Vernichtung preisgegeben werden könnten;
es würde dies im Gegenteil als etwas sehr Übereiltes und
Unbesonnenes zu bezeichnen sein. Die Titelabschriften auf den
losen Blättern behielten — so wurde weiter ausgeführt —
auch neben den gebundenen Katalogen immer noch ihren
Wert und würden, abgesehen davon, daß sie als eine Art
zweites Exemplar des wissenschaftlichen Katalogs nötigenfalls zur Aushilfe gebraucht werden könnten, namentlich dann
sehr ersprießliche Dienste leisten, wenn sich im Laufe der Zeit

ober infolge veränderter Ansichten über die Zweckmäßigkeit
der Anordnung einer Bibliothek eine Umgestaltung derselben
oder mindestens einzelner Teile nötig machen sollte. In einem
solchen Falle würden die Titelabschriften auf den losen Blättern,
wenn man sie früher vernichtet hätte, von neuem angefertigt
werden müssen, um mit ihrer Hilfe die Umgestaltung der
Bibliothek und die dadurch mit bedingte Anfertigung der
neuen Kataloge vorzunehmen. Wenn man nun aber einmal
die einzelnen Zettel aufbewahrt, dann liegt es doch gewiß nahe,
dieselben nicht bloß für den immerhin seltenen Fall einer
etwaigen ganzen oder teilweisen Neukatalogisierung zurück-
zustellen, sondern sie bei der Sorgfalt und Genauigkeit, womit sie angefertigt wurden, auch der regelmäßigen Benutzung
zuzuführen, vorausgesetzt natürlich, daß das dazu verwendete
Papier und die Art ihrer Aufbewahrung eine solche dauernde
und allgemeinere Benutzung überhaupt ermöglicht, was eben
wünschenswert ist. Von vornherein zurückzuweisen ist jedenfalls auch der Vorschlag derer, welche angeraten haben, die
Titelabschriften gleich in den gebundenen Katalog, statt abzuschreiben, einkleben zu lassen. Denn obschon dadurch die Kosten
des Abschreibens erspart, die Gefahren, denen ein Zettelkatalog
in betreff der möglichen Unordnung ausgesetzt ist, vermieden
und die Herstellung des gebundenen Katalogs in kürzerer
Zeit als auf dem Wege des Abschreibens ermöglicht werden
würde, weil das Aufkleben weniger Zeit verlangt als das
Abschreiben, so gehen doch die Titelblätter für etwaigen
späteren Gebrauch gleichfalls verloren. Überdies ist nicht zu
übersehen, daß ein solcher gebundener Katalog mit eingeklebten
Titelblättern weit schwerfälliger als ein abgeschriebener
werden und deshalb für den Gebrauch auch unbehilflicher
sein muß.

Außerordentlich mannigfaltig sind die Mittel und Wege,
die man ersonnen hat, um eine sichere und bequeme Handhabung des Zettelkatalogs herbeizuführen [127]. Fast jede
Bibliothek besitzt in dieser Beziehung ihre eigene Einrichtung;
doch scheint eben dieser Umstand, daß bisher noch keine dieser

Einrichtungen sich zu allgemeinerer Geltung siegreich durch=
zuringen vermochte, dafür zu sprechen, daß ein wirklich nach
allen Seiten hin befriedigendes, unanfechtbares Muster noch
immer der Erfindung harrt, wenn auch dieser oder jener
Aufbewahrungsmodus von den einzelnen Anstalten als
besonders praktisch und empfehlenswert gerühmt werden mag.
Und wenn es nach Keyßer keine Frage ist, daß nicht der lose
Zettelkatalog oder der feste Buchkatalog, sondern irgend eine
kombinierte Form der Katalog der Zukunft sein wird, so ist
eben jene kombinierte Form das Rätsel, welches noch einer
endgültigen Lösung harrt. Zu berücksichtigen wird dabei
freilich stets sein, daß, was an einer kleinen Bibliothek durch=
führbar ist und sich häufig auch wohl bewährt, an großen
Büchersammlungen oft bei dem ersten Versuche scheitert. Aus
der Menge der gebräuchlichen Vorrichtungen wollen wir im
folgenden nur einige Beispiele herausgreifen, welche zeigen
sollen, wie verschiedenartig bisher verfahren worden ist.

Ziemlich verbreitet ist der Brauch, die aus steifem Papier
bestehenden Zettel in Pappkästen, welche der Größe der Zettel
angepaßt sind oder in entsprechende Abteilungen zerfallen
und deren Deckel und Vorderseite zurück= bez. herunter=
geschlagen wird, liegend oder stehend lose aufzubewahren.
Zur Erhaltung der aufrechten Stellung der Zettel empfiehlt
es sich nach Kortüm die Kästen durch mehrere in kleinen
Falzen verschiebbare Zinkblechtafeln in verschiedene Abteilungen
zu scheiden. Um jede Unordnung der Zettel zu verhindern
legte, wie Dziatzko berichtet, auf der Versammlung der eng=
lischen Bibliothekare in Oxford Mr. Cowell aus Liverpool
die Probe eines in einem Kasten aufbewahrten Zettelkatalogs
vor, bei welchem die Zettel durch eine an der Seite hindurch=
geführte dünne Schnur (bezüglich Draht) zusammengehalten
wurden, zugleich aber an der gleichen Stelle je einen schwer
sich öffnenden Schlitz nach dem nächsten Rande hatten, durch
welchen einzelne Zettel ohne Störung des Ganzen heraus=
genommen und neue ebenso eingefügt werden konnten. Sehr
richtig macht jedoch Dziatzko darauf aufmerksam, daß durch

eine solche Einrichtung die Herausnahme von Zetteln seitens Unberufener zwar erschwert, aber nicht verhindert, überdies das Material der Zettel zu stark in Anspruch genommen werde. Nach einer Bemerkung von Kortüm sind unter anderen in den Bibliotheken der Sorbonne zu Paris und der Guildhall zu London die Zettel mittels durchgesteckter und angeschlossener Eisen= bez. Messingdrähte in den Kästen an einander gereiht. Verwandt damit ist die Einrichtung, welche Keysser[128] zunächst probeweise, aber, wie er betont, mit gutem Erfolge, in der Stadtbibliothek zu Köln eingeführt hat und die er folgendermaßen schildert. Die Katalogzettel 0.20 m breit, 0.11 m hoch von leichtem, gelbgetöntem Karton, liniiert, sind an der Vorderseite ihres unteren Randes mit einem 0.02 m breiten Streifen gesteifter, sog. „Kalkier= leinwand" beklebt und genau in der Mitte dieses Streifens mit einer runden Öffnung von 0.01 m Durchmesser versehen; eine ebensolche Öffnung ist an den entsprechenden Stellen der Vorder= und der Rückwand der hölzernen Katalogkästen angebracht. Sobald die Zettel geordnet aufrecht im Kasten stehen, wird eine starke runde Gummischnur, an deren einem Ende ein Metallknopf von 0.015 m Durchmesser angebracht ist, mittels einer langen eisernen Nadel durch Zettel und Kasten hindurchgeführt und in eine unter letzterem — die Kästen laufen auf Kufen — befindliche hölzerne Klammer eingeklemmt, während das vordere Ende durch den Knopf außen festgehalten wird. Die Kalkierleinwand fasert nicht und ist bei normalem Gebrauche des Katalogs kräftig genug, um ein Zerreißen der Zettel zu hindern, zu deren Schonung die nachgiebige Gummischnur überdies noch beiträgt. Bei denjenigen Abteilungen des Katalogs, für welche auf besonders starken Zuwachs zu rechnen ist, wird der reservierte Raum durch gelochte Füllpappen von der Größe der Zettel und einer Dicke von 5 mm ausgefüllt.

Dziatzko[129] hat an der Königlichen und Universitäts= bibliothek zu Breslau als Schutzmittel für die in hölzernen Kästen aufbewahrten und aufrechtstehend an einander gereihten

13*

Zettel ein aus dünnen Stäbchen gebildetes Gitter erprobt,
welches in den obern Rand der Zettelkästen eingelassen wird
und dessen einzelne Öffnungen von so beträchtlicher Weite
sind, daß das Blättern und Lesen in den darunter befindlichen
Zetteln durchaus nicht gehindert, wohl aber die Herausnahme
eines solchen unmöglich gemacht wird. Der gesamte Zettel=
katalog der genannten Bibliothek ist ferner nach Dziatzkos
Beschreibung in Schränken aufbewahrt, welche als Stehpulte
eingerichtet sind und je 21 Schubladen in drei Reihen über=
einander aufweisen. In jeder Lade können etwa 1450 Zettel
von ganz steifem Papier bequem untergebracht werden. Die
Schubladen haben je eine bewegliche Rückwand, welche nach
Maßgabe der eingelegten Zettel vor= oder zurückgeschoben
wird. Eine starke Holzfeder hindert das völlige Ausziehen
der Schubladen; der hinterste Teil derselben, bis zu welchem
jene Rückwand geschoben werden kann, bleibt nämlich immer
leer und im Inneren des Pultes, um das Gewicht des vor=
deren Teiles, wenn er ausgezogen ist, zu vermindern. In
Leiden reichen nach Kortüm die in der Mitte durch eine feste
Scheidewand getrennten Zettelkästen durch die 80 cm tiefen
Tische hindurch und können von beiden Seiten eingesehen
werden, ohne daß ein Herausnehmen der Kästen nötig ist, da
der im Tische steckende Teil das Gegengewicht bildet.

In Gießen wurde neuerdings auf Veranlassung des
dortigen Oberbibliothekars Haupt[130] eine Katalogkapsel neu
konstruiert und auf der Universitätsbibliothek eingeführt,
welche nach dem Genannten folgende Eigentümlichkeiten
besitzt (s. Fig. 26).

Dieselbe ist 18 cm hoch, 15.5 cm breit, 15 cm tief, aus
grauer Papierpappe verfertigt und an den Kanten mit
Kalikostreifen eingefaßt. Aus den zwei feststehenden starken
Seitenwänden (von 0.7 cm Dicke) lassen sich die Vorder= und
Rückseite der Kapsel durch schwächere mit starken Leinenbändern
befestigte Seitenflügel ein= und ausschieben, so daß Vorder=
und Rückseite für sich bewegt werden kann. Der Deckel ist
an der Rückseite befestigt, schließt staubsicher und steht, wenn

die Hinterwand angezogen ist, senkrecht auf der Standortsfläche der Kapsel auf, für die Rückwand so zugleich eine Stütze abgebend. An der Vorderwand ist ein starkes Leinenband in den Pappendeckel eingelassen, um als Handhabe für das Herabnehmen der Kapseln von den Gestellen zu dienen. Indem es durch die Beweglichkeit der Vorder- und Rückwand möglich wird die Katalogblätter, welche stets in zwei gesonderte Gruppen auseinanderfallen, in der bequemsten Weise zu durchblättern, ist die Versuchung, einzelne Blätter den Kapseln zu entnehmen, fast ausgeschlossen. Um jedoch ganz sicher zu gehen, ist auf dem Deckel jeder Kapsel noch ein Zettel mit der gedruckten Mahnung angebracht, das Herausnehmen der Zettel zu unterlassen.

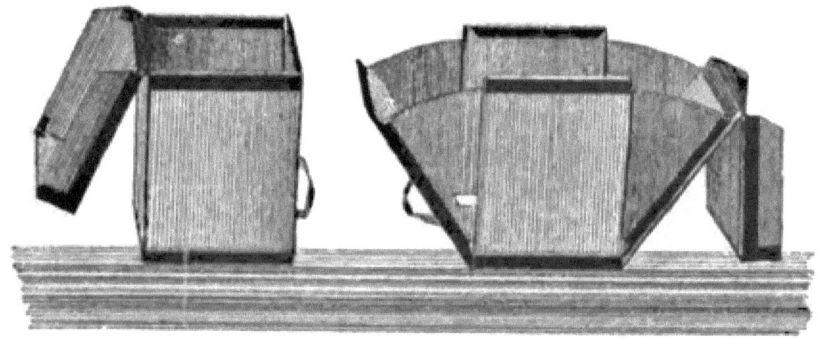

Fig. 26. Katalogkapsel der Universitätsbibliothek zu Gießen.

Nach dem Vorbilde von Marburg werden an der Universitätsbibliothek zu Halle, wie dies O. Hartwig [131] beschrieben hat, die Zettel in Päckchen zwischen zwei starke blaue Papierstreifen von gleicher Größe aufeinandergelegt und dann an ihrem unteren Drittel mit einem dauerhaften Bande, an dem sich eine Schnalle befindet, fest zusammengeschnürt. Auf dem oberen blauen Pappdeckel stehen auf einem weißen aufgeklebten Papier die Anfangsbuchstaben der Schlagwörter des ersten und letzten der in dem Pakete befindlichen Zettel. Die Stärke dieser Pakete ist im Maximum durch die Höhe der oblongen Pappkästen bestimmt, in denen sie aufbewahrt werden.

Dieselben sind der Breite und Länge der Zettel entsprechend, außen 215 mm lang und 95 mm hoch, eben so breit. Die Pakete haben dabei im Innern genügenden Spielraum. Der Kasten ist nur an drei Seiten geschlossen, unten, der Kopfseite gegenüber, offen, zum Einschieben des Pakets. Am Kopfe desselben sind nach außen mit weitsichtbaren Patentbuchstaben die Schlagwörter angebracht, welche auch das Paket im

Fig. 27. Repositorium für den Zettelkatalog der Universitätsbibliothek zu Halle a. d. S.

Innern trägt. Diese Kästen, von denen die obere und untere Seitenfläche an dem offenen Ende etwas ausgeschnitten sind, damit das im Kasten steckende Paket leicht zu greifen und herauszuziehen ist, sind in einem hölzernen Repositorium alphabetisch aufgestellt, so daß in jedem kleinen, durch dünne Brettchen getrennten Fache ein Kästchen sitzt (s. Fig. 27). Das Repositorium, welches für 450 Kästchen Platz hat und noch beliebig erweitert werden kann, bedeckt an der Wand des Beamtenzimmers eine Fläche von 1.₃₃ m Höhe und von 5.₁₂₅ m Länge und ist 0.₂₃ m tief. Ein vollständig ähnliches ist mit einem zweiten Exemplare des Zettelkatalogs im Lesesaale für das Publikum aufgestellt.

Wir begnügen uns mit diesen Beispielen, um mit einer kurzen Bemerkung über Papier und Größe der Zettel diesen Abschnitt dem erwünschten Schlusse zuzuführen. Für jede Art der Zettel, seien es steife oder biegsame, ist die beste Sorte Papier gerade gut genug. Je stärker die vorauszusetzende Benutzung ist, um so sorgfältiger ist die Papierfrage vor Inangriffnahme der Katalogisierung in Erwägung zu ziehen, wobei der Kostenpunkt stets eine untergeordnete Rolle spielen sollte. An einzelnen Bibliotheken hat man für die Verweiszettel farbiges Papier gewählt, um jene schon äußerlich den Hauptzetteln gegenüber kenntlich zu machen, ein Verfahren, welches manches für sich hat. Was die Größe der Zettel anlangt, so ist diese nicht minder verschieden als die Art und Weise der Aufbewahrung. Wenn Keyßer eine Größe von 0.₁₄—0.₁₅ m zu 0.₉—0.₁₀ m auf alle Fälle für ausreichend hält, so geht er von der ausdrücklichen Meinung aus, „daß die Titel meist gekürzt gegeben und bibliographische Notizen fast regelmäßig fortbleiben können". Wo hingegen auf die möglichst genaue Wiedergabe der Titel sowie auf die nötigen Ergänzungen besonderes Gewicht gelegt wird, da darf natürlich auch der Umfang der Zettel nicht allzu dürftig bemessen werden, falls man nicht mit dem verfügbaren Raume in Verlegenheit kommen, oder den Ausweg, für ein Werk mehrere Zettel zu verwenden, allzu häufig beschreiten soll. Ein einheitliches Zettelformat hängt eng zusammen mit der Frage einer einheitlichen Aufbewahrungsweise. Vorläufig hält noch manche Bibliothek 0.₂₀ m Länge und 0.₁₅ m Breite für das richtige Maß, während beispielsweise amerikanische Bibliotheken noch nicht einmal die Hälfte jenes Maßes für ausreichend und zweckentsprechend erachten.

D. Spezialkataloge.

Sind die drei Universalkataloge fertig, dann kommt die
Reihe an die Spezialkataloge, zu denen, soweit es sich um
gedruckte Bücher handelt, in erster Linie der Inkunabeln=
katalog gehört. Wir haben bereits oben, wo von der Kata=
logisierung der Bücherbestände im allgemeinen die Rede war,
darauf hingewiesen, daß die Inkunabeln eine eigene Behand=
lung für sich erfordern und daß bei ihrer Verzeichnung einige
besondere Vorschriften genau zu beachten sind. Es hat dies
darin seinen Grund, daß jene sogenannten Wiegendrucke vor
allem einen Titel im heutigen Sinne des Wortes nicht besitzen.
Alles, was zu einer genauen Katalogisierung eines solchen
Buches (Taf. 5) notwendig ist, muß sich daher der Kata=
logisierende in jedem einzelnen Falle oft mühsam zusammen=
suchen und den Zettel daneben unter Beihilfe bibliographischer
Werke noch sorgfältig ergänzen. Die auf die Herkunft des
Buches bezüglichen Daten finden sich meistens in der Schluß=
schrift (Kolophon, Rubrum) angegeben, welche aber durchaus
nicht immer vollständig ist, wie denn auch die Blatt= und
Seitenzahlen, Signaturen, Kustoden, Kolumnentitel rc. häufig
weggelassen und die neuen Auflagen selten genauer gekenn=
zeichnet werden. Ferner verursacht die Feststellung des
Formates oft große Schwierigkeiten, da man in jener Zeit
die Brechung des Bogens noch nicht kannte, während die
einzelnen Lagen wiederum selbst in einundbemselben Buche
sich durchaus nicht immer gleichbleiben. Der Name des
Verfassers endlich ist, soweit er sich nicht im Rubrum an=
gegeben findet, bald in der Vorrede, bald in der die Stelle
jener vertretenden Epistel oder am Schlusse beider und unter
Umständen auch des dem Texte vorangehenden Registers oder
auch im Texte selbst zu suchen, wobei Irrtümer oder Undeut=
lichkeiten in der Nennung des Verfassers nicht ausgeschlossen
sind. Häufig aber wird man trotz alles Suchens den Namen
nicht im Buche selbst, sondern nur auf dem Wege biblio=
graphischer Nachforschung ermitteln können. Dabei wird

1. **Ausführliche Beschreibung.**

> P. Terentii Afri Comoediae cum Aelii Donati grammatici inter-
> pretatione. Venetiis, Andr. de Asula et Bartholom. de Alexandria.
> 1483. fol.
>
> Provisorische Nummer: 283.
>
> V. Hain 15394. — F. 1 a (c. sign. aii) „TERENTII VITA ||
> () VBLIVS TERENTIVS AFER CARTHAGINE NATVS:
> SERVIVIT RO | mae" etc. Vitam seq. notitia de comoedia
> etc.; f. 3 b „AELII DONATI GRAMMATICI CLARISSIMI.
> SEX. P. TERENTII AFRI | COMOEDIAS EXAMINATA
> INTERPRAETATIO. |" Deinde post 3 lin. comment.
> „ANDRIAE PROLOGVS. " POETA Quum primum animum ||
> Ad /cribendum" etc.; f. 125 a „Publii Terentii aphri poetæ
> comici liber fœli | citer explicit: ac eiu/dem poetæ ulta
> Venetiis || impre//a impendio diligentinqs Andrew de || A/ula:
> Bartholomeiqs de alexandria /ociorū · Anno /alutis dominicæ.
> M. CCCC. LXXX || III. pridie nonas decembris." Eod. f. a
> registr. et insign. typogr. f. r. ch. maj. et min. c. /. text. a
> comment. circumd. 45 l. text. 62 l. comment. 125 ff. — Lbbb.
> (4½ M. antiquar.)

2. **Abgekürzte Beschreibung.**

> P. Terentii Afri Comoediae cum Aelii Donati grammatici inter-
> pretatione. Venetiis, Dionysius & Peregrinus Bononienses. 1485.
> fol.
>
> Provisorische Nummer: 284.
>
> So wie bei Hain 15396. — Lbbb. (3 M. Auft.)

Taf. 5. Probe von Inkunabelnbeschreibungen.

Hains mit Recht gepriesenes und in jedem Falle, auch wenn
die gewünschten Angaben in dem zu katalogisierenden Buche
zu finden sind, nachzuschlagendes Repertorium bibliographicum
die ausgezeichnetsten Dienste leisten, da es so vorzügliche
Muster der Beschreibung von Inkunabeln bietet, daß anerkanntermaßen der längere Gebrauch dieses Buches den
Anfänger besser, als es irgendwelche theoretische Regeln vermögen, in die Methode, wie Inkunabeln zu katalogisieren
sind, einzuführen geeignet ist. Dennoch möge der Vollständigkeit halber noch auf Folgendes hingewiesen sein. Nächst dem
Verfassernamen bez. dem sachlichen Stichworte und der Angabe
des Inhaltes ist die diplomatisch getreue d. h. die Orthographie, die Abkürzungen und Zeilenabsätze (letztere durch
einen senkrechten Strich) berücksichtigende Anführung der

Anfangsworte des Textes, sowie der Schlußschrift und die
Erwähnung des Buchdruckerzeichens und der Typenform
erforderlich; es folgt die Bezeichnung des Druckortes, Druck=
jahres und des Druckers; sodann ist anzugeben, ob das Buch
Kustoden und Signaturen [132] habe, ob es foliiert oder paginiert
sei, aus wie vielen Blättern oder Seiten, die leeren mit ein=
gerechnet, das Buch bestehe, ob die Seite in fortlaufenden
Zeilen gedruckt, oder in zwei oder mehr Spalten geteilt
sei, wie viele Zeilen auf eine volle Druckseite gehören; daran
schließen sich Vermerke über Rubrizierung, Kolorierung, über
Miniaturen und Handrubriken, über die Art des Einbandes
und Erhaltung des betreffenden Exemplars, ob es auf
Pergament oder Papier gedruckt sei, in letzterer Beziehung
womöglich auch, zumal bei undatierten Drucken, welche
Wasserzeichen [133] das Papier habe, da dies zur annähernden
Bestimmung des Datums nicht ohne wesentlichen Nutzen ist.
Ein Hinweis auf etwaige Seltenheit (editio princeps) oder
den Preis des Buches nebst sonstigen historisch=litterarischen
Notizen wird immer am Platze sein. Desgleichen ist die
Hinzufügung der Zitate des Hainschen Werkes oder der
Panzerschen Annales typographici [134] nicht zu unterlassen,
und zwar um so weniger, als sich einesteils, wo die zur
Verzeichnung vorliegende Inkunabel mit der von Hain oder
Panzer beschriebenen in allen Stücken genau übereinstimmt,
die Titelabschrift, unter Hinweis auf diese Übereinstimmung,
nicht unbedeutend abkürzen läßt, andernteils dagegen, wo
eine solche Übereinstimmung nicht vorhanden ist, durch das
Zitat eine stete Mahnung zur gelegentlichen Feststellung der
Differenzpunkte gegeben bleibt.

Was schließlich das Ordnen der Zettel zu einem Inkunabeln=
katalog anlangt, so ist bei den Wiegendrucken deren Beziehung
zur Geschichte der Buchdruckerkunst ohne Zweifel derjenige
Punkt, von dem ihre mehr oder minder große Wichtigkeit
zunächst abhängig ist und um dessentwillen überhaupt ihre
Trennung von den übrigen Büchern erst gerechtfertigt
erscheint. Denn in Ansehung ihres vorzüglichen kritischen

Wertes, den man dem größeren Teile der Inkunabeln zwar gewiß nicht absprechen darf, stehen diese gleichwohl mit vielen anderen Drucken des sechzehnten und der folgenden Jahrhunderte, die man aber deshalb doch nicht von den übrigen Büchern abscheidet, auf ziemlich gleicher Stufe. Darum möchte auch, wie Molbech treffend bemerkt, jene Beziehung der Inkunabeln zur Geschichte der Buchdruckerkunst als der allein richtige Gesichtspunkt angesehen werden müssen, von dem man bei ihrer Ordnung auszugehen hat. Am zweckmäßigsten wird es in dieser Rücksicht sein, zuerst diejenigen Inkunabeln, deren Drucker und Druckort sicher bekannt sind, von den unbekannteren abzutrennen und sodann — während von den letzteren, in Erwartung der von der Wissenschaft darüber später noch zu gebenden Aufklärungen und Erläuterungen, die datierten einstweilen in chronologischer und die undatierten in alphabetischer Reihenfolge zusammengefaßt werden — die ersteren nach Druckoffizinen, so gut es angeht, chronologisch zu gruppieren, und diese Gruppen wieder geographisch zu ordnen, wobei dasjenige Land, welches die ältere Druckoffizin aufzuweisen hätte, stets den Ländern mit jüngeren Druckoffizinen voranzustellen wäre. Auf diese Weise würde man ein recht deutliches Bild von dem Gange erhalten, den die Buchdruckerkunst bei ihrer ersten Ausbreitung von einem Lande zum anderen genommen hat. Allerdings wäre für ein solches Verfahren eine in möglichster Vollständigkeit vorhandene Inkunabelnsammlung die notwendige Voraussetzung, die freilich nur selten eintreffen dürfte; in allen sonstigen Fällen wird daher die Ordnung nach der alphabetischen Folge der Länder und innerhalb dieser der Städte vorzuziehen sein. Die Holztafeldrucke oder Xylographen ordnet man füglich vor den Inkunabeln und wohl am richtigsten nach der mutmaßlichen Zeitfolge ihrer Entstehung.

Nach Herstellung eines solchen topographischen Inkunabelnkatalogs würden die dazu verwendeten Zettel zu einem alphabetischen Zettelkatalog der Wiegendrucke zu vereinigen sein. Man hat daneben noch Verzeichnisse der undatierten und

der nur teilweise datierten Drucke, der nicht zweifellos
bestimmten und der ganz unbestimmten Drucke, der Drucke
von besonderer Seltenheit, insbesondere je ein Verzeich=
nis der Pergamentdrucke und der künstlerisch besonders
ausgestatteten Drucke, ferner der inhaltlich besonders merk=
würdigen Drucke, der typographisch hervorragenden Drucke,
der Einblattdrucke und endlich einen Sprachenkatalog d. h.
ein Verzeichnis der Inkunabeln nach der Sprache des Textes
in Vorschlag gebracht. Wo, wie in Leiden, die geschriebenen
Zettel gedruckt und zum Gebrauche der Bibliothek in einer
Anzahl von Exemplaren abgezogen werden, da ist die
Beschaffung solcher Einzelverzeichnisse überaus einfach und
leicht, namentlich wenn man sie in Form von kleineren Zettel=
katalogen anlegt. Bibliotheken dagegen, welche sich auf die
ausschließlich handschriftliche Herstellung der Zettel beschränken
— und dieses Verfahren bildet die Regel —, dürften durch=
schnittlich wohl selten in der Lage sein, so weitgehende
Ansprüche in Bezug auf eine einzige Klasse von Büchern zu
befriedigen.

Denn gar mannigfaltig sind außerdem noch die Bedürfnisse,
welche in Bezug auf Specialkataloge an sie herantreten. Wo
Kupferstiche [135] und Porträts [136] in größerer Zahl vorhanden
sind, werden besondere Verzeichnisse dieser notwendig sein;
wo Landkarten eine reichere Vertretung gefunden haben, macht
sich häufig auch die Forderung nach einem eigenen Katalog
derselben immer dringender geltend. Dazu kommen an den
größeren Bibliotheken, abgesehen von den Doubletten= und
Defektenlisten, welche nicht eigentlich hierher gehören, ein
Verzeichnis der vorhandenen Zeitschriften [137], welches viel=
fach für den Gebrauch des Publikums gedruckt wird, ferner
der Programme und Dissertationen, sofern diese für sich auf=
gestellt sind, und — last not least — ein Katalog der
Handschriften.

Über die Behandlung der Schulprogramme und der
Dissertationen herrschen unter den Sachverständigen noch
immer verschiedenartige Ansichten. Während die Einen der

gesonderten Aufstellung beider das Wort reden, weil sonst der
wissenschaftliche Katalog namentlich durch die Dissertationen
eine Überladung mit zumteil minderwertigem Materiale er=
fahren würde, befürworten die Anderen die vollständige Einver=
leibung derselben unter die übrigen Bücher und ihre Aufnahme
in den allgemeinen Realkatalog. Hierbei verursacht wiederum
die Frage, wie die Programme innerhalb des letzteren unter=
zubringen seien, erneute Schwierigkeiten. Da dieselben nämlich
aus zwei von einander vollständig unabhängigen Teilen bestehen,
so muß notwendigerweise der eine Teil bei der Aufstellung zu
kurz kommen, indem man entweder die Schulnachrichten bei=
seiteläßt und die Programme demjenigen wissenschaftlichen
Fache zuweist, zu welchem die darin befindliche Abhandlung
gehört, oder aber diese nicht berücksichtigt und die Programme
zu den einzelnen Schulen stellt. Für das erstere Verfahren
hat sich E. Förstemann [135] in der Weise erklärt, daß er die
Schulprogramme in Pakete geschnürt den einzelnen wissen=
schaftlichen Fächern am Schlusse angereiht wissen will, während
J. Petzholdt in einer Besprechung des Förstemannschen
Vorschlags dafür eingetreten ist, dieselben in der Pädagogik
bei den bezüglichen Schulanstalten stehen zu lassen, da sie eben
Kundgebungen der Schulen über ihre geschichtlichen, statistischen
und sonstigen Verhältnisse seien und selbst die wissenschaftlichen
Abhandlungen nur als documenta eruditionis der Lehrer
betrachtet werden müßten, aus denen sich der wissenschaftliche
Stand des betreffenden Lehrerkollegiums und damit der
betreffenden Anstalt beurteilen lasse. Es ist jedoch nicht zu
leugnen, daß diese letztere Erklärung etwas Gekünsteltes an
sich trägt; denn die wissenschaftlichen Abhandlungen der
Programme haben zweifellos im Durchschnitt eine höhere
als jene rein äußerliche und lokale Bedeutung. Daß, wenn
man sie ausschließlich zur Pädagogik stellt, die übrigen
Fächer, wenigstens zumteil, empfindliche Verluste erleiden,
darf als eben so gewiß angesehen werden wie es anderseits
bedauerlich erscheinen müßte, wenn die einzelnen Programme
einer Anstalt bei der ausschließlichen Rücksichtnahme auf ihren

Inhalt innerhalb der verschiedenen Abteilungen der Biblio=
thek zerstreut würden. Nun giebt es allerdings noch den
Ausweg, für die wissenschaftlichen Abhandlungen besondere
Unterzettel zu schreiben, welche für die Fächer als Verweise
zu verwerten wären, während die Programme bei der
Pädagogik bleiben könnten. Sollen aber Programme und
Dissertationen zugleich eine solche Behandlung erfahren —
und man wird doch auch die Dissertationen gern bei den
einzelnen Universitäten gesammelt sehen —, dann würde der
wissenschaftliche Katalog ganz außerordentlich weitschichtig
anzulegen sein und durch jene Litteratur vielfach geradezu
überwuchert werden, zumal neuerdings zu dem nationalen noch
der internationale Austausch der Dissertationen hinzuzutreten
begonnen hat. Aus diesen Gründen scheint dasjenige Ver=
fahren, welches den Programmen wie den Dissertationen
eine eigene Aufstellung zuteil werden läßt, das angemessenste
zu sein. Man scheide die Programme nach den Anstalten,
die Dissertationen nach den Universitäten und innerhalb
dieser nach den Fakultäten; für die Systematisierung beider
mögen gute gedruckte Verzeichnisse sorgen. Für die Anlage
der Dissertionenkataloge ist neuerdings eine große Erleich=
terung dadurch geschaffen, daß von den offiziellen Verzeichnissen
der deutschen und französischen akademischen Schriften ein=
seitig bedruckte Exemplare abgegeben werden, aus welchen die
Titel nur herausgeschnitten und auf Zettel aufgeklebt zu
werden brauchen, um für den Katalog nutzbar gemacht zu
werden, eine Einrichtung, die man mit Recht auch für die
Programme empfohlen hat.

Wenn wir uns schließlich zu dem Handschriftenkatalog [139]
wenden, in welchem die wertvollsten Schätze der Bibliothek
zu verzeichnen und für das Publikum nutzbar zu machen
sind, so müssen wir von vornherein darauf hinweisen, daß
die ausführlichere Beschreibung der Handschriften, auf die
wir an dieser Stelle unser Augenmerk zu richten haben, sich
in der Regel nicht ohne ausgedehntere wissenschaftliche
Forschungen ermöglichen läßt. Es wird sich daher der

Bibliothekar bei der Katalogisierung der Bibliothek in den meisten Fällen vorerst mit einer kürzeren Beschreibung der Manuskripte so lange begnügen müssen, bis es ihm vergönnt ist, die eingehendere Bearbeitung derselben zu einem auch strengeren Anforderungen genügenden Spezialkatalog, welche neben seinen sonstigen dienstlichen Obliegenheiten seine Kräfte übersteigen und seine Zeit über die Gebühr in Anspruch nehmen würde, einem sachverständigen Gelehrten zu über= tragen. Was nun jene kürzere Verzeichnung (Taf. 6) anlangt, für welche der freilich fast etwas· zu kompendiöse Ebertsche Katalog der Griechischen und Römischen klassischen Hand= schriften der Wolfenbütteler Bibliothek als eine Art Muster aufgestellt zu werden pflegt, so sind an dieselbe etwa folgende Anforderungen zu stellen, soweit sich diesen, wie gesagt, ohne langen Aufenthalt entsprechen läßt. Nachdem man zuvörderst die Handschrift durchgehends foliiert und sich bei der Durch= blätterung im allgemeinen über den Inhalt nach seinem Äußeren orientiert hat, bringe man zunächst eine kurze Angabe des Inhaltes, sowie die Anfangsworte des Textes und die Schlußschrift. Dann gebe man an, ob Scholien, Marginalien und dergleichen beigefügt sind, wer die Handschrift geschrieben habe, oder ob sie von verschiedenen Schreibern gefertigt, ob sie in fortlaufenden oder gebrochenen Zeilen (Spalten) geschrieben ist, ob sie Miniaturen enthalte und wie viele, ob sie Unikum oder bloße Kopie ist. Darauf folge — immer wieder unter der Voraussetzung, daß dies ohne zeitraubende Untersuchungen und Vergleichungen geschehen kann — die Angabe des Datums und Jahres oder Jahrhunderts, wann die Handschrift zu schreiben angefangen oder vollendet wurde, des Stoffes derselben, ob Papier oder Pergament u. s. w., der Zahl ihrer Blätter oder Seiten, und ob und wie sie bereits aus früherer Zeit her nach Blättern oder Seiten bezeichnet ist. Hieran schließt sich die Angabe des Formates, welches freilich nur bei Handschriften auf Papier mit einiger Sicherheit bemessen, sonst aber bloß nach dem Augenmaße von ungefähr bestimmt werden kann, falls man nicht, wie

1. Kürzere Beschreibung einer Handschrift nach Ebert (aus dessen Bibliothecae
Guelferbytanae codices graeci et latini classici. Lipsiae 1827).

57. Aristotelis organon, graece.

Insunt: Κατηγορίαι (quarum initium abest, incipiunt enim a cap. VI),
περὶ ἑρμηνείας, ἀναλυτικὰ πρότερα, ἀναλυτικὰ ὕςερα,
τοπικὰ, σοφιςικοὶ ἔλεγχοι, quorum finis deest. Addita sunt scholia
graeca permulta cum marginalia tum interlinearia. — Membr. in fol.
min. sec. XIII. Fuit quondam Man. Chrysolorae, qui nomen in ultima
pagina adscripsit. Usus illo est Buhle in sua edit. (Gud. gr. 24.)

2. Ausführlichere Beschreibung einer Handschrift nach Schum (aus dessen
Beschreibendes Verzeichniss der Amplonianischen Handschriften-
Sammlung zu Erfurt. Berlin 1887).

15. Pergament 2° == Anf. d. 14. Jh. 223 Bl.; italienischer Herkunft.

*Einb.: Holzdeckel mit grünem Lederüberzug, Kramme u. Kette; vorn
innen aus dem späten 14. Jh.:* Problemata Aristotelis cum glosa .....,
valent decem florenos ponderosos, magistri Wycboldi in artibus et
medicina professi, prepositi Bratuescensis, canonici ecclesiarum Mona-
steriensis et Osnaburgensis atque omnium sanctorum castri Pragensis;
hinten innen dem Catalogus Amplonii entsprechend: 17. philosophie
naturalis, *wonach*

Item commenta egregia Petri de Ebano Paduani super 37
libris de problematibus Aristotelis et per consequens super
omnibus libris de problematibus et sunt valde rara et accepta.

Anfang: Iuxta sentenciam Aristotelis in prohemio — Petrus Paduanensis
prefatum librum — elegantissime declaravit — Nos igitur — illam autem
exposicionem manibus propriis mihi scribere dignum duxi, ne malorum
scriptorum corrupciones dampnose delectacionem meam in istius libri
studio minorarent librumque prenominatum secundum illius — propono —
scolaribus studii Parisiensis verbotenus explicare — gracias adipisci.
Inquit magister Paduanensis Petrus: forma in hoc opere — dicens, que
est causa etc. *Ende:* talem colorem repandat vel alterum, *in grosser
Minuskel mit weiten Zwischenräumen:* Expl. exposicio succincta compi-
lacionis probl. Arist. quam Petrus condidit Padubanensis, ea, nullo
prius interpretante, incepta Parisius et laudabiliter Padue terminata
anno legis christianorum M°C°C°C°X° cum laude Dei altissimi, cujus
nomen sit benedictum per secula, amen.

*Von 2 Händen, von denen die erste eine stark zur Cursive neigende
Kurrentschrift, die andere eine mittelgrosse ital. Minuskel führt, 2sp.
in rollst. Illeilinienschema; Pergament ital., Tinte grünlich; reichlicher,
aber einfacher Schmuck in Rot und Blau; auf jedem Blatte eine Über-
schrift in abwechselnd roten und blauen Majuskeln. Zählung der Probleme
durch arabische Zahlen auf dem Rande, bis Bl. 220 alte Foliierung mit
arabischen Zahlen; Hefte zumeist 5 und 6, doch auch 3 und 4 Lagen
stark; Eckwortkustoden; Zählung der Hefte durch rote Buchstaben und
zwar von o bis z und von o rückwärts bis a, dazu Numerierung der
Lagen durch schwarze arabische Zahlen; ein Fehler im Binden Bl. 49
und 128 in eigener Weise gekennzeichnet.*

Bl. 222° in roter Schrift: Littere partiture sunt XL, littere cudubus*)
tractibus VIII^cc (== 800), littere parve cum paraphis II melia et V^cc
(500)*) statt cum duobus.

dies ratsam ist, vorzieht, Höhe und Breite nach Millimetern anzugeben, des Einbandes, jedoch nur für den Fall, daß derselbe besondere Eigentümlichkeiten aufweist, ferner des früheren Besitzers und wie die Handschrift in dessen Besitze signiert gewesen ist, des Preises, für den sie erworben worden ist, sowie zuletzt der Stellen, wo etwa die Handschrift schon ausführlicher beschrieben, und ob und wie, wann und wo dieselbe bereits benutzt worden ist. Anders und größer sind hingegen die an die ausführlichere Handschriftenbeschreibung zu stellenden Anforderungen, die je nach der Wichtigkeit und dem Alter der Handschrift mehr oder minder gesteigert werden müssen (Taf. 6). Eine solche Beschreibung hat nicht nur alle für das kürzere Verfahren vorgeschriebenen Angaben wiederholt in den Kreis ihrer Forschung zu ziehen, um das, was sich davon nicht schon früher ohne längeren Aufenthalt hatte ermitteln lassen, mit Hilfe eingehenderer Studien genauer festzustellen, sondern auch die Beantwortung der Fragen teils über den richtigen Titel der Handschrift, der oft große Schwierigkeiten bietet, teils über den Verfasser und die Zeit der Abfassung des darin enthaltenen Werkes, teils über die graphischen Kennzeichen und sonstigen Kriterien des Alters undatierter oder falsch datierter Handschriften zu versuchen, und mit Zurateziehung der etwa von einem handschriftlichen Werke bereits vorhandenen Drucke zu bestimmen, ob die Handschrift den vollständigen und richtigen Text oder einen später vermehrten, umgearbeiteten, auszüglichen enthalte, und ob etwa neue Aufschlüsse für die Wissenschaft aus ihr zu erwarten seien. Dies letztere sind alles Dinge, deren Er= örterung auf die Bestimmung des größeren oder geringeren Wertes einer Handschrift von wesentlichem Einflusse ist und darum nicht mit Stillschweigen übergangen werden darf.

Nach erfolgter Aufnahme des Handschriftenbestandes wird die Ordnung desselben etwa in folgender Weise vorzunehmen sein. Da bei den Handschriften nicht wie bei den gewöhn= lichen Büchern der Inhalt das einzig wesentliche ist, sondern außer diesem namentlich ihr Alter und ferner auch die

Sprachen, in denen sie verfaßt sind, hauptsächlich mit in
Betracht kommen, so ist es geraten, sie, mit Ausschluß der
Urkunden und Autographen, die ihre eigene Ordnung ver=
langen, nach Eberts Vorschlag zuerst sämtlich nach dem Alter
ihrer Verfasser in zwei Klassen, nämlich in ältere und neuere,
abzuteilen und die Scheidegrenze dieser Klassen etwa in die
Zeit der Erfindung der Buchdruckerkunst, in deren Folge die
Handschriften bekanntlich eine ganz andere Bedeutung als
früher erhalten haben, also ungefähr auf den Ausgang des
fünfzehnten Jahrhunderts zu verlegen. Sodann teile man
die älteren wieder nach Sprachen und innerhalb der Sprachen
nach den wissenschaftlichen Fächern des für die Bibliothek
angenommenen bibliographischen Systemes, und reihe sie
innerhalb dieser Fächer in annähernd chronologischer Folge
an einander, wogegen die neueren Handschriften, ohne weitere
Berücksichtigung ihrer Sprache, gleich von vorn herein in die
wissenschaftlichen Fächer und vielleicht auch einige wenige
Unterabteilungen zerlegt, und innerhalb dieser Fächer bezüg=
lich Unterabteilungen ebenfalls nach der ungefähren Zeitfolge
geordnet werden können. Weniger zweckmäßig dürfte es sein,
die Handschriften, wenn sie in größeren Partien zur Biblio=
thek gekommen sein sollten, je nach Maßgabe ihrer Her=
stammung in gewissen Gruppen beisammen zu lassen. Man
würde sich zwar dadurch, zumal wenn solche Gruppen bereits
von früher her numeriert und wohl gar in einem gedruckten
Katalog verzeichnet wären, den Vorteil sichern, stets in Bezug
auf ihre Herstammung, deren Kenntnis bei Handschriften
von großer Wichtigkeit werden kann, nicht nur außer Zweifel
zu sein, sondern auch der etwaigen historischen Erläuterungen,
die sich bei einem solchen Beisammenlassen die einzelnen
Handschriften gegenseitig gewähren mögen, gewiß zu bleiben.
Allein man wird diese Vorteile in nahe gleichem Maße auch
durch Aufzeichnung der auf die Herstammung und dergleichen
bezüglichen Bemerkungen auf den Titelabschriften und in den
Handschriften selbst erreichen können, und dafür nach Be=
seitigung jener Gruppen und durch unnachsichtliches Zusammen=

fassen alles dessen, was an Alter, Sprache und Inhalt mit
einander verwandt ist, eine bequeme wissenschaftliche Über=
sichtlichkeit über den gesamten Handschriftenvorrat, wie eine
solche bei Gruppierung der Handschriften nach ihrer Her=
stammung nie möglich ist, erzielen.　Die Chirotypen finden
ihre passendste Stelle bei denjenigen Handschriften, zu denen
sie in der nächsten Beziehung stehen.　Die Ordnung von
Urkunden und Autographen ist für gewöhnlich noch weit
einfacher als die von Handschriften: die ersteren ordnet man,
wenn nicht besondere Gründe etwas Anderes erheischen, bloß
nach der Zeitfolge, die Autographen, da diese ausschließlich
biographischen Wert besitzen, ganz in derjenigen Weise, welche
man für die Ordnung der gedruckten biographischen Werke
gewählt hat.　Ist nun die Anfertigung des Spezialkatalogs
für die Handschriften vollendet, so würden, wie bei dem
Katalog der Bücher, die zur Unterlage gebrauchten Zettel
alphabetisch zu ordnen und hierauf passender Weise, wie dies
im Regulativ für die Staatsbibliotheken Italiens vorgeschrieben
ist, mit dem allgemeinen alphabetischen Katalog zu einem
einzigen Alphabete verschmolzen werden können.

Nachdem wir im Vorstehenden die wichtigsten Punkte über
die Einrichtung der Universal= und Spezialkataloge einer
Bibliothek namhaft gemacht haben, könnten wir nunmehr
sogleich einen Schritt weiter gehen und die definitive Auf=
stellung der Bücher in Betracht ziehen.　Ehe wir dies jedoch
thun, möchten wir zum Schlusse noch eine Frage berühren,
die ihrer Wichtigkeit und allgemeinen Bedeutung halber um
so mehr eine kurze Erörterung dringend erheischt, als die
Sachverständigen noch immer durchaus verschiedener Meinung
über dieselbe sind — wir meinen die Drucklegung von Kata=
logen.　So allgemein einverstanden man nämlich auch darüber
zu sein scheint, daß jede Bibliothek, welcher es die Verhält=
nisse nur irgend gestatten, sich aufgefordert fühlen, ja es als
eine Art Verpflichtung betrachten müsse, von ihrem Hand=
schriftenvorrate sei es einen ausführlichen Katalog oder
mindestens ein kürzeres Verzeichnis, vielleicht nach dem

Muster der bereits früher erwähnten Ebertschen Schrift über
die klassischen Griechischen und Römischen Handschriften der
Wolfenbütteler Bibliothek, durch den Druck bekannt zu machen,
was auch von seiten zahlreicher auf diesem Gebiete wichtigerer
Bibliotheken thatsächlich geschehen ist[140], ebenso uneinig ist
man in Bezug auf die Beantwortung der Frage, ob es nötig
oder mindestens zweckmäßig sei, in dieser Weise auch die
Verzeichnisse der gedruckten Bücher zu veröffentlichen[141].
Diejenigen, die lediglich das Interesse des Publikums im
Auge haben, für welches die Herausgabe solcher Kataloge
unleugbar von entschiedenem Nutzen ist, haben jene Frage
mit allem Nachdrucke bejaht, Andere dagegen mit gleichem
Nachdrucke verneint. Diese Letzteren behaupten nämlich,
daß die auf den Druck der Kataloge zu verwendenden, nicht
unerheblichen und mithin die Bibliotheksfonds bedeutend
schmälernden Geldkosten nicht im Verhältnisse stehen zu den
Vorteilen, welchen die Kataloge, die ohnehin leicht veralten
und daher teils durch Supplemente ergänzt, teils endlich
durch ganz neue Kataloge wieder ersetzt werden müssen,
überhaupt gewähren können.

Daß gedruckte Kataloge rasch veralten, ist zweifellos; nicht
minder, daß die fortwährende Ergänzung durch Nachträge
für die Übersichtlichkeit derselben nicht gerade förderlich wirkt;
auch sind gedruckte Kataloge kostspielig. Auf der andern
Seite dagegen lassen sich dieselben, wie man sehr richtig
bemerkt hat, insofern bequemer zu Rate ziehen als geschriebene
Kataloge, weil sie auch außerhalb der Bibliothek von jeder=
mann benützt werden können. Es gilt dies allerdings nur
von Katalogen bis zu einem gewissen Umfange; wo ganz
große Büchersammlungen, wie die meisten National= und
Universitätsbibliotheken, in Frage kommen, da stellt die
Ausdehnung der Kataloge und die Unerschöpflichkeit der not=
wendig werdenden Ergänzungen der Drucklegung die ernstesten
Bedenken entgegen. Diese dürfte vielmehr nur für mittlere
und Spezialbibliotheken in Frage kommen[142]. Bei diesen
wird es sich zunächst darum handeln, ob der Bibliotekar

im einzelnen Falle überhaupt in der Lage ist, ohne Gefährdung sonstiger wesentlicher Interessen mit dem Drucke von Kata= logen vorzugehen. Wo die Mittel dazu sich nur unter beträchtlicher Schmälerung der Bibliotheksfonds oder doch unter Beeinträchtigung der zur Befriedigung der Bibliotheks= bedürfnisse erforderlichen Gelder beschaffen lassen und wo man keine Aussicht hat, außerordentliche Bewilligungen zu dem gedachten Zwecke erwirken zu können, da wird man zweck= mäßiger Weise auf gedruckte Kataloge von vornherein ganz Verzicht leisten oder sich lediglich auf gedruckte kleinere Ver= zeichnisse wie der Kupferwerke, der im Lesesaale aufgestellten Bücher, der Zeitschriften u. dergl., bei vorhandenem größeren Vorrate besonders auch der Inkunabeln beschränken müssen. Anders dagegen liegt die Sache da, wo Mittel und Kräfte in hinreichendem Maße zur Durchführung des geplanten Unternehmens vorhanden sind. In diesem Falle entsteht nur die zweite Frage, welche Kataloge sich für die Drucklegung überhaupt eignen. Denn es leuchtet ein, daß der Abdruck sich nicht auf alle Kataloge zu erstrecken braucht, und daß es z. B. etwas sehr Überflüssiges sein würde, den Standorts= katalog, der nur für den Bibliotheksdienst Interesse hat, durch die Presse zu veröffentlichen. Trotzdem, daß es eine nicht geringe Anzahl von Bibliotheken für gut befunden hat, alphabetische Verzeichnisse drucken zu lassen, so meinen wir doch, daß der Nutzen derselben im allgemeinen in keinem Verhältnisse zu dem verursachten Aufwande an Zeit, Mühe und Kosten stehe. Man wird, wenn man dem Publikum einen geschriebenen alphabetischen Katalog sei es im Ausleihe= zimmer oder im Lesesaale zur Verfügung stellt, im allgemeinen schließlich ziemlich dasselbe erreichen, was man durch den Druck zu erreichen hofft. Denn der Preis, auf welchen sich ein gedrucktes Exemplar des alphabetischen Katalogs einer einigermaßen bedeutenderen Bibliothek stellen würde, dürfte dessen weiteren Verbreitung unter Privaten entschieden hinder= lich sein, so daß die Benutzer sich in der Mehrzahl der Fälle mit der Einsicht in das auf der Bibliothek ausliegende

Exemplar begnügen dürften. Einzelne Teile des Katalogs
abzuziehen, um etwa für diese die Preislage niedriger zu
stellen, hat natürlich bei dem alphabetischen Katalog keinen
Sinn. Man kann daher bei nur einiger Überlegung darüber
nicht lange im unklaren bleiben, daß nur der wissenschaftliche
Katalog es ist, welcher in dieser Hinsicht die nächste Berücksichtigung verdient. Zudem kommt es bei dem Nachschlagen
der gedruckten Kataloge nicht darauf an, daß schnell ein
gewisses Buch zur Stelle geschafft werden soll, wozu allerdings der alphabetische Katalog am besten dienen würde,
sondern vielmehr darauf, daß sich der Nachschlagende überhaupt von dem Bestande und Gehalte der Bibliothek unter-
richte. Dazu ist aber ein wissenschaftlich geordnetes Verzeichnis das zweckmäßigste Mittel. Daß mehrere Bibliotheken
alphabetische Verzeichnisse veröffentlicht haben, davon liegt
zumteil die Schuld wohl mit daran, daß einige vielleicht noch
gar nicht im Besitze von wissenschaftlichen Verzeichnissen
gewesen sind, die sie hätten abdrucken lassen können. Wer das
alphabetische Element in dem gedruckten Katalog durchaus
nicht entbehren zu können glaubt, der mag entweder zu dem
wissenschaftlichen Verzeichnisse ein alphabetisches Register
hinzufügen, oder allenfalls auch die Unterabteilungen des
wissenschaftlichen Katalogs, mit Beibehaltung der Trennung
des Büchermaterials in Fächer und Hauptabteilungen, in
alphabetische Verzeichnisse umschaffen. Wo nun der Realkatalog zum Abdrucke gelangt, da dürfte sich die Einrichtung
als praktisch erweisen, die Abteilungen desselben auch einzeln
verkäuflich zu machen, um es jedermann zu ermöglichen, für
einen mäßigen Preis das ihn besonders interessierende Fach
zu erwerben. Die jährlichen oder besser mehrjährigen ebenfalls nach Fächern zu ordnenden Nachträge würden als
Ganzes das regelmäßige Zuwachsverzeichnis der betreffenden
Bibliothek bilden, daneben aber gleichfalls einzeln abgegeben
werden müssen. Ein solches Verfahren vorausgesetzt, würde
es sich nur noch darum handeln, in welcher Ausführlichkeit
der Katalog zu drucken wäre. Für uns ist die Entscheidung

bereits damit gegeben, daß wir bei dem Realkatalog selbst, im Gegensatze zum Zettelkatalog, einer Beschränkung des Titels auf dessen wesentlichste Momente das Wort geredet haben. Es würde ein derartig gearbeiteter Realkatalog also nur wortgetreu, allerdings unter Beobachtung peinlichster Akribie [143], abgedruckt zu werden brauchen. Der gedruckte Katalog würde damit immer noch eine Gestaltung erhalten, welche in Bezug auf die Genauigkeit der Angaben und alles dessen, was zur näheren Charakterisierung der Bücher gehört, nichts Wesentliches vermissen ließe. Wo die Ökonomie eine noch weitere Einschränkung verlangen sollte, da ist es frei- lich besser, daß der Druck ganz unterbleibt, weil in solchem Falle selbst die geringsten auf den Druck verwendeten Kosten zu dem noch geringeren Nutzen, den ein Katalog mit un- genauen und nicht genügend charakteristischen Angaben mög- licherweise haben könnte, in keinem Verhältnisse stehen. Ein Bibliothekskatalog soll und darf kein bloßes antiquarisches Bücherverzeichnis sein.

Dritter Abschnitt.
Von der Aufstellung und Numerierung des Bücherschatzes.

Nach Aufnahme des Bücherbestandes auf Zetteln und nach Fertigstellung der Kataloge, unter Umständen, wenn man abteilungsweise vorgehen will, schon während dieser letzteren, tritt an den Bibliothekar die Frage heran, wie er den gesamten Bücherschatz aufstellen soll. Es giebt auch hier verschiedene Wege, welche sämtlich ihre besonderen Fürsprecher gefunden haben und in der Praxis begangen worden sind. Die Einen legen auf die Art der Aufstellung überhaupt kein Gewicht. „Der Ort, wo ein Buch steht, ist höchst gleichgültig", so lautet ein bekannter Ausspruch Kaysers, und frühere wie neuere Bibliothekslehrer haben, ihm beistimmend, alles Hauptgewicht auf die Anfertigung guter Kataloge legen zu müssen geglaubt, durch die man leicht und sicher erfahre, welche Schriften und unter welcher Bezeichnung sie eine

Bibliothek besitze. Ohne die Wichtigkeit guter Kataloge zu verkennen, welche vielmehr bei jeder Aufstellungsweise, je bequemer und vollkommener sie verfaßt sind, um so bessere Dienste leisten, möchten wir doch mit Ebert fragen, warum man Bildergalerien, Naturalien= und Münzsammlungen nach ihren Klassen und Einrichtungen ordne, Bibliotheken aber eine Ausnahme erlaube, warum gerade die Bücher ohne innere Ordnung beisammen stehen sollen lediglich mit der Entschuldigung, daß man sie schon im wissenschaftlichen Katalog unter ihren Klassen aufgeführt habe? Sollen die Kataloge allein gut geordnet und eingerichtet erscheinen? In der That ist mit der einseitigen Herstellung sei es auch noch so vorzüglicher Kataloge erst das halbe Werk gethan, der Bücherschatz als solcher erfordert ebenso dringend wie jene ein bestimmtes, leicht erkennbares und faßliches Ordnungs= prinzip. Allerdings fragt es sich wiederum, welches? Ganz verkehrt wäre es z. B., wenn man den gesamten Bücherschatz durchgängig chronologisch oder geographisch ordnen oder etwa nach den Verlegern aufstellen wollte. Ein Sonderling könnte, wie Dewey sehr richtig bemerkt, ebensogut auf den Gedanken kommen, die Aufstellung nach der Farbe oder dem Material der Einbände oder nach dem Preise oder den Verdiensten der Bücher vorzunehmen. Dergleichen ebenso widersinnige wie unwissenschaftliche Methoden liegen selbstverständlich außerhalb des Rahmens unserer Erörterungen. Dagegen möchte als das zunächst liegende vielleicht dasjenige Ver= fahren erscheinen, demzufolge die Bücher nach der Reihen= folge ihrer Erwerbung in die Repositorien eingestellt werden. In diesem Falle giebt es weder springende Nummern noch Exponenten; die Bibliothek mag noch so rasch wachsen, sie bedarf keiner Umstellung noch einer Änderung der Nummern; das Zuwachsverzeichnis fällt mit dem Standortskatalog zu= sammen und ersetzt diesen, wodurch die Arbeiten der Ver= zeichnung vereinfacht werden; die Einfügung der neuen Erwerbungen in den Bücherbestand endlich ist die denkbar einfachste Sache von der Welt. Dies sind auf den ersten

Blick verführerisch erscheinende Vorteile. Und doch bieten
sich daneben die größten Schattenseiten. Wir wollen nicht
davon sprechen, daß die durchlaufenden Nummern an großen
Bibliotheken mit der Zeit eine Höhe erreichen würden, die
bei dem Aufsuchen der Bücher durchaus nicht förderlich
wirken, daneben auch noch zu zahlreichen Verschreibungen und
Irrtümern Anlaß geben dürfte. Wohl aber müssen wir mit
allem Nachdruck darauf hinweisen, daß die Zeit der Erwerbung
eines Buches mit der inneren Ordnung des Bücherschatzes
überhaupt nichts zu thun hat. Unmöglich kann man da noch
von Übersichtlichkeit und System reden, wo die aus anti=
quarischen Bücherankäufen hervorgegangenen Erwerbungen
älterer Publikationen mitten unter der neueren und neuesten
Litteratur stehen, theologische, juristische, medizinische und
naturwissenschaftliche Werke unter einander gestreut sind und
mit philosophischen, sprachwissenschaftlichen, geographischen,
geschichtlichen und anderen Schriften in bunter Reihe ab=
wechseln, so daß weder Beamte noch Benutzer ein Buch ohne
Beihilfe des Katalogs zu finden im stande sind. Eine in
dieser Weise aufgestellte Bibliothek bildet vielmehr, wenn
man abseits von den Katalogen in ihren Räumen steht und
wandelt, im wahren Sinne des Wortes ein Chaos, eine plan=
los zusammengewürfelte Masse heterogenster Elemente, welche
Dewey in treffender Weise mit einem Buche vergleicht, dessen
einzelne Sätze auf besondere Zettel gedruckt wurden, die
vollständig durch einander geraten sind.

Aus diesen Gründen haben andere Bibliothekare vorgezogen,
die ihrer Verwaltung unterstehende Sammlung nach der
alphabetischen Folge der Verfasser zu ordnen. Dieses Prinzip
bietet alle Vorteile des alphabetischen Katalogs selbst. Sämt=
liche Werke eines Verfassers stehen beisammen, so daß jedes
Buch, dessen Verfasser man kennt, ohne weitere Schwierig=
keiten zu finden ist. Der Standortskatalog wird bei dieser
Aufstellung ebenfalls entbehrlich, da der alphabetische Haupt=
katalog den Zweck desselben gleichzeitig miterfüllt. Anderseits
vermöchte sogar ein kurzes alphabetisches Verzeichnis als

Standortskatalog den alphabetischen Katalog selbst zu ersetzen,
falls die Titel der Bücher noch an einer andern Stelle, etwa
im wissenschaftlichen Katalog, ausführlich wiedergegeben
wären, welcher aus den Zetteln, auf denen man den Bücher=
bestand verzeichnete, gebildet würde. Freilich wird man nicht
überall geneigt sein, dem Realkatalog die Gestalt eines
Zettelkatalogs zu geben, vielmehr wohl meist die Buchform
vorziehen, sodaß die Zettel, welche bei der Anfertigung des=
selben als Unterlage dienen, schließlich, wie wir sahen, am ein=
fachsten und ohne besondere Schwierigkeiten für den alpha=
betischen Zettelkatalog Verwendung finden. Die alphabetische
Aufstellung hat aber auch wieder, wie diejenige nach der Zeit der
Erwerbung, den entschiedenen Nachteil, daß sie auf den Inhalt
der Bücher durchaus keine Rücksicht nimmt, vielmehr nur
ein äußerliches Band bildet, welches sich um den auf=
gespeicherten Schatz wissenschaftlichen Materials lose schlingt.
Sie nötigt den Benutzer gleichfalls, sich die Litteratur über
einen bestimmten Gegenstand aus den verschiedensten Stellen
der Bibliothek mühsam zusammenzutragen. Darf daher auch
die durchgängige alphabetische Aufstellung für große, nament=
lich streng wissenschaftliche Büchersammlungen nicht als Norm
dienen, so wird sie sich doch an kleinen Bibliotheken und an
solchen, die — sei es aus Ersparnisrücksichten oder aus
Mangel an verfügbaren Kräften — sich nicht in den Besitz
eines wissenschaftlichen Katalogs zu setzen vermögen, stets als
vorteilhaft und empfehlenswert erweisen.

Das dritte Prinzip, nach welchem man verfahren kann,
berücksichtigt lediglich den Inhalt der Bücher und schließt sich
an die Ordnung des wissenschaftlichen Katalogs eng an.
Diese Übereinstimmung zwischen dem Platze der Bücher auf
dem Papiere und ihrem Standorte in den Repositorien ist
nicht nur das Natürlichste, sondern auch das Folgerichtigste
und jedenfalls das Nützlichste, weil die auf eine gute innere
d. h. dem bibliographischen Systeme entsprechende Anordnung
basierte Aufstellung dem Gedächtnisse ungemein zu Hilfe
kommt und damit eines der dringendsten Erfordernisse zu

einer leichten und ergiebigen bibliothekarischen Geschäfts=
führung erfüllt, was durch eine bloß auf dem Papiere vor=
handene Ordnung nie ersetzt werden kann. Außerdem bietet
diese sogenannte systematische Aufstellung den großen Vorteil,
daß die zusammengehörige Litteratur bei einander steht, so daß
man, wenn man die Stelle des einen Werkes innerhalb des
Systemes gefunden hat — und es wird dies bei genauerer
Kenntnis desselben, die allerdings vorausgesetzt werden muß,
nicht schwierig sein —, die denselben Gegenstand behandelnden
anderen Schriften sofort zu finden vermag, da sie in unmittel=
barer Nachbarschaft aufgestellt sind. Indem also der Bücher=
schatz in seiner Aufstellung die Einteilung des Realkatalogs
getreu wiedergiebt, wird er zu einer Stätte der strengen
Ordnung, zu einem nach bestimmten wissenschaftlichen Grund=
sätzen gegliederten und nach einheitlichem Plane aufgestellten
harmonischen Ganzen, innerhalb dessen jedes Fach eine
besondere Abteilung, man könnte sagen eine Bibliothek für
sich bildet. Gleichwohl ist diese bereits von Naudé empfohlene
Aufstellungsweise in älterer und neuerer Zeit von verschiedenen
Gesichtspunkten aus angegriffen und bekämpft worden. Vor
allem hat man die Verschwendung an Platz hervorgehoben,
welche durch dieselbe bedingt werde. Da nämlich der Zuwachs
der einzelnen Fächer und innerhalb dieser der einzelnen Unter=
abteilungen und Abschnitte im voraus in Berücksichtigung zu
ziehen ist, so wird natürlich je gegliederter das System ist
desto mehr Platz freigelassen werden müssen, um das Ein=
schalten der späteren Erwerbungen an den zugehörigen Stellen
zu bewirken. Muß man aber nicht auch bei der alphabetischen
Anordnung innerhalb der einzelnen Buchstaben und hier
wieder insbesondere bei allen vielgebrauchten Namen zu dem=
selben Zwecke ebenfalls freien Raum in genügender Menge
leerlassen? Übrigens macht die neue Bauart der Bibliotheken
eine derartige Ausnützung der Räumlichkeiten möglich, daß
dieselbe in Verbindung mit dem Messen der Bücher und den
beweglichen Bücherbrettern jenen Nachteil zum großen Teil
wieder ausgleicht. Und ist es schließlich unbescheiden, wenn

man für die Büchersammlungen das beansprucht, was man
bei Kunstsammlungen und ähnlichen Instituten selbstverständ=
lich findet, nämlich so viel Raum als die beste Aufstellungs=
weise derselben unbedingt erforderlich macht? Man hat ferner
als einen besonderen Übelstand der systematischen Aufstellung
den bezeichnet, daß sie immer und immer wieder dazu zwinge,
zu rücken und den Standort bald dieser bald jener Gruppe
von Zeit zu Zeit zu verändern, wobei das Ortsgedächtnis
stets auf das empfindlichste geschädigt werde. Indessen hält
auch dieser Einwand nicht Stich. Wenn von vornherein die
Bücher nicht zu dicht und gepreßt, Deckel an Deckel, neben=
einandergestellt, sondern so locker und lose aneinandergereiht
werden, daß für eine mäßige Partie später eingehender Bücher
noch hinreichender Platz bleibt, so kommt man gemeiniglich
nicht so bald in die Lage, eine Umstellung ganzer Bücher=
reihen wegen der Einschaltungen vornehmen zu müssen. Und
wenn dies wirklich schließlich geschehen muß, rücken die Bücher
nicht notwendigerweise auch bei der alphabetischen Anordnung?
Wie dort die alphabetische Reihenfolge diesen Übelstand nicht
fühlbar macht, so wird derselbe auch bei der systematischen
Ordnung dadurch leicht beseitigt, daß die einzelnen Abteilungen
durch deutliche Abzeichen an den Repositorien kenntlich gemacht
werden.

 Es darf sich aber überhaupt nach Cutters sehr richtiger
Bemerkung bei diesem Aufstellungssysteme das Gedächtnis
nicht mehr an eine besondere Stelle der Bibliothek, an ein
bestimmtes Repositorium halten, sondern es muß sich einzig
und allein von der Bezeichnung der Fächer oder Klassen,
deren jeweiliger Standort leicht zu merken ist, leiten lassen.
Es fährt dabei durchaus nicht schlechter. Man ist im Laufe
der Zeit von dem fixierten Systeme, welches das einzelne Buch
an ein einzelnes Brett, dessen Bezeichnung es trägt, für immer
bindet, mehr und mehr abgekommen und zu dem beweglichen
Systeme übergegangen. Führt doch jenes namentlich an zahl=
reichen amerikanischen Bibliotheken gebräuchliche System die
denkbar größten Nachteile mit sich. Sobald nämlich die

anfänglich halb leergelassenen Bretter — so schildert Cutter
das Endergebnis — sich füllen, fängt die Verlegenheit an.
Da die betreffende Abteilung sich auf die ihr zugewiesenen
Repositorien unter allen Umständen beschränken muß, so steht
man, falls auch das Auskunftsmittel der Aufstellung in
doppelten Reihen erschöpft ist und Reserveräume nicht vorhanden sind, vor der unabweisbaren Entscheidung, Kataloge
und Bücher neu signieren und letztere umstellen zu müssen,
eine Arbeit, die, abgesehen von der Mühe und Zeit, die sie
kostet, auch mancherlei Irrungen mit sich bringt. Wo noch
einige verfügbare Räume sich auftreiben ließen, da änderte
man wohl auch zunächst gar nichts, ließ die Bücher, wo sie
waren, und wiederholte nur die Klassifikation in einem andern
Zimmer. Dadurch ergaben sich aber mit der Zeit vollständige
Parallelbibliotheken. Um dem zu entgehen, ließen andere
Bibliotheken von Anfang an Lücken in der Bezeichnung der
Repositorien, versahen dieselben also mit springenden Nummern,
so daß man noch Repositorien einschieben konnte, eine Einrichtung, die man im Harvard College sogar auf den ganzen
Bau übertragen hat, indem besondere Anbauten eigens zu
diesem Zwecke vorgesehen sind. Aber hiergegen spricht erst
recht häufig der Mangel an ausgiebigem Platze. Wie viel
einfacher liegt die Sache in dem beweglichen Systeme! Hier
werden die Bücher einfach gerückt, von der nächsten Klasse
im Notfall noch etwas Platz mit dazugenommen und alles
ist wieder in Ordnung. Die systematische, aber dabei bewegliche Aufstellungsweise [144] erscheint also auch hiernach als das
entschieden vorzuziehende Verfahren, an welchem uns auch
der Einwand nicht irremachen wird, daß bei dem häufigen
Fortrücken der Bücher diese von den Händen der Unterbeamten leicht beschädigt werden könnten. Ein guter Diener
wird dieses Geschäft eben so sorgfältig besorgen, wie er die
gebrauchten Bücher täglich schonend herauszunehmen und
einzustellen pflegt. Die Aufstellung der Bücher im einzelnen
wird im engsten Anschluß an den Realkatalog in den meisten
Fällen innerhalb der Unterabteilungen die chronologische,

mitunter auch die alphabetische sein. Wo jener sehr genau
gliedert, da wird sich dies natürlich auch in der Aufstellung
widerspiegeln, wo derselbe nur größere Abteilungen kennt,
da zeigt sich diese mehr allgemeine Ordnung auch im
Bücherraume.

Und doch besteht ein Unterschied zwischen dem Verfahren
im Katalog und bei der Aufstellung. Wenn alle Bücher
einerlei Format besäßen, und nicht andere zufällige individuelle
Eigenschaften einzelner Werke z. B. besonders große Selten=
heit und Kostbarkeit und anderes derartige bei ihrer Auf=
stellung mit maßgebend sein müßten, so würde das Verfahren
ein sehr natürliches und einfaches sein können: man brauchte
die Bücher nur ganz in der nämlichen Ordnung, wie man
früher die Zettel für den Realkatalog zurechtgelegt hat, in die
Repositorien zu stellen. Mit Hilfe der sowohl den Titel=
abschriften als auch den Büchern selbst übereinstimmend bei=
geschriebenen provisorischen Nummern ließe sich dies ganz
leicht ausführen, und die einzelnen Bücher könnten dann auch
dabei sogleich ihre neue Signatur erhalten, da diese, wie
wir oben in dem Abschnitte über die Anfertigung des wissen=
schaftlichen Katalogs gesehen haben, auf die Zettel bereits
übertragen worden ist. Allein die soeben genannten Umstände
lassen eine völlige und bis in das kleinste gehende Überein=
stimmung zwischen der Ordnung der Bücher auf dem Papiere
und derjenigen in den Repositorien nicht zu, und obwohl
bereits der Versuch gemacht worden ist, einer solchen Über=
einstimmung trotz der beträchtlichen Verschiedenheit der
Bücherformate dennoch ihr Recht zu verschaffen [145], so hat
doch diesem Versuche keine Folge weiter gegeben werden
dürfen. Denn abgesehen von anderen dadurch herbeigeführten
nicht unbedeutenden Übelständen, so ließe sich hauptsächlich
die mit einer Aufstellung der Bücher ohne alle Berücksichtigung
der Formate notwendig verbundene übermäßige und fast un=
sinnige Raumverschwendung, bei welcher man immer nur das
im Auge behalten müßte, daß jedes Fach der Repositorien,
das alleroberste so gut wie das unterste, nötigenfalls zur

Aufnahme der größten Folianten eingerichtet wäre, nicht
verantworten. Man hat ſich daher genötigt geſehen, zu einem
anderen Aufſtellungsverfahren zu greifen. Man zerlegt näm=
lich nach Abſcheidung aller derjenigen einzelnen Werke, welche
entweder in Anſehung ihrer zufälligen individuellen Eigen=
ſchaften eine Abtrennung von dem größeren Bibliothekskörper
wünſchenswert oder eine ſolche wegen phyſiſcher Hinderniſſe,
z. B. wegen ihres allzu koloſſalen Formates, geradezu not=
wendig machen, den übrigen geſamten Büchervorrat in gewiſſe
Formatklaſſen, am zweckmäßigſten in drei, nämlich in Folianten,
Quartanten und Bücher von Oktav= und kleinerem Formate.
Innerhalb dieſer Formatklaſſen ſtellt man die Bücher genau
in der nämlichen Ordnung, wie die Titelabſchriften auf=
einanderfolgten, in die für ſie beſtimmten Repoſitorienfächer,
die Folianten in die Folianten=, die Quartanten in die
Quartanten= und den Reſt in die übrigen Fächer ein. Im
übrigen darf man ſich von der durch das bibliographiſche
Syſtem beſtimmten Reihenfolge keinen Schritt weiter, als
dies durch die Formatverſchiedenheit der Bücher unbedingt
gefordert wird, entfernen und nicht etwa, wie manche vor=
geſchlagen haben, da, wo bei der Ordnung der Titelkopien von
dem Syſteme die chronologiſche Reihenfolge vorgeſchrieben
iſt, der größeren Bequemlichkeit wegen oder aus ſonſtigen
Gründen bei der Aufſtellung der Bücher ſelbſt die alpha=
betiſche wählen und dergleichen.

Ebenſowenig empfehlenswert iſt es, mehr als die drei
genannten Formatklaſſen anzunehmen und für die Duodez=
und kleineren Bände noch eine von den Oktavbänden getrennte
vierte Klaſſe zu beſtimmen. Denn dadurch würde die Reihen=
folge der Bücher, wie ſie auf dem Papiere ſteht, in den
Repoſitorien nur noch mehr geſtört werden, und mit dieſer
Störung keineswegs die kaum ſehr bedeutende Raumerſparnis,
die man bei einer ſolchen weitern Formateinteilung einzig
und allein im Auge haben könnte, im richtigen Verhältniſſe
ſtehen. Mit demſelben Rechte würde man dann, wenn nun
einmal jede unbedeutendere Formatverſchiedenheit gleich als

Grund zur Aufstellung neuer Formatklassen angesehen werden sollte, auch die Oktav= und Quartbände von etwas außergewöhnlicher Größe von denen gewöhnlichen Formates abzuscheiden und besonderen eigenen Formatklassen zuzuweisen haben. Man bedarf indessen der letzteren Maßregel nicht, sondern kann, wie die Duodez= und kleineren Bände zu den Büchern im Oktavformat, ebenso füglich die Großoktav= bände zu den gewöhnlichen Quartanten und die größeren Quartanten zu den Folianten stellen. Auf diese Weise gelangt man zu dem immer mehr Boden gewinnenden Verfahren, die Bücher zum Zwecke der Aufstellung überhaupt zu messen. Die daraus entstehenden Vorteile für die Ausnützung des verfügbaren Raumes sind so unverkennbar, daß sie einer weiteren Ausführung nicht bedürfen. Als Maximalhöhe würde, wie wir sahen, passenderweise für Oktav etwa 25 cm, für Quart 35 cm angenommen werden können. Der Gefahr, daß aus einer derartigen Zusammenstellung von Oktavbänden mit Quartanten und von Quartanten mit Folianten Irrungen entstehen könnten, wird dadurch vor= gebeugt, daß jenes künstliche Maß, welches bei der Kata= logisierung jedes einzelnen Buches festgestellt wird, sowohl auf den Titelabschriften wie in den Büchern selbst in Ver= bindung mit der Signatur angezeigt wird. Es ist übrigens auch eine Doppelteilung der Bücher in z w e i Höhenabstufungen bis 29 cm und von 29 cm bis 45 cm, mit Ausscheidung der über 42 cm hohen Werke unter die separat zu stellenden großen Bände, befürwortet worden [146], indessen hat man doch der eben erwähnten Aufstellungsmethode nach drei zu messenden Formaten aus raumökonomischen Gründen durchweg den Vorzug gegeben.

Bei der Aufstellung der Bücher gilt meistens als Regel, daß dieselbe von den untersten Fächern eines Repositoriums ausgehen, also die der Reihenfolge nach ersten Folianten in das unterste Folianten=, die ersten Quartanten in das unterste Quartfach und die ersten von den übrigen Büchern in das erste der zunächst auf die Quartanten folgenden Fächer eingestellt zu werden pflegen. Eine zwingende Notwendigkeit hierzu scheint freilich nicht vorzuliegen. Da man jedes Druck= werk von oben nach unten liest, so dürfte es im Gegenteil unseren Gewohnheiten vielleicht entsprechender sein, immer von dem obersten Fache des Repositoriums aus zu beginnen.

Die Aufstellung muß dagegen in allen Fächern in gleicher Richtung und zwar ausschließlich von der Linken zur Rechten (Fig. 28) gehen, nicht umgekehrt. Auch hier nämlich wird der

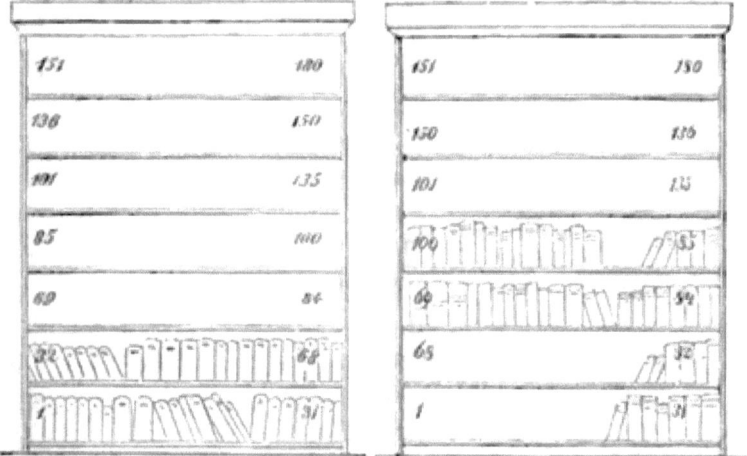

Fig. 28. Von links nach rechts auf= wärts laufende Büchernummern.   Fig. 29. In Schlangenlinien auf= wärts laufende Büchernummern.

Umstand, daß unser Auge Gedrucktes in dieser Weise zu lesen pflegt, maßgebend sein müssen. Wenn man angeblich der Zeitersparnis wegen zu empfehlen beliebt hat, in schlängelnder Weise in dem einen Fache von der Linken zur Rechten und in dem darauf folgenden umgekehrt von der Rechten zur Linken (Fig. 29) zu stellen, so ist dieser Vorschlag auf alle Fälle abzu= weisen, weil ein derartiges stetes Wechseln in der Richtung bei dem Wiedereinstellen der Bücher, wenn sie herausgenommen waren, nur zu leicht zu Irrungen Veranlassung geben kann. Es hat ferner mit Steffenhagen[147] als selbstverständlich zu gelten, daß keine Formatklasse früher als eine größere einsetzen darf, vielmehr Oktav, Quart und Folio gleichzeitig beginnen müssen; daß die Reihenfolge einer Formatklasse nicht unterbrochen werden darf; daß die drei Formate soweit als möglich zusammen zu gruppieren sind und die noch über= schießenden Oktavbände den Schluß zu machen haben; daß die wissenschaftlichen Abteilungen oder Klassen nach den Etiketten auseinanderzuhalten sind. Endlich muß noch darauf gesehen werden, daß die Bücher nicht zu dicht an einander zu stehen kommen, damit einesteils für spätere Nachschaffungen noch Platz gelassen und anderenteils dem zur besseren Erhaltung der Bücher nötigen Luftzuge zwischen den= selben der erforderliche Spielraum vergönnt bleibe und die Einbände sich nicht an einander reiben. Auch macht ein zu dichtes Zusammendrängen der Bücher und die dadurch veran= laßte Beengtheit den Gebrauch der Bibliothek im höchsten Grade unbequem. Bei der Aufstellung mit springenden Nummern wird übrigens die Rücksicht auf die noch folgenden Einschiebungen ein zu enges Stellen der Bücher innerhalb der Abteilungen von vornherein verbieten. Um zu verhüten, daß die einzelnen Bände, wenn Lücken zwischen ihnen gelassen sind, schief stehen oder umfallen, pflegte man früher imitierte Bücher oder Holzständer einzustellen, an deren Stellen neuer= dings Stützen aus Eisenblech (Fig. 30), die sich durch ihre

Billigkeit empfehlen, mit gutem Erfolge eingeführt worden sind. Nach geschehener Aufstellung der Bücher sind schließlich an den Deckbrettern der Repositorien noch Aufschriften, womöglich auf Blechtafeln, welche das Wissenschaftsfach oder die Haupt= oder Unterabteilungen der in den Repo= sitorien aufgestellten Bücher anzeigen, zu befestigen.

Fig. 30.
Bücherhalter
aus Eisen=
blech.

Für die Aufstellung der den Repositorientischen und den Schaukästen zuzuweisenden Werke gilt bloß als Vorschrift, daß die großen Atlanten, Karten= und Kupferwerke, sowie alle sonstigen Bücher von kolossalem Formate womöglich in diejenigen Tische ein= zustellen oder zu legen sind, welche den Repositorien, in die sie eigentlich der Reihenfolge auf dem Papiere nach gehören würden, zunächst stehen. Die Schaustücke sind in den Schaukästen so unterzubringen, daß das, was an ihnen gerade besonders bemerkens- und sehenswert ist, dem Beschauer am bequemsten und sichersten in die Augen fallen muß.

Damit wären die wesentlichsten bei der Aufstellung in Betracht kommenden Gesichtspunkte erschöpft, wenn nicht noch eines Umstandes Erwähnung geschehen müßte, der in gewissen Fällen auf die so wünschenswerte einheitliche und planmäßige Aufstellung einer Sammlung äußerst störend einzuwirken vermag. Es ist dies nämlich der leider nicht so gar selten vorkommende Umstand, daß unter den zur Bibliothek gekommenen größeren Bücherkomplexen einzelne sich befinden, die von seiten der früheren Besitzer nur unter der Bedingung einer von den übrigen Büchern getrennten Aufstellung abgetreten worden sind. Was ist mit dergleichen bedingungsweise abgetretenen Sammlungen anzufangen? Da die getrennte Aufstellung, zumal mehrerer Bücherkomplexe, stets ein drückendes Hindernis gegen alle Versuche, der ganzen Bibliothek den Charakter einer gewissen Einheit zu geben, ist und bleiben wird, so hat natürlich der Bibliothekar alle Mittel anzubieten, um von jener Bedingung der getrennten Aufstellung entbunden zu werden, und die zur Abtrennung verurteilten Massen unter die übrigen Bücher mit einordnen zu dürfen. Wo dies jedoch nicht durchzusetzen ist, da müssen wenigstens, sofern nicht eine besondere Ordnung für die abgetrennten Teile ausdrücklich vorgeschrieben ist, diese ganz in der nämlichen Weise, wie der gesamte andere Bibliothekskörper, aufgestellt werden, vielleicht daß sich später einmal dennoch eine passende Gelegenheit findet, die lästige Trennung zu beseitigen, in welchem Falle dann die Vereinigung um so schneller und vollkommener vor sich gehen wird, je ähnlicher sich die zu vereinigenden Teile in ihrer Gliederung und Aufstellung sind. Gehört ein solcher zur getrennten Aufstellung unabänderlich verurteilter Bücherkomplex ausschließlich einer gewissen Litteraturspezialität an, die sich in der Bibliothek nur in

geringem Maße oder vielleicht noch gar nicht vertreten findet,
so läßt sich übrigens noch ein Ausweg finden, um die durch
die getrennte Aufstellung augenblicklich schon oder künftig
bedrohte Einheit der Bibliothek herzustellen und zu erhalten:
man vereinige dasjenige, was der Bibliothek aus der betreffen=
den Litteratur entweder schon besitzt oder doch später noch
erhält, mit dem getrennten Bücherkomplexe, und man wird
auf diese Weise einesteils dem Gebote der Trennung Folge
geben, und doch andernteils den Charakter der Einheit
bewahren.

Nach diesen auf die Aufstellung der Bücher bezüglichen
Bemerkungen haben wir nunmehr die Numerierung derselben
einer eingehenderen Betrachtung zu unterwerfen, um damit
das Kapitel über die Einrichtung des Bücherschatzes zu Ende
zu bringen. So viel man auch, namentlich unter Berufung
auf diejenigen Bibliotheken, wo das Numerieren nicht ein=
geführt ist und die sich dessenungeachtet in vollkommen
gutem Zustande befinden, gegen das Numerieren eingewendet
hat, so bleibt gleichwohl das unbestritten richtig, daß eine
Bibliothek, deren Bücher numeriert sind, nicht nur gegen
etwaige Unordnungen in der Reihenfolge derselben mehr als
die anderen gesichert ist, sondern auch in Bezug auf die
Leichtigkeit, mit der sich Jeder, selbst der im Bibliotheks=
wesen Unerfahrenste, in dem Büchergewirre zurecht finden
lernt, große Vorteile vor den übrigen voraus hat. Zudem
lehrt die Erfahrung, daß noch keine Bibliothek, welche das
Numerieren der Bücher einführte, dasselbe später als etwas
Überflüssiges wieder aufgegeben hat, wohl aber, daß in so
mancher Bibliothek, wo die Bücher früher nicht numeriert
waren, diese nachträglich numeriert worden sind. Alles dies
dürfte wohl deutlich genug für die Zweckmäßigkeit des
Numerierens sprechen. Für dieses Geschäft sind aber nun
verschiedene Methoden in Vorschlag gebracht worden. Da
nämlich das Numerieren mit der Art der Aufstellung in
engstem Zusammenhange steht, so ist das bei letzterer
beobachtete Verfahren natürlich auch auf die Numerierung

von maßgebendem Einflusse. Auf die Verwerflichkeit des von Zoller mit dem bezeichnenden Namen des Festnagelungs= systemes belegten Verfahrens, nach welchem jedes Buch durch seine Signatur an ein bestimmtes Repositorium und in diesem an ein bestimmtes Fach und in dem Fache endlich an einen bestimmten Platz unveränderlich gewiesen wird, haben wir oben bereits hingewiesen und gezeigt, daß bei etwa ent= stehendem Platzmangel die Gefahr eintritt, gleich die ganze Numerierung umändern zu müssen. Einem anderen Verfahren zufolge, welches jedoch das Vorhandensein eines wissen= schaftlichen Katalogs bereits voraussetzt, sollen alle Bücher durch Angabe des wissenschaftlichen Faches, dem sie angehören, und der Zahl der Seite des wissenschaftlichen Katalogs, auf welcher ihre Titel aufgeführt stehen, bezeichnet werden. Es leuchtet aber ein, daß bei Anwendung dieser Methode — da auf ein und derselben Seite die Titel mehrerer Werke und unter Umständen, wenn nämlich die Bücher im systematischen Katalog ohne Rücksicht auf Formatverschiedenheit und bloß nach Maßgabe ihrer wissenschaftlichen Ordnung eingetragen sind, Schriften von ganz verschiedenen Formatklassen aufgeführt sein können, welche alle einunddieselbe Nummer erhalten müssen — Irrungen, denen das Numerieren ja doch gerade vorbeugen soll, gar bald einzutreten vermögen. Und solche Irrungen würden selbst dann nicht gänzlich ausgeschlossen sein, wenn man im systematischen Katalog überall die Folianten von den Quartanten und diese wiederum von den Büchern kleineren Formates wie Oktav und Duodez trennen wollte, und die betreffende Seitenzahl entweder nur den Folianten oder nur den Quartanten oder den Büchern von anderem Formate geben würde. Eine Signatur für verschiedene Werke hat stets etwas Mißliches an sich, abgesehen davon, daß das Aufsuchen der Bücher dadurch erschwert wird. Das Ein= fachste und Ungekünsteltste bleibt daher immer das, daß man, wie wir bereits oben hervorgehoben haben, die Bücher als frei bewegliche, d. h. weder an bestimmte Plätze in den Repositorien festgebannte, noch von bestimmten Seitenzahlen des Katalogs

abhängige Individuen betrachtet, die nur innerhalb ihrer
Klasse ihre durch die wissenschaftliche Ordnung geregelte
Stelle angewiesen bekommen und, jenachdem diese Stelle die
erste, zweite, dritte oder die sonst wievielte ist, Nummer Eins,
Zwei, Drei und so weiter als Bezeichnung zugeteilt erhalten.
Wo der wissenschaftliche Katalog die Formate geschieden auf=
führt, da wird die Numerierung innerhalb der einzelnen
Formate immer wieder mit Eins beginnen müssen. Wo dies
nicht der Fall ist, vielmehr die Litteratur im Katalog ohne
Rücksicht auf das Format, welches jedoch in jedem einzelnen
Falle angedeutet ist, zusammenhängend gegeben wird, da
muß notwendigerweise auch die Numerierung, mag sie an=
schließend oder springend sein, durch alle drei Formate gleich=
zeitig hindurchlaufen, und nur eine durch die Rücksicht auf
den Raum gebotene gesonderte Aufstellung jener stattfinden.
In beiden Fällen giebt man, um jeder Verwechselung der
Formate vorzubeugen, außer der Signatur den Oktavbänden
noch das Zeichen O oder 8^0, den Quartanten Q oder 4^0, den
Folianten F oder 2^0.

Damit ist jedoch noch nicht alles, was bei der Numerierung
in Betracht kommt, berücksichtigt, sondern es bleiben noch
einige besondere Fragen zur Besprechung übrig. Zuvörderst
kann man zweifelhaft sein, ob die Zifferbezeichnung durch die
Formatklassen oder wo diese für die Numerierung keine
Bedeutung haben durch die ganze Bibliothek, man möchte
sagen in einem Atemzuge, fortlaufen soll. In kleineren
Bibliotheken, die ihre Bücher vielleicht bloß nach hunderten
zählen oder höchstens ein paar tausend Bände besitzen, wird
allerdings ein solches Fortlaufenlassen der Nummern zulässig,
vielleicht sogar praktisch sein. Dagegen dürfte dasselbe in
größeren Bibliotheken mit einem Bücherbestande von
tausenden von Bänden besser nicht in Anwendung gebracht
werden, weil dann die Ziffern schon sehr zusammengesetzte
sein und zu fünf= und mehrstelligen anwachsen müßten. Der=
gleichen vielstellige Ziffern sind aber nicht nur hinsichtlich
des Gebrauches sehr unbequem, sondern lassen sich auch auf

den Büchern selbst, wovon gleich weiter die Rede sein soll,
nicht gut anbringen. Am besten ist es bei größeren Bibliotheken, eine Nummernreihe nur durch die einzelnen Wissenschaftsfächer und, wo der Bücherbestand ein sehr großer sein
sollte, nur durch die Haupt- und nötigenfalls auch nur durch
die vorzüglicheren Unterabteilungen in der Art fortlaufen zu
lassen, daß bei jedem Fache, bezüglich in jeder Haupt- oder
vorzüglicheren Unterabteilung die Nummernreihe stets von
neuem mit Eins beginnen würde. Überall aber, wo die
Nummernreihe nicht durch die ganze Bibliothek fortgeht,
wird es notwendig sein, zu der Format- und Zifferbezeichnung
noch eine besondere Signatur, welche das betreffende Fach
oder die Haupt- und Unterabteilung anzeigt, hinzuzufügen,
wobei jedoch darauf gesehen werden muß, daß diese Signatur
so einfach als möglich ist. Das Wissenschaftsfach mag man
mit den für das bibliographische System gewählten entsprechenden großen römischen Buchstaben, die Hauptabteilungen
mit den bezüglichen kleinen, die Unterabteilungen vielleicht
mit griechischen Buchstaben bezeichnen. Man vermeide alle
mehr oder minder fremdartige, wie mathematische, astro-
nomische und derartige Zeichen, sowie römische Ziffern, die
teils in ihrer Zusammensetzung viel zu unbeholfen sind, als
daß sie sich bequem anwenden lassen, teils auch, da sie aus
großen römischen Buchstaben bestehen, in einzelnen Fällen
leicht zu Verwechslungen mit den schon zur Bezeichnung der
Wissenschaftsfächer gewählten großen römischen Buchstaben
Veranlassung geben können. Zur Numerierung wähle man
durchaus arabische Ziffern. Ferner fragt es sich, ob man bei
dem Numerieren bloß die Werke oder alle einzelnen Bände
zu zählen und mit einer besondern Ziffer zu bezeichnen habe.
Es ist entschieden das Naturgemäße und Vorteilhaftere, wenn
nur die Werke als Ganzes, nicht auch die einzelnen Bände
eine besondere Nummer erhalten, da man deren Zahl bei
neu erscheinenden Büchern, namentlich bei Zeitschriften und
Sammelwerken, in der Regel gar nicht im voraus berechnen
kann. Nähme man auch springende Nummern in reichstem

Maßstabe zu Hilfe, so würde doch die Vermehrung des Bücherschatzes namentlich an größeren Bibliotheken einer Numerierung nach Bänden die größten Schwierigkeiten entgegensetzen und die geregelte Fortführung der Kataloge in zahlreichen Fällen — man denke nur an Serienankäufe — infolge unvorhergesehener Überhäufung mit Nummern außerordentlich erschweren. Eine weitere Frage ist die, wie die für die Repositorientische und Schaukästen ausgeschiedenen Werke zu beziffern und zu signieren sind. Es scheint das Passendste zu sein, daß sie diejenige Signatur, Format- und Zifferbezeichnung erhalten, welche ihnen gegeben worden wäre, wenn man sie nicht ausgeschieden hätte. Man braucht ja nur auf den Titelabschriften mit ein paar Worten anzuzeigen, daß die betreffenden Werke nicht mit in Reihe und Glied in den Repositorien stehen, sondern in den Repositorientischen oder unter den in den Schaukästen aufbewahrten Cimelien der Bibliothek zu suchen seien. Eine solche Bemerkung würde genügen, um über die durch Ausscheidung eines Werkes in der laufenden Nummernreihe eines Repositoriums entstandene Nummerlücke Auskunft zu geben, und überdies das ausgeschiedene Werk anderwärts mit Leichtigkeit finden zu lassen. Es wäre denn der Fall, daß die eine und die andere der größeren Bibliotheken eine sehr erhebliche Anzahl von Cimelien hätte: dann würde es füglich gutgeheißen werden können, daß man denselben eine selbständige Signatur zuteil werden ließe. Es fragt sich ferner noch, wo die Signatur d. h. die Fach-, Ziffer- und Formatbezeichnung an den Büchern anzubringen sei. In dieser Beziehung ist man wohl von allen Seiten darüber einig, daß diese Bezeichnungen teils äußerlich d. h. auf dem unteren oder oberen Teile des Rückens der Bücher und bei sehr dünnen Bänden auf der äußeren Seite des vorderen Einbanddeckels, knapp neben dem Rücken, teils um der größeren Sicherheit willen, weil möglicherweise diese äußere Bezeichnung durch Beschädigung des Einbandes oder sonstwie verloren gehen, mindestens durch Schmutz und Abnutzung unscheinbar werden

kann, ein zweites Mal innerlich d. h. auf der inneren Seite
des vorderen oder hinteren Einbanddeckels ihre passende Stelle
erhalten. Behufs der äußeren Bezeichnung werden auf den
Bücherrücken oder, wie schon gesagt, auf die Außenseite des
vorderen Einbanddeckels kleine, gleichviel ob einfache oder etwas
elegante Zettelchen oder Etiketten [148] aufgeklebt, für welche
man neuerdings mit Recht in den verschiedenen Wissenschafts-
fächern verschiedene Farben gewählt hat, damit man gleich
an der Farbe erkennen könne, zu welchem Fache ein Buch
gehöre. Die Etiketten erhalten bei Folio, um leichter in das
Auge zu fallen, ihre Stelle oben, bei Oktav und Quart
unten [149], sie werden zur besseren Unterscheidung der Formate häufig auch noch verschieden geformt. Was schließlich
den Zeitpunkt anbetrifft, wann die neuaufgestellten Bücher
ihre neuen Bezeichnungen zu empfangen haben, so erwähnten
wir oben, als es sich um Aufstellung der Sammlung nach
der durch den wissenschaftlichen Katalog bedingten Reihenfolge der Zettel handelte, daß die Bücher schon während der
Aufstellung ihre neue Signatur, welche den Zetteln bei-
geschrieben sei, erhalten könnten. Um das Material der
Zettel zu schonen, hat man den Ausweg eingeschlagen, im
voraus für die Umstellung Listen [150] anzufertigen, welche
neben der alten Signatur der Bücher, nach welcher diese
zusammengesucht werden, die neue enthalten, sodaß eine
Zuhilfenahme der Zettel entbehrlich wird. Von dem Augenblick der Neusignierung ab verlieren die provisorischen
Nummern ihre Gültigkeit, doch wird es kaum nötig, ja nicht
einmal ratsam sein, dieselben aus jedem einzelnen Zettel und
den Büchern zu entfernen, wodurch diese, abgesehen von der
damit verbundenen Mühewaltung, leicht verunziert werden
können. Wenn die neue Signatur an besonderer Stelle mit
anderer Tinte eingetragen wird — die provisorischen Nummern werden übrigens meist nur mit Bleistift geschrieben
sein —, so dürften Verwechselungen der beiden Signaturen
schon in Hinblick auf die neuen Etiketten schwerlich vorkommen, während die Erhaltung der alten Signatur bei

etwa entstehenden Irrungen zur Aufklärung dieser dienlich sein wird.

Wir dürfen diesen Abschnitt nicht schließen, ohne noch, wie wir dies oben bei Besprechung des wissenschaftlichen Katalogs bereits in Aussicht gestellt haben, einiger in Amerika hervorgetretener Aufstellungs= und Numerierungssysteme zu gedenken[151]. Wir erwähnten bereits, daß der Hauptzweck derselben darin bestehe, das Gedächtnis zu unterstützen, und führten das Schema des bekannten Tezimal= systemes Melvil Teweys in seinen Grundzügen vor. Die durch dieses bedingte Aufstellung und Numerierung ist überaus einfach. Wenn man weiß, daß die Hunderte die Klassen, die Zehner die Abteilungen und die Einer die Sektionen bilden, wobei im ganzen 999 Sektionen herauskommen, und die Bedeutung dieser drei Faktoren im einzelnen Falle aus dem Schema des Systemes kennt, so wird man beispielsweise Webster Englisches Wörterbuch leicht finden; dasselbe muß in der Klasse Philologie = 400, der Abteilung Englische Sprache = 420, der Sektion Wörterbücher 423 stehen, wo es unter den verschiedenen Wörterbüchern seine bestimmte Nummer führen wird, z. B. in Milwaukee Nr. 13, so daß also die Signatur dort 423 : 13 lautet. Der Nummer ist außerdem daselbst noch der Buchstabe R hinzugefügt, 423 : R. 13, womit angedeutet wird, daß das Buch im Reference Room aufgestellt ist.

Die Vorteile der rein numerischen, alphabetischen und systematischen Auf= stellungsweise sucht J. Schwarz in seinem „kombinierten" System, welches in der Apprentice's Library zu New York Anwendung gefunden hat, zu vereinigen.

Danach wird die Bibliothek in 25 Klassen geteilt, deren jede mit den 25 großen Buchstaben des Alphabets A—Z (außer J) bezeichnet wird. Jede dieser 25 Hauptklassen wird wiederum in 9 Unterklassen, jede der 9 Unterklassen nach den 25 kleinen Buchstaben des Alphabets in 25 weitere Unterabteilungen zerlegt. Es ergeben sich auf diese Weise insgesamt ([25 × 9 + 25] × 25 + 250 =) 6500 Klassen. Die Bücher werden ferner der gleichmäßigen Aufstellung und der Raum= ersparnis halber gemessen und innerhalb jeder Hauptklasse in vier Formate Duodez, Oktav, Quart, Folio gebracht, die — ein jedes für sich — streng alphabetisch geordnet werden. Für die Signierung des einzelnen Buches dient die Tabelle als Richtschnur, welche aus 1000 Nummern besteht und in vier den Format= größen entsprechenden Abteilungen die verschiedenen Kombinationen, durch welche die Signatur gebildet wird, zur Darstellung bringt. Die Tabelle beruht auf dem durch Berechnungen statistisch festgestellten Erfahrungssatze, daß unter hundert Büchern im Durchschnitt 50 sich unter Duodez, 30 unter Oktav, 10 unter Quart und 10 unter Folio unterbringen lassen. Die Tabelle ist daher so eingeteilt, daß auf die erste Größe, Duodez, die Nummern 0—499, auf die zweite, Oktav, Nr. 500—799, auf die dritte, Quart, Nr. 800—899, auf die vierte, Folio, Nr. 900 bis 999 kommen. 999 wird in der Absicht als Endzahl festgehalten, damit die hinzukommende Ziffer der Unterabteilungen 1—9 mit jenen Zahlen vereinigt eine fortlaufende (vierstellige) Numerierungsreihe bilde. Dies wäre nicht der Fall, sobald 999 überschritten würde; es müßte denn mit fünfstelligen Ziffern bis 9999 gerechnet werden, was durchaus unnötig ist, da sich ohnehin eine un= geheure Zahl von Kombinationen ergibt.

Die Tabelle, die wir aus Raumrücksichten nicht vollständig zur Darstellung bringen können, würde sich zu Anfang, in der Mitte und Ende folgendermaßen gestalten:

	D.	O.	Q.	F.
Aa	0	500	800	900
Abe	1	"	"	"
Ac	2	501	"	"
Ad	3	502	"	"
Ae	4	"	"	"
Ai	5	"	801	901
Ala	6	503	"	"
All	7	"	"	"
Am	8	504	"	"
Ana	9	505	802	902
. . .	. . .	.	. .	. .
Kir	245	647	849	949
Kla	246	648	850	950
Klo	247	"	"	"
Kna	248	649	"	"
Kni	249	"	"	"
Kno	250	650	"	"
Koa	251	651	851	951
Kol	252	"	"	"
Kra	253	652	"	"
Kro	254	"	"	"
. . .	. .	. .	. .	. .
Wor	490	794	897	997
Wra	491	"	"	"
Wri	492	795	"	"
Wua	493	"	"	"
Wya	494	796	898	998
Wyn	495	"	"	"
Ya	496	797	899	999
Yo	497	798	"	"
Za	498	799	"	"
Zo	499	"	"	"

Die Anwendung der Tabelle ist nun folgende:

Angenommen Europäische Geschichte und Reisen bildeten die Hauptklasse R, so würde Wyndham, Wild Life in the Fjelds of Norway zu bezeichnen sein als R 495, wenn das Buch Duodezgröße hätte, als R 796 bei Oktavgröße, als R 898 bei Quart= und R 998 bei Folioformat, da die Tabelle unter der Kombination Wyn jene Ziffern anzeigt. Angenommen ferner, die Hauptabteilung R hätte weitere Unterabteilungen (1—9), so würde, wenn Skandinavien nach dem Plane des Katalogs Unterabteilung 3 bildete, die Signatur in diesem Falle lauten R 3495, wobei 3 mit 495 zu einer einzigen vierstelligen Zahl verschmilzt. Würde endlich Skandinavien selbst noch weiter geschieden (mit Zuhilfenahme der 24 kleinen Buchstaben des Alphabets) und Norwegen etwa mit b bezeichnet, so würde sich die Signatur zu Rb 3495 erweitern.

Unleugbare Vorteile dieses Systemes sind leichte Herstellung und Einfügung neuer Abteilungen, eine mit Zuziehung von Exponenten fast bis in das Endlose mögliche Ausdehnung der Kombinationen, verhältnismäßige Einfachheit des Systemes, bei welchem vierstellige Zahlen nicht überschritten werden. Infolge der durchgehends zugrunde gelegten streng alphabetischen Aufstellungsweise sind letztere für das Aufsuchen überhaupt fast belanglos, da ein Buch auch ohne die Nummer innerhalb der einzelnen Abteilungen meist leicht zu finden sein wird. Als eine Schattenseite ist hervorzuheben, daß innerhalb derselben Haupt- oder Unterabteilungen Verfasser mit gleichen Anfangsbuchstaben ihres Namens bei gleichem Formate der betreffenden Bücher durch ein und dieselbe Zahl bezeichnet werden müssen; daß ferner — da nicht die Werke, sondern die Verfasser die Nummern erhalten — mehrere Werke desselben Verfassers, die e i n e r Abteilung angehören, zusammen gleichfalls nur jene einzige Nummer erhalten müssen. Schwartz sucht diesem Übelstande durch Buchstabenexponenten abzuhelfen, welche den betreffenden Zahlen anzuhängen sind. Indessen dürfte man doch in manchen Fällen bei sehr gebräuchlichen Namen selbst damit in das Gedränge kommen. Daß man ein Buch, sobald man sich nicht über dessen Maß im Kataloge zuvor unterrichtet hat, bei der Berührung zwischen Duodez und Oktav, Oktav und Quart, Quart und Folio, häufig an zwei Stellen wird suchen müssen, kommt auch anderwärts vor, wo die Bücher gemessen werden.

Zwischen den Systemen Dewey und Schwartz gewissermaßen in der Mitte steht das System C. A. Cutters. Ausgehend von dem früher erwähnten Übelstande, daß bei Dewey die Hauptabteilungen in ihrer Gliederung vollständig gleich sind, während die damit bezeichneten Fächer — wir nannten als Beispiel Geschichte im Gegensatze zur Philosophie — von ganz verschiedenem Umfange sind, wendet Cutter statt der die Klassen markierenden Zahlen das große Alphabet an. Dabei können, um auf die beiden erwähnten Fächer zurückzukommen, beispielsweise der Geschichte mehrere Hauptbuchstaben zugewiesen werden, während für Philosophie jene eine genügt. An die Stelle der 9 Unterabteilungen Deweys setzt Cutter aus gleichem Grunde die 26 kleinen Buchstaben des Alphabets, wodurch er eine ganz wesentlich erhöhte Teilungsfähigkeit der einzelnen Fächer erhält; so daß z. B. Geschichte der etwa 5 Hauptabteilungen mit je 26 Unterabteilungen im ganzen 130 Sektionen umfassen würde. Gleichzeitig sucht Cutter auch einem Mangel in der Numerierungsweise Deweys vorzubeugen. Es werden nämlich nach derselben die Bücher innerhalb der Sektionen, wie sie von der Bibliothek erworben werden, durchnumeriert, so daß immer die letzte Accession an das Ende kommt. Damit wäre eigentlich, wenn nur neue Bücher angekauft würden, die chronologische Reihenfolge hergestellt. Da aber an Bibliotheken, wie wir schon bei Besprechung der Aufstellung nach der Folge der Accession zu betonen Gelegenheit hatten, nachträglich auch ältere Werke zur Ergänzung angeschafft werden, so hört ein festes Ordnungsprinzip bald ganz auf. Diesem Übelstande, der sich übrigens durch die Anwendung springender Nummern leicht beseitigen ließe, begegnet Cutter durch die alphabetische Anordnung. Letztere erhält er durch Verschmelzung der Schwartzschen Numerierungsweise mit dem Dezimalsysteme der Klassen Deweys. Es kommt ihm hierbei vor allen Dingen darauf an, auch die oben hervorgehobene schwache Seite des Schwartzschen Systemes, die identische Numerierung verschiedener Verfasser mit gleichen Anfangsbuchstaben, zu beseitigen. Unter Beibehaltung der Schwartzschen Bezeichnungsweise im allgemeinen werden die Verfasser immer durch Zahlen von einander geschieden, was auf der Dezimalbasis sich leicht ausführen läßt. Für die verschiedenen Bücher ein und desselben Verfassers verbleibt dagegen auch hier die planmäßige Anwendung von Exponenten bestehen. Cutter teilt also zuvörderst das Alphabet in zehn Teile.

[1] A—Bo	.	.	. 0	M	. . . .	5
Br—C	.	.	. 1	N—R	. . . .	6
D—F	.	.	. 2	S	. . . .	7
G—H	.	.	. 3	T—V	. . . .	8
J—L	.	.	. 4	W—Z	. . . .	9.

Bei einer Klasse mit nur sehr wenig Büchern würde diese Tabelle genügen. Ein Buch von Cleveland z. B. würde die Zahl 1, von Damoureau 2, von Goupil 3 erhalten u. s. f. Käme nun ein Buch von Gray hinzu, so würde die Zahl 3, da sie grundsätzlich nicht zwei verschiedene Verfasser bezeichnen soll, nicht mehr ausreichen. Es würde sich vielmehr jetzt eine erweiterte Teilung nötig machen, welche in folgender Tabelle veranschaulicht ist:

[II] Ga—Gik	. . . 30		Hay—Heq	. . . 35
Gil—Goq	. . . 31		Her—Hik	. . . 36
Gor—Guk	. . 32		Hil—Hoe	. . . 37
Gul—Ham	. . 33		Hof—Hor	. . . 38
Han—Hax	. . 34		Hu—Hz	. . . 39

Nach dieser Tabelle würde Gray die Nummer 32 erhalten, während für Goupil 3 blieb. Die zweite Tabelle bietet 100 Zahlen für die Unterabteilung, was in den meisten Fällen genügen würde. Käme jedoch zu Gray noch ein Buch von Gordon hinzu, so würde eine dritte, noch weiter gegliederte Tabelle aushelfen müssen, nämlich

[III] Gor—Got	. . . 320		Gri—Gril	. . . 325
Gou—Gral	. . 321		Grim—Grlz	. . 326
Gram—Graz	. . 322		Gro—Gru	. . . 327
Gre—Grel	. . 323		Gry—Gub	. . . 328
Grem—Grez	. . 324		Gue—Guk	. . 329.

Wir hätten dann

Goupil	 3
Gray	 32
Gordon	. . . . 320.

Das wäre aber nicht streng alphabetisch. Es ergiebt sich deshalb die Notwendigkeit, die Namen neu zu numerieren

Gordon	 320
Goupil	 321
Gray	. . . . 322.

In den meisten Fällen würde sich die verhältnismäßig geringe Störung der alphabetischen Ordnung jedoch so lange ertragen lassen, bis eine Mehrzahl von Fällen die Umnumerierung dringlich machte.

Die erste Tabelle würde nur bei kleineren Fächern in Anwendung zu bringen sein; wo ein großer Zuwachs im voraus anzunehmen ist, würde Tabelle III, nach Bedürfnis sogar eine vierte Tabelle mit vierstelligen Zahlen von Anfang an als Grundlage der Numerierung dienen müssen. Diese letztere geht auf den ersten Blick etwas durcheinander, wird jedoch sofort deutlich, wenn man die zugefügten Dezimalstellen in Abzug bringt. Sie würde sich folgendermaßen gestalten: 1, 12, 13, 135, 1354, 136, 14. Ein zwischen 12 und 13 einzuschiebendes Buch würde, um dies sogleich hier vorweg zu nehmen, da wir im Abschnitte über die Einfügung des Zuwachses in die Bibliothek auf diese fremden Systeme nicht wieder zurückkommen werden, die Nummer 121 erhalten u. s. f. Da die Aufstellung die alphabetische ist, so könnte man statt dieser Zahlen auch die Anfangsbuchstaben der Autoren und zwar soweit, daß sie sich von dem vorhergehenden und dem folgenden Namen unterscheiden, als zweiten Teil der Signatur einsetzen, wodurch man lauter Buchstaben erhalten würde. Cutter hat mit Recht Zahlen vorgezogen, da Buchstaben und Zahlen vereinigt sich am leichtesten dem Gedächtnisse einprägen. Eine gesonderte Aufstellung der Formate fällt infolge des Dezimalsystemes fort; dieselben werden lediglich durch die verschiedene Art,

wie die Etiketten den Büchern aufgeklebt werden, kenntlich gemacht, ein Ver-
fahren, welches nach unseren früheren Ausführungen wenig Empfehlung verdient.
Als eine entschiedene Schattenseite des Systemes erscheint die leicht eintretende
Notwendigkeit, die Bücher umzunumerieren.

Die Grundzüge der angeführten Systeme finden sich in veränderter Gestalt
auch bei anderen Plänen[152], welche in neuerer Zeit in Amerika in Bezug auf
Aufstellung und Numerierung zum Vorschein gekommen sind, wieder. Indem
wir diese daher auf sich beruhen lassen, möchten wir zum Schlusse nur noch der
originellen Art und Weise Erwähnung thun, wie nach Biscoe[153] am Columbia
College die Signaturen das äußere Merkmal der dort eingeführten chronologischen
Aufstellungsweise an sich tragen; es geschieht dies nämlich unter Zugrundelegung
folgender Tabelle.

Es bedeutet A = v. Chr., B = 0—999, C = 1000—1499, D = 1500—1599,
E = 1600—1699, F = 1700—1799, G = 1800—1809, H = 1810—1819,
I = 1820—1829, J = 1830—1839, K = 1840—1849, L = 1850—1859,
M = 1860—1869, N = 1870—1879, O = 1880—1889 u. s. f. Die Signatur
C 472 würde danach andeuten, daß das Buch 1472 erschienen ist, F 43 wäre =
1743, I 9 = 1829. Der Hauptbuchstabe allein giebt die ungefähre Zeit bei undatierten Drucken an, z. B. K = 1840—1849. Mit dem Jahre 2000 wäre das
System zu Ende, „aber — so tröstet sich Biscoe — bevor diese Grenze erreicht
ist, werden andere und bessere Systeme erfunden sein". Möchten diese zu etwas
größerer Einfachheit zurückkehren, die jene künstlichen Systeme in manchem
vermissen lassen.

Vierter Abschnitt.
Von der Bewahrung des Bücherschatzes.

Wenn nun der Bibliothekar in der bisher geschilderten
Weise der seiner Obhut anvertrauten Sammlung ein schönes,
bequemes und zweckmäßiges Heim bereitet und ihr Weiter-
bestehen und ihre gedeihliche Entwickelung in materieller
Hinsicht nach Kräften zu fördern gesucht hat; wenn er den
Bücherschatz mit Fleiß und Umsicht verzeichnet, in guten
Katalogen der Benutzung zugänglich gemacht, ihn sorgfältig
aufgestellt und numeriert hat, dann darf er nicht etwa glauben,
daß nunmehr seine Arbeit gethan sei, sondern es gilt jetzt,
mit Aufmerksamkeit und nie ermüdendem Eifer darüber zu
wachen, daß die geschaffene Ordnung auch in allen Stücken
gewahrt und die Bibliothek in jeder Beziehung unversehrt
erhalten bleibe. Denn es drohen der Ordnung und dem
Bestande des kostbaren Schatzes allerlei Gefahren und zwar
werden dieselben hervorgerufen einesteils durch die Benutzung,
andernteils durch den Einfluß der Elemente, oder durch Staub,

Infekten, Würmer und dergleichen. Wäre die Bibliothek eine lediglich zur Besichtigung aufgestellte Sammlung wie etwa ein Kunstmuseum oder eine Gemäldegalerie, so würde die Bewahrung der ihr zugrunde gelegten Ordnung eine ebenso einfache Sache sein wie ihre Sicherstellung vor Beschädigungen seitens der Besucher. Da aber der eigentliche Zweck der Bibliotheken der ist, benutzt zu werden, so wird, je ausgiebiger und umfangreicher die Benutzung ist, um so größer die Gefahr sein, daß auf der einen Seite durch das Herausnehmen und Einstellen der Bücher deren Ordnung gestört werde, auf der anderen Seite bei Entleihung der Bücher namentlich außerhalb des Bibliotheksgebäudes Beschädigungen derselben, ja selbst Verluste entstehen. Wir werden die gegen unachtsame und leichtfertige Benutzer zu ergreifenden Maßnahmen weiter unten im Kapitel über die Benutzung noch näher zu erörtern haben; dagegen fassen wir an dieser Stelle sogleich dasjenige Mittel näher in das Auge, welches den Bibliothekar in den Stand setzt, sich von etwaigen Störungen in der Ordnung der Bücher, von etwa entstandenen Defekten, über welche eine besondere Liste zu führen ist, und sonstigen hervortretenden Mängeln genaue Kenntnis zu verschaffen, wir meinen die Revision.

Es ist eine ziemlich auffällige Erscheinung, daß, während die Revision nicht nur in allen Bibliotheksreglements eine ziemliche Rolle spielt, sondern auch dem Publikum Jahr aus Jahr ein durch öffentliche Bekanntmachungen und dergleichen von seiten der Bibliotheken ins Gedächtnis zurückgerufen wird, derselben in den über die Bibliothekslehre handelnden Schriften meist entweder gar nicht, oder mit nur sehr wenigen Worten und oberflächlich gedacht wird. Jener Umstand spricht doch sicherlich dafür, daß die Revision in dem Bibliothekswesen von einer gewissen Wichtigkeit sein müsse; es läßt sich daher die geringe Beachtung, welche ihr in den Büchern über Bibliotheksverwaltung gewidmet ist, kaum recht verstehen. Allerdings kommt es sehr darauf an, wie man den Begriff der Revision überhaupt auffaßt. Sieht man in der Revision

nur ein Geschäft von ganz untergeordneter Bedeutung,
während dessen, wenn auch nicht dem ganzen Bibliotheks=
personal, so doch einem Teile desselben eine Art Ferien ver=
gönnt sei, so hat man freilich wenig Veranlassung, dasselbe
einer genaueren Besprechung zu unterziehen. Wenn man da=
gegen das Wort in einer anderen und höheren Bedeutung
nimmt und in der Revision nicht eine Zeit der Ruhe für die
Beamten, sondern eine solche angestrengterer Thätigkeit erblickt,
dann erscheint die ganze Sache in einem durchaus verschiedenen,
den Vorschriften der Bibliotheksreglements entsprechenderen
Lichte, in einer Auffassung, welcher unter allen Umständen auf
eingehendere Weise Ausdruck zu geben ist. Aber worin besteht
denn eigentlich die Revision?

Die Revision besteht nicht darin, daß man jährlich einmal
sämtliche ausgeliehenen Bücher einberuft und zurückfordert,
und die zurückerhaltenen in die Repositorien wieder einstellt,
zugleich auch die Bibliotheksräume reinigen und scheuern läßt,
während der Bibliothekar behaglich seine Ruhe genießt; die
Revision besteht vielmehr darin, daß, nachdem alle aus=
geliehenen Bücher — aber ohne Ausnahme zu gunsten
einzelner bevorzugter Personen — eingefordert und an ihre
Standorte zurückgebracht worden sind, eine Vergleichung
darüber angestellt wird, ob sämtliche der Bibliothek zuge=
hörigen Werke nicht nur vorhanden sind, sondern auch in
der im Standortskatalog vorgezeichneten Ordnung in den
Repositorien sich vorfinden. Ob dabei eine Reinigung des
Lokales und der Bücher, sowie die Herstellung etwaiger Bau=
lichkeiten zugleich mit vorgenommen werden, das wird für
die Begriffsbestimmung der Revision ganz gleichgültig sein,
obschon gern zuzugeben ist, daß sehr zweckmäßig Revision
und Reinigung mit einander verbunden werden können. Nur
muß in diesem Falle letztere der ersteren vorausgehen und
zwar aus dem Grunde, damit nicht das, was durch die
Revision erst in Ordnung gebracht worden ist, möglicherweise
bei der Reinigung wieder in Unordnung gerate. In betreff
der Revision giebt es zwei Hauptfragen, nämlich wie und

wie oft revidiert werden soll. Die erste derselben läßt sich da,
wo man Standortskataloge, die Bibliotheksinventarien, oder
etwas denselben Ähnliches besitzt, praktisch sehr leicht beant=
worten: mit dem Inventarium in der Hand muß der Biblio=
thekar revidieren, d. h. Nummer für Nummer des Inven=
tariums mit den Büchern im Repositorium vergleichen und
die Bände nachzählen, die etwa sich vorfindenden Defekte und
Ordnungswidrigkeiten entweder auf der Stelle ergänzen und
beseitigen, oder in einem kurzen Revisionsprotokolle auf=
zeichnen, damit nach Angabe dieses Verzeichnisses am Schlusse
des ganzen Revisionsgeschäftes alsbald auf die Ausfüllung
der vorgefundenen Lücken Bedacht genommen werden kann.
Das Geschäft ist zwar ein ziemlich mechanisches und, wenn=
schon ermüdendes, doch leicht ausführbares; nichtsdesto=
weniger darf es bei der Wichtigkeit, welche die Revision für
jede Bibliothek hat, keinem der Diener überlassen bleiben,
sondern muß von den wissenschaftlichen Beamten selbst aus=
geführt werden. In größeren Bibliotheken, wo die Ein=
richtung getroffen ist, daß von den Beamten jeder einzelne die
spezielle Aufsicht über die Instandhaltung gewisser Fächer zu
übernehmen hat, dürfte es sich als sehr zweckmäßig empfehlen,
daß die Revision jener Fächer nicht von diesem selbst oder
wenigstens nicht von ihm allein, sondern stets in Verbindung
mit einem Kollegen bewerkstelligt werde, weil auf diese Weise,
da vier Augen mehr sehen als zwei und da man die eigenen
Irrtümer schwerer bemerkt als ein Anderer, etwa vor=
gekommene Versehen leichter aufgefunden werden dürften.
Etwas Schwieriges, ja etwas sehr Mißliches ist die Beant=
wortung der Frage, wie zu revidieren sei bei Bibliotheken,
die keine Inventarien besitzen. Bei diesen bleibt es wirklich
rätselhaft, wie die praktische Beantwortung der Frage ermög=
licht werden könne, und die einzige Lösung des Rätsels ist
die, daß man baldigst in den Besitz eines Standortskatalogs
zu gelangen suche. Was die andere Hauptfrage betrifft, wie
oft revidiert werden soll, so bedarf ohne Zweifel der von der
Erfahrung hinreichend festgestellte Satz, daß die Revision

regelmäßig jedes Jahr vorgenommen werden müsse, keines
weiteren Beweises; nur dürfte nachzuweisen sein, wie sich bei
größeren Bibliotheken mit einem Bücherbestande von hundert=
tausenden von Bänden eine regelmäßige jährliche Revision
ausführen lasse, da die Durchsicht und Durchzählung einer
so außerordentlich großen Büchermasse, wenn nicht ganz
außerordentliche Kräfte mit dazu in Anspruch genommen
werden, fast ein Ding der Unmöglichkeit zu sein scheint. In
der That würde die Durchsicht in diesem Falle einen Kraft=
aufwand erheischen, der mit den den Bibliotheken selbst im
günstigsten Falle zu Gebote stehenden Mitteln nicht im Ver=
hältnisse stände. Daher hat man auch bei den meisten größeren
Bibliotheken die Einrichtung getroffen, mindestens in den
Reglements vorgeschrieben, jedes Jahr immer nur einen
Teil der Bücher in dem Maße zu revidieren, daß nach einem
Zeitraume von drei bis fünf Jahren erst die Revision der
ganzen Sammlung beendigt ist. Eine derartige Einrichtung
muß für größere Bibliotheken, in Betracht der Kosten, welche
die Aufbietung besonderer Arbeitskräfte verursachen dürfte,
um so mehr als hinreichend angesehen werden, je ungenügender
jene aus dem Grunde immer sein würden, weil sie die Stelle
der Bibliothekare, von denen die Revision eigentlich in eigener
Person ausgeführt werden soll, doch nie vollkommen ersetzen
könnten. Bei kleineren Bibliotheken bleibt dagegen die regel=
mäßige jährliche Revision des ganzen Bücherbestandes eine
unbedingt empfehlenswerte Forderung.

Außer dieser regelmäßigen jährlichen Revision wird es
gut sein, wenn die höhere Aufsichtsbehörde noch zuweilen
außerordentliche Revisionen (Superrevisionen) anordnet, und
diese durch dazu eigens abgeordnete Organe vornehmen läßt.
Es brauchen sich dergleichen außerordentliche Revisionen aber
nicht gerade jedes Jahr zu wiederholen, sich auch nicht auf
den ganzen Bücherbestand zu erstrecken. Um so notwendiger
ist es jedoch, daß eine solche Superrevision wider Erwarten,
und ohne daß die Bibliotheksbeamten etwas davon ahnen,
anbefohlen und das, was beispielsweise zur Revision bestimmt

ist, mit aller Sorgfalt der prüfenden Durchsicht unterworfen werde, damit die Oberbehörde eine ungetrübte Einsicht in die Beschaffenheit und Ordnung des Bücherbestandes erhält. Gleichzeitig mit der Superrevision der Bücher wird von seiten der Behörde ganz passend eine Revision der Bibliotheks= kataloge, namentlich des Zettelkatalogs, verbunden werden können, die nicht bloß wegen der großen Wichtigkeit der Kataloge überhaupt, sondern auch deshalb von Zeit zu Zeit einmal vorgenommen zu werden verdient, weil man sich aus den Katalogen mit am besten und am leichtesten über den Geist der in einer Bibliothek herrschenden Ordnung, ohne welche jede Bibliothek mehr oder weniger gefährdet bleibt, zu unterrichten im stande ist.

Es gilt aber auch neben der Aufrechterhaltung der Ord= nung den Bücherschatz gegen allerhand schädliche Einflüsse zu schützen und zwar zunächst gegen die Einwirkungen des . Staubes[154]. Wir erwähnten vorhin, daß es zweckmäßig erscheine, sogleich mit der Revision — und zwar unmittelbar vor dieser — die als Mittel gegen den Staub unentbehrliche allgemeine Reinigung der Bibliothek vorzunehmen.

Obwohl die Notwendigkeit, die Bücher möglichst rein und frei vom Staube zu erhalten, aller Erfahrung zufolge eine durchaus unleugbare und nicht nur in Rücksicht auf ein gutes Aussehen, sondern auch auf bessere Konservierung der Bücher überhaupt so absolute ist, daß man es fast für überflüssig halten könnte, davon hier noch weiter zu sprechen, so lehrt doch die Bibliotheksgeschichte leider zur Genüge, daß die darauf hinzielenden Vorschriften nicht oft genug wiederholt und eingeschärft werden können. Man scheint sich vielfach der Meinung hinzugeben, als sei die Reinhaltung der Bücher und Repositorien lediglich eine auf Schmuck und Zierlichkeit berechnete Maßregel, die sich allenfalls in einer Bibliothek entbehren lasse. Außerdem mag man vielleicht auch glauben, daß bei stark benutzten Bibliotheken ohnehin das Ausleihen der Bücher hinreichende Gelegenheit und Veranlassung gebe, die Bände samt ihrem Inhalte frei vom Staube zu erhalten.

Allein das eine wäre so irrig wie das andere. Denn es
bleiben, was den letzteren Fall betrifft, selbst in den am
häufigsten besuchten und benutzten Bibliotheken große Massen
von Büchern, nicht Jahre lang, sondern Jahrzehnte für
Jahrzehnte ohne alle Nachfrage, und demnach da, wo man
eine Reinigung der Bücher von Zeit zu Zeit vornehmen zu
lassen nicht für notwendig hält, eine so geraume Zeit hindurch
mit allem ihren Staube und Schmutze gänzlich unberührt,
daß sie längst von Moder und den im Staube großgezogenen
Würmern zerfressen sein können, ehe man dem Schaden auf
die Spur kommt. Und was diejenigen anlangt, welche in
der Reinigung der Bücher bloß ein Förderungsmittel ihres
äußeren Schmuckes zu sehen geneigt sein sollten, so werden
diese bei nur einiger Aufmerksamkeit auf die im Staube und
Schmutze verkümmernden Bücher bald zur Einsicht kommen,
daß die Entfernung des Staubes und Schmutzes doch wohl
noch einen anderen, einen auf die Erhaltung der Bücher
berechneten Zweck haben müsse. Sorgsame Bibliothekare,
welchen die Bedürfnisse der ihrer Obhut übergebenen Samm=
lungen nicht fremd geblieben sind, haben dies nie verkennen
mögen, und sind daher auch stets bemüht gewesen, der
Reinigung nicht nur überall das Wort zu reden, sondern
dieselbe auch in ihren Bibliotheken regelmäßig handhaben zu
lassen. Es genügt aber bei einer solchen Reinigung durchaus
nicht, bloß von Zeit zu Zeit die Fußböden der Bibliotheks=
räume abfegen, die Bücher mit dem Staubwedel abstäuben
und die Repositorien mit dem Wischtuche oberflächlich reinigen
zu lassen, sondern die Reinigung muß in regelmäßigen Zeit=
räumen, am zweckmäßigsten jährlich einmal in einem der
trockenen Herbstmonate, gründlich vorgenommen werden. Die
Bücher müssen aus den Repositorien herausgenommen und
bei geöffneten Fenstern — an einigen neueren Bibliotheken
hat man außen am Gebäude besondere Balkone angebaut,
wohin die Bücher zu diesem Zwecke gebracht werden — aus=
geklopft und abgewischt, sowie die Repositorien mit einem ein
wenig angefeuchteten Tuche vollkommen gereinigt werden,

wobei jedoch die Vorsicht zu beobachten ist, daß man, bevor nicht jede Spur von Feuchtigkeit infolge der Reinigung mit dem angefeuchteten Tuche aus den Repositorien sich verloren hat, die Bücher nicht wieder an ihren Standort bringt. In großen Bibliotheken, in denen eine derartige totale alljährliche Reinigung zu großen Zeit= und Mühaufwand verursachen dürfte, kann dieselbe nötigenfalls auch auf einen Turnus von zwei oder drei Jahren in der Weise verteilt werden, daß in jedem Jahre ein Teil der Bibliothek an die Reihe kommt. Dagegen ist es unumgänglich notwendig, die Fußböden der Bibliotheksräume jährlich unter allen Umständen mindestens einmal, in Bibliotheken aber, deren Säle dem Zutritte des Publikums geöffnet sind, möglichst oft mit aller Sorgfalt und unter zuverlässiger Aufsicht reinigen zu lassen.

Die Handhabung einer regelmäßigen und gründlichen Reinigung gewährt zugleich die besten und zweckmäßigsten Mittel gegen eine andere Plage der Bibliotheken, nämlich gegen die Bücherwürmer und Insekten[155]. In der Regel suchen die Insekten zur Zeit des Herbstes in den Bibliotheken ihre Zuflucht vor dem nahenden Winter, weshalb es auch, wie gesagt, am zweckmäßigsten ist, gerade zu dieser Zeit die Reinigung der Bibliothek vorzunehmen und den Staub, „das wahre Düngmittel für das Aufkommen der Insekten", zu entfernen. Allerdings wird der Bibliothekar sich mit dieser einzigen vorbeugenden Maßregel nicht begnügen dürfen, sondern auf jegliche Weise suchen müssen, jene hartnäckigen und verderblichen Feinde der Bücher von vornherein fern zu halten. In dieser Beziehung ist unter anderem auch die Art, wie die Bücher gebunden werden, von nicht geringer Bedeu= tung. In früherer Zeit boten namentlich die so beliebten Holzdeckel der Bücher den Würmern einen äußerst günstigen Boden und es sind die durch dieses Ungeziefer verursachten Verheerungen in den Überresten älterer Bibliotheken aus Klöstern und Kirchen oft nur zu deutlich sichtbar. Jene Ein= bände sind daher durchgängig zu vermeiden. Daneben bieten ihnen natürlich die hölzernen Repositorien der Bibliotheken

reiche Nahrung. Man pflegt die kleinen Zerstörer allgemein
als „Holzwürmer" zu bezeichnen, dieselben stellen indessen,
wie die Zoologie lehrt, die noch unvollendeten Insekten dar,
welche Larven, bezüglich Maden heißen. Am meisten ver=
breitet und durch zahlreiche Arten vertreten ist bekanntlich
die Gattung Anobium, zu deutsch Werkholzkäfer, Nagekäfer,
im Volksmunde auch Trotzkopf, Klopfkäfer, Totenuhr genannt.
Man kann sich, wie Taschenberg [156] hervorhebt, gegen
Holzwürmer wohl einigermaßen schützen, sehr schwer dagegen
ist es, die bereits vorhandenen zu beseitigen. Die in ersterer
Beziehung genannten Erfahrungen faßt der Genannte dahin
zusammen, daß Hölzer, welche aus ihrem grünen Zustande
allmählich in den trockenen übergehen, oder infolge ihrer
Lagerungsverhältnisse (vor oder nach der Verarbeitung)
immer wieder von neuem Feuchtigkeit aufnehmen, eine
besondere Anziehungskraft für die Holzwürmer haben, solche
Hölzer dagegen, welche sehr schnell und bleibend getrocknet
sind und welchen man überdies durch Imprägnation oder
irgend welchen Überzug ihren natürlichen Zustand benimmt,
von jenen verschont bleiben. Der Bibliothekar wird also gut
thun, bei Neubeschaffung von Repositorien darauf zu achten,
daß das zu den letzteren verwendete Holz auch den eben
erwähnten Bedingungen entspreche und zur Vorsicht mit
Ölfirnis, Lack und dergleichen überzogen werde. Findet er
bei älteren Repositorien die betreffenden Larven im Holze
vor, so kann er nach Taschenberg, da in der Regel keine
erneuten Angriffe erfolgen, sobald die vollkommen ent=
wickelten Insekten ihre Geburtsstätte verlassen haben, den
vorhandenen Fehler dadurch ausbessern, daß er die vereinzelt
auftretenden Bohrlöcher mit Glaserkitt verstreichen oder bei
größerer Ausdehnung der schadhaften Stelle diese erneuern
läßt, während da, wo sich die kleinen, gesellig lebenden Bohr=
käfer vollständig eingenistet haben, der weiteren Verbreitung
des Ungeziefers nur dadurch zu begegnen ist, daß die davon
befallenen Gestelle vollständig ausrangiert und vernichtet
werden. Nach anderen Beobachtungen soll Anobium auch

dem Kleister nachgehen und seine Eier besonders gern in
Buchenholz (nach Einigen in Eichenholz) legen. Man hat
deshalb und zwar, wie behauptet wird, mit gutem Erfolge
zu seiner Vertilgung in Bibliotheken folgendes Verfahren
eingeschlagen [157]. Es wurden mit frischem Kleister bestrichene
Buchenholzstücke während des Sommers an verschiedenen
Stellen der Bibliothek niedergelegt, welche die Insekten bald
für ihre Eier in Beschlag nahmen. Im Winter kriecht der
Wurm aus. Sobald man zwischen Januar und März an
dem Holzmehl oder kleinen Erhebungen diejenigen Holzstücke,
welche Würmer enthielten, zu erkennen vermochte, verbrannte
man dieselben, wodurch Anobium ziemlich ausgerottet wurde.
Der Bohrwurm beschränkt sich jedoch bei seinen Angriffen
auf das Bibliothekseigentum nicht auf das Holz allein,
sondern greift auch das Papier der Bücher selbst an und
zwar zu dem Zwecke, um sich durch dasselbe einen Weg zu
seiner Nahrung zu bahnen. Er wird auf diese Weise dem
Inneren der Bücher, welches er in runden Gängen durchfrißt,
ebenso verderblich wie das übrige dem Papier feindliche
Gewürm, unter welchem nach Blades die Species Oecophora
pseudospretella sich besonders auszeichnen soll. Unter den
zahlreichen sonstigen Mitteln, welche seit langer Zeit gegen
das Ungeziefer in Vorschlag gebracht worden sind — hat
man sich doch sogar veranlaßt gefunden über diesen Gegen=
stand eigene Preisfragen auszuschreiben [158] —, haben sich die
meisten entweder in ihrer Anwendung als zu umständlich,
oder in ihrem Erfolge als zu unzureichend erwiesen. Als
eine einfache und zugleich zweckmäßige Maßregel erscheint
noch diejenige, Tuchlappen, die mit Terpentin, Kampfer und
anderen dergleichen durch den Geruch dem Ungeziefer feind=
lichen Substanzen getränkt sind, hinter die Bücherreihen zu
legen. Auch die Anwendung des Cedernöls (cedrium), dessen
erhaltende Wirkung schon die Alten rühmen [159], soll für die
wertvolleren Bücher, namentlich aber für die Holzbände, von
denen wohl jede nur einigermaßen größere Bibliothek eine
Anzahl als vielleicht sehr schätzbare und darum nicht allemal

gut zu beseitigende Denkmale aus früherer Zeit besitzt, An=
empfehlung verdienen. Nach dem Rate eines erfahrenen
Chemikers hat ferner Naumann [160] in Anregung gebracht,
getrocknete wilde Kastanien zu Mehl zu zerstoßen und unter
den Buchbinderkleister zu mischen, durch dessen auf diese Weise
entstandene Bitterkeit die Würmer von vornherein noch wirk=
samer verscheucht würden als durch Terpentin und Kampfer,
und neuerdings hat Du Rieu [161] Benzin oder Fleckenwasser
empfohlen, das — bloß am Tage — mit einem Schwamm
auf das Holz der Repositorien, auf alte eichenhölzerne Ein=
bände und in wurmstichige Codices oder Bücher eingetröpfelt
die Würmer gewöhnlich sogleich, gewiß aber bei der zweiten
Anwendung töte. Es ist übrigens eine für den Bücherfreund
erfreuliche Thatsache, daß die Insektenplage in den Biblio=
theken im Vergleich zu früheren Zeiten sich ganz erheblich
verringert hat. Die größere Wertschätzung alter Bücher, die
erhöhte Vorsicht beim Binden neuer, häufigere Benutzung der
Sammlungen, luftigere Aufstellung, helleres Licht, endlich
sorgfältigere Behandlung und Reinhaltung der Bücherschätze
seitens der Bibliotheksverwaltungen haben ein jedes für sich
dazu beigetragen, einen angenehmen Wandel zu schaffen, den
aufrecht zu erhalten das Bestreben eines jeden Bibliothekars
sein wird, der ein wahrer Freund der Bücher ist.

Was zum Schlusse die Gefahren betrifft, welche dem
Bücherschatz durch die Elemente zugefügt werden können, so
wird in erster Linie eine gute Einrichtung des Bibliotheks=
gebäudes den wirksamsten Schutz bieten, soweit dies mensch=
liche Kraft vermag. Wir haben darüber oben ausführlicher
gehandelt. Hier könnte lediglich noch die Frage in Betracht
kommen, ob man die Bücher gegen etwaige Feuersgefahr ver=
sichern soll [162]. Die dazu erforderliche Abschätzung des Wertes
namentlich einer größeren Sammlung dürfte freilich bei dem
schwankenden Preise ganzer Bücherklassen ihre besonderen
Schwierigkeiten bieten und könnte daher nur eine allgemeinere
sein, indem auf Grund eines fachmännischen Gutachtens die
Versicherungssumme lediglich in Bausch und Bogen festgesetzt

würde. Der Wert des jährlichen Zuwachses würde sich in jedem Falle genau beifügen lassen. Handschriften, Inkunabeln und Kupferwerke würden ihrer Kostbarkeit halber natürlich einer Einzeltaxation zu unterwerfen sein. Bei der größeren Zahl bedeutender Bibliotheken, welche mancher Staat besitzt — man denke nur an die Universitätsbibliotheken —, würde die Versicherung, die jährlich eine sehr hohe Summe erfordern würde, dem Staate allerdings Opfer auferlegen, welche, durch eine längere Reihe von Jahren fortgesetzt, schließlich dem Werte einer Bibliothek für sich gleichkommen möchten. Es ist deshalb, so angebracht und empfehlenswert auch unter allen Umständen die Versicherung von Privatbibliotheken sein dürfte, für den Staat vorteilhafter, überhaupt nicht zu versichern und es auf die Gefahr, daß einmal eine seiner Bibliotheken Schaden erleide, ankommen zu lassen. Manche Schätze der Bibliotheken sind ohnehin durch Geld überhaupt nicht zu ersetzen. Allerdings ist unter diesen Umständen für die Bibliotheksverwaltungen doppelte Vorsicht geboten; so wird es unter anderem ratsam sein, daß von dem Verwaltungspersonal, wenn nicht alle, doch immer einige der Beamten verpflichtet werden, bei etwaigen in der Nähe der Bibliothek eintretenden Feuers= oder anderen Gefahren unverzüglich auf ihre Posten zu eilen, um, wenn die Bibliothek von Schaden bedroht wird, soviel als thunlich Abhilfe dagegen zu schaffen und im allerschlimmsten Falle für die Erhaltung des Wertvolleren, mit Zuziehung fremder Hilfe, die erforderliche Sorge zu tragen.

Fünftes Kapitel.
Von der Vermehrung des Bücherschatzes.

Erster Abschnitt.
Von der Vermehrung im allgemeinen und ihren verschiedenen Arten.

Soll eine der öffentlichen Benützung übergebene Bibliothek ihrer Bestimmung auf die Dauer genügen und sich ihre volle

Leistungsfähigkeit bewahren, so muß sie ihrem Zwecke ent=
sprechend vermehrt werden [163]. Dabei kommt nun zunächst
in Frage, wer die Vermehrung zu bewirken habe. Es kann
wohl keinem Zweifel unterliegen, daß das endgültige Urteil
über das, was eine für die Bibliothek zweckmäßige Ver=
mehrung zu nennen sei, in der Regel dem Bibliothekar allein
zustehen müsse, da man von diesem am ersten erwarten kann,
daß er nicht bloß die dazu erforderliche Sachkenntnis besitze,
sondern auch am unparteiischsten und lediglich im Interesse
der Bibliothek dabei zu Werke gehen werde. Man hat zwar
eingewendet, daß der Bibliothekar nicht immer im stande sei,
die Bedürfnisse des Publikums, zu dessen Benutzung die
Sammlung bestimmt und auf welches daher bei der Wahl
der neuen Anschaffungen billig Rücksicht zu nehmen ist, in
jeder Beziehung so genau zu kennen, um seine Entscheidung
im möglichsten Einklange mit jenen Bedürfnissen zu fällen.
Zur Abhilfe dieses vermeintlichen Übelstandes giebt es jedoch
ein einfaches Mittel, welches sich bei zahlreichen Bibliotheken
als eine empfehlenswerte Einrichtung bewährt hat, nämlich
die sogenannten Desiderienbücher, in welche die Leser der
Bibliothek ihre Wünsche in betreff des neuen Zuwachses ein=
zeichnen und auf diese Weise dem Bibliothekar zur thunlichen
Nachachtung bekannt geben können. Anderseits hat man es
vielfach für notwendig erachtet, dem Bibliothekar für die Neu=
anschaffungen eine besondere Kommission zurseite zu stellen,
die z. B. an den Universitätsbibliotheken aus Dozenten der
verschiedenen Fakultäten zusammengesetzt ist. Im allgemeinen
haben indessen solche Bibliothekskommissionen bei Kennern
der einschlägigen Verhältnisse von jeher wenig Anklang
gefunden [164]. Wir sprechen nicht davon, daß man hie und
da so weit gegangen ist, diesen Kommissionen das Recht der
ausschließlichen und unbedingten Verfügung über die inner=
halb der Grenzen der Fakultätswissenschaften zu treffende
Auswahl des Zuwachses einzuräumen, und dem Bibliothekar
in dieser Beziehung nur in betreff der allgemeineren, keiner
besonderen Fakultät zugehörigen und speziell bibliographisch=

bibliothekwissenschaftlichen Litteratur freie Hand zu lassen. Eine solche obervormundschaftliche Einschränkung des Biblio= thekars dürfte weder mit dessen Würde verträglich sein, noch auch von dem wahren Interesse der Bibliothek gefordert werden. Die Einrichtung ist vielmehr auch bei beschränkteren Befugnissen der Kommission mit gutem Grunde angefochten worden. Von vornherein ist nämlich die Stellung für den Bibliotheksvorstand dabei insofern eine günstige als die größere Erfahrung und die erforderlichen bibliographischen und tech= nischen Kenntnisse auf seiner Seite sind und ihm ein Über= gewicht verleihen. Einem tüchtigen Bibliothekar wird es deshalb leicht fallen, die Bibliothekskommission nach seinem Willen zu lenken und seinen Plänen dienstbar zu machen, wobei sie ihm auch noch einen Teil der Verantwortung ab= nimmt. Wie dieselbe daher einerseits bei einer guten Bibliotheksverwaltung entbehrlich ist, so ist sie andernteils bei einer schlechten nutzlos, denn der untüchtige Bibliothekar hat, wie sehr richtig gesagt worden ist, tausend Mittel in Händen, um die Beschlüsse der Kommission nicht auszuführen und trotzdem ihr etwa gerügte Mängel in die Schuhe zu schieben. R. von Mohl hat es daher offen ausgesprochen: „Wenn irgend eine Erfahrung in diesen Dingen feststeht, so geht sie dahin, die Beratung eines Bibliotheksvorstandes durch eine Kommission zu mißraten. Das Beste bei einer solchen Einrichtung ist, daß die Thätigkeit der Zugezogenen gar bald erlahmt; denn so lange sie noch neu und fühlbar ist, schadet sie noch mehr als sie nützt". Man hat in neuerer Zeit in der That angefangen, von der Ernennung solcher Kommissionen abzusehen[165]. Denkt man sich, wie Molbech hierüber sehr treffend erinnert, den Bibliothekar als einen Mann, der durch litterarische und bibliographische Studien gebildet, mit der Geschichte und dem Zustande der wissenschaftlichen Kultur vertraut und durch praktische Bildung und Übung mit der seiner Verwaltung übergebenen Büchersammlung bekannt ist: wer sollte unter diesen Voraussetzungen besser, als er, beurteilen können, nach welchen Grundsätzen man bei der

Bereicherung und Vermehrung des Bücherbestandes handeln
müsse, oder wie man besser dem jährlichen Zuwachse ein
passendes Verhältnis gebe sowohl zu den Einkünften der
Bibliothek als zu dem Bedürfnisse und den Anforderungen,
welche an dieselbe gemacht werden? Wenn man den Biblio=
thekar, den eigentlichen Vorsteher und Verwalter der Biblio=
thek, unter fremden Einfluß stellt, seine Wirksamkeit von
Direktionen und Kommissionen abhängig macht, oder seine
Auswahl und Bestimmung über die Vermehrung der Biblio=
thek der Bestätigung einer höheren Autorität unterwirft, so
wird der Fortgang der Anstalt gehindert und eingeschränkt
und die Berufsfreudigkeit des Bibliothekars gelähmt. Natür=
lich ist es unter allen Umständen notwendig, daß der Biblio=
thekar, der, sei er noch so tüchtig und unterrichtet, sich nicht
ausschließlich auf sich selbst verlassen darf, hinsichtlich der
Vermehrung der ihm untergebenen Sammlung nicht ganz
ohne Aufsicht und eine Art Kontrolle bleibe, damit er sich
von etwaigen willkürlichen und einseitigen Ausschreitungen
entfernt halte; diese Kontrolle muß aber eine zweckmäßige
und keine das freie verständige Gebaren des Bibliothekars
hemmende sein.

Man mache es dem Bibliothekar zur Pflicht, nicht durch=
aus eigenmächtig über den neuen Zuwachs zu beschließen,
sondern zuvor vielmehr, falls er noch Kollegen zurseite hat,
mit diesen darüber Beratung zu pflegen und die von den
Kommissionen — soweit solche bestehen — zu machenden Vor=
schläge nach bestem Wissen und Gewissen zu berücksichtigen,
wie nicht minder die Wünsche des Publikums zu hören und
insbesondere die bescheidenen Vorstellungen anderer Sach=
kenner in Erwägung zu ziehen; aber man überlasse es dann
auch seiner Einsicht und seinem Überblicke über die Stellung
der Bibliothek und die wahren Bedürfnisse des Augenblicks
zu entscheiden, inwieweit den Rat= und Vorschlägen, Wünschen
und Vorstellungen Folge und Gehör gegeben werden könne,
und verlange am allerwenigsten, daß der Bibliothekar hin=
sichtlich der im Desiderienbuche zur Anschaffung empfohlenen

Bücher, wenn er eine solche für unthunlich erachtet, noch zu einer besonderen Rechtfertigung dem Publikum gegenüber verbunden sein solle, einer Rechtfertigung, welche doch in den meisten Fällen schwerlich jemanden befriedigen, den Bibliothekar aber sehr leicht zu dem Publikum in eine unbequeme und schiefe Stellung bringen würde. Man schreibe dem Bibliothekar vor, über seine Verwaltung jährlich Rechenschaft abzulegen, und eine detaillierte Übersicht nicht allein über die Verwendung der Bibliothekseinkünfte, sondern auch über ihre richtige Benutzung zu gunsten der einzelnen Wissenschafts=fächer in der Weise zu geben, daß der jährliche Zuwachs in jedem derselben mit Leichtigkeit überblickt werden kann; aber man befreie ihn auch davon, bei der Verwendung der jährlich für neue Anschaffungen angewiesenen Fonds, wie dies hie und da der Fall ist, erst die höhere Genehmigung einholen zu müssen. Man verlange endlich vom Bibliothekar, daß er sich nicht nur die sorgfältige Durchsicht der besseren anti=quarischen und Auktionskataloge angelegen sein lasse, um aus den darin feilgebotenen Werken das für die Bibliothek Wünschenswerte und Passende nach Maßgabe der dazu vor=handenen Mittel auswählen zu können, sondern auch behufs Kenntnisnahme der neueren litterarischen Erscheinungen die vorzüglicheren Jahresbibliographien regelmäßig durchsehe und überhaupt dem Studium alles dessen, was auf dem Gebiete der bibliographisch=bibliothekwissenschaftlichen Litte=ratur erschienen ist, die erforderliche Muße widme; aber man vertraue dann auch seiner gereiften Einsicht und seiner auf wohlerwogenen Gründen beruhenden Handlungsweise; namentlich möge der Benutzer mit vorschnellem Urteile allezeit zurückhalten und es unterlassen, den Biblio=thekar bei jeder Gelegenheit, sobald er durch die neuen Anschaffungen nicht vollständig zufrieden gestellt ist, so=gleich zu tadeln und ihn ohne Kenntnis der für denselben maßgebenden Erwägungen wohl gar, wie dies nur allzu=häufig geschieht, der Nachlässigkeit, ja der Unwissenheit zu beschuldigen.

Dies führt uns zu der Frage, welche Prinzipien über=
haupt den Bibliothekar bei der Vermehrung zu leiten haben.
Es leuchtet ein, daß hierbei nicht etwa der Zufall oder die
Willkür walten darf, sondern daß in genauer Übereinstimmung
mit dem Plane vorgegangen werden muß, welcher der
Sammlung von Anfang an zugrunde gelegt wurde. Dem=
gemäß gilt es vor allen Dingen, diejenigen Fächer, welche
in der Bibliothek grundsätzlich vertreten sind, den Fortschritten
der Wissenschaft entsprechend auszugestalten und für den Fall,
daß das eine oder andere Fach aus irgend welchen äußeren
Gründen bei den ersten Anschaffungen vor den übrigen bevor=
zugt worden sein sollte, ohne daß der Bibliotheksplan dies
vorschrieb, nunmehr einen Ausgleich eintreten zu lassen, da=
gegen alle fremdartige Elemente auch bei den Neuerwerbungen
fern zu halten.

Bei Bibliotheken allgemeineren Charakters hat der
Bibliothekar stets das Ganze im Auge zu behalten und
darf, da nach der solchen Sammlungen zugrunde liegenden
encyklopädischen Idee keinem Wissenschaftsfache eine gänz=
lich nebensächliche Bedeutung beizulegen ist, nicht etwa in
willkürlicher Weise das eine Fach auf Kosten des anderen
vollständig vernachlässigen oder verkürzen, wenn auch
selbstverständlich eine wichtigere und allgemeiner benützte
Abteilung erhöhte Rücksichtnahme verdient. Nur in einem
Falle wird eine Ausnahme gestattet sein, wenn nämlich an
dem Sitze der Bibliothek noch eine oder gar mehrere gut
verwaltete und dem Publikum zugängige Spezialbibliotheken
vorhanden sind. In diesem Falle mag sich der Bibliothekar
erlauben, einen Teil der Mittel, die den von den Spezial=
bibliotheken gepflegten Fächern eigentlich zukommen müßten,
auf die übrigen Fächer mit zu verwenden, namentlich wird
er von der Erwerbung kleinerer Abhandlungen, Flugschriften
u. dergl., deren Sammlung jene sich zur besonderen Aufgabe
machen, absehen dürfen[166]. Außerdem dürfen aber auch bei
Zentralbibliotheken die augenblicklichen Bedürfnisse der Zeit,
die leicht eine bevorzugte Stellung des einen oder des anderen

Faches verlangen können, nicht ganz außer Betracht und
Rechnung gelassen werden. Denn obwohl es unverantwortlich
sein würde, wenn der Bibliothekar jedes augenblicklich geäußerte
Verlangen und den gerade vorherrschenden Geschmack des
Publikums, sowie die drängenden, nicht selten bis zur Un=
bescheidenheit ausartenden Wünsche Einzelner sich zur Richt=
schnur nehmen, und darüber ganz vergessen wollte, daß die
Bibliotheken nicht bloß für die Gegenwart, sondern auch für
die Zukunft, die Nachwelt, zu sorgen Beruf haben, so möchte
es doch nicht unbillig sein, zuerst den wahren und wesent=
lichen Bedürfnissen der Gegenwart, der Mitwelt, zuweilen
sogar mit Hintansetzung der Forderungen der Zukunft,
gerecht zu werden. Ferner sind selbst in Zentralbibliotheken
die Verhältnisse des Ortes und Landes, denen sie zunächst
angehören, bei Berechnung der Mittel, welche auf die Ver=
mehrung des einen und des anderen Faches und hauptsächlich
auf die Anschaffung von Werken in der einen und der anderen
Sprache zu verwenden seien, nicht außer Ansatz zu lassen.
Jene Verhältnisse werden vielmehr unter allen Umständen eine
gewisse Bevorzugung des einen oder des anderen Teils der
Litteratur bedingen müssen. Es brauchen aber deshalb noch
nicht gleich den verschiedenen Bibliotheken feststehende Normen
gegeben zu werden, nach denen die Bibliothekare etwa gehalten
seien, jedes Jahr ein bestimmtes Quantum der Einkünfte
ihrer Anstalten auf die Vermehrung des besonders für das
betreffende Land und den Ort wichtigen Teiles der Litteratur
zu verwenden, wie es denn überhaupt nicht im wohlver=
standenen Interesse einer Bibliothek liegen kann, wenn man
sich von seiten der Oberaufsichtsbehörde veranlaßt finden
sollte, das Verhältnis, in welchem die verschiedenen Wissen=
schaftsfächer jährlich zu vermehren seien, in bestimmten Zahlen
auszudrücken, und die für die Vermehrung des einen und des
anderen Faches zu verausgabende Summe im voraus auf
Heller und Pfennig festzustellen. Man hat zwar an einigen
Orten versucht, die für die Vermehrung des Bücherbestandes
bestimmte jährliche Summe in einzelne größere und kleinere

Posten abzuteilen, und dieselben nach einer gewissen Skala
für den Bedarf des Zuwachses in dem einen und dem anderen
Wissenschaftsfache anzuweisen. Allein abgesehen davon, daß
die Richtigkeit derartiger Ansätze jedenfalls mancherlei
gewichtigen Bedenken unterworfen werden könnte, so hat man
sich ohnehin gleich von vornherein bei dergleichen Bestimmungen zu Vorschriften darüber, wie bei einem etwaigen
Mehrbedarfe des einen und dem Minderbedarfe des anderen
Faches zu verfahren sei, gezwungen gesehen und somit jene
Bestimmungen für besondere Fälle außer Wirksamkeit gesetzt.
Es wird in dieser Hinsicht wohl stets das Zweckmäßigste sein,
der Einsicht des Bibliothekars volles Vertrauen zu schenken,
und ihm und seiner Erfahrung die Beantwortung der Frage,
in welchem Maße die für die Anschaffungen verfügbaren
Mittel, unter Berücksichtigung der Lokal-, Zeit- und sonstigen
Verhältnisse, zur Vermehrung der verschiedenen Fächer zu verwenden seien, ohne das freie Urteil hemmende Bestimmungen,
getrost anheimzugeben. Der verständige und umsichtige
Bibliothekar wird in der Regel nach seinem und seiner Kollegen
freien Ermessen den wahren Bedürfnissen der Bibliothek und
des Publikums besser zu entsprechen wissen, als dies von
seiten der Oberbehörde, die dem Verkehre mit der Bibliothek
und dem Publikum mehr oder minder fern steht, durch die
sorgfältigst erwogenen Vorschriften und die gewissenhaftesten
Beratungen geschehen kann. Vor allen Dingen wird es ihm
niemals auf die Zahl der Anschaffungen ankommen, womit
er sich etwa den anderen Bibliotheken gegenüber brüsten
könnte, sondern lediglich auf deren Zweckmäßigkeit und Güte.
Diese sorgfältig zu prüfen, ehe er zum Ankaufe schreitet, ist
eine um so dringlichere Pflicht für ihn, als die den Bibliotheken für Neuanschaffung zur Verfügung stehenden Mittel
ohnehin gewöhnlich nicht allzu reich bemessen sind, so daß
sie selten mehr gewähren, als was zu dem Anschaffen des
Notdürftigsten gerade ausreicht. Es würde der Bibliothekar
daher geradezu eine Pflichtwidrigkeit begehen, wenn er jenem
Grundsatze nicht die ausgedehnteste Folge geben und wohl

gar die geringen Mittel durch Anschaffen von Überflüssigem
und für die Bibliothek Wertlosem noch mehr schmälern wollte.
Sollten ihn ja die Umstände z. B. bei der Erwerbung einer
ganzen Sammlung einmal gezwungen haben, etwas dem Plane
nach für die Bibliothek Unbrauchbares mit in den Kauf zu
nehmen, so würde es seine Obliegenheit sein, sich des Über=
flüssigen bei guter Gelegenheit wieder zu entledigen und das=
selbe, sei es auf dem Wege des Verkaufes oder auf demjenigen
des Tausches, angemessen zu verwerten.

Was nun die verschiedenen Arten der Vermehrung anlangt,
so kann letztere auf viererlei Weise bewirkt werden, nämlich
erstens durch Kauf, zweitens durch Tausch, drittens — wo
dieses Vorrecht besteht — durch Einziehung von Pflicht=
exemplaren, endlich viertens durch Geschenke.

Die Neuanschaffung durch Kauf, die wir zunächst zu
betrachten haben, unterscheidet sich von der ersten Bücher=
anschaffung hauptsächlich darin, daß, während dort der
Massenkauf, d. h. die Erwerbung größerer Bücherkomplexe
im ganzen als sehr zweckmäßig empfohlen worden ist, hier
ein solcher Massenkauf, mindestens in Bibliotheken von einem
nur einigermaßen ansehnlichen Umfange, im allgemeinen so
viel als möglich vermieden werden muß, es wäre denn, daß
der Kauf unter gewissen für die Bibliothek besonders günstigen
Bedingungen abgeschlossen, und dadurch dieser ein Vorteil
zugewendet werden könnte, der den sonst aus dem Massen=
kaufe für die Bibliothek entstehenden Nachteil mindestens
aufwöge. Denn bei dem Ankaufe größerer Bücherkomplexe
wird sich zum Nachteile der Bibliothek nie ganz vermeiden
lassen, daß eine Anzahl bereits vorhandener Bücher, also
Doubletten, mit in die Bibliothek hineinkommen, die selten
ohne einen sei es auch nur geringen Verlust wieder in Geld
umgesetzt oder auf andere Weise für die Bibliothek nutzbar
gemacht werden können, oder daß Serienwerke dabei sind,
welche fehlende Bände aufweisen, deren Einzelergänzung
dem Bibliothekar oft gar nicht möglich ist, auch wenn er das
zu diesem Zwecke angelegte besondere Verzeichnis unvoll=

ständiger Werke fortwährend im Auge behält. Nur in Rück=
sicht auf solche Bücherkomplexe, die zur Bereicherung einer
ausnahmsweise gerade sehr lückenhaften Abteilung der Biblio=
thek dienen dürften, wird der Massenkauf auch bei der Ver=
mehrung zu empfehlen sein. Auch hinsichtlich des Ankaufes
neuer Bücher aus den Buchhandlungen ist zwischen der Ver=
mehrung und der ersten Anschaffung insofern ein sehr wesent=
licher Unterschied, als bei der Begründung die Vermittelung
der Buchhandlungen als derjenigen Quelle, aus der man
in der Regel am wenigsten billig kauft, so viel es sich thun
und mit den Interessen der Bibliothek nur irgend vereinigen
läßt, umgangen werden darf, bei der Vermehrung dagegen
diese Vermittelung bei weitem mehr in Anspruch zu nehmen
ist, weil eben später das Bedürfnis nach den neuesten Er=
scheinungen der Litteratur, die selten anders als auf dem
Wege des Buchhandels bezogen werden können, sich weit
fühlbarer macht, als bei der ersten Anschaffung. Ist doch
jede Bibliothek bei der Vermehrung zum allergrößten Teile
auf die neuesten Preßerzeugnisse angewiesen. Es würde eine
durchaus falsch verstandene Ökonomie sein und ein großes
Unrecht gegen das zur Benutzung der Bibliothek berechtigte
Publikum, wenn der Bibliothekar, um zu sparen, in der Mehr=
zahl der Fälle die Anschaffung litterarischer Neuigkeiten so
lange verschieben wollte, bis er Gelegenheit hätte, diese durch
Vermittelung des Antiquars oder aus der Auktion anzu=
kaufen, während mittlerweile das Publikum, um nur in dem
Gange seiner Arbeiten nicht allzu lange aufgehalten zu werden,
und bald zum Gebrauche der für seine Studien nötigen neuen
Bücher zu gelangen, sich gezwungen sähe, die Bücher selbst
anzuschaffen. Man hat deshalb auch in einige Bibliotheks=
reglements mit vollem Rechte die ausdrückliche Vorschrift
aufgenommen, daß neue wichtige Werke, die für die wissen=
schaftlichen Studien des Publikums von hauptsächlichem
Interesse seien, nicht erst auf Auktionen oder nachdem sie in
den antiquarischen Verkehr gekommen, zu erwerben sind,
sondern aus den Buchhandlungen neu angeschafft werden

follen, außer wenn Aussicht vorhanden sei, sie auf jenem
Wege, aus der Auktion oder durch den Antiquar, in kürzester
Zeit zu erlangen. Insbesondere muß diese Vorschrift in ihrer
ganzen Kraft auf die Anschaffung der größeren und kost=
bareren, der eigentlichen sogenannten Bibliothekswerke, An=
wendung finden, deren Ankauf für die Bibliotheken nicht nur
deshalb zu einer Art bringenden Pflicht wird, weil die
Mittel des Publikums in den meisten Fällen zu unzulänglich
sind, als daß dasselbe solche Werke auf eigene Kosten anzu=
schaffen im stande wäre, sondern auch weil die Herstellung
derartiger der Wissenschaft unentbehrlicher Publikationen
überhaupt in Frage gestellt würde, wenn die Verleger nicht
einmal auf die großen Büchersammlungen als sichere Abon=
nenten rechnen könnten.

Das bei den Ankäufen von Sortimentern zu beobachtende
Verfahren [167] ist bei zahlreichen Bibliotheken dieses, daß ver=
schiedene am Sitze der Bibliothek befindliche Handlungen —
unter Umständen auch eine einzige — die neu erscheinende
Litteratur der Bibliothek in regelmäßigen Zwischenräumen
zusenden. Aus diesen Ansichtssendungen wird vom Ober=
bibliothekar in Gemeinschaft mit einem oder mehreren
erfahrenen Beamten ausgewählt und das Brauchbare und
Wünschenswerte je nach den Mitteln der Anstalt angekauft.
An solchen Bibliotheken, wo die einzelnen Fächer durch
besondere Beamte verwaltet werden, werden die letzteren bei
der Beratung über die Neuanschaffungen für ihr Fach mit
herangezogen. Die in kürzeren Fristen herauskommenden
Bibliographien, welche an manchen Bibliotheken die alleinige
Grundlage bei der Anschaffung der Bücher bilden, dienen
in diesem Falle zur Vorbereitung und Kontrolle [168]. Aus=
ländische Werke werden durch Agenten besorgt. Es erfordert
die besondere Aufmerksamkeit des Bibliothekars, bei der
Auswahl der Bücher den Ankauf von Doubletten zu ver=
meiden. Wir sprechen nicht von dem Falle, daß ein Buch,
welches vor Monaten bereits angeschafft oder geschenkt wurde,
in den Ansichtssendungen nochmals wiederkehrt und so aus

Versehen zum zweiten Mal erworben werden könnte. Dies
ist bei nur einiger Vorsicht leicht zu vermeiden. Dagegen
tritt öfters der Fall ein, daß ein Buch selbständig auf den
Markt kommt, welches bereits in einem der von der Biblio=
thek erworbenen, neuerdings im Buchhandel so beliebten
Sammelwerke enthalten ist, oder daß ein einfacher Separat=
abzug aus einer von der Bibliothek gehaltenen Zeitschrift
oder eine als solche nicht gekennzeichnete Dissertation, die
sonst durch Tausch in den Besitz der Bibliothek zu gelangen
pflegt, vorliegt, ganz zu schweigen von der in Amerika geübten
Unsitte, Bücher aus der Unterhaltungslitteratur, um die
Käufer irre zu führen, mit zwei ganz verschiedenen Titeln
zu versehen oder den alten Titel nach einiger Zeit mit einem
neuen zu vertauschen, der das Buch als ein völlig anderes
erscheinen läßt, wogegen sich die dortigen Bibliothekare durch
Verzeichnisse derartiger Bücher einigermaßen zu schützen
suchen [169]. Längere Übung in dem Ankaufe von Büchern
wird den Bibliothekar zwar häufig vor der unangenehmen
Entdeckung, eine Doublette erworben zu haben, bewahren;
namentlich sind selbständig erschienene Dissertationen und
Separatabdrücke einem geübten Auge, wenn ihm — und
dies ist eben der Vorteil der Ansichtssendungen — das Buch
vorliegt, durch verschiedene äußere Zeichen wie Umschlag,
Verlagshandlung, Widmung u. dergl. häufig von vornherein
als solche verdächtig; aber nicht immer ist es möglich, den
wirklichen Sachverhalt festzustellen, weshalb es das Geratenste
ist, in jedem nur irgendwie zweifelhaften Falle den Ankauf
des betreffenden Buches bis zur erlangten Gewißheit zu ver=
tagen. Neben dem Ankaufe mittels der Ansichtssendungen
kommt auch noch häufig der Fall vor, daß ein demnächst
erscheinendes Buch oder eine bei ihrem Erscheinen nicht sofort
angekaufte Schrift oder ein fremdländisches Werk bei dem
Buchhändler in Bestellung zu geben ist. Hierfür bedarf jede
ordentlich verwaltete Bibliothek einer Bestellliste, um daraus
jederzeit übersehen zu können, ob, wann und bei wem ein
Buch bestellt worden sei. Denn nur mit Hilfe einer solchen

Übersicht ist die Bibliothek im stande, teils die Ausführung
der gemachten Bestellung gehörig zu kontrollieren, teils sich
vor Schaden sicher zu stellen, während sie ohne jene Über=
sicht möglicherweise Gefahr läuft, bereits bestellte Bücher noch
einmal zu bestellen, und schließlich zwei Exemplare eines und
desselben Werkes bezahlen zu müssen. Man hat zu diesem
Zwecke die Anlegung eines eigenen Bestellbuches vorgeschlagen,
in welches die Werke, zu deren Herbeischaffung von seiten der
Bibliothek irgend jemandem Auftrag erteilt wurde, in chrono=
logischer Reihenfolge, nach Maßgabe der früher oder später
erteilten Aufträge, einzutragen sein würden. Allein es scheint
bequemer und einfacher zu sein, wenn die Bestellliste mit der
weiter unten zu erwähnenden Fortsetzungsliste (Taf. 8) auf
losen Zetteln, die man in alphabetischer Ordnung aufbewahrt,
gleich mit vereinigt wird, was sich ohne alle Benachteiligung
der einen wie der anderen Liste ganz gut thun läßt, und
überdies den Vorteil gewährt, daß man bei denjenigen
Büchern, welche bestellt worden sind, aber nicht auf einmal,
sondern nur band= oder heftweise geliefert werden, das
Schreiben von doppelten Zetteln umgehen kann; denn der
Bestellzettel würde in diesen Fällen zugleich als Fort=
setzungszettel dienen können. Zudem ist die Durchsicht der
streng alphabetisch geordneten losen Zettel leichter und das
Auffinden eines Werkes, von dem man wissen will, ob, wann
und wo zu seiner Herbeischaffung Auftrag erteilt worden sei,
schneller zu bewerkstelligen, als in einem Bestellbuche mit
chronologischer Reihenfolge der Büchertitel. Zu erwähnen
bleibt noch, daß jede Bibliothek sich daran gewöhnen sollte,
alle ihre von den Buchhändlern oder sonst auszuführenden
Bestellungen niemals mündlich, sondern jederzeit schriftlich
abzumachen, damit, wenn ja in der Bestellliste die aufgegebene
Bestellung zu bemerken unterlassen worden sein sollte, der
mit der Bestellung Beauftragte in den Stand gesetzt wäre,
sich als solchen durch den von der Bibliothek gegebenen
schriftlichen Ausweis zu legitimieren. In größeren Biblio=
theken, wo dergleichen Auftrags= oder Ausweiszettel häufig

gebraucht werden, pflegt man zu diesem Zwecke besondere
Formulare drucken oder lithographieren zu lassen, welche bei
einem notwendig werdenden Auftrage lediglich auszufüllen sind.

Ein zweites Mittel zur Vermehrung der Bibliothek besteht
in dem Tausche von Büchern. Derselbe kann sich entweder
auf doppelt vorhandene Werke beziehen, von denen die
Bibliothek das eine Exemplar abgiebt, um ein ihr fehlendes
Buch als Gegengabe zu erhalten oder — an einer bestimmten
Klasse von Bibliotheken — in der Weise erfolgen, daß die
Publikationen der Institute, welchen die betreffenden Biblio=
theken zugehören, als Tauschmittel Verwendung finden. Wir
gehen zunächst auf den ersteren Fall, die Verwendung der
Doubletten [170], etwas näher ein, eine Frage, die vorzüglich
bei größeren Büchersammlungen eine gewisse Bedeutung hat.
Es dürfte nämlich kaum eine Bibliothek gefunden werden,
die nicht im Laufe der Jahre in den Besitz von Doubletten
kommen sollte, deren Verwertung sich natürlich der Biblio=
thekar angelegen sein lassen muß. Denn dieser würde sich
mit Recht des Vorwurfs der unverantwortlichen Nachlässig=
keit schuldig machen, wenn er zugeben wollte, daß die
Doubletten nutzlos in den Behältern der Bibliothek liegen
blieben, und nicht vielmehr zur Verbesserung und Vergrößerung
der Sammlung verwendet würden. Zunächst hat sich jedoch
der Bibliothekar darüber zu entscheiden, welche Bücher über=
haupt als Doubletten behandelt werden sollen. Zu diesem
Behufe sind zuvörderst die beiden einander ähnlichen Exemplare
auf das genaueste zu vergleichen; stimmt der Titel in allen
seinen Einzelheiten, Ort und Jahr des Erscheinens, Verlag,
Widmung, Vorrede, Text und Seitenzahl, Druck und Papier,
bei beiden vollständig überein, so hat er eine Doublette vor
sich; stellt sich dagegen bei der näheren Prüfung heraus, daß
zwischen den beiden Exemplaren hinsichtlich der angegebenen
Punkte ein wenn auch noch so geringer Unterschied bestehe,
so können die Bücher nicht als Doubletten angesehen und
dürfen daher auch nicht ausgeschieden werden. Wo nun die
Ausscheidung wirklich stattfinden darf, da wird immer das

besser erhaltene und besser gebundene Exemplar zurückbleiben müssen, das minderwertige dagegen dem Doublettenvorrat überwiesen werden, von welchem ein Verzeichnis, etwa nach den Klassen der Bibliothek, anzulegen ist. Mitunter freilich, besonders bei vielgebrauchten Büchern oder bei solchen, die im Lesesaale aufgestellt und darum der Benutzung außerhalb des Gebäudes entzogen sind, wird man besser darauf ver= zichten, aus dem zweiten Exemplare pekuniären Nutzen zu ziehen, dasselbe vielmehr in der Bibliothek zum Vorteile der Besucher belassen.

Die Verwertung der überflüssigen Doubletten kann auf zweierlei Wegen geschehen, entweder auf dem Wege des Ver= kaufes oder dem des Austausches. Bei dem Verkaufe steht es den Bibliotheken frei, sich zur Veräußerung ihrer Doubletten entweder der Auktionen oder des Verkaufes aus freier Hand, sei es in Masse oder im einzelnen, zu bedienen. Die Auktionen bieten unleugbar ein bequemes Mittel, sich der Doubletten zu entledigen und sind daher auch von jeher von den Bibliotheken mit Vorliebe in Anwendung gebracht worden. In Berücksichtigung jedoch der meist hohen Auktionsgebühren und des Umstandes, daß eine öffentliche Versteigerung in ihren Ergebnissen von den verschiedensten Zufällen abhängig bleibt, scheint sich als das zweckmäßigste Verfahren das zu erweisen, daß jede definitiv ausgeschiedene Doublette, welche stets mit dem Ungültigkeitsstempel zu ver= sehen ist, von einem mit den buchhändlerischen und antiqua= rischen Verhältnissen vertrauten Bibliotheksbeamten oder, wenn dem Bibliothekspersonal in einzelnen Fällen die dazu erforderliche ausreichende Kenntnis abgehen sollte, von einem eigens dazu bestimmten und verpflichteten Sachverständigen unverzüglich taxiert und jedem Beliebigen, der den angesetzten Preis zu zahlen erbötig ist, zum Verkaufe gestellt wird. Der= jenige Vorrat, der nach einer gewissen Frist auf diese Weise nicht hat verkauft werden können, wird sodann irgend einer der renommierteren Auktionsanstalten, die hinsichtlich der Kommissionsgebühren keine übertriebenen Ansprüche macht,

zur Versteigerung zugewiesen, falls man nicht vorzieht,
diesen Rest einer antiquarischen Handlung gegen ein annehm=
bares Gebot zu überlassen. Auf anderem Wege gelangt die
Bibliothek zu dem Ziele die überflüssigen Doubletten zu ver=
werten durch den Tausch, der uns hier besonders interessiert.
Leider ist hierzu nicht immer passende Gelegenheit gegeben,
da zurzeit bei uns noch kein Organ vorhanden ist, welches
sich die Regelung eines solchen Tauschverkehrs zur Aufgabe
zu machen und denselben zu unterhalten hätte. Eine äußerst
praktische, Nachahmung verdienende Einrichtung haben in
dieser Beziehung vor einigen Jahren die Bibliothekare in den
Vereinigten Staaten in Anregung gebracht, indem sie ihrer
Vereinszeitschrift als Beilage eine Zusammenstellung zum
Verkaufe oder Austausch bereitstehender Doubletten amerika=
nischer Bibliotheken beizugeben beschlossen[171]. Durch ein
solches Verzeichnis würde den Verwaltungen der einzelnen
Institute bequeme Gelegenheit geboten, einerseits ihre
Doubletten leicht an den Mann zu bringen und anderseits
manche Lücken rasch und ohne viele Weiterungen zu ergänzen.
Man ist neuerdings auch bei uns an maßgebenden Stellen
immer mehr zu der Überzeugung gekommen, daß ein Aus=
tausch der Doubletten zwischen den staatlichen Bibliotheken
stattfinden müsse. Erst wenn der nationale Doubletten=
austausch in den Hauptkulturländern eine befriedigende
Regelung gefunden hat, wird es möglich sein, den in Frank=
reich in den vierziger Jahren aufgetauchten Plan, einen inter=
nationalen Austausch von Doubletten herbeizuführen, wieder
aufzunehmen[172].

Neben den Doubletten bilden, wie wir oben erwähnten,
für Institutsbibliotheken die Publikationen der betreffenden
Institute noch ein geeignetes Tauschobjekt. So stehen die
deutschen Universitäten nicht nur unter sich, sondern in neuerer
Zeit auch mit den französischen in einem gegenseitigen Tausch=
verkehr, welcher den Bibliotheken derselben alljährlich einen
ganz bedeutenden Zuwachs an offiziellen Universitätsschriften,
Habilitationsschriften und Dissertationen einbringt. Die

Bibliotheken von Akademien und gelehrten Gesellschaften, die nicht selten auf einem speziellen Wissenschaftsgebiete ausgezeichnete Schätze bergen, beziehen ihren neuen Zuwachs ebenfalls ausschließlich auf demselben Wege, dem sie in der Regel auch ihre Begründung verdanken. Es ist in dieser Beziehung der Schriftenaustausch also geradezu ein Hebel zur Errichtung von Spezialbibliotheken geworden. Bei den großen Akademien erstreckt sich der Tauschverkehr über sämtliche Länder der Zivilisation und die Bibliotheken einiger derselben haben auf dem Gebiete der periodischen Publikationen gelehrter Gesellschaften eine sonst selten erreichbare Vollständigkeit erlangt [173].

Außer dem Verkaufe und dem Austausche von Büchern besitzen gewisse Bibliotheken — zumeist die Landesbibliotheken für das ganze Land und daneben in einigen Staaten die Universitätsbibliotheken für die betreffende Provinz — in dem Empfange von Pflichtexemplaren ein äußerst wirksames und unter allen Umständen schätzbares Mittel zur Vermehrung ihres Bücherbestandes. Pflichtexemplare nennt man alle diejenigen Schriften (auch Atlanten, Kupferstiche und Musikalien), welche auf Grund einer bindenden Vorschrift seitens des betreffenden Verlegers oder, wenn ein solcher nicht genannt ist, seitens des Druckers, meist unentgeltlich, mitunter gegen eine bestimmte Vergütung an den Staat abzuliefern sind. Neuerdings hat Franke [174] vom historischen Standpunkte aus, indem er auf die Entstehung und ursprüngliche Bedeutung der Pflichtexemplare zurückging und deren Entwickelung verfolgte, gewisse Gruppen derselben unterschieden, nämlich für die frühere Zeit das Zensurexemplar, welches die Grundlage zu der üblichen Zensur der Bücher bildete und sich daher auf alle neu erscheinenden Schriften bezog, und das Privilegienexemplar, welches als Beweismaterial bei dem Schutze der Privilegien der Drucker gegen den Nachdruck zu dienen hatte und deshalb nur diejenigen Bücher betraf, welche durch Privilegien geschützt waren. Nach Aufhebung der Zensur in den meisten Kulturstaaten und Beschränkung der

staatlichen Aufsicht lediglich auf die Überwachung der Preß=
gewerbe, trat sodann an die Stelle des früheren Zensur=
exemplars das Überwachungsexemplar, welches, weit
geringer an Umfang, sich lediglich auf die politische Tages=
presse beschränkt, von welcher je ein Exemplar an die Polizei
oder an Gerichtsstelle abzugeben ist. Seit anderseits die
Privilegien durch den gemeinrechtlichen Schutz des litte=
rarischen Eigentums ersetzt wurden, welcher ebenfalls ein
Pflichtexemplar als Bedingung für die Anerkennung des
Autorrechts oder für das Klagerecht gegen den Nachdruck vor=
schrieb, ist ferner das Privilegienexemplar zu dem sogenannten
Schutzexemplar umgewandelt worden. Als passender
Aufbewahrungsort für die große Menge der abgelieferten
Exemplare boten sich ganz von selbst die Bibliotheken dar
und damit war der Übergang zu dem Gedanken gefunden, die
Pflichtexemplare im Interesse dieser wissenschaftlichen Samm=
lungen selbst zu fordern. Franke bezeichnet diese Art der
Pflichtexemplare, die uns zunächst liegt und die das edelste
Motiv, nämlich die Förderung der Wissenschaft, in sich schließt,
mit dem Namen Studienexemplare. Es ist viel über
die Berechtigung des Staates zur Erhebung von Pflicht=
exemplaren in letzterem Sinne — und diese kommen eigent=
lich allein noch in Betracht — gestritten worden. Nament=
lich haben zu jeder Zeit Verleger die Pflichtexemplare als
ein ihnen unbilliger Weise auferlegtes Opfer empfunden und
angefochten [175]. Aber, so darf man fragen, ist denn wirk=
lich in der Mehrzahl der Fälle das dem Buchhandel an=
gesonnene Opfer ein so großes und bedeutendes, ja überhaupt
ein der Rede wertes Opfer? Wenn man in Betracht zieht,
wie wenig es im Durchschnitt für den Kostenpunkt in das
Gewicht fällt, einige Exemplare mehr abziehen zu lassen, so
sollte man meinen, daß der Buchhandel seinen bedeutendsten
Abnehmern, den Bibliotheken, wohl eine besondere Ver=
günstigung gewähren könnte, zumal diese die besten Fürsprecher
für ein brauchbares Buch sind und dessen Bekanntschaft in
den Kreisen des Publikums oft wirksamer vermitteln als

Rezensionen in wenig gelesenen Blättern, für welche die
Buchhändler Freiexemplare jederzeit und gern zur Verfügung
haben. Anderseits sollte es der Buchhandel, wie Dziatzko[176]
sehr mit Recht bemerkt hat, nicht als eine Bedrückung em-
pfinden, daß für den Schutz, den ihm der Staat gegen den
Nachdruck gewährt, eine im Verhältnis wenig bedeutende
Entschädigung von ihm verlangt wird. Wenn demnach die
dem Verlagsbuchhandel auferlegte Last, die übrigens bei kost-
spieligeren Werken durch eine Entschädigung für Papier und
Druck verringert werden sollte, als eine ohne sonderliche
Beschwerde zu ertragende und aus dem zuletzt angeführten
Grunde auch nicht unbillige bezeichnet werden muß, so ist die
Beibehaltung dieser Einrichtung um so wünschenswerter, als
sie für den Staat von geradezu außerordentlichem Nutzen
ist[177]. Denn nur auf diese Weise ist es möglich, wie schon
wiederholt, neuerdings von Franke, betont worden ist und
immer wieder betont werden muß, die nationale Litteratur
der Zukunft in ihrem vollen Umfange zu erhalten. Denn
gesetzt auch, man dotierte die Staatsbibliotheken und die
betreffenden Provinzial- bezüglich Universitätsbibliotheken
noch so reichlich, so daß sie schließlich im stande wären, jedes
Buch und jede Flugschrift des Landes anzuschaffen, so würde
jene durch eine regelmäßige Ablieferung der Pflichtexemplare
verbürgte Vollständigkeit schon aus dem Grunde unerreichbar
sein, weil den Bibliotheken die Kontrolle für eine solche fehlen
würde, da selbst unsere besten Bibliographien nicht absolut
vollständig sind und beispielsweise die für spätere Zeiten so
wertvolle Litteratur der Flugschriften überhaupt nicht enthalten. Es bleibt also die Forderung der Pflichtexemplare
„eine weise gesetzgeberische Maßregel"; die ernste Pflicht der
Bibliothekare aber wird es sein, darüber zu wachen, daß eine
regelmäßige und pünktliche Ablieferung der in Betracht
kommenden Schriften seitens der Verleger stattfinde. Sache des
Staats ferner ist es — und hierauf hat zuerst Hartwig[178]
mit besonderem Nachdruck hingewiesen —, dafür zu sorgen,
daß die Pflichtexemplare auch auf gutem, haltbarem Papiere

hergestellt werden, da gegenwärtig zahlreiche Schriften, besonders aber die Tageslitteratur, auf einem Stoffe gedruckt werden, der keine Dauer für die Zukunft verbürgt. Wünschens= wert ist es endlich, daß seitens der Verleger bezüglich Drucker dieser im staatlichen Interesse so wohlbegründeten Einrichtung dasjenige Wohlwollen entgegengebracht werde, welches sie in so hohem Grade verdient; dann erst dürften die Klagen ver= stummen, welche in allen Ländern und zu allen Zeiten seit dem Bestehen dieses wohlthätigen Zwanges über unregel= mäßige und lässige Ablieferung der Pflichtexemplare laut geworden sind [179].

Zu den Mitteln, welche der Vermehrung des Bücher= schatzes dienen, gehört endlich noch die Zuweisung von Geschenken. Im großen und ganzen finden unsere Biblio= theken, wohl aus dem Grunde, weil die bedeutenderen unter ihnen staatliche Anstalten sind, deren Versorgung man daher auch dem Staate überlassen zu müssen glaubt, nicht diejenige Unterstützung seitens Privater, welche im Grunde wünschenswert wäre. Besonders auffällig tritt diese Erschei= nung in Bezug auf unsere Universitätsbibliotheken hervor, deren Besucher im späteren Leben nur ganz vereinzelt der Stätte, wo sie ihre Bildung genossen, ein dankbares Zeichen der Erinnerung widmen. Selbst Dozenten lassen es an werk= thätiger Teilnahme häufig nur allzusehr fehlen und sind oft weit davon entfernt, der betreffenden Anstaltsbibliothek ein Exemplar ihrer Publikationen regelmäßig zu überweisen, eine Thatsache, welche Ebert veranlaßte, sogar eine gesetzliche Ver= pflichtung der Dozenten zur Ablieferung ihrer Schriften in Vorschlag zu bringen, wovon er sich namentlich für die Geschichte der Universitäten besonderen Nutzen versprach. Wie selten sind ferner im allgemeinen testamentarische Zu= wendungen aus Privatbibliotheken, die nach dem Ableben ihrer Besitzer oft geradezu verschleudert werden. Hier ließe sich manches Gute stiften, wenn der Besitzer derjenigen öffentlichen Bibliothek, welche zunächst liegt, auch nur das Vorkaufsrecht für solche Bücher, die ihr erwünscht wären,

bei Lebzeiten sicherte. Glänzende Vorbilder freigebiger Unter=
stützung der Bibliotheken seitens Privater bieten die Ver=
einigten Staaten Nordamerikas[150], wo Schenkungen an die
öffentlichen Büchersammlungen, welche dort freilich auch einen
volkstümlicheren Charakter tragen und breiteren Schichten
der Bewohnerschaft dienen, an der Tagesordnung sind. Wenn
bei der schier in das Ungemessene gehenden litterarischen
Produktion unserer Tage der Mehrzahl der Bibliotheken
gegenwärtig nur eine sorgfältige Auswahl aus den besseren
Veröffentlichungen vergönnt ist und manches brauchbare Buch
ungekauft bleiben muß, weil die — wenn auch in der an=
erkennenswertesten Weise vermehrten — Mittel zu seiner
Erwerbung nicht ausreichen, so ist in diesem Falle dem
Privatmann reichliche Gelegenheit geboten, etwas für das
allgemeine Beste zur Förderung der Wissenschaft zu thun.
Wünschenswert bleibt es jedoch, daß der Gönner einer
Bibliothek, ehe er dieser Bücher überweist, sich mit dem Vor=
stande derselben in Verbindung setze, um zu erfahren, was
hauptsächlich willkommen sei. Andernfalls erhält die Biblio=
thek oft ihren Zwecken völlig fernliegende Litteratur, die ihr
darum wenig nützt, vielmehr nur Arbeit und unter Umständen
auch noch Kosten für die Einbände verursacht oder aber gar
nur reine Doubletten, während das, was ihr gerade fehlt,
durch den Betreffenden vielleicht für eine anderweitige Ver=
wendung bestimmt wird. Natürlich kann die Verwaltung
ihrerseits dem Geschenkgeber im allgemeinen keine Vorschriften
machen, aber sie vermag durch Vorstellungen und Auf=
klärungen über den Zweck der betreffenden Bibliothek so
manches zu erreichen; und ist einmal in dem Geschenkgeber
die Überzeugung rege gemacht worden, daß der Bibliothek
nicht damit allein, daß er überhaupt giebt, sondern vor allem
damit, was er giebt, ein Dienst geleistet werde, so steht auch
nicht zu befürchten, daß die Bibliothek mit allzu viel Über=
flüssigem überladen werde. Das wenige Überflüssige, was
sich trotz aller indirekten Vorkehrungen doch noch einfinden
mag, wird sich, falls der Geschenkgeber dem Bibliothekar

hierin freie Hand gelassen hat, bei passender Gelegenheit
wieder entfernen und angemessen für die Bibliothek verwerten
lassen. Wird freilich, was namentlich bei Übergabe ganzer
Sammlungen öfters zu geschehen pflegt, von dem Geschenk=
geber zur Bedingung gemacht, daß nichts veräußert und ent=
fernt werden dürfe, dann wird sich der Bibliothekar allerdings
dem ausgesprochenen Willen fügen müssen und lieber das
Unbrauchbare mit hinnehmen als durch allerlei Bedingungen
und Vorbehalte vielleicht das ganze Geschenk in Frage zu
stellen und andere Gönner von ähnlichen Schenkungen ab=
zuschrecken.

Zweiter Abschnitt.
Von den Zugangsverzeichnissen.

Bei jedem Werke, welches, gleichviel ob alt oder neu,
gebunden oder ungebunden, gekauft oder geschenkt, in die
Bibliothek kommt, muß das erste Geschäft des Bibliothekars
oder des mit der Registratur des Einganges besonders
beauftragten Beamten darin bestehen, daß er dasselbe in ein
für den Zuwachs eigens bestimmtes Journal, das sogenannte
Accessionsjournal, einträgt (Taf. 7). Dieses ist gewöhnlich
in Rubriken eingeteilt, deren Anordnung zwar eine verschiedene
sein kann, deren Inhalt aber im wesentlichen fast überall darin
besteht, daß zunächst das Datum der Eintragung, sodann die
laufende Nummer, welche mit Beginn eines neuen Etatsjahres
immer wieder von vorn anfängt, weiter als Hauptrubrik Ver=
fassernamen und Titel des Werkes in möglichster Kürze mit
Angabe des Verlagsortes und Erscheinungsjahres, des For=
mates und der Zahl der Bände, ferner der Preis, die Quelle,
aus welcher das Buch stammt und endlich in einer besondern
Rubrik sonstige auf das betreffende Bibliotheksexemplar bezüg=
liche Bemerkungen gegeben werden, wozu später, nachdem das
betreffende Buch gebunden und in die verschiedenen Kataloge
ordnungsmäßig eingetragen worden, noch die Bezeichnung der
Klasse, welcher das Buch zugewiesen worden ist, der Signatur,

Etatsjahr 1889/90.

Seite (des Journals).

Datum	Laufende Nummer	Titel des Werkes	Bandzahl	Name des Lieferanten	Preis ℳ ₰		Signatur im wissensch. Katalog	Bemerkungen
1890								
10. Januar	2850	Roßbach u. Westphal. Theorie d. musischen Künste der Hellenen. Bd. III, 2. Leipzig 1889. 8°.	1	(R...sche Buchh., hier)	12	60	Cb 1790b	
"	2851	Schrader, O. Sprachvergleichung und Urgeschichte. 2. Aufl. Jena 1890. 8°.	1	"	12	60	Bf 190a	
"	2852	Joël, J. Al. Neuere Geschichte d. Israeliten. Abthlg. 1—3. Breslau [1846]. 8°.	1	B...s Antiquar., Breslau	4	50	Ha 4301	
"	2853	Testamentum, Novum, curante J. Cozza-Luzi. Leipzig 1889. 2°.	1	H...sche Buchh., hier	176	45	Je 4555. 2°	
"	2854	Stadnicka, Fr. Myrene. Leipzig 1890. 8°.	1	"	8	10	Hb 3861	
11. Januar	2855	James, Will. Naval History of Great Britain. New Edition. Vol. I—VI. London 1837. 8°.	6	T..., London	5	40	Na 1702	
"	2856	Zannoni, Antonio. La Fonderia di Bologna. Bologna 1888. 2°.	1	Z..., Bologna	52	65	Ha 1414. 2°	Betrag angewiesen 11./I 90.
"	2857	Leroy-Beaulieu, Paul. L'état moderne. Paris 1890. 8°.	1	W..., Paris	7	20	Ks 237	

Taf. 7. Probe eines Accessionsjournals.

die es erhalten hat, und des Einbandes, der ihm gegeben
worden ist, hinzutreten kann [161]. Die möglichst sofortige
Eintragung einer jeden neu hinzukommenden Schrift ist aus
dem Grunde eine dringliche Forderung, weil nur hierdurch
eine geregelte Buchführung zu ermöglichen ist. Sobald die
neuen Erwerbungen infolge versäumter Abfertigung sich von
Tag zu Tag mehr anzuhäufen beginnen, ist ihre schließliche
Erledigung leicht mit mancherlei Irrtümern verknüpft, die
andernfalls zu vermeiden gewesen wären. Da ferner die
Eintragungen mit Hilfe der den Novitäten und Fortsetzungen
beigefügten buchhändlerischen Interimsrechnungen geschehen,
welche ihren Ausfertigern wieder zuzustellen sind, so empfiehlt
sich eine schnelle Aufzeichnung des Zuwachses außerdem auch
schon im Interesse eines geregelten Verkehrs mit den Buch=
händlern. Sollte jedoch, was mitunter unvermeidlich ist,
infolge außerordentlicher Zugänge oder sonstiger dringlicher
Umstände eine Verzögerung eintreten müssen, so hat der ein=
tragende Beamte vor allen Dingen darauf acht zu geben,
daß der Name des Lieferanten, der Preis des Buches und
die Zeit der Ablieferung, am sichersten auf dem Umschlage
des Buches selbst, vermerkt werde, da diese drei Momente
namentlich für die spätere Abrechnung mit den Sortimentern
von Bedeutung sind, und daneben dafür zu sorgen, daß kein
Buch von dem ihm vorläufig angewiesenen Platze fort=
genommen werde. In Bezug auf die Accessionsnummer ist
das Verfahren ein verschiedenes. Während einerseits der
Brauch herrscht, daß jedem neu hinzukommenden Werke
innerhalb eines Etatsjahres eine einzige Accessionsnummer
zuerteilt wird, mag es nun in mehreren Bänden zugleich
erscheinen oder in regelmäßigen Lieferungen an die Biblio=
thek gelangen, verfolgt man anderseits den Grundsatz, die
einzelnen Lieferungen je nach der Zeit ihres Eintreffens
unter verschiedenen Accessionsnummern einzutragen, ja man
hat diese Regel sogar auf die einzelnen gleichzeitig eingehenden
Bände mehrbändiger Werke ausgedehnt. Wie auf diese Weise
am Schlusse des Jahres die Zahl der Nummern zugleich die

Zahl der erworbenen Bände darstellen würde, so sollte eine derartige Eintragung auch dazu dienen, daß man leichter im stande wäre, die Vorgeschichte jedes einzelnen Bandes fest= zustellen. Wenn indessen sofort nach Verzeichnung eines Buches im Accessionsjournale die Nummer und das betreffende Datum auf dem Titel desselben mit Bleistift oder noch besser auf der Rückseite des Titels mittels Stempeldruckes vermerkt und dieses Verfahren auf jeden einzelnen Band ausgedehnt wird, so dürfte hierdurch dieselbe Sicherheit geboten sein, während gleichzeitig die Arbeit eine einfachere ist. Auch die Berechnung der jährlich zu dem alten Bestande neu hinzu= tretenden Bändezahl verursacht so gut wie keine Schwierig= keit, wenn für die hierauf bezüglichen Zahlen eine besondere Rubrik im Journale vorgesehen ist, deren Inhalt am Ende jeder Seite sogleich summiert wird, so daß am Jahresschlusse lediglich diese einzelnen Summen zusammenzuzählen sind. Daß der Titel nur eine ganz abgekürzte Form aufzuweisen braucht, liegt in der Bestimmung des Accessionsjournals selbst begründet, welches niemals als eigentlicher Katalog dienen soll, sondern lediglich die Geschichte der Erwerbung eines Werkes in allen den genannten Einzelheiten zu geben hat. Die Angabe des Preises, welche aus diesem Grunde gleichfalls notwendig ist, ermöglicht es, daß das Accessions= journal zugleich als Rechnungsbuch oder Kontrolle für die in größeren Bibliotheken etwa monatlich, in kleineren viertel= jährlich einzureichenden Buchhändlerrechnungen dienen kann, wobei die erfolgte Bezahlung durch ein hinzugefügtes Datum oder ein sonstiges Zeichen kenntlich gemacht werden mag. Die Beifügung der Klasse dient der am Schlusse jedes Jahres anzufertigenden systematischen Übersicht des Zuwachses im Jahresberichte, dessen Abfassung von einer jeden Bibliothek teils in ihrem eigenen Interesse, teils im Interesse des Bibliothekars unbedingt gefordert werden muß, und macht die Anlage eines zweiten nach Klassen eingeteilten Accessions= journals, welches den Zweck hat, daß der neue Zuwachs sich

klassenweise übersehen lasse, in der Regel entbehrlich. Not=
wendig bleibt dieses letztere jedoch für diejenigen Bibliotheken,
welche die systematische Übersicht durch den Druck bekannt
geben, indem jenes nach den verschiedenen Abteilungen der
Bibliothek geordnete Zuwachsverzeichnis hierfür die geeignete
Grundlage bildet.

Man hat den Vorschlag gemacht, das Accessionsjournal
überhaupt nicht in Buchform, sondern in einzelnen Zetteln
anzulegen; namentlich hat Molbech gegen jene eingewendet,
daß man bei dem Nachsuchen nach einem Werke in einem
chronologischen, Tag für Tag geführten Verzeichnisse über
den jährlichen Zuwachs oft viel Zeit verliere, indem man,
um zu sehen, ob eine neuere Schrift zur Bibliothek geliefert
worden sei, gezwungen werde, einen ganzen Band des
Accessionsjournals oder gar mehrere Bände zu durchsuchen,
ohne immer Erfolg zu haben. Dieser Übelstand ist jedoch
leicht zu heben, wenn mit dem Journale ein kurzes alpha=
betisches Register verbunden ist, welches, sofern es nur immer
auf dem Laufenden erhalten und mit Sorgfalt geführt wird,
das Aufsuchen eines Werkes zu einer leichten Sache macht.
Die Form des Zettelkatalogs ist für ein Zuwachsverzeichnis
auch schon aus dem Grunde weniger angebracht, als sich die=
selbe für die regelmäßige Kontrolle der Rechnungen nicht so
gut eignet wie das gebundene Journal, welches einen weit
rascheren Überblick gewährt. Überhaupt kommen die Vorteile
der beweglichen Zettel, so wichtig und fühlbar dieselben für den
alphabetischen Hauptkatalog sind, hierbei weniger in Betracht.
Denn es gilt nicht unbrauchbar gewordene Zettel auf eine leichte
Weise auszuscheiden und durch andere zu ersetzen, lückenhafte
zu ergänzen, für neu hinzukommende auf eine bequeme Art
Platz zu schaffen und noch so zahlreiche Titelabschriften
ohne Schwierigkeit unterzubringen, die Eintragungen in das
Accessionsjournal beziehen sich vielmehr stets nur auf einen
kurzen Zeitraum, das Etatsjahr, mit dessen Abschlusse auch
sie selbst für immer abgeschlossen sind, um nunmehr die
Eigenschaft historischer Dokumente für die Geschichte der

Erwerbungen einer Bibliothek annehmen. Für diese, so lange die Sammlung überhaupt Bestand hat, so wichtigen Belege — man hat das Accessionsjournal sehr bezeichnend die editio princeps einer Bibliothek genannt — ist die Aufbewahrung in Buchform schon aus dem Grunde die vorzüglichere, weil sie die sicherere und auf die Dauer leichtere ist[1,2].

Während an kleineren Bibliotheken ein Accessionsjournal für sämtliche eingegangene Werke genügt, macht sich an größeren Sammlungen das Bedürfnis geltend, die Eintragung der käuflichen Erwerbungen von derjenigen der Geschenke zu trennen und für letztere ein besonderes Geschenkbuch anzulegen, welchem die gleichen Rubriken wie die oben erwähnten zugrunde gelegt werden, nur daß an Stelle des Lieferanten der Geschenkgeber tritt und der Preis in Wegfall kommt. Die geschenkten Bücher erhalten in diesem Falle nach ihrer Eintragung die Accessionsnummer des Geschenkbuches. Auch die Zeitschriften, deren Zahl in stetem Wachstum begriffen ist, lassen gemeiniglich ein eigenes Verzeichnis wünschenswert erscheinen, bei dessen Anlage darauf Rücksicht zu nehmen ist, ob die betreffende Zeitschrift vierteljährlich oder monatlich oder wöchentlich oder täglich erscheint. Schon die hierdurch bedingte kompliziertere Rubrizierung macht die Loslösung dieses Verzeichnisses von dem Accessionsjournal empfehlenswert, womit noch der Vorteil verknüpft ist, daß dieses alphabetisch anzulegende Verzeichnis sogleich auf mehrere Jahre berechnet werden kann, indem nur die einzelnen Etatsjahre auseinanderzuhalten sind. Man erspart auf diese Weise die Mühe, jene zahlreichen Titel in jedem Jahre wiederholen zu müssen. Hierzu tritt an unseren Universitätsbibliotheken noch der Umstand hinzu, daß die neu eingetroffenen Hefte oder Nummern dem Universitätsleseverein für eine bestimmte Frist überlassen zu werden pflegen. Dieser Wechselverkehr der Abgabe und Rücklieferung der Periodica mit der meist außerhalb des Bibliotheksgebäudes befindlichen akademischen Lesehalle wird im allgemeinen Zeitschriftenverzeichnisse ebenfalls seine Erledigung finden können, ohne daß — wie

18*

dies mitunter geschieht — für diesen Zweck noch die Einrich=
tung eines besondern Journals notwendig wäre.

Die noch unvollendeten Jahrgänge der Zeitschriften
werden — in dem zuletzt genannten Falle nach ihrer Rück=
kehr aus dem Leseverein — in einem eigenen, mit zahlreichen

Fig. 31. Ein Zeitschriftenschrank.

Fächern versehenen Schranke in alphabetischer Reihenfolge
ihrer Ordnungswörter, welche unterhalb der einzelnen Fächer
auf angehefteten Streifen aus Cartonpapier unter Beifügung
der Signaturen vermerkt werden, aufbewahrt (Fig. 31), bis
sie nach Eingang der letzten Nummer und des Registers,

welches letztere nebst dem Titel häufig erst nachträglich
erscheint, gebunden werden können. Wie aus beigefügter
Abbildung erhellt, können passenderweise Schiebethüren in
Anwendung gebracht werden, welche die Benützung der
Schränke ungemein erleichtern. Da meist — wenigstens an
den großen Sammlungen — eine ganze Reihe solcher Schränke
erforderlich sein wird, so sind außen Schilder anzubringen,
um anzuzeigen, welcher Teil des Alphabets in dem betreffenden
Schranke vertreten sei. In gleicher Weise erhalten die einzelnen Fascikeln von Fortsetzungswerken ihre gesonderte
Aufbewahrung in eigenen Schränken und zwar ebenfalls in
alphabetischer Aufeinanderfolge. Für die unvollendeten
Publikationen führt man nicht selten besondere Verzeichnisse,
doch werden solche dadurch entbehrlich gemacht, daß in Bezug
auf die Periodica das Zeitschriftenverzeichnis selbst aufweisen
muß, welche Teile noch ungebunden im Schranke liegen und
in Bezug auf die noch unfertigen Werke eine andere notwendige Liste der Bibliothek als Ersatz eintritt, nämlich die
mit dem Accessionsjournale in engem Zusammenhange stehende
Kontinuations- oder Fortsetzungsliste (Taf. 8), welcher, wie
wir oben sahen, zugleich die Bestellliste einzuverleiben war.
Bei denjenigen Werken nämlich, welche nicht auf einmal,
sondern lieferungs- oder bandweise zur Bibliothek kommen,
genügt es nicht, ihre Titel in den Accessionskatalog einzuzeichnen, diese müssen vielmehr in eine besondere Liste nochmals eingetragen werden, mit deren Hilfe der Bibliothekar
im stande ist, jederzeit zu übersehen, welche Werke des neuen
Zuwachses noch unvollständig seien, und die Vervollständigung
derselben auf diese Weise fortdauernd zu überwachen. Da die
Eintragungen mit dem Abschlusse eines derartigen Werkes
ihren Zweck erfüllt haben und von diesem Zeitpunkte an
gegenstandslos werden, denn für etwaige spätere Zweifel
dient das Accessionsjournal zur Aufklärung, so wird diese
Liste zweckmäßigerweise nicht aus einem gebundenen Journale
zu bestehen brauchen, welches durch das sich immer wieder-
holende Ausstreichen erledigter Titel mit der Zeit unüber-

Name des Lieferanten	Titel des Werkes	Jahr u. Nummer des Accessions-journals	Bemerkungen
W...ſche Buchh. hier	Bibliothek deutſcher Geſchichte, hrsg. v. Zwiediueck-Südenhorſt. Stuttgart.	1889 90: 1115	Sign. Ne 440. 8°
	3. Maßkihe, M., Teutſche Geſch. unter d. ſächſ. u. ſaliſchen Kaiſern (16 I 90; zum Binden 18 I 90).		
	5. Lindner, Th. Teutſche Geſch. unter d. Habsburgern u. Luxemburgern. Bd. I (14 III 90; z. Binden 15 III 90).		
	7. Egelhaaf, Gottl. Teutſche Geſch. im 16. Jh. Bd. I (16 I 90; zum Binden 18 I 90).		
	8.		8. Ritter. Gegen-reformation re-klamiert 19 III 90.
	9. Zwiediueck-Südenhorſt, H. v. Teutſche Geſch. i. Zeitraum d. Gründung d. preuß. Königthums. Bd. I (19 III 90; zum Binden 22 III 90).		
	10. Koſer, Reinh. Friedr. d. Gr. Abthlg. I (16 I 90).		

Taf. 8.   Probe eines Zettels aus der Fortſetzungsliſte.

ſichtlich und auf alle Fälle unſauber wird, ſondern aus einzelnen Zetteln hergeſtellt werden, welche, nach Maßgabe der darauf geſchriebenen einzelnen Büchertitel, in ſtrenger alphabetiſcher Ordnung aufzubewahren ſind. Auf jedem der Zettel iſt außer dem Titel in möglichſter Kürze der Name des Lieferanten, das Etatsjahr und die laufende Nummer des Acceſſionsjournals, ſowie das Datum der letzt-empfangenen Lieferung des Werkes anzugeben, und unter den Bemerkungen alles dasjenige hinzuzufügen, was ſich auf Signatur und Einband etwa früher ſchon gebundener Teile, auf vereinbarte Zahlungsbedingungen oder bereits im voraus geleiſtete Vorzahlung bezieht. Letzteres iſt um ſo not-

wendiger, als der Bibliothekar, der sich in Geldangelegenheiten
keinesfalls auf sein Gedächtnis allein verlassen darf, dadurch
einen geeigneten Anstoß erhält, etwa bereits gezahlte Gelder,
wenn die dafür versprochenen Lieferungen eines Werkes im
Rückstande bleiben, zurückzufordern. Ist ein Band fertig,
so werden dessen einzelne Lieferungen auf dem Zettel durch=
strichen und das Datum vermerkt, an welchem derselbe,
um gebunden zu werden, aus dem Schranke genommen
wurde; undurchstrichene Lieferungen bedeuten stets unge=
bundene. An der Hand dieser Liste hat der betreffende
Beamte die Schränke von Zeit zu Zeit zu revidieren, um das
Vorhandensein sämtlicher Eintragungen festzustellen, etwaige
Versäumnisse in der Herausnahme fertig gewordener Bände
nachzuholen und solche ältere Werke, deren Fortsetzung aus
irgend einem Grunde unterblieben ist, trotz ihres unfertigen
Zustandes auszuscheiden, um dieselben, wenn nachweisbar
nichts mehr zu erwarten steht, durch Binden oder in nicht
ganz aussichtslosen Fällen wenigstens durch steifes Broschieren
einer leichteren Benützung zuzuführen.

Dritter Abschnitt.
Vom Binden der Bücher.

Sind die zur Bibliothek gekommenen Werke in das
Accessionsjournal eingetragen, die. unvollständigen in der
Fortsetzungsliste angemerkt und in einstweilige Verwahrung
gebracht, so handelt es sich zunächst darum, die fertigen Bände,
soweit dieselben noch gar keinen oder mindestens keinen dauer=
haften Einband besitzen, dem Buchbinder in Arbeit zu geben.
Bevor dies geschieht, werden die neuen Eingänge an manchen
Bibliotheken im Lesesaale zur öffentlichen Ansicht ausgelegt,
um dem Publikum Gelegenheit zu geben, von denselben
Kenntnis zu nehmen. Dieses gewiß recht empfehlenswerte
Verfahren darf indessen nur auf etwa zwei bis drei Tage
ausgedehnt werden, um das Binden der neuen Erwerbungen
in keiner Weise zu verzögern. Denn es muß unverrückbarer

Grundsatz des Bibliothekars bleiben, vollständige Bücher niemals, selbst auch nur für kurze Zeit, ungebunden im Bureau
der Bibliothek niederzulegen, sondern ohne Verzug dem Buchbinder zu übergeben, damit sie in möglichst kürzester Frist,
mit Einband versehen, ihre Plätze in den Repositorien einnehmen und auf Nachfrage des Publikums zur Benutzung
gelangen können. Es wird daher in einigen Bibliotheksreglements auch ausdrücklich bestimmt, daß kein zum Einbinden taugliches Buch länger als eine gewisse Zeit ohne
Einband bleiben dürfe, nur ist offenbar der dem Buchbinder
zur Wiederablieferung der gebundenen Bücher zu stellende
Termin vielfach zu weit hinausgeschoben worden. Allerdings
darf dem Buchbinder keine allzu knappe Frist gestellt werden,
damit nicht unter der übermäßigen Beschleunigung die Güte
seiner Arbeit leide. Wenn jedoch, wie dies ja in der Regel
an größeren Bibliotheken geschieht, die zum Einbinden
bestimmten Bücher nicht bloß einem, sondern mehreren
Meistern in Arbeit gegeben werden, so läßt sich der Übelstand, daß die zu große Masse der zum Binden übermittelten
Bücher eine ausgedehntere Ablieferungsfrist notwendig mache,
mit Leichtigkeit vermeiden. Im Durchschnitt dürfte ein
Zeitraum von höchstens vierzehn Tagen als ein für den
Buchbinder vollständig ausreichender zu erachten sein. Der
Verkehr mit dem letztgenannten gestaltet sich gewöhnlich
folgendermaßen. Es wird ein gewisser Tag der Woche
bestimmt, an welchem sich der Buchbinder womöglich persön-
lich in der Bibliothek einzufinden, und teils die ihm die Woche
zuvor zum Einbinden eingehändigten Bücher wieder abzuliefern, teils die im Laufe der Woche neu zur Bibliothek
gekommenen Werke in Empfang zu nehmen hat. Die Empfangnahme sowie die Ablieferung geschieht nach Anleitung des
Buchbinderjournals, in welches von dem Bibliothekar bezüglich
dem mit dem Buchbindergeschäfte besonders betrauten Beamten
alle zum Einbinden bestimmten Bücher unter Angabe des
Datums, wann die Aushändigung an den Buchbinder, welcher
die Empfangnahme seinerseits zu bescheinigen hat, erfolgt

ist, und unter der Ziffer einer mit jedem neuen Jahre neu beginnenden fortlaufenden Nummernreihe einzutragen sind. Außer dem korrekt abgekürzten Titel des Werkes, der dem Buchbinder zugleich als unabänderliche Vorschrift für den aufzudruckenden Band- oder Buchbindertitel gelten muß, wird man in dem Journale die Zahl der Bände, die Art und Weise des Einbandes, ob Probebände mit dazu geliefert worden sind, sowie die Buchbinderpreise anzugeben haben, überdies auch auf einem freizulassenden breiten Rande etwaige Bemerkungen, z. B. ob ein Buch früher als zu dem regel= mäßigen wöchentlichen Termine zurückzuliefern sei, oder sonstige dem Buchbinder besonders einzuschärfende Vor= schriften beifügen (Taf. 9). Bei der Ablieferung der Bücher von seiten des Buchbinders hat der Bibliotheksbeamte nach geschehener sorgfältiger Prüfung der Bände die richtige Empfangnahme derselben im Journale zu quittieren, wobei er die erledigten Nummern durchstreicht oder mit einem

Lieferung 45 (Buchbinder Müller).

			M.	₰
	Am 8. Februar 1890. Transport		915	30
X Nr. 505.	Zeitschrift für wissenschaftliche Zoologie 48, 1889. 1 Hlbfrzbd. mit Probebd. (47)		1	70
X Nr. 506.	Codex diplomaticus Saxoniae 1, 2. 1 Hlbfrzbd. mit Probebd. (I, 1)		2	75
X Nr. 507.	Analecta Bollandiana VIII, 1889. 1 Hlbfrzbd. mit Probebd. (VII)		1	35
X Nr. 508.	Novum Testamentum e cod. Vaticano. 1 Halbfalblederbd.		5	75
X Nr. 509.	Kämpfe, Burchard III. 1 Hlbbd.		—	60
X Nr. 510.	Reinecke, Geschichte von Schauen. 1 Pbd.		—	50
X Nr. 511.	Dillenberger, Heinrich Heydemann. 1 Pbd.		—	40
X Nr. 512.	Zeitschrift für romanische Philologie. II		—	—
	Alles richtig erhalten 8. II 90.		928	35

bis 15. Febr. zu liefern

auszubessern

Müller, Buchbindermeister.

Nr. 512 zurück 10 II 90; Nr. 509 zurück } Dr. N...,
15 II 90.   } Custos.
Das Übrige zurückerhalten 22/11 90.

Taf. 9. Probe eines Buchbinderjournals.

vorgesetzten Zeichen versieht und unter der letzten das Datum
der Rückgabe der ganzen Lieferung anmerkt. Die Buchbinder=
preise sind von dem Bibliotheksbeamten eigenhändig in das
Journal einzutragen, und zwar entweder sogleich bei der Aus=
händigung der Bücher an den Buchbinder, was für einen mit
dem Buchbindergeschäfte vertrauten Beamten keine großen
Schwierigkeiten haben wird, oder bei der Ablieferung der
Bücher von seiten des Buchbinders nach getroffener Verein=
barung mit diesem. In Bibliotheken, wo zwei oder mehr
Buchbinder das Einbinden der Bücher regelmäßig zu besorgen
haben, muß jedem Meister ein eigenes Journal zugewiesen
werden. Die Abrechnung mit dem Buchbinder, bei welcher
das Buchbinderbuch dem Bibliothekar als Kontrollbuch dient,
geschieht in größeren Bibliotheken, an welchen die Rechnungen
schneller anwachsen, ganz wie diejenige mit dem Buchhändler,
am zweckmäßigsten allmonatlich, in kleineren vierteljährlich,
und es wird die erfolgte Bezahlung in dem Buchbinderbuche
durch einen zu den Monats= oder Vierteljahrsummen hinzu=
gesetzten Vermerk kenntlich gemacht.

Diesen allgemeinen Bemerkungen über den Verkehr der
Bibliothek mit dem Buchbinder mögen noch einige zusammen=
hängende Betrachtungen teils über die Grundsätze, welche für
den Bibliothekar in Bezug auf das Binden der Bücher über=
haupt maßgebend sein müssen, teils über die Art des Ein=
bandes, welchen die Bibliotheksbücher zu erhalten haben, bei=
gefügt werden[153]. Hinsichtlich des Bindens haben für den
Bibliothekar in der Theorie folgende drei Hauptregeln zu
gelten: zunächst als erste, daß kein Buch ohne irgend einen
Einband in der Bibliothek geduldet werden soll; als zweite,
daß jedes Buch seinen eigenen Band haben müsse, und nicht
zwei, drei und mehr verschiedene Bücher in einem Bande
vereinigt werden dürfen; als dritte, daß der gewählte Ein=
band in richtigem Verhältnisse zum Werte und der Dienst=
leistungsfähigkeit des Buches stehen, auf jeden Fall aber
diesem hinreichenden Schutz gewähren müsse. In der Praxis
dürften diese rein theoretischen Sätze vielleicht hie und da

einige Einschränkung erfahren, doch sollte der Bibliothekar sich derselben bei jeder Gelegenheit erinnern und nur in durchaus begründeten Fällen davon abzugehen sich gestatten.

Die erste dieser Regeln ist übrigens als eine solche anzusehen, die von Rechts wegen keine Ausnahme leidet. Kein Buch, so klein es auch sein möge, darf ohne irgend einen Einband, der ja nicht nur zum Schutze desselben vor äußeren Einflüssen notwendig, sondern auch zur besseren Erhaltung und bequemeren Handhabung des Buches bei dem Gebrauche dienlich ist, gelassen werden; eine Vernachlässigung dieser Regel wird sicher immer mehr oder weniger zur Gefährdung der ganzen Existenz des Buches merklich mit beitragen. Zwar nehmen die Einbände der Bücher nicht ganz unbedeutende Kosten in Anspruch und schmälern die Mittel einer Bibliothek nicht wenig; aber es würde eine durchaus verkehrte Sparsamkeit sein, wenn man, um die Kosten für den Einband eines Buches zu sparen, lieber dieses selbst auf das Spiel setzen wollte.

Man hat für die Schriften ganz geringen Umfanges wie Flugschriften und dergleichen, namentlich früher, vielfach Pappkapseln in Anwendung gebracht, in welchen jene ungebunden aufbewahrt werden. Indessen wird ein solcher Notbehelf niemals im stande sein, die Vorteile des Bindens auch nur annähernd zu ersetzen. Abgesehen davon, daß die Ordnung innerhalb jeder einzelnen Kapsel durch die Benutzung gar zu leicht gestört wird, daß ferner eine Schrift, welche aus Versehen in eine falsche Kapsel gerät, bei der bedeutenden Anzahl von Kapseln, welche sich für eine größere Bibliothek notwendig machen dürften, bis auf weiteres als verloren zu betrachten ist, so leiden auch die einzelnen Schriften durch wiederholtes Herausnehmen und Wiedereinschieben im Laufe der Zeit nicht unbeträchtlich, zumal wenn die Kapsel sich zu füllen beginnt. Insbesondere werden Schriften mit breiterem Rande und von höherem Formate als die übrigen gar leicht ausgerissen, geknickt oder sonstwie beschädigt. Zu diesen rein äußerlichen Nachteilen gesellt sich der weitere für die Benutzer

der Bibliothek oft sehr empfindliche Übelstand, daß das Aus=
leihen solcher ungebundener Kapselschriften nur in ganz
besonderen Ausnahmefällen, weil damit stets eine Gefahr für
ihre unversehrte Erhaltung verbunden ist, erfolgen kann.
Enthalten die Kapseln außerdem nicht bloß Schriften über
denselben Gegenstand, sondern auch solche aus den ver=
schiedensten Fächern, so verursachen sie in einer systematisch
geordneten Bibliothek endlich auch noch eine Störung des der
Aufstellung zugrunde gelegten Prinzips, da die zusammen=
gehörige Litteratur innerhalb der Bibliothek häufig in der
Weise zerrissen wird, daß eine Schrift statt auf dem ihr
gebührenden Platze im Repositorium zu stehen vielleicht
fernab in irgend einer der Kapseln vergraben ist [184]. Es
wird also insbesondere bei der systematischen Aufstellung
unsere erste Grundregel sorgfältige Beachtung finden müssen
und bei den kleineren Schriften verschiedenen Inhaltes zweck=
mäßiger in der Weise verfahren werden, daß man jede einzelne
derselben mit einem steifen Umschlag versehen läßt, um sie
einzeln einstellen zu können. Nur in einem Falle wird es
aus Gründen der Sparsamkeit erlaubt sein, eine Vereinigung
mehrerer selbständiger Schriften herbeizuführen und auf
diese Weise eine Ausnahme von unserer zweiten oben auf=
gestellten Regel eintreten zu lassen, wenn es sich nämlich um
durchaus auf denselben Gegenstand bezügliche und der Zeit
nach zu einander gehörige Publikationen handelt. In diesem
Falle mag man von einem strengen Festhalten an der Regel
insoweit absehen, als man diese zu einem einzigen Bande
zusammenbinden läßt, der allen darin enthaltenen einzelnen
Schriften die im Katalog bestimmte Stelle im Repositorium
insofern sichert, als sie auch dort unmittelbar hintereinander
eingetragen sind. Dergleichen Sammelbände sind grund=
verschieden von den in früherer Zeit leider so sehr üblichen
Mischbänden, in denen sich oft Schriften der verschiedensten
Art aus allen Fächern der Litteratur ganz widersinnig ver=
einigt finden. Solche Mischbände, über die wir bereits früher
gesprochen haben, um ihr nachträgliches Auseinandernehmen

zu befürworten, sind freilich durchaus zu vermeiden, während
Sammelbände der vorerwähnten Art nicht nur volle Entschuldigung haben, sondern sich auch für einzelne Fälle sogar
als sehr nützlich empfehlen können. Anders als mit den
selbständigen Schriften verhält es sich mit den einzelnen zu
ein und demselben Werke gehörigen Bänden. Von diesen
werden aus Ersparungsrücksichten je nach ihrem Umfange
zwei oder selbst mehrere auf unseren Bibliotheken häufig zu
einem einzigen Bande zusammengebunden. Es läßt sich hiergegen im Grunde nichts einwenden, insofern die verfügbaren
Mittel der einzelnen Anstalt eine solche Maßnahme dringend
erheischen. Nur dürfte es auch dann geraten sein, Zeitschriften-
bände, wenn irgend möglich, einzeln binden zu lassen, da sonst
im Bedürfnisfalle mit dem vorhergehenden Jahrgange der
nachfolgende angebundene mit ausgeliehen werden muß, ohne
daß oft der betreffende Entleiher seiner überhaupt bedarf,
während derselbe von anderer Seite vielleicht vergeblich verlangt wird. Auf mehrere Jahrgänge einer Zeitschrift bezügliche selbständige Registerbände sollten aus handgreiflichen
Gründen stets nur für sich gebunden werden [165].

Die dritte Regel, daß nämlich der gewählte Einband in
richtigem Verhältnisse zum Werte und der Dienstleistungs-
fähigkeit des Buches stehen müsse, ist eine so vollkommen
begründete, ja geradezu selbstverständliche, daß jeder einsichts-
volle Bibliothekar bestrebt sein wird, derselben unter allen
Umständen und nach jeder Richtung gerecht zu werden. Denn
was anders kann der Einband überhaupt bezwecken als den
Büchern zum möglichsten Schutze zu dienen? Hieße es nun
nicht einerseits die Mittel einer Bibliothek unnötiger Weise
vergeuden, wenn man bei den Einbänden überall ohne Unterschied eine lediglich auf das schöne Aussehen berechnete Pracht
entfalten, oder anderseits mit den Mitteln ganz unpassend
knausern, und allen Bänden durch die Reihe nur die not-
dürftigste Ausstattung zugestehen wollte? Vor allen Dingen
bleibt Solidität und Dauerhaftigkeit die Hauptanforderung,
welche man an einen Einband zu stellen berechtigt ist und

zwar muß derselbe um so solider und dauerhafter sein, je sicherer ein häufiger Gebrauch des betreffenden Buches zu erwarten steht. Dabei mag allerdings eine gewisse Zierlich= keit und bei dem Einbande einzelner sehr wertvoller Bücher auch eine gewisse Pracht nicht ganz ausgeschlossen bleiben; sicherlich dürfte es nicht angemessen sein, sehr wertvolle Bücher und Prachtwerke ganz einfach einbinden zu lassen. Eine solche auf die Einbände derartiger Werke verwendete Pracht wird sogar zu ihrer besseren Erhaltung dienen, da die Erfahrung gelehrt hat, daß die Aussicht auf gute Erhaltung, in bestimmtem Grade mit der Pracht des Einbandes wächst. Damit soll jedoch, wie sich von selbst versteht, dem über= triebenen Luxus nicht im entferntesten das Wort geredet werden; denn eine Bibliothek bildet keine Sammlung von Einbänden mit geschriebenem oder gedrucktem Inhalte, sondern umgekehrt eine Sammlung gebundener Bücher, bei deren Einbande, gleichviel ob man sich für einen prächtigen oder für einen einfachen zu entscheiden Ursache hat, es hauptsächlich darauf ankommt, daß er so vollkommen als möglich in seiner Art gemacht ist, um den Inhalt des Buches vor schädlichen Einwirkungen zu bewahren.

Was nun die technische Ausführung des Einbandes betrifft, welche den Bibliothekar mehr angeht als man mitunter anzu= nehmen geneigt sein möchte, so hat man, ehe ein Buch dem Buchbinder zum Einbinden übergeben wird, dasselbe genau zu kollationieren, oder von dem Buchbinder sofort kollationieren zu lassen, d. h. zu prüfen, ob jeder Teil des Buches an seiner richtigen Stelle ist und daß nichts fehlt. Ein unvollständiges Buch darf nicht eher gebunden werden, als bis die etwaigen Defekte herbeigeschafft, oder mindestens die möglichen Ver= suche gemacht worden sind, das Fehlende, ohne erheblichen Zeitaufwand und ohne daß der Benutzung des Buches von seiten des Publikums durch langes Liegenlassen des defekten Exemplares allzu hindernd in den Weg getreten werde, her= beizubringen. Ist die Beschaffung vor der Hand aussichtslos, so mag man in dringenden Fällen sich mit der Einfügung

eines Falzes an der defekten Stelle oder bei größeren Defekten
mit einfachem Broschieren des Buches einstweilen zu helfen
suchen. Doch sind dergleichen unvollständige Bücher besonders
im Auge zu behalten und eine eigene Liste darüber zu führen,
damit die, wenn überhaupt noch mögliche, Ergänzung nicht
in Vergessenheit gerate. Dem Buchbinder muß, wie wir
sahen, bei Aushändigung des Buches nicht nur die Art und
Weise des Einbandes vorgeschrieben, sondern auch genau
mitgeteilt werden[186], welcher Titel dem Buche außen aufgedruckt werden solle. Dieser Band- oder Buchbindertitel,
der, wo es der Platz nur irgend zuläßt, auf den Rücken des
Bandes und nur bei solchen größeren Werken, die nicht in
vertikaler Stellung, sondern in horizontaler Lage in den
Repositorien aufbewahrt werden, auf den vorderen Deckel zu
stehen kommt, bildet ein sehr wesentliches Hilfsmittel, ein
Buch schnell und sicher in den Repositorien aufzufinden.
Seine Abfassung verlangt daher ein gewisses kritisches Geschick,
welches die zweckmäßigste Kürze (denn lange Titel sind, auch
wenn der Platz dazu da sein sollte, durchaus zu vermeiden,
weil sie zur schnellen Orientierung über den Inhalt des
Buches weniger taugen, als die kürzeren) mit hinlänglicher
Vollständigkeit und der möglichsten Deutlichkeit zu verbinden
weiß. Die Angabe des Druckortes außen auf dem Einbande
kann in einzelnen Fällen, z. B. wo von einzelnen Büchern
sehr viele an verschiedenen Orten und in verschiedenen Jahren
erschienene Ausgaben existieren — man denke nur an die
Bibel, an einige alte Klassiker u. s. w. —, sehr empfehlenswert sein. Das Druckjahr ist namentlich den Zeitschriften-
bänden durchgängig aufzudrucken, da es deren Auffindung
insofern erleichtert, als auf den Bestellzetteln statt der Band-
zahl häufig das Erscheinungsjahr angegeben wird. Unter
den Einbänden[187] ist der billigste, der aber zugleich auch in
jeder Bibliothek der geringste und einfachste sein sollte, der
Pappband, am zweckmäßigsten mit einem glatten, mehr dunklen,
als hellen marmorierten Papierüberzuge und für Bücher
von geringem Umfange, untergeordneterem Werte und solche,

die voraussichtlich nur selten gebraucht werden, jedenfalls aus=
reichend. Leichtere Bände, die sogenannten Halbpappbände oder
steifen Broschüren, sind nur ausnahmsweise, wie erwähnt, für
ganz dünne Schriften und diejenigen defekten Exemplare, die man
bis zu ihrer Vervollständigung dem Gebrauche des Publikums
nicht ganz vorenthalten und deshalb einstweilen unter Deckel
bringen lassen will, zulässig. Auf den Pappband folgen, nach
Maßgabe des mehr und mehr steigenden Bedürfnisses nach
einem besseren, teils dauerhaferen, teils eleganteren Bande,
die Ordinär= und Englisch=Leinwandbände, die Franzbände
d. h. die Schafleder=, Kalbleder= und Saffianbände, ferner
die Pergament= und die Juchtenbände, entweder nur mit
leinenen, ledernen und pergamentenen Rücken und Ecken oder
mit ganzem Überzuge aus diesen Stoffen. Statt der leinenen
und ledernen Ecken können die pergamentenen überall und
selbst für einen Teil der gewöhnlichen Pappbände als sehr
praktisch empfohlen werden. Die teuersten, für die kostbareren
Werke aber auch geeignetsten Bände sind die von Juchten=
leder, welches, neben Schönheit und großer Dauerhaftigkeit,
die besonders ausgezeichnete Eigenschaft hat, daß es nicht
nur das Buch, welchem es zum Einbande dient, vor jeder
Beschädigung durch Bücherwürmer sicherstellt, sondern auch,
so lange es seinen eigentümlichen Geruch behält, in dieser
Hinsicht ein jahrelanges Präservativ für die ganze Umgebung
bildet. Die in frühester Zeit sehr üblichen Bände mit Holz=
deckeln dagegen müssen, weil, wie wir sahen, den Angriffen
der Würmer vorzugsweise ausgesetzt, um jeden Preis ver=
mieden werden. Samt=, Seiden= und andere dergleichen
Bände von edelen Stoffen sind und bleiben überall bloße
Luxusartikel. Ebenso dienen Schlösser sowie Metallbeschläge
meist nur zum Schmucke und dürften bloß in den Fällen von
Nutzen sein, wo es gilt, größeren und kostbareren Werken
eine sorgfältigere Verwahrung zu geben, oder bei Büchern
von sehr bedeutendem Formate und schwer zu handhabenden
Bänden zu verhindern, daß ihr vielleicht kostbarer Einband
durch Hin= und Herschieben auf den Tischen etwa Schaden

leibe (Fig. 32). Für den Schnitt der Bücher eignet sich der, marmorierte in der Regel am besten. Goldene, gemalte und andere derartige Schnitte sind auch wiederum nur Luxus= gegenstände. Feste Rücken taugen bei Lederbänden von größerer Stärke und Schwere, welche letztere die Bücher in vertikaler Stellung leicht aus ihrem Hefte bringt, besser als lose Rücken.

Für die Fertigstellung des Einbandes ist dem Buchbinder außerdem noch Folgendes zur Pflicht zu machen [185]. Die einzelnen Bogen der Bücher müssen, wo es irgend Not thut, planiert werden; sie müssen gut gebrochen, gefalzt und geheftet sein, dürfen nicht zu sehr, aber auch nicht zu wenig geschlagen werden, denn zu wenig geschlagene Bücher klaffen zu leicht und gestatten dem Staube und dem Ungeziefer bequemeren Zugang, während das zu starke Schlagen dagegen mancherlei Beschädig= ungen im Inneren des Buches zur Folge haben kann, und müssen so sparsam als möglich beschnitten

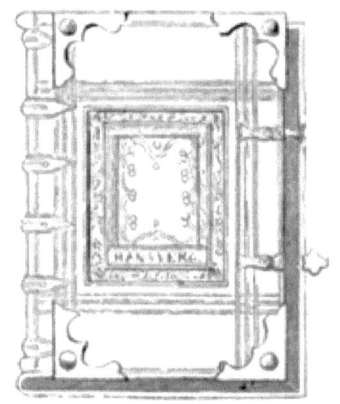

Fig. 32. Buchel nband mit Metall= beschlägen.

werden. Denn abgesehen davon, daß die weißen Ränder neben der Schrift, je breiter sie sind, zu einer um so größeren Zierde des Buches dienen, so muß auch für den Fall, daß sich nach längerem und öfterem Gebrauche eines Buches ein neuer Einband desselben nötig machen sollte, für einen zweiten oder gar dritten Einband dem Buchbinder noch hinlänglicher Spielraum zum Beschneiden gelassen bleiben. Die Bücher gar nicht zu beschneiden, ist nicht empfehlenswert, da unbe= schnittene Bücher teils am Ansehen verlieren, teils weniger bequem zu handhaben sind als beschnittene, teils endlich unbeschnittene Blätter dem Einreißen leichter ausgesetzt sind. Nur wo das Buch ein sehr festes Papier hat und die weißen

Ränder ohnehin schon sehr schmal und knapp sind, mag
das Unterlassen des Beschneidens statthaft, selbst praktisch
sein. Endlich muß noch darauf gesehen werden, daß die
Bücherdeckel genau anschließen, und der Buchbinder bei seiner
ganzen Arbeit alles möglichst vermeide, was dazu beitragen
kann, den Bücherfeinden im Buche Anziehung und Nahrung
zu geben. Bei der Ablieferung des Bandes von seiten des
Buchbinders ist es eine füglich kaum zu umgehende Pflicht
des Bibliothekars, den Band einer genauen Besichtigung
und das Buch selbst einer nochmaligen Kollation zu unter=
werfen.

Schließlich mögen noch ein paar Worte über den Einband
von Karten und Kartenwerken, die sich von allen übrigen
Werken der Bibliothek in einzelnen Stücken wesentlich unter=
scheiden, am Orte sein. Die Aufbewahrung der Karten in
Kartons kann nur da, wo die Karten aus einzelnen von
einander unabhängigen Blättern, namentlich aus kleineren,
bestehen, und bei Karten, die überhaupt nicht oft in Gebrauch
kommen, aus ökonomischen Rücksichten empfohlen werden;
denn nichts nimmt die Mittel einer Bibliothek mehr in An=
spruch als ein zweckmäßiger Einband von Kartenwerken.
Trotz dieser großen Kosten aber wird es doch nicht zu um=
gehen sein, daß, wenn der öftere Gebrauch der einen und der
anderen Karte, zumal einer größeren, eine Aufbewahrung
der losen Blätter nicht ratsam macht, und die Natur des
Kartenwerkes einen wirklichen, festen Einband der Blätter
hintereinander nicht zuläßt — und dies ist namentlich dann
der Fall, wenn mehrere Blätter zu einer einzigen Karte
gehören, und man erst durch das Aneinanderlegen der
einzelnen Blätter eine zusammenhängende Übersicht zu
gewinnen vermag —, die Blätter zerschnitten, auf Leinwand
gezogen und zusammengefaltet in Futteralen oder Kapseln
von Buchform aufbewahrt werden müssen. Ein solches Ver=
fahren des Zerschneidens und Aufziehens der Blätter dürfte
auch bei denjenigen größeren Karten, die zu irgend einem
Schriftwerke gehören, und die man demselben wegen ihrer

Größe nicht anders als zusammengebrochen beiheften lassen kann, ein sehr zweckmäßiges sein, da eine nicht zerschnittene und aufgezogene Karte dadurch, daß sie öfters auseinandergeschlagen wird, notwendig Schaden leiden und allmählich ganz zu Grunde gerichtet werden muß (Fig. 33).

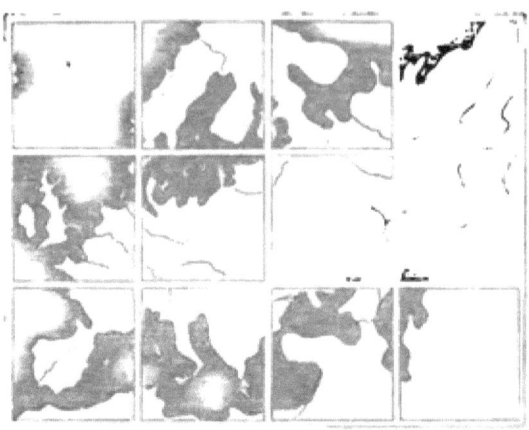

Fig. 33. Probe einer aufgezogenen Landkarte.

Vierter Abschnitt.

Von der Einverleibung des neuen Zuwachses in die Bücherbestände.

Dasjenige, was von dem Buchbinder fertig und ohne Tadel gebunden an die Bibliothek abgeliefert worden und was sonst noch, bereits mit Einband versehen, neu eingegangen ist, muß zunächst in den verschiedenen Hauptkatalogen verzeichnet werden. Zuvörderst sind ordnungsmäßige Titelabschriften der einzelnen Bücher auf Zetteln aufzunehmen, um diese in den Zettelkatalog einzuordnen. Die neu geschriebenen Zettel erhalten auf der Rückseite die Accessionsnummer des betreffenden Buches, damit man im Bedürfnisfalle oder bei etwaigem Verluste eines Bandes sofort diejenige Stelle im Accessionsjournale finden könne, welche über dessen Erwerbung und die damit zusammenhängenden Fragen Aufschluß giebt, und werden sodann einstweilen beiseitegelegt,

um nach Eintragung der Accessionen in den wissenschaftlichen
Katalog die neuen Signaturen zu erhalten. Sobald diese
übertragen sind, dürfte ihrer Einverleibung in den Zettel=
katalog nichts mehr im Wege stehen, falls weitere Haupt=
kataloge nicht geführt werden. Wo der systematische Katalog
jedoch den Standortskatalog nicht mit vertritt, sondern ein
eigener Standortskatalog besteht, da können die Zettel erst
noch als Unterlage zur Einzeichnung des Zuwachses in diesen
dienen, was bequemerweise auch da geschehen mag, wo neben
dem Zettelkatalog ein besonderer alphabetischer Bandkatalog
geführt wird. Die Eintragung der Accessionen in den wissen=
schaftlichen Katalog darf natürlich nur unter genauester
Berücksichtigung des demselben zugrunde gelegten Schemas
erfolgen. Es ist dies eine durchaus nicht immer leichte Aufgabe
des betreffenden Beamten, welcher bei der Unbestimmtheit
und Ungenauigkeit zahlreicher Büchertitel notwendigerweise
stets von dem Inhalte der betreffenden Schrift Kenntnis zu
nehmen hat, um danach die ihr im Kataloge gebührende
Stelle zu bestimmen. Derselbe erlangt übrigens im Laufe
der Zeit eine gewisse Übung darin, ein Buch rasch und sicher
für seine Zwecke zu prüfen und demselben den richtigen Platz
in der Bibliothek anzuweisen [159]. Die gewissenhafteste und
genaueste Fortführung des wissenschaftlichen Katalogs ist
anerkanntermaßen eine Sache von größter Bedeutung für
jede Bibliothek, insofern es sich dabei um die Einheitlichkeit
dieses wichtigen Katalogs für alle Zukunft handelt. Es kommt
daher bei dieser Arbeit hauptsächlich auch darauf an, stets
im Geiste des ursprünglichen Verfassers des betreffenden
Katalogbandes vorzugehen und dessen einmal zur Geltung
gebrachte Auffassung auf alle Fälle, selbst unter dem Opfer
der eigenen besseren Einsicht, falls nachträgliche Abhilfe aus=
geschlossen ist, zur Richtschnur zu nehmen. Diese Bemerkungen
beziehen sich natürlich nur auf solche Realkataloge, in denen
die Vereinigung zusammengehöriger Litteratur bis in die
kleinsten Unterabteilungen herab systematisch durchgeführt
ist. Einfacher wird sich die Sache für den Eintragenden

allerdings da gestalten, wo der Bücherschatz nur in größere
wissenschaftliche Gruppen geschieden ist, innerhalb deren der
neue Zuwachs in der Reihenfolge seiner jedesmaligen Er=
werbung am Schlusse angefügt wird. Eine solche Einrichtung
macht sogar die Vielen so mißliebigen Einschaltungsnummern
vollständig entbehrlich, da in der einmal begonnenen Nummern=
reihe des betreffenden Faches nur einfach weiterzuzählen ist.
Gleichwohl mußten wir uns oben aus Rücksicht auf das
wünschenswerte Nebeneinanderstellen zusammengehöriger
Litteratur und weil sonst jede strengere Ordnung innerhalb
der einzelnen Fächer aufhören würde, gegen dieses sicherlich
sehr bequeme Verfahren erklären. Übrigens bietet das Ein=
schalten durchaus nicht jene Schwierigkeiten, wie es auf den
ersten Blick scheinen mag. Vor allen Dingen bediene man
sich im wissenschaftlichen Katalog, wie bereits oben bei Be=
sprechung desselben vorgeschlagen wurde, der springenden
Nummern, und das Einfügen der Accessionen wird ungemein
erleichtert sein. Man hat nun zwar eingewendet[100], daß die
Lücken zwischen den springenden Nummern sehr bald aus=
gefüllt sein würden. Dies wird allerdings an einzelnen
Stellen vorkommen, aber um so seltener, je zahlreicher die
Nummern sind, die zwischen den einzelnen Büchern freigelassen
sind, und eine je größere Anzahl von Unterabteilungen vor=
handen ist, auf welche sich der neue Zuwachs verteilen kann.
Ein zweiter Einwand, den man gegen die springenden Num=
mern sowohl wie gegen die Einschaltungsmethode überhaupt
erhoben hat, besteht darin, daß man behauptete, dieselben
erschwerten die Revision, da es unmöglich sei, alle Nummern
und Buchstabenexponenten im Kopfe zu behalten; man könne
deshalb die Revision nicht aus dem Gedächtnisse, sondern
immer nur mit Hilfe der Kataloge vornehmen, wodurch viel
Zeit verloren gehe. Hiergegen hat S t e f f e n h a g e n sehr richtig
bemerkt, daß kein verständiger Bibliothekar überhaupt ohne
Katalog revidieren werde, auch nicht bei fortlaufender
Numerierung, da es hier ohne Exponenten ebenfalls nicht
abgeht. Wenn endlich zur Vermeidung der springenden

Nummern vorgeschlagen worden ist, die Accessionen an den
Schluß der Abteilungen nur provisorisch anzureihen, um nach
Verlauf eines bestimmten Zeitraumes, den man auf etwa
zehn Jahre bemessen hat, durch eine Umnumerierung deren
definitive Einverleibung vorzunehmen, so ist dagegen zu
erwidern, daß bei einem solchen Vorgehen einerseits die in
Bezug auf die bloße Anfügung des Zuwachses geltend
gemachten Bedenken auch für jene Zeitdauer bestehen bleiben
würden, anderseits die jedesmal erforderliche Umarbeitung
der Kataloge sowie die Umsignierung und Umstellung der
Bücher eine so enorme Arbeitslast und einen so gewaltigen
Zeitverlust verursachen dürfte, daß die Fortführung der
Kataloge sich für den Bibliothekar zu einer wahren Sisyphus=
arbeit gestalten müßte.

Wie wir schon zugegeben haben, werden indessen trotz der
springenden Nummern Einschaltungen nicht zu umgehen sein,
weshalb wir auf die Art und Weise, wie dieselben vorzu=
nehmen sind, noch etwas näher eingehen wollen. Die gewöhn=
liche Einschaltungsmethode besteht darin, daß man den Bücher=
nummern kleine lateinische Buchstaben beisetzt und also
unmittelbar hinter 1 eine 1a, hinter 2 eine 2a, hinter 3
eine 3a und so fort einschaltet. Die Anwendung von Buch=
staben aus anderen und fremden Alphabeten, desgleichen
diejenige willkürlicher und keine Rangordnung besitzender
Zeichen, wie * und †, die namentlich in älteren außerdeutschen
Katalogen vorzukommen pflegen, ist zu vermeiden. Auch hat
man sich vor einer zu großen Anhäufung der Einschaltungs=
buchstaben zu hüten, denn Nummern wie beispielsweise
1000 aaaaa würden nicht nur viel zu ungelenk sein, um sich
bequem handhaben zu lassen, sondern auch für die Etiketten
der Bücher zu viel Raum beanspruchen. Man wird übrigens
gar nicht nötig haben, zu solchen Ungetümen von Einschaltungs=
nummern zu greifen, wenn man die durchaus einfache, von
Ebert vorgeschlagene Methode wählt, nach welcher die
Einschaltungsbuchstaben höchstens verdoppelt werden, dessen=
ungeachtet aber mittels ihrer Zusammensetzung eine so große

Anzahl von Einschaltungsbezeichnungen zulassen, daß man diese selbst an noch so rasch anwachsenden Bibliotheken kaum in mehreren Menschenaltern aufzubrauchen Gelegenheit haben dürfte. Nach Ebert würde z. B. hinter Nr. 13 so einzuschalten sein: 13 a, 13 aa, 13 ab, 13 ac, 13 ad u. s. w. bis 13 az, dann 13 b, 13 ba, 13 bb, 13 bc, 13 bd u. s. w. bis 13 bz, hierauf 13 c, 13 ca, 13 cb u. s. w. bis 13 cz. Es ist hierdurch die Möglichkeit gegeben, auf eine jedem sogleich verständliche und in keinem Falle die mindeste Verwirrung veranlassende Art zwischen 13 a und 13 b eine Zahl von 25 Werken, mithin zwischen 13 und 14 nicht weniger als 650 Bücher einzuschalten. Weniger empfehlenswert erscheint die von Seizinger u. a. vorgeschlagene Modifikation der Ebertschen Methode, statt der angegebenen Reihenfolge zu setzen 13 a bis 13 z, 13 aa bis 13 az, 13 ba bis 13 bz, 13 ca bis 13 cz u. s. f., denn man verliert hierdurch, wie Steffenhagen mit Recht sagt, den Vorteil der Ebertschen Methode, wonach die Einschaltungen der verdoppelten Buchstaben dem einfachen Alphabete eingeordnet werden, so daß man zuerst das einfache Alphabet verbrauchen kann und dann noch zwischen je zwei bezüglich hinter jedem Buchstaben mittels Verdoppelungen 25 Einschaltungen frei hat. Verlockend erscheint auf den ersten Blick das von Molbech vorgeschlagene Verfahren, wonach die Einschaltungsbezeichnung zwar gleichfalls durch Hinzufügen eines Buchstaben zu der Nummer gebildet, zu den Buchstaben aber, anstatt daß man sie erforderlichen Falles zu verdoppeln hätte, eine Art algebraischer Potenzierung hinzugesetzt werden soll, so daß also eine derartig gebildete Einschaltungsreihe so aussehen würde: 2100 a, 2100 b, 2100 c u. s. w., 2100 a. 2, 2100 b. 2, 2100 c. 2 u. s. w., 2100 a. 3 u. s. w. Hiergegen ist hauptsächlich einzuwenden, daß das Hinzufügen von Nummern zu den Buchstaben, vor denen schon Nummern stehen, leicht, wenn nicht zu Irrtümern, doch zu Unbequemlichkeiten in der Handhabung der Einschaltungsbezeichnungen Veranlassung geben kann. Zudem wird auch bei der Anwendung eines solchen Verfahrens,

wenn man die Potenzierung nicht zu weit treiben, und den
Gebrauch zweistelliger Ziffern vermeiden, mithin von den
25 Buchstaben des Alphabets jeden höchstens bis zur neunten
Potenz erheben will, der dem Ebertschen eigene Vorteil stark
gemindert, denn nach Molbech würde man unter Anwendung
der Einschaltungsbezeichnungen von 13a. 2 bis 13z. 9 in
allem nur 225 Bücher einschalten können.

Eine Schwierigkeit scheint die Beantwortung der Frage zu
haben, wie mit den Einschaltungsbezeichnungen umzugehen
sei, d. h. welche von den, z. B. hinter Nr. 13, möglichen 650
Einschaltungsnummern einem neu hinzugekommenen Buche
gegeben werden solle. Denkt man sich nämlich den Fall, daß
man die 1783 erschienene Walthersche Militär-Bibliothek mit
Nr. 13 und die 1850 erschienene v. Witzlebensche Militär-
Litteratur mit Nr. 14 bezeichnet hätte, was wäre zu thun,
um die Schollsche Militär-Litteratur vom Jahre 1842, die
doch offenbar mitten zwischen das Walthersche und das
v. Witzlebensche Werk hinein gehört, einzuschalten? Würde
man das Schollsche Buch mit Nr. 13a zu bezeichnen haben?
Dies dürfte nicht ratsam sein, da es sonst, wenn später noch
die Mittlersche Militär-Litteratur dritter Auflage von 1823,
ferner die Enslinsche Bibliothek der Kriegswissenschaften von
1824 und endlich die Schüttesche Militär-Litteratur von
1842 hinzukommen würden, und die ihnen in Wirklichkeit
gebührenden Stellen zwischen Nr. 13 und Nr. 13a einzunehmen
hätten, an Einschaltungsnummern fehlen würde, um die
drei genannten Schriften am gehörigen Orte einrangieren zu
können. Es bliebe dann nichts übrig, als entweder die drei
Bücher ganz gegen die chronologische Ordnung hinter das
Schollsche Werk einzuordnen und mit den Nrn. 13b, 13c
und 13d zu bezeichnen, oder die Einschaltungsnummer des
Schollschen Werkes zu ändern, und die überhaupt zwischen
13 und 14 eingeschalteten Bücher so zu beziffern: 13a die
Mittlersche, 13b die Enslinsche, 13c die Schüttesche, 13d
die Schollsche Litteratur. Und dabei würde es nicht einmal bleiben können, falls sich zwischen diesen eingeschalteten

Büchern eine weitere Einschaltung nötig machen, und z. B.
zwischen Nr. 13 und 13 a noch die beiden ersten Ausgaben
der Mittlerschen Litteratur von 1818, die man doch unmög=
lich gut von der zu ihnen gehörigen dritten Ausgabe trennen
und hinter die Schollsche Schrift Nr. 13 d setzen könnte,
eingeschoben werden sollten. Und, hätte man auch nochmals
eine Änderung der Einschaltungsnummern vorgenommen,
und die dritte Ausgabe von Mittler mit 13 c, Enslin mit
13 d, Schütte mit 13 e und Scholl mit 13 f bezeichnet, um
den beiden neuen Ankömmlingen ihr Recht zu verschaffen,
und sie unter Nr. 13 a und 13 b am gehörigen Orte einzu=
rangieren, wie dann, wenn später von der Bibliothek noch
Sanders militärische Bibliothek von 1815 angeschafft würde,
und zwischen die Walthersche und die Mittlersche Schrift
eingeschoben werden müßte? Um allen ebenso unbequemen
als weitläufigen Änderungen zu entgehen, thut man am besten,
beim Gebrauche der Einschaltungsbezeichnungen, deren man
ja zwischen zwei Nummern zum Überflusse genug hat, nicht
zu geizen, und nie gleich die mit a gebildete erste Einschaltungs=
nummer anzuwenden, sondern weiter hineinzugreifen, um nach
vorn wie nach hinten immer noch Flucht zu behalten und neue
Einschaltungen vornehmen zu können.

Hinsichtlich des Platzes, den man den Einschaltungen in
den Katalogen anzuweisen hat, ist schon bemerkt, daß in der
Regel alle Nachträge, soweit die rechte Blattseite dazu mit
ausreicht, zunächst auf dieser und dann erst, wenn dieselbe
gefüllt sein sollte, auf der gleich von Anfang an für die später
nachzutragenden Büchertitel ausschließlich frei gelassenen
linken Seite ihre Stelle angewiesen erhalten sollen. Es ist
jedoch hier noch hinzuzufügen, daß, da die linken Blatt=
seiten gewissermaßen nur als ein integrierender Teil der
rechten anzusehen sind, die auf diesen befindlichen Seiten=
zahlen, Überschriften von Fächern und Abteilungen nicht auch
auf jenen wiederholt zu werden brauchen. Dafür müssen aber
auch die auf der linken Seite einzuschaltenden Nachträge eine
den rechts eingetragenen Büchertiteln, zu denen sie gehören,

möglichst genau entsprechende Stellung erhalten, damit man
beim Nachschlagen der Kataloge nicht nötig hat, jederzeit
die ganze möglicherweise mit Einschaltungen durchgehends
angefüllte linke Blattseite nach einem einzigen Buchtitel
zu durchsuchen, sondern vielmehr im stande ist, nach der
Reihenfolge und Stellung der Büchertitel auf der rechten
Seite auch die der dazu gehörigen Nachträge auf der linken
Seite ohne Schwierigkeiten aufzufinden. Sollte übrigens
die Zeit kommen — und sie kann und wird selbst bei einem
von Haus aus noch so weitläufig geschriebenen Katalog
nicht ausbleiben —, daß weder die rechte noch die linke
Seite für die Einschaltung den erforderlichen Raum haben,
so muß man sich durch das Einkleben eines Ergänzungs=
blattes, auf dem die weiteren Nachträge einstweilen Platz
finden, provisorisch und auf so lange zu helfen wissen, bis
durch das Ab= und Umschreiben der vollständig angefüllten
Katalogblätter und durch das Verteilen des auf Einem
Blatte befindlichen Materiales auf zwei oder nötigenfalls
mehrere, mit einerlei Seitenzahl (z. B. 218) zu bezeichnende,
aber durch hinzugefügte Buchstaben a, b, c (z. B. 218 a,
218 b, 218 c) zu unterscheidende Blätter eine dauernde
Abhilfe geschafft werden kann.

Sobald der neue Zuwachs auf die geschilderte Art und
Weise verzeichnet ist und die Signaturen in die betreffenden
Bücher sowie auf deren Etiketten geschrieben, sind, handelt
es sich nur noch darum, die einzelnen Bände zu stempeln,
worauf sodann deren Überführung in die Bücherräume und
ihre Einstellung in die Repositorien erfolgen kann.

Sechstes Kapitel.
Von der Benutzung des Bücherschatzes.

Erster Abschnitt.
Von der Benutzung im allgemeinen und dem Benutzungs-reglement.

Was wir in den vorangegangenen Kapiteln ausführlich behandelt haben, die Herstellung eines passenden Gebäudes für die Bibliothek, deren nach bestimmten Grundsätzen vor-genommene Begründung, ihre sorgfältige Verzeichnung, geeignete Aufstellung, planmäßige Vermehrung, soll nicht einzig und allein darauf hinausgehen, tote Schätze für künftige Zeiten aufzuspeichern, sondern es kann all der dazu notwendige Aufwand an Mühe und Arbeit, Zeit und Kosten als erstes und hauptsächlichstes Ziel nur dasjenige ausgiebiger Benutzung haben. Eine wohl verwahrte und gut verwaltete öffentliche Büchersammlung gleicht einem Kapitale, aus dem man, wie Herder so zutreffend sagt, für den Geist Interessen ziehen kann. Sie soll eine befruchtende Stätte der Wissen-schaft sein, von welcher über die Grenzen ihres Weichbildes hinaus Licht und Erkenntnis ausgeht und der geistige Fort-schritt der Menschheit zum allgemeinen Wohle gefördert wird. Man hat die Bedeutung und den Nutzen der Bibliotheken in unserer Zeit mehr und mehr erkennen und würdigen gelernt, weshalb auch die Inanspruchnahme jener Anstalten seitens des Publikums im Vergleich zu ehedem eine weit allgemeinere geworden ist. Nicht nur die Volksbibliotheken haben in einigen Ländern einen früher nie geahnten Auf-schwung genommen, sondern auch die rein wissenschaftlichen Büchersammlungen erfreuen sich der regsten Teilnahme, im besonderen sind namentlich die Universitätsbibliotheken heut-zutage bei uns nicht mehr das, was Ebert noch im Anfange dieses Jahrhunderts von ihnen gesagt hat, „staubige, öde und unbesuchte Säle, in denen sich der Bibliothekar wöchent-lich einige Stunden von Amtswegen aufhalten muß, um diese

Zeit über — allein zu sein". Wenn nun aber gegenwärtig
die öffentlichen Bibliotheken durchschnittlich in so erfreulicher
Weise in Anspruch genommen werden, so ist es ein dringendes
Erfordernis, daß Bestimmungen getroffen werden, welche
einerseits das Verhältnis zwischen Verwaltung und Publikum
im Interesse einer möglichst glatten Geschäftsführung regeln,
anderseits zum Zwecke haben, der unversehrten Erhaltung
des wertvollen Büchermateriales nach Möglichkeit Vorschub
zu leisten [191]. Denn so gewiß und unleugbar es, wie gesagt,
ist, daß die Bibliotheken in erster Linie zum Gebrauch bestimmt
sind, ebenso unzweifelhaft ist es, daß sie, um mit Molbech
zu reden, nicht verbraucht werden dürfen. Es kann' den
Benutzern nicht dringend genug ans Herz gelegt werden, sich
jederzeit gegenwärtig zu halten, daß es fremdes kostbares
Eigentum ist, welches ihren Händen anvertraut wird [192].
Leider ist es eine ebenso allgemeine wie traurige Erfahrung,
daß das Publikum bei der Benutzung von Sammlungen
nirgends sorgloser als bei dem Gebrauche von Büchern zu
Werke geht, und daß nirgends die Mißachtung, ja die Miß=
handlung der den Sammlungen zugehörigen Gegenstände
größer sein kann und so weit getrieben wird, wie bei den
Bibliotheken. Um so mehr ist es die Pflicht derer, welchen
die Obhut über das Wohl der Bibliotheken anvertraut ist,
darauf zu sehen, daß die Grenzen, bis zu denen dem Publikum
in der Benutzung jener freier Spielraum zu lassen ist, nicht
nur festgestellt, sondern auch Überschreitungen derselben thun=
lichst verhindert werden, und daß die den Bibliotheken dem
Publikum gegenüber zustehenden Rechte auf das strengste
gewahrt bleiben. An diesen Grenzen dürften sich allerdings
Punkte finden, in denen die Rechte der Bibliotheken mit denen
des Publikums mitunter zu kollidieren scheinen, und es wird
daher namentlich darauf ankommen, daß man für dergleichen
Kollisionsfälle Bestimmungen zu finden weiß, welche den
beiderseitigen Interessen im Sinne einer ungehinderten Be=
nutzung wie der sorgsamen Wahrung des Bibliothekseigentums
gleichmäßig Genüge zu leisten, und die in solchen Fällen fast

niemals ganz ausbleibenden Reibungen möglichst zu verhüten
im stande sind. Freilich werden Bestimmungen allein niemals
ausreichend sein, wenn diese nicht auf seiten des Publikums
sowohl als insbesondere auch auf seiten der Bibliotheksbeamten in der größten Urbanität, die sich beide Teile bei
dem gegenseitigen Verkehre zur strengen Pflicht machen müssen,
ihre wesentliche Stütze finden. Es ist daher von jedem Besucher
zu erwarten, daß er sich den Anweisungen der Bibliotheksverwaltung und der Ordnung des Hauses im Interesse Aller
auf das unbedingteste füge, in seinen Ansprüchen Maß halte
und den Beamten ihr ohnehin mühsames, viel Selbstverleugnung erforderndes Geschäft nicht unnütz erschwere, noch
ihre Dienste auf Kosten des übrigen mitbenutzenden Publikums
über die Gebühr in Anspruch nehme. Anderseits wird von
der Bibliotheksverwaltung in jedem Falle dasjenige Entgegenkommen vorausgesetzt werden dürfen, über welches wir uns
früher in dem Abschnitte über die Eigenschaften des Bibliothekars ausführlicher verbreitet haben. Vor allen Dingen
müssen die gegebenen Bestimmungen mit der größten Unparteilichkeit und mit gleicher Strenge gegen Hoch und Niedrig
gehandhabt werden. Nichts ist in der That so leicht im
stande, das Publikum mit etwaigen Bestimmungen, die seinen
Wünschen und Anforderungen widerstreiten, nahezu auszu-
söhnen und zufrieden zu stellen, und es das möglicherweise
durch einen solchen Widerstreit erregte Gefühl einer wennauch nur scheinbaren Beeinträchtigung seiner Rechte vergessen
zu machen, als wenn es sieht, daß alle Bibliotheksbenutzer
mit gleichem Maße gemessen, und zu niemandes gunsten
Ausnahmen von der Regel gestattet werden. Dagegen giebt
die Bevorzugung einzelner Personen notwendig dazu Anlaß,
daß sich das von einer solchen Bevorzugung nicht mit getroffene
Publikum, im Gefühle der Zurücksetzung, leicht eines un-
gerechten Urteils selbst über eine sonst durchaus gewissenhafte
Verwaltung nicht erwehren kann, und sogar da, wo nicht im
entferntesten an eine Beeinträchtigung seiner Rechte zu denken
ist, eine Benachteiligung argwöhnt. Ein derartiger Argwohn

ist aber das allergrößte Übel, welches sich dem gedeihlichen und freundlichen Verkehre zwischen dem Publikum und den Bibliotheksbeamten in den Weg stellen kann.

Vor allen Dingen nun müssen jene Bestimmungen den Bedürfnissen der Gegenwart durchaus angemessen sein und dürfen nicht etwa von Jahrzehnt zu Jahrzehnt bis in alle Ewigkeit dieselben bleiben, denn was unseren Vorfahren viel= leicht vollkommen genügt haben mag, braucht darum, wenn mit den Sitten der Zeit nicht mehr im Einklange stehend, noch keineswegs ihre Nachkommen zu befriedigen. Ein gutes Reglement darf ferner keineswegs bloß in Vorschriften bestehen, die, obschon wohl und verständig durchdacht und sorgfältig erwogen, doch so allgemein gehalten sind, daß ihrer weiteren Auslegung von seiten des Publikums ebenso wie von seiten der Bibliotheksbeamten ein allzu freier Spielraum gelassen wird. Dieselben müssen vielmehr mindestens für alle gewöhn= lich vorkommenden speziellen Fälle die nötigen Anhaltepunkte geben, um jedermann wissen zu lassen, was einesteils das Publikum von den Bibliotheken verlangen kann und diesen dafür zu leisten hat, und anderenteils die Bibliotheken dem Publikum gewähren dürfen und von demselben dafür zu fordern berechtigt sind. Es genügt aber nicht, daß dergleichen spezielle Bestimmungen lediglich den Bibliotheksbeamten zur genauen Nachachtung vorgeschrieben werden, sie müssen auch zur Kenntnis des Publikums kommen. So natürlich und selbstverständlich auch diese Forderung ist, so ist dieselbe doch keineswegs überall zur Geltung gelangt. Die hie und da herrschende Sitte, wenigstens die Hauptbestimmungen in einigen wenigen Paragraphen zusammenzufassen und durch öffentlichen Anschlag in den Bibliothekslokalen zur Nach= achtung für das Publikum bekannt zu machen, ist gewiß zweckmäßig und lobenswert, sie reicht aber doch nicht aus, man sollte es sich vielmehr bei allen Bibliotheken durchaus zur Pflicht machen, denjenigen, welche Bücher zu benutzen wünschen, stets ausführliche gedruckte Reglements in die Hand zu geben. Diejenigen Bibliotheken, bei denen eine solche

Einrichtung bereits getroffen und im Gange ist, werden die=
selbe gewiß in dem leichteren Verkehre mit dem Publikum und
in den sicher seltener als anderwärts eintretenden Differenzen
erprobt und bewährt gefunden haben. Die näheren Bestim=
mungen solcher Reglements lassen sich bei der Verschiedenheit
der Verhältnisse an den einzelnen Anstalten natürlich nicht in
einem für alle Bibliotheken gültigen Muster zusammenstellen,
es muß vielmehr jeder einzelnen Anstalt überlassen bleiben,
nach Maßgabe ihrer besonderen Eigentümlichkeiten ein eigenes
Benutzungsreglement aufzustellen. Notwendigerweise in allen
Reglements wiederkehren werden beispielsweise Bestimmungen
über die Zeit, während welcher die betreffende Bibliothek
geöffnet ist — bei kleineren und an Spezialbibliotheken pflegt
dies nur an bestimmten Wochentagen der Fall zu sein —, und
über die Stunden, in welchen der Lesesaal der Benutzung
frei steht und in welchen Bücher ausgeliehen und zurück=
genommen werden. Daran reihen sich sodann Vorschriften
darüber an, wer zur Benutzung der Bibliothek überhaupt
berechtigt sei, in welcher Art und Weise die Benutzung im
Lesesaale sowie die Entleihung der Bücher innerhalb der
Stadt, worin die Bibliothek ihren Sitz hat, und nach außer=
halb stattzufinden habe, unter welchen Bedingungen eine
Besichtigung der Bibliothek statthaft sei u. s. w. Wir werden
in den beiden folgenden Abschnitten auf die Benutzung im
Lesesaale und das Ausleihen der Bücher noch näher einzugehen
haben; an dieser Stelle mögen sich an die allgemeinen An=
deutungen über den Inhalt eines Bibliotheksreglements nur
noch einige Anmerkungen über die etwaige Benutzung der
Bibliothekskataloge seitens des Publikums sowie über die
Besichtigung der Bibliotheken anschließen.

Es ist ein von den meisten Bibliotheken befolgter Grund=
satz, daß die Kataloge nicht ohne spezielle Aufsicht bleiben
und nie in dem Maße der allgemeinen Benutzung zugänglich
gemacht werden dürfen, daß sie jeder Beliebige aus ihren
Behältern herausnehmen oder zum Durchblättern verlangen
könne. Dieser Grundsatz ist an sich vollkommen richtig. Denn

wollte man allen Besuchern ohne Ausnahme das eigene
Nachschlagen und Durchblättern sämtlicher Kataloge erlauben,
so würden diese bald abgenutzt sein, und in ihnen eines der
wertvollsten Besitztümer gefährdet werden. Dazu kommt
noch, daß nicht einmal alle Besucher die Kataloge, insbesondere
den systematischen Katalog, richtig und mit Nutzen zu
gebrauchen im stande sind. Gleichwohl lassen sich gewisse
Vorteile nicht in Abrede stellen, welche sich ergeben würden,
wenn die Bibliothekskataloge nicht bloß von den Beamten,
sondern auch von den die Bibliothek besuchenden Fremden
selbst Band für Band nachgeschlagen und benutzt werden
dürften. Für die Verwaltung würde sich eine nicht gering
zu veranschlagende Ersparnis an Mühewaltung und Zeitaufwand herausstellen, für die Besucher die Bequemlichkeit
entstehen, nicht bei jeder Nachforschung, ob dieses oder jenes
Werk in der Bibliothek vorhanden sei, die Bibliothekare in
Anspruch nehmen zu müssen, vielmehr jederzeit in der Lage
zu sein, sich im weitesten Umfange über die Bestände der
Bibliothek zu unterrichten und gewünschte Bücher mit Hilfe
der Kataloge und des dienenden Personals ohne Bemühung
der Bibliothekare herbeischaffen zu lassen. Man hat in der
That neuerdings an einer unserer Bibliotheken den Versuch
gemacht, dem Publikum einen eigenen alphabetischen Zettelkatalog unter strenger Überwachung zur Benutzung zu übergeben, während ein zweiter zur ausschließlichen Verfügung
der Verwaltung bleibt. Wie wir bereits früher hervorzuheben Gelegenheit fanden, würden sich die genannten Vorzüge in gewissen Fällen, namentlich bei mittleren und kleineren
Bibliotheken, auch durch den Druck der Kataloge erreichen
lassen. Wo indessen der Druck nicht angezeigt und der Zettelkatalog nicht in zwei leicht und sicher zu handhabenden
Exemplaren geschrieben ist, da möchte es sich als ebenso
zweckmäßig wie genügend empfehlen, dem Publikum nicht
gerade ein Recht auf die Benutzung der Kataloge einzuräumen,
wohl aber den Bibliothekaren zur Pflicht zu machen, daß
sie in dieser Hinsicht den Wünschen derer, welche mit den

Katalogen umzugehen wissen, und für deren Arbeiten die
Einsicht in die Kataloge von wesentlichem Nutzen sein kann,
gern zu Diensten stehen.

Was schließlich die Frage der Besichtigung von Bibliotheken anbetrifft, so läßt sich darüber etwa folgendes sagen.

Wie bei allen wissenschaftlichen und Kunstsammlungen
sich eine Menge Besucher einzufinden pflegen, welche die
Sammlungen nicht zu benutzen, sondern bloß zu besehen
wünschen, so empfängt auch jede nur einigermaßen bemerkens-
wertere Bibliothek häufig den Besuch von Leuten, die, fast
zum größten Teile weniger von Wißbegierde als von Neugier
angelockt, die Lokalitäten und die äußeren Einrichtungen der
Anstalt besichtigen möchten. Da die Bibliotheken nicht die
Bestimmung haben, besehen zu werden, so kann natürlich auch
von einem dem Publikum zustehenden Rechte auf die Besichtigung nirgends die Rede sein. Das Publikum muß vielmehr
da, wo ihm die Freiheit, an gewissen Tagen und Stunden
die Räumlichkeiten und äußeren Einrichtungen der Bibliothek
in Augenschein zu nehmen, zugestanden worden, solches nicht
als etwas, was es zu fordern berechtigt ist, sondern als eine
ihm von der Bibliotheksverwaltung freiwillig gewährte Vergünstigung betrachten und sich aus diesem Grunde den in
den verschiedenen Bibliotheken hinsichtlich der Besichtigung
getroffenen Bestimmungen, selbst wenn sie von einer die Freiheit der Besucher allzu beschränkenden Art zu sein scheinen
sollten, gern und willig fügen. Zu solchen Bestimmungen
gehört z. B. erstens, daß die Besichtigung nicht zu jeder Zeit,
während welcher die Bibliothek zur allgemeinen Benutzung
geöffnet ist, und überhaupt nicht ohne weiteres vorgenommen
werden darf, sondern daß sich vielmehr diejenigen, welche die
Bibliothek zu besehen wünschen, in der Regel einige Zeit
vorher im Bibliotheksbureau dazu anmelden müssen und
gehalten sind, die zur Besichtigung anberaumte Stunde genau
einzuhalten und sich mit der Dauer der darauf zu verwendenden Zeit zu begnügen. Diese Bestimmung ist aus dem
Grunde durchaus erforderlich, weil die Besichtigungen von

seiten des Publikums — und dies ist eine zweite Vorschrift —
unter keiner Bedingung ohne Aufsicht und Leitung von
Bibliotheksbeamten vorgenommen werden dürfen, und man
diesen um ihrer wichtigeren Amtsarbeiten willen füglich nicht
zumuten kann, daß sie augenblicklich und beliebig lange zum
Herumführen von Besuchern bereit sein sollen. Fremden, die
in Ansehung der auf die Besichtigung zu verwendenden Zeit
oftmals sehr beschränkt sind, zumal solchen, die an einem Orte
einen nur kurzen Aufenthalt nehmen, und die Tage und Stunden,
auf welche die Besichtigung der Bibliothek anberaumt ist, nicht
allemal abwarten können, gleichwohl aber, von mehr als
gewöhnlicher Schaulust angeregt, sich in der Bibliothek zum
Besehen der Bibliothekseinrichtungen einfinden, wird zwar
gewiß jeder Bibliothekar nach Möglichkeit und zu jeder
beliebigen Zeit zu dienen gefällig sein, es darf ihm indessen
weder verargt noch wohl gar als Ungefälligkeit verdacht
werden, wenn er sich nicht in jedem einzelnen Falle in der
Lage sehen sollte, die Wünsche der Fremden zu befriedigen.
Mit der Bestimmung, daß keiner der Besucher die Bibliotheks=
säle ohne Aufsicht und Leitung eines Beamten durchwandern
dürfe, hängt eine dritte zusammen, nämlich die, daß nur eine
gewisse Anzahl von Personen auf einmal herumzuführen sind.
Denn es ist sehr natürlich, daß, wenn der herumführende
Beamte die Aufsicht über die seiner Leitung anvertrauten
Schaulustigen ordentlich handhaben soll, die Zahl der zu
Beaufsichtigenden nicht zu groß sein darf, damit nicht etwa
der eine oder andere der Besucher Gelegenheit finde, sich
der Aufsicht ganz zu entziehen, und Eingriffe in die Ordnung
oder das Eigentum der Bibliothek zu thun, welche eben durch
die Aufsicht verhütet werden sollen. Die Beschauer haben
sich der Leitung des Beamten unbedingt zu fügen; sie dürfen
sich nicht in den Sälen zerstreuen und am allerwenigsten etwa
den Versuch machen, ihnen besonders in die Augen stechende
Bücher aus den Repositorien herauszunehmen, um wohl gar
darin herumzublättern und zu lesen. Abgesehen davon, daß
die führenden Beamten ohnehin schon gewöhnlich dazu

angewiesen sind, interessantere Werke und vorzügliche Selten=
heiten, soweit dies im Vorübergehen thunlich ist, vorzuzeigen,
werden sich humane Führer sicher auch nie abgeneigt finden
lassen, andere Bücher, die Einzelnen der Besucher vielleicht
besonders auffällig sind, auf Wunsch aus den Gestellen heraus=
zulangen und zur flüchtigen Einsicht vorzulegen. Sie werden
aber, wie gesagt, weder gestatten können, daß sich die Besucher
selbst an den Bücherreihen vergreifen, noch daß die weitere
Besichtigung der Bibliothek durch Einzelne, welche sich mit
den vorgelegten Büchern länger zu beschäftigen wünschen,
über die Gebühr aufgehalten werde. Findet jemand auf
seiner Wanderung durch die Säle ein Buch, welches er näher
kennen zu lernen das Verlangen trägt, so bietet dazu der
Lesesaal, wohin er es sich nach beendigter Wanderung ja
bringen lassen kann, bequeme Gelegenheit.

In den meisten Bibliotheken ist, was auch für die gewöhn=
lichen Besichtigungen vollkommen genügt, die Einrichtung
getroffen, daß einer der Beamten des Hilfs= oder dienenden
Personals mit den Führungen beauftragt wird. Wenn der
Oberbibliothekar sich diesem Geschäfte selbst unterzieht, da
mag man es als eine besondere Vergünstigung, als eine Art
Auszeichnung gegen Personen betrachten, denen er sich vor=
zugsweise gefällig und artig erweisen zu müssen glaubt, man
darf es ihm aber nicht als eine Nachlässigkeit gegen diejenigen
anrechnen, denen er nicht gleiche Gefälligkeit zu gewähren sich
veranlaßt fühlt.

Wie für die Besucher des Lesesaales, so hat man hie und
da auch für die Schaulustigen Bücher eingerichtet, in denen
sie ihre Namen und ihren Stand eintragen sollen. Es kann dies
nur gutgeheißen werden, weil die Bibliotheken in dergleichen
Büchern eine Art Album erhalten, worin sich nicht nur ohne
erhebliche Mühewaltung von seiten der Bibliotheksbeamten
recht brauchbare Materialien zur Geschichte und Statistik
der Bibliotheken, sondern auch nach und nach eine Menge
wertvoller Autographen ansammeln.

Wir gehen nunmehr zu den einzelnen Arten der Benutzung über. Dieselbe teilt sich in eine innere d. h. innerhalb des Bibliothekslokales und eine äußere d. h. außerhalb des Lokales stattfindende Benutzung. Erstere hat es hauptsächlich mit dem Gebrauche der Bücher im Lesesaale und an einigen Anstalten auch in den übrigen Bibliotheksräumen, letztere mit dem Ausleihen derselben zu thun. Wir betrachten zuvörderst die Benutzung im Lesesaale.

Zweiter Abschnitt.
Von der Benutzung innerhalb des Bibliotheksgebäudes.

Drei Fragen sind es, die ihre Lösung in dem die Benutzung der Bücher im Lesesaale betreffenden Teile des Reglements zu erwarten haben. Die erste der Fragen ist: Wem soll das Recht des Besuches des Lesesaales zugestanden werden; die zweite: Was soll im Lesesaale benutzt werden dürfen; und die dritte: Wie soll diese Benutzung stattfinden?

Was die erste dieser Fragen anlangt, so hängt die Beantwortung derselben mit der einer Bibliothek bei ihrer Begründung zuerteilten Bestimmung auf das engste zusammen. Wenn z. B. die Büchersammlungen von Universitäten, Schulen und sonstigen staatlichen Anstalten oder von Akademien, wissenschaftlichen Vereinen u. dergl. naturgemäß in erster Linie den Mitgliedern der betreffenden Institute oder Gesellschaften zu dienen bestimmt sind, so ist es selbstredend, daß auch der mit jenen Sammlungen verbundene Leseraum vor allem nur für die Instituts- oder Vereinsangehörigen eingerichtet worden ist. Indessen wird man da, wo genug Platz vorhanden ist oder wo der Mangel an solchem sich im Bedürfnisfalle leicht beseitigen läßt, soweit nicht etwa statuarische Bestimmungen entgegenstehen, von seiten einer jeden billig denkenden Bibliotheksverwaltung sicher jedem anständigen Besucher ein Plätzchen im Lesesaale gönnen und ihm die gewünschten Bücher, wenn vorhanden, ohne Bedenken verabreichen. Namentlich hat sich an unseren Universitätsbibliotheken die Praxis herausgebildet,

im Lesesaale auch solchen Personen, welche der Universität
nicht angehören, im allgemeinen Zutritt zu gestatten. Immerhin handelt es sich hierbei im Grunde lediglich um einen Akt
der Liberalität, wovon nach Bedürfnis auch einmal wieder
Abstand genommen werden könnte. Anders liegt die Sache bei
denjenigen öffentlichen Bibliotheken, welche von Haus aus
zum Zwecke allgemeiner Benutzung gegründet worden sind.
Hier muß auch das gesamte Publikum das Recht des Zutrittes
zum Lesesaale haben und etwaige Beschränkungen, wie sie hie
und da aus Engherzigkeit stattgefunden haben, sind durch
nichts gerechtfertigt. Nur Unerwachsene, die ohnehin dem
Publikum im gewöhnlichen Sinne des Wortes nicht mit beigezählt werden, sowie solche, die entweder durch ihre äußere
Erscheinung, durch Unsauberkeit und Liederlichkeit, gegen gute
Sitte und Anstand verstoßen und gerechten Grund zur Aus-
schließung von dem Lesesaale geben, oder die notorisch im
Rufe stehen, daß sie das Mein von dem Dein nicht zu unterscheiden wissen, und von denen mithin eine Beeinträchtigung
des Bibliothekseigentumes leichtmöglichen Falles zu befürchten
ist, sollten von dem Besuche des Lesezimmers zurückgehalten
werden dürfen. Wer sonst von dem Publikum den Zutritt
verlangt, gleichviel ob vornehm oder gering, reich oder arm,
gelehrt oder ungelehrt, der sei unbedenklich zugelassen. Um
etwaigen Mißbräuchen, die vielleicht mit der Freiheit des
Zutrittes zum Lesesaale von Einigen getrieben werden möchten,
entgegenzuarbeiten, finden sich genug Mittel, ohne daß es
nötig wäre, das Recht des Zutrittes dem Publikum durch
Verbote zu verkümmern.

Anders als in betreff des Besuches des Lesesaales verhält
es sich freilich mit dem Zutritte des Publikums zu den übrigen
Bibliotheksräumen, wozu, wenigstens in Bibliotheken, deren
Bücher in Repositorien ohne Verschluß und Sicherungs-
maßregeln gegen die Eingriffe Fremder aufgestellt sind, in der
Regel ein allgemeines Recht nicht eingeräumt werden darf,
so lange der Bibliothekar, wie es doch in der Ordnung ist,
für die Sicherheit, Unversehrtheit und überhaupt den guten

Stand der Bibliothek die Verantwortlichkeit übernehmen
soll [193]. Denn wem darf vernünftiger Weise zugemutet werden,
daß er für die Erhaltung einer Sammlung verantwort=
lich sei, zu der dem Publikum ein unbeschränkter Zutritt
gestattet wäre, und wo jedermann ohne Aufsicht und ganz
nach Belieben frei schalten und walten, in den Räumen nach
allen Richtungen hin= und hergehen und sich nach Belieben
die Bücher aus den Repositorien herausnehmen könnte. Oder
sollen etwa aufsichtführende Beamte in allen Räumen, wohin
es dem Publikum zu gehen beliebt, gegenwärtig sein? Ihre
Zahl müßte eine bedeutende sein, ohne daß dadurch für die
Sicherheit des Bibliothekseigentums oder wenigstens für die
Aufrechterhaltung der Ordnung in der Aufstellung der Bücher
stets und unter allen Umständen Gewähr gegeben würde. Ist
doch schon der an den Universitätsbibliotheken herrschende
Brauch, nach welchem den Dozenten gestattet ist, die Bücher=
räume zu betreten und, wo es ihnen wünschenswert erscheint,
zu arbeiten und Bücher für ihren Gebrauch aus den Repo=
sitorien herauszunehmen und auch wieder einzustellen, für
die Ordnung der Bestände nicht immer vorteilhaft. Indessen
mag eine solche zumteil in der Bestimmung jener Sammlungen
selbst begründete Ausnahme den Gliedern des akademischen
Lehrkörpers gestattet sein, da diese Einrichtung zweifellos für
die Studien der Gelehrten von ganz besonderem Nutzen ist.
Damit ist aber noch nicht gesagt, daß nun auch dem ganzen
Publikum der unbeschränkte Zutritt zu den gesamten Biblio=
theksräumen und das Herausnehmen der Bücher gestattet
werde. In Bibliotheken, wo letztere in den Repositorien unter
sicherem Verschlusse stehen, den nur der Bibliothekar zu öffnen
die Mittel hat, könnte freilich eine derartige Erlaubnis un=
bedenklich erteilt werden; was würde aber diese Erlaubnis
nützen, wenn die Besucher höchstens die Büchertitel anzusehen,
aber die Bücher selbst wegen des Verschlusses zu berühren
nicht im stande wären.

     Was soll im Lesesaale benutzt werden dürfen? In der
Theorie zweifellos alles, was die betreffende Bibliothek an

gedruckten Büchern oder Handschriften besitzt. Denn wenn
man die Bücher, wie wir sahen, an den Bibliotheken vor
allem deshalb anschafft, damit sie benutzt werden, so folgt
daraus, daß auch jedes angeschaffte Buch wenigstens im Lese=
saale — ob dasselbe auch ausgeliehen werden dürfe, ist eine
andere Frage, von der weiter unten die Rede sein wird —
auf Verlangen jedem Benutzer zur Einsicht zu überlassen ist.
In der Praxis erleidet allerdings der Satz, daß alle Bücher
ohne Ausnahme für die Benutzung zugänglich sein müssen,
ganz notwendig gewisse Einschränkungen, welche im Interesse
der Bibliothek geboten sind. Sollen z. B. wertvolle Hand=
schriften an jemand ausgehändigt werden, der in dem Hand=
schriftenwesen durchaus unerfahren ist? Die Handschriften
könnten demselben höchstens zur bloßen Kurzweil dienen, die
ihm vielleicht die darin befindlichen Miniaturen verschaffen
würden. Oder sollen lediglich für die ernsten Studien der
Gelehrten bestimmte, kostbare Kupferwerke und bibliographische
Seltenheiten aller Art ohne weiteres jedem beliebigen Besucher
täglich und stündlich überlassen werden, nur damit dieser eine
oberflächliche Schaulust befriedige? Würde es ferner mit
den Aufgaben einer wissenschaftlichen Bibliothek im Einklange
stehen, wenn dieselbe Zöglingen höherer Lehranstalten den
Gebrauch von Übersetzungen griechischer und römischer Klassiker
verstatten wollte, damit diese unwissenden und trägen Schülern
zur sogenannten Eselsbrücke dienen? Soll der Lesesaal zu
einem behaglichen Heim für Romanleser werden, welche die
wissenschaftlichen Studien obliegenden Besucher einengen oder
wohl gar verdrängen? Mit nichten. Vielmehr ist die Be=
stimmung, daß an wissenschaftlichen Bibliotheken Gelehrten
zu ihren Studien und Arbeiten alles zur Benutzung aus=
gehändigt werde, Anderen nur das, was sie wahrscheinlicher
Weise zu ihrer Belehrung mit Nutzen zu gebrauchen im stande
sind, als vollkommen gerechtfertigt anzusehen. Etwaige will=
kürliche und die wirkliche Benutzung der Bibliotheken beein=
trächtigende Auslegungen, was das gewöhnliche Publikum
mit Nutzen zu gebrauchen im stande sei, braucht man von

seiten verständiger Bibliothekare, welche die Reglements nicht
nach dem Wortlaute allein, sondern im Sinne einer möglichst
liberalen Verwaltung aufzufassen wissen, nicht zu befürchten.
Auch können solche nötigenfalls von einer pflichtgetreuen und
wachsamen Oberaufsichtsbehörde leicht verhindert werden.

Anders liegt die Sache natürlich durchweg bei den Volksbibliotheken, deren Verwaltungen gerade der Unterhaltungslitteratur, auf welche diese Anstalten schon bei den Anschaffungen ihrer Bestimmung gemäß ausgedehnte Rücksicht zu
nehmen haben, hinsichtlich der Benutzung den weitesten Spielraum gönnen und ohne weiteres jedermann die gewünschte
Lektüre, sofern sie vorhanden, darreichen werden.

Wenn es sich übrigens von selbst versteht, daß unter denjenigen Büchern, welche dem Publikum zur Benutzung in die
Hand gegeben werden dürfen, alle diejenigen, die noch eines
Einbandes entbehren, nicht mit inbegriffen sind, so wird
doch in dieser Hinsicht billigerweise in betreff der Zeitschriften, die bekanntlich einen Teil ihres Wertes nur so lange
besitzen, als sie eben neu sind, und von denen doch die meisten
erst nach Verlauf eines mehr oder minder langen Zeitraumes
gebunden werden können, eine Ausnahme insofern zu machen
sein, als sie, gut geheftet und mit einer die Stelle des Einbandes vertretenden Hülle versehen, im Lesesaale am zweckmäßigsten auf einem eigenen Tische ausgelegt und dem
Publikum zur Verfügung gestellt werden mögen. Noch besser
ist es, wenn, wie die Einrichtung in einigen Bibliotheken
getroffen ist, hierfür gleich ein eigenes Lesezimmer angewiesen
werden kann. An unseren Universitäten haben sich, worauf
wir bereits gelegentlich hindeuteten, besondere akademische
Lesevereine gebildet, denen von seiten der Bibliotheken die
neueste periodische Litteratur für einen bestimmten Zeitraum
zur Verfügung gestellt zu werden pflegt. Beschränken sich
diese Vereine mehr oder weniger auf die akademischen Kreise,
so haben anderseits die großen städtischen und staatlichen
Bibliotheken die Aufgabe, jedermann, dessen Arbeiten dies

erforderlich machen, den Zutritt zu dem Journalzimmer offen zu halten.

Mit der Frage, was im Lesesaale benutzt werden dürfe, steht noch eine andere in sehr genauem Zusammenhange, wie viel Bücher nämlich einem einzelnen Leser auf einmal zu verabreichen seien; denn es kann doch unmöglich, bei allen wohlbegründeten Rechten des Publikums auf die Benutzung der Bücher, jedermann ohne weiteres fordern, daß man ihm jede beliebige Zahl von Bänden aushändige. Wo die Studien des einen oder des anderen der Besucher die gleichzeitige Durchsicht einer größeren Anzahl von Büchern, namentlich ganzer Reihen umfänglicher Sammelwerke, wirklich notwendig machen, da wird zwar gewiß jeder im Interesse der Wissenschaft dienstwillige Bibliothekar gern bereit sein, den Wünschen des Lesers Befriedigung zu gewähren. Im allgemeinen wird aber die Vorschrift, daß den Besuchern nur nach gehörigem Ausweis über ihre Studien und die Notwendigkeit des gleichzeitigen Gebrauches einer größeren Anzahl von Bänden eine solche zur Verfügung zu stellen, die übrigen Leser hingegen von dieser Vergünstigung auszuschließen seien, in den Augen jedes Billigdenkenden schon darum als durchaus gerechtfertigt erscheinen, weil sonst von seiten der Besucher mit der zugestandenen Berechtigung, sich so viel Bücher, als es ihnen eben beliebt, darreichen lassen zu können, leicht ein teils den Dienst der Beamten ohne Nutzen erschwerender, teils die gute Erhaltung der Bücher ohne Not gefährdender und teils endlich die wissenschaftlichen Studien Anderer beeinträchtigender Mißbrauch getrieben werden möchte.

Die dritte Frage ist, wie die Benutzung stattfinden solle? Die Antwort lautet: Erstens in den durch das Reglement dazu bestimmten Stunden. Niemand hat das Recht, die Öffnung des Lesesaales zu einer anderen Zeit zu beanspruchen, und zu verlangen, daß ihm der Zutritt zur Bibliothek früher als anderen Besuchern gestattet, oder zu seinen gunsten der Lesesaal später als zur festgesetzten Stunde geschlossen werde. Hat sich doch ohnehin die Zahl der Stunden, während deren

die Lesesäle der Bibliotheken geöffnet sind, im Laufe der Zeit
immer mehr erhöht. Zu Anfang dieses Jahrhunderts waren
beispielsweise die Universitätsbibliotheken gewöhnlich nur
vier Stunden wöchentlich geöffnet. Noch Ebert beklagt sich
bitter über diesen Übelstand, der die Nützlichkeit jener
Institute hindere. Die Zeit sei zu kurz, als daß man während
derselben auf der Bibliothek nur ein einziges Buch gehörig
lesen und excerpieren könne. Er schlägt vor, man möge die
Bibliothek wöchentlich aufs wenigste acht Stunden, wo es die
Lokalverhältnisse zuließen täglich öffnen. Letzteres ist gegenwärtig an größeren Anstalten zumeist der Fall, wenn auch
die Länge der Zeit, während welcher sie offen sind, eine
verschiedene ist [194]. So viel steht fest, daß die erhöhte
Gelegenheit, die Bücher im Lesesaal benutzen zu können,
für die Bibliothek selbst nur ein Vorteil ist.

Die Erfahrung hat nämlich gelehrt, daß sich überall da,
wo man den Bedürfnissen des Publikums nach Benutzung
der Bücher durch vermehrte Zahl der Stunden, in denen der
Lesesaal zum Besuche offen steht, zu begegnen weiß, und den
Aufenthalt im Lesesaale durch bequeme Einrichtungen, sowie
durch freundliche und zuvorkommende Behandlung der Besucher
von seiten der Beamten möglichst einladend zu machen versteht, in demselben Maße das Ausleihen von Büchern ver-
mindert, als die Benutzung des Lesesaales zunimmt. Das
Hauptmittel, das Publikum mit dem Gebrauche der Bücher
im Lesesaale mehr und mehr zu befreunden, und es von dem
allzu häufigen Mitnachhausenehmen derselben zurückzuhalten,
besteht aber sicher darin, daß demselben eine nicht bloß der
Dauer nach hinreichende, sondern auch auf bequeme Tagesstunden verlegte und durch Ferien möglichst wenig verkürzte
Zeit, in der es die Bücher im Lesesaale und ohne erhebliche
Unbequemlichkeiten zu benutzen im stande ist, bereitwillig
dargeboten werde. Wo dies nicht der Fall ist, da werden
die, welche für ihre Arbeiten die Hilfe der Bibliotheken in
Anspruch nehmen müssen, sich natürlich darauf angewiesen
sehen, sich so viel, als es nur irgend angeht, zu Hause mit

entliehenen Büchern zu versorgen, um nicht in ihren Studien
und litterarischen Beschäftigungen, weil sie die dazu erforderlichen Werke wegen des zu frühzeitig stattfindenden
Schlusses des Lesesaales nur spärlich benutzen könnten, fortwährend unangenehm unterbrochen zu werden. In den meisten
größeren Bibliotheken ist es, wie erwähnt, Sitte geworden,
den Lesesaal täglich, mit alleiniger Ausnahme der Sonn- und
Festtage, und zwar in der Regel vier bis sechs Stunden lang,
zum Besuche des Publikums offen zu halten. Ohne Zweifel
könnte diese Zeit für gewöhnlich als vollkommen ausreichend
gelten, wenn man sie nur nicht zu oft eben auf Tagesstunden
verlegt hätte, wo ein großer Teil des Publikums und unglück-
licher Weise gerade derjenige, welcher wegen seiner Arbeiten
bei den Bibliotheken mit am häufigsten vorsprechen muß, anderwärts von Dienst- und sonstigen Geschäften in Beschlag
genommen ist, und mit dem besten Willen den Lesesaal nicht
besuchen kann. Was können Lehrern, deren Lehrstunden,
Staatsbeamten, deren Bureaustunden mit den Lesestunden
der Bibliothek zusammenfallen, die letzteren nützen? Es
muß daher für diejenigen, welche über die Anberaumung der
Lesestunden im Bibliothekslokale zu bestimmen haben, das
Hauptaugenmerk dabei jederzeit das sein, daß die Stunden
auf eine Zeit verlegt werden, in der das am häufigsten mit
der Bibliothek verkehrende Publikum am ersten Muße zum
Besuche des Lesesaales hat [115]. An manchen Bibliotheken ist
übrigens der Lesesaal den ganzen Tag über und einen Teil
des Abends geöffnet. Hier findet selbstverständlich eine Ab-
lösung der Beamten statt, deren Zahl den hierdurch gesteigerten
Ansprüchen unter allen Umständen entsprechen muß. Und
dies führt uns zu der zweiten Bedingung, unter welcher die
Benutzung des Lesesaals stattfinden darf, nämlich nur unter
Aufsicht der Beamten. Wiewohl nach dem allgemein giltigen
Grundsatze jeder so lange als unbescholten und ungefährlich
angesehen werden muß, als nicht das Gegenteil davon nachgewiesen ist, so wird es doch der Vorsicht wegen, damit jeg-
licher Schaden und jede Gefahr von der Bibliothek abgehalten

werde, ratsam und zweckmäßig sein, alle Besucher des Lesesaales
ohne Ausnahme einer, wennauch anständigen, doch strengen
Aufsicht zu unterwerfen [196]. Diese Aufsicht muß sich dem
Besucher gegenüber gleich bei seinem Eintritte in den Lesesaal
insofern zeigen, als niemandem gestattet werden darf, Mäntel
und dergleichen, die möglicherweise als Hilfsmittel zur Bergung
etwaiger der Bibliothek zu entfremdender Bücher benutzt werden
könnten, mit in den Saal hereinzubringen. Die Aufsicht muß
sich auch ferner darin zu erkennen geben, daß in der Regel
niemandem erlaubt werde, eigene Bücher, wegen der leicht
möglichen Vermischung und Verwechslung mit den der Bibliothek gehörigen Werken, mit sich in den Lesesaal zu nehmen.
Wo dies jedoch ausnahmsweise dem Besucher unumgänglich
notwendig erscheinen sollte, da wird wenigstens zu verlangen
sein, daß der Besuchende dem Aufsichtsbeamten die mit-
gebrachten eigenen Bücher an- und vorzeige, und sich beim
Wiederverlassen des Saales deshalb gehörig zu legitimieren
wisse. Dann muß sich endlich die Aufsicht im allgemeinen
noch dadurch geltend machen, daß niemandem zugestanden
werde, die Arbeitenden in ihren Studien und Beschäftigungen
durch zu lautes Sprechen und sonstiges unnötiges Geräusch
zu stören. Über die Beobachtung aller dieser Vorsichtsmaßregeln und über die Aufrechterhaltung der Ordnung wachen
die Beamten als Hüter des für den Lesesaal giltigen Teiles
im Bibliotheksreglement. Denn die Benutzer des Lesesaals
sind — und darin besteht die dritte Antwort auf die obige
Frage — allezeit an die genaueste Befolgung der für den
Lesesaal speziell gegebenen Vorschriften des Reglements
gebunden. An der Mehrzahl der größeren Bibliotheken ist
z. B. vorgeschrieben, daß jeder, welcher Bücher auf der Bibliothek benutzen will, dem im Lesesaale die Aufsicht führenden
Beamten zuvörderst Anzeige von seinem Namen und Stande
mache, dann jedes ihm zum Lesen wünschenswerte Buch auf
einem mit seiner Unterschrift und der Angabe seiner Wohnung
versehenen Zettel aufzeichne, und die darauf empfangenen
Bücher beim Weggehen gegen diese Zettel regelmäßig wieder

abliefere. Ein zurückgebliebener Zettel würde die Ver=
mutung, daß das betreffende Buch nicht richtig zurückgegeben
worden sei, begründen und im Falle wirklichen Fehlens des=
selben der Bibliothek das Recht sichern, gegen den, der den
Zettel ausgestellt hat, Anspruch auf Ersatz des darauf
bezeichneten Werkes zu erheben. Wo der Zudrang des
Publikums zum Lesesaale sehr groß und mithin die Kontrolle
der Leser von seiten des Aufsichtsbeamten schwierig ist, da ist
eine derartige Einrichtung durchaus zweckmäßig, ja unent=
behrlich. Anders bei kleinen Bibliotheken mit wenig besuchten
Lesezimmern, in denen die Leser leicht zu beaufsichtigen sind.
Hier wird es in der Mehrzahl der Fälle genügen, wenn die
Besucher des Lesezimmers dazu angehalten werden, beim
Eintritte in dasselbe ihren Namen und Stand in eine dort
aufgelegte Liste einzuschreiben, und die zur Lektüre erhaltenen
Bücher beim Weggehen aus dem Saale dem Aufsichtsbeamten
wiedereinzuhändigen und nicht etwa auf den Lesetischen ein=
fach liegen zu lassen. Die Anlegung derartiger Listen ist für
jede Bibliothek nützlich und empfehlenswert, nicht nur weil
sie zu einer Art Bibliotheksalbum dienen können, aus dem
sich später noch ersehen läßt, wer alles den Lesesaal behufs
seiner Studien und Arbeiten besucht habe — und mit welcher
Genugthuung wird so manche Bibliothek auf ihre Listen, in
denen sich Männer von historischem Rufe eingezeichnet haben,
zurückblicken —, sondern auch, weil aus ihnen, zumal wenn
zu den Namen der Besucher eine kurze Angabe der von ihnen
benutzten Bücher hinzugefügt worden ist, passende Unterlagen
zu statistischen Zusammenstellungen über die am meisten
gebrauchten Bibliotheksfächer und dergleichen gewonnen
werden können. Nächstdem sind fast in allen Bibliotheken
Vorschriften darüber gegeben, wie das Publikum bei der
Benutzung der Bücher zu Werke zu gehen habe, nicht
minder über den Gebrauch von Tinte beim Excerpieren,
die Anfertigung von Pausen und andere ähnliche Dinge.
Das Verbot des Gebrauches von Tinte im Lesesaale ist wohl
kaum ein gerechtfertigtes zu nennen und um so weniger zu

billigen, als, wenn man in diesem Punkte konsequent sein
wollte, der Gebrauch von Tinte dem Publikum auch bei der
Benutzung von Bibliotheksbüchern zu Hause verboten werden
müßte, was natürlich schon aus dem Grunde nicht angängig
sein würde, weil man nicht die geringsten Mittel in Händen
hat, um der Beachtung des Verbotes Nachdruck zu geben.
Man mag die Befleckung der Bücher mit Tinte streng ver=
pönen, und derartige Beschmutzungen gleich allen anderen
Beschädigungen je nach Verhältnis und ohne Rücksicht auf
die Person und den Stand dessen, von dem die Beschädigung
ausgegangen ist, mit der Strafe des teilweisen oder ganzen
Ersatzes der beschmutzten und beschädigten Bücher und
erforderlichen Falles mit noch härteren Strafen belegen, man
sollte aber kein Verbot erlassen, dessen durchgehende Beachtung
nicht erzwungen werden kann. Nur bei der Benutzung von
Kupferwerken und Zeichnungen, deren Ersatz in der Regel
mit großen Schwierigkeiten verknüpft, ja unter Umständen
ganz unmöglich ist, und deren etwaiger Beschädigung und
Beschmutzung daher, so gut es irgend angeht, vorgebeugt
werden muß, ist das Verbot ein vollkommen gerechtes. Aus
ebendemselben Grunde wird man auch das Verbot alles
Durchzeichnens von Kupfern auf geöltes Papier, wodurch
die Unterlagen, die Kupfer, leicht Schaden erleiden, gewiß
nur billigen können. Sonst muß noch, behufs der möglichst
guten Erhaltung der Bücher überhaupt, alles Umbiegen und
Falten von Blättern, sowie alles Einzeichnen und Einschreiben
in die Bücher, und wären es auch wirkliche Berichtigungen
von Druck= und anderen Fehlern, streng verboten werden.
Hat ein Leser dergleichen Fehler aufgefunden, so mag er die=
selben auf besonderem Blatte vermerken und dieses bei der
Zurückgabe des Buches dem Bibliothekar mit einhändigen,
der die Berichtigung derselben dankbar vornehmen wird.

Dritter Abschnitt.
Von der Benutzung außerhalb des Bibliotheksgebäudes.

Die Meinungen darüber, ob es ratsam sei, die Bücher öffentlicher Sammlungen auch außerhalb des betreffenden Bibliotheksgebäudes benutzen zu lassen, sind geteilt und es giebt zahlreiche Bibliotheken, ja Bibliotheken ganzer Länder, an welchen eine Verleihung der Bücher durchaus verboten ist. Als Hauptgrund für eine solche Maßnahme pflegt man in der Regel anzuführen, daß durch das Ausleihen die Erhaltung und Sicherheit der Bücher gefährdet werde. Es muß allerdings zugestanden werden, daß in jenem Verbote eine erhöhte Gewähr für die möglichst unversehrte Erhaltung des Bücherbestandes zweifellos gegeben ist. Indessen ist doch auf der anderen Seite zu berücksichtigen, daß die Bibliotheken, wie wir sahen, nicht bloß zur Erhaltung für die Zukunft bestimmt sind, sondern vor allen Dingen auch den Bedürfnissen der Gegenwart möglichst ausgiebig Rechnung zu tragen haben. Wo neben jenem Verbote außerdem noch die Benutzung im Lokale auf nur kurze Zeit beschränkt ist, da bleiben alle die schönen und wohlklingenden Reden über den Wert und den Nutzen, den die Bibliotheken für die Wissenschaften haben, zum größten Teile leere, ja geradezu trügerische Worte, da, wenn dem Gelehrten nicht hinreichende Gelegenheit zur Benutzung der Litteraturschätze gewährt wird, nicht abzusehen ist, auf welche Weise viel Erhebliches für die Wissenschaften aus den Bibliotheken gewonnen werden könnte. Das Ansammeln von Schätzen allein schafft gewiß noch keinen Nutzen und hat für das lebende Geschlecht keinen Wert. Man findet denn auch in der Bibliotheksgeschichte genug Belege, daß Bibliotheken, welche litterarische Reichtümer und Kostbarkeiten in größeren Massen aufgehäuft haben, aber der Benutzung des Publikums wenig zugänglich sind, für die Wissenschaften von verhältnismäßig sehr untergeordneter und weit geringerer Bedeutung bleiben, als viel dürftiger ausgestattete Sammlungen, die jedoch dem Gebrauche ihrer Bücher weniger

Schwierigkeiten in den Weg legen. Unter allen Umständen
muß daher bei dem erwähnten Verbote, wie dies thatsächlich
auch vielfach geschieht, der Lesesaal von früh bis abends
geöffnet sein, um dem Publikum Gelegenheit zu bieten, die
Bibliothek zu jeder Tageszeit und während einer längern
Reihe von Stunden hintereinander benutzen zu können. Um
den auf diese Weise entstehenden höheren Anforderungen zu
genügen, bedarf es freilich eines weit größeren Verwaltungs=
personals, als dies unsere deutschen Bibliotheken wenigstens
durchschnittlich aufzuweisen haben. Gleichwohl dürfte der
Mehrzahl der Benutzer wissenschaftlicher Bibliotheken, nament=
lich der Universitätsbibliotheken, mit einer Beschränkung der
Bücherausgabe auf das Lokal, und sei dies auch den ganzen
Tag über geöffnet, sicherlich wenig gedient sein. Es bedeutet
eben etwas anderes, ob der Gelehrte ein Bibliotheksbuch zur
ungestörten Ausbeute für seine Forschungen im eigenen stillen
Studierzimmer benutzen darf oder ob er unter allen Umständen
gezwungen ist, dies in dem immerhin geräuschvollen Lesesaale
einer großen Bibliothek zu thun; ob er es für eine absehbare
Zeit zu jeder Tagesstunde als Ergänzung seines eigenen
Arbeitsmateriales sogleich zur Hand hat oder ob er im
Bedürfnisfalle erst den Gang zur Bibliothek antreten und
dort nach geschehener Bestellung warten soll, bis ihm das Buch
überreicht wird, damit er dasselbe einer, demnächst zu wieder=
holenden Einsicht unterwerfe. Ein Vorteil des Ausleihe=
verbotes erscheint allerdings durchaus unanfechtbar, nämlich
dieser, daß bei strenger Beobachtung desselben jedes vor=
handene Buch auch zu jeder Zeit auf der Bibliothek befindlich
ist. Wie oft kommt es sonst z. B. vor, daß ein Benutzer,
welcher ein Buch bestellt hat, den unerfreulichen Bescheid
erhält, dasselbe sei verliehen. Dieser Fall ist natürlich da
ausgeschlossen, wo Bücher überhaupt nicht ausgeliehen werden.
Zwar kann auch bei dieser Einrichtung das Buch im Lesesaale
bereits von einem Anderen in Beschlag genommen sein. Der
Suchende wird es dann ebensowenig zu benutzen vermögen,
als wenn es nach außerhalb gegeben ist. Aber er wird es

für sich bestellen können und dann sein Ziel weit rascher erreichen als wenn das betreffende Buch verliehen ist. Diese zweifellose Thatsache mahnt gewiß eindringlich daran, daß die Ausleihefrist nicht zu sehr ausgedehnt werde, damit ein Buch dem öffentlichen Verkehre nicht allzulange entzogen bleibe. Hält sich diese in vernünftigen Schranken, dann wird auch jener Nachteil sich wesentlich verringern. Es soll überhaupt keineswegs einer zügellosen Freiheit in der Ausbeutung der Bibliotheken das Wort geredet sein, vielmehr sind nicht nur, wie wir sahen, gewisse Vorbehalte in Bezug auf die Personen, an welche Bücher verliehen werden dürfen, mit Notwendigkeit geboten, sondern auch mancherlei Beschränkungen im Ausleihen der Bücher zum Zwecke der besseren Erhaltung und Sicherung namentlich der wertvolleren Bestände der Sammlungen ganz unumgänglich, Beschränkungen, die in Verbindung mit möglichster Erleichterung der Bücherbenutzung im Lesesaale dazu dienen sollen, dem bei uns in der That oft bis zur Ungebühr gesteigerten Drange des Publikums, die Bücher lieber zu Hause als mit geringerer Bequemlichkeit im Bibliothekslokale zu benutzen, gewisse von dem Wohle der Bibliotheken einerseits und dem Interesse der Allgemeinheit anderseits geforderte Grenzen zu setzen.

Was nun zuvörderst die Frage anbelangt, wem es zustehen solle, Bücher zu entleihen, so muß hier die Antwort für das größere Publikum entschieden ungünstiger lauten, als dies bei der ähnlichen Frage über das Recht des Zutrittes zum Lesesaale der Fall sein durfte. Wenn sich auch aus der Bestimmung wenigstens der zahlreichen öffentlichen Bibliotheken kein Grund ableiten läßt, dem gesamten Publikum das Recht, daß es dieselben auch durch Leihen von Büchern benutzen dürfe, abzusprechen, so fordert doch jener andere Zweck der Bibliotheken, aufbewahrt zu werden, von seiten der Benutzer gewisse Garantien der Sicherheit, welche das gesamte Publikum zu bieten nicht im stande ist. Es liegt daher auf der Hand, daß das Recht der Benutzung durch Leihen von Büchern nur demjenigen Teile des Publikums zugestanden

werden kann, welcher die von der Sicherheit der Sammlungen
notwendig bedingten Garantien zu leisten vermag. Welche
Garantien verlangt aber die Sicherheit der Bibliotheken?
Die beste und zuverlässigste Garantie würde allerdings die
gesunde Moral des Publikums und dessen Überzeugung sein,
daß ihm die Bibliotheken ihrer Bestimmung nach wohl ein
Recht auf Benutzung, nicht aber auf Abnutzung, ein Recht
auf ordentlichen Gebrauch, nimmermehr aber auf Mißbrauch
oder Verbrauch der Bücher gewähren: in der Redlichkeit der
Leser würde den Bibliotheken die sicherste Gewähr für unversehrte und gute Erhaltung ihres verliehenen Eigentums
gegeben sein. Wo aber findet man diese Redlichkeit? Mit
Sicherheit in so äußerst seltenen Fällen, daß auf eine solche
Bürgschaft, wenn sie auch der Bibliothekar ausnahmsweise
und auf seine eigene Gefahr und Verantwortung hin gelten
lassen mag, doch in den allgemeinen Vorschriften über die
Benutzung der Bibliotheken nicht weiter Rücksicht genommen
werden kann[197]. Die Bibliotheksreglements müssen durchaus
auf zuverlässigere Bürgschaften dringen, die sich auf die
äußeren Verhältnisse der Leser stützen. Man hat daher das
Recht oder, um mit anderen zu reden, die Vergünstigung,
Bücher aus den Bibliotheken mit nach Haus entleihen zu
dürfen, lediglich solchen Personen zugestanden, welche entweder durch ihre öffentliche Stellung oder durch materiellen
Besitz die Gewähr zu leisten im stande sind, daß sie das
Geliehene unversehrt zurückgeben oder, falls sie daran verhindert sein sollten, für das Beschädigte und Verlorene vollständigen Ersatz gewähren können.

Selbstverständlich ist es, daß diejenigen, welche der Bibliothek gegenüber als garantiefähig gelten und deshalb Bücher
mit nach Hause geliehen erhalten, nun auch im stande sein
müssen, durch Bürgschaft anderen zu gleichem Genusse zu
verhelfen. Mindestens möchte in betreff der Sicherheit, um
derentwillen ja lediglich den Lesern Garantieleistung abge-
fordert wird, kein begründetes Bedenken dagegen zu erheben
sein, daß dem, für welchen sich ein Garantiefähiger zu ver-

bürgen bereit ist, gleich diesem ebenfalls Bücher ohne Anstand
geliehen werden können. Denn wenn auch, wie es gewöhn=
lich der Fall ist, die eingeführte Ordnung erheischen sollte,
daß zunächst der eigentliche Empfänger der Bücher für deren
pünktliche und unversehrte Rückgabe zu haften habe, so kann
sich doch die Bibliothek, im Falle daß die Rückgabe weder zu
rechter Zeit, noch in der gebührenden Weise oder überhaupt
gar nicht erfolgt, in subsidium an den Bürgen vollkommen
so halten, als habe dieser selbst die Bücher empfangen. Die
Bibliothek wird demnach unter allen Umständen hinsichtlich
ihres Eigentums vollkommen sicher gestellt sein. Nur in
Rücksicht auf die Bibliothekare, die für ihre Person gewiß
als garantiefähig gelten und also auch das Recht haben
müssen, Bücher aus der Bibliothek mit sich nach Hause zu
nehmen (natürlich vorausgesetzt, daß die über das Verleihen
von Büchern bestimmten Vorschriften auch für die Biblio=
thekare maßgebend sind), scheint das Bedenken, ob auch sie
für andere als Bürgen auftreten können, nicht ganz unter=
drückt werden zu dürfen. Wiewohl es an sich nicht ganz
billig sein würde, wenn man dem Bibliothekar das Recht,
für andere Bürgschaft leisten zu dürfen, absprechen wollte,
zumal von ihm gerade am allerersten zu erwarten ist, daß
er im wahren Interesse für die seiner Obhut anvertraute
Sammlung mit seiner Bürgschaft kein leichtsinniges Spiel
treiben, und dieselbe gewiß nur sicheren und würdigen Per=
sonen gewähren werde, so scheint es doch für den Bibliothekar
seiner Stellung wegen nicht ratsam zu sein, den Wünschen
derer, welche sich mit Hilfe seiner Bürgschaft die Bibliothek
zur Benutzung außerhalb des Lokales zugänglich zu machen
suchen, allzu bereitwillig entgegenzukommen. Denn abgesehen
davon, daß diese Bereitwilligkeit für ihn nicht geringe Un=
bequemlichkeiten und Verlegenheiten herbeiführen kann, da sich
gerade der Bibliothekar, wenn er einmal seine Geneigtheit zur
Übernahme von Bürgschaften dem Publikum gezeigt hat, den
darauf gerichteten Bitten und Wünschen desselben am aller=
meisten ausgesetzt sehen wird, und dann nicht immer, ohne

anzustoßen, im stande sein möchte, die Erfüllung von der=
gleichen Gesuchen von sich abzulehnen, so dürfte auch der
Bibliothekar in Fällen, wo er sich für lässige Personen ver=
bürgt hätte, und für diese in subsidium einzutreten wirklich
genötigt werden sollte, in die nicht ganz schickliche Lage kommen,
daß er, der als Bürge die Bürgschaft zu vollziehen, zugleich
als Bibliothekar auch über den richtigen Vollzug zu wachen
hätte. Eine solche Doppelrolle hat immer viel Mißliches,
und das an einigen Bibliotheken bestehende Verbot, daß der
Bibliothekar keine Bürgschaft für andere übernehmen dürfe,
findet darin seine Erklärung und seine durch das Interesse
des Bibliothekars selbst gegebene Begründung.

Die Kaution kann entweder nur für einzelne Fälle oder
für längere Dauer Geltung haben, d. h. mit anderen Worten,
die Bürgschaft gilt entweder bloß für einzelne bestimmte
Werke, die jemand zu leihen wünscht, oder für eine gewisse
Person überhaupt, welcher dadurch, sei es bis zu einem
bestimmten Termine, sei es auf ungewisse Zeit hin und zwar
so lange, als die Bürgschaft nicht ausdrücklich von dem
Bürgen zurückgenommen worden ist, das Recht gegeben
wird, Bücher unter der Garantie des Bürgen aus der Biblio=
thek entlehnen zu dürfen. Im erstern Falle genügt es, daß
der Bürge den von dem Empfänger über die gewünschten
Bücher auszustellenden Empfangschein mit unterzeichnet und
sein „Cavet" oder „Verbürgt" hinzufügt, wogegen im letzteren
Falle die Ausstellung eines eigenen Bürgschaftscheines
erforderlich ist, der nach der Bestimmung einiger Ausleihe=
ordnungen unter Umständen, falls nämlich die Unterschrift
dem Bibliothekar unbekannt sein oder zu Bedenken Anlaß
geben sollte, auch noch einer gerichtlichen, notariellen oder
sonstigen von einem zur Führung eines Amtssiegels berechtigten
Staatsbeamten vorzunehmenden Beglaubigung bedarf. Diese
Scheine müssen natürlich von dem Bibliothekar sorgsam, am
besten in alphabetischer Ordnung nach den Namen der
Empfänger, aufbewahrt werden, auch ist noch ein besonderes
Register über die einzelnen Bürgen anzulegen.

Mit den Bestimmungen darüber, wem die Bücher anvertraut werden dürfen, hängt die Beantwortung folgender drei Fragen eng zusammen, nämlich: Darf es gestattet sein, daß jemand Bücher, die er aus der Bibliothek geliehen hat, eigenmächtig wieder an andere verborge? Darf jemand auf seinen Namen und ohne Vorwissen des Bibliothekars Bücher für andere sich geben lassen? Darf jemand die aus der Bibliothek erborgten Bücher ohne Wissen und Willen des Bibliothekars auf eine Reise mit sich nehmen, ja darf es erlaubt sein, daß jemand behufs einer Reise seinen Wohnort verläßt, ohne vorher die geliehenen Bücher an die Bibliothek zurückgeliefert zu haben, da, falls er dies zu thun unterläßt, die Vermutung, daß er sie auf die Reise mitgenommen habe, ebenso nahe liegt wie anderseits die Besorgnis, ob die Bücher auch in sicherer Verwahrung zurückgelassen seien? Alle diese Fragen müssen unbedingt verneint werden. Der Gründe dazu sind mehrere. Die Bibliothek hat nicht nur den unbestreitbaren Anspruch darauf, zu verlangen, daß sie jederzeit wisse, in wessen Händen sich die ihr zugehörigen Bücher befinden, damit sie erforderlichenfalls in der möglich kürzesten Zeit die Zurücklieferung derselben bewirken könne, sondern auch das Recht, darüber, wem Bücher anvertraut und was für Bücher an den einen und den anderen verliehen werden sollen, nach eigenem Gutdünken und nach den deshalb getroffenen Bestimmungen zu entscheiden. Ferner steht es nur der Bibliothek zu, nicht aber dem, der Bücher geliehen hat, zu beurteilen, ob das im Orte verliehene Buch sich auch allemal dazu eigene, außerhalb des Ortes wandern zu dürfen. Wer seiner Sache ganz sicher zu sein und durch Weiterverleihung geborgter Bücher an andere, sowie durch das Mitnehmen von Büchern auf Reisen die Bibliothek nicht zu beeinträchtigen glaubt, der mag getrost offen zu Werke gehen und nichts ohne Vorwissen des Bibliothekars thun, welcher den in dieser Hinsicht vorgebrachten Wünschen, wenn sie den Interessen der Bibliothek nicht zuwider sind, sich abgeneigt zu zeigen keinen Anlaß haben dürfte, in der Voraussetzung und unter der Bedingung, daß

die Angelegenheit ihre geschäftliche Erledigung im Ausleihe=
bureau der Bibliothek finde. Verheimlichungen haben oft
ihren Grund nur darin, weil man aus gerechter Furcht, daß
von seiten der Bibliotheksbeamten den Bitten kein Gehör
geschenkt werden könne, diese überhaupt auszusprechen
sich scheut.

Was im Vorstehenden über das Verleihen von Büchern
gesagt worden ist, betrifft ausschließlich die Ausgabe von
Büchern an Personen des Ortes, wo sich die betreffende
Bibliothek befindet. Es tritt aber auch häufig der Fall ein,
daß Auswärtige Bücher zu entleihen wünschen. Diese von
der leihweisen Benutzung der Sammlung ganz auszuschließen,
wäre gewiß — wenn man einmal eine Benutzung außerhalb
des Bibliotheksgebäudes zugesteht — eine in vielfacher Hin=
sicht ungerechte und mit dem Zwecke der Bibliothek nicht zu
vereinbarende Maßregel. Besonders ist in Bezug auf die
großen staatlichen Büchersammlungen nicht einzusehen, wes=
halb Ortsansässige vor sonstigen Staatsangehörigen einen
Vorzug genießen sollten. Auch ist nicht jeder ferner Wohnende
in der Lage, jährlich eine bestimmte Zeit am Sitze einer
öffentlichen Bibliothek zuzubringen. Es müssen daher Be=
stimmungen darüber getroffen werden, wie es mit dem Ver=
leihen von Büchern an Auswärtige zu halten sei. Auch
hierbei wird als allgemeiner Grundsatz festgehalten werden
dürfen, daß mit Vorwissen des Oberbibliothekars Bücher ohne
weiteres an Personen ausgeliehen werden dürfen, welche ver=
möge ihres Amtes oder ihrer gesellschaftlichen Stellung von
vornherein Sicherheit bieten; daß dagegen in allen übrigen
Fällen vollgiltige Bürgschaft gefordert wird, welche für die
Angehörigen fremder Staaten auch seitens der im Lande
akkreditierten Gesandten und Konsuln ausgestellt werden kann.
In sehr große Entfernungen werden Bücher in der Regel
nur ausnahmsweise geliehen werden dürfen, weil sonst, wenn
man öfters Bücher in weite Ferne schicken wollte, wegen der
damit notwendig verbundenen längeren Abwesenheit derselben
die übrigen Besucher darunter leiden müßten. In allen Fällen,

in welchen ein Versand stattgefunden hat, wird bei den mancher=
lei mehr oder minder großen Gefahren, denen jegliches Buch,
wenn es einmal verschickt wird, unterwegs ausgesetzt ist,
begreiflicher Weise jeder für die möglichste Sicherung des
Bibliothekseigentums besorgte Bibliothekar entschieden darauf
bringen, daß der Empfänger die Beförderung der an die
Bibliothek zurückzusendenden Bücher bloß den anerkannt
sichersten Gelegenheiten, den öffentlichen Posten, deren sich
auch der Bibliothekar ausschließlich zur Fortsendung bedient,
anvertrauen und nicht etwa dazu Privatgelegenheiten benutzen
darf, auch jede wertvollere Sendung besonders versichert.
Die Kosten aller Sendungen sowohl hin als zurück hat, wie
sich von selbst versteht, derjenige allein zu tragen, welcher die
Bücher zu leihen wünscht; denn es kann den Bibliotheken bei
aller ihrer Verpflichtung, Anderen zu dienen, nicht zugemutet
werden, daß sie, um diesen nützlich zu sein, auch noch bare
Mittel aufwenden sollen.

Natürlich müssen jeder Bibliothek die ausreichenden Mittel
zu Gebote gestellt sein, damit sie die Säumigen unter ihren
Lesern, wenn auch mit allem einer wissenschaftlichen Anstalt
gebührenden Anstande, doch mit Nachdruck und Strenge zur
Ordnung mahnen, und die trotz alles Mahnens dennoch
Lässigen und Widersetzlichen mit Unparteilichkeit und ohne
Ansehen der Person strafen könne [198]. Diese Strafen bestehen
entweder in Geldstrafen oder im Verluste des Rechtes der
Benutzung. Was zuerst die Geldstrafen anlangt, wozu gewisser=
maßen auch die durch amtliche Taxation zu ermittelnden
Ersatzzahlungen für beschädigte oder verlorene Bücher [199]
sowie alle Gebühren für die durch Schuld der Leser nötig
werdenden Mahnungen gerechnet werden können, so hängen
diese, wie sich von selbst versteht, von dem ab, was darüber
im Reglement im voraus bestimmt ist, und dem sich die Leser
mit Annahme des Reglements, gleichviel ob stillschweigend
oder ausdrücklich, unterworfen haben. Über die Grenzen des
Reglements hinaus kann die Strafgewalt einer Bibliothek nie
reichen.   Für leichtere Vergehen werden Geldstrafen, die

außerdem den Vorzug haben, der Bibliothek einigen pekuniären
Gewinn zu bringen, in der Regel genügen, obwohl sie nicht
zu den wirksamsten Mitteln, wodurch die Ordnung und Sicher=
heit im Bibliothekshaushalte erzielt wird, gezählt werden
dürfen, da dieselben die Nachteile, welche durch sie verfolgt
werden, im allgemeinen wenig zu verhüten im stande sind.
In dieser Hinsicht sind die im Verluste des Rechtes der
Benutzung bestehenden Strafen, welche freilich nur in besonders
schweren Fällen zur Anwendung gelangen dürfen, von weit
größerer Wirksamkeit. Dieser Verlust, der auf Zeit oder auf
Dauer als Strafe verhängt werden, und sich entweder nur
auf einen gewissen Teil der Benutzung beschränken oder auf
den Gebrauch der Bibliothek überhaupt erstrecken kann, ist
ohne Zweifel das geeignetste Mittel, grobe Vernachlässigungen
und arge Vergehen gegen die Bibliothek auf das empfindlichste
zu ahnden, und diese vor der Wiederholung möglichst sicher
zu stellen. Die örtlichen sowohl als persönlichen Verhältnisse
sind bei den verschiedenen Bibliotheken zu verschieden von
einander, als daß etwas Spezielleres über die Anwendung
der Strafen sich hier feststellen ließe, nur darauf möge noch
hingewiesen sein, daß eine strenge Kontrolle im Lesesaale und
bei der Rücklieferung der Bücher als erziehendes Mittel viel
dazu beitragen kann, leichtfertigen Schädigungen des Biblio=
thekseigentums und sorglosen Übertretungen der Bibliotheks=
ordnung thunlichst vorzubeugen.

Nicht jeder, der um seiner wissenschaftlichen Arbeiten
willen das wohlbegründetste Recht hätte, die Bibliotheken
benutzen zu dürfen, ist so glücklich, auch im Besitze der Mittel
zu sein, um die ihm durch die Bestimmung der Bibliotheken
gewährten Ansprüche nach jeder Richtung hin in der erforder=
lichen Weise geltend machen zu können. Die oft weite Ferne,
welche trotz aller in der Neuzeit reichlich gebotener Verkehrs=
erleichterungsmittel doch für den Bücherverkehr ein wesent=
liches Hindernis bleibt, ist der Stein des Anstoßes, an dem
die Wünsche so mancher um die Wissenschaft verdienter und
der litterarischen Unterstützung würdiger Gelehrten zu scheitern

drohen. Es bleibt denselben in zahlreichen Fällen kaum etwas
anderes übrig als sich auf dem Wege des brieflichen Verkehrs
mit ihren Anliegen an die Gefälligkeit der Hüter und Pfleger
der Bibliotheken zu wenden und diese um Auskunft über solche
Bücher zu bitten, deren Durchsicht und Studium für sie selbst
unerreichbar ist. Obschon es sich von selbst versteht, daß es
sich der seines Amtes mit Ernst und Eifer wartende Biblio=
thekar zur Pflicht machen werde, diesen oft ebenso interessanten
als Nutzen bringenden Anfragen die möglichste Berücksichtigung
zu schenken, so möchte es doch bei dem großen Zeit= und
Mühaufwande, den die hierzu notwendigen Nachforschungen
in der Regel erfordern, mit den übrigen Amtsarbeiten des
Bibliothekars kaum vereinbar sein, ihm die unbedingte Ver=
pflichtung aufzuerlegen, allen von auswärts kommenden
Anfragen und Wünschen in jeder Hinsicht zu Diensten zu
stehen, besonders wenn dieselben etwa übertriebene Anforde=
rungen stellen sollten. Gleichwohl muß das fest bestimmt
sein, daß grundsätzlich keine Anfrage von Auswärtigen ohne
eine Antwort bleibe.

Wir kommen jetzt zu der zweiten für die Benutzung der
Bibliothek außerhalb des Gebäudes bedeutsamen Frage, was
darf alles verliehen werden? Unter Beobachtung der für die
Erhaltung und Sicherheit der Sammlung gebotenen Ein=
schränkungen einerseits und der Berücksichtigung der Bedürf=
nisse des Lesesaales anderseits wird die Antwort dahin lauten
müssen, daß in der Regel alle Bücher ausgeliehen werden
dürfen, die als Quellen oder Hilfsmittel der Wissenschaft
und Kunst, nützlicher Kenntnisse und geistiger Bildung zu
betrachten sind, aber nur insofern, als deren Ausleihung weder
mit besonderen Nachteilen für die Werke selbst verbunden ist,
noch ohne Beeinträchtigung des allgemeinen Gebrauches zum
Nachschlagen im Lesesaale geschehen kann. Aus dieser Er=
klärung folgt, daß alle unersetzlichen oder mindestens schwer
wieder zu ersetzenden wertvollen Werke, wie Handschriften,
Urkunden, Inkunabeln und dergleichen, in der Regel nicht
ausgeliehen werden dürfen, daß ferner das Verborgen von

kostbaren Kupferwerken, Handzeichnungen und Karten, welche
selbst die geringste Verletzung nicht ohne sehr wesentlichen
Nachteil vertragen würden, schlechterdings unterbleiben müsse,
und daß endlich von den auszuleihenden Büchern alle die=
jenigen, welche zum allgemeinen Gebrauche in der Bibliothek
dienen, als Encyllopädien, Wörterbücher und Glossarien,
andere Nachschlage= und Handbücher, besonders auch der den
Beamten unentbehrliche bibliographische Apparat, sowie ganze
Reihen bändereicher Werke, manche Sammelbände, Litteratur=
zeitungen und Schriften gelehrter Gesellschaften für gewöhn=
lich ausgeschlossen bleiben sollen. Auch dürfen ungebundene
Bücher, sowie solche, die noch nicht gestempelt oder noch nicht
in die Kataloge eingetragen sind, unter keiner Bedingung aus=
geliehen werden. Wenn bei einer solchen Einschränkung auch
die Wünsche zahlreicher Benutzer, die eigennützig genug sind,
mehr an sich und ihr persönliches Interesse als daran zu
denken, daß die Bibliotheken nicht bloß ihnen, sondern auch
sich selbst und anderen gegenüber Verpflichtungen haben,
unbefriedigt bleiben müssen, so sind die genannten Bestim=
mungen doch alle derartig, daß keine Bibliothek, dafern sie
nicht teils ihre eigenen Interessen allzu sehr gefährden, teils
die der Gesamtheit des Publikums hinsichtlich der Benutzung
der Bücher eingeräumten Rechte zugunsten einzelner beein=
trächtigen will, sich grundsätzliche Abweichungen davon
erlauben darf. Wo erforderlichenfalls einmal eine Ausnahme
angezeigt ist, da ist solcher nur mit der äußersten Vorsicht
und Behutsamkeit stattzugeben, indem namentlich die Zeit=
dauer der Benutzung auf das geringste Maß beschränkt wird.
Nach dem Verfahren einiger Bibliotheken darf dieselbe nur
diejenigen Stunden umfassen, während welcher der Lesesaal
geschlossen ist. Besonders ist jene Vorsicht in Bezug auf die
Handschriften notwendig, für die im Falle eines Verlustes
entsprechender Ersatz in der Regel gar nicht geleistet werden
kann. Einheimische Personen werden daher deren Benutzung
nur im Lesesaale oder einem anderen mitunter eigens dafür
eingerichteten Raume der Bibliothek selbst vornehmen dürfen,

wobei man zur provisorischen Aufbewahrung der Manuskripte
während der Zeit ihrer Inanspruchnahme neuerdings ver=
schließbare Kästen nach Muster der in Fig. 31 mit abgebildeten
Lade in Anwendung gebracht hat. Es fragt sich hiernach
lediglich noch, wie gegenüber den Wünschen Auswärtiger ver=
fahren werden solle. In Hinblick auf die unleugbaren Gefahren,
welche, wie gesagt, den Büchern beim Versande nach aus=
wärts drohen, haben einige Bibliotheken die Bestimmung
getroffen, Handschriften niemals und unter keiner Bedingung
auszuleihen. An anderen Anstalten glaubt man die Ver=
schickung nach auswärts zwar nicht unbedingt untersagen zu
dürfen, überläßt aber die Verleihung nicht der Entscheidung
des Bibliothekars allein, sondern macht dieselbe von der
besonderen Genehmigung der Oberbehörde abhängig. Für
den Bibliothekar mag ein solcher Vorbehalt den Vorteil haben,
daß er sich nicht nur, wenn infolge auswärtiger Versendungen
der Bibliothek ein Schaden erwächst, aller und zwar oft nicht
unbedeutender Verantwortlichkeit enthoben, sondern sich und
die Bibliothek auch den manchmal lästig andrängenden
Wünschen Auswärtiger nach Zusendung von Handschriften
und dergleichen ungleich weniger ausgesetzt sieht, als wenn die
Erfüllung derartiger Wünsche lediglich seinem Gutbefinden
anheimgegeben ist. Die Erfahrung hat nämlich gelehrt, daß
das Publikum da, wo die Gesuche um Darleihung von
Schriften erst die Stadien der Formalitäten höherer Ge=
nehmigung zu durchlaufen haben, mit seinen Wünschen zurück=
haltender und, man darf wohl sagen, weniger leichtfertig ist
als da, wo es seine Bitten nur in ein paar höflichen und
freundlichen Zeilen gegen den Bibliothekar auszusprechen
braucht. Auf der anderen Seite bedeutet indessen jener Vor=
behalt eine so fühlbare Beschränkung des leitenden Biblio=
thekars gerade in einer seiner wesentlichsten Befugnisse, nämlich
über die Benutzung der ihm anvertrauten Sammlung in letzter
Instanz selbst entscheiden zu dürfen, daß die erwähnten Vor=
teile hiergegen völlig zurücktreten. Zudem wird die Ober=
behörde bei ihren Entschließungen über die einzelnen Gesuche

doch im wesentlichen immer auf das Gutachten des Biblio=
thekars zurückgehen müssen, der seinerseits — wenn anders
er den an ihn zu stellenden Anforderungen nur einigermaßen
entspricht — so viel Festigkeit des Willens besitzen wird, um
Wünsche, denen nicht ein dringendes wissenschaftliches Bedürf=
nis zugrunde liegt oder die über das Maß des Erfüllbaren
hinausgehen, aus Fürsorge für den seiner Hut übergebenen
Handschriftenschatz einfach abzuweisen. Wenn demnach die
Entscheidung über den Versand von Manuskripten ruhig dem
Ermessen des Oberbibliothekars überlassen bleiben darf, so
möge damit zugleich ausgesprochen sein, daß ein solcher Ver=
sand unter Umständen auch wirklich statthaft ist. Es giebt
auch hier das Interesse der Wissenschaft den Ausschlag gegen=
über allzu ängstlichen Bedenken und der einseitigen Hervor=
hebung des Zweckes der Bewahrung der Bibliotheken vor
dem zweiten, gleichwertigen Zwecke, nämlich ihrer möglichst
fruchtbringenden Verwertung. Doch sollten Handschriften
— bei deren Versendung natürlich alle Vorsichtsmaßregeln
anzuwenden sind — auch den auswärtigen Gelehrten nie=
mals in die eigene Behausung, sondern stets der öffentlichen
Bibliothek ihres Wohnsitzes oder, wo eine solche fehlt, der
Obhut einer staatlichen oder städtischen Behörde anvertraut
werden, um bei feuer= und einbruchssicherem Gewahrsam
unter Aufsicht ihre im voraus zeitlich fest begrenzte Benutzung
zu finden [200].

Wir haben zum Schlusse noch das geschäftliche Verfahren
beim Ausleihen der Bücher in Betracht zu ziehen [201].

Vor allem ist hier Bestimmung darüber zu treffen, zu
welcher Zeit derjenige, der Bücher zu leihen berechtigt ist,
das Gewünschte in Empfang nehmen könne. Es liegt im
Sinne der möglich besten Benutzung jeder Bibliothek, daß
diese, so oft sie überhaupt zur Benutzung zugänglich ist, auch
für die, welche Bücher zu leihen wünschen, offen stehe, und
die Ausgabe der Bücher nicht bloß auf seltenere Termine
beschränkt bleibe. Damit ist freilich noch nicht gesagt, daß der
Bibliothekar sich jeden Augenblick in den zur Öffnung der

Bibliothek bestimmten Stunden bereit finden lassen müsse, die
Wünsche der Leihenden entgegenzunehmen und ungesäumt zu
erfüllen; im Gegenteile fordert die billige Rücksicht auf die
anderen Amtsarbeiten des Bibliothekars, daß er nicht jeden
Augenblick durch Bitten um Darleihung von Büchern darin
gestört werden möge. Aus diesem Grunde ist es selbst für
kleinere Bibliotheken ratsam, das Ausleihen von Büchern
nur zu einer gewissen Stunde am Öffnungstage vorzunehmen,
wobei dann die Beamten sich füglich so einzurichten imstande
sind, daß sie, möglichst frei von anderen Arbeiten, zumeist das
Leihgeschäft besorgen und die in dieser Hinsicht sich kund-
gebenden Wünsche, ohne jemand lange warten zu lassen,
schnell hintereinander befriedigen können. Damit sich dieses
Geschäft mit thunlichster Beschleunigung abfertigen lasse, hat
man an größeren Bibliotheken, wo der Andrang der Büchersuchenden in der Regel ein bedeutender ist und mithin das
Ausleihegeschäft mehr Zeit und Kräfte in Anspruch nimmt,
die recht zweckmäßige Einrichtung getroffen, daß die von den
Lesern gewünschten Bücher auf Zetteln verzeichnet, und diese
Zettel mehrere Stunden, an einigen Orten auch einen Tag
zuvor, in einen dazu bestimmten Kasten eingelegt werden
müssen, damit die Bücher bei Zeiten von den Bibliothekaren
ausgesucht oder nach ihrer Anweisung von dem Bibliotheksdiener nach der beigefügten genauen Signatur herbeigeholt,
und zur Ausgabe in den Leihstunden bereit gehalten werden
können. In einzelnen Fällen mag zwar, namentlich wenn die
Bestellzettel schon tags zuvor in den Kasten eingelegt sein
müssen, eine solche Einrichtung für den, der ein Buch gerade
dringend notwendig hat, ihre Unbequemlichkeit und Mißlich-
keit haben; allein bei dem Nutzen, den die Einrichtung im
allgemeinen unbestritten gewährt, müssen die Einzelinteressen
zurücktreten, auch werden dergleichen besonders dringende
Bedürfnisse in der Regel selten vorkommen, wenn jeder
Benutzer in Hinblick auf jene Bestimmung die für seine
Arbeiten benötigten Werke stets rechtzeitig bestellt. Zur augenblicklichen Befriedigung litterarischer Bedürfnisse ist überdies

der Lesesaal da, wohin sich der Betreffende zur Erledigung unaufschiebbarer Nachforschungen begeben möge. An kleineren Bibliotheken, in denen die Anzahl der Büchersuchenden immer nur eine mäßige bleibt, ist übrigens jene Einrichtung vorheriger Bestellung unnötig. Wünschenswert ist es aber in jedem Falle, daß das Publikum bei seinen Bestellungen die Titel der verlangten Bücher wenigstens einigermaßen genau aufschreibe, um dem Bibliothekar sein Geschäft nicht unnötig zu erschweren und in zweifelhaften Fällen der Ungewißheit stets durch eine entsprechende Bemerkung auf dem Zettel Ausdruck gebe, damit der Beamte auf die Ungenauigkeit des Zitates aufmerksam gemacht werde und nicht erst lange vergeblich suche. Leider wird noch immer gegen diese eigentlich sich von selbst verstehende Regel oft und stark gesündigt [202].

Derjenige, der ein Buch geliehen erhält, muß verbunden sein, einen Empfangschein darüber und zwar über jedes einzelne für sich bestehende Werk einen besondern Schein (Taf. 10) in der Größe eines Oktavblattes auszustellen [203]. Selbst der Bibliothekar, der ein Buch aus der Bibliothek mit sich nach Hause nimmt, muß sich von dieser Verbindlichkeit nicht dispensieren dürfen, besonders da nicht, wo der Bibliotheksbeamten mehrere sind, weil im Falle der Not die Verantwortlichkeit für ein ohne Schein verliehenes Buch leicht den Unrechten und Unschuldigen treffen könnte, abgesehen davon, daß schon die Aufrechterhaltung eines geordneten Ausleihegeschäftes für jedes entliehene Buch einen Schein erforderlich macht. Der Zettel, der reinlich und deutlich mit Tinte (nicht etwa bloß mit Bleistift) geschrieben sein muß, hat obenan den Titel des Werkes in möglichster Kürze, mit Beifügung der Bändezahl und der Signatur, unten aber Namen, Stand und Wohnung des Empfängers, sowie Tag und Jahreszahl des Empfanges zu enthalten. In der Mehrzahl der Bibliotheken werden zu diesen Empfangscheinen gleich gedruckte Formulare bereit gehalten, welche entweder unentgeltlich oder gegen eine nur ganz geringe Vergütung abgegeben werden. Auf der Rückseite können, wie dies hie

Unterzeichneter bekennt hierdurch, nachstehendes Werk:

Titel: *Adlerfeld, G., Histoire militaire de Charles XII, Roi de Suède. Tom. I. Amsterdam. 1740.* 12⁰

Signatur: Nt 321
Zahl der Bände: 1

aus der .... Bibliothek erhalten zu haben, und verpflichtet sich, dasselbe keiner anderen Person zu leihen und nach stattgefundener Benutzung oder auf Verlangen ohne Verzug, spätestens aber binnen 4 Wochen unbeschädigt zurückzuliefern.

Ort: Magdeburg   Vor- u. Zuname: Dr. Gustav Meyer
Datum: 2. Febr. 1890.   Stand: Litterat
                                              Wohnung: Wilhelmstraße 28.

    NB. Gegenwärtiger Schein ist bei Rückgabe des Werkes als Legitimation zurückzuverlangen.

Oder:

Unterzeichneter bekennt hierdurch, nachstehendes Werk:

Titel: *Raumer, K. v., Geschichte der Pädagogik. 5. Aufl. Teil 1, 2. Gütersloh 1877, 79.* 8⁰

Signatur: Ga 531
Zahl der Bände: 2

unter den umstehend bemerkten Bedingungen auf 2 Wochen erhalten zu haben.

Ort: Leipzig   Vor- u. Zuname: Wilhelm Senf
Datum: 10. Febr. 1890.   Stand: stud. phil.
                                              Wohnung: Zeitzer Straße 95.

    Siehe die Rückseite.

[Auf der Hinterseite sind die Hauptbedingungen, unter denen die Verleihung eines Buches nur stattfinden kann, durch Abdruck der betreff. §§ des Reglements angegeben.]

Taf. 10. Probe von Empfangscheinen.

und da geschieht, recht passend die wesentlichen, den Unterzeichnern zu wissen notwendigen Bestimmungen, deren sogleich weiter gedacht werden muß, mit angefügt sein. Denn wenn auch von jedem, welcher die Bibliothek zu benutzen beabsichtigt, vorausgesetzt werden darf, daß er sich mit den auf diese Benutzung bezüglichen Bestimmungen hinlänglich bekannt gemacht habe, so mag es doch nichts schaden, daß ihm das wesentliche derselben bei der Unterschrift eines Formulares von neuem ins Gedächtnis zurückgerufen werde; er kann sich dann keinesfalls entschuldigen, daß er das oder jenes nicht so genau gewußt habe. Die sämtlichen Empfangscheine sind

in alphabetischer Ordnung nach den Namen der Unterzeichner
in einem Schranke, Kasten, einer Mappe oder einem ähnlichen
Behältnisse sorgfältig von der Bibliothek aufzubewahren.
In einigen Bibliotheken wird verlangt, daß über jedes Werk
von dem Leiher ein doppelter Empfangschein ausgestellt werde,
damit man das eine Exemplar davon alphabetisch nach dem
Namen des Unterzeichners, das andere ebenfalls alphabetisch
nach dem Titel des Buches ordnen könne.   Es dürfte jedoch
schwer sein, einzusehen, wozu das doppelte Ordnen der Zettel
nützen solle, da sich die Vorteile, die man durch die alphabetische Ordnung nach den Titeln der Bücher zu erreichen
beabsichtigen kann, und die darin bestehen, daß man sogleich
ausfindig zu machen im stande ist, ob das oder jenes Werk
verborgt und an wen es verliehen sei, recht gut auch durch
das Ausleihejournal erreichen lassen.   Die Scheine müssen
nämlich, ehe sie in Verwahrung kommen, in ein eigens dazu
bestimmtes, rubriziertes Buch, das Ausleihejournal, eingetragen werden.   Dieses Eintragen geschieht zwar gewöhnlich
in kleineren, mindestens nicht sehr häufig benutzten Bibliotheken in chronologischer d. h. in derjenigen Reihenfolge, in
der die Bücher verliehen worden sind, dagegen hat man aber
in stärker benutzten Bibliotheken mit Recht vorgezogen, die
Scheine alphabetisch nach den Titeln der Bücher in das
Journal einzuzeichnen, um das Nachsuchen nach einem ausgeliehenen Werke zu erleichtern.   Das Journal ist gewöhnlich
in der Weise eingerichtet, daß neben der laufenden Nummer
und dem Datum der Entleihung der Titel des Buches nach
dem Anfangsbuchstaben des Verfassers bezüglich des sachlichen
Stichwortes in eine der durch das Alphabet gegebenen
25 Hauptabteilungen eingetragen wird, wobei eine genauere
alphabetische Reihenfolge der Werke innerhalb jedes einzelnen
Buchstabens, weil zu umständlich und zeitraubend, nicht stattfindet.   Auf den Titel folgt die Signatur des Buches, der
Name des Empfängers und das Datum der Rücklieferung.
Den Zweck raschen Auffindens eines ausgeliehenen Buches
im Journale sucht man übrigens mitunter neuerdings noch

sicherer dadurch zu erreichen, daß man die Bücher nach den Hauptbuchstaben der Signaturen, die, wie wir sahen, den Hauptabteilungen der Bibliothek entsprechen — natürlich unter kurzer Beifügung des Titels —, einträgt. In diesem Falle braucht der Beamte nur die Signatur zu wissen, um das betreffende Buch rasch und ohne daß er durch die so häufig vorkommenden Irrtümer und Verwechselungen bei Angabe des Titels und der Stichwörter irre geführt wird, innerhalb der betreffenden Abteilung zu finden (Taf. 11). Das erwähnte Verfahren bietet außerdem den großen Vorteil, daß am Jahresschlusse die Benutzungsdaten der einzelnen Fächer sich von selbst ergeben und nicht erst durch mühsame Zusammenstellungen gewonnen werden müssen [204].

Bei der Rückgabe der entliehenen Werke läßt sich übrigens das Aufsuchen derselben zum Zwecke der Ausfüllung des Ablieferungsdatums bei jeder der genannten Verfahrungs= weisen dadurch vereinfachen, daß von Anfang an auf dem von dem Empfänger ausgestellten Scheine die Nummer notiert wird, welche das verliehene Buch im Ausleihejournal führt. Man hat vielfach einem Ersatze des Ausleihejournals durch lose Zettel das Wort geredet, die nach Erledigung jedes einzelnen Falles zu vernichten wären. Indessen bildet doch das Ausleihejournal für die Geschichte der Benutzung jedes einzelnen Buches, ganz wie das Accessionsjournal für die Geschichte seiner Erwerbung, ein wertvolles Hilfsmittel, auf welches man, im Falle ein Werk vermißt wird, jederzeit zuerst zurückgehen wird, um festzustellen, wann dasselbe zuletzt in Zirkulation gewesen, und dadurch unter Umständen weitere Anhaltepunkte zu ferneren Nachforschungen über seinen Ver= bleib zu gewinnen.

Den Gebrauch eines Hauptbuches beim Ausleihegeschäft sucht Dewey [205] für kleinere Bibliotheken durch folgenden Vorschlag entbehrlich zu machen. Jeder Benutzer erhält je nach Bedarf, d. h. jenachdem er zwei oder mehrere Bücher gleichzeitig zu benutzen wünscht, verschiedene mit Exponenten (a, b, c, d ꝛc.) versehene Karten, auf welchen die für ein Hauptbuch nötigen Rubriken angebracht sind. Für je ein verausgabtes Buch wird nun je eine solche Karte, welche zu diesem Behufe aus Kartonpapier hergestellt sein müßte, an betreffender Stelle der Bibliothek eingestellt, so daß derjenige, welcher das Buch sucht, sogleich das

Etatsjahr 1889/90.

Laufende Nummer	Signatur des Werkes	Titel	Bändezahl	Name des Entleihers	Datum des Entleihens	Datum der Rücklieferung	Bemerkungen
		(aus dem Fache A: Allgemeine Schriften)					
301	Aa 58. 6°	Meibod, Chn. über Bibliothekswissenschaft.	1	Dr. G. Wolff, hier	15. Jan. 1890	3. Febr. 1890	
302	Ad 691. 8°	Geschichte d. Wissensch. im Deutschland Bd. VII	1	stud. R. Petz, hier	15. Jan. 1890	25. Jan. 1890	
303	Af 5614. 8°	Petz, Ed. Geschichte der Ästhetik. Seller, Ed. Vorträge und Abhandlungen.	3	Reg.-Rat Rümpfe, Merseburg	16. Jan. 1890	31. Jan. 1890	
304	Ae 740. 4°	Denkschriften der Wiener Akademie. Math.-naturw. Kl. Bd. 54, 55. Sammtl. 1, 2, 3.	2	Prof. Helm, hier	17. Jan. 1890	8. Febr. 1890	
305	Ah 182. 2°	Gesner, Conrad. Bibliotheca universalis.	1	stud. H. Köhler, hier	17. Jan. 1890	10. Febr. 1890	
306	Ae 408. 8°	Lorm, E. W. Handbuch d. Gesch. d. Buchdruckerkunst. T. 1, 2.	2	stud. J. Hilde, hier	18. Jan. 1890	12. Febr. 1890	
		(aus dem Fache N: Geschichte)					
701	Ne 26·9. 8°	Imbel, Heinrich d. Die Begründung des Deutschen Reiches. Bd. II.	1	stud. L. Bunsch, hier	15. Jan. 1890	11. Febr. 1890	
702	Ng 2390. 4°	Wolff, Joh. Politische Geschichte des Zeitalters. Bd. I, II.	1	Pastor Weber, hier	15. Jan. 1890	10. Febr. 1890	
703	Nd 2046ᵃ. 8°	Rindfleisch, G. H. Feldbriefe. 2. Aufl.	1	Inspektor Breunbed, Langeln	15. Jan. 1890	8. Febr. 1890	
704	Na 1214ᵃ. 8°	Weber, G. Allgemeine Weltgeschichte. 2. Aufl. Bd. I, IV, VI, VII, X.	5	stud. W. Lang, hier	15. Jan. 1890	10. Febr. 1890	
705	Nf 259. 8°	Dronke, J. G. Geschichte der Preußischen Politik. Th. V. Friedrich d. Gr. Bd. 1–4.	4	stud. E. Helm, hier	15. Jan. 1890		
706	Nn 24. 2°	Statutes, The, of the Realm. Vol. I–IX. u. Indices.	12	Prof. Werner, hier	16. Jan. 1890	30. Jan. 1890	Verlängert auf 14? 11/2 90.

Taf. 11. Probe eines Ausleihjournals.

Näheres über dessen Verbleib an Ort und Stelle erfahren kann. Wird das Buch zurückgegeben, so erhält der Benutzer mit ausgefülltem Datum der Ablieferung die betreffende Karte zurück, welche er nun für ein zweites Buch benutzen kann. Dieselbe wird im Laufe der Zeit zu einem Benutzungsjournale für jeden einzelnen Besucher und würde deshalb am Schlusse jedes Jahres oder Halbjahres der Bibliothek wieder zu übermitteln sein. Der Vorschlag ist ausdrücklich für kleine Bibliotheken bestimmt, für größere Bibliotheken soll und kann derselbe aus nahe= liegenden Gründen nicht verwertet werden. Das bei der Rückgabe der Bücher jedesmal nötig werdende Herbeiholen der Scheine würde den Gang des Ausleihe= geschäftes ungemein verzögern; der Mangel einer übersichtlichen Zusammen= stellung der ausgeliehenen Bestände — der Beamte hätte ja weder ein Journal noch die Scheine in Händen — würde die Kontrolle über rechtzeitige Einhaltung der Fristen unmöglich machen; in Bezug auf die jährliche Statistik würde man nach alphabetischer Ordnung der Scheine nur die Benutzung seitens der einzelnen Besucher ohne weiteres nachweisen, die Benutzung der einzelnen Fächer dagegen nur mit großer Mühe aus den Scheinen zur Darstellung bringen können, ganz abgesehen davon, daß mancher Schein im Laufe des Jahres verloren gehen dürfte.

Erwähnung verdient an dieser Stelle auch das von Schwartz[20] befür= wortete „kombinierte" Ausleihesystem, welches allerdings die Vorteile eines Haupt= buches auch nicht zu ersetzen vermag. Dasselbe erfordert dreierlei:

1. den Schein des Benutzers, auf welchem die Nummer, der Name und die Adresse des Betreffenden, das Ausgabedatum, die Klasse, welcher das Buch an= gehört, die Accessionsnummer, das Datum der Rücklieferung und etwaige Strafen zu vermerken sind;

2. einen am oberen Ende gummierten schmalen Papierstreifen, welcher im Buche eingeklebt wird und in zwei Rubriken geteilt ist, deren eine das Ausgabe= datum, die andere die Nummer des Benutzers enthält;

3. mehrere Kästen, welche zur Aufnahme der Scheine dienen.

Wird nun ein Buch ausgegeben, so schreibt der Diener, welcher dasselbe holt, die Nummer des Benutzers und das Ausgabedatum auf den eingeklebten Papier= streifen, der nach Bedürfnis zu erneuern ist, und übergiebt das Buch samt dem Scheine dem ausleihenden Beamten. Dieser trägt das Datum der Entleihung in den Schein des Benutzers ein und verwahrt denselben, nachdem er das Buch jenem verabfolgt hat, in dem Ausleihekasten, worin sich die an je einem Tage erhaltenen Scheine ansammeln, um am Schlusse der Dienststunden — der betreffende Kasten ist nach den wissenschaftlichen Fächern der Bibliothek ein= geteilt — in bequemer Weise für die Statistik verwertet zu werden. Sämtliche Scheine werden hierauf in den für die Rückgabe bestimmten, gleichfalls nach den Klassen der Bibliothek geteilten Kasten eingeordnet und zwar diejenigen jeder einzelnen Woche gesondert. Bringt der Entleiher das Buch zurück, so ergiebt der eingeklebte Papierstreifen das Datum und damit die Woche, wann das Buch entliehen worden ist, zugleich auch die Nummer des Entleihers, das Buch selbst aber die Signatur, welche die Klasse anzeigt, so daß der Schein des Buches leicht zu finden ist. Die von jeder Woche, nach Verlauf des vorgeschriebenen Ab= lieferungstermins, übrig bleibenden Zettel werden nach den einzelnen Tagen der Woche geordnet und innerhalb der festgesetzten Frist der Reihe nach eingefordert.

Die nächste wesentliche Bestimmung hinsichtlich der aus= zuleihenden Bücher betrifft die Zeit, auf wie lange die Bücher verliehen werden sollen. Man nimmt dazu in der Regel vier

Wochen als genügend an und in der überwiegenden Mehrzahl
der Fälle muß in der That eine solche Frist als vollständig
ausreichend, ja eher zu weit als zu kurz gesteckt erscheinen.
Es käme wenigstens noch auf die Probe an, ob nicht das
Publikum, welches erfahrungsmäßig entliehene Bücher oft
unbesehen zu Hause liegen läßt, bis der nahende Rück-
lieferungstermin an eine beschleunigte Benutzung derselben
mahnt, durch strengere Bestimmungen dazu erzogen werden
könnte, sich mit dem Ausnützen fremden Büchermateriales
durchschnittlich etwas mehr zu beeilen. Allerdings mögen
Fälle eintreten, in denen ein Leser in vierwöchiger Frist
mit dem Studium des geliehenen Werkes nicht zu stande
kommt; dann würde aber, falls das Buch überhaupt in einem
absehbaren Termine zu erledigen ist und nicht den Privat-
erwerb seitens des Benutzers erforderlich macht, die in allen
Bibliotheken übliche Prolongationsbestimmung gewöhnlich
aushelfen, nach welcher das Buch bei Ablauf der gewöhnlichen
Leihezeit mit Erlaubnis der Verwaltung noch für eine weitere
Frist — wozu vierzehn Tage unter allen Umständen genügen
müssen — behalten werden darf. Der einheimische Leser hat
das betreffende Buch zu diesem Zwecke zur Bibliothek zurückzubringen, um die Verlängerung geschäftlich erledigen zu
lassen, indem seitens des ausleihenden Beamten auf dem
Empfangscheine und im Ausleihejournal ein entsprechender
Vermerk zu machen ist. Auswärtigen wird in diesem Falle
das vorherige Einsenden der geliehenen Werke aus dem
Grunde nicht als Verpflichtung auferlegt werden, weil dieselben voraussichtlich durch das Hin- und Herschicken nur
leiden könnten. Hat dagegen inzwischen ein anderer Leser
um die Darleihung des Buches nachgesucht, so versteht es sich,
daß der erste Leser dasselbe nicht länger behalten darf, sondern
mit seinen Wünschen dem Gesuche des anderen nachstehen
muß. Überhaupt ist jedem Leiher gleich beim Empfange eines
Buches die Verpflichtung aufzuerlegen, daß er, falls die
Zurücklieferung eines verliehenen Werkes der Bibliothek noch
vor Ablauf der gewöhnlichen Leihfrist nötig scheinen sollte,

auch vorher auf Verlangen das Geliehene zurückgeben muß.
Denn es wäre doch immer etwas mißliches, wenn die Biblio=
thek zu gunsten derer, welche Bücher von ihr geborgt haben,
während der Dauer der Leihzeit auf die Verfügung über ihr
Eigentum ganz verzichten und nicht im stande sein sollte, im
Falle eines wirklich dringenden Bedürfnisses das Verliehene
entweder zur Benutzung seitens eines Anderen oder zum eigenen
Gebrauche auch noch vor Ablauf der gesetzlichen Leihzeit
zurückfordern zu dürfen. Insbesondere muß das Recht der
Bibliothek, sämtliche verliehene Bücher auch noch vor Ablauf
der gewöhnlichen Leihzeit zurückverlangen zu dürfen, behufs
der Abhaltung der Revision mit größter Strenge gewahrt
werden. Sobald die Revisionszeit nahe heranrückt, und von
seiten der Bibliothek die Wiedereinlieferung aller ausgeliehener
Bücher, am zweckmäßigsten durch Bekanntmachung in einer
oder zweien der im Orte und Lande am meisten verbreiteten
Zeitungen, ausgesprochen worden ist, muß jedermann gehalten
sein, alles, was er aus der Bibliothek in seinen Händen hat,
im Laufe der letzten acht Tage vor Beginn der Revision ohne
Säumen zurückzugeben. Selbst die wichtigsten und dringendsten
wissenschaftlichen Arbeiten, die unter anderen Umständen die
größtmögliche Berücksichtigung verdienen würden, dürfen von
niemandem zum Vorwande und zur Entschuldigung, das
Geliehene noch länger zu behalten, gebraucht werden, wogegen
es im Falle besonders drängender Umstände dem Bibliothekar
wohl verstattet sein darf, den, welcher ein oder das andere
Werk zu seinen wissenschaftlichen Arbeiten notwendig braucht,
nicht gerade bis zum völligen Ablaufe der gesetzlichen Revisions=
zeit darauf warten zu lassen, sondern demselben das Gewünschte
auch vorher und zwar baldmöglichst gegen Erneuerung des
Empfangscheines wieder auszuhändigen.
Eine andere Bestimmung muß sich über die Zahl der
Bücher aussprechen, wie viel einer Person auf einmal geliehen
werden dürfen, was um so notwendiger zu sein scheint, je
öfter es wohl überall vorkommt, daß manche Leser nicht nur
in ihren Wünschen und Forderungen sehr unbescheiden, sondern

auch saumselig genug sind, diejenigen Werke, welche sie
bereits benutzt haben, nicht sogleich an die Bibliothek zurück=
zuliefern, sondern die benutzten wo möglich zu ganzen Haufen
anwachsen zu lassen, um sie bei passender Gelegenheit gleich
miteinander auf einmal zurückzugeben. In Rücksicht auf solche
saumselige Leser wird es gut sein, über die Zahl der aus=
zuleihenden Bücher etwas festzustellen. Es würde jedoch
gewiß als Fehlgriff anzusehen sein, wenn man, um dergleichen
Mißbräuchen zu steuern, bestimmen wollte, daß, wo nicht das
wirkliche Bedürfnis nach einer größern Anzahl behufs wissen=
schaftlicher Arbeiten nachgewiesen werden könnte, nie mehr
als ein bis zwei Werke an eine Person auf einmal verliehen
werden dürfe. Die Zahl der Bücher soll nicht zu sehr beschränkt
werden, der Bibliothekar aber wohl darauf acht haben, daß
sie hie und da nicht allzusehr anwachse, und daß namentz=
lich durch dieses Anwachsen nicht andere Personen in der
Benutzung der Bibliothek behindert werden. Für die gewöhn=
lichen Fälle mag die Zahl von acht bis höchstens zehn gleich=
zeitig zu benutzenden Büchern weder zu groß noch zu klein sein.

Das Letzte, worüber noch Bestimmung getroffen werden
muß, ist die Zeit, nämlich Tag und Stunde, wann die Bücher
wieder einzuliefern sind. Obschon es sehr nahe liegt, die
Rückgabe der Bücher mit der Ausgabe auf gleiche Zeit zu
verlegen, und demnach hier nichts weiter darüber zu erwähnen
sein würde, so macht doch in größeren viel benutzten Biblio=
theken die Rückgabe der Bücher zur Zeit der bevorstehenden
Revision insofern eine Ausnahmebestimmung notwendig, als,
wenn die Rückgabe nur auf die für gewöhnlich dazu angesetzte
Stunde beschränkt bleiben sollte, in diesem Falle wegen des
allzu großen Zudranges der Leiher die Rückgabe für diese
ebenso beschwerlich und lästig sein würde als die Zurücknahme
für den Bibliothekar. Es wird daher in diesem Falle von
Nutzen sein, die Grenzen der Zeit zur Zurücklieferung weiter
auszudehnen und außerdem festzusetzen, daß die Leiher das
Geliehene in einer gewissen Reihenfolge, etwa in alphabetischer
Ordnung ihrer Namen, z. B. die mit den Buchstaben A bis

mit M anfangenden in der ersten und die übrigen in der
zweiten Hälfte der Woche zurückzubringen haben. Bei der
Wiedereinlieferung der Bücher muß von seiten des Biblio=
thekars die Rückgabe nicht nur im Ausleihejournale durch
Hinzufügung des betreffenden Datums bemerkt, sondern auch
der Empfangschein dem Leser als Legitimation oder Quittung
über das richtig zurückgebrachte Bibliothekseigentum wieder
eingehändigt werden. Ein zurückgebliebener Schein würde
immer die Vermutung begründen, daß das Geliehene von
dem Leiher noch nicht zurückgegeben worden sei, wes=
halb dieser selbst im eigenen Interesse auf die Auslieferung
des Scheines stets mit Sorgfalt achten möge. Manche Ver=
waltung behält indessen die ausgestellten Scheine grundsätzlich
zurück, um bei der nachträglich vorzunehmenden Prüfung der
abgegebenen Bücher — im Drange der Geschäfte läßt sich eine
solche häufig nicht sogleich durchführen — etwaige Schädiger
des Bibliothekseigentums auf Grund der von ihnen aus=
gestellten Scheine jederzeit verantwortlich machen zu können.
Zum Zeichen der Rücklieferung erhält in diesem Falle jeder
Schein einen Stempel, der Abliefernde würde sich also vor
seinem Weggange stets davon überzeugen müssen, ob sein
Schein gestempelt worden ist.

Anmerkungen.

Einleitung.

Erster Abschnitt.

1 (S. 1). Justus **Lipsius**, De bibliothecis syntagma, Cap. I (abgedruckt bei **Mader**) unterscheidet sogar eine dreifache Anwendung des Wortes: „Bibliotheca tria significat, locum, armarium, libros. Graeca vox — fährt er fort — Latinis in usum etiam venit, et quamquam librariam dicunt, tamen magis est ea voce tabernam capi, in qua vernales libri exstant", ganz wie dies noch gegenwärtig bei dem französischen librairie der Fall ist, welches auch nur die Buchhandlung bezeichnet. Daß übrigens selbst dem griechischen Worte βιβλιοθήκη ursprünglich die Bedeutung eines Verkaufslagers nicht fern stand, geht — worauf bereits **Lomeier** hingewiesen hat — aus dem Onomasticon des **Pollux** hervor, woselbst es lib. 9, cap. 5 heißt: ἐν δὲ τῶν κοινῶν, βιβλιοθῆκαι, ἣ ὡς Εὔπολίς φησιν, οὖ τὰ βιβλία ὤνια, καὶ αὐτὸ ἐφ' αὑτοῦ· οὕτω γὰρ τὸν τόπον, οὖ τὰ βιβλία οἱ Ἀττικοὶ ὠνόμαζον· ὥσπερ καὶ τοῖς ἄλλοις τόποις ἐκ τῶν πιπρασκομένων.

2 (S. 5). Serapeum, Jhg. VII, 1846, S. 370—371.

3 (S. 6). **Zoller**, Die Bibliothekwissenschaft II. Serapeum, Jhg. IX, 1648, S. 131.

4 (S. 6). Daß eine Bibliothek aufgestellt sein muß, um den Namen einer solchen überhaupt zu verdienen, betont auch **Molbech**, wenn er sagt: „Das bloße Vorhandensein einer Menge an einem Orte befindlicher, in Kasten eingepackter, wie Brennholz aufgestapelter oder auf eine andere Weise wie Güter und Handelswaren aufgehäufter Bücher macht noch keine Bibliothek aus. Dies wird sie erst, wenn eine bedeutende Büchersammlung zweckmäßig in einem oder mehreren Büchersälen aufgestellt wird". (Über Bibliothekswissenschaft. S. 19.)

Zweiter Abschnitt.

5 (S. 7). Serapeum, Jhg. IX, 1848. S. 131, 132.

6 (S. 8). J. **Petzholdt**, Ueber Bibliothekwissenschaft und Bibliotheken-lehre. Petzholdts Anzeiger, Jhg. 1851, Nr. 1. — Für die Bibliothekskunde würde sich etwa folgendes Schema ergeben:

I. Einleitung. Litterarisches. Klassifikation der Bibliotheken.

II. Geschichte u. Statistik öffentlicher Bibliotheken

    1. in einzelnen Zeiträumen,

    2. in einzelnen Ländern.

III. Geschichte und Statistik von Privatbibliotheken.
IV. Biographien von Bibliothekaren.
Die genauere Gliederung der Bibliothekslehre siehe im folgenden Abschnitt.

Dritter Abschnitt.

7 (S. 9). So Ebert in Ersch und Grubers Encyklopädie „Bibliothekwissen-
schaft"; Petzholdt in den früheren Auflagen des Katechismus. Zoller, welcher
jene beiden Hauptteile gleichfalls angenommen hat, giebt folgendes Schema der
Bibliothekswissenschaft (d. i. Bibliothekslehre nach unserer Auffassung):
Einleitung: Begriff, Bestimmung; Mittel zu ihrer Erreichung. Geschichte der
Wissenschaft.
   I. Einrichtungskunde.
     1. Ihre Voraussetzung: das Lokal.
     2. Anordnung des Materials.
       a) Aufstellung.
       b) Konsignierung.
     3. Katalogisierung.
     Anhang: Supplementarisches Geschäft.
   II. Verwaltungskunde. Dotazion.
     1. Innere Verwaltung.
       a) Erhaltung der Bibliothek.
       b) Erwerb des Neuen.
       c) Personal. Im allgemeinen. Bildung und Geschäft der
         Bibliothekare.
     2. Wirksamkeit nach Außen.
     Benutzung der Bibliothek.
     Schluß: Die Statuten.
Vgl. Zoller, Die Bibliothekwissenschaft im Umrisse. S. 7. — Derselbe,
Die Bibliothekwissenschaft, im Serapeum IX, 1848, S. 257. — Eine beachtens-
werte Synopsis of Library Economy, welche 1853 der Versammlung der nord-
amerikanischen Bibliothekare zu New York vorgelegt wurde, findet sich in Petzholdts
Anzeiger, Jhg. 1854 Nr. 27 abgedruckt.

8 (S. 10). Serapeum, Jhg. II, 1841, S. 61—62.

9 (S. 10). E. Förstemann unterscheidet gelegentlich (Die Verbindung
zwischen den deutschen Bibliotheken. Centralblatt, Jhg. I, 1884, auf S. 7 u. 8)
drei Seiten des Bibliothekslebens, erstens die Organisation (in Bezug auf Lokal,
Personal, wissenschaftliches System, Katalogisierung u. s. w.), zweitens die Vermehrung und drittens die Benutzung, wobei er allerdings lediglich bibliothekarische
Geschäftsberichte im Auge hat. Für eine systematische Darstellung der gesamten
Bibliothekslehre ist eine Sonderung der mehr äußerlichen Bestandteile einer
Bibliothek, nämlich ihres Hauses, ihres Verwaltungspersonals und ihrer Mittel
von der Lehre über den Bücherschatz selbst durchaus angezeigt; es gewinnt dadurch
nicht nur das Schema im allgemeinen an Übersichtlichkeit, sondern auch die
Gliederung des zweiten Hauptteils erscheint in sich abgeschlossener, einheitlicher.

Vierter Abschnitt.

10 (S. 11). S. 7—17; Nachträge dazu gab J. Petzholdt im Anzeiger,
Jhg. 1846, S. IX ff.

11 (S. 11). Zoller, Die Bibliothekwissenschaft. Serapeum, Jhg. IX, 1848,
S. 33—36, 129—137, 157—160, 268—271, 285—287; XI, 1850, S. 126—128,
137—143; XII, 1851, S. 92—95.

12 (S. 11). Petzholdts Anzeiger, Jhg. 1864, Nr. 1, 90, 164, 264, 358.

13 (S. 12). Es sei hier sogleich noch auf die alphabetische Zusammenstellung von Bibliothekslitteratur hingewiesen, welche A. R. Spofford in den Public Libraries in the United States of America. Special Report. Bureau of Education. Pt. I, S. 733—744: Library Bibliography gegeben hat.

14 (S. 12). Richard Aungervyle (Angerville), gewöhnlich nach seinem Geburtsort Richard de Bury genannt, geboren (nach Morley) 1281 oder (nach Cocheris) 1287 in Bury St. Edmunds in der Grafschaft Suffolk, war Kanzler u. Schatzmeister des Königreichs unter Eduard III., dann Bischof von Durham (daher Richardus Dunelmensis) und starb am 14. April 1345. Ein enthusiastischer Bücherfreund vollendete er nach der allgemeinen Annahme noch kurz vor seinem Tode sein Philobiblon, seu de amore librorum. Vgl. E. G. Vogel, Erinnerungen an einige verdienstvolle Bibliophilen des vierzehnten und fünfzehnten Jahrhunderts I. Richard von Bury. Serapeum IV, 1843, S. 129—141, 154—160, woselbst auch über die Handschriften und Ausgaben ausführlicher gehandelt wird; desgl. Zoller, Die Bibliothekwissenschaft. Serapeum XI, 1850, S. 127—128. Neben den dort angeführten älteren Ausgaben des Buches nennen wir hier noch die englische Übersetzung [von John B. Inglis], v. J. 1832, die französische von Hippolyte Cocheris mit dem lateinischen Urtext, Paris 1856, die auf diesen beiden beruhende amerikanische Ausgabe von S. Hand (Albany 1861), vor allem aber die neueste Ausgabe (Text nebst Übersetzung) von Ernest C. Thomas, London 1888. Vgl. auch Ernest C. Thomas, Richard de Bury and his Editors. The Library Chronicle, Vol. I, 1884, S. 148—153, 170—173. — Derselbe, The Manuscripts of the Philobiblon. Ebenda, Vol. II, 1885, S. 129—137. — G. Kaufmann, Zu dem Philobiblon Richards de Bury. Centralblatt f. B., Jhg. VI, 1889, S. 337—347. Eine eingehende Würdigung Richards findet sich bei Morley in dessen English Writers. Vol. IV, London 1889, S. 38—58. Die Anfechtung der Verfasserschaft Richards erfolgte seitens des wiederholt genannten genauen Kenners des Philobiblon Ernest C. Thomas in The Library, Vol. I, 1889, S. 335—340 unter der Aufschrift: Was Richard de Bury an Impostor?

15 (S. 12). Naudé, geboren 1600 zu Paris, gestorben 1653 zu Abbeville, war einer der gelehrtesten Männer seiner Zeit und begeisterter Bibliophile. Ihm gebührt u. a. das Verdienst, die Mazarine als die erste Bibliothek in Frankreich 1643 der öffentlichen Benutzung zugänglich gemacht zu haben, zu einer Zeit, in welcher überhaupt nur erst drei andere Bibliotheken (die Ambrosiana in Mailand, die von Angelo Rocca gegründete Angelica in Rom und die Bodleiana in Oxford) dem Publikum offen standen. Auch die Bibliotheken der Kardinäle Bagni und Barberini sowie der Königin Christine von Schweden brachte Naudé in Ordnung. Eine lateinische Übersetzung seiner Schrift findet sich in Maderianae collectionis accessio nova. Helmstadt 1703, 4°; eine eingehende Analyse und Beurteilung desselben bei Zoller im Serapeum XI, 1850, S. 139—143. „Wenn der Bibliothekar", sagt Schelhorn (I, S. 73), „den Naudé nicht kennt, seine Schriften, so selten sie sind, nicht kennt und nützet, dann darf man beinahe aufhören, ihn für einen geschickten, und mit hinlänglichen Kenntnissen zu seinem Geschäfte begabten Bücheraufseher zu schätzen."

16 (S. 13). Namentlich auf zwei der bei Koeler abgedruckten Schriften von Joa. Garnerius (Garnier) und Fr. Rostgaard wird weiter unten (Anm. 118) bei Besprechung des wissenschaftlichen Katalogs noch besonders hinzuweisen sein.

17 (S. 13). Daß Schelhorns (1788—91 zu Ulm erschienenes) Buch wegen seiner Einseitigkeit weder ein vollständiger Unterricht noch überhaupt eine, wie es der Verfasser aufgefaßt wissen will, „kompendiöse Anleitung" genannt werden

kann, ergiebt sich aus folgender Übersicht seines Inhalts: Kapitel 1. Von den
wichtigsten Büchern, die dem Bibliothekar vorzüglich nutzbar, oft unentbehrlich
sind. Kapitel II. Von noch einigen besonderen Schriften, die dem Bibliothekar
nutzbar sind. Kapitel III. Von Bibliotheken, und der dem Bibliothekar nöthigen
und nützlichen Kenntniß derselben. Kapitel IV. Von den Handschriften, die in
Bibliotheken aufbewahrt werden und aufbewahrt zu werden verdienen. Kapitel V.
Von gedruckten Büchern und ihrem verschiedenen Werthe (Von der Bücherkunde,
und den wichtigsten Hülfsmitteln dazu; von seltenen Büchern; Seltenheiten des
ersten Druckes; Ausgaben der Bibel, Autographen Luthers, Kirchenväter).
Kapitel VI (7 Seiten!). Von der Einrichtung und Ordnung einer Bibliothek, von
Verfertigung des Catalogs derselben, nebst besonderen Bemerkungen für den Biblio-
thekar. — Der Titel des Buches sollte vielmehr lauten: Anleitung zur Bücher-
und Handschriftenkunde. Für den Archivar war der niemals erschienene dritte
Teil desselben bestimmt.

18 (S. 14). Friedrich Adolf Ebert, geboren den 9. Juli 1791 zu Taucha
bei Leipzig, besuchte seit 1800 das Leipziger Nikolaigymnasium und seit 1808 die
Universitäten Leipzig und Wittenberg, ward 1812 Magister, nahm seit 1813 an der
Neubearbeitung der Leipziger Universitätsbibliothek teil, nachdem er bereits als
Schüler an der dortigen Stadtbibliothek beschäftigt worden, wurde 1814 Sekretär
an der Kgl. Bibliothek in Dresden, 1823 Oberbibliothekar in Wolfenbüttel, von wo
er 1825 als Vertreter des hochbetagten Oberbibliothekars Beigel nach Dresden zurück-
kehrte. Seit 1825 zugleich auch zum Privatbibliothekar des Königs befördert, wurde
er 1826 Hofrat, 1828 Oberbibliothekar, starb aber viel zu früh für seine Wissenschaft bereits am 13. November 1834 an den Folgen eines Sturzes von einer
Bibliotheksleiter. K. Fallenstein in Ersch u. Grubers Encyclopädie. Artikel
„Ebert", woselbst auch ein Verzeichnis seiner Schriften.

19 (S. 14). Die ersten Hefte von Schrettinger finden sich rezensiert in der
Oberdeutschen Allgemeinen Literaturzeitung 1808, Nr. 73, in der Neuen Leipziger
Literaturzeitung 1808, Stück 87 und in den Heidelberger Jahrb. der Lit., 3.
Jhg., 1810, Hft. 2, S. 45 ff. Ungünstiger als die genannten Besprechungen war
die Kritik der ersten drei Hefte (d. i. des ersten Bandes) in der Jenaischen All-
gemeinen Literaturzeitung v. J. 1821, Nr. 70, 71, gegen welche Schrettinger seine
im zweiten Bande wieder abgedruckte Antikritik richtete. Eine Besprechung des ganzen
Werkes giebt Molbech, Über Bibliothekswissenschaft. Anhang, S. 231—248.

20 (S. 15). Das Molbechsche Buch, dessen dänischer Titel „Om offentlige
Bibliotheker, Bibliothekarer og det man har kaldet Bibliotheksvidenskab"
lautet, war anfangs in dem zweiten und dritten Band der Nordisk Tidskrift
for Historie, Literatur og Kunst gedruckt worden, woraus es mit wenigen
Berichtigungen und Veränderungen, aber durch Anhänge über Schrettingers
Bibliothekssystem und dessen Katalogtheorie sowie über die große kgl. Bibliothek
in Kopenhagen vermehrt herausgegeben wurde. Molbech, geb. 1783, seit 1804
Amanuensis, seit 1823 erster Bibliothekssekretär, seit 1829 Professor der Litteraturgeschichte in Kopenhagen, starb 1857.

21 (S. 15). Ausführliche Rezension von Petzholdt im Serapeum, Jhg. II,
S. 59—63. Derselbe beurteilt die Schrift Constantins offenbar zu streng, wenn
er sie ein „höchst unzulängliches Buch, ein Machwerk" nennt, welches nicht auf
deutschem Boden, dem bessere Schriften über denselben Gegenstand entsprossen
seien, hätte übertragen werden sollen. Der Verfasser, dessen wahrer Name
Leopold August Constantin Hesse lautet, erkennt seinerseits die Vortrefflichkeit
der deutschen Schriften auf diesem Gebiete ebenso rückhaltlos wie bescheiden selbst
an, wenn er an den Verleger der deutschen Übersetzung schreibt: „Cependant il

(le volume) n'était écrit que pour la France, où un pareil guide man-
quait, et non pour l'Allemagne qui possède dans les ouvrages des
Ebert, Molbech, Schrettinger, Kaiser et autres les meilleurs modèles de ce
genre". Auch Zoller findet Petzholdts Beurteilung „zu bitter". Das Buch wurde
übrigens sogar noch 25 Jahre nach seinem ersten Erscheinen von Dionisio
Hidalgo in das Spanische übersetzt. (Petzholdts Anz., Jhg. 1865, Nr. 229,
557, 943; 1866, Nr. 227, 495, 841.)

22 (S. 16). Eingehend besprochen ist Zollers Buch von Petzholdt im
Anzeiger, Jhg. 1846, S. I—XVI und von Raumann im Serapeum VII, 1846,
S. 369—376, auch von diesem günstig. Stenglein (im Serapeum XVII,
145) nennt es „ein zwar kurzes, aber treffliches Schriftchen". In Green, Library
Aids (1883) S. 41 macht F. L[eypoldt] die Bemerkung: „It is proper to state
here that Dr. Zoller is preparing a new, enlarged edition". Bedauerlicher Weise
ist diese erfreuliche Ankündigung einer neuen Auflage nicht in Erfüllung gegangen.

23 (S. 16). Julius Petzholdt, geboren den 25. November 1812 zu Dresden,
studierte in Leipzig unter G. Hermann Philologie und wirkte seit 1838 ununter-
brochen als Bibliothekar der Prinzlichen Secundogenitur-Bibliothek in seiner Vater-
stadt, bis er sich 1887 zur Ruhe setzte. Petzholdt hat sich um die Bibliographie
hochverdient gemacht. Petzholdts Anzeiger 1878, Nr. 614, 1884, Nr. 1184. Ein bis
zum Jahre 1863 reichendes chronologisches Verzeichnis seiner Schriften findet
sich ebendaselbst, Jhg. 1863, Nr. 602, 661, 793, 864. Die vom italienischen
Unterrichtsminister Bonghi 1875 geplante Übersetzung des Katechismus in das
Italienische gelangte wegen dessen Rücktrittes nicht zur Ausführung, statt dessen
erschien später die Schrift: Alcuni Pensieri sull' Ordinamento delle Biblioteche
tratti dall' Opera Die Bibliothekenlehre del Dott. Petzholdt riassunti e
tradotti per cura di F. Garbelli. Brescia 1880. 8°, welche auf 26 Seiten
wenigstens einige Punkte über die Titelverzeichnung, Kataloge u. s. w. aus dem
Katechismus dem italienischen Publikum bekannt gab (Anzeiger 1880, Nr. 1119).

24 (S. 17). Seizingers Bibliothekstechnik weist schon eine sehr mangelhafte
Einteilung auf; sie scheidet A. Ab- und Einteilung der Bücher, B. Aufstellung
einer Bibliothek, C. Kataloge und Hülfsbücher, D. Grundsätze für das Ordnen
in alphabetischer Folge, E. Erhaltung und Verwaltung einer Bibliothek. Ruland
(Oberbibliothekar in Würzburg) nennt sie daher im Serapeum XVI, 1855,
S. 356 „ein ungeachtet mancher Anpreisungen ganz verunglücktes und unnötiges
Büchlein". Der Bamberger Bibliothekar Stenglein, welcher ihr eine ausführliche Besprechung ebenda, Jhg. XVII, 1856, S. 145—153: Über Einrichtung und
Katalogisirung der Bibliotheken mit besonderer Beziehung auf die Schrift: Seizinger
(Joh. Georg), Bibliothekstechnik, widmete, gelangte sogar zu dem Ergebnisse,
daß Gott alle deutschen Bibliothekare vor einer solchen Bibliothekstechnik bewahren
möge. Vergl. dazu Seizingers Entgegnung, Zur neuesten Kritik über Einrichtung und Katalogisirung von Bibliotheken, ebenda XVII, 1856, S. 327—329
und Stengleins Abfertigung der Antikritik des Hrn. Seizinger, ebenda XVIII,
1857, S. 379—381.

25 (S. 19). Erwähnung verdient an dieser Stelle der verständnisvoll geschriebene Aufsatz von Stammer, Beiträge zur Bibliothekstechnik mit besonderer
Berücksichtigung der Schulbibliotheken, in der Zeitschrift für das Gymnasialwesen.
N. F. Jhg. I (= XXI), 1867, S. 417—445. Sodann R. Jannasch, Die Volks-
Bibliotheken, ihre Aufgabe und ihre Organisation. Teutsche Zeit- u. Streit-Fragen V,
1876, Hft. 67. Außerdem seien noch die folgenden neueren Schriften wenigstens kurz
genannt. — J. Kraft, Über Schülerbibliotheken an den Volks- und Bürgerschulen
in Österreich, Teutschland und der Schweiz. 2. Aufl. Wien 1882. 8°. —

J. Langthaler, Wegweiser bei Anlegung oder Ergänzung von Kinder-, Jugend- und Volksbibliotheken. Bdchen. I—III. Linz 1884—87. 8°. — R. Huber, über Jugendschriften und Schülerbibliotheken. Wien 1886. 8°. — G. Ellendt, Katalog für die Schülerbibliotheken höherer Lehranstalten, nach Stufen und nach Wissenschaften geordnet. 3. Ausg. Halle 1886. 8°. — Muster-katalog für Volksbibliotheken. Herausgegeben vom Gemeinnützigen Vereine zu Dresden. 2. Aufl. Leipzig 1886. 8°. — Christian Rupprecht, Bibliothek-Handbuch für kunstgewerbliche Schulen. München 1889. 8°. — Muster-katalog für Vereins-, Volks- und Schulbibliotheken. Nebst einer Anleitung zur Errichtung von Bibliotheken mit Formularen. Bearbeitet auf Grund des gelieferten Materials von etwa 900 Zweigvereinen der Gesellschaft für Verbreitung von Volksbildung. 2. Aufl. Hannover-Linden 1890. 8°.

26 (S. 19). Über Grassauer siehe Petzholdt im Anzeiger 1883, Nr. 69. Über Rettig vergl. Anzeiger 1883, Nr. 320; Literarisches Centralblatt 1884, Nr. 3, S. 98; Centralblatt für Bibliothekswesen I, 1884, S. 264.

27 (S. 20). Edwards ist derselbe Verfasser, welcher die Libraries and Founders of Libraries. London 1865, 8° und Lives of the Founders of the British Museum 1570—1870. Part. I, II. London 1870. 8° geschrieben hat. Vergl. Ernest C. Thomas, In memoriam: Edward Edwards. The Library Chronicle, Vol. III, 1886, S. 54—57. — Nach dem Centralblatt für Bibliothekswesen, Jhg. I, 1884, S. 126 sollte ein neues Library Handbook von den beiden thätigen Mitgliedern der englischen Library Association H. R. Tedder, Librarian of the Athenaeum Club, und E. C. Thomas, Late Librarian of the Oxford Union Society, beide zu London, baldigst der Presse übergeben werden, doch ist das in Aussicht gestellte Werk noch nicht erschienen.

28 (S. 20). Eine Übersicht der italienischen Litteratur über die Bibliotheks-lehre enthält (Abschnitt C Biblioteconomia) die Bibliotheca bibliographica Italica. Catalogo degli scritti di Bibliologia, Bibliografia e Biblioteconomia pubblicati in Italia, compilato da G. Ottino e G. Fumagalli. Roma 1889. 8°. Zu der dort gegebenen Aufzählung sei noch Giulio Bonazzi, Dell' Ordinamento delle Biblioteche. (40 S.) Parma 1889. 8° hinzugefügt.

Neben den im Texte angeführten Schriften bedient der von Ebert verfaßte Artikel „Bibliothekswissenschaft" in Ersch und Grubers Encyklopädie auch heute noch Beachtung, auch sei derjenige in der Deutschen Encyklopädie hier mit erwähnt. Aus der fremdländischen Litteratur heben wir den vortrefflichen Aufsatz von William F. Poole, The Organization and Management of Public Libraries in dem angeführten großen Werke des Bureau of Education Public Libraries in the U. S. of America, S. 476—504 hervor, desgleichen den erschöpfenden Artikel „Libraries" in Vol. XIV der 9. Auflage der Encyclopaedia Britannica, [edited by Baynes and Smith] von den beiden Bibliothekaren H. R. Tedder] und E. C. T[homas], wodurch der seiner Zeit beachtenswerte, anonyme Aufsatz Libraries (Peth. Anzeiger 1860, Nr. 679) in The English Cyclopaedia of Arts and Sciences, conducted by Charles Knight, Pt. XVII, Col. 203—224 und Pt. XVIII, Col. 225—253 überholt worden ist. Auch möge der Rede, mit welcher der Ober-bibliothekar des Britischen Museums John Winter Jones (vergl. über diesen ausgezeichneten Fachmann Richard Garnett, The late Mr. John Winter Jones. Transactions and Proceedings of the 4. and 5. Annual Meetings of the Library Association U. K. London 1884, 4°, S. 59—67) den internationalen Kongreß der Bibliothekare 1877 in London eröffnete, wegen der fesselnden Art und Weise, wie die wichtigeren Fragen der Bibliothekslehre vorgeführt werden, der Beachtung dieses oder jenes Lesers empfohlen sein. Dieselbe findet sich ab-gedruckt im Library Journal, Vol. II, 1876, S. 99—119.

Die sonstigen in amerikanischen und englischen Zeitschriften erschienenen Aufsätze über Bibliothekswesen sind unter den Stichwörtern „Librarian, Library" aufgezählt in desselben William Frederick Poole berühmten Index to Periodical Literature. Boston (James R. Osgood & Co.) 3. Aufl. 1882. groß 8⁰, worin 232 Periodica für das laufende Jahrhundert bis zum 1. Januar 1882 herauf Berücksichtigung gefunden haben. Die Titel der seitdem veröffentlichten Journalaufsätze sind in dem neuerdings erschienenen ersten (fünfjährigen) Supplementbande zu jenem „Wunderwerke bibliographischer Forschung und bibliographischen Fleißes", betitelt: Poole's Index to Periodical Literature. The first Supplement from January 1, 1882, to January 1, 1887. By W. F. Poole and W. J. Fletcher, with the Coöperation of the American Library Association. Boston 1888. 8⁰, nachgetragen. Die im Library Journal bis 1883 publizierten zahlreichen Artikel aus der Bibliothekslehre hat in übersichtlicher Gruppierung Samuel S. Green in seinen Library Aids. Revised and enlarged Edition. New-York (F. Leypoldt) 1883. 8⁰, nebst anderen brauchbaren Notizen nach ihren Titeln besonders zusammengestellt (Centralblatt f. B., Jhg. I, 1884, S. 79–80). Auf eine größere Anzahl derselben, sowie die wichtigeren in sonstigen Zeitschriften, namentlich den bibliothekswissenschaftlichen Fachjournalen, erschienenen Aufsätze, soweit dieselben für unsere Ziele in Betracht kommen, gedenken wir im Folgenden an dieser Stelle bei den einzelnen Kapiteln kurz hinzuweisen. Ebendaselbst werden auch diejenigen selbständigen Schriften, welche die betreffenden Teile der Bibliothekslehre monographisch behandeln, soweit sie uns bekannt geworden sind, verzeichnet werden. Hier sei sogleich noch auf einige die Bibliothekslehre in ihrem gesamten Umfange berücksichtigende Artikel eines ungenannten Verfassers (nach Böhmer: Bericht über die v. Ponickauische Bibliothek der Universität Halle-Wittenberg, S. 65, Anm. 49 war es Förstemann) im Serapeum, Jhg. III, 1842, Nr. 15, 16, S. 225–256: Einige praktische Bemerkungen und Wünsche über die öffentlichen Bibliotheken in Preußen, aufmerksam gemacht, die vieles enthalten, was der Beachtung noch immer überaus wert erscheint; vergl. dazu: Bemerkungen über die öffentlichen Bibliotheken, mit Rücksicht auf den Aufsatz in Nr. 15 des Serapeums, von dem damaligen Tübinger Universitätsbibliothekar Klüpfel, Serapeum 1842, Nr. 19, S. 289–297. Nur die allgemeinsten Umrisse bietet der als Programm der Herzoglichen Realschule zu Saalfeld erschienene Aufsatz von F. Müller, Über die Einrichtungen öffentlicher Bibliotheken, mit besonderer Berücksichtigung der K. Hof- und Staatsbibliothek zu München (1879).

29 (S. 21). J. Petzholdt im Anzeiger, Jhg. 1840, Nr. 1; 1845, S. IV ff. und öfter, besonders: Nekrolog des Serapeums, Jhg. 1871, Nr. 282.

30 (S. 22). Der Prospekt zu den „Jahrbüchern" findet sich im Anzeiger, Jhg. 1840, Nr. 1. Über diesen letzteren selbst vergl. besonders Petzholdt, Der Anzeiger f. B. 1840—1879. Ebenda, Jhg. 1880, Nr. 1, und Zum Abschied. Ebenda, Jhg. 1884, Nr. 1184.

31 (S. 23). Über die Ziele des Centralblattes siehe den ersten Artikel desselben: Zur Einführung. Jhg. I, 1884. Daß die Zeitschrift sich in kürzester Zeit einen anerkannten Platz unter ihren Mitbewerberinnen errungen hat, konnte der Herausgeber, mit dem Ausdrucke des Dankes gegen seine Mitarbeiter, bereits am Schlusse des zweiten Jahrganges selbst betonen. Auch ausländische Zeugnisse liegen nach dieser Richtung hin vor. This excellent bibliographical periodical, sagt z. B. The Publishers' Circular (1887, S. 1283), almost indispensable to libraries (1887, S. 388), crowded with information useful for the librarian and the bibliographer (1887, S. 617); there are few publications which more thoroughly answer to their title than this periodical (1886, S. 1646).

32 (S. 24). In Frankreich erschien bereits 1844 Le Bibliothécaire. Archives d'histoire littéraire, de biographie, de bibliologie et de bibliographie, redigées par Mécène et Photius (Serapeum V, 1844, S. 363; Petzh. Anzeiger. Jhg. 1844, Nr. 470, Jhg. 1845, S. XII). Bis 1883 bildete Le Cabinet historique das Organ der Archivare und Bibliothekare; dasselbe ging in dem genannten Jahre ein. An seine Stelle trat das im Texte erwähnte Bulletin des bibliothèques et des archives, welches auf amtlichen Mitteilungen der französischen Unterrichts= behörden beruht. Vergl. Centralblatt f. B., Jhg. I, 1884, S. 491—492. Er= wähnt sei noch das dem Bibliothekswesen recht dienliche, wenn auch unseren unmittelbaren Zwecken ferner liegende Annuaire des bibliothèques et des archives, publié sous les auspices du Ministère de l'instruction publique. Paris, Hachette, welches außer den Beamten die Kataloge und Inventare der französischen Bibliotheken verzeichnet.

33 (S. 24). Eine ausführliche Anzeige des zweiten Jahrganges des spanischen Anuario bringt das Centralblatt f. B., Jhg. I, 1884, S. 482—488.

34 (S. 24). Über Bianchis Giornale siehe Petzholdts Anzeiger, Jhg. 1867, Nr. 726, 1868, Nr. 674.

35 (S. 24). Biagis Rivista haben O. Hartwig im Centralblatt f. B., Jhg. V, 1888, S. 283 und H. Kephart im Library Journal, Vol. XIII, 1888, S. 205—206 angezeigt.

36 (S. 25). The Library Chronicle ist im Centralblatt f. B., Jhg. I, 1884, S. 200—201 kurz besprochen.

37 (S. 25). The Library ist angezeigt ebenda, Jhg. VI, 1889, S. 44—45, 88—89.

38 (S. 25). Nach einer Notiz im Centralblatt f. B. (Jhg. VI, 1889, S. 569) war auch für Kanada die Gründung eines eigenen bibliographisch= bibliothekarischen Fachblattes: Canadian Bibliographer and Library Chronicle. A monthly Journal for Book-People, including Authors, Publishers, Manu= facturers, Sellers, Buyers and Readers of Books ins Auge gefaßt.

Erster Teil.
Erstes Kapitel.
Erster Abschnitt.

39 (S. 26). Leger in Ersch und Grubers Encyklopädie unter dem Stich= worte „Bibliothek". S. auch Anm. 47.

40 (S. 27). Die Notwendigkeit der isolierten Lage einer Bibliothek wird heutzutage allseitig anerkannt. In Paris z. B. hat man die Isolierung der Bibliothèque nationale in neuerer Zeit sogar mit großen Opfern erkauft, ohne indessen jene völlig freistehende Lage herstellen zu können, wie sie die modernen Bibliotheksbauten aufzuweisen pflegen. Mit der Isolierung muß freilich stets eine solide feuersichere Bauart Hand in Hand gehen. Cornelius Walford, The Destruction of Libraries by Fire. Transactions and Proceedings of the 2. Annual Meeting of the Library Association U. K. London 1880, S. 65—70.

41 (S. 27). Mit Recht sagt Poole „Any plan for library construction is faulty which does not foresee and provide for future enlargement".

42 (S. 27). Vitruvs Anweisungen über die Anlage von Bibliotheken und deren Sicherung gegen Feuchtigkeit finden sich in dessen Büchern de Architectura, wo er Liber 6, Cap. IV (vulgo VII) sagt: „Cubicula et bibliothecae ad orientem spectare debent, usus enim matutinum postulat lumen, item in

50 (S. 36). Fr. v. Gärtner, Sammlung der Entwürfe ausgeführter Gebäude. Lfrg. 1, 2: Bibliothek und Archiv-Gebäude in München. (20 Foliotafeln
in Stein gravirt.) München 1844—45.

51 (S. 41). Eine Reihe ganz vorzüglicher Abbildungen amerikanischer
Bibliothekssäle (namentlich solcher von Colleges and Seminaries) findet sich im
Circular of Information of the Bureau of Education 1857, Nr. 2, vgl. ferner
J. L. W h i t n e y , Catalogue of the Illustrations and Plans of Library Buildings
in the Boston Public Library. Library Journal, Vol. XI, 1886, S. 409—417.
Auch The Library Journal selbst bringt regelmäßig Beschreibungen und Ab-
bildungen neuer amerikanischer Bibliotheksgebäude.

52 (S. 44). Die Reform der amerikanischen Bauart befürwortete bereits
Justin W i n s o r in seinem Aufsatze Library Buildings, abgedruckt in dem
wiederholt erwähnten Werke Public Libraries in the U. S. of America. Bureau
of Education. Part I, S. 465—475, worin er neue Pläne aufstellt, vor allem
aber William F. P o o l e , Bibliothekar früher der Public Library, jetzt der
Newberry Library in Chicago (seine Biographie giebt W. J. F l e t c h e r im
Library Journal, Vol. XII, 1887, S. 281—283). Pooles diesbezügliche
Schriften sind The Construction of Library Buildings. Vortrag abgedruckt im
Library Journal, Vol. VI, 1881, S. 69—77, in den Circulars of Information
of the Bureau of Education 1881, Nr. 1 und im American Architect, Sept. 17,
1881 (Vol. X, S. 131). — Progress of Library Architecture. Vortrag ab-
gedruckt im Library Journal, Vol. VII, 1882, S. 130—136. — Remarks on
Library Construction. To which is appended an examination of Mr.
J. L. Smithmeyer's pamphlet entitled „Suggestions on Library Architecture,
American and Foreign". Chicago 1884, 8° (Centralblatt f. B. I, 1884, S. 99—200,
s. auch Library Journal, Vol. VIII, S. 270 ff.). — Small Library Buildings.
Vortrag abgedruckt im Library Journal, Vol. X, 1885, S. 250—256. — Daneben
mögen noch folgende die Architektur der Bibliotheken behandelnde Artikel genannt
sein: William A r c h e r , Suggestions as to Public Library Buildings. Trans-
actions and Proceedings of the 4. and 5. Annual Meetings of the Library
Association U. K. London 1884, 4°, S. 51—58. — W. H e n m a n , Free
Library Buildings, their Arrangement and Fittings. Transactions and
Proceedings of the 6. Meeting of the Library Association U. K. London 1886,
4°, S. 100. — W. J. F l e t c h e r , Library Buildings. Library Journal,
Vol. XIV, 1889, S. 39—40. — Normand S. P a t t o n , Architects and
Librarians. Ebenda, S. 159—161. — Addison van N a m e , Report of Library
Architecture. Ebenda, S. 162—174.

Der Beschluß der amerikanischen Bibliothekare erfolgte 1881 auf der Konferenz
zu Washington und richtete sich, wie auch Pooles genannte Schrift a. b. J. 1884
gegen den von J. L. Smithmeyer in herkömmlichem Stil entworfenen,
sonst äußerst großartigen Plan für den Neubau der Bibliothek des Kongresses zu
Washington. Library Journal, Vol. VI, 1881, S. 77—81, Vol. XI, 1886, S. 50—58,
mit Abbildungen; vgl. auch Centralblatt f. B., Jhg. III, S. 369; IV, 320;
V, 452; VI, 172; VII, 108. Nach den veröffentlichten Grundrissen sollte den
Mittelpunkt des zweigeschossigen oblongen Baues ein großer Lesesaal von 100 Fuß
im Durchmesser in Form eines Octogons bilden, der, durch hohes Seitenlicht
erhellt und von 56 Alkoven umgeben, 260000 Bände fassen würde. An den
Lesesaal schließen sich strahlenförmig die Bücherräume an, welche sämtlich durch
innere Höfe zweiseitiges Licht erhalten. Die vier Ecken des oblongen Gebäudes
nehmen vier kleinere Säle ein, davon zwei für seltenere Manuskripte bestimmt.
Im Obergeschosse würden in die Front des Gebäudes die Verwaltungsräume und

das Magazin des Autorrechts-Depots, an die Seite und nach rückwärts Säle für Werke der graphischen Künste zu liegen kommen. Der Kongreß genehmigte Smithmeyers Pläne unter dem 15. April 1886, der Bau wurde begonnen, durch einen neuen Beschluß des Kongresses vom 18. Juni 1888 aber wegen enormer Überschreitung der in den Voranschlägen aufgestellten Kosten, die sich bis zur Vollendung des Hauses von 2—2½ auf 7—10 Millionen Dollars erhöht haben würden, inhibiert und der bisherige Architekt entlassen. Unter dem 2. Oktober 1888 wurden die Engineers of the Army beauftragt, neue Pläne im Anschlusse an das bereits Fertiggestellte zu entwerfen, um eine Verringerung der Baukosten herbeizuführen. Library Journal, Vol. XIII, 1888, S. 213, 217—218, 343. Die von General Casey eingereichten Vorschläge suchten dieses Ziel dadurch zu erreichen, daß die Smithmeyerschen Pläne im allgemeinen zwar beibehalten, im einzelnen aber eingeschränkt wurden, wodurch die noch aufzuwendenden Kosten nach Caseys einem Vorschlage auf 6 Millionen, nach einem zweiten, noch weiter vereinfachten auf 4 Millionen Dollars ermäßigt werden konnten. Ersterer fand die Zustimmung des Kongresses, so daß der Weiterbau gesichert wurde. Library Journal, Vol. XIV, 1889, S. 30—34 (mit Abbildungen), 173—174.

Der Wortlaut des auf Antrag von Edmands aus Philadelphia gefaßten und ein Jahr später auf der Konferenz zu Cincinnati einstimmig wiederholten wichtigen Beschlusses ist: „That, in the opinion of the Association, the time has come for a radical modification of the prevailing typical style of library building, and the adoption of a style of construction better suited to economy and practical utility". Poole selbst nennt die bisherigen Gebäude „absurd, extravagant, combustible, and inconvenient".

Im Anschlusse hieran sei noch des von Eiríkr Magnússon, Spiral Library Buildings. Library Journal, Vol. XI, 1886, S. 331—339 angeregten Gedankens Erwähnung gethan, Bibliotheken in der Weise zu bauen, daß sich die Räume spiralförmig um einen kreisrunden Lesesaal als Zentrum winden, wodurch Anbauten jederzeit ohne Schwierigkeit zu bewerkstelligen wären. Vgl. dazu Poole im Library Journal, Vol. XI, S. 359—362.

53 (S. 46). Die aus der ganzen baulichen Einrichtung sich ergebende Überheizung der oberen Räume illustrierte auf der Konferenz zu Washington der Bibliothekar des Kongresses Spofford durch das Beispiel dieser selbst: „If you go", sagt er, „into the upper galleries of the Library of Congress, on any day of the winter, and take a book from the shelves, the chances are that it will almost burn your hand. It has often occurred to me that if these warped and shrivelled and overheated volumes were not inanimate beings — if they could only speak — they would cry out with one voice to their custodians: „Our sufferings are intolerable". In the library I speak of, moreover, there is only the injury resulting from the rising heat to which the books are subjected, since no gass is burned. When to the fearful and almost incandescent heat, that gathers under every ceiling, is added the well-known destructive influence of coal-gas, burned through many hours of each day, the effects upon the books and bindings are simply deplorable". Andererseits erzeugt im Sommer die Sonne unter dem gläsernen Dache eine übergroße, den Büchereinbänden nicht minder schädliche Hitze. „Books cannot live where men cannot live", bemerkt Poole. „In excessive heat the leather of bindings slowly consumes, and its life departs. In libraries bindings have no such aggressive and destructive an enemy as excessive heat. A well-known architect of Boston recently called upon me, and, conversing upon this subject, which was new to him, said that he frequently went into the

galleries of the Boston Athenaeum to consult books, and when he came
down found his clothes covered with a fine read powder. He asked if I
knew what that powder was. I replied that I had often observed the same
fact in the same locality, and I had no doubt that it was the a s h e s of the
bindings which had been consumed by excessive heat."

54 (S. 47). v. Tiedemann, Die Universitäts-Bibliothek in Halle a. d. S.
Zeitschrift f. Bauwesen, Jhg. XXXV, 1885, Col. 331—354, mit Blatt 47—49
des Atlas. Weitere Aufsätze desselben Verfassers sind Centralblatt f. B., Jhg. II,
1885, S. 198 angeführt.

55 (S. 47). Über das Britische Museum handeln u. a. die in der soeben
erwähnten Zusammenstellung des Centralblattes f. B. (II, 1885, S. 197) unter I
genannten Aufsätze. Vgl. außerdem Petzholdts Anzeiger 1861, Nr. 826.

56 (S. 50). Louis Fagan, The Life of Sir A. Panizzi. Vol. I, II (London
1880, 8⁰), I, S. 350 „The first sketch for the New Reading-Room was drawn
by Panizzi himself on April 18, 1852, and shown to Mr. Winter Jones on
the same day" und Henry Ellis in einem an Panizzi gerichteten Schreiben vom
21. April 1867 (ebenda S. 366) „Without lessening the merits of Mr. Smirke
and Mr. Fielder in carrying out its plans, the contriver and real architect
throughout has been Antonio Panizzi".

57 (S. 50). Dziatzko, Die Bibliothek und der Lesesaal des Britischen
Museums. Preußische Jahrbücher, Bd. 48, 1881, S. 346—376 (Dazu Petzholdts
Anzeiger 1882, Nr. 455, 541). — Den Plan des Lesesaales und ein Facsimile
der ersten Skizze Panizzis enthält A List of the Books of Reference in the
Reading Room of the British Museum. 2. Edition, 1871, 8⁰. In übersichtlicher Weise (die einzelnen Abteilungen in verschiedenen Farben dargestellt) führt
die Einrichtung desselben vor der für die Benutzer des Lesesaales bestimmte Plan
showing the Arrangement of the Library of Reference in the Reading Room
of the British Museum. North Library. (W. B. Rye fec., Vincent Brooks
Day & Sons lith.)

58 (S. 51). Über diesen neuesten Anbau und Whites Vermächtnis siehe
Ernest C. Thomas, The New Building at the British Museum. The Library
Chronicle, Vol. I, 1884, S. 16—18.

59 (S. 51). Über die meisten derselben handelt mit ausgezeichneter Sachkenntnis Kortüm in der Allgemeinen Bauzeitung, Jhg. 49, 1884, Heft 6, 7.
Vergl. auch Centralblatt II, 198. Über Wien s. noch Grassauer in Petzh. Anz.
1880, Nr. 118, v. Förstel, ebenda, Nr. 225, 353; über Karlsruhe Brambach,
Die Großherzogliche Hof- und Landesbibliothek in Karlsruhe. 1875. Neuerdings ist
auch für die Kaiserliche Universitäts- und Landesbibliothek zu Straßburg ein Neubau
in Aussicht genommen, für welchen der Landesausschuß reiche Mittel bewilligt hat.

60 (S. 51). S. Anm. 54.

61 (S. 58). Bei dem Bau der Bibliothek gelangten nach von Tiedemann
(vgl. Anm. 54) 852 509 kg an Eisenkonstruktionen zur Verwendung, was auf
1 cbm Raum 16,4 kg ausmacht.

62 (S. 60). Als Blitzableiter dient die Eisenkonstruktion im Innern des
Gebäudes und zwar wählte man drei der bis zum Dache reichenden Säulen zu
diesem Zwecke aus. Ausführlicheres siehe bei Tiedemann a. a. O. Col. 347—349.

63 (S. 60). Th. S[chott], Die Königliche öffentliche Bibliothek zu Stuttgart. Über Land und Meer, Bd. 53, 1884/85, Nr. 13, S. 286—287. Vgl.
auch [Th. Schott,] Der Neubau der K. öffentlichen Bibliothek. Schwäbische
Kronik, Beilage zum Schwäbischen Merkur, Nr. 183 vom 2. Aug. 1883. — Ferner
Wochenblatt für Baukunde VIII, 1886, Nr. 91 ff.; Allgemeine Bauzeitung 1886,

Hft. 6. — Endlich die Festschriften zum 25jährigen Regierungsjubiläum König Karls von Württemberg „Stuttgart 1864 bis 1889", S. 36—38, und „Württemberg und sein König" 1864 bis 1889, S. 61, 88. Stuttgart 1889.

64 (S. 63). Über Wolfenbüttel s. die Centralblatt f. B., Jhg. II, 1885, S. 198 genannten Aufsätze. Vgl. auch die ebendort S. 520—21 gegebene kurze Beschreibung.

Dritter Abschnitt.

65 (S. 76). E. Steffenhagen, Über Normalhöhen für Büchergeschosse. Eine bibliothektechnische Erörterung. Kiel 1885. 8°.

66 (S. 78). Im Britischen Museum beträgt das lichte Längenmaß der einzelnen Repositorienfächer nach Kortüm 93 cm, in Leyden nach einer Notiz im Centralblatt f. B. (II, 333) die Länge der Abteilungsbretter, deren jedes Repositorium dort 8 besitzt, 90 cm.

67 (S. 82). Eiserne Zwischenwände haben z. B. nach Kortüm die Repositorien der neuen Königlichen Bibliothek in Stockholm; Eisenblechplatten über Holzrahmen gestreckt und mit rotem Leder überzogen dienen nach demselben als Buchbretter im Britischen Museum und 2 cm starke, an der oberen Fläche mit Wachstuch beklebte Schieferplatten als ebensolche im New Record Office in London.

68 (S. 84). Über die erwähnten Rolltische s. den C. Jk. gezeichneten Aufsatz in der Teutschen Bauzeitung 1883, S. 102, woselbst auch noch einige andere derartige Einrichtungen besprochen sind.

69 (S. 85). Die Anwendung von Leitern wird aus den Bibliotheken wohl nie gänzlich verschwinden; noch in der gegen Ende der siebziger Jahre neu erbauten Universitätsbibliothek zu Kopenhagen macht z. B. die Höhe der einzelnen Stockwerke, wie Kortüm berichtet, den Gebrauch derselben erforderlich. Anderseits ist die Zahl der älteren Bibliotheksgebäude, in welchen man die Leitern nicht entbehren kann, noch immer eine beträchtliche.

70 (S. 86). Ein solcher Handwagen findet sich abgebildet und näher erklärt bei Kortüm in der Allgemeinen Bauzeitung, Jhg. 49, 1884, S. 61.

Vierter Abschnitt.

71 (S. 88). Im Britischen Museum hat man dem neuerdings wieder hervortretenden Platzmangel durch bewegliche Büchergestelle, welche vor den feststehenden Bücherregalen angebracht sind und, da sie auf Rädern laufen, bei dem Gebrauche dieser beiseitegeschoben werden können — eine Erfindung Henry Jenners —, bis auf weiteres abgeholfen. Centralblatt f. B., Jhg. IV, 1887, S. 364.

72 (S. 89). A. Wintterlin, Die Übersiedlung der K. öffentlichen Bibliothek zu Stuttgart im Sommer 1883. Centralblatt f. B., Jhg. II, 1885, S. 59—61. — W. Haas, Die Übersiedlung der k. k. Universitäts-Bibliothek zu Wien im September 1884. Ebenda, S. 312—321. Vgl. auch Petzholdts Anzeiger 1884. Nr. 1182. — E. Steffenhagen, Über Normalhöhen ꝛc., S. 33—35.

Zweites Kapitel.
Erster Abschnitt.

73 (S. 90). Der bibliothekarische Stand tritt in einigen Ländern, nicht zum Nachteile der von ihm vertretenen Sache, auch nach außen hin durch bibliothekarische Vereinigungen und Versammlungen als ein geschlossenes Ganze auf. Diese letzteren dienen nicht nur dazu, das eigentliche Standesbewußtsein im Bibliotheksbeamten zu heben und zu bewirken, daß derselbe sich

in erſter Linie als Bibliothekar, in zweiter erſt als Fachgelehrter fühle, ſondern haben auch nach verſchiedenen Richtungen hin greifbaren Nutzen für die Bibliothekswiſſenſchaft im allgemeinen und die Bibliothekslehre insbeſondere hervorgebracht. Die auf engliſchen und amerikaniſchen Verſammlungen gehaltenen Vorträge und Beſprechungen z. B. haben manches Kapitel der Bibliothekslehre geklärt und bereichert; die Wirkſamkeit der von den Vereinigungen ausgehenden periodiſchen Fachblätter iſt eine anerkannt vortreffliche; die durch vereinte Kräfte (der bezeichnende amerikaniſche Ausdruck lautet Cooperation) zu ſtande gebrachten bibliographiſchen Arbeiten ſind zumteil (wir erinnern nur an den Cooperative Index to Periodical Literature) von bleibendem Wert für unſere Wiſſenſchaft und laſſen noch vieles Gute erhoffen, und ſchließlich darf auch die Anregung, welche der gegenſeitige perſönliche Verkehr der Bibliothekare auf den Verſammlungen bietet, bei Beurteilung derſelben nicht außer Acht gelaſſen werden. Sehr treffend iſt in dieſer Beziehung das, was Juſtin Winſor als Präſident der ſechsten Allgemeinen Verſammlung der nordamerikaniſchen Bibliothekare in Buffalo ausgeſprochen hat. Zweifler, ſagt er, haben wohl die Frage aufgeworfen, was denn Bibliothekare alljährlich zu verhandeln hätten; es müßte ihnen doch mit der Zeit der Stoff ausgehen. „Mag ſein", erwidert Winſor, „aber wir kehren von unſeren Zuſammenkünften heim mit erfriſchten Kräften und nehmen mit uns hinweg ein freundliches gegenſeitiges Intereſſe, einen Anflug von anderen Ideen als unſere eigenen, erweiterte Geſichtspunkte und gründlichere Anſichten, als wir ſie aus den Erfahrungen unſerer kleinen Autonomien ſammeln können. Das iſt der Nutzen, das der eigentliche Gewinn unſerer jährlichen Verſammlungen." (Library Journal, Vol. VIII, 1883, S. 163—165, Centralblatt f. B., Jhg. I, S. 412—418.) Es iſt in Deutſchland noch nicht gelungen, einen allgemeinen Bibliotheksverein in das Leben zu rufen. Zwar hat es nicht an Beſtrebungen gefehlt, dieſem Ziele näher zu kommen, doch ſind dieſelben bisher erfolglos geblieben. Bereits 1874 machte F. Rullmann in ſeinem Schriftchen: Die Bibliothekseinrichtungskunde zum Theile einer gemeinſamen Organiſation, die Bibliothekswiſſenſchaft als ſolche einem beſonderen Univerſitätsſtudium in Deutſchland unterworfen. Freiburg 1874. 8° (S. 7, 8, 27, 28) den Vorſchlag, eine Verſammlung von Bibliothekaren zu berufen, auf welcher die übereinſtimmende Organiſation der deutſchen Bibliotheken herbeizuführen und die Frage der Heranbildung der Bibliotheksbeamten zu regeln wäre. Als Gegenſtände einfacher Beratung ohne ſtreng bindende Beſchlüſſe würden jene Fragen ſehr wohl geeignet geweſen ſein, eine bibliothekariſche Verſammlung auf deutſchem Boden zu beſchäftigen. Denn es iſt ja recht eigentlich der Zweck ſolcher Verſammlungen, neben anregenden und belehrenden Einzelvorträgen auf dem Wege rein akademiſcher Erörterungen, die ſchließlich immerhin in einem Geſamtbeſchluſſe, wobei indeſſen auch das Votum der Minorität zum Ausdruck zu gelangen hat, zuſammengefaßt werden mögen, neu auftauchende Meinungen und Pläne zu beſprechen und daneben ſtrittige Punkte unſerer Wiſſenſchaft zur Klärung zu bringen. Da jedoch nach Rullmanns Anſicht die auf der Verſammlung gefaßten Beſchlüſſe ſowohl von den Oberbehörden wie von den Bibliothekaren als „vollſtändig ſouverän" angeſehen werden ſollten, eine Forderung, welche viel zu weit ging und, weil die Rechte ſtaatlicher Organe empfindlich berührend, geradezu ausſichtslos ſein mußte, ſo war von vornherein für etwaige Angriffe eine feſte Baſis gegeben. Der Vorſchlag wurde denn auch von Steffenhagen nach dieſer Richtung hin mit Erfolg angefochten und als undurchführbar verworfen. Derſelbe betonte u. a., daß ein allgemeines deutſches Bibliotheksreglement nur nach vorangegangener Verſtändigung der Einzelſtaaten auf adminiſtrativem Wege vom Reiche ausgehen könne und daß die beſchloſſenen Reformen beſonders auch mit der Geldfrage zu kämpfen

haben würden, da hier die Oberbehörden mit Fug und Recht ein gewichtiges
Wort zu sprechen hätten. Ja Steffenhagen ging noch einen Schritt weiter und
zog die Ausführbarkeit der Versammlung selbst in Zweifel, weil dabei die Ober-
bibliothekare mit den Untergebenen auf eine Stufe gestellt sein würden, eine
Anomalie, welcher dieselben schwerlich geneigt sein dürften, sich zu unterwerfen.
Geschehe dies aber auch wirklich, so sei es immer noch schwer, an die Möglichkeit
einer Verständigung auf dem Wege des Majoritätsbeschlusses zu glauben. So
sehr daher die Versammlungen die persönliche Annäherung der Bibliothekare
fördern würden, dürfte doch für die Sache selbst im Grunde wenig herauskommen.
Siehe C. Steffenhagen. Zur Reform unserer öffentlichen Bibliotheken,
3. Grenzboten, Jhg. 34, 1875, Semester I, Bd. 2, S. 219 ff., außerdem dessen
abweisende Rezension von Rullmanns Schrift in der Jenaischen Literaturzeitung
1875, Nr. 6, S. 104. Rullmann verteidigte sich gegen letztere in seiner Antikritik bezüglich zweier bibliothekswissenschaftlicher Reformprojekte, im Anzeiger 1875,
Nr. 177, wogegen Steffenhagen eine Duplik und Aktenschluß, ebenda 1875,
Nr. 355, Rullmann wiederum eine Replik 1875, Nr. 606 veröffentlichte. In einer
„der ersten in Teutschland tagenden Bibliothekarversammlung" gewidmeten zweiten
Monographie: Über die Herstellung eines gedruckten Generalkataloges der großen
Manuskriptenschätze im deutschen Reiche. Freiburg 1875. 8°, führte Rullmann
seine Verteidigung (S. 8—10) gegen Steffenhagens Aufsatz in den Grenzboten
und fügte sodann noch ein drittes Objekt hinzu, welches neben den beiden früheren
geeignet sei, auf das Programm einer Bibliothekarversammlung gesetzt zu werden,
nämlich, wie schon aus dem Titel der Schrift hervorgeht, die Anfertigung eines
gedruckten allgemeinen deutschen Handschriftenkatalogs, ein Plan, der wiederum
scharfe Angriffe erfuhr (s. Bibliographische Adversaria, Deel III, 1876, S. 67—78:
Tu Rieu, Twee bibliographische Utopieën u. Petzh. Anz. 1875, Nr. 171). Auch
wiederholte Rullmann seine Anregung im Anzeiger 1876, Nr. 864: Die Bibliothekarversammlungen in Teutschland, worin er am Schlusse die Bitte aussprach, daß
diejenigen Kollegen, welche gesonnen wären, mit ihm „einen Aufruf zu erlassen
behufs der Anbahnung von deutschen Bibliothekarversammlungen", ihm solches
mitteilen möchten. Dieselbe blieb jedoch ohne Erfolg; nur ein einziger meldete
sich. Ein Hinweis Rullmanns (Allgemeine Zeitung 1877, Nr. 32, Beilage,
S. 473) auf die kurz zuvor stattgehabte Versammlung amerikanischer Bibliothekare
in Philadelphia, auf welche bereits Sybel im vorangehenden Jahre (Allgemeine
Zeitung 1876, Nr. 265, Beilage, S. 4050, auch abgedruckt im Börsenblatt f. d. deutschen
Buchhandel 1876, Nr. 224, S. 3167—68) mit einigen den voraussichtlichen Nutzen
gerade bibliothekarischer Versammlungen betonenden Bemerkungen aufmerksam
gemacht hatte, blieb gleichfalls wirkungslos. Julius Petzholdt unterstützte in
seinem Anzeiger den Plan regelmäßiger bibliothekarischer Versammlungen nach
Kräften, so in seinem Artikel Bibliographische und bibliothekwissenschaftliche
Reminiszenzen. Anzeiger 1877, Nr. 1 und Zum NAmerikanischen und Europäischen Bibliothekwesen, ebenda, Nr. 314. Nicht zum Vorteile konnte es freilich
der Sache dienen, daß ein verbissener, grau in grau malender Anonymus in
demselben Jahrgange des Anzeigers Nr. 1094: Zur persönlichen Stellung der
Bibliothekare, es u. a. an der Zeit fand „wenn sich die Bibliothekare in Vereinen
verbänden zur gegenseitigen Stärkung und Hebung ihrer Interessen, namentlich
zur Abwehr unwürdiger Unterordnungen und energischer Bekämpfung unan-
ständiger (sic) Stellungen". Sobald anstatt idealer Bestrebungen der Kampf
um Sonderinteressen als alleiniger Zweck hingestellt wurde, mußte die Bewegung,
wie es thatsächlich geschah, im Sande verlaufen. Von neuem hat zwar nicht
eine direkte Anregung, wohl aber einen nach Inhalt und Form gewichtigen
Hinweis auf die Sache C. Förstemann in seinem Aufsatze: Die Verbindung

zwischen den deutschen Bibliotheken. Centralblatt f. B., Jhg. I, 1884, S. 7 gegeben. „Die deutschen Bibliothekare", heißt es daselbst, „haben sich bis jetzt zu solchen Kongressen gar nicht versammelt, obgleich gerade für ihre Vereinigungen mancher Übelstand nicht zu befürchten wäre. Die Versammlungen würden keinen un= förmlichen Umfang erreichen; sie würden keinem Staate und keiner Stadt zur Last fallen; Sektionsbildungen würden kaum vorkommen; das Lokal wäre leicht zu beschaffen; feindlich einander gegenüberstehende Bibliothekarschulen giebt es nicht. Es käme hier in der That auf einen Versuch an, dessen Gelingen freilich besonders von der Persönlichkeit dessen abhängen wird, der die erste derartige Versammlung beruft. Es könnte manches Ersprießliche daraus hervorgehen, namentlich wenn sich das Empfehlen der eigenen Methode als der allein selig= machenden nicht zu sehr vordrängt. Darüber darf man sich indessen nicht täuschen, daß Hochmut und Trägheit oder persönliche Abneigung auch hier manche fern halten wird, die man gern als Teilnehmer sähe." Die Erreichung des Zieles scheint gegenwärtig noch immer in unbestimmter Ferne zu liegen.

In Nordamerika fand die erste allgemeine Versammlung von Bibliothekaren infolge eines von Jewett, Poole u. a. gezeichneten Aufrufs am 15.—17. Sept. 1853 in New York statt. Siehe Edmund M. Barton, The first Conference of American Librarians. Library Journal, Vol. XI, 1886, S. 217—219 und William F. Poole, Address of the President. Conference of Librarians at Milwaukee. Library Journal, Vol. XI, 1886, S. 199—204 (Centralblatt f. B. IV, S. 42—43). Eine zweite tagte erst wieder 1876 (4.—6. Oktober) aus An= laß der Ausstellung in Philadelphia. Hier wurde die „American Library Association" gegründet. In begeisterten Worten feiert ein Fachmann dieses in der That für das amerikanische Bibliothekswesen epochemachende Ereignis „Through all coming time", ruft er aus, „1876 will be looked upon as the most eventful year in the history of libraries — the year in which the librarian claimed and received at the hands of the public his place among the recognized professions." Dewey, The American Library Association. Library Journal, Vol. I, 1877, S. 245. — Derselbe, On Library Progress. The Library, Vol. I, 1889, S. 367—376. S. auch A. Ernouf, Causeries d'un bibliophile. L'Association des bibliothécaires américains et l'American Library Journal. Bulletin du Bibliophile p. p. Techener, XLIV, Année 1877, S. 543—553. Bereits im September desselben Jahres erschien die erste Nummer des Vereinsorganes, des Library Journal, welches über die seitdem fast regel= mäßig jährlich stattfindenden allgemeinen Versammlungen ausführlich Bericht zu erstatten pflegt. Versammlungen fanden seitdem statt (2) 1877 in New York, (3) 1879 in Boston, (4) 1881 in Washington, (5) 1882 in Cincinnati, (6) 1883 in Buffalo, (7) 1885 in Lake George, (8) 1886 in Milwaukee, (9) 1887 in Thousand Islands, (10) 1888 in Catskill Mountains, (11) 1889 in St. Louis.

Der erfolgreiche Verlauf der Versammlung amerikanischer Bibliothekare in Philadelphia gab die Anregung zu dem Internationalen Kongreß von Bibliothekaren, welcher unter dem Vorsitze des damaligen Oberbibliothekars des Britischen Museums J. Winter Jones vom 2.—5. Oktober 1877 in London tagte und zahlreiche Beteiligung nicht nur seitens der Mehrzahl der europäischen Staaten, sondern auch Nordamerikas fand. Leider wurde Teutschland nur offiziell vertreten, deutsche Bibliothekare waren dagegen nicht anwesend. Das Programm ward veröffentlicht u. d. T. Conference of Librarians, Oct. 2—5 1877. Order of Proceedings. [London] 1877 Fol. Vergl. Library Journal, Vol. I, S. 325—326, 397—398, II, S. 64—65; Journal gén. de l'impr. 2. Sér. T. XXI, 1877, P. 2. Chronique, Nr. 12, S. 173—174, Bibliografia italiana 1877, Cronaca, Nr. 22, S. 86—87. Die gehaltenen Vorträge sind niedergelegt in Library Journal,

Vol. II, 1678, S. 99—219, die Verhandlungen ebenda, S. 245—290. Einen besonderen Bericht erstattete im Auftrage des italienischen Ministeriums des öffentlichen Unterrichts B. S. Mondino, Breve Relazione nel primo Congresso internazionale dei Bibliotecarii, tenuto in Londra in ottobre 1877. Palermo 1878. 4°.

In der Schlußsitzung beschlossen die englischen Bibliothekare die Begründung eines Bibliotheksvereins für Großbritannien, welcher sich sofort konstituierte und unter dem Präsidium desselben J. Winter Jones als Library Association of the United Kingdom ins Leben trat. Die Statuten sind abgedruckt im Library Journal II, S. 282—283, VI, 317—318. Die Vereinigung hat später der Reihe nach in (1) Oxford (1878), (2) Manchester (1879), (3) Edinburgh (1880), (4) London (1881), (5) Cambridge (1882), (6) Liverpool (1883), (7) Dublin (1884), (8) Plymouth (1885), (9) London (1886), (10) Birmingham (1887), (11) Glasgow (1888), (12) London (1889) getagt. Daneben fanden monatliche Versammlungen in London statt; auch bildeten sich Lokal=Comittees. Über die Publikationen der Gesellschaft wurde bereits an anderer Stelle (S. 24, 25 des Textes) berichtet. R. C. Christie, The Work and Aims of the Library Association. The Library, Vol. I, 1889, S. 353—366. In Frankreich wurde von dem gelegentlich der Pariser Weltausstellung 1878 zusammengetretenen Congrès bibliographique (Journal général de l'imprimerie. 2. Série. Tome XXII, 1878, Partie 2. Chronique, Nr. 29, S. 122) zwar der Wunsch ausgesprochen, daß eine Versammlung französischer Bibliothekare im darauf folgenden Jahre stattfinden solle, um u. a. ein für sämtliche Bibliotheken des Landes giltiges bibliographisches System zu beraten, der Beschluß hat indessen nicht dahin geführt, eine Vereinigung der dortigen Bibliothekare in das Leben zu rufen.

74 (S. 91). Die Frage der Selbständigkeit des bibliothekarischen Berufs war zwar von Lehrern der Bibliothekswissenschaft seit langem in bejahendem Sinne entschieden, gleichwohl bedurfte es in Deutschland, namentlich bei den Universitätsbibliotheken — die deutschen Territorialbibliotheken waren von Anfang an in dieser Beziehung günstiger gestellt — noch mannigfacher Anregungen und Kämpfe, ehe auch diese, statt einem Mitgliede der akademischen Lehrerschaft (in der Regel einem ordentlichen Professor), fachmännisch geschulten selbständigen Leitern unterstellt wurden.

Schon Schrettinger (Lehrbuch der Bibliothek=Wissenschaft, Bd. II, S. 192) hatte es seinerzeit offen ausgesprochen, „daß nicht jeder litterarisch gebildete Mann ohne weiteres für eine Bibliothekarstelle geschickt sei, sondern daß auch der gründliche Gelehrte, ja sogar ein Polyhistor, erst noch hiezu eines besondern Studiums und einer ebenso langwierigen als unerläßlichen Praxis bedürfe". Und Ebert (Über öffentliche Bibliotheken S. 57) sagte bereits im Jahre 1811 in seiner einsichtigen Weise: „Auf allen deutschen Universitäten ist die Verwaltung der akademischen Bibliotheken nur solchen Männern gleichsam als Nebengeschäft übertragen, die bei der Universität schon ein anderes Amt bekleiden. Dies kommt vielleicht daher, weil man dieses Amt für zu unbedeutend und leicht hielt, oder weil man es mitunter nicht so salarieren konnte, daß es allein und für sich einem Gelehrten seinen Unterhalt gesichert hätte. An manchen Orten mögen allerdings auch beide Fälle eingetreten sein. Diese Verbindung des Bibliothekariats mit anderen Ämtern — mochte der Grund davon auch sein, welcher er wollte — konnte offenbar für die Bibliotheken selbst keine erfreulichen Folgen haben". Ebert hält es für deutlich erwiesen, daß derjenige, der das bibliothekarische Amt mit Nutzen und Erfolg verwalten solle, sich ihm ausschließlich widmen müsse und fordert, unter Hinweis auf eine weiter unten zu erwähnende Äußerung des Hugo Blotius, daß der Bibliothekar von anderen Nebenbeschäftigungen gänzlich frei sei. In ähnlicher

Weise haben sich sodann Constantin und andere geäußert. Trotzdem erhielt sich das alte Herkommen. Erneut wies im ersten Jahrgange des Serapeums 1840, S. 85—87 der Bamberger Bibliothekar Jäck in seinem Aufsatze: über die mögliche Selbständigkeit der Vorsteher von Universitäts-Bibliotheken unter gleicher Besoldung mit den ordentlichen Professoren, nachdrücklich darauf hin, daß „die außerordentlichen Fortschritte der meisten Wissenschaften, und besonders der unendliche Umfang der Bibliothek-Wissenschaft dringend dazu auffordere, die Vorsteher der Universitäts-Bibliotheken zu selbständigen Bibliothekaren zu erheben, und ihnen jene Berufsachtung zu verschaffen, welche den Vorstehern anderer Bibliotheken gezollt wird". Auch der Verfasser der bereits an anderer Stelle rühmend hervorgehobenen Artikelserie: Einige praktische Bemerkungen und Wünsche über die öffentlichen Bibliotheken in Preußen, Kapitel VII, Die Bibliothekare, im dritten Jahrgange des Serapeums, 1842, S. 249 ff. sprach sich deutlich gegen die Verwaltung der Oberbibliothekarstellen durch Professoren im Nebenamte aus, welche, ohne für ihre bibliothekarische Ausbildung auch nur das Geringste gethan, noch ihre Befähigung nachgewiesen zu haben, wie Dii ex machina zu einer so wichtigen Stellung gelangten, ein Verfahren, welches sehr zu beklagen sei. Ebenso erklärte es später E. Zoller im neunten Jahrgange des Serapeums, 1848, S. 33 ff. Die Bibliothekwissenschaft I, für dringend nötig, daß die Ämter auf Bibliotheken nur an Männer vergeben würden, denen die Bibliothek als Bibliothek selbst Zweck sei und die sich das Studium der Bibliothekswissenschaft zur Lebensaufgabe gemacht hätten. Und im Serapeum XXI, 1860, S. 141 betonte der damalige Würzburger Oberbibliothekar Ruland mit Entschiedenheit: „Niemand kann zugleich Universitätslehrer und Bibliotheksmann mit dem gleichen Erfolg sein. Entweder hat man einen Professor und keinen Bibliothekar, oder einen Bibliothekar und keinen Professor. Der treue Bibliotheksdienst füllt das ganze Leben aus".

Gleichwohl fand die entgegengesetzte Auffassung, nach welcher namentlich die Leitung der Universitätsbibliotheken ausschließlich Dozenten anzuvertrauen sei, nachdem die Frage in der Theorie längst spruchreif geworden war und in der Praxis teilweise bereits im Sinne jener ihrer Lösung entgegenging, von neuem einen beredten Verteidiger in Professor Heinze zu Leipzig, welcher in seinem sonst durchaus beachtenswerten Aufsatze: Mittel und Aufgaben unserer Universitätsbibliotheken, Zeitschrift für die gesammte Staatswissenschaft, Bd. 26, 1870, S. 261—314 (auch Tübingen 1870 separat erschienen) von der Überzeugung ausgehend, daß (S. 305) des Oberbibliothekars Arbeit nicht unmittelbares Handanlegen, sondern Leiten und Überwachen sei und daß es der Leitung großer wissenschaftlicher Institute noch nie geschadet habe, wenn an der Spitze ein Mann stand, der auch für andere wissenschaftliche Aufgaben Interesse und Verständnis bewahrte, die Ansicht aussprach, daß den am Wege des Oberbibliothekars liegenden Gefahren der „reine Bibliothekmann" viel schwerer entgehe als „der Gelehrte, der Bibliothekleitung und Lehrerberuf verbindet" und zu dem positiven Ergebnisse (S. 307) gelangte, „daß der Bibliothekar einer Universitätsbibliothek zweckmäßigerweise zugleich Dozent sei". Heinzes Ansichten fanden indessen allseitige kräftige Zurückweisung. Nachdem bereits in einigen kleineren Artikeln der Kölnischen Zeitung, Jhg. 1870, Nr. 322,5, 1871, Nr. 11,2 im verwandten Sinne gesprochen war, widerlegte ein vortrefflicher Aufsatz in der Augsburger Allgemeinen Zeitung 1871, Nr. 21, Beilage, S. 342—344 Heinzes Ausführungen in äußerst sachverständiger Weise; noch ausführlicher aber geschah dies in Anton Klettes anonym erschienenen, vortrefflichen Schriftchen: Die Selbständigkeit des bibliothekarischen Berufes, mit Rücksicht auf die deutschen Universitäts-Bibliotheken. Geschrieben am 24. Februar 1871. Leipzig 1871. 8°, welches im Gegensatze zu Heinze der „Erkenntnis, daß das Bibliotheksfach überhaupt ein Lebensberuf sei und, wenn es gedeihen soll, wirklich als ein solcher betrachtet werden müsse" (S. 15) sowie der „Überzeugung, daß es überhaupt eine Bibliothekswissenschaft giebt und daß man die Fähigkeit zur Ausfüllung eines bibliothekarischen Amtes nicht ohne weiteres bei jedem beliebigen, wenn auch sonst noch so tüchtigen Gelehrten voraussetzen darf" (S. 19) zum Durchbruch zu verhelfen suchte. Die hier niedergelegten Grundsätze fanden beifällige Zustimmung in Petzholdts Anzeiger, Jhg. 1871, Nr. 240 seitens des Herausgebers, in der Allgemeinen Zeitung 1871, Nr. 85, Beilage, S. 1453—1454: Die Universitätsbibliotheken und ebenda 1872, Nr. 227, Beilage, S. 3482: Zur Umgestaltung der deutschen Universitätsbibliotheken, ferner im Literarischen Centralblatt 1871, Nr. 16, Sp. 413; desgleichen in dem Aufsatze Zur Reform der Verwaltung unserer Universitätsbibliotheken, Grenzboten, Jhg. 30, 1871, 1. Semester, Bd. 2, S. 857, während Heinze ebenda 1871, 2. Semester, Bd. 1, S. 348—356 seine Verteidigung führte. Wie Heinze für Deutschland, so gelangte für Österreich Adalbert Zeittles (erster Scriptor der k. k. Universitätsbibliothek zu Graz) in seinen Grundzügen einer Reform der österreichischen Staats-Bibliotheken, Graz 1872. 8ᵃ im Widerspruch gegen die anderweitig laut gewordenen Forderungen zu dem Ergebnisse „einer weisen Verquickung des akademischen Lehramtes mit dem Bibliotheksamte", indessen mit dem ausdrücklichen Zusatze, „daß in Österreich die Dinge eben ganz anders liegen als in Deutschland". (Petzh. Anz. 1871, Nr. 793.)

In ebenso klarer wie überzeugender Weise beurteilte einige Jahre später Emil Steffenhagen in den Grenzboten, Jhg. 34, 1875, 1. Semester, Bd. 1, Zur Reform unserer öffentlichen Bibliotheken II, S. 459, diese litterarische Fehde, wenn er sagte: „Es kann für den unbefangenen Beurteiler keinem Zweifel unterliegen, welche Stimme in diesem Widerstreite der Meinungen das größere Gewicht für sich hat. Dort hat man sich berufen geglaubt, ein maßgebendes Urteil zu fällen ohne näheren Einblick in das Getriebe einer großen Bibliothek und ohne genaue Kenntnis der technischen Anforderungen, welche an den Leiter eines solchen Instituts zu richten sind. Hier sehen wir Fachleute für die höchsten Interessen ihres Berufes in die Schranken treten. Heutzutage, wo in allen Berufszweigen nur derjenige die Führung beanspruchen darf, welcher auch das technische Material beherrscht, wird Niemand mehr, der nicht voreingenommen ist, die Berechtigung jener veralteten und überlebten Anschauung begreifen, welche das Heil der Bibliotheken von nicht technischer Seite abhängig macht. Soll der Oberbibliothekar „leiten und überwachen", so wird er auch das „Handwerk" aus dem Grunde verstehen müssen".

Nachdem Anton Klette in dem Aufsatze: Die Selbständigkeit des bibliothekarischen Berufes. Mit Rücksicht auf die deutschen Stadtbibliotheken, in: Die Stadt. Wochen-Beilage der Frankfurter Presse 1880, Nr. 4, S. 29; Nr. 6, S. 46; Nr. 8, S. 61 noch ein zweites Mal seine Stimme erhoben, sprach auch Julius Petzholdt, welcher der Bewegung zur Herbeiführung der bibliothekarischen Selbständigkeit stets sympathisch gegenüber gestanden, noch ein Wort zu deren gunsten in seinem Anzeiger 1880, Nr. 352, über Professoren als Oberleiter von Bibliotheken. „Man hat angefangen", heißt es daselbst, „die Bibliotheksämter in die Hände geschulter Bibliothekare zu legen, und wenn dies auch nicht überall geschehen ist, so steht gleichwohl zu hoffen und zu erwarten, daß sich bei den Behörden, die über die Besetzung der Bibliothekarstellen zu entscheiden haben, nach und nach überall die Überzeugung werde Bahn brechen, nicht die Gelehrsamkeit allein befähige zur Verwaltung eines obersten Bibliotheksamtes, sondern zur Verwaltung eines solchen Amtes eigne sich ausschließlich nur ein geschulter Mann vom Fach." Dieser Auffassung hat auch das Centralblatt mehrfach Ausdruck gegeben und sogleich im ersten, von der Redaktion geschriebenen Artikel: Zur Einführung (Jhg. I, S. 3 ff.) die Frage in folgenden Worten berührt: „Noch vor wenig Lustren konnte es als zweifelhaft erscheinen, ob in Betreff der Verwaltung der Universitätsbibliotheken es beim Alten bleiben werde, d. h. ob auch fernerhin die Vorstände der Universitätsbibliotheken aus der Zahl der Professoren genommen werden würden, oder ob an die Spitze der Bibliotheksbeamten Männer gestellt werden sollten, welche fachmännisch vorgebildet, ihre ganze Kraft der Verwaltung des ihnen anvertrauten Instituts zu widmen hätten. Heutigentages kann es nicht mehr zweifelhaft sein, daß diese Frage definitiv entschieden ist. Denn überall wo in den letzten Jahren in den Ländern, in welchen die deutschen Universitätseinrichtungen bestehen, Universitätsbibliothekariate, die bisher im Nebenamte verwaltet wurden, neu besetzt werden mußten, sind unter dem Beifalle und auf das Andrängen der Universitäten selbst, Fachbibliothekare angestellt worden. Diese Einrichtung wird man, wenn noch irgendwo Neigung dazu vorhanden sein sollte, nicht mehr rückgängig machen können". Möchten diese Worte sich voll und ganz bewahrheiten.

. 75 (S. 91). Erwähnung verdient an dieser Stelle zuvörderst, was Hugo Blotius 1579 (in consilio, quod de augenda et ornanda bibliotheca Caes. ad Rudolphum II dedit, hodieque inter Msta bibliothecae Caesareae adservatur) bei Bure. Gottb. Struvius, Epistola ad Christ. Cellarium, p. 104—105 (vgl. Petholdts Anzeiger, Jhg. 1846. S. XI), und bei Lambeccius, Commentariorum de bibliotheca Vindobonensi Lib. I (Vindobonae 1665), S. 53 ff. über den Bibliothekar gesagt hat: „Requiri itaque videtur, ut bibliothecarius a reliquis muneribus sit liber, linguarum multarum habeat cognitionem, sit justus, laboriosus, fidus, industrius, non pauper, non superstitiosus, amans rei literariae, et natura in promovendam rem bibliothecariam propensus". — Sodann nennen wir die noch immer lesenswerte Rede, welche der Abbé J. B. Cotton des Houssayes vor mehr als 100 Jahren aus Anlaß seiner Ernennung zum Bibliothekar der Sorbonne in lateinischer Sprache gehalten hat, Oratio habita in comitiis generalibus Societatis Sorbonicae die 23. Decembr. 1780, Parisiis 1781 (bei Ph. D. Pierres). Eine französische Übersetzung gab Gratet-Duplessis 1839, Paris (Techener), ferner im Bulletin du Bouquiniste 1857, 1. Sept., auch selbständig in demselben Jahre unter dem Titel J. B. Cotton des Houssayes, Des devoirs et des qualités du Bibliothécaire. Discours prononcé dans l'assemblée générale de Sorbonne le 23 décembre 1780. Traduit du latin en français, avec quelques notes par Gratet-Duplessis. Paris. 8°. Eine englische Übersetzung wurde im Book-Lore, Vol. II, Nr. 7, die hiernach gefertigte deutsche Übersetzung in Petholdts Anzeiger 1885, Nr. 1800 veröffentlicht.

Ferner heben wir hervor:

Bibliothekarische Briefe, in Petholdts Anzeiger, Jhg. 1852, Nr. 626, 940; 1853, Nr. 1.

J. Petholdt, Aus den Erfahrungen eines fünfundzwanzigjährigen Bibliotheklebens. Ebenda 1863, Nr. 356.

Bibliothekserfahrungen. Grenzboten, Jhg. 37, 1878, 1. Semester, Bd. 1, S. 251 bis 265, auch abgedruckt im Börsenblatt f. d. deutschen Buchhandel, Jhg. 45, 1878, Nr. 47, S. 766—768 u. Nr. 53, S. 878—880.

Giuseppe Amenduni, Dell' ufficio del bibliotecario. Napoli 1879. 8° (20 S.).

J. D. Mullins, The Librarian and his Work. Transactions and Proceedings of the 3. Annual Meeting of the Library Association U. K. London 1881, S. 69—76.

R. R. Bowker, The Work of the Nineteenth-Century Librarian for the Librarian of the Twentieth. Ebendort, 4. and 5. Annual Meetings, London 1884, 4°, S. 149—152.

Theophrastus junior, Of Librarians. The Library, Vol. I, 1889, S. 24, 107.

Daß auch jenſeit des Oceans in den Vereinigten Staaten Nordamerikas die Fachmänner jene bedeutungsvolle Frage nach den Eigenſchaften eines guten Bibliothekars eingehender Beachtung wert gefunden haben, iſt ſelbſtverſtändlich. Es iſt dies allerdings vielfach nur vom Standpunkte der freien öffentlichen Bibliotheken aus geſchehen, deren Ziele zumteil andere ſind als diejenigen, welche unſeren ſtreng wiſſenſchaftlichen größeren europäiſchen Bücherſammlungen geſteckt ſind. Gleichwohl bieten jene Vorträge und Aufſätze auch für unſere Verhältniſſe des Beachtenswerten überaus Vieles. Es ſeien genannt

Lloyd P. Smith, The Qualifications of a Librarian. Library Journal, Vol. I, 1877, S. 69—74.

Samuel S. Green, Personal Relations between Librarians and Readers. Ebenda, Vol. I, 1877, S. 74—81.

R. B. Poole, The Librarian and his Constituents. Ebenda, Vol. XI, 1886, S. 229—232.

F. M. Crunden, Business Methods in Library Management. Ebenda, Vol. XII, 1887, S. 335—338.

76 (S. 91). Smith a. a. O.: „His (the librarian's) motto should be: A place for every thing and every thing in its place".

77 (S. 92). O. Hartwig im Centralblatt f. B. 1, 45: „Kaum ein anderer Beruf iſt ein mehr nur den wiſſenſchaftlichen Bedürfniſſen ſeiner Mitmenſchen dienender als der bibliothekariſche".

78 (S. 93). Des Houssayes (nach der Überſetzung in Petholds Anzeiger): „Der Verwalter einer Bibliothek ſollte alle Beſucher mit einer unverdroſſenen, ſo höflichen und freundlichen Aufmerkſamkeit empfangen, daß ſein Empfang jedem Einzelnen nur als der Ausfluß einer rein perſönlichen Aufmerkſamkeit erſcheint".

Smith a. a. O.: „The treatment which the stranger, as well as the habitué, receives should be that of a gentleman, and in his turn he will behave like a guest in a gentleman's house".

Samuel S. Green a. a. O.: „A librarian should be as unwilling to allow an inquirer to leave the library with his question unanswered as a shop-keeper is to have a customer go out of his store without making a purchase".

Derſelbe ebenda: „Receive investigators with something of the cordiality displayed by an old-time inn-keeper. Hold on to them until they have obtained the information they are seeking, and show a persistency in supplying their wants similar to that manifested by a successful clerk in effecting a sale".

F. M. Crunden a. a. O.: „The modern librarian must be a scholar and a gentleman; but, more than that, he must be a good business man".

• Wie man ſich früher auch jenſeit des Oceans einen Bibliothekar wohl vorſtellte, davon giebt Crunden folgende ergötzliche Schilderung: „It is not many years since the popular mind pictured the librarian as an elderly man of severe and scholarly aspect, with scanty gray hair, bent form, and head thrust forward from the habit of peering through his spectacles along rows of books in search of some coveted volume. He was supposed always to have led a studious and ascetic life, to have had his boyhood and youth in a previous state of existence, and, since becoming a librarian, to have lived wholly in the world of books, without any knowledge, thought, or care regarding the world of men and things".

Wenn man in Amerika dem Bibliothekar neuerdings auch noch eine pädagogiſche Wirkſamkeit — a library is a school, and the librarian is in the highest sense a teacher, sagt Melvil Dewey (Library Journal, Vol. I, S. 6) — zugewiesen hat, die sich nicht nur auf indirektem Wege durch eifrige Unterstützung der Studien Anderer geltend zu machen habe, sondern auch die Bildung des Volkes durch Vorträge und Lehrkurse direkt fördern müsse, so mag eine solche Forderung in den dortigen Verhältnissen ihre Erklärung finden, auch namentlich in dem Wesen der Freien öffentlichen Bibliotheken zumteil mit begründet sein, die ja gerade die breiteren Schichten des Volkes in den Kreis ihrer so überaus nützlichen und erfolgreichen Bestrebungen gezogen haben, den Zielen unserer Bibliotheken liegt eine solche Verwendung der Bibliotheksbeamten natur- gemäß ferner.

79 (S. 94). Sehr treffend sagt hierüber W. de M. Hooper, The Evolution of the Hobby. Library Journal, Vol. XI, 1886, S. 225—228: „Above all must he be (the librarian) have a hobby for books. While he is not a bibliopole, a book-seller, he must be a book-buyer, and must study the art; and to do that he must be a bibliophile in his love for books; a bibliognoste in his knowledge of title-pages, colophons, editions etc.; a bibliopegist in his knowledge of their exterior and material forms, their bindings; a bibliographer, learned in the lore of special subjects. All these are necessary to his education as a bibliologist; while he must use his discretion and avoid the danger of becoming a bibliotaphe, — a hoarder and concealer of his treasures under glass cases and in dark places, — a bibliothecal miser, in fact; or a bibliolatrist, and falling into too great worship of them; or a bibliomaniac, and coveting their possession too greatly".

80 (S. 94). Zum Schlusse dieser Bemerkungen sei noch darauf hingewiesen, daß man in neuerer Zeit sogar versucht hat, der Frage nach der durchschnittlichen Lebensdauer der Bibliothekare auf statistischem Wege näher zu treten. Es hat dies Cornelius Walford in seinem auf einer Monatsversammlung der englischen Bibliothekare gehaltenen Vortrage, On the Longevity of Librarians, abgedruckt im Library Journal, Vol. V, 1880, S. 67—71 gethan und seine Zuhörer durch ein günstiges Ergebnis in Bezug auf Großbritannien — für andere Länder fehlten ihm die Unterlagen — erfreut.

81 (S. 94). Friedrich Adolf Ebert, Die Bildung des Bibliothekars. 2. Ausg. Leipzig 1820, 8°, mit Recht ein „goldnes Büchlein" genannt. — P. A. Budik, Vorbereitungsstudien für den angehenden Bibliothekar. Wien 1834. 8°. — Ders., Vorschule für bibliothekarisches Geschäftsleben. München 1848. 8°.

82 (S. 95). Ernest C. Richardson, Encyclopaedia and Librarians. Library Journal, Vol. X, 1885, S. 211—213. — Derselbe, Why Librarians Know. Ebenda, Vol. XI, 1886, S. 204—208. — Tedder verlangt vom Bibliothekar vor allem an indexing mind, d. h. einen registrierenden Sinn; statt die Kenntnisse bei sich aufzustauen, soll er in dem einzelnen Falle wissen, wo Auskunft zu finden ist.

83 (S. 97). Hier findet seine richtige Stelle das oben Anm. 17 erwähnte Buch von Schelhorn. — Für das Studium der Bibliographie und Bibliotheks- wissenschaft war auf den Hochschulen bis in die jüngste Zeit herein keine Ge- legenheit geboten. Nur ganz vereinzelte Ausnahmen haben in vorübergehender Weise hie und da stattgefunden. So trug im Laufe des Jahres 1865 Karl Estreicher an der Hauptschule zu Warschau einen Kursus über Bibliographie vor (Petzholdts Anzeiger 1865, Nr. 679) und in demselben Jahre hielt der damalige Bibliothekar der Universität Neapel Tommaso Gar Vorlesungen über Bibliologie daselbst, die er drei Jahre später unter dem Titel: Letture di

Bibliologia fatte nella R. Università degli studi in Napoli durante il primo semestre del 1865. Torino 1668 in Druck erscheinen ließ (Petzholdts Anzeiger 1868, Nr. 152, 158). Neuerdings ist in Deutschland die Aufnahme bibliothekswissenschaftlicher Studien in den Kreis anerkannter akademischer Lehrgegenstände wenigstens an einer Universität erfolgt, während man in anderen Ländern dem bestehenden Bedürfnisse in verschiedenartiger Weise abzuhelfen bemüht gewesen ist. Es hängt diese erfreuliche Neuerung mit der Frage nach der theoretischen Vorbildung des Bibliothekars überhaupt auf das engste zusammen und sie ist zu einer brennenden geworden, seitdem, wie wir sahen, die Selbständigkeit dieses Berufes immer allgemeiner anerkannt worden ist. Es haben daher in der Regel die Vorfechter für eine solche Selbständigkeit zugleich auch die dem Bibliothekar zu gebende Vorbildung in ihre Besprechungen mit einbezogen. Auch hier war es wieder Ebert, welcher einer Fachprüfung der Bibliothekare eindringlich das Wort geredet hat und andere sind ihm hierin gefolgt, ohne anzugeben, auf Grund welches genaueren Studienplanes eine solche Prüfung schließlich abzulegen sei. Erst Rullmann hat im zweiten Teile seiner mehrfach erwähnten Schrift: Die Bibliothekeinrichtungskunde zum Teile einer gemeinsamen Organisation, die Bibliothekswissenschaft als solche einem besondern Universitätsstudium in Deutschland unterworfen, einen solchen Studienplan im einzelnen aufgestellt. Derselbe sollte in der Weise zur Verwirklichung gelangen, „daß an einer oder, wenn es später das Bedürfnis verlangt, an mehreren unserer Hochschulen von bewährten Fachmännern rein auf die Bibliothekswissenschaft bezügliche Vorlesungen gehalten würden", nach deren Vollendung „nach Maßgabe derselben vor einer Examinationskommission, die aus den betreffenden Dozenten zu bilden wäre, bezüglich der Qualifikation zum bibliothekarischen Berufe eine Prüfung abgelegt werden müßte".

Dem gegenüber hat Steffenhagen in seinem gleichfalls bereits zitierten Artikel: Zur Reform unserer öffentlichen Bibliotheken II Grenzboten, Jhg. 34, 1875, 1. Semester, Bd. I, S. 456 ff. geltend gemacht, daß der bibliothekswissenschaftliche Universitätsunterricht mit dem sich daran anschließenden Examen allein nicht für ausreichend erachtet werden könne, weil dadurch im günstigsten Falle eine bloß theoretische Vorbildung gewährleistet würde. Die Frage der praktischen Durchbildung, welche für den Bibliotheksdienst die Hauptsache bleibe, sei damit noch nicht gelöst. Es sei sehr wohl denkbar, daß man bei aller theoretischen Vorbildung doch nicht die besonderen Eigenschaften und Fähigkeiten besitze, welche gerade der Bibliotheksdienst fordere und welche erst bei praktischer Thätigkeit sich bewähren könnten. Sei aber einmal mit dem wohlbestandenen Examen der Anspruch auf Anstellung verbunden, so gebe es kein Mittel, die ungeeigneten Elemente, welche sich in der Praxis nicht bewährten, abzustoßen. Aus diesen Gründen empfiehlt Steffenhagen, an das Institut der technischen Hilfsarbeiter, wie sie an einzelnen Bibliotheken neben den etatsmäßigen Beamten eingeführt sind, anzuknüpfen und dasselbe weiter auszubauen. Dieses Institut gewähre die Möglichkeit, einerseits die untauglichen Elemente auszuscheiden, anderseits die tüchtigen Kräfte heranzuziehen. Man möge es also zum Prinzipe erheben, nur solche Leute im Bibliotheksdienste anzustellen, welche die praktische Vorschule als Hilfsarbeiter an einer gut verwalteten Bibliothek mit Erfolg durchlaufen hätten. Den bibliothekswissenschaftlichen Universitätsunterricht will Steffenhagen dabei zurzeit noch nicht zur Bedingung machen, wohl aber den Universitätsunterricht überhaupt, der gründlich absolviert worden sein müsse und wofür die Doktorpromotion als Maßstab zu dienen habe.

Dieses von Steffenhagen befürwortete Verfahren hat sich an den deutschen Bibliotheken thatsächlich auch mehr und mehr eingebürgert. Die einzelnen Bibliotheken nehmen Volontäre bezüglich Hilfsarbeiter an, welche sich zuvor einem akademischen Fachstudium gewidmet haben. In der Regel wenden sich Philologen und Historiker auf diese Weise dem Bibliotheksdienste zu; sehr richtig macht indessen Steffenhagen darauf aufmerksam, daß der Jurist, der Mediziner und der Theologe an einer wissenschaftlich geordneten Bibliothek, besonders der systematischen Kataloge halber, ebensogut am Platze seien. In neuester Zeit ist nun, wie bereits erwähnt, auf diesem Gebiete bei uns noch ein weiterer Schritt nach vorwärts insofern gethan worden, als an einer Universität, in Göttingen, und zwar von dem gegenwärtigen dortigen Oberbibliothekar Prof. Dr. Dziatzko (früher in Breslau), bibliothekswissenschaftliche Vorlesungen gehalten werden. Eine derartige, überdies beschränkte akademische Wirksamkeit des Oberbibliothekars innerhalb seines Berufskreises auf dem Gebiete der Bibliothekswissenschaft selbst kann natürlich nach keiner Seite hin Bedenken erregen. Wir bezeichnen diese Einrichtung vielmehr als einen Fortschritt, weil hierdurch allen denen, welche später zum Bibliotheksfache überzugehen gedenken und namentlich auch den Volontären und Hilfsarbeitern der betreffenden Anstalt, Gelegenheit geboten wird, sich die nötigen theoretischen Vorkenntnisse zu erwerben. Wenn irgendwo, so könnte an dieser Stelle der Hebel eingesetzt werden, um zu dem so oft und viel-fach geforderten bibliothekarischen Fachexamen zu gelangen, indem die Aspiranten vor definitiver Anstellung sich über den erfolgreichen Besuch solcher Vorlesungen, die auch noch auf der einen oder andern großen Universität eingeführt werden könnten, sowie über ihre bisherige praktische Ausbildung an einer Bibliothek in einer Prüfung auszuweisen hätten. Vergl. auch Karl Kochendörffer, Zur Reform des Bibliothekswesens in den Grenzboten, Jhg. 45, 1886, 1. Quartal, S. 262—268 (dazu die Bemerkungen von O. H[artwig] im Centralblatt f. B. III, S. 158). Die Beibehaltung des vorhergehenden besonderen Fachstudiums erweist sich da-gegen für deutsche Verhältnisse nach wie vor als notwendig. Wir stimmen in dieser Beziehung mit den Ansichten überein, welche sowohl Kochendörffer a. a. O. als auch besonders S[chulz] im Centralblatt f. B. I, S. 490 geäußert hat: „Nur wer eine gründliche wissenschaftliche Fachbildung besitzt", sagt letzterer, „wer die Methode wissenschaftlicher Arbeit kennen gelernt und davon genügende Proben abgelegt hat, ist im stande ein guter Bibliothekar zu sein. Wessen Geist geschärft ist im ernsten Studium eines Faches, der ist fähig, auch auf anderen wissenschaftlichen Gebieten sich zu orientieren und die litterarische Be-wegung zu verfolgen. Tiefe Kenntnisse auf irgend einem Wissenschaftsgebiete sind dem Bibliothekar notwendig; ohne Einsicht in die Art und die Wege wissen-schaftlicher Forschung ist der Bibliothekar ein untergeordneter Registrator". Der Umstand — so möchten wir noch hinzufügen —, daß der Bibliothekar während seiner Studienzeit den Geist einer Wissenschaft voll und ganz erfaßt hat, bewahrt ihn auch vor den in einer mehr encyklopädischen Bildung liegenden Gefahren geistiger Verflachung und plan- und ideenloser Halbbildung.

Hat er sich aber auf der Universität die strenge Methode und danach teils auf theoretischem teils auf praktischem Wege die nötigen bibliothekswissenschaftlichen Vorkenntnisse angeeignet, dann möge er das Erworbene vor allem auch der Bibliothekswissenschaft selbst zu gute kommen lassen. Denn sie bietet ihm mit Einschluß der Bibliographie (vergl. C. Wendeler, Wissenschaftliche Biblio-graphie — eine Aufgabe unserer Bibliotheksbeamten, Neue Preußische Zeitung 1886, Nr. 97 und 98, 1. Beilage und O. H[artwigs] Bemerkungen dazu im Centralblatt f. B. II, S. 244) ein reiches Feld für schriftstellerische Thätigkeit, die dem Bibliothekar nicht verwehrt sein soll, wenn anders er seinen Platz in der gelehrten Welt, innerhalb deren er ja lebt und webt, mit Ehren behaupten soll. Hat doch das italienische Unterrichtsministerium, wie früher das spanische, und wie es die Pariser Akademie der Wissenschaften regelmäßig thut, für gute bibliographische Werke sogar Prämien gestiftet (Centralblatt f. B. II, S. 196; Petzholdts Anzeiger 1886, Nr. 1944). Wer anders aber soll berufen sein, derartige Arbeiten mit wirklicher Sachkenntnis auszuführen als in erster Linie der Bibliothekar? Aber auch zu anderen Veröffentlichungen, besonders litterargeschichtlicher und technischer Art, bietet sein Beruf ausgiebige Gelegenheit. Mitteilungen aus den Schätzen der ihm unterstellten Bibliothek, Beschreibung seltener Bücher derselben, Berichte über die Geschichte der Anstalt, ihre Einrichtungen, ihr Wachstum, ihre Benutzung u. s. w. sind lohnende Gegenstände bibliothekarischer Schriftstellerei. Pflegt ein Bibliothekar daneben in seinen Mußestunden auch noch diejenige Wissenschaft, die er auf der Universität erlernt hat, wer möchte dies an ihm tadeln, wenn es unbeschadet dem eigentlichen Berufe, den er sich erkoren hat, geschieht? Es hat tüchtige Bibliothekare gegeben, die neben einer anerkannten Wirksamkeit in ihrem Berufe und neben einer fruchtbringenden Thätigkeit auf dem Gebiete der Bibliothekswissenschaft auch innerhalb einer besondern Wissenschaft Ersprießliches geleistet haben und noch leisten. (Vergl. Literary Librarians. Library Journal, Vol. VII, 1882, S. 29—30.) Tedders vielberufener Ausspruch „The librarian who writes is lost" bedarf ebenso sehr der Einschränkung, wie er selbst das geflügelte Wort des Mark Pattison „The librarian who reads is lost" mit Recht in gewisse Grenzen gewiesen hat.

In England war es besonders der ebengenannte Bibliothekar des Athenäums zu London H. R. Tedder, welcher die Erziehung der Bibliothekare für ihr Amt stets befürwortet hat, so u. a. in seinem lesenswerten Vortrage Librarianship as a Profession. A Paper read at the Cambridge Meeting of the Library Association Sept. 1882. London 1884, 12° (besprochen von S[chulz] im Centralblatt I, 488 ff., Petzh. Anz. 1885, Nr. 1942), s. auch Transactions and Proceedings of the 4. and 5. Annual Meetings, London 1884, 4°, S. 163—172. Seinen Bemühungen war es auch hauptsächlich mit zu danken, daß seitens der englischen Library Association die Einführung besonderer Bibliotheksexamina beschlossen und verwirklicht wurde. Nachdem das „Committee on the Training of Library Assistants" bereits 1881 ein oder mehrere Fachexamina in Vorschlag gebracht hatte (s. Monthly Notes 1881, Nr. 8), wurde von dem genannten Vereine später ein endgültiger Plan aufgestellt, der sich in The Library Chronicle, Vol. 1, 1884, S. 183—186 und in deutscher Übersetzung im Centralblatt f. B., Jhg. II, 1885, S. 33—34 abgedruckt findet. Im Juli 1885 fand dann die erste Prüfung statt, über welche in Library Chronicle, Vol. II, 1885, S. 93—96 (vergl. Centralblatt f. B. III, S. 114) berichtet ist. Die zu beantwortenden Fragen bezogen sich auf Litteraturgeschichte, Bibliographie und Bibliothekslehre. Über das Ergebnis der Prüfungen werden Diplome verteilt.

In Frankreich, wo die Ecole des chartes zu Paris wie dem angehenden Archivar und Historiker so auch dem künftigen Bibliothekar erwünschte Gelegenheit bietet, sich nützliche Vorkenntnisse für seinen Beruf zu erwerben, ist seitens der Unterrichtsverwaltung i. J. 1884 eine mündliche und schriftliche Staatsprüfung junger Leute zur Erlangung des Fähigkeitszeugnisses für den Dienst an französischen Universitäts- und Departements-Fakultäts-Bibliotheken angeordnet worden (Petzholdts Anzeiger 1884, Nr. 674). Im Mai genannten Jahres fand die erste Prüfung statt, worüber Zeugnisse ausgestellt wurden. (Le Livre 1884, Julinummer.) Die betreffenden Bestimmungen finden sich in Le Livre, Année

VII, Nr. 74 und in deutscher Übersetzung in Petzholdts Anzeiger 1886, Nr. 2513. Für die Bibliothèque nationale wurden, auf Grund eines Dekretes des Präsidenten der Republik, noch besondere Bestimmungen über das von Anwärtern auf Hilfs- arbeiter- und Unterbibliothekarstellen abzulegende Examen getroffen, welche im Anzeiger 1886, Nr. 2464 in der Übersetzung abgedruckt sind. Nach § 12 des betreffenden Dekretes (Petzholdts Anzeiger 1885, Nr. 2064) kann nämlich niemand Aspirant werden, ohne im Besitze des Zeugnisses eines Bachelier ès Lettres oder ès Sciences zu sein und mit Erfolg eine Aufnahmeprüfung abgelegt zu haben und nach § 13 desselben Dekrets wird niemand zum Unterbibliothekar ernannt, der nicht wenigstens ein Jahr Aspirant gewesen ist und von seiner Befähigung in einer Prüfung Probe abgelegt hat.

In Italien nahmen bisher die beiden Zentralbibliotheken des Landes: die Biblioteca Nazionale (Vittorio Emanuele) zu Rom und diejenige zu Florenz — doch nur diese — Volontäre (alunni) an und bildeten dieselben für den Bibliotheks- dienst aus. Die genauen Vorschriften über die verschiedenen Examina, welche die Bibliotheksbeamten auch in Italien zu bestehen haben, sind in dem Regolamento per le Biblioteche pubbliche governative approvato con regio Decreto 3464 del 28 Ottobre 1885. Roma (vergl. Centralblatt f. B. III, 1886, S. 40, 41) niedergelegt, wovon in Petzholdts Anzeiger, Jhg. 47, 1886, Nr. 2462, 2579 eine deutsche Übersetzung veröffentlicht worden ist. Vergl. auch Guido Biagi, Gli Esami per i Bibliotecari. Rivista delle Biblioteche, Vol. I, 1888, S. 4—9.

Werfen wir schließlich noch einen Blick auf die Vereinigten Staaten Nordamerikas, so müssen wir hierbei im Auge behalten, daß die Verhältnisse daselbst insofern anders liegen, als die dortigen freien öffentlichen Bibliotheken nicht wie unsere großen Landesbibliotheken im wesentlichen, unsere Universitäts- bibliotheken ausschließlich, dazu bestimmt sind, gelehrten wissenschaftlichen Be- strebungen zu dienen, sondern vor allen Dingen das Bedürfnis der großen Masse nach Lektüre zu befriedigen. Daraus ergiebt sich naturgemäß eine Verschiedenheit der an die Vorbildung der Beamten im allgemeinen zu stellenden Anforderungen. Das Bedürfnis einer systematischen Schulung der angehenden Bibliothekare hat sich jedoch auch jenseit des Ozeans ebenso fühlbar gemacht wie bei uns und sich dort sogar zuerst siegreich Bahn gebrochen. J. D. Mullins, The Standard of Library Service. Library Journal, Vol. III, 1878, S. 52—53. — James L. Whitney, Selecting and Training Library Assistants. Ebenda, Vol. VII, 1882, S. 136—139. Einen besonders thätigen Förderer fanden die hierauf berichteten Bemühungen in Melvil Dewey, der bereits 1879 in seinem Vortrage Apprenticeship of Librarians. Library Journal, Vol. IV, S. 147—148 die Errichtung eines Librarian's College im Anschlusse an eine große Bibliothek gefürwortet hatte. 1887 wurde unter seiner Leitung am Columbia College ein Lehrkursus über Bibliothekswissenschaft (School of Library Economy) eröffnet, worüber im Library Journal, Vol. XII, 1887, S. 78—80, 166—169 Bericht erstattet ist. Der Lehrkursus ist seitdem regelmäßig jährlich wiederholt und immer zahl- reicher, namentlich auch von Frauen, welche in den Free Public Libraries als Beamte mit Erfolg thätig sind, besucht worden. Miss Mary Wright Plummer, The Columbia College School of Library Economy from a Student's Stand- point. Library Journal, Vol. XII, 1887, S. 363—364. — Dewey in The Library I, S. 374 ff. — Ders., Civil Service Examinations for New-York State Library. Library Journal, Vol. XIV, 1889, S. 118—121. Neuerdings sind jene Kurse infolge von Deweys Übersiedelung als Direktor der New York State Library nach Albany dorthin verlegt worden. (Library Journal XIV, 1889, S. 4, 133, 446, 479; XV, 1890, S. 23—25.)

Zweiter Abschnitt.

84 (S. 96). Th. Müller, Einige allgemeine Bemerkungen über Bibliothekverwaltung in Bezug auf Personalverwaltung. Serapeum, Jhg. II, 1841,
S. 123—127.

85 (S. 99). E. Reyer, Amerikanische Bibliotheken. Centralblatt f. B.,
Jhg. III, 1886, S. 121—129 erklärt daher bedeutende Vermehrung des Beamtenkörpers und der Dienerschaft und entsprechende Erhöhung der Dotation unserer
Bibliotheken für zeitgemäße Forderungen. „Unsere meisten großen Institute
(sowie die Bibliothèque nationale)", sagt er, „haben auf 100 000 Bände nur zwei
bis drei Bedienstete, während die Astor Library (New York) und das Britische
Museum auf die gleiche Anzahl Bände zehn Bedienstete aufweisen und Boston
diese Zahl noch um das dreifache übertrifft. Das ist offenbar ein schreiendes
Mißverhältnis. Unsere Bediensteten haben vollauf zu thun, die Bibliothek in
Ordnung zu halten und können beim besten Willen nicht überdies noch eine
entsprechende Benutzung der Bibliotheken erzielen."

86 (S. 101). Auf eine sorgfältige und genaue Überwachung der Bibliotheksgeschäfte seitens des Vorstandes selbst in Einzelheiten legt Winter Jones, gewiß
eine glaubwürdige Autorität, in seiner Eröffnungsrede des internationalen
Bibliothekarkongresses zu London besonderes Gewicht. „Librarians", sagt er,
„ought to be good administrators, to be prepared to exercise a strict and
personal superintendence over the library staff, and to give their attention
to details, however ordinary or minute. This attention to details will amply
repay all librarians who exercise it."

87 (S. 102). Auf einen solchen Bibliotheksvorsteher wird die abschreckende
Schilderung Hoffmanns von Fallersleben, die er in seinem Aufsatze:
Universitäts-Bibliotheken und ihre Verwaltung. Serapeum, Jhg. I, S. 3—8
gegeben hat, sicherlich nicht zutreffen.

88 (S. 102). „The Librarian", erklärt Justin Winsor in einem
Artikel: A Word to Starters of Libraries. Library Journal, Vol. I, 1877,
S. 1—3, worin er von unnötigen Belästigungen der Bibliotheksvorstände seitens
des Publikums handelt, „is one of those people who find the more expected
of them the more they do."

89 (S. 102). Der Bibliotheksvorsteher kann manche Wünsche gar nicht
erfüllen, auch wenn er dazu geneigt wäre, weil die ihm zur Verfügung stehenden
Mittel dazu nicht ausreichen. Sehr treffend zeichnet E. Förstemann (Bedarf
und Mittel der Bibliotheken. Centralblatt f. B., Jhg. IV, 1887, S. 97—106) die
Lage, in welche jener in diesem Falle häufig kommt, wenn er (S. 105) sagt:
„Dieses Mißverhältnis zwischen dem Bedarf und den Mitteln hat namentlich
allerlei kleine Leiden für die Vorsteher der Bibliotheken im Gefolge. Eine Menge
von Liebenswürdigkeiten gehen leicht über sie von Mund zu Mund: Mangel an
kräftigem Auftreten, engherzige Beschränktheit und Gleichgültigkeit, zu große Ängst-
lichkeit bei drohenden Etatsüberschreitungen, Bevorzugung eigener Liebhabereien,
Fehlen echt wissenschaftlichen Sinnes, veraltete Anschauungen, Altersschwäche u. dgl.,
dies sind so ziemlich gewöhnliche Vorwürfe, die hinter ihrem Rücken kolportiert
werden; nun, sie müssen sich darüber, wenn sie wirklich von der Grundlosigkeit
dieser Vorwürfe überzeugt sind, mit dem alten Dichterworte trösten: „Sollten Dich
die Dohlen nicht umschrein, mußt Du nicht Knopf auf dem Kirchturm sein!""

90 (S. 102). Die Benennung der Bibliotheksbeamten, die, wie wir sahen,
auch in Bezug auf den Vorsteher schwankt, ist schon des öfteren zum Gegenstand
kritischer Betrachtungen gemacht worden; so von Th. Müller in dem oben
erwähnten Aufsatze, Serapeum II, S. 126, von Klette. Die Selbständigkeit des

bibliothekarischen Berufes S. 24 und neuerdings in einer kurzen Besprechung der Kölnischen Zeitung vom 8. März 1889, welche sich namentlich gegen die amtliche Bezeichnung Custos wendet.

91 (S. 104). Über die Bibliotheksdiener vgl. J. Petzholdt in seinem oben erwähnten Aufsatze: Aus den Erfahrungen eines 25jährigen Bibliotheklebens, Anzeiger 1863, Nr. 356. — Derselbe, Aus der Bibliothekspraxis: zur Aufwärter= frage, ebenda 1873, Nr. 697. — E. Förstemann, Die Bibliotheksdiener. Central= blatt f. B. III, 1886, S. 190—196.

92 (S. 106). Der bezügliche Erlaß des Königlich Preußischen Ministeriums der geistlichen, Unterrichts= und Medizinal=Angelegenheiten Herrn v. Goßler ist abgedruckt im Centralblatt f. B., Jhg. IV, 1887, S. 31—32.

93 (S. 107). Die Gehaltsverhältnisse der Bibliotheksbeamten sind aus den Etats der Unterrichtsverwaltungen der einzelnen Länder ersichtlich, die in den betreffenden Staatshaushaltsetats veröffentlicht werden. Zur allgemeinen Orien= tierung dienen auch schon einige für bestimmte Jahre gemachte Zusammenstellungen im Centralblatt für Bibliothekswesen. Über Preußen siehe z. B. die Übersicht der Leistungen des Preußischen Staates für öffentliche Bibliotheken nach dem Staatshaushalts=Etat für d. J. 1883/84 und Mittheilungen der competenten Behörden. Centralblatt f. B., Jhg. I, 1884, S. 27—31. Außerdem: Zur Besoldungsfrage der Preußischen Bibliotheksbeamten. Centralblatt, Jhg. II, 1885, S. 81—86. Vgl. auch die Berichte über die Verhandlungen im Preußischen Abgeordnetenhaus, ebenda, Jhg. III, 1886, S. 240—241; VI, 1889, S. 176—179; desgl. die Notiz über den Etat der K. Preußischen Unterrichtsverwaltung v. J. 1888/89, ebenda, Jhg. V, 1888, S. 144—145; und über denjenigen von 1890/91 ebenda, Jhg. VII, 1890, S. 107. Eine Übersicht der Leistungen des Bayerischen Staates für öffentliche Bibliotheken (Nach dem Etat für 1884/85) findet sich im Centralblatt, Jhg. I, 1884, S. 278—280. — Über die Gehaltsverhältnisse der österreichischen Beamten vgl.: Eine Petition der k. k. österreichischen Bibliotheksbeamten. Centralblatt f. B., Jhg. III, 1886, S. 136—146, dazu den Staatsvoranschlag für den Aufwand des Bibliothekswesens Cisleithaniens pro 1886, ebenda, Jhg. II, 1885, S. 512—515 und das Gesetz vom 30. April 1889 betr. den Rang und die Bezüge der Beamten an den Universitäts= und Studienbibliotheken, abgedruckt ebenda, Jhg. VI, 1889, S. 315—316. Die Besoldung der englischen Bibliothekare ist u. a. aus dem Budget der eng= lischen Staatsbibliotheken: des British=Museums in London und der National= bibliothek zu Dublin. Centralblatt f. B., Jhg. II, 1885, S. 192—195 ersichtlich; vgl. dazu die Notiz ebenda, Jhg. I, 1884, S. 160 und Robert Harrison, The Salaries of Librarians. Transactions and Proceedings of the 1. Annual Meeting of the Library Association U. K. London 1879, S. 90—95. Diejenige der französischen giebt nach dem Staatshaushaltsetat f. d. J. 1884 das Central= blatt f. B., Jhg. I, 1884, S. 63—72. Amtliche Materialien über die französischen Universitätsbibliotheken bringt in eingehender Weise regelmäßig die Statistique de l'enseignement supérieur. Paris, Imprimerie nationale, 4°.

Drittes Kapitel.

94 (S. 109). Über die Aufwendungen der verschiedenen Staaten für die öffentlichen Bibliotheken geben die in der vorhergehenden Anmerkung verzeichneten Zusammenstellungen gleichzeitig mit Aufschluß. Für Preußen vgl. noch O. Hartwig, Zu den Verhandlungen des Hauses der Abgeordneten über das Preußische Bibliothekswesen. Centralblatt f. B., Jhg. I, 1884, S. 173—182. Für Frankreich s. noch Centralblatt f. B., Jhg. III, 1886, S. 545. Für

Belgien ebenda, Jhg. IV, 1887, S. 83—84. Die Summen, welche Italien für Bücheranschaffungen und Buchbinderlöhne z. B. 1887 verwendete, sind im Centralblatt f. B., Jhg. IV, 1887, S. 230 aufgeführt.

95 (S. 109). C. Förstemann, Bedarf und Mittel der Bibliotheken. Centralblatt f. B., Jhg. IV, 1887, S. 97—106.

Zweiter Teil.
Viertes Kapitel.
Erster Abschnitt.

96 (S. 111). Formey, Conseils pour former une bibliothèque peu nombreuse, mais choisie. Berlin 1746. 8⁰ (öfters aufgelegt). — Jules Richard, L'art de former une bibliothèque. Paris 1883. 8⁰. — H. B. Wheatley, How to Form a Library. London 1886. 12⁰ (254 S.).

97 (S. 112). Als allgemeine Hilfsmittel bei der Beschaffung des litterarischen Bibliotheksapparats seien genannt:

Julius Petzholdts Bibliotheca bibliographica, Leipzig 1866. 8⁰, welche eine reiche Übersicht über die bibliographische Litteratur mit kritischen Bemerkungen bietet, und Léon Vallée, Bibliographie des bibliographies. Paris 1883, 8⁰; Supplément 1887. 8⁰ (vgl. Centralblatt, Jhg. I, 1884, S. 35—36).

In engerer Beziehung kommen für den genannten Zweck u. a. hauptsächlich in Betracht

R. A. Guild, Librarian's Manual; a Treatise on Bibliography, comprising a Select and Descriptive List of Bibliographical Works, with Sketches of Public Libraries. New-York 1858. 4⁰. — A. R. Spofford, Works of Reference for Libraries, in dem vom Bureau of Education herausgegebenen Werke Public Libraries in the U. S. of America. Special Report. Washington 1876. 8⁰. Pt. I, S. 686—710. — J. H. Slater, The Library Manual: a Guide to the Formation of a Library and the Valuation of Rare and Standard Books. London 1883. 8⁰.

Ein reichhaltiges Verzeichnis von Bibliographien aller Art giebt C. N. Caspar, Directory of the American Book, News, and Stationers Trade. Milwaukee 1889. 8⁰. S. 1266 ff. Kurze Zusammenstellungen der wichtigsten allgemeinen Litteratur finden sich ferner bei Samuel S. Green, Library Aids, S. 42 ff., bei Graesauer, Handbuch u. s. w. S. 66—86, bei Eduard Bratke, Wegweiser zur Quellen- u. Litteraturkunde der Kirchengeschichte. Gotha 1890, S. 104—107, 153—157, 162—164.

Für die amerikanische Litteratur möge noch besonders auf Paul Leicester Ford, American Bibliography (Aufzählung von Bibliographien, Katalogen, Autorenregistern x.), Brooklyn-N. Y. 1889, 8⁰ hingewiesen sein. (S. auch Anm. 168.)

98 (S. 117). P. A. Budik, Zur Kenntniß seltener Bücher. Serapeum, Jhg. II, 1841, S. 145—155. — Vgl. auch die bemerkenswerten Ausführungen von A. E. Umbreit, Die Bibliophilie in Teutschland als Gegenstand nationaler Bedeutung. Serapeum, Jhg. IV, 1843, S. 113—124, 142—144. — L. Preller, Beiläufige Gedanken eines Bibliothekars. Serapeum X, 1849, S. 353—363, 369—377. — E. Rouveyre, Connaissances nécessaires à un bibliophile. Paris 1879, 8⁰, namentlich S. 139—156.

99 (S. 123). Über den Büchersammler verbreitet sich in ebenso unterhaltender wie anregender Weise Percy Fitzgerald, The Book Fancier or the Romance of Book Collecting. London 1886. 8⁰ (312 S.).

100 (S. 123). Die Bibliotheken haben auch Ausstellungen ihrer merk-
würdigsten oder kostbarsten Werke nicht verschmäht. So fand z. B. schon am
24.—28. Juni 1847 eine solche in Leipzig seitens der dortigen Stadt- und
Universitätsbibliothek statt, wobei Prachtwerke der Buchdruckerkunst ältester und
neuester Zeit, Manuskripte, Holzschnitte, Autographen u. s. w. ausgelegt waren.
Raumann im Serapeum, Jhg. VIII, 1847, S. 193—199. Merkwürdigkeiten
zahlreicher amerikanischer öffentlicher Bibliotheken zeigte 1884 die Ausstellung zu
Berkeley (Catalogue of the Loan Book Exhibition, held at the University
of California, Berkeley, May 26—31, 1884. Sacramento 1884. 8°), während
bereits im vorangehenden Jahre 1883 die englischen Bibliothekare auf der Versammlung zu Liverpool eine Exhibition of Library Appliances and Bindings etc.
(Transactions and Proceedings of the 6. Annual Meeting of the Library
Association U. K. London 1886. 4°, S. 181—190) unter reger Beteiligung der
einzelnen Anstalten ins Werk gesetzt hatten. — Eine Ausstellung derjenigen ihrer
Handschriften, welche künstlerischen Schmuck tragen, veranstaltete am 22. und
23. Oktober 1886 die Verwaltung der Universitätsbibliothek zu Basel (Centralblatt f. B., Jhg. IV, 1887, S. 41—42), eine solche von Handschriften und
Büchern, die sich auf Stenographie beziehen, das Britische Museum im November
1887 (Ebenda, Jhg. V, 1888, S. 39), alte und seltene Drucke waren ferner 1888
gelegentlich des Universitätsjubiläums zu Bologna ausgelegt (Ebenda, Jhg. VI,
1889, S. 90) und die Schaustellung merkwürdiger Stücke der aus dem Nachlasse
des Lord Asburnham erworbenen Sammlungen von Libri und Barrois seitens
der Pariser Nationalbibliothek in der Salle du Parnasse français hatte nach de
Vries im Centralblatt f. B., Jhg. VI, 1889, S. 206—209 einen glänzenden Erfolg
(Leopold Delisle, Notice d'un choix de manuscrits des fonds Libri et
Barrois exposés dans la salle du Parnasse français. Paris 1888. 8°). Ebenso
erwarb sich die Kgl. öffentliche Bibliothek zu Stuttgart infolge ihrer Teilnahme
an der graphischen Ausstellung daselbst 1889 verdienten Beifall. Die Art ihrer
Verwaltung brachte die öffentliche Bibliothek zu Chicago auf der Pariser Weltausstellung von 1889 in einem großen Bande zur Darstellung, welcher Abbildungen der Bibliotheksräume, Ordnungen und Formulare enthielt und dem
genannten Institut als Anerkennung eine goldene Medaille einbrachte (Centralblatt f. B., Jhg. VII, 1890, S. 109—110).

101 (S. 125). A. Poulet-Malassis, Les Ex-libris français, depuis leur
origine jusqu'à nos jours. Nouvelle Édition. Paris 1875. 8°. — J. Leicester
Warren, A Guide to the Study of Book-Plates (Ex-libris). London 1880.
8°. — M. Harrwitz, Ex libris. Centralblatt f. B., Jhg. I, 1884, S. 303—306.

102 (S. 126). Dieser Erlaß des damaligen französischen Ministers des öffentlichen Unterrichts A. Fallières an die Maires des Landes vom 24. Dezember
1884 ist in deutscher Übersetzung abgedruckt in Petzholdts Anzeiger 1885, Nr. 1498.

Zweiter Abschnitt.

103 (S. 127). Carl Dziatzko, Instruction für die Ordnung der Titel im
alphabetischen Zettelkatalog der Königlichen und Universitäts-Bibliothek zu Breslau.
Berlin 1886. 8°, besprochen im Centralblatt f. B., Jhg. III, 1886, S. 289—295;
IV, 1887, S. 118—121; in Petzholdts Anzeiger 1886, Nr. 2467, ins Italienische
übersetzt von Angelo Bruschi. Firenze 1887 (Centralbl. IV, 373); auch steht die
Veröffentlichung einer englischen Übersetzung oder richtiger einer amerikanischen
Verhältnissen angepaßten Bearbeitung derselben durch den Bibliothekar der öffent-
lichen Bibliothek zu Milwaukee K. A. Linderfelt in Aussicht (Library Journal,
Vol. XIV, 1889, S. 248—250). Dziatzko führt die einschlägige Litteratur an,

aus welcher die von einem Comitee bedeutender Bibliographen unter Panizzis Vorsitze entworfenen berühmten 91 Katalogisierungsregeln des Britischen Museums a. b. J. 1841, diejenigen Jewetts für die Smithsonian Institution zu Washington, veröffentlicht in einem Smithsonian Report, auf welchen wir in der folgenden Anmerkung noch näher einzugehen haben werden, Charles A. Cutters Rules for a Printed Dictionary Catalogue in den Public Libraries in the U. S. Special Report etc. Pt. II, 1876. 8°, 2. Edition. Washington 1889. 8°, die früheren und die revidierten Regeln der Library Association of the United Kingdom, jene abgedruckt in den Monthly Notes II, 1881, S. 81 ff., im Library Journal, Vol. VI, 1881, S. 315—316 und in deutscher Übersetzung in Petzholdts Anzeiger, Jhg. 1882, Nr. 115, diese im Library Chronicle, Vol. II, 1885, S. 25 bis 28 und in deutscher Übersetzung in Petzholdts Anzeiger, Jhg. 1886, Nr. 1715, sowie die Regeln der amerikanischen Vereinigung publiziert als Condensed Rules for an Author and Title Catalog. Prepared by the Coöperation Committee, A. L. A., Library Journal, Vol. VIII, 1883, S. 251—254, wieder-abgedruckt bei Cutter, Rules. 2. Edition, S. 99—103, auch an dieser Stelle genannt werden müssen. Neuerdings sind zu der von Dziatzko gegebenen Zu-sammenstellung noch hinzugekommen

F. B. Perkins, San Francisco Cataloguing for Public Libraries. 2 Pts. With Classification. San Francisco 1884. 8°. — Melvil Dewey, Rules for Author and Classed Catalogs as used in Columbia College Library. Boston 1888. 8°, in zweiter Auflage als Library School Rules. Boston 1889. 8° und Henry B. Wheatley, How to Catalogue a Library. London 1889. 8°. — Vergl. auch Anm. 120.

Ein Verzeichnis der bibliographischen Hilfsmittel zum Auffinden der auf den Titeln fehlenden oder nicht ausgeschriebenen Vornamen giebt Chas. H. Hull, Helps for Cataloguers in finding Full Names. Library Journal, Vol. XIV, 1889, S. 7—20. (Vergl. auch Anm. 120.)

104 (S. 128). Daß zum Behufe der Aufnahme des Bücherbestandes der Titel ein und desselben Buches an jeder einzelnen Bibliothek immer wieder von neuem verzeichnet werden muß, hat man schon vielfach als einen Übelstand em-pfunden und gekennzeichnet. „At the present time", sagt Melvil Dewey, Co-operative Cataloguing. Library Journal I, 1877, S. 170—175, „if a specially valuable book is published it finds its way to at least a thousand libraries, in all of which it must be catalogued. When the title is once properly copied, and revised, the result should be made easily accessible to the other nine hundred and ninety-nine librarians." Und Förstemann, Die Verbindung zwischen den deutschen Bibliotheken, Centralblatt, Jhg. I, S. 9 nennt es eine „ungeheure Verschwendung von Arbeitskraft, daß auf den ver-schiedenen Bibliotheken dieselbe Arbeit vorgenommen wird, die einmal für alle vorgenommen werden könnte". Es sind deshalb auch die mannigfachsten Vorschläge zur Abhilfe gemacht worden, ohne daß jedoch bisher irgend einer ver-wirklicht worden wäre. So empfahl u. a. Burchard internationale uniforme Katalogzettel einzuführen. Es sollte jedem erscheinenden Buche zwischen Titel-blatt und Umschlag ein gedruckter Katalogzettel, dessen genauere Beschreibung und Abbildung sich in Petzholdts Anzeiger 1880, Nr. 686 findet, beigegeben, Bibliotheken aber bei Entnahme eines Exemplars fünf Stück solcher Zettel zur Anfertigung der verschiedenen Kataloge zur Verfügung gestellt werden. Der von dem bibliographischen Comitee des Wissenschaftlichen Klubs in Wien am 22. Januar 1880 einstimmig befürwortete und von der Kritik (vgl. Reyßers Be-sprechung desselben im Börsenblatt 1881, Nr. 222, S. 4123—25) günstig auf-

genommene Vorschlag blieb indessen erfolglos. Auch Guillaume Depping hatte auf der Londoner internationalen Konferenz in einer kurzen Bemerkung: Note on Co-operative Cataloguing, Library Journal, Vol. II, 1878, S. 158 der Vervielfältigung der Titel das Wort geredet, die Henry Stevens in seinem ebenda gehaltenen Vortrage: Photo-Bibliography; or, a Central Bibliographical Clearing-House, Library Journal, Vol. II, 1878, S. 162—173 seinerseits namentlich auf die Inkunabeln und kostbaren alten Drucke angewendet wissen wollte, deren Titel durch ein zentrales bibliographisches Bureau auf photographischem Wege in verkleinertem Maßstabe abzunehmen und im Druck zu vervielfältigen wären. Nach Förstemann a. a. O. würde eine Vereinfachung in der Weise zu erreichen sein, daß die Litteratur der bedeutenderen verstorbenen Schriftsteller von verschiedenen Bibliotheksverwaltungen mit dem nötigen Raume für Nachträge und für die Hinzufügung der Signaturen nach übereinstimmenden, einfachen Regeln übersichtlich bearbeitet und in einem Werke vereinigt würde, dessen Format dem für Blattkataloge üblichen zu entsprechen hätte. Die Bibliotheken würden dieses Werk in der Weise für ihre Zwecke nutzbar zu machen haben, daß sie die einzelnen Blätter desselben ausschnitten und mit den Signaturen derjenigen Bücher versehen, welche sich in ihrem Besitze befinden, im alphabetischen Kataloge an Stelle der von den verschiedensten Händen geschriebenen, oft verschmierten Blätter einlegten. Damit wäre freilich nur eine teilweise Abhilfe geschaffen; die Mehrzahl der Zettel müßte nach wie vor geschrieben werden. Mit Burchard stimmt im wesentlichen Johannes Franke, Der Druck der Katalogtitel und die Gesammtzugangsliste. Centralblatt f. B. IV, S. 60—66 überein, wenn er vorschlägt, daß auf dem Wege internationaler Vereinbarung und einzelstaatlichen Dekrets oder geschlossener Vorgehens der Bibliotheksverwaltungen Verleger und Drucker zu veranlassen wären, jedem neu erscheinenden Werke eine bestimmte Anzahl von Titelabdrücken in vorgeschriebener Form und Abfassung beizugeben. Die Hauptschwierigkeit wird, wie auch Franke anerkennt, immer die sein, Titelabdrücke zu erhalten, die nach einheitlicher Norm abgefaßt sind. Und gesetzt auch, es käme durch internationale Verständigung ein solches einheitliches Verfahren zu Stande, so wäre damit wieder der Übelstand geschaffen, daß die neuen Titel der bisher an den einzelnen Bibliotheken üblichen Katalogisierungsweise, die bekanntlich je nach den verschiedenen Ländern, ja sogar je nach den verschiedenen Bibliotheken eine verschiedene ist, nicht entsprechen würden. Es bleiben also mancherlei Schwierigkeiten bestehen, welche sich der befriedigenden Lösung dieser Frage entgegenstellen.

Zu den erwähnten Bestrebungen, die Katalogisierungsarbeiten an den einzelnen Bibliotheken zu vereinfachen und auf dem Wege des Druckes zu erleichtern, gehören auch die Pläne zur Herstellung von Gesamtkatalogen der Bibliotheken eines Landes. Schon Naudé empfiehlt in seinem Advis pour dresser une bibliothèque den Bibliotheken die Sammlung möglichst zahlreicher Kataloge, um auf diese Weise einen Zentralkatalog zusammenzubringen, vermittelst dessen dem Gelehrten nachgewiesen werden könne, wo ein Buch, das er suche, zu finden sei. In dem schon wiederholt erwähnten Aufsatze im Serapeum III, 1842, Einige praktische Bemerkungen und Wünsche über die öffentlichen Bibliotheken in Preußen S. 247 schlägt Förstemann zum Ersatze einer Zentral-Landes-Bibliothek die Herstellung eines alphabetischen Generalnominalkatalogs aller öffentlichen Bibliotheken des Staates vor, in welchem bei jedem Büchertitel diejenige Landes-, Universitäts-, Stadt-, Schul- oder Kirchenbibliothek zu nennen wäre, welche sich im Besitze desselben befindet. Für Amerika plante Anfang der fünfziger Jahre unsers Jahrhunderts der Bibliothekar der Smithsonian Institution zu Washington Charles C. Jewett einen Gesamtkatalog der Bibliotheken des Landes, welcher unter Leitung und Beihilfe des genannten Institutes und unter Anwendung der Stereotypie für die e i n z e l n e n Titel verwirklicht werden sollte. J e w e t t dachte sich die Ausführung seines Planes in der Weise, daß die Smithsonian Institution die Regeln für einen solchen Generalkatalog aufzustellen hätte, was auch geschah; daß andere amerikanische Bibliotheken, welche die Beteiligung wünschten, ihre Bücherbestände hiernach aufnehmen lassen sollten und daß die Smithsonian Institution gegen eine pekuniäre Unterstützung das Eigentumsrecht auf die zu stereotypierenden Titel erhalte, um diese zu einem Gesamtkataloge zu vereinigen. Mit Hilfe der stereotypierten Titel würde der Katalog jederzeit auf leichte und billige Art neuaufgelegt werden können, wobei die inzwischen von den Bibliotheken erworbenen neuen Bücher auf Einzel- platten immer wieder eingeschoben, lästige Supplemente also entbehrlich würden. Charles C. Jewett, On the Construction of Catalogues of Libraries, and their Publication by means of Separate, Stereotyped Titles. With Rules and Examples. Washington 1852. 8°, 2. edition 1853. 8° (Smithsonian Report), neuerdings von Guido Biagi in das Italienische übersetzt: Ch. C. Jewett, Della Compilazione del Cataloghi per Biblioteche e del modo di pubblicarli per mezzo di titoli separati stereotipati. Regole ed esempli. Prima versione dall' inglese. Firenze 1888. 8°. Die Frage eines Gesamtkatalogs hat später James G. Barnwell, A Universal Catalogue: its Necessity and Practicability. Library Journal, Vol. I, 1877, S. 54—58 des weitern erörtert. Für Italien hat einem solchen Narducci das Wort geredet und in der Schrift „Di un Catalogo generale dei manoscritti e dei libri a stampa delle Biblioteche governative d'Italia proposta al Signor Ministro della pubblica Istruzione nella quale si da' per saggio l'articolo „Boccaccio". Roma 1877, 4° seinen Plan dem Minister des öffentlichen Unterrichts unterbreitet, welcher in dem „Regolamento organico delle Biblioteche governative del Regno d'Italia" (abgedruckt in Petzholdts Anzeiger 1876, Nr. 378, 472) für die öffentlichen Bibliotheken des Landes bereits eine gemeinsame Grundlage geschaffen hatte. Narducci verzeichnet in jener Schrift die sämtlichen in 32 italienischen Biblio- theken vorhandenen Manuskripte und Ausgaben der Werke Boccaccios in mög- lichster Kürze und so, daß bei jedem einzelnen Werke die einzelnen Ausgaben mit in Parenthese hinzugefügter Nummer der betreffenden Bibliotheken, in denen die Ausgaben vorhanden, aufgeführt sind (Anzeiger 1878, Nr. 69). Genauer hat dann Narducci die Anlage seines Catalogo generale alfabetico dei libri stampati delle Biblioteche d'Italia in einem an seine italienischen Kollegen erlassenen Rundschreiben vom 1. Oktober 1881 dargelegt, welches sich in Petzholdts Anzeiger 1881, Nr. 1087 abgedruckt findet, und die Nützlichkeit desselben zwei Jahre später in seinem Werkchen „Dell' Uso e della Utilità di un Catalogo generale delle Biblioteche d'Italia. Relazione e proposta a S. E. il Sig. Comm. Prof. Guido Baccelli Ministro della Istruzione pubblica seguita dalla prima sillaba dello stesso catalogo. Roma 1883. 4° (Centralblatt f. B., Jhg. I, 1884, S. 75) aufs neue befochten.

Auch in Deutschland machten sich Bestrebungen geltend, welche dasselbe Ziel zu erreichen suchten. Zuvörderst glaubte ein Anonymus in seinem Aufsatze Die deutschen Büchersammlungen als Ganzes. Im Neuen Reich 1878, I, S. 903 bis 907 den Mangel eines einheitlichen Katalogs sämtlicher deutscher Bibliotheken für das wissenschaftliche Publikum dadurch ausgleichen zu können, daß er das „Anfrageverfahren" zur Einführung empfahl. Eine mit der Königlichen Bibliothek zu Berlin zu verbindende litterarische Hauptstelle sollte jede Anfrage eines deutschen Gelehrten nach irgend einem von ihm gewünschten Buche beantworten und die- jenige Bibliothek ermitteln, wo das Buch zu finden sei. Damit wäre allerdings

den Gelehrten ein Teil ihrer Arbeit zur Beschaffung des ihren Studien unentbehrlichen Materials abgenommen und auf eine staatlich unterhaltene Behörde
übertragen; das Fehlen einer gemeinsamen Übersicht über die Bestände der
einzelnen Bibliotheken würde sich für jenes Auskunftsbureau aber erst recht
fühlbar machen. Beseitigt würde dieser Übelstand durch den von Heinrich
v. Treitschke, Die Königliche Bibliothek in Berlin. Preußische Jahrbücher, Bd. 53,
1884, S. 473—492 gemachten Vorschlag, Abschriften der Kataloge der größeren
Privatbibliotheken Preußens in der Königlichen Bibliothek zu Berlin niederzulegen.
Gegen ein solches Vorhaben hat indessen Tziatko, Die Centralisation der Kataloge
deutscher Bibliotheken. Centralblatt f. B., Jhg. 1, 1884, S. 261—267 mit Recht
schwere Bedenken erhoben, welche besonders dahin lauten, daß der Umfang der
auf vorwiegend mechanisches Abschreiben verwendeten Arbeit enorm, die Kosten
bedeutend, die Vorteile sehr problematisch, namentlich zur Größe der Arbeit in
gar keinem Verhältnis stehend sein würden. Tziatko empfiehlt daher seinerseits die Herstellung eines gedruckten Realkatalogs aller öffentlichen Bibliotheken
Deutschlands. „Hinter dem Titel jedes Buches stände in Klammern ein Verzeichnis der Bibliotheken, in denen das Buch sich findet, natürlich nicht mit
ihrem vollen Namen, sondern nur mit den für sie festgesetzten Siglen; bei
Büchern, welche in allen Sammlungen oder in bestimmten Gruppen derselben
sich finden, würde je ein einfaches, noch festzusetzendes Zeichen genügen.“ Bei
Lieferung besonderer Exemplare auf dünnem, zähem Papier mit leerer Rückseite
würden die einzelnen Bibliotheken in den Stand gesetzt, sich einen eigenen Realkatalog ihres Bücherbestandes durch Zerschneiden der Blätter anzulegen; regelmäßige Ergänzungen würden von der Zentralstelle geliefert, so daß damit zugleich
das gedruckte Gesamtzuwachsregister verwirklicht wäre, welches Franke empfohlen
hat. Im Anschlusse an von Treitschkes Vorschlag und unter beigefügter Polemik
gegen Tziatko befürwortete Karl Rochendörffer, Ein Gesammtkatalog der
deutschen Bibliotheken. Preußische Jahrbücher, Bd. 54, 1884, S. 168—174 die
Herstellung eines alphabetischen Einheitskatalogs der deutschen Bibliotheken
mittels bedruckter Zettel, dessen Standort die Königliche Bibliothek zu Berlin
sein sollte. Einen praktischen Erfolg hat bisher keiner der gemachten Vorschläge
zu erreichen vermocht.

105 (S. 129). Carl Sylvio Köhler, Die Litterae votivae der Biblio-
graphie. Petzholdts Anzeiger 1886, Nr. 2717. — Derselbe, Abbrevierte Titulaturen,
Widmungsformeln und Zeitbenennungen in den älteren akademischen Schriften.
Ebenda, Nr. 2718.

106 (S. 135). Die „Library Association of the United Kingdom“ hat
für die Formate folgende Bezeichnungen und Höhenmaße als gültig angenommen
(Anzeiger 1885, Nr. 1717):

Großfolio	über	18 Zoll englisch	= 46	cm
Folio	unter	18 „ „	= 46	„
Kleinfolio	„	13 „ „	= 33	„
Großquart	„	15 „ „	= 38	„
Quart	„	11 „ „	= 28	„
Kleinquart	„	8 „ „	= 20	„
Großoktav	„	11 „ „	= 28	„
Oktav	„	9 „ „	= 23	„
Kleinoktav	„	8 „ „	= 20	„
Duodez	„	5 „ „	= 20	„
Decimooktav	ist	6 „ „	= 15	„
Minimo	unter	6 „ „	= 15	„

Vergl. auch Size-Notation at the Bodlean. The Library Chronicle, Vol. I, 1884, S. 191—193.

Das Bollettino der Biblioteca nazionale centrale di Firenze mißt (Anzeiger 1886 Nr. 2471) folgendermaßen:

Folio:	Seitenhöhe über		38 cm
Quart:	"	von 28—38	"
Oktav:	"	" 20—28	"
Sedez:	"	" 15—20	"
24⁰:	"	" 10—15	"
32⁰:	"	unter	10 "

In Amerika war schon früher Jewett u. a. für das Messen der Bücher eingetreten. Die Versammlung der amerikanischen Bibliothekare zu Philadelphia beschloß auf einen Vortrag von Evans, The Sizes of Printed Books. Library Journal, Vol. I, 1877, S. 58—61, welcher das Messen empfahl, in zustimmender Weise die Frage durch ein besonderes Comitee prüfen zu lassen, vergl. ebenda, S. 106—109, 139, 174, 178—181, 183, 222, 267, 365, 377; Vol. II, S. 37; III, S. 19; ferner J. B. Huling, The Sizes of Printed Books. Library Journal, Vol. I, 1877, S. 168—169, auch George Watson Cole, A Quicker Method of Measuring Books, ebenda, Vol. XII, S. 345—349. Die nach den Beschlüssen jenes Comitees eingeführten Maße sind folgende:

Folio	abgekürzt	F . . . . über 30 cm
Quarto	"	Q . . . . unter 30 cm
Octavo	"	O . . . . " 25 cm
Duodecimo	"	D . . . . " 20 cm
Sixteenmo	"	S . . . . " 17½ cm
Twenty-fourmo	"	T . . . . " 15 cm
Thirty-twomo	"	Tt . . . . " 12½ cm
Forty-eigthmo	"	Fe . . . . " 10 cm
Narrow	"	nar . . . . Breite geringer als ⅗ Höhe.
Square	"	sq . . . . Breite größer als ⅘ Höhe.
Oblong	"	obl . . . . Breite größer als Höhe.

Auf die mannigfachen Schwierigkeiten, welche sich in Bezug auf die Messung der Bücher ergeben, hat Poole gelegentlich des ebengenannten Vortrags von Evans hingewiesen. „If we adopt the measurement", sagt er, „shall we measure the text, the paper, or the binding? The measure of the text would best meet the requirements of bibliography; the measure of the paper would give the best description of the individual copy catalogued, and the measure of the covers would be the most expeditious and summary mode of treating the subject. The measure of the paper, however, and of the cover, is often determined by the stupidity of a miserable bookbinder, whose chief ambition seems to be to fill his bin with shavings. My instructions to binders are not to cut books at all, unless they have special directions; and in re-binding n e v e r. The whole subject of adopting a new mode of designating size is not whithout its difficulties." Es wird eben nichts anderes übrig bleiben als den Einband zu messen, den der Buchbinder streng nach Vorschrift und unter Vermeidung zu reichlicher Beschneidung anzufertigen hat, damit das Abgeschnittene durch die Decke ausgeglichen werde.

107 (S. 136). So nach Stinzing, Geschichte der Rechtswissenschaft I, München 1880, S. 152 und anderen Dziatzko und die neuere Praxis bei uns in Deutschland. Die Regel des Britischen Museums, welcher später die Library

Association of the United Kingdom gefolgt ift, lautet: „Consider the respondent or defendant of a thesis as its author except when it unequivally appears to be the work of the praeses", doch möchte Benjamin Robert Wheatley, On the Question of Authorship in „Academical Dissertations", Transactions and Proceedings of the 4. and 5. Annual Meetings of the Library Association of the United Kingdom (London 1884, 4°) S. 37—42, auch abgedruckt bei Henry B. Wheatley, How to Catalogue a Library S. 105—121 dieser Bestimmung noch den Zusatz gegeben wissen: „The defendant or respondant is the author when either occurs separately on the title-page, but when together, the defendant must be so considered". Zweifellos ift der Präses in der weitaus überwiegenden Mehrzahl der Fälle der wirkliche Verfasser und es würde daher nicht richtig sein,: demselben diese Verfasserschaft nicht zuzuerkennen.

Daß z. B. bei der folgenden Differtation De latitudine et longitudine Wittebergae et de calaegia Ptolemaei dissertatio geographica praeside D. Jo. Friderico Weidlero mathematum superiorum professore ordinario ..., publice proposita a Justino Elia Wüstemanno Teunstadiensi Thuringo liberalium artium magistro die XXIX Novembris anno 1755 Wittebergae prelo Ephraim Gottlob Eichsfeldi Academiae a typis, der Präses Weidler thatsächlich der Verfasser ift, beweist ein zufällig, nämlich infolge des plötzlichen Ablebens des Präses, beigefügtes zweites Titelblatt, welches lautet Jo. Friderici Weidleri ph. et j. u. d. mathem. super. prof. ord. ... dissertatio de latitudine et longitudine Wittebergae et de calaegia Ptolemaei auspiciis dei opt. max. post viri celeberrimi obitum in auditorio philosophico die XVIII. Decembris 1755 horis matutinis consuetis publice proposita ac defensa a Justino Elia Wüstemanno Teunstadiensi Thuringo liberalium artium magistro. Vittebergae prelo Ephraim Gottlob Eichsfeldi Academiae a typis. Und in der nachstehenden Differtation De barometro itinerario et aliquot altitudinibus barometro exploratis commentationem praeside Friderico Wilhelm Beun LL. AA. M. die XXVII Octobris 1770 in auditorio majori defendet Carolus Augustus Fridericus Dankwart, Dresd. Misn. LL. Cult. Vitembergae, litteris Caroli Christiani Dürrii bekennt sich der Präses Beun in seiner an einen Herrn von Gersdorf gerichteten Widmung selbst als der Verfasser, wenn er sagt: „Publicus ac fidelis, summae illius, qua Te, Domine generosissime, colo, pietatis testis sit hic libellus. Noli igitur indignari, me eo audaciae, aut, si mavis, confidentiae progressum, ut hanc Dissertationem Tibi traderem, eamque Nomini Tuo inscriberem . . . . Cum enim inprimis argumentum, quod pertractandum elegi, sit ejusmodi, cujus intelligentiorem, quam Te, arbitrum non invenirem, et de quo specimen, admodum quidem exiguum, edendi, Tua benignitate adeptus sim potestatem, hoc grati animi testimonium Tibi uni me debere intellexi".

Übrigens brauchte der Präses durchaus nicht immer ein Professor zu sein, welcher die Disputation leitete, mitunter ist der Kandidat selbst Präses. Dissertatio de baccalaureo, quam annuente inclyta philosophorum Lipsiensium facultate praeses M. Christianus Schultze, Halâ-Saxo, LL. cultor, respondente Johann-David Güttnero, publico ac placido Examini exhibet ad diem 13. Juli 1678. Lipsiae, stanno Wittigaviano (vergl. auch die Vorrede der Differtation). Bisweilen kommt überhaupt kein Präses vor, z. B. Dissertatio medica inauguralis de aquis medicatis Burgbernheimensibus quam divino sub praesidio autoritate et decreto gratiosissimae facultatis medicae in alma Universitate Altdorfina pro summis in arte medica honoribus et privilegiis doctoralibus rite consequendis soleuni eruditorum examiui subjicit Carol. Frider. Georg. Petzius, Neostadio-ad Ayschum Francus in auditorio Welseriano ad diem XXIX mens. Aug. A. C. 1713. Literis Jodoci Guilielmi Kohlesii. Acad. typogr.

Neuerdings hat Carl Sylvio Röhler, Die Auctorschaft und Katalogisierung der akademischen Dissertationen in Petzholdts Anzeiger 1886 Nr. 2678 den Nachweis zu unternehmen versucht, daß der Präses nur bei den Disputationes privatae d. h. den für die gemeinsamen Übungen mit den Studenten gedruckten Schriften der Verfasser sei, daß die eigentlichen Disputationes publicae dagegen stets von den Doktoranden abgefaßt seien. In Hinblick auf das ausdrückliche gleichzeitige Zeugnis des Thomasius, welches durch die Aussagen anderer Präsiden bestätigt wird, müssen wir jedoch A. Roquette, Zur Frage der Autorschaft älterer Dissertationen. Centralblatt IV, 1887, S. 335—342 (vergl. dazu Röhlers Replik und Roquettes Duplik ebenda S. 466—469) beipflichten, wenn er jenen Nachweis als mißlungen ansieht und die alte Regel aufrecht erhält. Roquette geht sogar soweit zu behaupten „Selbst wenn der Titel versichert, der Respondent sei Autor der Disputation, so ist dies im allgemeinen Schwindel; seltene Ausnahmen freilich kommen vor". Beispiele wie dieses: Observationes juris Romani et Saxonici quas praeside D. Georgio Stephano Wiesandio professore institutionum ordinario ... die XIII. Octobr. 1780 publica disceptatione defensurus est auctor Carolus Christianus Demiani Budissa-Lusatus. Specimen XI. Vitebergae typis Adami Christiani Charisii zeugen allerdings dafür, daß selbst die ausdrückliche Angabe des Defendenten, er sei der Verfasser nicht in allen Fällen über jeden Zweifel erhaben ist, wenn man die folgende, in demselben Jahre erschienene Dissertation dagegen hält: Observationes juris Romani et Saxonici quas praeside D. Georgio Stephano Wiesandio professore institutionum ordinario ... die IX Decembr. 1780 publica disceptatione defensurus est Georgius Carolus Richterus Dresdensis. Specimen XII. Vitebergae typis Adami Christiani Charisii und bedenkt, daß Georgius Stephanus Wiesandius jene beiden und die vorhergegangenen 10 Specimina als „libellos variis occasionibus scriptos", wie er in der Vorrede sagt, in seinen zu Leipzig 1782 erschienenen „Opuscula" vereinigt hat, wobei er lediglich erwähnt, daß jene Observationes „a juvenibus erectioris ingenii publicis disceptationibus fuere defensae", zum Schlusse aber den Leser der Opuscula bittet „ut meum qualecunque studium bene interpreteris". Auch das folgende Beispiel dürfte Roquettes Behauptung unterstützen. Schediasma Physicum de Infantibus supposititiis, vulgo Wechselbälgen, quod Ampliss. Facult. Philos. Consentiente, sub Praesidio M. Johann. Val. Merbitzii Dresdensis, ad disputandum publice proponet Johannes Gothofredus Jahn, Melsens. Misn. Philos. Baccal. & S. S. Theol. St. A. & R. die XXIII. Aug. 1671. Lipsiae, Typis Andreae Richteri. Daß nämlich auch hier die Worte A. & R. d. i. Auctor & Respondens leere Phrase sind, zeigt der Titel der neuen Auflage der Dissertation, nach welchem unzweifelhaft der Präses Merbitz der wirkliche Verfasser ist. Er lautet Biga Disputationum physicarum, Quarum Prima de Infantibus supposititiis, vulgo Wechsel-Bälgen, altera de Nymphis, Germanis Wasser-Nixen, Incl. Facultatis Philos. Lipsiens. indultu publice habitae a M. Joh. Valent. Merbitzio, Dresd. Jam vero ob Exemplarium inopiam recusa 1676. Sumtibus Johannis Christophori Mithii, Typis Christophori Baumanni. Jahn wird hier, wie man sieht, nicht einmal erwähnt, nur auf der ersten Seite des Textes heißt es Respondente Joh. Gothofred. Jahn, Mels. Misn. Philos. Baccal. & S. S. Th. Stud. die 23. Aug. 1671. Deßhalb nun

aber sogleich die ganze Regel abzuändern und den Präses stets als Verfasser anzusehen, wie dies hie und da geschieht (Mecklenburg, Centralbl. II, S. 367—368),
erscheint aus dem Grunde bedenklich, weil andererseits die Angabe der Respondent
sei Auctor, sich auch wiederum bewahrheitet, wie folgende Beispiele lehren: Auspiciis
rectoris magnificentissimi serenissimi principis regi Friderici Augusti elec-
toratus Saxon. heredis Thomae Munzeri eloquentiam ineptam praeside
Jo. Guilelmo Bergero eloqu. et humanit. p. p. ... die [vacat] Julii 1714
generatim exponet respondens auctor M. Christianus Guil. Aurbachius,
Molhusinus, Vitembergae Saxonum literis Jo. Godofredi Meyeri. Daß hier
Aurbach als wirklicher Verfasser zu gelten hat, beweisen die ferneren Schriften:
Auspiciis rectoris ... Thomae Munzeri eloquentiam ineptam praeses
M. Christianus Guilelmus Aurbachius Molhusinus die XXVIII. Julii
1714 speciatim exponet respondente Jo. Christophoro Hey. Vitembergae
Saxonum literis Jo. Godofredi Meyeri; ferner Auspiciis rectoris ..., Thomae
Munzeri eloquentiam ineptam dissertatione III. speciatim exponet M.
Christianus Guilelmus Aurbachius Mulhusinus ... respondente Joanne
Vlischio die V. Octobris 1715. Vitembergae Saxonum literis Jo. Godofr.
Meyeri; endlich M. Christiani Guilelmi Aurbachii, Molhusini ... Disserta-
tiones oratoriae de eloquentia inepta, Thomae Munzeri von Münzers närrischer
Beredsamkeit generatim & speciatim in alma Leucorea expositae antehac et
ventilatae jam desiderantibus amicis revisae et multis novis accessionibus
locupletatae. Vitembergae Saxonum, typis & sumptibus Jo. Godofredi
Meyeri, anno 1716. Oder Disputatio prior de Galla Placidia Augusta quam
praeside Joanne Daniele Rittero d. [vacat] Decembr. 1743 publice tuebitur
auctor M. David Ruhnkenius Stolpa Pomeranus Vitembergae prelo
Ephraim Gottlob Eichsfeldi verglichen mit Disputatio posterior de Galla
Placidia Augusta quam praeside Davide Ruhnkenio philosophiae magistro
d. [vacat] Decembr. 1743 publice tuebitur Christophorus Klaerner Bernstadio
Silesius Vitembergae prelo Ephraim Gottlob Eichsfeldi. Oder Dissertatio
juris Lusatici de jure repraesentationis in linea collaterali ob § 19 rec. imp.
a. 1521 in Lusatia superiore obvio. Quam illustris ictorum ordinis
auctoritate praeside Christiano Aug. Günthero jur. et philos. doct. a. d.
IV. Octobr. A. C. 1746 H. L. Q. C. defendet auctor Carolus Theophilus
Behrnauer Gorl. Lusat. Lipsiae ex officina Klaubarthia, in deren
an Behrnauer gerichteten Epiloge der Präses Günther erklärt: „Reddo Tibi
libellum, qui totus est Tuus: id quod vel argumenti, in quo tractando
versatur, ratio demonstrat. Nam, si nonnullas verborum lituras exceperis,
neque addendo neque detrahendo quidquam in eo mutavi". Es bleibe also
bei der gegebenen Regel, daß ältere Dissertationen gewöhnlich als geistiges Eigentum des Präses zu betrachten sind, daß aber die ausdrückliche Versicherung des
Respondenten, er sei der Verfasser, durchgängig für diesen entscheide, weil sonst
in zahlreichen Fällen überaus umfangreiche Recherchen notwendig sein würden,
um die Verfasserschaft festzustellen, ohne daß man in den meisten Fällen selbst
dann zur vollen Sicherheit gelangen dürfte.

Die Sitte, daß der Präses die Dissertationen für den Disserenten verfaßte,
hat nach Roquette an manchen Universitäten bis in die neuere Zeit herein fort-
bestanden. Mit Recht hält Roquette eine aktenmäßige Untersuchung darüber,
wann die einzelnen Universitäten dazu übergegangen sind, von den Doktoranden
eine selbständige Arbeit zu verlangen resp. ob dies mit dem Fortfall des Präsi-
diums zusammenfällt für wünschenswert. Als Grenze, bis zu welcher jenes
Herkommen sich allgemeiner behauptete, nimmt auch Tzschoppe die Mitte des

18. Jahrhunderts, Keyſſer Centralblatt f. B., Jhg. II, 1865, S. 13 deſſen Wende an.

Schließlich möge noch erwähnt ſein, daß ſich auch ältere auf Schulen ab=
gehandelte Diſſertationen finden. Daß hier lediglich der präſidierende Lehrer bezüglich der Autorſchaft in Frage kommen kann iſt ſelbſtverſtändlich, z. B. Mutationem Augustanae confessionis privato Philippi Melanchthonis ausu temere susceptam dissertatione menstrua eaque prima in auditorio illustris archigymnasii Tremoniensis majore praeses M. Joannes Daniel Kluge gymnasiarcha et professor theologiae publicus modesto commilitonum scrutinio exponit respondente Zacharia Hermanno Barop Tremoniano. Ad d. XX. Decembr. anni saecularis 1730 ab hora matutina octava ad decimam. Tremoniae Litteris Forbergianis, wozu noch bei fortlaufender Paginierung aus dem Jahre 1731 drei Fortſetzungen kommen, bei welchen neben Kluge als Präſes in der zweiten Joannes Fridericus Quitmannus, in der dritten Carolus Nicolaus Borberg, in der vierten Joannes Franciscus Fley als Reſpondenten figurieren.

108 (S. 136). Otis H. Robinson, On Indexing Periodical and Miscellaneous Literature in dem mehrerwähnten Werke Public Libraries of the U. S. of America, Pt. I, S. 663—672. — Henry B. Wheatley, Thoughts on the Cataloguing of Journals and Transactions. Transactions and Proceedings of the 4. and 5. Annual Meetings of the Library Association U. K. London 1884. 4⁰. S. 190—196.

Als Hilfsmittel für das Katalogiſieren von Geſellſchaftsſchriften bez. Zeitſchriften empfehlen ſich aus neuerer Zeit u. a. beſonders Johannes Müller, Die wiſſen=
ſchaftlichen Vereine und Geſellſchaften Teutſchlands im 19. Jahrh. Bibliographie ihrer Veröffentlichungen ꝛc. Berlin 1883—1887. 4⁰. — Samuel H. Scudder, Catalogue of Scientific Serials of All Countries including the Transactions of Learned Societies in the Natural, Physical and Mathematical Sciences. 1633—1876. Cambridge 1879. 8⁰. — Henry Carrington Bolton, A Catalogue of Scientific and Technical Periodicals (1665 to 1882). Smithsonian Miscellaneous Collections 514. Vol. XXIX (1887). Washington 1885. 8⁰.

109 (S. 139). In eingehender Weiſe verbreitet ſich über die einzelnen Arten von Katalogen C. A. Cutter, Library Catalogues in dem Werke des Bureau of Education. Public Libraries in the U. S. of America, Pt. I, S. 526—622. — Vgl. auch Melvil Dewey, S. B. Noyes, Jacob Schwartz, John J. Bailey, Catalogues and Cataloguing. Ebenda, Pt. I, S. 623—662. — Giuseppe Fumagalli, Cataloghi di Biblioteche e Indici bibliografici. Firenze 1887. 8⁰.

110 (S. 141). Hermann Ludewig, Zur Bibliothekonomie. Dresden 1840. 8⁰.

A. Der wiſſenſchaftliche Katalog.

111 (S. 148). Giuseppe Biadego, Dei Cataloghi di una pubblica Biblioteca e in particolare del Catalogo reale. Roma 1874. 8⁰.

112 (S. 149). Wo kein wiſſenſchaftlicher Katalog vorhanden iſt und die ſonſtigen Kataloge für das Publikum unzugänglich ſind, da mag wohl gelten, was Frederic Vinton, The Chief Need in Libraries. Library Journal, Vol. III, S. 49—50 geſagt hat: „Our great libraries, and vastly more that of the Old World, are the cemeteries of learning, the cities of buried knowledge. Let Schliemann, let Cesnola dig. In every one of them are thousands and thousands of books which have never been opened, because

nobody knows they are there, for want of a catalogue, or at least a catalogue of subjects".

113 (S. 152). E. Förstemann, Systematische, alphabetische, chronologische
Anordnung. Centralblatt, Jhg. I, 1884, S. 293—303. — Karl Uhlirz, Über
die Ordnung der Büchertitel im systematischen Kataloge. Ebenda, Jhg. I,
S. 461—467. — Die Vereinigung des alphabetischen und systematischen Prinzips
gelangt namentlich in den sogenannten Dictionary Catalogues der Amerikaner
zum Ausdrucke, welche in Form von Wörterbüchern unter einzelnen alphabetisch
geordneten Stichwörtern die betreffende Litteratur aufführen. Auch hier hat man
Klassifizierung dieser sachlichen Stichwörter nach wissenschaftlichen Prinzipien
vorgeschlagen, so Fred. B. Perkins, Classification in Dictionary Catalogues.
Library Journal, Vol. IV, 1879, S. 226—234, doch nicht ohne heftigen Widerspruch, welchen W. J. Fletcher, Some Points in Indexing. Ebenda, S. 243
bis 247, sogar auf die systematischen Kataloge überhaupt ausdehnt, indem er
sagt: „I am surprised that any librarian of experience should advocate a
classified catalogue, for I supposed the result of all experience in this line
had been to show the futility of attempts to classify literature strictly for
cataloguing purposes". Neuerdings hat der Bibliothekar der Königlichen
Bibliothek in Brüssel F. Nizet, Les catalogues de bibliothèques publiques.
Bruxelles 1888, 8° (24 S.) ebenfalls den „Catalogues idéologiques" (Centralbl. V,
S. 147, 233) das Wort geredet und seine Klassifikationsmethode seit 1876 an der
genannten Bibliothek durchgeführt und Hubert Steinach hat in einem im
Centralblatt s. B., Jhg. VI, 1889, S. 526—530 wieder abgedruckten Aufsatze der
Teutschen Bauzeitung 1889, S. 130: Die Aufstellung und Katalogisierung technischer Bibliotheken, den nach Stichwörtern alphabetisch geordneten Fachkatalog
besonders den genannten Bibliotheken empfohlen. Die Vorteile, welche ein gut
gearbeiteter systematischer Katalog mit alphabetischem Index bietet, werden indessen
solche Kataloge, welche Zusammengehöriges durch das Alphabet oft „grausam
auseinanderreißen" müssen, niemals erreichen.

114 (S. 152). Über die Gründe der Verschiedenartigkeit der Systeme an den
verschiedenen Bibliotheken und ihre Berechtigung spricht sich J. Winsor, A
Word to Starters of Libraries. Library Journal, Vol. I, 1877, S. 1 ff. in
treffender Weise folgendermaßen aus: „You must not be surprised to find
some diversity of views among experts. They arise from different experiences
and because of the varying conditions under which a library may be
administred. The processes of one library can rarely be transplanted to
another without desirable modifications, arising from some change of conditions. This accounts for a great deal of variance in the opinions of librarians;
but it by no means follows that each of two systems under
proper conditions may not be equally good, when both are
understood and an equal familiarity has been acquired with
each. Choose that which you naturally take to; run it, and do not decide
that the other is not perfectly satisfactory to him who chose that. Whichever
you have chosen, study to improve it, and you will probably do so, in so
far as it becomes fitted more closely to the individuality of yourself and
your library". Vgl. auch die Bemerkungen [O. Hartwigs] im Centralblatt s. B.,
Jhg. IV, 1887, S. 556—558.

115 (S. 152). Von älteren Systemen ist namentlich dasjenige des Johannes
Garnerius (Garnier), welches dieser der Ordnung der Jesuitenbibliothek zu
Paris zu Grunde legte, und welches 1678 selbständig erschien, zur Berühmtheit
gelangt. Dasselbe findet sich, wie oben bereits erwähnt, als Systema biblio-

thecae collegii Parisiensis Societatis Jesu in Koelers Sylloge abgedruckt, wo auch, wie gleichfalls bereits bemerkt wurde, Frédéric Rostgaard, l'rojet d'une nouvelle méthode pour dresser le catalogue d'une bibliothèque selon les matières, avec le plan (2 édition. Paris 1698) Aufnahme gefunden hat, dessen einzelne Vorschläge wie z. B. die Anordnung der Hauptfächer nach den großen Buchstaben des Alphabetes, chronologische Reihenfolge der Bücher, Art der Eintragung der Sammelbände u. dergl. zumteil noch heute Geltung haben. Selbst der beigegebene Plan, worin in vier Kolumnen die vier verschiedenen Formate neben einander gestellt werden, um zusammengehörige Werke trotz etwaiger Formalverschiedenheit auf einmal übersehen zu können, ist im Grunde nur die Vorstufe zu dem im Text erläuterten neuesten Verfahren, die vier Kolumnen (unter Wegfall von Duodez) ganz ohne Rücksicht auf das Format zu einer einzigen fortlaufenden zu vereinigen. Auf Garnier hat man ein im vorigen Jahrhundert in Frankreich zu allgemeiner Geltung gelangtes System zurückführen wollen, welches namentlich von Brunet in dessen Manuel du libraire et de l'amateur de livres verbessert worden ist, der in der Einleitung zu T. VI seines genannten Werkes Näheres über dessen Geschichte berichtet. Die bekannte Einteilung umfaßt 5 Hauptgruppen: Théologie, Jurisprudence, Sciences et Arts, Belles-Lettres, Histoire.

Erwähnt sei auch, was Johannes Lomeier, De bibliothecis (editio II) S. 400, 401 über einige ältere Systeme sagt: Quibusdam haec librorum in certas classes distributio arridet: ut in primâ sint Biblia sacra et libri Theologici; ut scripta Patrum, Scholasticorum et aliorum: itemque Jus Canonicum, historia Ecclesiastica, Chronologia sacra etc. In secundâ libri Philosophici, juxta Philosophiae divisionem; itemque artes Mechanicae, quae ex Philosophia dependent. In tertiâ Medicina, Chirurgia etc. In quartâ Juris civilis prudentia. In quintâ humana historia pro ratione temporum et locorum. In sextâ Oratores, Poëtae, Grammatici. In septimâ universalia sive encyclia, Thesauri, apparatus Bibliothecae, Dictionaria. Alii in Bibliotheca novem ordines constituunt, quorum primus continet libros universales. 2. libros philologicos. 3. libros philosophicos 4. libros theologicos. 5. libros juris civilis et canonici. 6. libros medicos 7. libros mechanicos. 8. libros disciplinarum partialium. 9. libros disciplinarum compositarum.

In Deutschland stand lange Zeit das System Joh. Mich. Francke († 1775), des Verfertigers der berühmten, namentlich von Ebert gepriesenen Kataloge der Bünauschen Bibliothek, welches derselbe mit dem Übergange der genannten Sammlung an die Königliche Bibliothek zu Dresden an dieser zur Durchführung brachte, in hohem Ansehen. Friedrich hat in seinen Kritischen Erörterungen von dem Verzeichnen und Aufstellen öffentlicher Bibliotheken, Leipzig 1835, 8º die schwache Seite des Franckeschen Ordnungsprinzipes, welches als das „praktisch-homogene" System Schriften aus allen wissenschaftlichen Disziplinen, die sich auf irgend etwas beziehen, zusammenwerfe, richtig herausgefunden und begründeter Weise angegriffen. Gleichwohl bleibt das Ganze in seiner Art eine Leistung, die ein berufener Kenner jenes Systemes, E. Förstemann, auf Grund langjähriger eigener Erfahrungen, die er mit demselben gemacht, sogar ein Meisterwerk genannt hat, an dem zwar Manches geändert worden, was nach Ablauf eines vollen Jahrhunderts nicht mehr so bleiben konnte, dessen Grundlage aber im ganzen bis heute unangetastet geblieben sei. Friedrich selbst hat dann mit einigen Abweichungen den Schützschen Bibliotheksplan abgedruckt, worin die einzelnen Wissenschaften, wie wir sahen, streng für sich geordnet sind. Das koordinierte System ist mit Recht heutzutage das allgemein übliche geworden. — Schleiermachers im Texte angeführtes System findet sich in dessen zweibändigem Werke Biblio= graphisches System der gesammten Wissenschaftskunde. Braunschweig 1852, 8° (Petzh. Anzeiger, Jhg. 1853, Nr. 65, 793) dargestellt. Eine reichhaltige Übersicht bibliogra= phischer Systeme, philosophisch-encyklopädischer sowohl als rein bibliothekarischer, aus der älteren Zeit bis auf die neueste, sowie Skizzen derselben finden sich in Julius Petholdts bereits genannter Bibliotheca bibliographica (Leipzig 1866), S. 20—65 angeführt. Der Genannte hatte bereits früher in seinem Anzeiger 1860, Nr. 1, 70, 122, 231, 319, 391, 465 und 1861 Nr. 551 (Nachtrag) Übersichten von biblio= graphischen Systemen gegeben, welche 1860 in Dresden auch selbständig erschienen sind, desgleichen 1864 im Anzeiger Nr. 545, 933 einen „Beitrag zum Abschnitte des bibliographischen Systemes in der Bibliothekenlehre" veröffentlicht. Daneben verdient Erwähnung K. Collan, Om bibliografiska systemer och bibliotheks= methoder. Helsingfors 1861, 8°, worin eine gedrängte Übersicht der bedeutend= sten in Deutschland, Frankreich und England befolgten oder vorgeschlagenen Systeme vom 16. Jahrhundert an bis in die neueste Zeit geboten wird. (Aus= führlicher Auszug in Petholdts Anzeiger 1862 Nr. 853). Auch Tommaso Gar hat in seinen schon zitierten Letture di Bibliologia eine besondere Zusammen= stellung verschiedener von der Zeit Conrad Geßners bis auf die Gegenwart ent= worfener Systeme geliefert; desgleichen Giuseppe Ottino in seinem Manuale di Bibliografia. Milano 1885, 8°.

Von den in neuerer Zeit in Druck erschienenen Systemen öffentlicher Biblio= theken erwähnen wir namentlich den Plan für die künftige Aufstellung der Hamburger Stadtbibliothek, abgedruckt in Jhg. VIII, 1847, Nr. 22—24, IX, 1848, Nr. 1—10 des Intelligenzblattes des Serapeum, worin auch weitere Systeme bestehender Bibliotheken zu finden sind, neben welchen noch Thienemann, über eine wissenschaftliche Anordnung einer Bibliothek. Ebenda, Jhg. VIII, Nr. 20, 21 S. 155—158, 161—166 genannt sein möge. — E. Förstemann, Die Gräflich Stolbergische Bibliothek zu Wernigerode. Nordhausen 1866, 8° (Petholdts Anzeiger 1866, Nr. 153, 537). — E. Steffenhagen, Die neue Ordnung und Katalogisirung der Athener Nationalbibliothek. Dritter Bericht (enthaltend das bibliographische System dieser Anstalt). Petholdts Anzeiger 1870, Nr. 821. — Karl Zangemeister, System des Real-Katalogs der Universitäts=Bibliothek Heidelberg. Heidelberg 1885. 8°. — [C. Hartwig.] Schema des Realkatalogs der Königlichen Universitätsbibliothek zu Halle a. d. S. Leipzig 1888. 8° (Beiheft III des Centralblattes f. B.).

Hieran möge sich, ohne daß wir natürlich auf eine Kritik hier eingehen können, die Aufzählung noch einiger auf einzelne Disziplinen bezüglicher Schemata anschließen, welche, wenn auch durchaus nicht in jeder Beziehung als Muster, so doch vielfach als Beispiele und Wegweiser bei der Ordnung derselben zu dienen geeignet sind: H. v. Aufseß, System der deutschen Geschichts= und Alterthums= kunde entworfen zum Zwecke der Anordnung der Sammlungen des germanischen Museums. Leipzig 1853. 4°. — Skizze eines bibliographischen Systemes der Juris= prudenz. Petholdts Anzeiger 1860, Nr. 466. — W. Pfaff, Bibliographisches System der Rechts=, Staats= und Gesellschaftswissenschaften. Ebenda 1861, Nr. 2. — Vergleichende Übersicht bibliographischer Systeme der Kriegswissenschaft. Ebenda 1862, Nr. 658. — Skizze eines bibliographischen Systems der Philologie. Ebenda 1864, Nr. 600 u. 658. — Vergleichende Zusammenstellung von bibliographischen Systemen der Litteraturgeschichte. Ebenda 1865, Nr. 2, 82, 162, 356. (Vgl. auch den Schluß der nächsten Anmerkung.)

116 (S. 154). Deweys System findet sich dargestellt in dem oft erwähnten Werke Public Libraries in the U. S. of America, hrsg. vom Bureau of Education. Pt. I, S. 623—648: A Decimal Classification and Subject Index; ferner in der selbständigen Schrift: A Classification and Subject-Index for Cataloging and Arranging the Books and Pamphlets of a Library. Boston 1876. 8⁰, später erweitert und verbessert in seiner Decimal Classification and Relativ Index for Arranging, Cataloging and Indexing Public and Private Libraries. 2. Edition. Boston 1885. 8⁰. Dem Systematic Catalogue of the Public Library of the City of Milwaukee 1885. Milwaukee 1885—86. 8⁰, welchem unsere Darstellung gefolgt ist, liegt das Deweysche System mit einigen Änderungen ebenso zu Grunde wie der Bibliothek der Young Men's Association of Buffalo u. a.

Die Unterstützung des Gedächtnisses hat ganz besonders im Auge J. S c h w a r t z , A Mnemonic System of Classification. Library Journal, Vol. IV, 1879, S. 1—7, welcher das gesamte Gebiet der Wissenschaften zuvörderst in drei große Hauptabteilungen History, Literature, Science und jede derselben wieder in 7 Unterabteilungen gliedert, so daß er im ganzen 21 Klassen erhält, die nach den großen Buchstaben des Alphabets (A—W) geordnet werden. Jeder derselben entspricht (mit Ausnahme von K, welches Language vertritt) dem Anfangs- buchstaben der betreffenden Klasse, z. B. Klasse A = Arts, B = Biography, C = Customs, D = Drama. Jede Klasse hat ferner 9 Sektionen, bei denen dem Anfangsbuchstaben gleichfalls eine besondere Rolle zugewiesen wird u. s. f. S c h w a r t z (Bibliothekar der Apprentices' Library in New York) hat die vor- liegende Frage noch verschiedenartig behandelt, doch müssen wir uns ein weiteres Eingehen auf seine Ideen an dieser Stelle versagen. Wir verweisen auf seine Aufsätze A New Classification and Notation. Library Journal, Vol. VII, 1882, S. 148—166. — An Alphabetico-mnemonic System of Classifying and Numbering Books. Library Journal, Vol. X, 1885, S. 25—27, 77—78, 149—150, 174—175.

Außer C. A. C u t t e r , auf den wir bei dem Kapitel über die Numerierung der Bücher näher einzugehen haben werden, hat F. Beecher P e r k i n s das Deweysche System zum Gegenstand der Kritik gemacht und dem Mangel desselben, daß manche in der Litteratur gut vertretene Abteilungen zusammengeworfen werden müssen, dadurch abzuhelfen gesucht, daß er jeder bedeutenderen Abteilung eine unbeschränkte Anzahl von Unterabteilungen zugewiesen zu sehen wünschte. Sein eigenes von dem Deweyschen Dezimalsysteme und der Zeichensprache Cutters und Schwartz verschiedenes System ist niedergelegt in der Schrift A Rational Classification of Literature, for Shelving and Cataloguing Books in a Library, with Alphabetical Index. Revised Edition. San Francisco 1882. 8⁰. Eine anerkennende Besprechung desselben giebt J. N. L a r n e d , Classification. Library Journal, Vol. VII, 1882, S. 125—130.

Des weiteren erwähnen wir noch folgende Aufsätze: Lloyd P. S m i t h , The Classification of Books. Library Journal, Vol. VII, 1882, S. 172—174. — J. E d m a n d s , New System of Classification and Scheme for Numbering Books. Philadelphia 1883. 4⁰. — W. C. L a n e , Report on Classification. Library Journal, Vol. X, 1885, S. 257—262. — F. B. P e r k i n s and J. S c h w a r t z , The Dui-decimal Classification and the „Relativ" Index. Ebenda, Vol. XI, 1886, S. 37—43, 68—74. — Melvil D e w e y , The Decimal Classification. Ebenda, Vol. XI, S. 100—106, 132—139.— B. Pickman M a n n , The Dui-decimal Classification. Ebenda, Vol. XI, S. 139—141. — J. S c h w a r t z , Alphabetical Classification: an Anti-criticism.

Ebenda, Vol. XI, S. 166—160. — C. A. Cutter, Close Classification with Special Reference to Messrs. Perkins, Schwartz, and Dewey. Ebenda, Vol. XI, S. 180—184. — W. J. Fletcher, Close Classification versus Bibliography. Ebenda, Vol. XI, S. 209—212. — C. A. Cutter, A Notation for Small Libraries. Ebenda, Vol. XII, 1887, S. 324—326. — W. J. Fletcher, Library Classification: Theory and Practice. Ebenda, Vol. XIV, 1889, S. 22—23, 77—79, 113—116. — R. Bliss, Report on Classification. Ebenda, Vol. XIV, 1889, S. 240—246. — Henry Wilson, Classification in Public Libraries. Transactions and Proceedings of the 2. Annual Meeting of the Library Association U. K. London 1880, 4⁰, S. 79—84. — Ernest C. Thomas, On Some Recent Schemes of Classification. Ebenda 4. and 5. Annual Meetings. London 1884, 4⁰, S. 180—184. — J. J. Ogle, Outline of a New Scheme of Classification applicable to Books. The Library Chronicle, Vol. II, 1885, S. 160. — Wm. Archer, Remarks on Classification. Ebenda, Vol. III, 1886, S. 86—96.

Einzelne Disziplinen behandeln Lord Lindsay (President of the Royal Astronomical Society in London), A Proposed Modification to the Amherst Classification in Mathematics, Astronomy and Physics. Library Journal, Vol. IV, 1879, S. 149—152. — C. A. Cutter, A Classification for the Natural Sciences. Ebenda, Vol. V, 1880, S. 163—166. — Derselbe, Classification of the Book Arts. Ebenda, Vol. VII, 1882, S. 168—172. — Derselbe, Classification of the Recreative and Athletic Arts. Ebenda, Vol. X, 1885, S. 6—8. — Derselbe, Two Classifications of Philosophy. Ebenda, Vol. X, S. 79—82. — Benjamin Lomax, On the Classification of History. Transactions and Proceedings of the 3. Annual Meeting of the Library Association U. K. London 1881, 4⁰, S. 67—68. — James Blake Bailey, On Classification for Scientific and Medical Libraries. The Library Chronicle, Vol. III, 1886, S. 109—114. — John Brownbill, Science and Art: a Theory of Library Classification. Ebenda, Vol. III, S. 133—136.

117 (S. 160). So hat C. Steffenhagen in der griechischen Nationalbibliothek zu Athen (vgl. dessen Die neue Ordnung und Katalogisirung der Athener Nationalbibliothek. Petzholdts Anzeiger 1868, Nr. 704, 1869, Nr. 762, 1870, Nr. 821) die einzelnen wissenschaftlichen Fächer alphabetisch geordnet, allerdings, wie er (ebenda 1874, Nr. 451) gesteht, nur, weil „die Ordnung der Bibliothek den lokalen Verhältnissen und der Qualität der Beamtenkräfte angepaßt werden mußte".

118 (S. 166). D. Hartwig, Schema u. s. w. S. 10—11.

B. Der Standortskatalog.

119 (S. 168). Nach Friedrich, Kritische Erörterungen, S. 95 war Hendreich aus Danzig, Professor an der Frankfurter Universität, der erste, welcher den Standortskatalog einführte, indem er sich 1665 gegen den großen Kurfürsten erbot, mit Hilfe seines Bruders die kurfürstliche Bibliothek binnen Jahresfrist in Ordnung zu bringen und mit doppelten Katalogen zu versehen, einem alphabetischen und Standortskatalog, ein Versprechen, welches Hendreich auch wirklich einlöste.

C. Der alphabetische Katalog.

120 (S. 174). W. N. Du Rieu, Iets over den alphabetischen Catalogus. Bibliographische Adversaria. 's Gravenhage 1873, Nr. 6. — Kerler, Aus der Praxis I. Centralblatt f. B., Jhg. I, 1884, S. 476—479. — Adolf Keyffer, über die Einrichtung der alphabetischen Hauptkataloge öffentlicher Bibliotheken. Ebenda, Jhg. II, 1885, S. 1—19. — Mecklenburg, Zu Dr. Keyffers Aufsatz über die alphabetischen Hauptkataloge. Ebenda, S. 91—96. — Karl Steiff,

Über die Einrichtung der alphabetischen Hauptkataloge öffentlicher Bibliotheken. Ebenda, S. 173—181. — Theodor von Grienberger, Zur Katalogisierung der sogenannten Kryptonymen. Ebenda, S. 327—328. — Mecklenburg, Über alphabetische Anordnung. Ebenda, S. 345—382. — Jón A. Hjaltalin, Remarks on Rules for an Alphabetical Catalogue. Library Journal, Vol. II, 1878, S. 182—185. — Benjamin R. Wheatley, Thougths on Title-Taking, Trite, Trivial, or Tentative. Library Journal, Vol. V, 1880, S. 133—138. — C. F. Blackburn, Hints on Catalogue Titles and on Index Entries, with a Rough Vocabulary of Terms and Abbreviations, chiefly from Catalogues. London 1884. 4⁰. (Vgl. auch Anm. 103.)

121 (S. 178). Ein Verzeichnis der gangbarsten Pseudonymen- und Anonymen-lexika giebt neben Petzholdts ausführlicher Besprechung in der Bibliotheca bibliographica S. 102 ff. Graßauer in seinem Handbuche S. 94—95, wozu noch zu bemerken, daß seitdem Emil Wellers Lexicon Pseudonymorum 1886 in zweiter Auflage und Halkett and Laing mit Bd. IV, 1888, vollständig erschienen sind, daß ferner zu Barbier und Quérard 1889 von Gustave Brunet ein Supplement veröffentlicht wurde, und daß die Bibliographie der Anonyma durch ein im Erscheinen begriffenes Werk W. Cushing, Anonyms: a Dictionary of Revealed Authorship. Cambridge 8⁰ eine weitere Bereicherung erfahren hat.

122 (S. 182). Über die Behandlung der Anonyma und verfasserlosen Schriften vgl. u. a.: Zur Anordnung von Titeln anonymer Schriften in alphabetischen Katalogen. Petzholdts Anzeiger 1861, Nr. 410. — Henry B. Wheatley, On the Alphabetical Arrangement of the Titles of Anonymous Books. Library Journal, Vol. II, 1878, S. 186—187. — Albert Romer Frey, The Cataloguing of Anonymous and Pseudonymous Literature. Library Journal, Vol. XII, 1887, S. 192—194. — Keyser, Centralbl. II, S. 15—16. — Mecklenburg, Centralbl. II, S. 369—382 (Vertreter des Hauptsinnwortes). — Tzlahto, Instruction ꝛc., S. 15—22. — Cutter, Rules etc. § 52 ff. (2. ed. § 68 ff.)

123 (S. 185). Cutters Regel (§ 52) lautet: „Make a first-word entry for all anonymous works, except anonymous biographies, which are to be entered under the name of the subject of the life". Die letztere Bestimmung bewegt sich ganz auf dem Gebiete des alphabetischen Realkatalogs.

124 (S. 185). Diese Ansicht hat, wie erwähnt, besonders Mecklenburg verfochten. Hjaltalin u. a. O. will überhaupt alle abstrakten Substantive als Titel anonymer Werke grundsätzlich ausmerzen und dafür konkrete Begriffe setzen und zwar soll immer dasjenige Wort Ordnungswort sein, welches den Gegenstand am speziellsten andeutet z. B. A Treatise on the Diseases of the Brain wäre unter Brain zu setzen. Daß dabei allerhand Zweifel und Inkonsequenzen sich einstellen würden, ist ebenso gewiß wie es augenscheinlich ist, daß man damit auch wiederum auf das Gebiet des wissenschaftlichen Katalogs vollständig hinübergreift.

125 (S. 187). O[artwig] im Centralblatt, Jhg. III, 1886, S. 294 unter 4.

126 (S. 191). Vgl. H. Oesterley, Die Reorganisation der Universitäts-Bibliothek zu Göttingen. Petzholdts Anzeiger 1875, Nr. 871 (S. 373—375).

127 (S. 193). Vgl. u. a. Nouveau système pour les catalogues de bibliothèques, d'archives etc. Journal général de l'imprimerie, 2. Sér., T. XVIII, 1874, P. 2. Chronique, Nr. 43, S. 226—227; abgedruckt in Petzholdts Anzeiger 1874, Nr. 921. — Henry W. D. Dunlop, On a new Invention which renders Slip-Catalogues available for Public Reference. Library Journal, Vol. II, 1878, S. 160—161.

128 (S. 195). A. Keyser im Centralblatt f. B., Jhg. II, 1885, S. 5.

129 (S. 195). R. Tziatlo, Eine Einrichtung zum Schutz von Zettel-katalogen. Petzholdts Anzeiger 1879, Nr. 679.

130 (S. 196). Herm. Haupt, Eine Notiz über Kapseln zur Aufbewahrung des Blätterkatalogs. Centralblatt f. B., Jhg. V, 1888, S. 362—364.

131 (S. 197). C. Hartwig, Schema des Realkatalogs zu Halle. S. s. — v. Tiedemann in der Zeitschrift f. Bauwesen 1885, S. 350—351.

D. Spezialkataloge.

132 (S. 202). William Blades, On Signatures in Old Books. The Library, Vol. I, 1889, S. 121—131.

133 (S. 202). William Blades, On Paper and Paper-marks. The Library, Vol. I, 1889, S. 217—223.

134 (S. 202). Der genauere Titel der beiden genannten Werke ist L. Hain, Repertorium bibliographicum, in quo libri omnes ab arte typographica inventa usque ad annum MD typis expressi ordine alphabetico vel simpliciter enumerantur vel accuratius recensentur. Vol. I, 1, 2, II, 1, 2. Stuttgartiae 1826—1838. 8⁰. — G. W. Panzer, Annales typographici ab artis inventae origine ad annum MD post Maittairii Denisii aliorumque curas Vol. I—V, ab a. MDI ad a. MDXXXVI Vol. VI—XI. Norimbergae 1793—1803. 4⁰. Die Annales typographici Maittaires, auf welche Panzer hinweist, waren zu Haag, Amsterdam u. London 1719—1741 in fünf Bänden erschienen und von Denis, Wien 1789 mit einem Supplemente versehen worden. Daneben sind zu erwähnen desselben Panzers Annalen der ältern deutschen Litteratur. Bd. I, II u. Zusätze. Nürnberg u. Leipzig 1788—1805, welche von Emil Weller in dessen Repertorium typographicum. Nördlingen 1864 ergänzt und berichtigt wurden. — Eine ausführliche Anweisung für bibliographisch genaue Katalogisierung von Wiegendrucken giebt G. Milchsack, Wie soll man Inkunabeln verzeichnen. Petzholdts Anzeiger, Jhg. 1882, Nr. 3, 114; desgleichen Anton Einsle in seinem empfehlenswerten Werkchen: Die Incunabel-Bibliographie. Anleitung zu einer richtigen und einheitlichen Beschreibung der Wiegendrucke. Wien 1888. 8⁰ (Publikationen des Vereins der österreichischen Buchhändler VI). Vergl. auch Dr. J. M., Zur Methodik des Sammelns der Incunabeln. Wien (Verlag der Österr. Buchhändler-Correspondenz) 1886. 8⁰, S. 14—15.

In Frankreich, wo man die Herstellung eines sämtliche französische Büchersammlungen umfassenden Inkunabelnkatalogs plant, hat zu dessen Verwirklichung der Minister des öffentlichen Unterrichts René Goblet unter dem 15. Februar 1886 ein Circulaire relative au catalogue des incunables des bibliothèques de France an die Maires des Landes erlassen, welchem ebenfalls eine von L. Delisle verfaßte Instruktion über die Katalogisierung von Inkunabeln beigefügt ist. Dieselbe ist abgedruckt im Bulletin des bibliothèques et des archives III, 1886, Nr. 1, S. 1—40; dazu V, 1888, S. 49—52. S. auch L. Delisle, Instructions pour la rédaction d'un inventaire des incunables conservés dans les bibliothèques publiques de France. Lille (Danel) 1886. 8⁰ (39 S.).

135 (S. 204). Simon Laschitzer, Wie soll man Kupferstich- und Holzschnittkataloge verfassen? Mittheilungen d. Instituts für österreichische Geschichtsforschung. Bd. V, 1884, S. 585—617. — Ein Hilfsmittel auf diesem Gebiete ist neuerdings im Erscheinen begriffen, nämlich E. Dutuit, Manuel de l'amateur d'estampes. Tom. I. Paris 1889, 8⁰ und seitdem mehr.

136 (S. 204). Alois Karpf, Der Hilfsapparat zu einer Porträtsammlung. Petzholdts Anzeiger, Jhg. 1882, Nr. 312. — R. R. Bowker, Report on Index to Portraits. Library Journal, Vol. XIV, 1889, S. 174—176. — Jas. T.

Mitchell, The Index to Portraits. List of Portrait Collections. Ebenda, Vol. XV, 1890, S. 14—15.

137 (S. 204). Über die Katalogisierung der Zeitschriften s. Anm. 108.

138 (S. 205). Förstemanns Vorschläge zur Schulprogramm-Frage finden sich in dessen bereits früher (S. 19 des Textes) erwähnten Schrift: Über Einrichtung und Verwaltung von Schulbibliotheken, wiederabgedruckt in Petzholdts Anzeiger 1865, Nr. 656, wo auch Petzholdts Gegenvorschläge angefügt sind. — Karl Kochendörffer, Zur Catalogisirung der Programme. Central-blatt f. B., Jhg. II, 1885, S. 96—98. — J. Schnorr v. Carolsfeld, Die Schulprogramme und die Bibliotheken. Ebenda, Jhg. IV, 1887, S. 20 bis 21. — Die hierher gehörige Litteratur mit Einschluß der bisher erschienenen Bibliographien der Programme ist zusammengestellt in der auf diese Frage erschöpfend eingehenden Abhandlung von C. Fr. Müller, Denkschrift über die Herstellung eines im Auftrage des Kgl. preußischen Ministeriums der geistl. ꝛc. Angelegenheiten und mit Unterstützung der höchsten Unterrichtsbehörden der Staaten des deutschen Reichs herauszugebenden Katalogs aller bisher erschienenen Programmabhandlungen der höheren Lehranstalten Deutschlands. Centralblatt f. B., Jhg. V, 1888, S. 511—523. Hinzuzufügen sind noch zu den dort erwähnten Verzeichnissen L. Fr. Fesenbeth, Das Programmen-Institut im Großherzogthum Baden nebst einer Zusammenstellung sämmtlicher, seit 1837 von den badischen Lyceen und Gymnasien veröffentlichten Programmbeilagen. Beilage zum Programm des Gymnasiums zu Lahr 1863. — Jakob Köhler, Die Programmbeilagen der badischen höheren Lehranstalten mit alphabetischem Verzeichnis der Verfasser und Übersicht der behandelten Gegenstände. Beilage zum Programm des Großh. Gymnasiums zu Rastatt f. d. J. 1888 (Centralblatt f. B., Jhg. V, 1888, S. 542—544), besonders aber die inzwischen erschienene vortreffliche Bibliographie von Rudolf Klußmann, Systematisches Verzeichnis der Abhandlungen, welche in den Schulschriften sämtlicher an dem Programmtausche teilnehmenden Lehranstalten vom Jahre 1876—1885 erschienen sind. Nebst zwei Registern. Leipzig (Teubner) 1889. 8° (Centralblatt f. B., Jhg. VI, 1889, S. 414—416). Seit Oktober 1889 erscheint auch ein Bibliographischer Monats-bericht über neu erschienene Schul- und Universitätsschriften, herausgegeben von der Zentralstelle für Dissertationen und Programme von Gustav Fock in Leipzig. Infolge Erlasses des Herrn Ministers v. Goßler vom 6. Nov. 1885, betr. die Herstellung gedruckter Jahresverzeichnisse der Universitätsschriften [in Preußen], abgedruckt im Centralblatt f. B., Jhg. II, 1885, S. 504 ff., und des Anschlusses der außerpreußischen deutschen Universitäten gelangt seit dem 15. August 1885 auch für Deutschland ein Jahres-Verzeichnis der an den deutschen Universitäten erschienenen Schriften und zwar für den jedesmaligen Zeitraum vom 15. Aug. des laufenden bis zum 14. Aug. des folgenden Jahres zur Ausgabe. In Frankreich erscheint seit 1882 jährlich regelmäßig der Catalogue des dissertations et écrits académiques provenant des échanges avec les Universités étrangères et reçus par la Bibliothèque nationale (Paris, C. Klincksieck) und daneben seit 1885 auf Grund eines ministeriellen Erlasses vom 25. Juni 1885 (mitgeteilt im Centralblatt f. B., Jhg. II, 1885, S. 322 ff.) der (Frankreich allein betreffende) Catalogue des thèses et écrits académiques (Paris, Hachette & Cie.). Gleichfalls jährlich kommt der nur eine bestimmte Fakultät berücksichtigende Katalog von A. Mourier et F. Deltour, Catalogue et analyse des thèses françaises et latines admises par les facultés des lettres avec index et table alphabétique des docteurs (Paris, Delalain frères) heraus.

139 (S. 206). Die zur Einführung in die Handschriftenkunde geeignete Litteratur siehe bei Friedrich Leist, Urkundenlehre. Katechismus der Diplomatik.

Paläographie, Chronologie und Sphragistik. Leipzig (J. J. Weber) 1882. 8°.
Dazu die beiden lehrreichen Aufsätze von Gabriel Meier, Bemerkungen über die
Bestimmung des Alters von Handschriften. Centralblatt f. B., Jhg. II, 1885,
S. 225—231 und Wie sollen Handschriftenkataloge beschaffen sein? Ebenda,
S. 463—471; desgleichen die von einer besonderen Kommission sachverständiger
Autoritäten Frankreichs, darunter Léopold Delisle, ausgearbeitete Note sur
la rédaction des catalogues de manuscrits. Bulletin des bibliothèques et
des archives I, p. 94 ff. und danach selbständig erschienen. Paris 1884. 8°.
140 (S. 212). Vgl. August Blau, Verzeichniß der Handschriftenkataloge
der deutschen Bibliotheken. Centralblatt f. B., Jhg. III, 1886, S. 1—35,
49—108, seit deffen Veröffentlichung inzwischen noch eine ganze Reihe weiterer,
zumteil äußerst wertvoller Handschriftenkataloge erschienen sind. Wir nennen
nur neben dem kurzen alphabetischen Verzeichnisse der Pergamentschriften der
Würzburger Universitätsbibliothek (1866) den Katalog der Handschriften der
Universitätsbibliothek in Heidelberg, dessen 1887 publizierter erster Band die von
K. Bartsch verzeichneten altdeutschen Handschriften enthält, ferner Frib.
Leitschuhs Katalog der Handschriften der K. Bibliothek zu Bamberg (Leipzig
1887, 8°). Wilhelm Schums Beschreibendes Verzeichniß der Amplonianischen
Handschriften-Sammlung zu Erfurt (Berlin 1887, 8°), Max Keuffers Be-
schreibendes Verzeichniß der Handschriften der Stadtbibliothek zu Trier (Hft. 1,
Trier 1888, 8°), Joseph Ständers Chirographorum in regia bibliotheca
Paulina Monasteriensi catalogus (Vratislaviae 1889, 4°), den Catalogus codicum
Graecorum qui in bibliotheca urbica Vratislaviensi adservantur a philologis
Vratisl. compositus (Vratislaviae 1889, 8°), die Fortsetzungen der Handschriften-
Verzeichnisse der Berliner Königlichen Bibliothek (f. J. Klatt, Die Handschriften-
Verzeichnisse der Königlichen Bibliothek zu Berlin. Centralblatt f. B., Jhg. VII,
1890, S. 177—196) u. f. f.

Für die Schweiz f. Gabriel Meier, Verzeichniß der Handschriftenkataloge
der schweizerischen Bibliotheken. Centralblatt f. B., Jhg. IV, 1887, S. 1—19.

Für Österreich-Ungarn f. A. Goldmann, Verzeichniß der österreich-
ungarischen Handschriftenkataloge. Centralblatt f. B., Jhg. V, 1888, S. 1—37.

Während für Teutschland Rullmanns bereits 1876 gemachter Vorschlag
zur Herstellung eines gedruckten Generalkatalogs der Manuskriptenschätze im
Teutschen Reiche bisher keine Verwirklichung fand, hat man in Frankreich
seit 1884 einen Catalogue général des manuscrits des Bibliothèques publiques
de France (Paris bei Plon) in Angriff genommen und bereits rüstig gefördert
(Centralblatt f. B., Jhg. IV, 1887, S. 263—266; V, 1888, S. 373—374, VI, 1889,
S. 522). Verschiedene Handschriftenklassen der Bibliothèque nationale haben
selbstverständlich schon von früher her daneben mancherlei Bearbeiter gefunden
und neuerdings z. B. von Delisle, Omont, Robert u. a. Bulletin des
bibliothèques et des archives, Tom. I, 1884, S. 82—84, 173 u. f. f. Erst in
jüngster Zeit erschienen die drei Bände von H. Omonts trefflichem Inventaire
sommaire des manuscrits grecs de la Bibliothèque nationale und Léopold
Delisles Catalogue des manuscrits des fonds Libri und Barrois.

Von gedruckten englischen Handschriftenverzeichnissen haben diejenigen der
Bibliothek zu Cambridge, der Bodleiana zu Oxford, von India Office in London
und des Britischen Museums, welches letztere auch in regelmäßigen Zwischenräumen
einen Catalogue of Additions to the Manuscripts in the British Museum heraus-
giebt, verdienten Beifall gefunden und der Wissenschaft schätzbare Dienste geleistet.

Für die italienischen Bibliotheken dürften die von dem Kultusministerium
des Königreichs herausgegebenen Indici e Cataloghi für die Zukunft eine ganz
besondere Bedeutung gewinnen.

141 (S. 212). William May, The Printing of Library Catalogues. The Library Chronicle, Vol. III, 1886, S. 70—73.

142 (S. 212). Neben zahlreichen Stadt-, Korporations- und Behörden-bibliotheken hat in Teutschland u. a. die Tübinger Universitätsbibliothek seit 1854 einen gedruckten Katalog erscheinen lassen. Gedruckte Zugangsverzeichnisse geben Darmstadt, Dresden (P. E. Richter), Karlsruhe, Weimar, Würzburg und andere. Für die schwedischen Bibliotheken kommt neuerdings ein im Auftrage der Kgl. Bibliothek zu Stockholm von E. W. Dahlgren redigiertes systematisches Gesamt-zuwachsverzeichnis heraus, welches Nachfolge verdient. (Centralbl. f. B., Jhg. IV, S. 355—356; V, S. 456 u. f. w.) Ein Verzeichnis der im Lesesaale aufgestellten Bücher hat u. a. Breslau, Zeitschriftenverzeichnisse haben Halle, Kiel u. f. w. ver-öffentlicht. Auch das Verzeichnis der Periodica aus den Gebieten der Litteratur, Kunst und Wissenschaft im Besitze der Kgl. öffentlichen Bibliothek zu Dresden von P. E. Richter (1880) verdient hier genannt zu werden; zugleich sei auf den beachtenswerten Vorschlag Emil Hensers, über ein Gesammtverzeichniß der an den deutschen öffentlichen Bibliotheken gehaltenen Periodica, Centralblatt f. B., Jhg. VII, 1890, S. 81—85 hingewiesen. Von ausländischen Bibliotheken mögen die Zeitschriftenverzeichnisse der Universitätsbibliotheken zu Kopenhagen und Oxford erwähnt werden. Man hat in England neuerdings auch wiederum damit begonnen, die Kataloge des Britischen Museums durch den Druck bekannt zu geben, nachdem bereits zu verschiedenen Zeiten, so 1787, 1813—1819, sowie zum dritten Male in den vierziger Jahren dieses Jahrhunderts Anfänge in dieser Beziehung gemacht worden waren, die schließlich immer wieder stecken blieben. Im Jahre 1879 empfahl nämlich The Council of the Society of Arts nach Anhörung hervor-ragender Bibliothekare in einem Bericht an den Prinzen von Wales als Grund-lage für einen Universalkatalog der englischen gedruckten Litteratur den Druck des Katalogs des Britischen Museums von neuem und zwar in der Überzeugung, „daß der bedeutende Umfang des Katalogs gegen dessen Drucklegung keinen Grund bilden könne". Petzholdts Anzeiger 1879, Nr. 546 (nach „The Publishers' Circular, Vol. 42, 1879, S. 285—287), Nr. 892, 981. Das Riesenunternehmen wurde thatsächlich in Angriff genommen und seitdem rüstig gefördert; man hofft diese „Bibliothek von Katalogen" noch im Laufe des gegenwärtigen Jahrhunderts fertigzustellen. R. Garnett, The Printing of the British Museum Catalogue, a Paper read at the Cambridge Meeting of the Library Association of the United Kingdom, Sept. 5 1882 (auch als Privatdruck selbständig erschienen), veröffentlicht in den Transactions and Proceedings of the 4. and 5. Annual Meetings etc. London 1884, 4°, S. 120—128; vgl. auch Library Journal, Vol. VIII, 1883, Nr. 12, S. 340. — Derselbe, Note on Printing the British Museum Catalogue. Library Journal, Vol. X, 1885, S. 200—206. — S. auch The Publishers' Circular Vol. 48, 1885, S. 139 und Petzholdts Anzeiger 1885, Nr. 1572; Centralblatt f. B., Jhg. II, 1885, S. 147; V, 1888, S. 147; VI, 1889, S. 378—379. — Neben dem Drucke des Generalkatalogs geht ein solcher von Spezialkatalogen der Bibliothek einher, wie der 1884 erschienene Catalogue of Books in the Library of the British Museum printed in England, Scotland and Ireland, and of Books in English printed abroad, to the Year 1640. Printed by Order of the Trustees. London, 3 vols. beweist (Centralblatt f. B., Jhg. II, 1885, S. 205—206). Für die im Lesesaale aufgestellten Bücher erschien bereits 1859 die List of the Books of Reference in the Reading Room of the British Museum [compiled by W. B. Rye] zum Gebrauch des Publikums, welche 1871 eine zweite und 1889 eine dritte Auflage erlebte, wozu 1881 noch die Hand-List of Bibliographies, Classified Catalogues, and Indexes placed in the

Reading Room of the British Museum for Reference (compiled by G. W. Porter, 1881 hinzutrat, die 1889 in zweiter Auflage erschienen ist. — Die Pariser Nationalbibliothek (Th. Schott, Die Nationalbibliothek in Paris, Petzholdts Anzeiger 1882, Nr. 696, Bulletin des bibliothèques et des archives, T. I, 1884, S. 84—85) gab bereits 1743—53 einen 6bändigen gedruckten Katalog: Théologie, Belles-lettres, Jurisprudence heraus; 1855—79 11 Bände der Histoire de France, 1857—73 2 Bände der Sciences médicales, wovon später noch ein dritter Band erschienen ist (Paris bei Tibot & Co., 1889). Übrigens ist die Zahl der die Bibliothèque nationale betreffenden sonstigen gedruckten und autographierten Kataloge eine äußerst beträchtliche. Vgl. E. Pierret in Le Livre 1889, Nr. 113, S. 134—160.

Als Muster eines gedruckten Katalogs einer Spezialbibliothek kann derjenige der überaus reichhaltigen, ja auf ihrem Gebiete geradezu einzig dastehenden Bibliothek von Surgeon General's Office der Vereinigten Staaten in Washington gelten, welcher als Index-Catalogue of the Library of the Surgeon-General's Office, United States Army. Authors and Subjects. Washington (Government Printing-Office) unter der Leitung von J. S. Billings im Erscheinen begriffen ist und bereits eine Reihe stattlicher Bände aufweist. Vgl. Centralblatt f. B. VII, 1890, S. 66—67. Im übrigen sind in den Vereinigten Staaten zahlreiche gedruckte Kataloge auch bedeutenderer öffentlicher Bibliotheken erschienen, welche durch regelmäßige Zuwachsverzeichnisse ihre Ergänzung finden.

143 (S. 215). Der gedruckte Katalog soll absolut zuverlässig sein; darum erfordert er in der That die größtmögliche Genauigkeit und Gewissenhaftigkeit, worin sich der Herausgeber gar nicht genug thun kann. „If you are troubled", sagt der bekannte Bibliograph Henry Stevens (Indexes to Periodicals. Library Journal, Vol. I, 1877, S. 359—363), „with the pride of accuracy, and wish it completely taken out of you, print a catalogue."

Dritter Abschnitt.

144 (S. 221). J. H. Germar, Sollen in öffentlichen Bibliotheken die Bücher nach einem wissenschaftlichen Systeme aufgestellt werden, oder nicht? Serapeum X, 1849, S. 257—266 verneint nicht nur diese Frage auf das entschiedenste, sondern empfiehlt sogar schließlich — die vorgeführten Gründe erscheinen uns allerdings durchaus nicht durchschlagend — überall in öffentlichen Bibliotheken die systematische Aufstellung in die systemlose zu verwandeln.

In erschöpfender Weise behandelt die Frage Melvil Dewey, Arrangement on the Shelves. Pt. I, II. Library Journal, Vol. IV, 1879, S. 117—120; 191 bis 194 zu gunsten der systematischen Aufstellung. „In fact I believe", sagt er u. a., „there are no two opinions among us as to the necessity of adopting the subject-order as the basis of all arrangements." Nach seiner Überzeugung hat die Gliederung in das Einzelnste zu geben. „We take it for granted, without fear of question, that the best arrangement of a library is that which shows quickest what it contains. What it contains means not the size, binding, date or authors' names, but what it has on each subject." Und wenn man eingewendet habe, daß dies ja aus den Katalogen zu ersehen, die Bücher daher trotzdem anders gestellt werden könnten, so antwortet Dewey: „I answer that no catalog ever did, ever will, or ever can take the place of the books themselves. The best work is done by seeing the books and by seeing them together." Die inhaltlich sich am nächsten stehenden Bücher müssen auch auf dem Repositorium sich am nächsten stehen und umgekehrt „the farther away in location the farther away in subject. All my experience and study of this question tends strongly towards close classing on the shelves, though some authorities advise that only rough classing be admitted on the shelves, leaving the rest to the catalog". Da aber eine in das Einzelne gehende Klaſſifizierung nicht möglich iſt ohne bewegliche Aufſtellung, ſo erhebt Dewey auch dieſe zur zweiten Forderung und verlangt von einer Bibliothek außer quite minute classing by subjects eine relative location, with a full alphabetical index to the classification. Was die Ordnung der einzelnen Sektionen anlangt, ſo empfiehlt Dewey die chronologiſche nur für sets and serials (Serienwerke), wo naturgemäß die zweite Serie der erſten folgen müſſe, wie die Fortſetzung einer Zeitſchrift deren Anfange; im übrigen möge alphabetiſch nach den Autoren oder nach der Acceſſion geordnet werden. Dewey iſt geneigt, ſich für letztere zu entſcheiden „Applied to a final arrangement under a close subject classification, it (the accession arrangement) is the cheapest and simplest, and perhaps the best". Dadurch gerät er aber in Widerſpruch mit dem Endzwecke der Klaſſifikation ſelbſt, welche in leicht erkennbarer Ordnung das vorführen ſoll, was die Bibliothek in einem jeden wiſſenſchaftlichen Fache aufzuweiſen hat. Das klarſte Bild gewährt ſicher die chronologiſche Aufſtellung der Bücher in den einzelnen Fächern, man würde dem ganzen Prinzipe untreu, wenn man dafür die Aufſtellung nach der Erwerbung vorziehen wollte, denn erworben werden gewöhnlich nicht nur neue und neueſte, ſondern nachträglich auf antiquariſchem Wege auch alte noch fehlende Bücher, die dann mitten unter die neueſte Litteratur zu ſtehen kommen und die Überſichtlichkeit ſtören würden.

Auch C. A. Cutter, Classification on the Shelves. Library Journal, Vol. IV, 1879, S. 234—243 ſpricht ſich für die ſyſtematiſche Aufſtellungsweiſe in Verbindung mit dem beweglichen Syſteme aus. Er legt den Unterſchied zwiſchen dem fixierten und letztgenannten Syſteme durch einen recht anſchaulichen Vergleich dar, indem er beide mit einer Briefadreſſe in Parallele ſtellt. Im erſteren Falle wendet man ſich an einen Mann, der ſeinen feſten Wohnſitz in N. 129 Grace Street habe, im zweiten Falle etwa an den Hauptmann der 3. Compagnie des 5. Regiments, welches ſich auf dem Marſche befindet.

Auf Seite Deweys und Cutters ſteht auch George Watson Cole, Some Thoughts of Close Classification. Library Journal, Vol. XII, S. 356—360.

Den entgegengeſetzten Standpunkt hat neuerdings wieder Kerler, Aus der Praxis. II. Centralblatt f. B., Jhg. VI, 1889, S. 76—80 verteidigt und gute Kataloge als die Hauptſache hingeſtellt. Natürlich kann die Aufſtellung nicht alle Vorteile des geſchriebenen Kataloge bieten, ſolange man eben nicht ein Buch an zwei Stellen zugleich ſetzen kann. Soll man aber darum und nur weil ſie nicht allen Anſprüchen gerecht wird, von der ſyſtematiſchen Ordnung gleich ganz abſehen?

145 (S. 222). Nach Ebert ſtellte Lambecius in der k. k. Bibliothek zu Wien die Bücher, welche von einer Materie handelten, ohne alle Rückſicht auf die Formate auf, doch machte bereits ſein Amtsnachfolger Daniel von Neſſel jene Maßregel wieder rückgängig (Ebert, Ueber öffentliche Bibliotheken, S. 30).

146 (S. 224). Dieſelbe hat K. J. W. Jangemeiſter nach den im Text angegebenen Maßen an der Heidelberger Univerſitätsbibliothek durchgeführt.

147 (S. 225). Emil Steffenhagen, Ueber Normalhöhen ꝛc. S. 4—5. — Derſelbe, Die neue Aufſtellung der Univerſitäts-Bibliothek zu Kiel. Kiel 1883. 8°.

148 (S. 233). Außer den Etiketten hat man an manchen kleineren Bibliotheken auch noch das Mittel verſchiedenartiger Einbände mit zu Hilfe genommen. So berichtet G. M. Amthor, Coburg und ſeine Umgebungen, S. 36—37,

daß an der nach den vier Fakultäten geordneten Herzoglichen Geschäftsbibliothek zu Coburg die philosophischen Werke gelb, die theologischen schwarz, die juristischen rot und die medizinischen grün gebunden wurden.

149 (S. 233). Die Höhe, in welcher die Etiketten bei Quart und Oktav anzukleben seien, setzt Cutter (im Library Journal III, 251) für ersteres auf 5 cm, für letzteres auf 7 cm fest.

150 (S. 233). C. Hartwig, Schema u. s. w. S. 11.

151 (S. 234). Im Anschlusse an die oben Anm. 116 genannten Schriften erwähnen wir hier noch besonders Melvil Dewey, Principles underlying Numbering Systems. I. Paper. Library Journal, Vol. IV, 1879, S. 7—10; II. Paper. Ebenda, S. 75—78. — J. Schwartz, A „Combined" System for Arranging and Numbering. Library Journal, Vol. III, 1878, S. 6—10. — C. A. Cutter, Another Plan for Numbering Books. Library Journal, Vol. III, S. 248—251. — Derselbe, How to Get Books; with an Explanation of the New Way of marking Books. Boston 1882. 8⁰. Unabhängig von Dewey gelangte John Fitzpatrick zum Dezimalsystem. Plans for Numbering, with Especial Reference to Fiction. A Library Symposion. Library Journal, Vol. IV, 1879, S. 38—47.

152 (S. 238). Wir verweisen namentlich noch auf (Anm. 116) John Edmands, welcher unter Anwendung von großen Buchstaben für die 22 Klassen, die er aufstellt, und kleinen Buchstaben für die — höchstens 22 — Unterabteilungen einer jeden derselben über 400 Sektionen erhält, deren Bücher alphabetisch geordnet sind, wobei sich auf Grund der vierstelligen Schwartzschen Tabelle 0—9999 die alphabetische Ordnung für vier Millionen Werke bequem durchführen lassen würde.

153 (S. 238). W. S. Biscoe, Chronological Arrangement on Shelves. Library Journal, Vol. X, 1885, S. 246—247.

Vierter Abschnitt.

154 (S. 243). Annales du bibliophile, du bibliothécaire et de l'archiviste, 1862. Nr. 7, S. 98—101: De la poussière des bibliothèques et du nettoyage des livres.

155 (S. 243). H. A. Hagen, Insect Pests in Libraries. Library Journal, Vol. IV, 1879, S. 251—254. — E. Rouveyre in seinem bereits erwähnten Connaissances nécessaires à un bibliophile S. 91 ff. — W. Blades, The Enemies of Books. Revised and enlarged by the Author. London 1880. 8⁰.

156 (S. 246). E. L. Taschenberg, Was sind Holzwürmer und wie erwehrt man sich ihrer? Halle a. S. 1883. 8⁰. Vgl. auch dessen Praktische Insektenkunde. Bremen 1879—80. 8⁰. T. II, S. 75 ff.

157 (S. 247). Vgl. Centralblatt f. B., Jhg. II, S. 35—36.

158 (S. 247). So hatte nach Petzholdt die Königliche Gesellschaft der Wissenschaften in Göttingen im J. 1774 auf die Beantwortung der Fragen, wie viele verschiedene Arten von den Bibliotheken und Archiven schädlichen Insekten es gebe, welches Material in den Büchern jede dieser Arten besonders liebe, und welches die zweckmäßigsten, durch die Erfahrung bestätigten Mittel gegen diese Insekten seien, einen Preis ausgesetzt (Gött. Anz. 1774, S. 737 ff.) und 1842 wurde von der Bibliophilengesellschaft in Mons demjenigen, der darüber Auskunft gebe, „quels seraient les moyens sûrs, faciles et peu dispendieux, de conserver les livres et les préserver de l'attaque des insectes? Les procédés indiqués devront s'appliquer aux vastes bibliothèques publiques comme aux petites collections particulières", eine Preismedaille im Werte von 100 Francs zugestanden.

159 (S. 247). „Cedri oleo peruncta materies nec tineam, nec cariem sentit", schreibt Plinius in seiner Naturgeschichte.

160 (S. 248). Naumann im Serapeum VII, 1846, S. 375.

161 (S. 248). Du Rieu im Centralblatt f. B. I, 1884, S. 428.

162 (S. 248). J. Petzholdt im Anzeiger 1872, Nr. 482. — Nach einem Erlaß des Ministers der geistlichen, Unterrichts- und Medizinalangelegenheiten v. J. 1881 sind die Schulbibliotheken in Preußen gegen Feuersgefahr zu versichern. Um jedoch unnötigen Aufwand zu vermeiden, soll die Versicherung eines Neigungswertes bei seltenen Büchern und Handschriften vermieden werden. Dieselben sind entweder in der Versicherungs-Police ausdrücklich als von der Versicherung ausgeschlossen zu bezeichnen, oder besonders zu einem nicht übermäßigen Betrage aufzuführen. (Petzholdts Anzeiger 1882, Nr. 403.)

Fünftes Kapitel.
Erster Abschnitt.

163 (S. 250). Robert Harrison, Selection and Acquisition of Books for a Library. Vortrag gehalten auf dem internationalen Kongresse der Bibliothekare zu London. Library Journal, Vol. II, 1878, S. 145—150. — James M. Anderson, Selection and Selectors of Books. Vortrag gehalten ebenda. Library Journal, Vol. II, 1878, S. 150—152. — How we Choose and Buy New Books. Symposium. Library Journal, Vol. XIV, 1889, S. 336—338, 372.

164 (S. 250). Siehe R. v. Mohl, Staatsrecht, Völkerrecht und Politik. Bd. III, 1869, S. 209. Vgl. auch die Ausführungen Heinzes in seinem mehrerwähnten Aufsatze. Zeitschrift f. die ges. Staatswissenschaft XXVI, 1870, S. 297 ff. und Klette, Die Selbständigkeit des bibliothekarischen Berufes. Exkurs 1, S. 27 ff.

165 (S. 251). Beispielsweise in Jena. Petzholdts Anzeiger 1871, Nr. 123.

166 (S. 254). Wenn irgendwo so ist bei dem Sammeln der Flugschriften, deren Erhaltung schon im historischen Interesse wünschenswert erscheint, Teilung der Arbeit und der Kosten notwendig. Charles A. Cutter, The Preservation of Pamphlets. Library Journal, Vol. I, 1877, S. 51—54 weist daher sehr richtig zu local pamphlets to local libraries, professional or scientific pamphlets to special libraries, miscellaneous and all sorts of pamphlets to the larger general libraries. Über ihre Aufbewahrung vgl. What we do with Pamphlets. Symposium. Library Journal, Vol. XIV, 1889, S. 433—434, 470—471.

167 (S. 259). Die Bibliotheken und die Bewegungen auf dem Gebiete des deutschen Buchhandels. Centralblatt f. B., Jhg. I, 1884, S. 41—46.

168 (S. 269). Von den wichtigeren periodischen Bibliographien (Vergl. auch Anm. 97), welche dem Bibliothekar über die neuesten litterarischen Erscheinungen in sämtlichen Gebieten der Wissenschaft auf dem Laufenden zu erhalten haben, heben wir besonders folgende hervor:

Für Deutschland die verschiedenen Bibliographien der J. C. Hinrichsschen Verlagshandlung in Leipzig, nämlich die Allgemeine Bibliographie für Deutschland. Wöchentliches Verzeichniß aller neuen Erscheinungen im Felde der Literatur; die Monatliche Übersicht der bedeutenderen Erscheinungen des deutschen Buchhandels; die Wissenschaftliche Übersicht der bedeutenderen Erscheinungen des deutschen Buchhandels; den Vierteljahrs-Catalog aller neuen Erscheinungen im Felde der Literatur in Teutschland. Nach den Wissenschaften geordnet; das halbjährliche Verzeichniß der Bücher, Landkarten ꝛc., den fünfjährigen Bücher-Catalog, den fünfzehnjährigen Bücher-Catalog und die fünfjährigen Repertorien.

In mehrjährigen Zeitabschnitten faßt Kaysers Vollständiges Bücher-Lexikon die in Teutschland erschienenen Bücher zusammen; desgleichen W. Heinsius, Allgemeines Bücher-Lexikon und C. Georg und L. Ost, Schlagwort-Katalog 1883—1887, in sachlicher Anordnung, letzterer seitdem auch halbjährlich. Ferner sind zu nennen die von F. A. Brockhaus herausgegebene Allgemeine Bibliographie.

Monatliches Verzeichniß der wichtigeren neuen Erscheinungen der deutschen und ausländischen Literatur sowie das täglich (mit Ausnahme der Sonn- und Festtage) erscheinende offizielle Organ des Börsenvereins der deutschen Buchhändler, das Börsenblatt für den deutschen Buchhandel und die mit ihm verwandten Geschäftszweige, welches leider für die Bibliotheken nicht mehr auf direktem Wege durch Abonnement zu erlangen ist, die bei Cruse in Hannover erscheinende Praktische Bücherkunde. Wöchentliches Verzeichniß aller neuen Bücher und Landkarten, geordnet nach Schlagworten u. a.

Für Belgien Bibliographie de la Belgique. Journal officiel de la librairie paraissant chaque mois. Bruxelles bei Manceaux; Revue bibliographique belge rédigée par une réunion des écrivains, suivie d'un bulletin bibliographique international publié par la Société belge de librairie. Bruxelles (seit 1889).

Für England The Publishers' Circular and General Record of British and Foreign Literature, London (am 1. und 15. jedes Monats); The Bookseller, A Newspaper of British and Foreign Literature, London (monatlich); The English Catalogue of Books, London bei Sampson Low & Co. (jährlich).

Für Frankreich Journal général de l'Imprimerie et de la librairie (Bibliographie de la France), Paris, au Cercle de la librairie und Bulletin mensuel de la librairie française, publié par C. Reinwald, Paris (Reinwald).

Für Italien Bibliografia italiana. Bollettino delle pubblicazioni italiane ricevute per diritto di stampa dalla Biblioteca Nazionale Centrale di Firenze, Milano.

Für die Niederlande Nederlandsche Bibliographie. Lijst van nieuw verschenen boeken, kaarten etc., 's Gravenhage, Mart. Nijhoff.

Für Österreich Österreichischer Katalog. Verzeichniß aller in Österreich erschienenen Bücher, Zeitschriften zc., Wien, Verlag des Vereins der österreichischen Buchhändler (halbjährlich).

Für Rußland Russische Bibliographie, redig. von N. Lissowsky, St. Petersburg (monatlich). Für Polen Wislockis Przewodnik Bibliograficzny (monatlich).

Für Dänemark, Norwegen und Schweden Norsk Boghandlertidende. Udgivet af den norske Boghandlerforening ved M. W. Feilberg und Nordisk Boghandlertidende. Kopenhagen (Delbanco).

Für die Schweiz Bibliographie und literarische Chronik der Schweiz, Basel bei Georg (monatlich).

Für Nordamerika The Publishers' Weekly. The American Booktrade Journal, with which is incorporated the American Literary Gazette and Publishers' Circular, New-York; außerdem The American Catalogue and The Publishers' Trade-List Annual, ebenda.

Dahinzu treten die Litteraturzeitungen der verschiedenen Länder, welche für den Bibliothekar wegen der darin enthaltenen Besprechungen neuerer Werke von Wert sind, so für Teutschland namentlich das Literarische Centralblatt, herausg. von Fr. Zarncke, die Teutsche Literaturzeitung, begründet von Rödiger, die Göttinger Gelehrten Anzeigen; für England Athenaeum, Academy, für Frankreich Revue critique d'histoire et de littérature, Polybiblion, für Italien Rivista critica della letteratura italiana 2c.

Die neueren Erscheinungen auf dem Gebiete der Fachwissenschaften finden ihre kritische Erörterung und wissenschaftliche Beleuchtung in einer großen Anzahl von Journalen, so, was Deutschland anbetrifft, namentlich in Jahresberichten wie dem botanischen, dem theologischen, dem zoologischen, der Geschichtswissenschaft, demjenigen über die Erscheinungen auf dem Gebiete der germanischen Philologie, über die Fortschritte der einzelnen Wissenschaften wie der klassischen Altertums= wissenschaft, in den fachwissenschaftlichen Litteraturblättern wie dem theologischen, demjenigen für germanische und romanische Philologie, für orientalische Philo= logie und fachwissenschaftlichen Litteraturzeitungen wie der theologischen, in Mit= teilungen wie denjenigen aus der historischen Litteratur, in den Repertorien wie dem Repertorium annuum litteraturae botanicae, Rundschauen wie der philo= logischen, Wochenschriften wie denjenigen für klassische Philologie und anderen Zeitschriften, die dem Bibliothekar in manchen Fällen zur Information zu dienen geeignet sind, wenn es auch seinen Aufgaben selbstverständlich fern liegt, dieselben etwa wie die Vertreter der betreffenden Disziplinen durchzuarbeiten. Näher berühren ihn dagegen die eigentlichen periodischen Fachbibliographien wie — wir beschränken uns auf Namhaftmachung einiger der bekanntesten deutschen — der monatliche Anzeiger über Novitäten und Antiquaria aus dem Gebiete der Medizin und Naturwissenschaft, Berlin bei Hirschwald, der Anzeiger für die neueste pädagogische Litteratur, von Stößner. Leipzig bei Klinkhardt, die allge= meine Bibliographie der Staats= und Rechtswissenschaften von O. Mühlbrecht, Berlin bei Puttkammer und Mühlbrecht, die orientalische Bibliographie von A. Müller, Berlin bei Reuter, die medizinische Bibliographie von A. Würz= burg, Leipzig bei Breitkopf und Härtel, ferner die bei Vandenhoeck und Ruprecht in Göttingen erscheinenden Bibliothecae, so die Bibliotheca medico-chirurgica, philologica, theologica (früher auch historica, historico-naturalis), die von Calvary in Berlin verlegte Bibliotheca philologica classica, die polytechnische Bibliothek, Leipzig bei Quandt und Händel, die Naturae Novitates von Fried= länder, Berlin, die monatliche Übersicht der wichtigeren Erscheinungen des Buch= handels auf dem Gebiete der Medizin, Pharmacie und deren Hilfswissenschaften, Trier bei Stephanns 2c. (S. auch Anm. 97.)

169 (S. 260). James L. Whitney, A Modern Proteus. Library Journal, Vol. VIII, 1883, S. 172—193, auch selbständig erschienen unter dem Titel A Modern Proteus, or a List of Books published under more than one Title. New-York 1884. 12⁰ (106 S.). The Library Journal bringt regel= mäßige Listen solcher Bücher. — Sogar eine ganz neue Art, Bücher herzustellen, scheint neuerdings den Bibliothekaren Veranlassung zur Vorsicht beim Einkaufe werden zu sollen. Nach dem Centralblatt für Bibliothekswesen, Jhg. VI, 1889, S. 467—468 kommen nämlich in neuerer Zeit, zumteil ohne einen darauf bezüglichen Vermerk, namentlich Zeitschriften und bändereiche Werke in den Handel, von denen ganze Bände chemisch wiederhergestellt wurden (es können unter Zugrundelegung eines Urdruckes mittels chemischer Behandlung Abzüge bis etwa 100 Stück genommen werden) und die trotzdem als gleichwertig mit den durch Buchdruck hergestellten geliefert werden. Auf diese Weise wurde u. a. ergänzt: Liebigs Annalen, Virchows Archiv, Zeitschrift für analytische Chemie, für vergleichende Sprachforschung, Uhlands Schriften, Heinsius Kataloge 2c.

170 (S. 262). Cornelius Walford, A Proposal for Applying a System of „Clearing" to Duplicate Volumes in Public and Private Libraries. Transactions and Proceedings of the Library Association. 3. Meeting, London

1880, S. 104—106. — Edmund Mills Barton, The Best Use of Duplicates. Library Journal, Vol. X, 1885, S. 231—234. Vergl. auch die im Central-blatt f. B., Jhg. VI, 1889, S. 318—319 abgedruckte trefsliche Verordnung des Ssterreichischen Kultusministers betr. die Aussicheidung der in den Universitäts- und Studienbibliotheken vorhandenen Toubletten. Bei Begründung der Straß-burger Universitäts- und Landesbibliothek haben von deutschen Schwesterbibliotheken überlassene Toubletten einen schönen Grund zu der nunmehr großartig wieder erstandenen Sammlung gelegt.

171 (S. 264). Tem Library Journal wurde 1886 probeweise ein Bulletin of Duplicates for Exchange or Sale of Books wanted zugelegt, dessen Inseraten-zelle für Subsfribenten des Library Journal auf 5 Cents, für andere auf 10 Cents festgesetzt war. Die Redaktion des Bulletin sollte als Vermittlerin dienen. — What we do about Duplicates. Symposium. Library Journal, Vol. XIV, 1889, S. 369—371.

172 (S. 264). Ten internationalen Toublettentausch beantragte Alex. Battemar in der Sitzung der französischen Deputiertenkammer vom 10. April 1842. Vergl. Serapeum, Jhg. III, 1842, S. 238 Anm.

173 (S. 265). Unter den deutschen Akademiebibliotheken verdient namentlich diejenige der Leopoldinisch-Carolinischen deutschen Akademie der Naturforscher, deren gegenwärtiger Sitz Halle a. d. S. ist, besonders hervorgehoben zu werden. O. Grulich, Leiden u. Freuden einer wandernden Bibliothek. Centralblatt f. B., Jhg. II, 1885, S. 117—185. — Tem Tauschverkehr unter den wissenschaftlichen Gesellschaften dient sogar ein eigenes, mit außerordentlichen Mitteln ausgestattetes und vorzüglich geleitetes Institut, die bekannte Smithsonian Institution in Washington.

174 (S. 265). Johannes Franke, Tie Abgabe der Pflichtexemplare von Truckerzeugnissen mit besonderer Berücksichtigung Preußens und des Deutschen Reiches. Berlin 1889. 8° (Heft 3 der Sammlung bibliothekswissenschaftlicher Arbeiten, herausg. von Karl Dziatzko). Tie ausgezeichnete und erschöpfende Arbeit Frankes enthebt uns weiterer Notizen über die Ablieferungen in den einzelnen Staaten, die dort mit Benützung archivalischer Cuellen eingehend behandelt sind. Nur soviel sei hier zur Erläuterung der im Terte gegebenen Tesinition der Pflichtexemplare noch hinzugefügt, daß Atlanten, Kupferstiche und Musikalien nur in einigen Staaten ausnahmslos der gesetzlichen Ablieferungspflicht unterliegen z. B. in Bayern, wo nach Franke S. 142—143 neben den gewöhn-lichen Truckwerken, Zeitschriften 2c. auch Werke der zeichnenden Kunst und zwar außer je einem an die K. Hof- und Staatsbibliothek zu München abzugebenden Exemplare in einem zweiten Exemplare an die Bibliothek des K. Kupferstich-kabinetts daselbst, die musikalischen Kompositionen dagegen in einem zweiten Exemplare an die Bibliothek der K. Musikschule abzuführen sind. In Preußen (Franke S. 217 ff.) gilt dagegen die Bestimmung, daß alle Truckschriften ohne Ausnahme, Kupferwerke und Landkarten aber nur dann als ablieferungspflichtig anzusehen sind, wenn sie in Begleitung eines gedruckten Tertes, gleichviel von welchem Umfange und welcher Bedeutung, erscheinen.

175 (S. 266). Tie Pflichtexemplare vor dem Reichstage. Magazin f. d. deutschen Buchhandel 1874, Nr. 5, S. 65—73. Tazu Petzholdt im Anzeiger 1874, Nr. 490. — Es hat u. a. Konrad Weidling, Tie Pflichtexemplare in Teutschland. Börsenblatt f. d. T. 1887, Bd. III, Nr. 218, S. 4678—80; Nr. 222, S. 4787—4790; Bd. IV, Nr. 257, S. 5630 den Standpunkt der Buch-händler vertreten und die Ablieferungspflicht „eine rechtswidrige Last" genannt; derselbe mußte aber doch zum Schlusse seiner Ausführungen (S. 4789) zugestehen,

daß „der Einwand der Bibliotheksverwaltungen, von wie großem Werte es sei, die gesamte litterarische Produktion nach Möglichkeit anzusammeln und so das geistige Volksgut vor der Vernichtung und Zerstreuung zu bewahren, stets ein gewisses Gewicht behalten und bei der schwachen Dotierung unserer öffentlichen Bibliotheken der Beseitigung der Verpflichtung im Wege stehen" würde. Wenn schließlich Weidling für teurere Werke eine Vergütung von 50% ihres Wertes verlangt, so entspricht diese Forderung auch unserer im Texte angedeuteten Anschauung. Als Gegner der Abgabe von Pflichtexemplaren sind in jüngster Zeit ferner aufgetreten Albrecht K i r c h h o f f, Zur Geschichte der Pflichtexemplare. Börsenblatt 1887, Bd. IV, Nr. 248, S. 5398—5400, welcher die Art und Weise der Entstehung „dieser wohl einzig noch existierenden Naturalabgabe" darlegt, da diese das Gehässige derselben noch auffälliger zu machen geeignet sei und Adolf G u b i tz, Die Pflichtexemplare. Ein Vorschlag zur Beseitigung derselben. Ebendort 1884, Bd. I, Nr. 36, S. 749—750, dessen Vorschlag darin gipfelt, die Zwangsbeiträge der Verleger an die Bibliotheken durch freiwillige Lieferungen der Schriftsteller zu ersetzen, ein Tausch, womit dem Staate freilich schlecht genug gedient wäre.

176 (S. 267). Karl T z i a t z k o im Vorworte zu Franke; vergl. auch Tziatzkos Artikel: Zur Frage der Pflichtexemplare in Teutschland, Börsenblatt, Jhg. 1857, Bd. IV, S. 5361—52.

177 (S. 267). A. R. S p o f f o r d, Copyright in its Relations to Libraries and Literature. Library Journal, Vol. I, 1877, S. 84—89. — R. A. M a c f i e, Copyright in its Relation to the Supply of Books to Libraries and the Public. Transactions and Proceedings of the 3. Annual Meeting of the Library Association U. K. London 1881, S. 107—113.

178 (S. 267). T. H a r t w i g, Die Pflichtexemplare der deutschen Buchhändler. Artikel in der Berliner „Post" vom 19. März 1880 (Nr. 78). — Vergl. auch den Aufsatz des Genannten: Das älteste und das jüngste Papier im Centralblatt f. B., Jhg. V, 1888, S. 197—201.

179 (S. 268). Wir haben an dieser Stelle noch der in Teutschland zutage getretenen Bestrebungen zu gedenken, die Regelung der Frage der Pflichtexemplare, welche nach dem Reichsgesetz vom 7. Mai 1874 der Landesgesetzgebung verblieben ist, auf das Reich zu übertragen und eine Zentralsammelstelle zu schaffen, an welche sämtliche im Reiche erschienenen Publikationen abzuführen wären. Die durch das Preßgesetz vom 24. März 1870, welches nur von den nicht rein wissenschaftlichen, artistischen oder technischen Zeitschriften ein überwachungsexemplar für die Ortsbehörden verlangt, verursachte Aufhebung der Pflichtexemplare in Sachsen, dessen Preßgesetz vom 14. März 1851 damit erlosch, veranlaßte, nachdem im Verlaufe von neun Jahren die schädlichen Folgen jener Aufhebung immer deutlicher sichtbar geworden waren, den Dresdener Ratsarchivar Otto Richter zu einer Flugschrift: Ein Nothstand bei den Sächsischen Bibliotheken. Dresden 1879. 8⁰, worin die Wiedereinführung gewisser, wennschon beschränkter Zwangsmaßregeln gefordert wurde. Im Anschlusse an diese Schrift veröffentlichte der Hallische Oberbibliothekar Otto H a r t w i g seinen vorhin erwähnten Artikel in der Berliner „Post" vom 19. März 1880, wiederabgedruckt in Petzholdts Anzeiger 1880, Nr. 456, 570, worin er nicht nur für Beibehaltung dieser „durch den consensus gentium, unter denen hier alle bedeutenden Kulturvölker der Erde zu verstehen sind, geschützten" Einrichtung eintrat, sondern auch deren Ausdehnung auf das gesamte Reich und den Erlaß eines Reichsgesetzes befürwortete, durch welches alle Buchhändler oder Buchdrucker Teutschlands verpflichtet würden, von jedem Werke, das

sie verlegen oder drucken, zwei Exemplare auf gutes und dauerhaftes Papier abzuziehen und — wie in Nordamerika jeder Buchhändler bei Strafe gehalten sei zwei Exemplare an die Kongreßbibliothek zu Washington einzusenden — so das eine an die Bibliothek des Teutschen Reichstages, das zweite an die öffentliche Bibliothek des betreffenden Landes oder der betreffenden Provinz, worin der Verleger bez. Drucker seinen Wohnsitz habe, abzuliefern. Wegen der Schwierigkeiten, welche sich dem einzelnen Bibliothekar zur regelmäßigen Erlangung der Pflicht=exemplare entgegenzustellen pflegen, sollte die Kaiserlich Teutsche Post mit der Einziehung derselben beauftragt werden. Durch diese Ausführungen angeregt, befürwortete Karl Lehrbach in seinem Aufsatze: Eine deutsche Reichsbibliothek, enthalten in der Allgemeinen Literarischen Correspondenz, Organ des Allgemeinen Teutschen Schriftsteller=Verbandes. Bd. VI, Nr. 7, S. 89—92, wiederabgedruckt im Börsenblatt f. d. T. B. 1880, Bd. III, Nr. 161, S. 2869—72 — vergl. dazu In Sachen der Reichsbibliothek, Allg. Literarische Correspondenz, Bd. VI, Nr. 8, S. 108—109 und Sprechsaal in Sachen der Reichsbibliothek, ebenda Nr. 10, S. 146—149 — die Übernahme der Königlichen Bibliothek in Berlin an das Reich und die Ent=faltung dieser zur Reichsbibliothek, welche die Pflichtexemplare zu erhalten hätte. Dieser letzteren Forderung widersprach ein K. in M. gezeichneter Artikel: Zur Frage von der Gründung einer Teutschen Reichsbibliothek und die sogen. Pflicht=exemplare im Börsenblatt 1880, Bd. III, Nr. 177, S. 3110—12, welcher einzig und allein in einer sehr reichen Dotierung das Mittel erblickte, die Erreichung der höchsten Ziele bei der Gestaltung und Erhaltung einer Bibliothek des Teutschen Reiches zu sichern. Die in der Literarischen Correspondenz aufgetauchten weiteren Vorschläge, den Sitz der geplanten Reichsbibliothek nach Leipzig oder Frankfurt oder Nürnberg, welches letztere auch Petzholdt im Anzeiger 1880, Nr. 886 als ein dem Britischen Museum ähnliches Institut in Empfehlung gebracht hatte, waren von vornherein aussichtslos und fanden u. a. durch Dziatzko in den Preußischen Jahrbüchern, Bd. 48, 1881, S. 374 und durch Eduard Engel im Magazin für die Literatur des In= und Auslandes 1882, Nr. 53, S. 738—739 ihre Zurückweisung. Auch der Allgemeine Teutsche Schriftstellerverband sah in der Erweiterung der Berliner Königlichen Bibliothek zur Reichsbibliothek das einzige Mittel, zu dem erstrebten Ziele zu gelangen. Infolge einstimmigen Beschlusses auf dem Schriftstellertage in Weimar (26. September 1880) richtete der genannte Verein unter dem 30. März 1881 eine diesbezügliche Eingabe an den Reichskanzler, welche in Petzholdts Anzeiger 1881, Nr. 434, im Börsenblatt 1881, Bd. II, Nr. 89, S. 1663 und im Magazin für die Literatur des In= und Auslandes 1881, Nr. 21, S. 323—324 abgedruckt ist. Ein greifbares Resultat wurde jedoch nicht erzielt. Vergl. noch Petzholdts Anzeiger 1882, Nr. 577, 1883, Nr. 1101, 1884, Nr. 1181. Vielmehr gingen andere Bestrebungen dahin, die Berliner Königliche Bibliothek als solche zu erhalten und auszubauen. So wies der Abgeordnete Kropatschek in der Abendsitzung des Preußischen Abgeordnetenhauses vom 15. Dezember 1880 zwar darauf hin, daß es eine nationale Pflicht sei, eine Zentralstelle zu schaffen, wo alles von gedruckten Literatur=denkmälern, was sich irgendwie auf Teutschland beziehe und noch nicht in festen Händen sei oder ihnen wieder entgleite, zu dauerndem Eigentum der Nation gesammelt werde, wünschte aber im Gegensatze zu dem Vorschlage, die Königliche Bibliothek in das Eigentum des Reiches überzuführen, daß diese lediglich zu einer Teutschen Nationalbibliothek in dem bezeichneten Sinne ausgestaltet werde, ohne daß sie aufhöre ein Königlich Preußisches Institut zu sein. Denn „nicht darum", so erklärte Kropatschek später, „kann es sich zunächst handeln, alle heut erscheinenden Schriften anzukaufen, sondern die Hauptaufgabe muß doch es sein, die Denkmäler der Vergangenheit vor dem Untergang zu retten und in möglichster Vollständigkeit zu sammeln." Vergl. die betr. Verhandlungen des Hauses der Abgeordneten und den Abdruck einiger Artikel Kropatschels aus dem „Teutschen Tageblatt" (vom 29. April und 6. Mai 1881) und Rehrbachs Entgegnungen ebendaselbst (vom 3. Mai) in Peßholdts Anzeiger 1881, Nr. 626. Damit war indessen die ganze Frage auf eine andere Basis gestellt. Den Ankauf älterer Schriften, so wünschenswert und verdienstlich deren Erwerb sein mochte, hatte jene Bewegung vorläufig wenigstens überhaupt nicht im Auge, sondern ihr einziges Ziel war, durch Ablieferung von Pflichtexemplaren im Gebiete des ganzen Reiches an eine Zentralstelle dem für die Zukunft drohenden Untergange neuester Geisteserzeugnisse vorzubeugen. Sie vermochte dieses Ziel, wie gesagt, nicht zu erreichen. Selbst Heinrich v. Treitschke, welcher in seinem im 53. Bande der Preußischen Jahrbücher S. 473—492 und danach auch selbständig (Berlin bei G. Reimer 1884) erschienenen Aufsatze: Die Königliche Bibliothek in Berlin dem Projekte einer Reichsbibliothek, welche nach seiner Meinung von der Nation eine freudige Mitwirkung erwarten könne und über die Pflichtexemplare des gesamten deutschen Buchhandels sowie über ungleich größere Mittel gebieten würde als eine preußische Sammlung, zwar warme Sympathien entgegenbrachte, erklärte den Plan als „für jetzt unausführbar". In einer Besprechung des Treitschkeschen Artikels wurde indessen in der Kreuz-Zeitung, Jhg. 1884, Nr. 128 u. 129 Beilagen auch dieses „für jetzt" noch angefochten und von Kr[opatschel?] gefordert, Preußen müsse aus eigner Kraft dafür sorgen, daß die Königliche Bibliothek, ohne irgendwie die kleineren Universitätsbibliotheken zu beeinträchtigen, zur anerkannt ersten Teutschen Bibliothek werde. Dieser dort angedeutete Weg ist inzwischen thatsächlich in energischer Weise betreten und die Königliche Bibliothek durch großartige Mittel in den Stand gesetzt worden, jener hohen Bestimmung erfolgreich zuzustreben. Aber der Mangel einer Zentralstelle für Pflichtexemplare aus dem gesamten Reiche bleibt nach wie vor bestehen und damit der Schaden, welcher der so wünschenswerten Erhaltung der nationalen Litteratur täglich daraus erwächst, daß jene trotz allem Widerspruch wohlthätige und durch das allgemeine wissenschaftliche Interesse gebotene Einrichtung in einem beträchtlichen Teile des Reiches, darunter Sachsen mit der Metropole des deutschen Verlagsbuchhandels Leipzig, aufgehoben ist.

180 (S. 269). S. hierüber die im Centralblatt f. B., Jhg. III, 1886, S. 243, 505; IV, 1887, S. 280, 370, 420; V, 1888, S. 457; VI, 1889, S. 45, 469; VII, 1890, S. 72—73, 111—112, 213—214, gegebenen Notizen; vergl. auch T. E. Stephens, The Rise and Growth of Public Libraries in America. Transactions and Proceedings of the 6. Annual Meeting of the Library Association. London 1886. 4°, S. 16—30; für England vergl. ebenda VI, 1889, S. 46.

Zweiter Abschnitt.

181 (S. 272). Eine Anzahl amerikanischer Bibliothekare (vergl. auch in Bezug auf die Behandlung neuerworbener Bücher How we Treat New Books. Symposium. Library Journal, Vol. XIV, 1889, S. 109—111, 305—306) hat für das Accessionsjournal ein später vervielfältigtes und käuflich zu habendes Modell ausgearbeitet, welches Melvil Dewey in seinem vortrefflichen Aufsatze A Model Accession-Catalogue. Library Journal, Vol. I, 1877, S. 315—320 ausführlich beschrieben hat. Das Buch, welches 360 Seiten mit 5400 Linien umfaßt, ist von den Amerikanischen Library Co-Operation Committee für 1½ Dollars unter der Adresse Library Supplies, Nr. 1 Tremont Place, Boston zu beziehen (Library Journal I, 454). — Ein anderes Modell giebt Francis

T. Barrett, A Form of Stock-Book, or Accessions-Catalogue. Transactions and Proceedings of the Library Association. 1. Meeting, London
1879, S. 79—81.

182 (S. 275). Das Accejfionsjournal hat keinen geringeren Gegner gefunden
als Justin Winsor, den verdienten Bibliothekar der Harvard University,
welcher in einem kurzen Aufjaße Shelf-Lists vs. Accession Catalogues. Library
Journal, Vol. III, 1878, S. 247—248 die Vereinigung desselben mit der Shelf-
List (dem Standortskatalog) befürwortet, mit der Begründung, „that the pure
accession catalogue demands an amount of labor which produces no corre-
sponding advantages“. Hatte schon die Redaktion des Library Journal selbst
von einer „danger of giving up an old well-tried feature of library economy
until ample experience proves the wisdom of so doing“ gesprochen, so trat
in einem dem Winjorschen gleichbetitelten Aufjaße William F. Poole im
Library Journal, Vol. III, 1878, S. 324—326 noch ausführlicher für die Beibehaltung
des Accejfionsjournals ein. Während Winsor den Katalog aus den Bibliotheken
verbannen will „because of the amount of labor required to keep it up“,
will Poole denselben beibehalten wijfen, „because of the amount of labor it
saves. The accession catalogue“, fährt Poole fort, „is a permanent record
for all time. Nothing can be added to its past entries, and nothing taken
from them. The shelf-lists, in which it is proposed to make the accession
entries, are temporary records. They are soon worn out by use, and are
constantly in process of change. At each rearrangement of the library, or
of a class, they are wholly superseded by new shelf-lists. What then
becomes of the accession entries? They must be copied“. Wohin wir in
dieser Frage neigen, kann nach dem Texte nicht zweifelhaft sein; wir sagen mit
Poole „hold fast that which is good“.

Über die Verzeichnung der Zeitschriften im Journal f. Hannah P. James,
Current Magazine Check-Lists. Library Journal, Vol. XIV, 1889, S. 377—378.
— R. R. Bowker, Current Magazine Check-Lists; another Method. Ebenda,
S. 404—405. — The Management of Periodicals. Symposium. Ebenda,
Vol. XV, 1890, S. 5—7.

Dritter Abschnitt.

183 (282). A. R. Spofford, Binding and Preservation of Books in den
Public Libraries in the United States of America etc. Pt. I, S. 673—678. —
Justin Winsor, Library Memoranda. Ebenda S. 711—714. — Cornelius
Walford, On Binding of Books for Public and Private Libraries etc. Vortrag
gehalten auf dem internationalen Kongreß der Bibliothekare, abgedruckt im
Library Journal, Vol. II, 1878, S. 201—203. — Sir Redmond Barry, On
Binding. Ebenda S. 203—207. — R. B. Poole, Book-Binding Memoranda.
Ebenda, Vol. XIV, 1889, S. 261—264. — J. Y. W. Macalister, Notes on
Binding, and a Suggestion. Transactions and Proceedings of the 4. and 5.
Annual Meetings of the Library Association U. K. London 1884, 4°, S. 187—189.

184 (S. 284). Der erwähnte Übelstand würde bestehen bleiben, wenn man
nach Edward S. Holden, On the Treatment of Pamphlets in Special
Libraries. Library Journal, Vol. V, 1880, S. 166—167 einen Schrant mit
ziehbaren Kästen einrichten wollte, worin die Pamphlete nach Klassen geordnet
niederzulegen wären.

185 (S. 285). Norman C. Perkins, How to Bind Periodicals. Library
Journal, Vol. XII, 1887, S. 354—356. — E. Palumbo, Norme generali

per la Legatura dei Periodici nelle pubbliche Biblioteche. Rivista delle Biblioteche, Vol. I, 1888, S. 44—49.

186 (S. 287). John Edmands, Lettering of Books. Library Journal, Vol. XII, 1887, S. 322—323.

187 (S. 287). Edward B. Nicholson, On Buckram as a Binding-Material. Library Journal, Vol. II, 1878, S. 207—209. — Derſ., Buckram, a Palinode. Transactions and Proceedings of the 3. Annual Meeting of the Library Association U. K. London 1881, S. 117—119. — F. P. Hathaway, Bindings for a Public Library. Ebenda, Vol. IV, 1879, S. 246—249 empfiehlt als „the most serviceable materials for bindings in a public library 1. calf parchment 2. good marocco 3. levant 4. linen buckram".

188 (S. 289). Zur Orientierung in der Technik der Buchbinderei ſei u. a. hingewieſen auf C. Bauer, Handbuch der Buchbinderei, Weimar 1881, 8⁰. Mit Atlas; L. Brade, Illuſtrirtes Buchbinderbuch. 3. Auflage, von Robert Meß, Halle 1882, 8⁰. Mit Atlas; Paul Adam, Syſtematiſches Lehr- und Handbuch der Buchbinderei und der damit zuſammenhängenden Fächer in Theorie und Praxis, Dresden 1883, 8⁰ und desſelben Verfaſſers neueſtes Werk Der Buch-einband. Seine Technik und ſeine Geſchichte, Leipzig 1890, 8⁰. Unter Adams (Buchbindermeiſters in Düſſeldorf) Schriftleitung erſcheint neuerdings auch eine beſondere Monatsſchrift für Buchbinderei und verwandte Gewerbe. Kunſtgewerb-liche Blätter für Buchbinder, Buchhändler, Bibliotheken und Bücherliebhaber, Jhg. I, Nr. 1 ff., 1890, Berlin bei Fr. Pfeilſtücker. Von fremdländiſchen Schriften ſei J. W. Zaehnsdorf, The Art of Bookbinding. London 1880, 8⁰, Josef Cundall, On Bookbinding, Ancient and Modern. London 1881, 4⁰, G. Brunet, La reliure ancienne et moderne. Paris 1884, 8⁰, Uzanne, La reliure moderne. Paris 1887, 8⁰ genannt. Eine bibliographiſche Zuſammenſtellung hierhergehöriger Litteratur giebt S. T. Prideaux, Bibliography of Works on Binding. The Bookmart 1889, Nr. 72, S. 653—659.

Vierter Abſchnitt.

189 (S. 292). Über die Art und Weiſe, wie ein Bibliothekar von dem Inhalte eines Buches für ſeine ſpeziellen Zwecke Kenntnis nimmt, hat Juſtin Winsor (Library Journal, Vol. III, S. 121) folgende treffende, auf eigener Erfahrung beruhende Bemerkungen gemacht. Er ſpricht von ſeiner Wirkſamkeit in Boſton. „There was never", ſagt er, „any significant book, or one whose title did not wholly tell what it was, that came in and passed to its shelf without my giving it more or less of an examination, enough for me to ticket it away in its proper pigeon hole in my memory. After years' practice I had acquired a facility in fathoming a book which sometimes surprised me. One gets to learn where to look for the salient points — the sentences that give the gist of the chapter or the volume. I always read prefatory matter. It tells you what you are to expect in the book. You measure the writer by his manner of dealing with himself. You note what he knows of the bibliography of his subject; and you skim along the foot-notes through his text to see how he uses his authorities, and how careful he is. His contents-table maps the subject out to you, as he understands it. His appendix shows you if he knows how to utilize his drippings. A taste of a chapter or two, and you get his flavour as a writer." Der Bibliothekar hat eben, wie auch W. E. Forster in ſeinem bemerkens-werten Aufſatze Some Compensations in a Librarian's Life. Library Journal,

Vol. X, 1885, S. 195—200 ausgeführt hat. seine besondere Art Bücher zu leien. Würde er leien, so bemerkt Forster, wie ein gewöhnlicher Leser, indem er sich ganz nach allen Richtungen in seinen Gegenstand versenkte und ohne Rücksicht auf Zeit sämtliche Kapitel des Buches durchnähme, bis „Finis" erreicht ist, dann würde das bekannte Wort richtig sein: „The librarian who reads is lost". Die Stellung des Bibliothekars zu seinen Büchern ist indessen eine andere. „The librarian's relation to his books is like that of the professional „taster", employed by every large wine-merchant. On the other hand, the conventional reader's position is like that of a guest at the table, enjoying these same wines, and with no element of „business" intermingled." Der Bibliothekar faßt nur die bemerkenswertesten Züge eines Buches in das Auge; er fragt sich „What is the essential purpose of the book"; „what great and striking merit has the book"; „are there not other books on the same subject?" u. f. f.

190 (S. 293). S. Comnos, über Numerirungs-Systeme für wissenschaft-lich geordnete Bibliotheken. Athen (Druck v. Perris) 1874, 8°. Dazu die Rezension von Steffenhagen in Petzholdts Anzeiger 1874, Nr. 451. — Schon Friedrich hat in seinen kritischen Erörterungen S. 90 ff. den springenden Nummern und zwar für den Standortskatalog, der seinerseits, wie wir sahen, durch den wissenschaft-lichen Katalog mit vertreten werden kann, das Wort geredet. Später haben dann Steffenhagen an der Athener Nationalbibliothek (vgl. dessen bereits erwähnten Aufsatz: Die neue Ordnung und Katalogisirung der Nationalbibliothek in Athen, Bericht a. d. Rectorat der Universität Athen, Petzholdts Anzeiger 1869, Nr. 704), D. Hartwig an der Halliichen Universitätsbibliothek (vgl. dessen Schema u. f. w., S. 11) und andere springende Nummern zur Einführung gebracht, die sicherlich immer allgemeiner Anklang finden werden.

Sechstes Kapitel.
Erster Abschnitt.

191 (S. 300). Einige Beispiele älterer Bibliotheksordnungen find u. a. neuerdings im Centralblatt f. B. veröffentlicht worden, so von Ernst Kelchner, Eine Bibliotheksordnung a. d. J. 1259. (Centralblatt, Jhg. I, 1884, S. 307—313, und von Rödiger, Eine Bibliotheksordnung der ehemaligen Schloßbibliothek zu Königsberg i. Pr. aus dem XVI. Jahrhundert. Ebenda, Jhg. II, 1885, S. 421—423. Neuere Bibliotheksordnungen (deutsche und außerdeutsche) finden sich in größerer Anzahl im Serapeum, Intelligenz-Blatt, von Jhg. V, 1844, Nr. 17 an (f. auch das Register zu Jhg. 1840—1851) abgedruckt. Die für die preußischen Universitätsbibliotheken gültigen Ordnungen enthält Johann Friedrich Wilhelm Kochs bekanntes Werk: Die preußischen Universitäten. Eine Samm-lung der Verordnungen, welche die Verfassung und Verwaltung dieser Anstalten betreffen (Berlin, Posen u. Bromberg 1839—40), in der zweiten Abteilung des zweiten Bandes. Die neue Benutzungs-Ordnung für die Königliche Bibliothek zu Berlin vom 1. Februar 1887 findet sich abgedruckt im Centralblatt f. B., Jhg. IV, 1887, S. 165—172. Besondere Beachtung verdient auch die ausführ-liche Ausleihordnung, welche 1886 für sämtliche Staatsbibliotheken Italiens erlassen worden ist und im Aprilheft des Bollettino dell' Istruzione publizirt wurde (Centralblatt f. B. III, 1886, S. 331—332).

192 (S. 300). W. E. Forster, Libraries and Readers. New-York 1883, 8° (136 S.). — Samuel Smith, Library Pests. Transactions and Proceedings of the 6. Annual Meeting of the Library Association U. K. London

1886, 4°, S. 67—70. Dem Bedürfnisse zahlreicher Leser kommen namentlich auch Aufklärungen über die innere Einrichtung der betreffenden Bibliothek sehr zu statten; es sind daher eigens diesem Zwecke gewidmete Schriften, wie z. B. Friedrich Leitschuhs vortrefflicher Führer durch die Kgl. Bibliothek zu Bamberg (2. Aufl. 1889) ebenso nachahmenswerte wie dankbare Aufgaben der Bibliothekare.

Zweiter Abschnitt.

193 (S. 310). Vergl. die gegen eine ungehinderte Zulassung des Publikums in die Büchersäle der Bibliothek gerichteten Bemerkungen A. Rulands, Die Göttinger Universitäts-Bibliothek und ihre Einrichtungen II. Serapeum, Jhg. XXI, 1860, S. 289—294.

194 (S. 314). Nach Ernest C. Richardson, Hours of Opening Libraries. Library Journal, Vol. XII, 1887, S. 402—406 (vergl. auch M. S. Cutler, Sunday opening of Libraries. Ebenda, Vol. XIV, 1889, S. 176—190 und Ernst C. Richardson, Library Clocks. Ebenda, Vol. XIV, 1889, S. 378—379) sind durchschnittlich die amerikanischen Bibliotheken am längsten geöffnet. Während bei 15 hervorragenden italienischen Bibliotheken die durchschnittliche tägliche Benutzungszeit 6½ Stunden, bei 15 deutschen 4½ Stunden betrug, machte sie bei 41 amerikanischen Bibliotheken durchschnittlich 10 Stunden aus. Amerika zunächst steht England, doch geben in beiden Ländern die Free Public Libraries mit ihren selbst sonntags geöffneten Lesehallen den Ausschlag. S. auch E. Reyer in seinem bereits zitierten Aufsatze Amerikanische Bibliotheken. Centralblatt f. B., Jhg. III, 1886, besonders S. 126.

195 (S. 315). Um der zahlreichen Klasse der Beamten, Advokaten, Lehrer und sonstigen Gebildeten, welche gerade in denjenigen Stunden, während welcher die Bibliotheken geöffnet seien, auf ihren Bureaus ꝛc. festgehalten würden, leichtere Gelegenheit zur Benutzung zu bieten, machte G. Signorini in einem L'orario betitelten Aufsatze des „Bibliofilo", Anno VI, Nr. 6 (vergl. Petzholdts Anzeiger 1885, Nr. 1849) den bemerkenswerten Vorschlag, die Bibliotheken statt, wie bisher vielfach üblich, von 9—3 Uhr lieber in den frühen Morgenstunden (im Sommer von 7—10 Uhr) und nachmittags (von 3—10 Uhr) zu öffnen.

196 (S. 316). Die Vorsichtsmaßregeln gegen Entwendungen von Büchern müssen sich immer in gewissen Grenzen halten und dürfen nie so weit ausgedehnt werden, daß sie dem Publikum lästig werden oder dasselbe wohl gar von dem Besuche der Bibliothek abschrecken. „It is better", sagt Lloyd P. Smith, The Qualifications of a Librarian. Library Journal, Vol. I, S. 73 sehr zutreffend, „that a few books should be stolen than that the visitor to a public library should feel he is looked on as a thief."

Dritter Abschnitt.

197 (S. 322). Die leichtfertige, ja schonungslose Behandlung der Bücher in der Behausung zahlreicher Bibliotheksbenutzer bildet die schärfste Waffe der Gegner der Verleihung überhaupt. Schon Richard de Bury hat im 17. Kapitel (De debita honestate circa librorum custodiam adhibenda) seines früher erwähnten Philobiblon die Unarten und Nachlässigkeiten bei dem Gebrauche der Bücher (bezüglich Manuskripte) mit Worten gekennzeichnet, die zumteil noch heute Geltung beanspruchen dürfen. Oder sollte es zu viel gesagt sein, wenn man auch gegenwärtig noch Richards Mahnung manchem Leser gegenüber für angebracht halten möchte: „Convenit autem prorsus scholarium honestati ut, quotiens ad studium a refectione reditur, praecedat omnino lotio lectionem,

nec digitus sagimine delibutus aut folia prius volvat, aut signacula libri solvat", seiner sonstigen Ausführungen ganz zu geschweigen. „Das Schlimme" — so heißt es sehr zutreffend in dem Aufsatze Zur Bibliotheksfrage, Grenzboten 1883, Bd. II, S. 349—357 — „ist, daß das Publikum keinen Unterschied machen will zwischen gewöhnlichen Leihanstalten und großen öffentlichen Biblio= theken. Und doch muß schlechterdings auf diesen Unterschied gedrungen werden. Die Bücher einer Leihanstalt können vollständig konsumiert werden. Sie haben nach einer Reihe von Jahren ihre Dienste gethan, ihr Kaufpreis ist durch die Leihgebühren zehn= und zwanzigfach wieder eingekommen, das Publikum, das immer nach neuem verlangt, fragt nicht mehr nach ihnen, und so werden sie endlich ausrangiert und machen andern Büchern Platz. Öffentliche Bibliotheken dagegen haben in erster Linie den Zweck, die Bücher zu konservieren, sie für die Nachwelt aufzubewahren. Dieser Zweck wird vereitelt, wenn es der Mitwelt gestattet wird, die Bücher nach Leihbibliotheksgewohnheit zu konsumieren." Wie nichtachtend und rücksichtslos gewisse Bibliothekskunden gegen fremdes Eigentum in dieser Beziehung sind, das führt der erwähnte Artikel sowohl wie ein früherer aus anderer Feder stammender (mit M. gezeichneter) Aufsatz: Die Königliche Bibliothek in Berlin ebenda 1883, Bd. II, S. 37—40 des näheren aus. Beide Verfasser finden in dieser mißbräuchlichen Abnutzung der Bibliotheksbestände den Hauptgrund zu ihrer ablehnenden Haltung gegen das Ausleihen selbst. Auch der früher bereits genannte lesenswerte Artikel Bibliothekserfahrungen, Grenzboten 1878, Bd. 1, S. 251—265 verbreitete sich über die Behandlung der Bücher seitens des Publikums. Wenn wir auf jene Ausführungen verweisen, machen wir uns, indem wir neben den dort vorwiegend betonten Zweck der Erhaltung der Biblio= theken als ebenbürtig denjenigen ihrer Benutzung stellen, gleichwohl die Schluß= folgerung eines gänzlichen Verbotes des Ausleihens nicht zu eigen', wohl aber erblicken wir in jenem nicht ernst genug zu rügenden Verfahren mancher Benutzer eine ernste Mahnung zu strengster Kontrolle und unnachsichtiger Bestrafung leichtfertiger Vergehungen, zu vorsichtigem Maßhalten in der Feststellung der Ausleihefrist und zu möglichster Aufklärung und Erziehung des Publikums durch deutliche Bestimmungen des Reglements, für deren ausgedehnteste Verbreitung zu sorgen ist. Vortreffliche Regeln über die Schonung der Bücher — wert in jedem Ausleihezimmer angeschlagen zu werden — giebt Harold Klett, Don't. Library Journal, Vol. XI, 1886, S. 117—118, von denen die folgenden an sich selbstverständlichen und doch so oft mißachteten Sätze nach der in Petzholdts Anzeiger 1886, Nr. 2680 gegebenen Übersetzung hervorgehoben sein mögen: Man lese nicht im Bette oder beim Essen — mache nicht Eselsohren in die Bücher — bedecke die Fingerspitzen nicht zum Zwecke des leichtern Umwendens der Blätter — schneide nicht mit den Fingern oder mit Haarnadeln Bücher auf — lasse nicht Zigarrenasche auf die Bücher fallen — stelle nicht Bücher auf das Gesicht — halte nicht Bücher nur an den Deckeln — niese nicht auf Bücher — stopfe nicht Bücher in Vorratsschränke und Schubladen — gebrauche nicht Bücher als Unter= lage für wackelige Tische und Stühle — werfe nicht mit Büchern — lese nicht Bücher zu nahe am Ofen oder am Feuer — lasse Bücher nicht feucht werden.

198 (S. 327). B. Pickman Mann, Library Fines. Library Journal, Vol. IV, 1879, S. 441—442. — W. K. Stetson, Delinquent Borrowers. Ebenda, Vol. XIV, 1889, S. 404—404. Man vergleiche in dieser Beziehung u. a. die scharfen Bestimmungen der Großherzoglichen Bibliothek zu Neustrelitz aus dem Jahre 1883 (Centralblatt I, S. 73): „Wer nicht binnen der im Mahn= schreiben bezeichneten Frist von mindestens 24 Stunden rückliefert, zahlt für jeden Tag mehr 1 Mark Strafe an die Bibliothekskasse. Auswärtige erhalten

ein durch 50 Pfennig Nachnahme beschwertes Mahnschreiben und haben binnen spätestens dreimal 24 Stunden nach Empfang des Mahnschreibens bei 1 Mark Strafe für jeden Tag mehr zurückzuliefern".

199 (S. 327). In der Regel wird für ein verlorenes oder beschädigtes Buch der Betrag eingefordert, welchen dasselbe der Bibliothek gekostet hat. Nicht mit Unrecht schlägt Dewey vor, stets den vollen Ladenpreis dafür zu verlangen, damit nicht jemand ein beschädigtes Buch auch noch billiger erhalte als er es selbst mit Einschluß der Spesen u. dergl. bekommen würde. Dagegen erscheint uns der anderweitig gemachte Vorschlag, daß für jedes verdorbene oder verlorene Buch nicht nur der Ladenpreis, sondern auch noch 10% Aufschlag zur Entschädigung für die Mühe, welche die Bibliothek damit gehabt hat, in Rechnung gesetzt werde, über das Ziel hinauszuschießen und mit der Würde jener unvereinbar zu sein.

200 (S. 332). In jüngster Zeit sind Bestrebungen hervorgetreten, das Ausleihen der Handschriften gänzlich zu verbieten. N. Anziani, Sul Prestito dei Codici. Rivista delle Biblioteche, Vol. I, S. 1—4 und E. Martini, Prestito di manoscritti. Ebenda, S. 79—80, ferner Centralblatt f. B., Jhg. VI, 1889, S. 40, 84, 122, 172, 211, 462. Dem gegenüber ist mit Genugthuung auf den Erlaß des Königlich Preußischen Ministeriums der geistlichen, Unterrichts- und Medicinal-Angelegenheiten vom 8. Januar 1890, ebenda, Jhg. VII, 1890, S. 101—103 hinzuweisen, worin die Königliche Bibliothek zu Berlin und die sämtlichen preußischen Universitätsbibliotheken in der liberalsten Weise ermächtigt werden, ihre Druck- und Handschriften, soweit deren Verleihung nicht ausnahmsweise durch besondere Vorschriften untersagt ist, an Staats- und unter staatlicher Aufsicht stehende Bibliotheken von anderen deutschen Ländern sowohl wie des Auslandes durch direkte Versendung von Bibliothek zu Bibliothek zu verleihen.

201 (S. 332). Benjamin R. Wheatley, Hints on Library Management as far as it relates to the Circulation of Books. Vortrag gehalten auf dem internationalen Kongresse der Bibliothekare zu London, abgedruckt im Library Journal, Vol. II, 1878, S. 210—216. — Sir Redmond Barry, On Lending Books. Vortrag. Ebenda S. 216—218. — James Matthews, Means of Obtaining the Books Required in a Lending Library. Vortrag. Ebenda S. 218—219. — Melvil Dewey, Principles Underlying Charging Systems. Library Journal, Vol. III, 1878, S. 217—220. — Derselbe, Charging Systems based on accounts with Barrowers. Ebenda S. 252—255. — Derselbe, Charging Systems based on accounts with Books. Ebenda, S. 285—288. — Derselbe, Charging Systems: a New Combined Plan and Various Details. Ebenda, S. 359—365. — J. Schwartz, A „Combined" Charging System. Ebenda, Vol. IV, 1879, S. 275—277. — K. A. Linderfelt, Charging Systems. Ebenda, Vol. VII, 1882, S. 178—182. — A. W. Robertson, The Robinson Duplex Indicator. Ebenda, Vol. XIV, 1889, S. 42 und Derselbe, On Library Indicators, with Special Reference to the „Duplex Indicator". The Library, Vol. II, 1890, S. 21—27. — H. J. Carr, Report on Charging Systems. Library Journal, Vol. XIV, 1889, S. 203—214. Taju J. Schwartz, The Apprentices' Library Charging System. Ebenda, S. 468—469. — How we Reserve Books. Symposium. Ebenda, S. 401—403. — Registration of Borrowers. Ebenda, Vol. XV, 1890, S. 74—77. — A. Cotgreave, An Indicator-Book. Transactions and Proceedings of the 2. Annual Meeting of the Library Association U. K. London 1880, S. 71—72. — George Parr, The Card-Ledger; a Charging System whithout Writing. Ebenda, S. 73—75.

202 (S. 331). Vergl. hierüber den Anm. 197 erwähnten Aufsatz „Bibliotheks-erfahrungen".

203 (S. 331). J. Petzholdt. Aus der Bibliothekspraxis. Ausführungen zum Katechismus der Bibliothekenlehre I. Petzholdts Anzeiger 1866, Nr. 705, 1867, Nr. 250.

204 (S. 337). Beispiele zur Benutzungsstatistik bietet das Centralblatt f. B. wiederholt, so Jhg. I, S. 88 (Halle), S. 173 (Straßburg), S. 261 (Breslau), II, S. 288 (Göttingen), III, S. 538 (Würzburg), VI, S. 322 (Jena), S. 373 (Haag) etc., besonders auch in Auszügen aus den Jahresberichten zahlreicher ausländischer, besonders amerikanischer Bibliotheken.

205 (S. 337). Dewey, Charging Systems etc. (Anm. 201).

206 (S. 339). Schwartz, A „Combined" System etc. (Anm. 201).

Nachträge.

Zu Anm. 1. Über das Wort βιβλιοθήκη s. besonders auch C. Häberlin, Beiträge zur Kenntniß des antiken Bibliotheks- und Buchwesens III. Zur griechischen Buchterminologie. Centralblatt f. B., Jhg. VII, 1890, S. 271 ff.

Zu Anm. 14. Auch Ernest C. Thomas entscheidet sich für 1287 als Richards Geburtsjahr. „The Dictionary of National Biography", sagt derselbe Anm. 1 zu S. XII der Einleitung seiner Ausgabe des Philobiblon, „following the Encyclopaedia Britannica and the Biographia Britannica, says 1281, but this date rests upon an entirely mistaken reading of the final note in the Cottonian copy". Demselben Gewährsmanne zufolge war Richards Vater Sir Richard Aungervile „a knight, whose ancestor had come over with the Conqueror". Übrigens hat Thomas bereits in einem Postskriptum zu seiner an biographischen und bibliographischen Notizen über Richard und das Philobiblon reichen Einleitung S. XLVI und XLVII der von E. Maunde Thompson zuerst gewürdigten Stelle des Adam Murimuth, eines Zeitgenossen Richards, Erwähnung gethan, nach welcher sich ein von den bisherigen Anschauungen abweichendes Bild des letzteren ergiebt.

Zu Anm. 38. Die beiden ersten Nummern der genannten Zeitschrift sind inzwischen in unsere Hände gelangt. Der Titel derselben lautet lediglich: The Canadian Bibliographer and Library Record. Vol. I, Nr. 1, November 1889 ff. Hamilton. Das bibliographische Element überwiegt dem Inhalte nach. Doch finden daneben auch die freien öffentlichen Bibliotheken des Landes Berücksichtigung, wie denn sogleich die erste Nummer eine Beschreibung und Abbildung des Hamilton Public Library Building bringt, während in der zweiten ein anonymer Aufsatz: Should Libraries be open on Sundays? sich gegen Mary S. Cutler's auch von uns erwähnten, auf der Konferenz der amerikanischen Bibliothekare zu St. Louis im Mai 1889 gehaltenen Vortrag „The Sunday Opening of Libraries" ausspricht.

Zu Anm. 50. Erfreulicherweise sind ferner die Aussichten auf einen Neubau der Königlichen Bibliothek zu Berlin in jüngster Zeit näher gerückt, wie aus den Erklärungen des Kultusministers Herrn Dr. v. Goßler im Preußischen Abgeordnetenhause vom 19. April 1890 hervorgeht, welche man im Centralblatt f. B., Jhg. VII, 1890, S. 257—259 wieder abgedruckt findet.

Zu Anm. 83. Das italienische Bibliotheksreglement ist durch Kgl. Dekret vom 25. Oktober 1889 in einigen wesentlichen Stücken ergänzt worden. Ausführlich handelt über dasselbe R. Münzel, Das italienische Bibliotheks-Reglement v. J. 1885. Centralblatt f. B., Jhg. VII, 1890, S. 223—245.

Zu Anm. 100. Erwähnung verdient auch noch die 1888 aus Anlaß des 200jährigen Gedenkens der Abdankung der Stuarts in der King's Library des Britischen Museums veranstaltete Ausstellung von Manuskripten, Büchern, Flugschriften u. s. w., welche sich auf das Königliche Haus Stuart beziehen (Stuart Exhibition), worüber u. a. in The Library, Vol. I, 1889, S. 69, 137 berichtet ist. Die Jubelfeier der Erfindung der Buchdruckerkunst im Jahre 1890 ist wiederum für manche Bibliotheken die Veranlassung zur Ausstellung von Drucken geworden, so für die Universitäts- und Landesbibliothek zu Straßburg, die Universitätsbibliothek zu Göttingen, für die Stadtbibliotheken zu Mainz und Köln u. a. Letztere hat einen besonderen Katalog einer Ausstellung von Er- zeugnissen der Buchdruckerkunst. Köln 1890 erscheinen lassen, von welchem uns ein zweiter Abdruck vorliegt.

Zu Anm. 101. Die erste Auflage von Poulet-Malassis erschien 1874 zu Paris anonym; vgl. Petzholdts Anzeiger 1874, Nr. 532, woselbst auch noch auf einen Aufsatz im Polybiblion, VII. Année, Tom. XI, S. 301—302 hin- gewiesen ist.

Zu Anm. 103. Es sei an dieser Stelle noch hingewiesen auf die Instructions élémentaires et techniques pour la mise et le maintien en ordre des livres d'une bibliothèque. Bulletin des bibliothèques et des archives. Année 1889, Nr. 2, S. 113—183, sowie auf L. Modona, Catalogazione e Schedatura di Opere orientali in Bibliotecche Italiane. Rivista delle Biblioteche, Vol. II, 1889, S. 113—134.

Zu Anm. 106. Es verdient hier noch der Artikel von Arthur W. Hutton, A New Size Notation for Modern Books. The Library, Vol. II, 1890, S. 162—157 nachgetragen zu werden. Ausgehend von den Bedürfnissen des Lesers einer freien öffentlichen Bibliothek, für welchen es hauptsächlich darauf ankomme, die ungefähre Größe eines Buches zu wissen, schlägt Hutton vier Formate und zu ihrer Bezeichnung die großen lateinischen Buchstaben A, B, C, D vor. „It is worth the readers' while", sagt er, „to know if the book is quite a small one, such as can easily be slipped into the pocket, a book that some American librarians would class as minimo. And at the other end of the scale it is worth his while to know that the book is too big to hold in the hand — that a desk or table will be needed when he reads it. Between these two extremes the great majority of modern books will be found to lie; and it is important again to distinguish these into two classes, which I may designate the handy volume and the standard library volume respectively. We have now the four classes which I propose to mark A, B, C and D, and which a simple and easily-remembered inch scale will readily distinguish." Der Vorschlag hat wenigstens den Vorzug der Einfachheit gegenüber den komplizierten Messungen, wie sie oben von uns angeführt sind.

Zu Anm. 107. Auch Cutter hatte in der ersten Auflage seiner Rules etc. S. 18 die Regel des Britischen Museums angenommen, welche im Wortlaute der Cataloguing Rules of the Library Association of the United Kingdom § 23 also lautet: „The respondent or defender of on academical thesis is to be considered as the author, unless the work unequivocally appears to be the work of the praeses". In der zweiten Auflage seines Codex, S. 17 hat Cutter jedoch Dziatkos Ansichten unverändert wiedergegeben.

Zu Anm. 134. Zur Frage, wie gedruckte Inkunabelkataloge beschaffen sein sollen, macht K. Burger in seiner ausführlichen Rezension von Gli incunaboli della R. Biblioteca Universitaria di Bologna. Catalogo di Andrea Caronti compiuto e pubblicato da Alberto Bacchi della Lega e Ludovico Frati.

Bologna 1889 (Centralblatt f. B., Jhg. VII, 1890, S. 319—330) die recht beachtenswerte Bemerkung: „So dankenswert ein jeder Beitrag zur Kunde der Inkunabeln ist, so muß doch von vornherein nicht allein dieser Publikation, sondern allen jetzt so zahlreich erschienenen Inkunabelkatalogen einzelner Bibliotheken der Vorwurf gemacht werden, daß sie zwei verschiedene Ziele im Auge haben. Sie sollen für das Publikum, das die Bibliothek benutzen will, ein bequemes Hand- und Nachschlagebuch sein, das die Möglichkeit schnellster Orientierung giebt; sie wollen aber daneben Inkunabelbibliographien sein. Kurzgefaßte Titel mit den Verweisungen auf Hain, Campbell u. s. w., den Angaben etwaiger Besonderheiten des gerade vorliegenden Exemplars werden in den meisten Fällen sowohl dem Benutzer der Bibliothek, wie dem auf dem Gebiete der Inkunabeln arbeitenden Bibliographen genügen. Sind Inkunabeln vorhanden, die Hain nicht selbst gesehen und beschrieben hat, so ist eine genaue bibliographische Beschreibung nötig und berechtigt". Sehr mit Grund weist Burger ferner darauf hin, daß, während bei nur kurzen Titelangaben der von Hain bereits beschriebenen Inkunabeln der Umfang des Katalogs sich vermindere, durch diese Ersparnisse an Druck und Papier die Beigabe von Facsimiles (Schriftproben, Signeten, Einbänden ꝛc.) ermöglicht werde.

Zu Anm. 138. Seit Mai 1890 hat die Königliche Bibliothek zu Berlin begonnen eine schmerzlich empfundene Lücke auszufüllen. Dieselbe veröffentlichte ein Jahresverzeichniß der an den Deutschen Schulanstalten erschienenen Abhandlungen. I. 1889. Berlin (A. Asher & Co.) 1890. Nach der Vorrede wird von jetzt an jährlich in gleicher Weise im Monat Mai ein solches Verzeichniß erscheinen, während alle zehn Jahre die Schulnachrichten in ähnlichen Verzeichnissen zusammengefaßt werden sollen. „Diese", so heißt es weiter, „zunächst im Interesse der Bibliotheken — auch einseitig — gedruckte Verzeichnisse enthalten im Gegensatze zu den von der B. G. Teubnerschen Buchhandlung in Leipzig als Vorläufer der im Tauschverkehr zu versendenden Schulschriften herausgegebenen Programmenverzeichnissen die wirklich erschienenen Schulschriften und Abhandlungen, und sollen, wenn es möglich ist, nicht bloß die am Tauschverkehr betheiligten, sondern alle Deutschen höheren Schulen, die derartige Nachrichten und Abhandlungen ausgeben, umfassen."

Zu Anm. 142. Für München kommt Friedrich Keinz, Der Journalsaal und die neuere periodische Literatur an der Kgl. bayerischen Hof- und Staatsbibliothek zu München. München 1879, 8° in Betracht; ferner verzeichnet die an der Großherzoglichen Hofbibliothek zu Darmstadt gehaltenen Periodica das erwähnte Zugangsverzeichniß der genannten Bibliothek.

Zu Anm. 165. Nach einer Notiz im Centralblatt f. B., Jhg. V, 1888, S. 287 sind an der Universitätsbibliothek zu Freiburg i. B. neue Statuten in Kraft getreten, durch welche die Bibliothekskommission auch dort nach mehr als hundertjährigem Bestehen aufgehoben worden ist. Schon die Statuten von 1871 und 1876 hatten die Befugnisse der Bibliotheksverwaltung wesentlich erweitert. Die jetzige Neuordnung der Verhältnisse der Bibliothek erfolgte auf einstimmigen Antrag der nunmehr aufgehobenen Bibliothekskommission.

Zu Anm. 204. Provocative to a Discussion on Library Statistics. The Library, Vol. II, 1890, S. 258—263.

Register.

Druck von J. J. Weber in Leipzig.